Josef Simon
Wahrheit als Freiheit

Josef Simon

Wahrheit als Freiheit

Zur Entwicklung der Wahrheitsfrage in der neueren Philosophie

Walter de Gruyter · Berlin · New York
1978

CIP-Kurztitelaufnahme der Deutschen Bibliothek

Simon, Josef
Wahrheit als Freiheit : zur Entwicklung d. Wahrheitsfrage in d. neueren Philosophie. – 1. Aufl. – Berlin, New York : de Gruyter, 1978.
ISBN 3-11-007414-1

Printed in Germany
Satz und Druck: Walter de Gruyter & Co., Berlin
Einband: Lüderitz & Bauer, Berlin

Vorwort

Diese Untersuchung versteht sich als systematischer Beitrag zum philosophischen Wahrheitsbegriff. Sie bezieht sich damit auf den Begriff und die Möglichkeit der Philosophie selbst. Ob Philosophie überhaupt noch sinnvoll einen Beitrag zu den Problemen der Gegenwart leisten kann, erscheint im allgemeinen Bewußtsein als fraglich, und auch innerhalb dieses Faches wird die Frage „wozu noch Philosophie" erörtert. Allgemein gelten die empirischen Wissenschaften als der institutionelle Ort möglicher Wahrheit, und wenn die Verwissenschaftlichung des Lebens zunehmend Probleme aufwirft, so scheinen sich wiederum nur diese Wissenschaften als Instrumente ihrer Bewältigung anzubieten.

Andererseits gelingt es offenbar nicht, „wissenschaftstheoretisch" einen unproblematischen Begriff der Wahrheit für die empirischen Wissenschaften zu begründen. Die gegenwärtige Aktualisierung von „Wahrheitstheorien" verweist nicht nur auf eine innerphilosophische Krise, sondern auf ein allgemeines Interesse an einem begründbaren Begriff von Wahrheit überhaupt. Die Frage nach einem Wahrheitsbegriff, der philosophischen Kriterien standhält, ist dieselbe Frage wie die nach der Möglichkeit einer sich als *wahr* verstehenden Welt- und Lebensorientierung auch in anderen Bereichen. In dieser Frage zeigt sich, bei aller Skepsis gegenüber der Philosophie, doch ein allgemeines philosophisches Bedürfnis.

Insofern besteht in der Gegenwart ein zwiespältiges Verhältnis zur Philosophie. Aber auch dies ist nicht nur ein äußerlicher Standpunkt ihr gegenüber. Es ist ein Grundzug der neueren Philosophie, daß sie es sich verwehrt, einen *Begriff* der Wahrheit ohne ein entsprechendes *Kriterium* der Wahrheit vorauszusetzen. Der Verbindung von Begriff und Kriterium verdankt sie die fortwährende *Entwicklung* ihres Wahrheitsbegriffs, einschließlich der Abtrennung des empirisch-wissenschaftlichen Wahrheitsbegriffs von einem philosophischen im engeren Sinn, der sich in dieser Unterscheidung dann mit der Problematik belädt, die von jenem fernzuhalten versucht wird. Die neuere Philosophie steht von ihrem Grundbegriff her in einem kritischen Verhältnis zu der Möglichkeit ihrer selbst.

Mit dem Begriff der Wahrheit ist seit den antiken Anfängen der Philosophie der Begriff der *Freiheit* verbunden. Der von partikularen Interessen und Befangenheiten freie Mensch soll im Maße dieser Freiheit der Wahrheit fähig sein. Mit der Frage nach Kriterien oder „Bedingungen der Möglichkeit" von Wahrheit stellt sich aber zugleich die Frage nach Bedingungen dieser Freiheit als der *Voraussetzung* der Wahrheit. Erst einmal freie Verhältnisse für alle zu „verwirklichen“ erscheint als vordringliche Aufgabe. Der philosophischen Reflexion stellt sich hier aber ebenso wie bei der kritischen Rechtfertigung des zugrundeliegenden Wahrheitsbegriffs die Frage nach einem *wahren Begriff* von Freiheit, der einer Praxis voranzustellen wäre, die politisch und technisch-praktisch auf seine „Verwirklichung“ abzielt, und der für alle die Wahrheit dieser Praxis bedeuten könnte. Der Wahrheitsbegriff erweist sich insofern als ein unmittelbar praktischer Begriff.

Die Verbindung von Begriff und Kriterium fragt nach einem Wahrheitsbegriff, in dem Wahrheit nicht mehr nur abstrakt so definiert ist, daß sie für den Menschen in seiner bedingten Situation unerreichbar erscheint, sondern in dem sie unter den Bedingungen der jeweils konkret bestehenden Freiheit als erlebbar und damit für das Bedürfnis nach Wahrheit als bedeutsam gedacht werden kann. In diesem Zusammenhang hat sich die Philosophie in ihren verschiedenen Ausrichtungen in zunehmendem Maße der Sprachlichkeit des Menschen zugewandt. Die Wahrheitsfrage stellt sich in der Philosophie der Gegenwart, in einer Weiterentwicklung der „transzendentalen“ Reflexion auf „Bedingungen der Möglichkeit“ endlicher Subjektivität, als Frage nach der sprachlichen Gebundenheit aller Bemühung um Wahrheit einschließlich der Philosophie selbst. Aber wie für die praktische Reflexion in bezug auf den Freiheitsbegriff stellt sich auch hier die Frage nach der Wahrheit der sprachtheoretischen *kategorialen Ansätze*, in denen jeweils versucht wird, die Sprachlichkeit zu reflektieren. Durch eine Zuwendung zur Sprache („linguistic turn“) hebt sich die traditionelle Wahrheitsproblematik offenbar nicht auf.

Dagegen hat die neuere Philosophie, wie in einer Vergegenwärtigung einiger Entwicklungsschritte ihrer Geschichte dargelegt werden soll, zu einem Wahrheitsbegriff geführt, demzufolge für die Philosophie dieselben Kriterien gelten, die sie für einen von ihr zu begründenden Wahrheitsbegriff kritisch voraussetzen muß. Nur dadurch konnte sie sich überhaupt im kritischen Bewußtsein noch als Philosophie, d. h. als undogmatische Reflexion einer für Menschen möglichen Wahrheit ausweisen. Wenn versucht wird, die geschichtliche Entwicklung solch eines philosophischen oder absoluten Wahrheitsbegriffs zu rekonstruieren, so geschieht dies allein in dem systematischen Interesse, einen historisch überholten Dogmatismus schon in den Bedeutungen der Grundbegriffe zu vermeiden. Es geht also nicht um eine rein immanente Interpretation der zu diesem Zweck herangezogenen philosophiegeschichtlichen Positionen und Texte, sondern allein darum, in ihnen, mitunter gegen geläufige Interpretationsansätze oder auch gegen ihr unmittelbares Selbstverständnis, eine Logik

„Nur sämtliche Menschen erkennen die Natur, nur sämtliche Menschen leben das Menschliche. Ich mag mich stellen, wie ich will, so sehe ich in vielen berühmten Axiomen nur die Aussprüche einer Individualität, und gerade das, was am allgemeinsten als wahr anerkannt wird, ist gewöhnlich nur ein Vorurteil der Masse, die unter gewissen Zeitbedingungen steht, und die man daher ebensogut als ein Individuum ansehen kann."

(Goethe an Schiller, am 5. Mai 1798)

der Fortentwicklung des Wahrheitsbegriffs aufzuweisen und in der gegenwärtigen Diskussion zur Geltung zu bringen. Nur ein Begriff der Wahrheit, der sich vor sich selbst als wahr begreifen kann, kann das um Wahrheit als um seinen Sinn besorgte Denken frei machen.

Inhalt

DRITTER TEIL

VIERTER TEIL

Einleitung

„Wahrheitstheorien“ und interindividuelle Kommunikation

Philosophie hat die Wahrheit zum Gegenstand. Aber dies gilt natürlich nicht nur für die Philosophie. Denselben Anspruch erheben Religion und Kunst, und schließlich alle Wissenschaften. Als spezifischer für die Philosophie kann die Frage gelten: *Was ist Wahrheit*? Diese Frage zeigt zugleich die eigentümliche Struktur philosophischer Fragen. Auf Fragen werden Antworten erwartet, die den Anspruch der Wahrheit erheben. Auch mögliche Antworten auf die Frage nach dem Wesen der Wahrheit sollen wahr sein. Was aber Wahrheit sei, war gerade die Frage.

Wenn also *Wahrheitstheorien* vorgetragen werden, stellt sich unmittelbar die Frage nach der Wahrheit dieser Theorien. In welcher Bedeutung von „wahr“ sollen sie selbst wahr sein? Das Naheliegende wäre die Voraussetzung, daß sie in eben derselben Bedeutung von „wahr“ wahr sein müßten, die sie als die wahre Bedeutung von „wahr“ darstellen möchten. Das Kriterium für Wahrheit, das sie entwickeln, müßte auf sie selbst anwendbar sein. Doch dies führt offensichtlich zu den größten Schwierigkeiten. Soll z. B. das Experiment das Wahrheitskriterium sein, so müßte die dies lehrende Wahrheitstheorie sich selbst experimentell bestätigen lassen. Da dies offensichtlich nicht erwartet werden kann, bietet sich eine Aufspaltung des Wahrheitsbegriffs an, und zwar in einer Weise, in der der in der Theorie entwickelte Begriff der Wahrheit *bestimmt*, der an die Theorie selbst heranzutragende aber *unbestimmt* ist[1]. Denn nur solange nicht nach der Bestimmtheit auch des letzteren gefragt wird, läßt sich ein Progress ad infinitum vermeiden. Der Wahrheitsbegriff bleibt dann „im letzten“ unbestimmt. Erklärt man ihn deshalb doch für unteilbar und verlangt die Möglichkeit der Anwendung des in der Theorie bestimmten Begriffs auch auf die Theorie, so werden bestimmte Wahrheitstheorien von vornherein ausgeschlossen. Sie scheitern ihrer Eigenart nach, wie z. B. alle empiristischen, am Kriterium der *Selbstanwendung*[2]. „Wahrheit“ ist so a priori schon als etwas bestimmt, das auf rein

[1] Zum Verhältnis zwischen Wahrheit und Bestimmtheit vgl. J. Simon, Sprache und Raum, Philosophische Untersuchungen zum Verhältnis zwischen Wahrheit und Bestimmtheit von Sätzen, Berlin 1969.

[2] Vgl. unten, Vierter Teil, Abschnitt 13.

in Begriffen operierende Theorien bezogen werden kann und gegen einen möglichen empirischen Gehalt gleichgültig ist. Wahr sind dann z. B. die Aussagen gemessen an dem, was sie selbst behaupten. Wenn sie, wie die Aussagen in Wahrheitstheorien, nicht empirische Tatsachen behaupten, können sie auch nicht an solchen geprüft werden. Worauf beziehen sie sich dann aber, bzw. womit sollen sie übereinstimmen, wenn sie wahr sind? Der Gegenstand von Wahrheitstheorien ist die Wahrheit. Sie müßten also im Falle ihrer Wahrheit mit der Wahrheit, d. h. mit dem, *was die Wahrheit ist*, übereinstimmen, indem sie ihr die Prädikate zulegen, die „wirklich“ ihren attributiven Bestimmungen entsprechen. Wahrheit war aber zu Beginn nicht als solch etwas „Wirkliches“ (wenngleich nicht empirisch Gegebenes) gemeint, mit dem man übereinstimmen könnte oder nicht, sondern als diese Übereinstimmung, also als Relation. Die Frage nach der Wahrheit der Wahrheitstheorie führt zu der Vorstellung der Wahrheit als eines „wirklichen“ Gegenstands.

Damit sind einige Aporien der philosophischen Frage nach der Wahrheit angedeutet. Zu zeigen, inwiefern sie mit einer bestimmten Vorentscheidung in bezug auf den Wahrheitsbegriff zusammenhängen, nämlich mit der Subsumtion dieses Begriffs unter den der *Übereinstimmung*, soll in dieser Einleitung versucht werden. Zugleich soll ein Ausweg vorgeschlagen werden.

I.

Man umschreibt den Begriff der Wahrheit in der Philosophie traditionellerweise mit Hilfe des Begriffs der Übereinstimmung. Zumeist wird dabei an eine Übereinstimmung des Subjekts mit der Sache (res) gedacht (Korrespondenztheorie der Wahrheit). Dabei ist noch unbestimmt, was unter „Subjekt“ zu verstehen ist. Versteht man darunter den Verstand (intellectus), so ist vor aller Erörterung, was der Begriff Wahrheit bedeute, inhaltlich schon als wahr vorausgesetzt, daß der Verstand das „Organ“ der Wahrheit sei. Es ist eine rationalistische Position bezogen, im Unterschied zu einer möglichen sensualistischen, die das den Sinnen „unmittelbar“ Zugängliche als „das Wahre“ oder als das die Gedanken letztlich „Verifizierende“ voraussetzt[3]. Da man es bei der Frage nach Wahrheit aber „unmittelbar“ mit den sprachlichen Äußerungen von Subjekten zu tun hat, scheint man dem Dilemma solcher vorgängigen Voraussetzungen enthoben zu sein, wenn man Wahrheit allgemein als Attribut dieser

[3] Die Frage nach der Wahrheit einer *Einteilung* in die „Vermögen“ der Sinnlichkeit und des Verstandes bleibt hierbei unbedacht. Vgl. hierzu u. S. 126f. u. 195f.

Äußerungen bestimmt. Die dogmatischen Äußerungen sowohl der Rationalisten wie der Empiristen z. B. wären dann nicht mehr jeweils „vorausgesetzt", sondern als solche schon diesem einen „Begriff" der Wahrheit, dem, Attribut zu Sätzen zu sein, im Sinne bloß verschiedener „Kriterien" der Wahrheit subsumiert. Er selbst als reiner Begriff könnte der Kritik standhalten, weil sich ihm gegenüber keine alternative Voraussetzung denken ließe und Übereinstimmung in bezug auf ihn demnach sicher gewährleistet wäre.

Es ist aber keineswegs selbstverständlich, was mit einem Bezug sprachlicher Äußerungen auf Sachen gemeint sein könnte. Einmal kann man sagen, daß einzelne Sätze kraft ihrer Bedeutung mit einer Sache übereinstimmten, wenn sie „wahr" seien, bzw. „wahr" seien, wenn sie *in ihrer Bedeutung* mit der Sache übereinstimmten; zum anderen kann demgegenüber eingewendet werden, von einer „Bedeutung" einzelner Sätze könne gar nicht sinnvoll gesprochen werden. Eindeutig seien Sätze nur innerhalb eines Sprachsystems und darüber hinaus nur innerhalb eines prinzipiell randlosen Kontextes und einer sympragmatischen Situation zu verstehen, nicht aber als isolierte Gebilde. Wahrheit wäre dann nicht mehr als „Attribut" eines isolierbaren sprachlichen Gebildes, etwa eines Satzes zu verstehen. Ihr Begriff wäre aufgrund solcher sprachtheoretischen Überlegungen *gerade in der Bindung an die sprachliche Äußerung* unfaßbar geworden.

Da er aber, z. B. im wahrheitstheoretischen Disput über einen rationalistischen oder empiristischen Wahrheitsbegriff, an die Äußerungen gebunden bleibt, bleibt seine Erörterung mit der Problematik des Begriffs der Bedeutung verwoben. Versteht man unter „Bedeutung" den vermeinten Bezug eines finiten sprachlichen Gebildes auf eine („außersprachliche") Sache, so spricht man von einer *Referenztheorie* der Bedeutung und kann entsprechend auch von einer Referenztheorie (Korrespondenztheorie) der Wahrheit sprechen[4]. Versteht man darunter aber nur dasjenige, im Bezug auf das man innerhalb des aktuellen Gebrauchs einer bestimmten Sprache jeweils untereinander, sozusagen „innersprachlich" übereinstimmt, so wie man in einer bestimmten Art von Situationen übereinstimmend den gleichen Ausdruck gebraucht und aus ihr heraus auch versteht, *wie* er gemeint ist, dann spricht man von einer *Konsensustheorie* der Bedeutung und des damit zusammenhängenden Wahrheitsbegriffs. Die Konsensustheorie der *Bedeutung* schließt einen referenztheoretischen Wahrheitsbegriff aus.

[4] In bezug auf die Semantik hat sich eher die Bezeichnung „Referenz", in bezug auf Wahrheitstheorien die Bezeichnung „Korrespondenz" eingebürgert.

Die Positionen des frühen und des späteren Wittgenstein, die im „Tractatus logico-philosophicus" und in den „Philosophischen Untersuchungen" dargelegt sind, stehen in der gegenwärtigen Diskussion zumeist beispielhaft für die beiden Bedeutungs- und Wahrheitsbegriffe. Im Tractatus ist von der Bedeutung einzelner Wörter (Namen) die Rede. Zwar soll ein einzelnes Wort (Name) auch nach dem Tractatus nur „im Zusammenhang des Satzes" Bedeutung haben[5], weil sich nur ein ganzer Satz auf „etwas" (Außersprachliches) beziehe und es z. B. als bestehend oder nichtbestehend behaupte, aber wenn ein Satz für sich als dieses isolierte Gebilde „Sinn" haben soll, sind lexikalische Einheiten als Bausteine solcher sprachlichen Gebilde anzunehmen, die für sich schon insofern „Bedeutung" haben, als sich der bestimmte Sinn des Satzes ändert, wenn man sie austauscht.

Eine Referenztheorie kann also von lexikalischer Bedeutung der Wörter vor jedem *Gebrauch* sprechen. Eine Konsensustheorie kann das nicht, weil hier nicht Sätze für sich, sondern nur im Gebrauch innerhalb eines mit einer „Lebensform" verwobenen „Sprachspiels" Sinn haben sollen, so daß auch von ihren Teilen nicht als von Gebilden mit vorgegebener Bedeutung gesprochen werden kann. Sie erhalten ihre Bedeutung je nach dem sich jeweils einspielenden „Gebrauch". Die letztere Ansicht wird im allgemeinen als die sprach- und wirklichkeitsnähere und damit als die reflektiertere gegenüber der früheren Position Wittgensteins verstanden. Aber sie erscheint doch selbst als ein abstrakter Gegensatz zur Theorie lexikalischer Bedeutungen und bleibt so unbefriedigend wie jene. Es ist auch nicht so, daß konsensustheoretische Überlegungen in der Geschichte der Philosophie bis dahin unbekannt geblieben wären, wenn auch nicht immer ausdrücklich die Verbindung mit einem sprachtheoretischen Bedeutungsbegriff mit im Blickfeld lag[6]. Eher ist die Geschichte des Wahrheitsproblems so zu verstehen, daß sich das Bemühen um eine Theorie der Wahrheit in der einen Hinsicht jeweils einem eingesehenen, prinzipiellen Mangel in der Begründung der anderen Hinsicht verdankt.

Die Referenz- bzw. Korrespondenztheorie, unter die sich dennoch die meisten und vorherrschenden unter den historischen Wahrheitstheorien subsumieren lassen, geht im Versuch ihrer Begründung davon aus, daß ein Konsens allein nicht genüge, um der *Wahrheit* in der Beurteilung eines

[5] L. Wittgenstein, Tractatus logico-philosophicus, 3.3, Schriften Bd. 1, Frankfurt a. M. 1963.

[6] So hat die neuakademische Aporetik in ihrer probabilistischen Form eine diskursiv-intersubjektive Konsensustheorie des „Wahrscheinlichen" entwickelt, die eine Gewißheit den „Dingen" gegenüber „akataleptisch" ausschließt, ohne jedoch die Problematik intersubjektiver Bedeutungen zu reflektieren. Einen Hinweis hierauf verdanke ich meinem Tübinger Kollegen H. J. Krämer.

Sachverhalts, in der die Übereinstimmung untereinander besteht, gewiß sein zu können, so wenig wie eine einzelsubjektive Überzeugung oder *Gewißheit*. Intersubjektivität bleibe Subjektivität. Kant nennt einen intersubjektiven Konsens nur den „Probierstein des Fürwahrhaltens“[7]. Aristoteles spricht in diesem Zusammenhang von „Wahrscheinlichkeit“ statt von Wahrheit. Wahrscheinlich nennt er die Sätze, „die Allen oder den Meisten oder den Weisen wahr scheinen, und auch von den Meisten wieder entweder Allen oder den Meisten oder den Bekanntesten und Angesehensten“[8]. Solche Wahrscheinlichkeit kann vom Standpunkt der Referenztheorie aus natürlich auch Irrtum sein. Selbst die Übereinstimmung aller kann im Prinzip immer noch auf einer von niemandem durchschauten Vorurteilsstruktur beruhen, die man erst später als solche bezeichnen kann, wenn die grundlegenden Überzeugungen sich geändert haben.

Die Referenztheorie stellt sich damit aber die Aufgabe, eine solche Veränderung als mehr als bloße Veränderung, nämlich als *Fortschritt* in der Erkenntnis der Wahrheit darlegen zu können. Wir sind heute z. B. überzeugt, daß das Weltbild der modernen Naturwissenschaft eher wahr sei als das des Mythos. Aber wie ist darzulegen, daß diese Überzeugung nun ihrerseits wahrer ist als die Überzeugung des Mythos von sich selbst?

Man kann entweder sagen, es sei unmöglich, Wahrheit vom bloßen Konsensus zu trennen, oder man muß die Beweislast auf sich nehmen und eine stringente Referenztheorie der Wahrheit entwickeln. Eine solche Theorie muß sagen können, wie zu überprüfen sei, ob eine Beurteilung mit der zu beurteilenden Sache übereinstimme.

In *empiristischer* Einstellung ist man zunächst geneigt, in der sinnlichen Erfahrung die Lösung des Problems zu sehen. Wenn ich wissen will, ob der Satz „es regnet“ wahr ist, sehe ich aus dem Fenster. Ich vergleiche den Satz mit der sogenannten *äußeren Realität*. Nur ihr anscheinend vollends entfremdete Philosophen können wohl hier noch Probleme sehen. Worin bestehen also die Fragen der Philosophie?

Sie verdanken sich, historisch gesehen, der Frage, ob man den Sinnen trauen könne. Einer solchen Frage wird das Erlebnis der Sinnestäuschung vorangegangen sein. Dieses Erlebnis kann sich nur dann einstellen, wenn sich eine Kollision sinnlicher Eindrücke ergeben hat. Es sah jemand in der Wüste einen See. Als er dann näher kam, war der See nicht mehr da. Oder ein optischer Eindruck entspricht nicht dem, was die übrigen Sinne vermelden. Oder der eine sieht oder hört, was andere nicht sehen oder hören. Kurz gesagt: eine aufgrund sinnlicher Eindrücke gebildete Meinung läßt sich aus einem dieser Gründe nicht durchhalten, so daß sich der

[7] Kant, Kritik der reinen Vernunft, B 848.
[8] Aristoteles, Topik, 100 b 18.

Zweifel an ihr einstellt. Es ist also verlangt, daß eine wahre Meinung sich durchhalten läßt. Die sogenannte äußere Realität ist damit als etwas vorausgesetzt, das selbst ein sich Durchhaltendes, in sich *Kohärentes* ist und im Bezug auf verschiedene Sinne desselben Subjekts und im Bezug auf verschiedene Subjekte mit sich übereinstimmt. Ihr gegenüber muß sich die *Meinung* „bewähren“, wenn sie als wahr gelten soll. Man spricht deshalb auch von einer *Kohärenztheorie der Wahrheit*[9]. Der Gegenstand ist von ihr her nicht als das unmittelbar Wahrgenommene vorgestellt, sondern als das übereinstimmenden Wahrnehmungen zugrundeliegende Eine, dem eine in sich kohärente Theorie entsprechen soll. Ens et verum convertuntur. Diese traditionelle Bestimmung des Wahren wird kritisch eingelöst durch Kants Begriff der Einheit der transzendentalen Apperzeption, der zugleich die Verschiedenheit der Wahrnehmungen eines empirischen Subjekts und die der Subjekte untereinander in transzendentaler Subjektivität aufgehoben denkt, indem Gegenstände überhaupt als sich vor dieser transzendentalen Einheit konstituierende *objektive* Einheiten gedacht sind. In der unkritischeren Fassung logisch-empiristischer Wissenschaftstheorie wird eine Theorie schon als wahr angesehen, wenn sie *in sich* konsistent ist und eine Mannigfaltigkeit von Beobachtungen in eine Einheit untereinander kohärenter Sätze zusammenzufassen vermag, so daß man sagen kann, diese Beobachtungen stimmten überein und dies sei schon die Garantie für ihre jeweilige Wahrheit oder Objektivität.

So einfach, wie die Dinge auf dieser Stufe der Reflexion erscheinen, sind sie aber nicht. *Übereinstimmung* und *Divergenz* bilden nicht immer eine klare Alternative. Es kann sein, daß vielen untereinander übereinstimmenden Wahrnehmungen bzw. Äußerungen über Wahrnehmungen einige divergierende gegenüberstehen. Auf welcher Seite „die“ Wahrheit ist, kann dann nicht quantitativ durch Abzählen entschieden werden. Man wird diesen Umstand vielmehr „erklären“ müssen. Aus Interesse an Übereinstimmung wird man versuchen, die divergierenden zu erklären, indem man *Gründe* für die Divergenz nennt. Hier beginnt erst die eigentliche Aufgabe der Theorienbildung, und es kommt eine von der Empirie nicht mehr ablösbare *rationale* Komponente hinzu, die nach Gründen, rationes, fragt. An dieser Stelle beginnt auch das philosophische Wahrheitsproblem. Denn die Begründungen, die genannt werden könnten, um Divergenzen zu erklären, sind Sätze besonderer Art.

Wenn jemand sagt, daß es regnet, und ein anderer das bestreitet, dann könnte dies unter Umständen dadurch erklärt werden, daß der zweite von seinem Standort aus den Regen nicht sehen kann, *weil* er nicht wie der

[9] Vgl. hierzu in letzter Zeit vor allem Niklas Rescher, The Coherence Theory of Truth, Oxford 1973.

erste gegen einen dunklen Hintergrund sieht. Dies ist aber nur insofern eine „Erklärung", als der *allgemeine* Satz als wahr akzeptiert wird, daß man Regen besser wahrnehmen könne, *wenn* man gegen einen dunklen Hintergrund sehe.

Das Problem verschiebt sich zu dem Problem der Wahrheit solcher allgemeinen, erklärenden Sätze. Sie verdanken sich einer *Verallgemeinerung* von Erfahrungen. In unserem Beispiel geschieht die Verallgemeinerung in Ansehung der logischen Partikel „wenn . . . dann . . ."; „wenn" heißt hier: „immer wenn", in allen Fällen *dieser* Art. Ob diese Verallgemeinerung wahr ist, kann natürlich nicht wieder durch bloßes Hinsehen entschieden werden, denn das Motiv der Verallgemeinerung ist nicht zu sehen[10]. Beobachtungsreihen sind wesentlich endlich. Man kann nur sagen: aus dem Umstand, daß ein Satz zur Erklärung herangezogen wird, ist ersichtlich, daß er allgemein „gelten" soll. *Warum* aber eine endliche Erfahrungsreihe schon als hinreichend für die Verallgemeinerung „angesehen" ist und eine andere nicht, ist seinerseits nicht wieder allgemein zu begründen. Es hängt mit der menschlichen Freiheit zusammen und ergibt sich keineswegs allein von der Erfahrung her. Verallgemeinerung ist ja gerade etwas, was die immer endliche Beobachtung überschreitet und nicht *aus* der Erfahrung genommen, sondern vielmehr *Voraussetzung* für (allgemeine) Erfahrungen ist.

Aus solchen Überlegungen heraus gibt *Kant* seine Antwort auf die Probleme der Korrespondenztheorie: Gewißheit der Wahrheit im Sinne der Korrespondenztheorie kann es nur im Hinblick auf die reine (transzendentallogische) Möglichkeit geben, eine Mannigfaltigkeit von Anschauungen in die Einheit eines Gegenstandes zusammenzufassen, und zwar nur dann, wenn diese *Möglichkeit* (im Gegensatz zu ihrer Verwirklichung im konkreten Fall oder „Beispiel") sich selbst nicht einer Verallgemeinerung, d. h. einer Überschreitung der Erfahrung verdankt, sondern selbst etwas *unmittelbar Allgemeines* ist. Unmittelbar allgemein ist nach Kant nur die Vernunft selbst, als allgemeine Menschenvernunft, wie sie sich in den reinen Urteilsfunktionen, z. B. der sich in den Partikeln „wenn . . . dann . . ." ausdrückenden hypothetischen Urteilsfunktion, darstellt. Das Ergebnis dieser kritischen Reflexion der Korrespondenz ist außerordentlich restringiert. Es besagt, daß es Gewißheit der Wahrheit im Sinne der Korrespondenz nur geben kann, insofern man sich auf Urteile bezieht, die als solche, d. h. „in Ansehung" einer der *allgemeinen* logischen Formen der möglichen Bildung von Urteilen überhaupt, Angeschautes zu der

10 Vgl. K. Popper, Die Logik der Forschung, Tübingen 1969, S. 4: „Das Induktionsprinzip kann natürlich nur ein *allgemeiner* Satz sein; versucht man, es als einen ‚empirisch gültigen' Satz aufzufassen, so tauchen sofort dieselben Fragen nochmals auf, die zu seiner Einführung Anlaß gegeben haben."

Einheit eines Gegenstandes synthetisieren. Dies geschieht schon in der Synthesis von Verschiedenem nach dem Verhältnis von Subjekt und Prädikat, so daß „in Ansehung“ dieses, nach Kant zur „reinen Grammatik“ der Vernunft selbst gehörenden Verhältnisses Verschiedenes so zu der Einheit *eines* Gegenstandes synthetisiert wird, daß das eine als Substanz, das andere als deren Akzidens angesehen wird; oder: es geschieht, wie in unserem Beispiel, so, daß in Ansehung der universalgrammatischen hypothetischen Urteilsform das eine als Ursache des anderen angesehen wird und sich in diesem Falle beide Erscheinungen auf diese Weise zur Einheit *eines* Gegenstandes synthetisieren. Was überhaupt *in der Natur* Einheit oder Gegenstand sein kann, soll sich also dem die Urteile formal bildenden Verstand verdanken, der sich in solchen Formen einer „Universalgrammatik“ der Urteilsbildung manifestiert, so daß man deshalb von Übereinstimmung der Urteile und der Gegenstände mit Grund sprechen könnte. Aber diese „reine“, nicht ihrerseits auf einer theoretisch unbegründbaren Verallgemeinerung beruhende Begründung von Übereinstimmung bezieht sich natürlich nur auf die formale Möglichkeit einer Übereinstimmung von Urteilen und Gegenständen „überhaupt“, d. h. nur darauf, daß diese universalen Formen des Verstandes die Einheit von Gegenständen konstituieren, insofern sie *überhaupt* Gegenstände von Urteilen sind, wie Kant selbst immer wieder ausdrücklich betont. Sie ist nur eine Antwort auf die ganz allgemeine Frage, wie sich Wahrheit als Attribut zu Urteilen *überhaupt*, d. h. wie sich die *objektive* Gültigkeit der reinen *Formen* der Urteile begründen lasse, aber sie ist keine Antwort auf die Frage nach der Gewißheit der Wahrheit von Sätzen in bezug auf einen bestimmten Inhalt. So begründet sie z. B. die Denkmöglichkeit der objektiven Gültigkeit des Kausalnexus *überhaupt*, aber nicht, daß eine bestimmte Erscheinung mit Gewißheit die Ursache einer bestimmten anderen ist[11]. Die Kantische Begründung der Korrespondenztheorie der reinen *Möglichkeit* nach impliziert geradezu die Unmöglichkeit ihrer Begründung für den wirklichen konkreten Fall. Im konkreten Fall wird die Synthesis zur Einheit oder zur Übereinstimmung der Wahrnehmungen untereinander darauf angewiesen bleiben, unmittelbar bestehende Divergenzen mittels allgemein *als* allgemeingültig *akzeptierter* Sätze zu „erklären“, die durch *Ver*allgemeinerung, d. h. durch Überschreitung der unmittelbaren Erfahrung gewonnen worden sind. Es ist nur folgerichtig, wenn dann auch nicht mehr gefragt wird, ob auch diese Sätze wahr seien, sondern nur noch, ob sie sinnvoll seien, und ihr Sinn in ihrer *Leistung* (Funktion) hinsichtlich der erklärenden Behebung unmittelbar erscheinender Divergenzen gesehen wird. Der Satz „wenn p, dann q“ *gilt* dann

[11] Vgl. hierzu unten S. 265f.

deshalb, weil man unter seiner Voraussetzung *erklären* kann, warum einmal „q" und ein anderes Mal „ ~ q" oder von einem Subjekt „q" und von einem anderen „ ~ q" geurteilt wird. Ein Satz dieser Form urteilt ja gar nicht, daß p oder daß q. Er baut nicht auf die Existenz solcher Sachverhalte und hat in diesem Sinn keinen unmittelbar wahrzunehmenden Gegenstand, der existierte, wenn er wahr wäre. Sein „Gegenstand" ist rein noematisch, denn er besagt ja etwas für *alle* Fälle, auch die zukünftigen, und ist damit jeder möglichen gegenwärtigen Erfahrung voraus. Er besagt wesentlich seiner Form nach mehr als „verifiziert" werden kann; und gerade diesem Anspruch verdankt er zugleich seine Fähigkeit, zu erklären. Die „generative" *Form* als Möglichkeit, Sätze dieser Art (in formaler Unterschiedenheit zu einfachen singulären, kategorischen Sätzen) bilden zu *können*, ist das einzig „Gegebene", dem sie sich verdanken. Sie haben rein „transzendentale" Bedeutung in ihrem empirischen Gebrauch[12]. Da Wissenschaft idealiter der universale Versuch der Erklärung unmittelbar divergierender Urteile über Erscheinungen ist, ist der Rekurs auf die so gestellte Frage nach dem *Sinn* (Funktion) allgemeiner Sätze statt nach ihrer *Wahrheit* wissenschaftstheoretisch auch voll befriedigend. In der Philosophie kann die „Leistung" eines Satzes im Zusammenhang von befriedigenden Erklärungen aber nicht die Frage nach seiner Wahrheit ersetzen. Der ganze Erklärungszusammenhang könnte gerade von seinen obersten Sätzen her ein verhängnisvoller Irrtum sein. Er könnte, gerade weil er zunächst erfolgreich und wegen seiner Kohärenz einleuchtend ist, von der Wahrheit wegführen, und dies um so mehr, je mehr Scharfsinn investiert wird, um ihn kohärent erscheinen zu lassen und sein „gelegentliches" Scheitern mit weiteren Erklärungen (Exhaustionen) aufzufangen.

Niemand hat dieses Problem (wenn man Hegel hier übergehen darf, und man darf ihn in einer einleitenden Übersicht zunächst insofern übergehen, als diese Seite seiner Philosophie im neunzehnten Jahrhundert nicht aufgegriffen wurde und folglich philosophiegeschichtlich auch nicht wirksam geworden ist) so scharf gesehen wie Friedrich Nietzsche. Aber Nietzsche sah nur das Problem und keinen Ausweg. Infolgedessen verstand er sich als den ersten tragischen Philosophen und sprach von der Wahrheit als von einem nützlichen Irrtum. Natürlich kann man sagen, so hätte er sich nicht ausdrücken dürfen. Denn die Erkenntnis des Irrtums als *Irrtum* setzte ja ebenfalls einen Begriff der Wahrheit voraus. Er hätte nur von einem nützlichen „Glauben" an die prinzipielle *Möglichkeit* von Wahrheit

[12] Dies gilt natürlich auch für die *Form* der singulären Sätze. Auch sie hat „transzendentale" Bedeutung. Singuläre kategorische Sätze können aber insofern zugleich von ihrem *Inhalt* her eine „empirische" Bedeutung haben, als sie ihrer transzendentalen *Form* nach die Existenz eines singulären Sachverhalts behaupten. Insofern vermögen sie nicht zu „erklären".

sprechen dürfen, der für ihn dann in einem „Glauben an die Grammatik" im Sinne einer Universalgrammatik der Formen objektiv gültiger Urteilsbildung kulminiert[13]. An diese transzendentale Grammatik als an ein nicht in die Kritik hineingezogenes *Absolutes* hätte Kant dann noch „geglaubt", als er meinte, die Möglichkeit des sich seiner Wahrheit gewiß sein könnenden Wissens kritisch zu begründen und zugleich damit einzuschränken, um dem Glauben im engeren, theologischen Sinn Platz zu machen. Der Glaube an sie wäre in der Schärfung des kritischen Bewußtseins durch Kant der letzte seiner selbst gewisse, sich nicht in Frage stellende Glaube gewesen, und deshalb ist nach Nietzsche auch zu „fürchten", daß wir Gott, verstanden als Garanten objektiver Wahrheit, nicht loswerden, „solange wir noch an die Grammatik glauben"[14].

Aller *Glaube an die Wahrheit*, ob er sich nun explizit theologisch begründet oder nicht, ist für Nietzsche im Grunde im sich Verlassen auf die reinen Formen der die Urteile bildenden *Grammatik* begründet. Wir bilden nach deren sich ewig wiederholenden Schemata Urteile, die wir *dann erst* nach ihrer „Wahrheit" befragen, wobei die verschiedenen transzendentalen Formen der Urteilsbildung verschiedene Typen von „Gegenständen" vorentwerfen, die in irgendeiner Weise als „seiend" vorauszusetzen wären, wenn die ihnen entsprechend gebildeten Urteile wahr sein sollen, und die sich von der Typologie der Formen her als mögliche Gegenstände der *Sinne* (z. B. unter der Form des singulären kategorischen Urteils) bzw. bloß des *Verstandes* (z. B. unter der hypothetischen Form als sog. Naturgesetze) konstituierten. Der Gegensatz zwischen Empirismus und Rationalismus höbe sich in der Grammatik auf. Wahrheit wäre nur als relativ zu diesen sich der Grammatik verdankenden Gebilden oder als deren „Attribut" verstanden und könnte auch, solange diese Schemata gelten, nicht anders verstanden werden. Wir können dieses Schema nach Nietzsche gar nicht ablegen, sondern allenfalls begreifen, daß es nur ein Schema ist, das zwar auch anders sein könnte, aber wieder nur ein Schema wäre. Dieser Gedanke ist der Grund des Nihilismus, den es nach Nietzsche als unabwendbares Schicksal auszuhalten gilt. So wie Kant die Referenztheorie der Wahrheit auf apriorische Bedingungen der *Möglichkeit* von Wahrheit in ihrem Sinne restringiert hat, so hat Nietzsche ebenso konsequent die Leere des Resultats dieser Kritik in ihrem Grund begriffen, ohne deshalb wieder unkritisch allgemeine Sätze bestimmten Inhalts über den Gesichtspunkt einer Zweckmäßigkeit im (intersubjektiven

[13] Vgl. hierzu J. Simon, Grammatik und Wahrheit, Über das Verhältnis Nietzsches zur spekulativen Satzgrammatik der metaphysischen Tradition, in: Nietzsche-Studien, I/1972, S. 1ff.

[14] Nietzsche, Götzendämmerung, Werke, ed. K. Schlechta, München, o. J., II, S. 960.

bzw. kommunikativen) Erklärungszusammenhang hinaus als wahr akzeptieren zu wollen, von deren Wahrheit man ehrlicherweise keine *Gewißheit* haben kann.

Bleibt also nur die weniger „anspruchsvolle" Konsensustheorie, derzufolge die intersubjektive Akzeptation der erklärenden „Grundsätze" *für* die objektive Gültigkeit des Ausgesagten steht, weil es kein Kriterium gibt, eine objektive Wahrheit von einer allgemein akzeptierten Aussage zu unterscheiden? In der Tat gibt es in der Gegenwart Ansätze in dieser Richtung[15]. In diesen Ansätzen, so könnte man sagen, ist das menschliche Subjekt eher als göttliches Kollektiv denn als menschliches Individuum angesehen. An die Stelle des formalen Verstandes, der sich nach Kant in der *einen*, universalen Grammatik einer jeden besonderen Sprache reflektiert[16], tritt – wenigstens innerhalb der Grenzen einer bestimmten Sozietät, z. B. einer Klasse, – die fraglos verbreitete allgemeine inhaltliche *Überzeugung*[17]. Divergenzen gegenüber einer solchen natürlicherweise „vorerst" beschränkt allgemeinen Überzeugung sollten, wie Habermas es z. B. für den „kontrafaktisch" unterstellten Fall herrschaftsfreier Kommunikation annimmt, in der Form eines freien „Diskurses" erörtert und bereinigt werden, so daß sich die durch die Divergenz ergebende Störung des Verständigtseins, als notwendige Voraussetzung kommunikativen *Handelns*, wieder behebe[18].

Ein solcher, die Divergenzen behebender „rationaler" Diskurs soll in eine neuerliche Übereinstimmung münden, die dann wieder das gemeinschaftliche Handeln ermöglichen soll. Heißt diese Übereinstimmung „Wahrheit", so ist Wahrheit hier als Bedingung solchen Handelns zu verstehen. Hat man „erklären" können, warum einige die Dinge anders sehen und beurteilen als die anderen, dann ist der verloren gegangene Konsens für diese Gruppe, die von der „Interaktion" her als solche definiert ist, wieder hergestellt. Die Akzeptation der Erklärung hebt den die „Interaktion" verunsichernden Unterschied wieder auf. Zwar ist deshalb noch nicht die Welt in Ordnung, aber die erklärende Theorie ihrer Unordnung als Anleitung für deren Aufhebung ist wieder für die Gruppe stimmig geworden, die sich als das kollektive Subjekt dieser Aufhebung versteht. Dieses Subjekt bedarf deshalb notwendig eines Begriffs von Wahrheit, demzufolge der Konsens über sie (wegen des „Kontrafak-

[15] Vgl. J. Habermas, Wahrheitstheorien, in: Wirklichkeit und Reflexion, Festschrift für Walter Schulz, Pfullingen 1973, S. 211ff.

[16] Vgl. Kant, Prolegomena, § 39.

[17] Vgl. hierzu auch S. Toulmin, The Uses of Argument, Cambridge 1964.

[18] Vgl. J. Habermas, Vorbereitende Bemerkungen zu einer Theorie der kommunikativen Kompetenz, in: Habermas/Luhmann, Theorie der Gesellschaft oder Sozialtechnologie, Frankfurt/M. 1971.

tischen“ in der Voraussetzung realer Bedingungen für einen „herrschaftsfreien“ Diskurs) wesentlich nicht allgemein sein kann, sondern erst allgemein *gemacht* werden soll. Es sind diesem Ansatz nach erst materielle Bedingungen für einen universalen Konsens (z. B. als Überwindung der Klassengegensätze) *herzustellen*. Theorie hebt sich in Praxis auf.

Eine „Erklärung“ ist ein allgemeiner Satz, der seinem Inhalt nach durch Verallgemeinerung, also durch induktives Überschreiten der unmittelbaren Erfahrungen gewonnen worden ist. Der logische Fehlschluß, der die induktive Verallgemeinerung ermöglicht, ist in der Konsensustheorie der Wahrheit zum Mittel geworden, das Subjekt, verstanden als tätige Intersubjektivität oder als Subjekt der Geschichte, wieder über sich selbst in seinem kollektiven Selbstbewußtsein zu verständigen. Es „existiert“ im Unterschied zum transzendentalen Subjekt Kants also nicht als Denken, sondern als Vollzug eines Paralogismus. Nur so kann es wieder zu dieser subjektiven Einheit werden, nachdem die individuierende Divergenz in es selbst hineingekommen war. Aber auch hier bleibt schließlich die Frage, ob denn die Divergenz nicht gerade Symptom für einen im Grunde falschen, unwahren Konsens und ihm gegenüber also das Wahre sein könnte, und ob ein wie auch immer herbeigeführter neuer Konsens denn die Gegensätze nicht gewaltsam von einem neuen herrschenden Interesse her verdecke. Die erklärende Reduktion von Divergenzen auf das Schema von Klassengegensätzen und -interessen ist z. B. ja schon eine Doktrin, die die Divergenzen als etwas im Prinzip Aufzuhebendes deklariert, wenn auch das Wahre, in dem sie aufgehen sollen, selbst notwendig unbestimmt bleibt. Es bleibt mit dem abstrakten Begriff des Konsensus als einer gegen den *Inhalt* gleichgültigen Aufhebung der Gegensätze gleichgesetzt. Doch von einer Korrespondenztheorie her kann diese Frage nicht mehr gestellt werden, da sie schon selbst, gerade in ihrer scharfsinnigsten Begründung, historisch in den Nihilismus umgeschlagen war. Nur um den Preis der Unmöglichkeit der Begründung der Wahrheit konkreter Inhalte konnte sie bei Kant die objektive Relevanz der synthetischen *Formen* solcher Sätze (Grundsätze) begründen. Ihr und damit auch solchen Fragen nach dem inhaltlich Wahren gegenüber scheint, bei aller immanenten Problematik, doch die Konsensustheorie die einzige Alternative zu sein.

Aber ist sie wirklich eine Alternative? Wenn man die Geschichte der Philosophie als Argumentationszusammenhang begreift, aus dem man lernen will, wird man zugeben müssen, daß eine referenztheoretische Position wegen ihrer eigenen Ohnmacht sie nicht erschüttern kann. Was wäre also gegen sie einzuwenden außer einem Unbehagen derer, die doch noch nicht die Unmöglichkeit der Korrespondenztheorie und eines entsprechenden „objektivistischen“ Wahrheitsbegriffs zugeben wollen? Gegen sie als Alternative zur Korrespondenztheorie spricht aber, daß sie selbst im Grunde, ohne es zu reflektieren, eine verdeckte Korrespondenztheorie ist.

Ein Konsens soll *dann* bestehen, *wenn* verschiedene Menschen in ihrer Meinung übereinstimmen. Wenn man nicht wie Kant das, worin sie übereinstimmen, als universales, formales Vermögen des menschlichen Verstandes selbst voraussetzt, sondern als etwas Inhaltliches, dann muß man annehmen, daß sie in bezug auf den *Sachverhalt, so wie sie ihn meinen*, irgendwie in Übereinstimmung sind. Dieser Sachverhalt ist hier allerdings nicht mehr als außersubjektive, objektive Realität, sondern nur noch als intersubjektiv identische *Bedeutung* unabhängig von der je individuellen Auffassung vorausgesetzt. Der Konsens mit anderen soll darin bestehen, daß man in bezug auf „dasselbe" dieselbe Meinung hat und für wahr hält. In dieser Übereinstimmung mit anderen soll man in der Gewißheit der Wahrheit der eigenen Meinung sein. Sobald ein Dissens erfahren wird, kann man die Gewißheit in diesem Sinn nicht mehr *unmittelbar* haben, man wird zur Korrespondenztheorie zurückkehren müssen, um den Dissens „objektiv", z. B. durch Verweis auf unterschiedliche materielle Situationen der einzelnen, zu „erklären" und dadurch zu beheben. Weil die Korrespondenztheorie sich aber, wie dargelegt, nicht halten läßt, kommt man, wenn man so sagen will auf „höherer Stufe", von ihr dann wieder auf die Konsensustheorie zurück usw. Gibt es keinen Ausweg aus dieser Kreisbewegung?

Die Konsensustheorie geht davon aus, daß man in seiner Meinung mit anderer Meinung übereinstimmt, wenn diese Meinung wahr ist. Während aber die Korrespondenztheorie nach einem Kriterium der *Gewißheit* von Wahrheit in ihrem Sinne fragt, fragt die Konsensustheorie nicht nach der Möglichkeit des *Wissens* von einem bestehenden Konsensus oder des *Vergleichs* einer Meinung mit der anderer. Es fragt sich aber, ob die Gewißheit einer *Übereinstimmung mit anderen* eher gewährleistet ist als die Übereinstimmung mit der gemeinten Sache. Man kann, wie Kant betont, sehr gut in Worten übereinstimmen, in Begriffen aber „himmelweit von einander abstehen, welches nur zufälligerweise, wenn ein jeder nach dem seinigen (Gebrauch der Sprache. Zusatz) handelt, offenbar wird"[19], und, wenn man von der *sprachlichen* Zustimmung anderer ausgeht, nur *vermuten,* daß man mit ihnen in der Meinung übereinstimme. Der korrespondenztheoretischen Möglichkeit des Verfehlens der Sache entspricht innerhalb konsensustheoretischer Reflexion das Problem des Solipsismus. Denn ob die intersubjektiv natürlich immer *vorausgesetzte* Bedeutungsidentität *Faktum* ist, kann innerhalb einer Theorie, die den Begriff der Wahrheit als Übereinstimmung mit dem Objekt als unhaltbar

[19] Kant, Anthropologie, Akademie-Ausgabe Bd. VII, S. 193.

preisgibt, nicht mehr gefragt werden. Es muß bei der zweckmäßigen Vermutung bzw. Voraussetzung und der *wesentlich nur vorläufigen Bewährung* dieser Voraussetzung bleiben. Wer spricht, bildet immer die „Hypothese“, daß der andere die Sprache in *der* Bedeutung auffaßt, in der er, der Sprecher, sie gebraucht. Mit Hilfe dieser nie endgültig zu „verifizierenden“ Hypothese „erklärt“ man sich auch post festum die gelungene Kommunikation, die als gelungen angesehen wird, weil man sich etwas hat sagen können. Durch Sprache kann diese Vermutung schon nach Kant nicht zur Gewißheit gemacht werden. Der Begriff eines objektiv gültigen Urteils, in dem man solche Übereinstimmung reflexiv oder „metasprachlich“ wiederum *beurteilen* könnte, ist von der *Sprache* als solcher her nicht einzulösen. Der Gegenstand eines solchen Urteils wäre nichts Außersprachliches und damit, Kantisch gesprochen, nicht *Anschauung* von einem Gegenstande überhaupt, sondern selbst Sprachliches, d. h. in bezug auf seine objektive Gültigkeit Problematisches. Vom Bezug auf ihn her könnte sich also Objektivität nicht begründen lassen. Die Konsensustheorie legt sich in ihrem Gegensatz zur Korrespondenztheorie selbst ein Reflexionsverbot auf. So bleibt es immer dahingestellt, ob „Einer . . . die Vorstellung eines gewissen Wortes“ (und dann auch der Verbindung von Wörtern) „mit einer Sache, der andere“ aber „mit einer anderen Sache“ verbindet, „und die Einheit des Bewußtseins, in dem, was empirisch ist, ist in Ansehung dessen, was gegeben ist, nicht notwendig und allgemein geltend“[20]. Aller *Sprache* haftet diese Unsicherheit an, insofern sie nicht auf den Begriff eines nach einer der transzendentalgrammatischen Urteils*formen* gebildeten und auf die reine *Anschauung* vom Gegenstand bezogenen Urteils reduziert ist. Sie liegt im arbiträren Charakter der Zeichenrelation, wie bereits Platon im siebten Brief hervorhebt[21]. Der Begriff des Urteils als eines *objektiv* gültigen Verhältnisses wird deshalb bei Kant auch nicht als sprachliche Form verstanden. Er versteht sich von einem ursprünglichen Vermögen der formalen *Bildung* von Urteilen her, und das ist nach Kant der bei allen gleiche Verstand. Das Subjekt kann, weil es mit diesem reinen Vermögen gleichgesetzt ist, urteilend jederzeit eine neue Kausalreihe des Urteilens initiieren. Als das reine Vermögen solcher Formen kann es „ohne weiteres“ *frei* mit objektiv gültigem Urteilen und also im *unmittelbaren* Bezug auf *Anschauung* und durch keine sprachlich bedingte Relativitätsproblematik irritiert mit dem Urteilen anfangen. Allein das sich in Ansehung dieser Formen generierende Urteil ist nach Kant seiner *Form* nach a priori ein *objektiv* gültiges Verhältnis, weil hier der Begriff eines Gegenstandes überhaupt als der Begriff des in un-

[20] Kant, Kritik der reinen Vernunft, B 140.
[21] Platon, Siebter Brief, 342e–343c.

mittelbar auf Anschauung bezogenen Urteilen *Beurteilten* gedacht ist. Der über diese transzendentalen Urteilsformen verfügende Verstand ist demnach als jederzeit zur Objektivität oder, was für Kant dasselbe ist, zur Vorurteilslosigkeit fähiges Urteilsvermögen gedacht. Vorurteilsfreiheit ist dasselbe wie der *unmittelbare*, von schon gefällten anderen Urteilen, insbesondere von den Urteilen anderer freie, weil bei allen gleiche Verstandesgebrauch. Im Sprechen dagegen weiß man nicht gewiß, wie ein konkretes Urteil seinem Inhalt nach von anderen, deren „Vorurteile“ man nicht kennt, verstanden wird. Man kann es nur vermuten. Dieses ungewisse Vermuten, welches das Sprechen jederzeit begleitet und auf die Sprachgestaltung einwirkt, impliziert immer auch die Möglichkeit der Divergenz. Was man sagen möchte, wird man je nach der Einschätzung des Verstehenshintergrundes des Adressaten in der einen oder der anderen der Redewendungen ausdrücken, die man von seiner Absicht her als hinreichend synonym ansieht. Man betrachtet sie aber, insofern man mit Rücksicht auf einen bestimmten Adressaten zwischen ihnen wählt, um *ihm* sagen zu können, was man sagen möchte, im selben Akt ebensogut als nicht synonyme, d. h. nicht gleich gültige Ausdrücke. Der Begriff einer gleichen Bedeutung verschiedener sprachlicher Gebilde und damit auch der Begriff „der“ Bedeutung eines sprachlichen Gebildes schlechthin (eines Wortes, einer Wortkette, eines Textes usw.) erscheint in dieser Phänomenologie sprachlichen Verhaltens als wesentlich an die konkrete Sprechsituation gebunden, aber so, daß Bedeutung *auch in dieser Situation*, so eng sie auch sein mag, noch als in sich differenziert und nicht als rein Identisches erscheint. Wer spricht, rechnet mit fremdem Sprachgebrauch, und aufgrund eigener Vorurteile über andere kann er sich dabei immer auch verrechnen, so daß man aus doppelter Ungewißheit nie sicher sein kann, wie man verstanden wird oder welche „Bedeutung“ das Gesagte beim Adressaten erhält. Gerade der *Zweifel* an der Identität der Bedeutungen von Mensch zu Mensch ist für das Sprechen bis in die Wortwahl hinein ebenso konstitutiv wie die Zuversicht in deren Identität. Die Bedeutungsidentität ist allerdings in den meisten Bedeutungstheorien verabsolutiert worden. Es gibt dagegen keine Introspektion, die *den für die Sprachgestaltung kreativen Zweifel an ihr* beheben könnte. Der andere wird für mich nicht Objekt, er bleibt auch im Vernehmen meiner Sprache freies, produktives Subjekt, dem meine Worte „etwas“ bedeuten können, aber deshalb noch nicht „dasselbe“ wie mir bedeuten müssen. Man kann seit Kant auch sagen: Es gibt keine kritische Erkenntnislehre von der Objektivität der Subjektivität. Deren Wesen besteht, im Unterschied zu Naturgegenständen, ja gerade darin, Vermutungen oder Hypothesen über sie *von sich aus* und in „derselben“ Sprache, in der sie formuliert sind, widersprechen zu können. Auch wenn „Bedeutung“ nicht als das außersprachliche Objekt verstanden wird, auf das sich „synonyme“ Ausdrücke in jedem Gebrauch gleichermaßen beziehen sollen, sondern als nur einer bestimmten Sprache eigentümliche weltaufschließende Intension ihrer Wörter, die jedoch dem individuellen Gebrauch dieser Sprache vorausliege, befindet man sich in der Verlegenheit, ein Kriterium angeben zu können, nach dem zu bestimmen wäre, worin denn solche normativ vorgegebenen Bedeutungen ihrerseits „objektiv“ bestehen könnten. Sie bleiben nur *postulierte* Ideen. Ihr Postulat impliziert aber zugleich ihr Nichtgegebensein bzw. ihre negative Referenz zu faktischen finiten Sprachgebilden, die der Ungewißheit der Bedeutung wegen, die sie beim Adressaten entstehen lassen, wesentlich als *Versuche* zu verstehen sind, den geeigneten Ausdruck zu formulieren[22]. Schon aus diesem Grunde dürfte sich kaum die Rede von einem transzendentalen Charakter „der“ Sprache rechtfertigen lassen. Dieses Moment von möglicher Nichtidentität in der Bedeutungsrelation ist in den vorherrschenden Variationen der Bedeutungslehre ignoriert, ob sie nun Bedeutung, wie z. B. Frege, als das außersprachliche Objekt oder, wie z. B. strukturalistische Positionen, als sprachimmanent, jedoch dem einzelnen Sprechakt durch das System einer Sprache vorgegeben, verstehen, oder aber als die Vorstellung, die individuell beim Vernehmen eines Sprachgebildes erzeugt werden mag. Das erste dieser Theoreme hat insofern seine Berechtigung, als durchaus das als außersprachlich Gemeinte, das in einer Sprache durch *ein* Wort oder eine finite Wortkette befriedigend getroffen zu werden scheint, in einer anderen Sprache nur umständlich und unbefriedigend umschrieben werden kann, so daß der Ausdruck für diese Bedeutung „in ihr“ vermißt werden mag und die intendierte Bedeutung zumindest „innerhalb“ des Systems dieser Sprache nur negativ vorhanden, also „außer ihr“ vorausgesetzt ist. Das zweite Theorem setzt auf die gleiche Beobachtung lediglich einen anderen Akzent, indem es die negativ vorhandene Bedeutung als für diese bestimmte Sprache überhaupt nicht vorhanden und Bedeutung damit als sprachrelativ versteht. Die dritte Variante ignoriert den Allgemeinheitscharakter sprachlicher Bedeutung, indem sie sich positivistisch bzw. psychologistisch lediglich auf die bei den Individuen real erzeugte und naturgemäß als solche nicht mitteilbare individuelle Vorstellung bezieht. Der sich an andere richtende Sprachgestus widerlegt diese Auffassung unmittelbar in dem Bemühen, einen am vermuteten Verstehenshintergrund des Adressaten gemessen adäquaten Ausdruck zu finden. Die mit der Auffächerung in solche Theoreme vernachlässigte Nichtidentität in der

[22] Humboldt nennt die Sprache deshalb „die sich ewig wiederholende Arbeit des Geistes, den artikulierten Laut zum Ausdruck des Gedanken fähig zu machen“. Akademie-Ausgabe Bd. VII, S. 46.

Bedeutungsrelation hat dagegen immer schon in der Rhetorik Beachtung gefunden. In Platons „Phaidros" wird darüber hinaus ausdrücklich auf ihre Beachtung im Verhältnis zur Wahrheitsfrage reflektiert. Wörter wie „Eisen" und „Silber", so heißt es dort, hätten bei verschiedenen Teilnehmern einer Unterredung zwar dieselbe Bedeutung. Anders verhalte es sich aber bei Wörtern wie „gerecht" und „gut". Der gute Redner müsse unterscheiden lernen zwischen dem Eidos, in bezug auf das die Menge notwendig auseinandergehe, und dem, in bezug auf das dies nicht der Fall sei[23]. Er müsse das Wesen der Seele und damit die Verschiedenheit der Adressaten erkennen, für die er seine Rede berechne (270e), und auf die Ursachen reflektieren, aus denen eine Seele von bestimmten Reden überzeugt oder nicht überzeugt werden könne (271b). Die „Verstehenshintergründe" und die Eigenart sprachlicher Auffassung des Adressaten werden also in ihrer Bedeutung für die Formung der Rede erkannt. Der gute Redner soll wissen, was für ein Mensch durch welche Reden überzeugt wird und welche Reden mithin auf welche Art zur Überzeugung von welchen Gegenständen angewendet werden müssen (272a). Einige Lehrer der Rhetorik lehrten deshalb, wie Sokrates berichtet (272d), der gute Redner brauche gar nicht im Besitz der Wahrheit zu sein. Er habe vielmehr nur auf die jeweilige Wahrscheinlichkeit der Überzeugung zu achten, und manchmal dürfe er um des Erfolges willen das wirklich Geschehene nicht in seine Rede aufnehmen, nämlich dann nicht, wenn es nicht zugleich auf wahrscheinliche Weise geschehen sei. Im Unterschied hierzu will Sokrates aber das Wahrscheinliche und das Wahre nicht als abstrakten Gegensatz verstehen. Vielmehr ergebe sich das Wahrscheinliche der Menge aus der Ähnlichkeit mit dem Wahren, um die der Philosoph wisse. Die Übersetzung der Wahrheit in das eher zu akzeptierende Wahrscheinliche bedeute allerdings, es auf einen groben, allgemeineren Nenner zu bringen (vgl. 229e). Dies gerade reflektiere der Philosoph, der deshalb diesen Namen zu Recht trage (278d). Er wisse, daß die „in ihm geborene Rede" ihm als eigenster Fund angehöre. Die λόγοι, die etwa in anderen Seelen erwachsen, werden „Sprößlinge und Brüder von dieser" (ἔκγονοί τε καὶ ἀδελφοὶ; 278a) genannt. „Die" Wahrheit ist also als nicht unmittelbar mitteilbar gedacht. Ihre Mitteilung ist verändernde Übersetzung. Sie vergröbert und verfälscht sie, insofern sie sie auf derben Boden verpflanzt, und sie verändert sie produktiv, indem sie sie auf fruchtbaren Boden verpflanzt, auf dem sie dann, in der anderen Sprache anderer, „Sprößlinge und Brüder" der eigenen Rede hervortreibt. Wahrheit ist bei Platon zwar im Zusammenhang mit dem Problem ihrer Mitteilung gesehen, letztlich

[23] Platon, Phaidros, 263b 6. – Zitatangaben in Klammern innerhalb des Textes beziehen sich auf das in der jeweils letzten Fußnote angeführte Werk.

aber doch als aller Form der Mitteilung noetisch Zugrundeliegendes gedacht. Der Philosoph weiß, daß ihr im Grunde keine Redeform adäquat ist. Deshalb ist es kein Verrat an der Wahrheit, wenn der Redner bei der Formung seiner Rede nicht unmittelbar auf die Mitteilung „der“ Wahrheit, sondern auf das wahrscheinlich Überzeugende bedacht ist, auf das, was den Angesprochenen möglicherweise im Anschluß an *ihr* Vorverständnis und ihren – von dem des Sprechers möglicherweise verschiedenen – Sprachgebrauch überhaupt etwas zu bedeuten vermag. Er kann in kleinen Schritten unter Ausnutzung der Ähnlichkeit der Gegenstände, ohne den Anschluß an das vermutete Vorverständnis der Angesprochenen zu verlieren, auf das, was er sagen will, hinlenken (vgl. 262), so daß dann aber auch wieder nur eine größere Wahrscheinlichkeit besteht, daß es in deren Seele, wie man im Deutschen sagt, von sich aus „aufgeht“. Diese im Unterschied zur Auffassung der Sprache als reines Informationsmedium subtilen Beobachtungen des Redevorgangs werden bei Platon letztlich im Sinne einer Esoterik der Wahrheit gedeutet. Der zu ihr durch Geburt und Bildung befähigte Philosoph kann sie nur in „familiärer Unterredung“ wenigen Auserwählten vermitteln, insofern sie in der Lage sind, sie „auf einen ganz kleinen Wink hin *selbst* zu finden“[24]. Die platonische Trennung der Sprache von der Wahrheit ist aufs engste mit dieser Esoterik verbunden, und notwendigerweise entstehen Probleme, wenn dann in der Weiterführung platonischen Denkens zugleich versucht wird, umgekehrt *ihre generelle Mitteilbarkeit* zu postulieren. Der Blick richtet sich nicht nur beiläufig auf das Wesen solcher Mitteilbarkeit. Dem Ansatz des Christentums nach ist sie für alle da, und der einzelne ist in der Wahrheit, insofern er darin nicht nur bei sich, sondern zugleich für andere ist. Die mögliche Verschiedenheit des Vorverständnisses und des Sprachgebrauchs, an den man, wie ausgeführt, im Versuch der Vermittlung der Wahrheit auch nach Platon anknüpfen muß, kann dann nicht mehr von nur rhetorischem Interesse sein.

Das bislang nur zur Rhetorik Gerechnete bleibt dem Wahrheitsbegriff, der das Verhältnis zu anderen einbezieht, nicht äußerlich. Daß es *keine Gewißheit in der Vermittlung* zu anderen gibt, wird bezeichnend für die Wahrheit *sowohl* des einen *wie* des anderen. Die Unmöglichkeit, anderen mit Gewißheit die eigenen Vorstellungen zu vermitteln, schlägt auf die Frage nach der Wahrheit dieser eigenen Vorstellungen zurück, so daß die mögliche Realisierung anderer Vorstellungen oder anderen Verstehens des Gesagten nicht schon die Unmöglichkeit bedeuten muß, eine an sich gewußte Wahrheit adäquat in Worte zu kleiden; die mögliche andere Realisierung ist vielmehr die *Wahrheit* der Gewißheit einer vermeintlich selbst gewußten, nur nicht

[24] Platon, Siebter Brief, 341e.

generell mitteilbaren „Wahrheit“, die damit auch selbst schon als vermittelte, „andere Realisierung“ statt als ursprünglicher Besitz zu begreifen ist. Sie ist damit auch die Wahrheit des sie vermeintlich für sich wissenden „Philosophen“. Dieser Gedanke der notwendigen *Erscheinung* der Wahrheit im Element des anderen, ihrer Inkarnation bzw. Kondeszendenz zum anderen hin kommt in Gleichnissen wie dem vom Samenkorn zum Ausdruck, das Frucht bringt, indem es selbst stirbt. Er konnte sich philosophisch allerdings gegen die Übernahme platonistischer Lehre kaum artikulieren, wenn er auch immer wieder anklingt.

Nur einige Positionen, in denen er dennoch hervortritt, sollen im folgenden kurz angedeutet werden. So heißt es in Augustinus' Schrift „De magistro“, die Wörter könnten auch ohne die Absicht der Lüge bei Partnern eines Dialogs verschiedene Bedeutung haben und jemand könne von sich aus gesehen die Wahrheit sagen, von anderen aber anders verstanden werden. Wenn Augustinus ausführt, man könne durch Wörter überhaupt weder lehren noch lernen, so ist damit gemeint, die Bedeutungen würden je vom einzelnen Sprecher „von innen“ realisiert und nicht wie fertige Ware vom Sprechenden zum Hörenden hinübertransportiert. So kommt er zu dem Gedanken eines „inneren Lehrers“[25]. Doch diese kritische Einsicht blieb sporadisch. Der Gedanke allgemeiner Substanzen als des vorausliegenden „Worüber“ der Rede blieb vorherrschend. Das Individuelle gilt in der Geschichte der Philosophie überwiegend nur als unvollkommener, aber auch belangloser Ausdruck, allenfalls als Sache des Stils, von einigen weiteren Ausnahmen abgesehen. – Pascal z. B. nimmt das Bild von der im anderen anders aufgehenden Wahrheit und damit die Berücksichtigung des produktiven Verstehens auf, bleibt aber innerhalb des Bildlichen. Es heißt in „Die Kunst zu überzeugen“: „Manch einer hat

[25] Vgl. hierzu E. Coseriu, Die Geschichte der Sprachphilosophie von der Antike bis zur Gegenwart, Tübinger Beiträge zur Linguistik, Bd. I, 1975, S. 144: „Tatsächlich gehört es zu einer allgemeinen Charakteristik der Sprache, daß das Sprechen auf der rational unbegründbaren Annahme beruht, daß ‚der Andere‘ unser Sprechen versteht. Diese Annahme wird zwar praktisch bestätigt, d. h. sehr oft findet eine Mitteilung statt, theoretisch aber ist diese Annahme abzulehnen, da wir über die Tatsache, daß wir dem Anderen diese Fähigkeit, uns zu verstehen, zwar zuschreiben und anerkennen, dennoch keine Sicherheit haben, denn das Innere eines anderen Bewußtseins können wir nicht direkt erfahren.“ Ich möchte hinzufügen: Die genannte Annahme *als Annahme* ist zwar für das Sprechen unerläßlich. Als Annahme läßt sie sich wohl in ihrer *Notwendigkeit* begründen, aber das ist eine Notwendigkeit aus Mangel an *Gewißheit*, die wir weder direkt noch indirekt erlangen können. Der indirekte Weg, das „Innere“ eines anderen zu erfahren, könnte nur wieder die Sprache sein, und das Problem wäre bloß auf eine Ebene des Sprechens über das Sprechen verschoben. Daß Mitteilung „stattfindet“, ist nur aus dem praktischen Verhalten zu *erschließen*, wenn andere sich so verhalten, als *hätten* sie die Bedeutung bei sich *so* realisiert, *wie* sie der Sprecher in der *Intention*, sich mitzuteilen, bei sich realisierte.

einen Einfall und sagt ihn, ohne seine Bedeutung zu verstehen, während ein anderer hier eine bewunderungswürdige Kette von Folgerungen schauen wird, so daß wir kühn sagen dürfen, das sei nicht mehr der gleiche Gedanke, und er verdanke ihn nicht dem, bei dem er ihn lernte, so wie ein prächtiger Baum nicht dem gehört, der den Samen achtlos und ohne sich etwas dabei zu denken und ohne ihn zu kennen, in fruchtbare Erde streute ... Der gleiche Gedanke wächst mitunter in einem anderen völlig anders als in seinem Urheber; unfruchtbar in seinem natürlichen Boden wird er über die Maßen fruchtbar, wenn man ihn verpflanzt“[26]. Gegen die vorherrschende Tradition war es in der Tat „kühn“, den Ursprung des Gedankens gerade in seiner individuellen Konzeption zu sehen und Sprechen weniger als Mitteilung „desselben“, als metaphorisch als Ausstreuen eines Samens zu deuten.

Zum Zentrum der Philosophie wird die Betonung der Wahrheit des Individuums – wenn auch noch ohne direkten Bezug auf das Wesen der Sprache – im Leibnizschen Gedanken der individuellen Substanzen oder „Monaden“. „Die Monaden haben keine Fenster“ als direkte Verbindungen untereinander, denenzufolge die eine für die andere *Objekt* werden könnte. Jede repräsentiert die Wahrheit auf ihre eigene Weise. „Substanz“ ist in diesen Gedanken der individuellen *Repräsentation* der Wahrheit, im Unterschied zu dem von der antiken Philosophie überlieferten Substanzbegriff, nicht mehr eine die Individualität als bloß zufälliges materielles Substrat bestimmende allgemeine, übergreifende Form. Sie ist als solche individuell. Der revolutionäre Gedanke von den individuellen Substanzen meint, daß hier der Begriff der Wahrheit nicht mehr an den der Übereinstimmung im Selben gebunden ist, so daß die Subjekte quasi nur als zufällige Grundlage oder als Träger „desselben“ Gedankens zu verstehen wären und ausgerechnet die Wahrheit es wäre, die sie zu abzählbaren Elementen der Klasse solcher Träger „desselben“ Gedankens herabdrückte.

Im direkten Zusammenhang mit dem Sprachvorgang versucht W. v. Humboldt, hier gewiß von Leibniz beeinflußt, die mögliche Nichtidentität in der Bedeutungsrelation zu berücksichtigen. Auch bei W. v. Humboldt ist, in einer bezeichnenderweise der Sprache abgehörten metaphorischen Ausdrucksweise, nur von einer „Entsprechung“ der in der Individualität jeweils erzeugten Gedanken die Rede. „Die Menschen verstehen einander nicht dadurch, daß sie sich Zeichen der Dinge wirklich hingeben, auch nicht dadurch, daß sie sich gegenseitig bestimmen, genau und vollständig denselben Begriff hervorzubringen, sondern dadurch, daß sie gegenseitig in einander dasselbe Glied der Kette ihrer sinnlichen Vorstellungen und

[26] Pascal, De l’art de persuader, Oeuvres complètes, Paris 1963, S. 358; deutsch: Die Kunst zu überzeugen, Heidelberg 1950, S. 109f.

inneren Begriffserzeugungen berühren, dieselbe Taste ihres geistigen Instruments anschlagen, worauf alsdann in jedem entsprechende, nicht aber dieselben Begriffe hervorspringen"[27]. Sprache „teilt nicht mit", „sondern regt bloß an" (ebd.), denn wir haben auch nicht einmal die „Ahndung eines anderen als eines individuellen Bewußtseins" (VII, 37), und so *bestimmt* die Sprache die anderen nicht, sondern läßt sie frei[28]. Was aber soll das heißen, daß die Sprache nicht identische, sondern nur „entsprechende" Vorstellungen vermittle? Natürlich kann auch Humboldt *darüber hinaus nichts sagen* und nicht *objektiv* einen Anteil von Identität von einem Anteil von Nichtidentität der Subjekte im Realisieren von Bedeutungen abheben. „Entsprechend" heißt hier eben dies, *daß* sie miteinander sprechen, und daß die Rede des einen dem anderen offenbar etwas zu

[27] W. v. Humboldt, Akademie-Ausgabe Bd. VII, S. 169f.

[28] Dieser Humboldtsche Begriff der „Entsprechung" wird auch bei Bruno Liebrucks zu einem zentralen Begriff der Sprachlichkeit des Menschen. Er spricht von einem „Unbestimmtheitshof *jeder* sprachlichen *Bedeutung*", der allerdings „begrenzt" sei, und von einem „Spielraum innerhalb ihres Hofes". (B. Liebrucks, Sprache und Bewußtsein, Bd. I, Frankfurt/M 1964, S. 346f.). Das Problem der Begrenztheit bzw. Bestimmtheit wenigstens des „Hofes", innerhalb dessen ein Spielraum bestehen soll, ist aber schließlich dasselbe wie das der Bestimmtheit von Bedeutung überhaupt. Die Tatsache, daß wir *annehmen* (vgl. Anm. 25), die Bedeutung sei bei verschiedenen Individuen, wenn sie miteinander sprechen, dieselbe, und die Erfahrung, daß sich diese Annahme nicht mit Gewißheit bestätigt und daß nur manchmal der *Anschein* entsteht, sie bestätige sich, und manchmal der *Anschein*, sie habe sich nicht erfüllt (Nichtidentität der Bedeutung ist ja ebensowenig „erfahrbar"), legen es nahe, die Momente der Identität und Nichtidentität im *Bilde* eines begrenzten „Hofes" auseinanderzulegen. Die Logik Hegels bestimmt sowohl den Begriff der Identität wie den der Nichtidentität als Reflexionsbegriff. Da beide wohl für Dinge, nicht aber für Bedeutungen zureichen, liegt die Ausdrucksweise nahe, das Bewußtsein als dialektische Einheit beider zu bestimmen. „Dialektische Einheit" kann ja auch nur besagen, daß sich die Begriffe in dieser *negativen* Mitte aufheben, *wenn* man sie überhaupt als Begriffe der Bestimmung von Bewußtsein versteht. Im Sinne Fichtes (vgl. den vierten Teil dieser Arbeit, Abschnitt 2) wird bei Humboldt das Moment der Einheit in der Realisierung der Bedeutungen von Bewußtsein zu Bewußtsein in eine sich wesentlich nicht erfüllende Zeit verlagert: Wenn wir auch „nicht einmal die entfernteste Ahndung eines anderen als eines individuellen Bewußtseins" haben, so liegt nach Humboldt dennoch „durch den Begriff der Menschheit" in uns ein „Keim unauslöschlicher Sehnsucht" und die „Überzeugung", „daß die geschiedene Individualität überhaupt nur eine Erscheinung bedingten Daseins geistiger Wesen" sei (VII, S. 37). Der Begriff der Individualität und der Gedanke der Unauslöschlichkeit und Unerfülltheit solch einer „Sehnsucht" sind derselbe Gedanke. Sie ist *wesentlich* unerfüllt. Die Vorstellung, worin sie sich positiv erfüllen sollte, muß die Vorstellung jeweils *einer* Individualität bleiben, unter die sie die anderen zu subsumieren sucht, und steht darin wesentlich der Anerkennung der Andersheit der anderen entgegen, wenngleich es zur Anerkennung von Individualität gehört, anzuerkennen, *daß* sie sich solche Vorstellungen machen *muß*. (Vgl. hierzu die näheren Ausführungen des dritten Teils). Zum Begriff „Entsprechung" vgl. auch H. Lipps, Untersuchungen zu einer hermeneutischen Logik, Frankfurt a. M. 1938, S. 80.

sagen vermag, wenn auch nicht unbedingt und mit Gewißheit „dasselbe". Der Sprachprozeß selbst bleibt hier letzte Auskunft. Seine „Erklärung" könnte sich wiederum nur sprachlich unter der gleichen Bedingung vollziehen, so daß sie als „befriedigende" Erklärung nun ihrerseits denen, die sie als solche akzeptierten, etwas bedeutete, aber wiederum ohne Gewißheit der Bedeutungsidentität von Person zu Person. „Etwas bedeuten" und „jemandem etwas bedeuten" scheinen, wenngleich es sich hier im Sinne des objektivistischen Bedeutungsbegriffs um verschiedene Bedeutungen von „Bedeutung" zu handeln scheint, nur objektsprachlich, aber nicht in einer letzten Metasprache getrennt werden zu können. Das ist lediglich eine andere Sicht des Umstands, daß nach keinem objektiven Kriterium ein fester objektiver bzw. intersubjektiver Bedeutungskern von bloß subjektiven Konnotationen streng getrennt werden kann.

Zu analogen Überlegungen gelangt von einem ganz anderen Ausgangspunkt her Wittgenstein in den „Philosophischen Untersuchungen". Er stellt dort die Frage: „*Wie vergleicht* man Vorstellungen?" bzw. „Was ist das Kriterium der Gleichheit zweier Vorstellungen?"[29] Die Problematik solcher Fragen wird besonders deutlich, wenn man auch noch nach einem Kriterium für die Gleichheit dessen fragt, was sich verschiedene Personen jeweils unter „gleich" *vorstellen*, und ob das nun wieder etwas Verschiedenes oder etwas Gleiches sei. „Ehe ich urteile, daß zwei meiner Vorstellungen gleich sind, muß ich sie doch als gleich erkennen" (378). Erst recht müßte dies für Vorstellungen *verschiedener* Subjekte gelten. Es ist offenkundig, daß es unmöglich ist, Vorstellungen zu vergleichen. Wittgenstein bezieht dies nicht nur auf das, was man sich etwa bei einem Wort wie „Schmerz" oder überhaupt bei solchen Wörtern vorzustellen habe, die sogenannte „innere" Zustände meinen, so daß man die Bedeutung dieser Wörter nicht dadurch intersubjektiv gewiß machen kann, daß man auf einen entsprechenden Gegenstand *zeigt*. An solchen Wörtern wird vielmehr nur die allgemeine Einsicht besonders deutlich, daß man „Bedeutung" überhaupt nicht mit dem Hinweis darauf bestimmen kann, daß sie in irgendeinem bestimmbaren Sinn intersubjektiv „dasselbe" zu bedeuten habe. Es läßt sich nicht aufweisen, *was* dieses „Selbe" denn sei. Das gilt für Wörter, die, wie z. B. „rot", „äußere" Wahrnehmungen bedeuten sollen, genauso wie für Wörter, die, wie z. B. „Schmerz", für etwas „Innerliches" stehen sollen. Niemand hat mir je „die Vorstellung der blauen Farbe gezeigt" (382), und niemand kann mir zeigen, was *er* sich bei diesem Wort vorstellt, also auch nicht, ob er sich dabei „dasselbe" vorstellt wie ich; er kann mir nicht einmal zeigen, was er sich bei dem Wort „dasselbe" vorstellt. Die Wittgensteinsche Antwort auf solche Fragen

[29] L. Wittgenstein, Philosophische Untersuchungen, Nr. 376f.

besteht darin, daß man die Begriffe, wie z. B. „rot“, „Schmerz“ usw., mit der jeweiligen Sprache gelernt habe, in der sie vorkommen (381, 384). Wir haben gelernt, sie zu gebrauchen. Mehr läßt sich über ihre Bedeutung nicht sagen. Es läßt sich von daher vor allem nicht sagen, daß sie für alle, die sie im Sinne der Beherrschung dieser Sprache „richtig“ gebrauchen, in irgendeinem objektiv bestimmbaren Sinn „dasselbe“ bedeuten. Man kann nicht aus einer Sprache hinauszeigen, um zur Bedeutung ihrer Wörter zu gelangen. Es ist in unserem Zusammenhang besonders interessant, wie Wittgenstein dennoch der in sich natürlich widersinnigen Vorstellung einer „Privatsprache“ begegnet. Die Vorstellung einer „Privatsprache“ hält daran fest, daß „Bedeutung“ etwas sein müsse, was man sich bei einem Wort *vorstelle*, und da man eingesehenermaßen nicht wissen könne, ob das bei den Partnern des Sprachgebrauchs „dasselbe“ sei, müsse man davon ausgehen, daß jeder seine eigene Sprache spreche. Dem hält Wittgenstein einen ganz anderen Begriff von Bedeutung entgegen. Er spricht von einer „Berechtigung dafür, ein Wort zu gebrauchen“. Wenn ich einer solchen „Berechtigung“ bedürfe, dann müsse „es eine auch für den Andern sein“ (378). Wittgenstein spricht von einem „Recht“, etwas als das oder das zu benennen (379). Ein Recht bezieht sich auf das Verhältnis eines Individuums zu anderen Individuen. Es kann nicht solipsistisch verstanden werden. Dieses hier in Frage stehende Recht läßt aber offensichtlich, mangels eines *Kriteriums* für „Gleichheit“, offen, was der eine oder der andere sich vorstellt, wenn er die Sprache gebraucht. Es läßt ihn offensichtlich darin *frei*. Wittgenstein spricht in diesem Zusammenhang auch von einer „Institution“ der Anwendung (380). Diese Seite soll hier vorerst nur erwähnt werden. Erst in einem späteren Zusammenhang wird es möglich sein, den Zusammenhang zwischen Sprache und einem Recht näher zu bestimmen, das eine „Gemeinschaft“ von Individuen dadurch ermöglicht, daß es die Individuen gerade nicht auf „dasselbe“ festlegt, sondern in ihren Vorstellungen frei läßt, die sie sich *je von sich aus* machen[30]. Zum Verständnis eines solchen Zusammenhangs müssen, auch gegenüber dem Wittgensteinschen Reflexionsstand, erst die dazu hinführenden kritischen Reflexionen der Philosophie wieder nachvollzogen werden.

Aber wenn man das „Phänomen“ der Kommunikation *erklären* will, scheint man doch voraussetzen zu müssen, daß die Bedeutungen bei Sprecher und Hörer „dieselben“ seien und daß der Hörer verstehe, „was“ der Sprecher ihm sage, so, als werde etwas Dingartiges hinübergereicht. Die erklärende *Reflexion* auf den Sprachvorgang wird diese Voraussetzung des wirklichen Sprachvollzugs verabsolutieren müssen, insoweit sie der Erklärung solch ein Sprachmodell zugrunde legt. Es ist ohne Zweifel das

[30] Vgl. Vierter Teil, Abschnitte 5 und 10.

herrschende und deshalb zum Zweck des Erklärens taugliche Sprachmodell. Erklärungen müssen an allgemein Akzeptiertes anknüpfen. Versteht man unter einer gelungenen Kommunikation aber, daß jemand einem anderen etwas hat sagen können, was für diesen von Bedeutung ist, weil es ihm von seinen eigenen subjektiven Voraussetzungen aus etwas sagt, ohne daß mitpostuliert ist, es müsse „dasselbe“ sein, „was“ der Sprecher habe sagen wollen, so kann man zwar diesen Umstand nicht von etwas *anderem* her, hier von der *Voraussetzung* von Bedeutungsidentität, *erklären*. Aber man ist dann auch nicht zur *Verabsolutierung* dieser Voraussetzung gezwungen, die im wirklichen Sprechen immer nur Moment ist zusammen mit der entgegengesetzten Voraussetzung, daß *auch* von einem möglichen „Andersverstehen“ des anderen auszugehen sei, ohne daß man einen „Bereich“ oder gar einen „Kern“ identischen Verstehens a priori dagegen abgrenzen könnte. Das Argument, zur *Erklärung* von gelungener Kommunikation benötige man die Voraussetzung der Identität der Bedeutung für die verschiedenen Partner der Kommunikation, ist richtig, aber es enthebt diese Voraussetzung nicht ihres bloßen, nicht einzulösenden Voraussetzungscharakters. Es bestätigt ihn vielmehr. Denn was zu einer *Erklärung* benötigt und akzeptiert wird, ist *deshalb* noch nicht über einen hypothetischen Status hinausgeführt. Die Erklärung als Erklärung gelingt, insofern die erklärende Hypothese *akzeptiert* wird. (Sie muß nicht an und für sich bewiesen sein.) Und hierbei kann man ja auf die Voraussetzung hinweisen, die jeder Sprechende wirklich selbst „immer schon“ macht, wenn er zu anderen spricht. Wenn man Kommunikation erklären, d. h. auf etwas *anderes* zurückführen will, genügt die *Voraussetzung*, daß nach *dessen* Erklärung, zumindest im gleichen Zusammenhang, dann nicht gefragt wird. Dieses andere, hier die „Bedeutungsidentität“, wird ohne Bedürfnis nach Erklärung oder unbefragt vorausgesetzt und in diesem Sinne verabsolutiert. Diese Identität ist das Absolute der *Erklärung* der Kommunikation, wenn die Kommunikation selbst als erklärungsbedürftig, d. h. als von etwas anderem Abzuleitendes oder Relatives gilt, obwohl doch auch das Erklären sich als Kommunikation vollzieht.

Irgend etwas muß in der Erklärung „angenommen“ werden. An irgendeinem Punkt muß das zur Erklärung Gesagte dem, der nach einer Erklärung fragt, etwas bedeuten. An irgendeinem Punkt muß also offen bleiben, ob es ihm „dasselbe“ bedeutet wie dem, der die Erklärung gibt. Wenn nach einer Erklärung der Möglichkeit von Kommunikation gefragt wird und dazu eine Identität der Bedeutung bei den Partnern der Kommunikation *vorausgesetzt* wird, muß offen bleiben, was hier „Identität der Bedeutung“ je bedeutet, denn es *dient* ja der Erklärung und kann in diesem Zusammenhang nicht selbst erklärt werden müssen. Es kann nicht erklärt werden, was die Bedeutung von „Identität der Bedeutung“ sei.

„Die Bedeutung des Wortes" ist aber doch, wie Wittgenstein ausführt, „das, was die Erklärung der Bedeutung erklärt"[31]. In ihr wird die Bedeutung „identifiziert", indem sie mit der Bedeutung eines *anderen*, nämlich des erklärenden Ausdrucks, *gleichgesetzt* wird. Aus der *Voraussetzung* gleicher Bedeutung für verschiedene Partner der Kommunikation, bei der offen bleibt, worin sie besteht, wird *in der Erklärung* die *Gleichsetzung verschiedener Ausdrücke* in ihrer Bedeutung.

Die Erklärung der Möglichkeit von Kommunikation, die *zu ihrem Zweck* Bedeutungsidentität voraussetzt, bedient sich, als sich vollziehende Kommunikation, schon der Möglichkeit dessen, was erst noch erklärt werden sollte und ohne diese Voraussetzung fraglich erschien, ohne ihrerseits diese Voraussetzung als erfüllt bestimmen zu können. So heißt es bei Schleiermacher, wenn er auch nicht entsprechende Konsequenzen für den Wahrheitsbegriff zieht: „Daß nun die Sprache uns eine hinlängliche Gewähr ist für die Identität des Prozesses, d. h. daß ich gewiß bin, es müsse, wer mit mir dasselbe Wort ausspricht, auch dabei dasselbe innere Bild konstruieren und dadurch dieselben einzelnen organischen Affektionen bilden, erscheint freilich nur als Voraussetzung, die sich beständig bewähren muß und, indem sie sich bewährt, für wahr erklärt wird. Dies muß beständig erprobt werden und geschieht auch in vielen identischen Momenten. In dem gleichen Maße wächst die Überzeugung von der Identität des Prozesses, und hierbei wird dann suppliert, was uns von seiten der organischen Funktion immer dunkel bleibt"[32].

Was der einzelne sich vorstellt, wenn er Sprache als bedeutende versteht, bleibt „dunkel". Es läßt sich „nie ausmitteln" (373). „Bedeutung" ist kein allen Individuen gemeinsames Allgemeines. Abgesehen davon, daß hier das Individuelle immer noch nur als „organische Affektion" erscheint und nicht als individuelle Bedeutsamkeit bzw. als Unterschied in der Bedeutung auf einem jeweils anderen Verstehenshintergrund, ist die *Identität* der Bedeutung von Person zu Person doch als bloße *Voraussetzung* begriffen. Diese Voraussetzung kann sich nur „beständig bewähren", ohne jemals in Gewißheit übergehen zu können. Sie bleibt Vermutung, und ihr Gegenteil bleibt ebensogut möglich. In den „identischen Momenten", in denen etwas für diese Voraussetzung spricht, wird sie „für wahr erklärt", bis wieder etwas gegen diese Voraussetzung spricht, d. h. bis ein Verhalten unter dieser Voraussetzung scheitert. Schleiermacher sieht ebenso wie die anderen bereits in diesem thematischen Zusammenhang zitierten philosophischen Autoren, daß hier über das bloße *Voraussetzen* und die ihm entsprechende Ungewißheit nicht hinauszugelangen ist.

[31] L. Wittgenstein, Philosophische Untersuchungen, Nr. 560.
[32] Schleiermacher, Dialektik, ed. R. Odebrecht, Leipzig 1942, S. 373.

Es handelt sich um ein Grundfaktum menschlicher Sprachlichkeit, das dann auch für den Wahrheitsbegriff von entscheidender Bedeutung sein muß. Insofern dies bedacht wird, dürfte es z. B. schwierig sein, Wahrheit als „Erfüllung" von „etwas" zu bestimmen, „was" in solchen „Bedeutungen" intendiert sei, wie es bei Husserl der Fall ist. Es ergibt sich dann die Schwierigkeit der Rede von „etwas", von dem man sagen könnte, daß „es" sich „erfülle" und daß die die Bedeutung „erfüllende" Anschauung, als von dem die Bedeutung intendierenden Akt gänzlich verschiedene Anschauung, als Anschauung „dasselbe" sei wie das, was der Ausdruck als Ausdruck „meine". Die Bedeutung eines Ausdrucks ist nach Husserl, rein als solche, unanschaulich. Sie soll sich nur in der Anschauung „erfüllen", und diese Konstellation von Bedeutung und Anschauung ist der Kern des Husserlschen Wahrheitsbegriffs[33]. Die *als solche* unanschauliche Bedeutung ist also „nicht in den begleitenden Phantasiebildern zu suchen"[34]. So soll auch hier die individuelle Realisierung der Bedeutung beim Vernehmen des Ausdrucks nicht gemeint sein. Denn „viele Bedeutungen lassen sich entweder nicht adäquat oder überhaupt nicht sinnlich veranschaulichen". Bedeutung wird von Husserl aber so verstanden, daß ein anderer z. B. meine Worte „eine Amsel fliegt auf" „genau in dem Sinn, in dem ich sie meine", verstehe, „ohne in den Garten zu blicken und eventuell auch ohne jede phantasiemäßige Veranschaulichung" (46). Sie hat ihre unanschauliche Identität, die sich in der Anschauung erfüllt oder nicht erfüllt. Es mag hier dahingestellt bleiben, ob solche Beispiele, die stark an eine sympragmatische Situation gebunden sind, in der sich die Voraussetzung von Bedeutungsidentität im Sinne Schleiermachers „bewähren" kann, überhaupt Beispiele für das *philosophische Wahrheitsproblem* sein können. Dann bleibt aber immer noch die Frage, woher man *wissen* kann, daß ein anderer meine Worte „genau in dem Sinn, in dem ich sie meine", verstehe. Dieser identische Sinn muß dann doch irgendwie als „etwas" gemeint sein, das man sich als etwas Identisches wie auch immer *vorzustellen* habe. Identität als solche ist ein Relationsbegriff, der „etwas" verlangt, das „dasselbe" *sein* soll. Es fragt sich, ob der Behauptung von *Bedeutungs*identität und der Übertragung dieses Relationsbegriffs von Gegenständen auf „Bedeutung" überhaupt ein Sinn abgewonnen werden kann, wenn damit mehr gesagt sein soll, als daß ich die *Voraussetzung* mache, daß es sich so verhält, aber eben *neben* der entgegengesetzten, daß es sich auch anders verhalten kann. „Was" der andere als anderes Individuum versteht, bleibt für mich prinzipiell offen. Dies ist ein Grundfaktum der Kommunikation und der Anerkennung des anderen als eines anderen,

[33] E. Husserl, Logische Untersuchungen, Halle 1922, 2. Bd., 2. Teil, S. 8ff.

[34] E. Tugendhat, Der Wahrheitsbegriff bei Husserl und Heidegger, Berlin 1970, S. 46.

und damit wird auch einem sich von der Voraussetzung intersubjektiver Bedeutungsidentität abgeleiteten Wahrheitsbegriff das Fundament entzogen, bzw. er wird als voraussetzungsabhängiger Wahrheitsbegriff aufgedeckt.

II.

Hier könnte die Reflexion des Wahrheitsproblems neu ansetzen, nachdem sich der Skeptizismus des korrespondenztheoretischen wie des konsensustheoretischen Wahrheitsbegriffs bemächtigen mußte. Beide konnten über die bloße Vermutung von Übereinstimmung nicht hinausführen. Daß es sich bei dem einen wie bei dem anderen Wahrheitsbegriff nur um abstrakte Momente, um Aspekte des Begriffs Wahrheit handelt, von denen jeder wegen der Unzulänglichkeit des anderen sein relatives Recht bezieht, wird deutlich von L. B. Puntel herausgestellt, wenn er Wahrheit zu definieren versucht als „die sich im Modus (= in der Dimension) eines diskursiv-einlösbaren Geltungsanspuchs artikulierende Offenbarkeit der Sache selbst“[1]. Die Sache selbst soll sich in einem Ausdruck zeigen, der sie selbst vorstellt, aber der damit erhobene Geltungsanspruch, wahr zu sein, muß zugleich diskursiv eingelöst, also intersubjektiv plausibel gemacht und in einen Konsens eingebracht werden können. Puntel spricht deshalb von einer „Bipolarität“ des Wahrheitsbegriffs[2]. Da eine solche diskursive Einlösbarkeit des Geltungsanspruchs zugleich das Kriterium der Wahrheit sein soll, wäre zu fragen, was denn ein Kriterium für das gelungene Einlösen sein könnte. Andererseits bleibt offen, inwiefern, falls eine diskursive Einlösung des Anspruchs als gelungen unterstellt werden könnte, damit zugleich gewährleistet sei, daß sich in ihm die „Sache selbst“ offenbare. Mit Recht hebt Puntel den bloßen Momentcharakter sowohl des korrespondenztheoretischen wie des konsensustheoretischen Wahrheitsbegriffs hervor; beide lassen sich für sich nicht halten, weil jeder auf den anderen zurückgreifen muß. Aber ihre bloße Vereinigung kann auch nicht weiterhelfen, wenn dieses Hin und Her sich der Unzulänglichkeit des Wahrheitsbegriffs verdankt, mit dem gerade angefangen wird. *Es wird vielmehr ein anderer Wahrheitsbegriff als der der Übereinstimmung, sei es des Subjekts mit dem Objekt, sei es der Subjekte untereinander zu ent-*

[1] L. B. Puntel, Artikel „Wahrheit“ im Handbuch philosophischer Grundbegriffe, ed. H. Krings, H. M. Baumgartner und C. Wild, München 1974, S. 1649ff.

[2] Zwei Wahrheitsbegriffe, die „einander schroff gegenüber“ stehen, unterscheidet auch Bollnow, einen primär an der Erkenntnis orientierten, der griechischen Philosophie entstammenden Wahrheitsbegriff und einen Wahrheitsbegriff, nach dem Wahrheit „im ursprünglichen Sinn eine Seinsverfassung“ bedeutet. O. F. Bollnow, Das Doppelgesicht der Wahrheit, Stuttgart 1975, S. 9.

wickeln sein. Ein Geltungsanspruch kann sich nicht deshalb schon als wahr begreifen, weil er Zuspruch findet. Die Zustimmung anderer gibt dem Anspruch keine Gewißheit seiner Berechtigung, abgesehen davon, daß keine Gewißheit darüber besteht, ob er von den anderen, wenn ihm zugestimmt wird, auch in der Bedeutung bestätigt wird, in der er gemeint war.

Hier kann nur eine Vermutung oder eine *praktisch befriedigende Wahrscheinlichkeit* bestehen. Wenn überhaupt die philosophische Kritik für erhobene Geltungsansprüche von Bedeutung sein und ihrem Gegenstand, der Wahrheit, nicht äußerlich bleiben soll, dann ist als Wahrheit von Geltungsansprüchen zu begreifen und in sie aufzunehmen, daß sie sich *a priori* gegenüber möglichem *anderen* Anspruch zugleich zurückzunehmen haben, auch wenn sie sich in gewissem Umfang anscheinend *faktisch* einlösen lassen. Dies bedeutet keine Relativierung der Wahrheit, sondern nur eine Relativierung solcher bestimmten Ansprüche auf den jeweiligen Kontext ihrer Geltung unter praktisch befriedigenden Kriterien. Man könnte deshalb versuchen, den Begriff einer solchen Vermutung dem der Gewißheit, die immer letztlich auch die Vereinnahmung anderer in die eigene Intention einschließen müßte, vorzuziehen und in größerer Nähe zum Sprechvorgang ihn zusammen mit dem der „Entsprechung“ an den Anfang der Überlegung zu stellen.

Eine solche Wendung des Ansatzes wahrheitstheoretischer Reflexion höbe die Differenz empirischer Subjekte weder im Begriff eines transzendentalen Subjekts noch in dem einer faktischen Intersubjektivität auf. Von ihr ausgehend würde entsprechend Sprache nicht in wahrheitstheoretischer Reflexion auf transzendentalgrammatische *Formen* der Urteilsbildung zu reduzieren sein, die jeder Sprache in ihrer individuellen Ausprägung als ihr allgemeines „Wesen“ vorauszusetzen wären, noch wäre die einzelne Sprache als vorgegebenes, besonderes Organ oder Regelsystem zu verstehen, dem die Individuen sich im Sprechakt einzufügen hätten oder das sich gar wie ein Gitter zwischen sie und ihre Welt legte. Das sprachliche Bemühen, die Differenz zu anderem Bewußtsein in individueller Sprachgestaltung zu überbrücken, also die konkrete Gestalt jedesmaliger sprachlicher Äußerung wäre nicht als *unbedeutend* abgetan. Das Ergebnis solcher „poetischen“ Kreativität wäre als konkrete und darin gerade nicht schematische *Form der Wahrheit* bedacht. Man mag hierbei wohl zunächst etwa an poetische Sprachgestaltung im Sinn der Dichtung denken. Aber auch die wissenschaftliche Sprache ist ohne einlösbares Kriterium des Gelingens auf die Vermittlung neuer Vorstellungen zu anderen hin angewiesen, gerade dort, wo eine Theorie eine andere überholen soll und, wie die wissenschaftstheoretische Reflexion erkannt hat, kein „experimentum crucis“ die eine mit Notwendigkeit über andere stellt. Auch wissenschaftliche Theorien bedürfen der Akzeptation und werden im Bewußtsein der Ungewißheit dieses Vorgangs mit Rücksicht auf vorauszusetzende Verstehenshintergründe formuliert. Auch für sie gilt, daß sie akzeptiert werden, insofern sie anderen etwas besagen und befriedigende Erklärungen liefern. Die poetische Sprachgestaltung im engeren Sinn ist lediglich das deutlichere Beispiel. Insbesondere die Sprachfigur der *Metapher* zeigt, daß in ihrer Bildung die Vorstellung lexikalisch gesicherter identischer Bedeutungen verlassen ist. Das Wesen der Metapher besteht darin, daß sie, obgleich neu und ohne Vorgang, dennoch verstanden wird, d. h. daß sie beim Adressaten im Kontext dieses einmaligen, konkreten Sprachbemühens eine Bedeutung erweckt, die ihr Urheber *nicht* in anderen, eingespielteren Wortbedeutungen erklärend zu umschreiben vermag, so daß er natürlich auch kein *Kriterium* dafür entwickeln kann, ob die Bedeutung der Metapher für den Adressaten mit der von ihm intendierten identisch ist.

Die Vorstellung eines verfügbaren Schatzes intersubjektiv identischer Bedeutungen verdankt sich dagegen dem Spezialfall *unmittelbar* handlungsbezogenen Sprechens, der implizit für die klassischen Bedeutungslehren das bestimmende Beispiel war. Wenn jemand auf die Worte eines anderen hin, eventuell wieder mit Worten, *handelt* wie erwartet, so wird unterstellt, daß er sie im Sinne des Sprechers verstanden habe[3]. Daß dies nur unterstellt werden kann, läßt zugleich die Möglichkeit offen zu sagen, daß er überhaupt (frei) gehandelt und nicht nur reagiert habe. Im Handeln verhält er sich nämlich gleichzeitig insofern sprachlich, als auch sein Handeln eine Antwort, z. B. auf einen Befehl, darstellt. Er versucht aus eigenem Interesse am gemeinschaftlichen Handeln sein Handeln, als „*Erscheinung* der Freiheit", so einzurichten, daß der intersubjektive *Schein* entsteht, individuelles Auffassen sei nicht im Spiel. Er ist „in der Regel" schon habituell bemüht, sich diszipliniert zu verhalten, indem er sich nach der erlernten Vermutung, wie der Befehl *gemeint* sein mag, verhält. Diese Vermutung soll den individuellen Sprachcharakter gegenüber dem Handlungscharakter des Befehls eliminieren. Sie leitet sich in ihrer „Wahrscheinlichkeit" aus der Kenntnis des eingespielten „Sprachspiels", also aus früheren Interaktionsformen ab, in deren Zusammenhang die gleichen Wörter gebraucht zu werden pflegten, und der eigene Versuch „entsprechend" disziplinierten Antwortverhaltens stellt einen großen Teil der freien Handlungsleistung des Individuums als Konstituens der sogenannten „Regeln" sprachlichen Verhaltens dar. Er unterscheidet das Handeln von bloßer Reaktion und von der sich nach objektiv in der Wahrneh-

[3] Ein solcher Handlungsaspekt der Sprache wird in der „Sprechakttheorie" verabsolutiert. Hierzu vor allem J. L. Austin, How to do Things with Words, Oxford 1962, und J. R. Searle, Speech Acts, Cambridge 1969. Vgl. u. S. 77–81.

mung gegebenen Erfordernissen richtenden Arbeit. Jemand sagt: „Schließen Sie bitte das Fenster“. Daraufhin schließt der Angesprochene das Fenster. Tut er das, *weil* er unmittelbar „dasselbe“ verstanden hat, was der erste sagen wollte? Wohl kaum, denn er hat dafür kein Kriterium. Also „hat“ er auch nicht einen solchen (äußeren) allgemeinen Grund. Er handelt, weil er *seine* Gründe hat, das Gesagte überhaupt *als* („ernstgemeinten“) Befehl zu nehmen und den Befehl zu befolgen, wie *er* ihn auf dem Hintergrund seiner Interessen und Absichten verstanden hat. Wenn er das Fenster schließt, kann der erste vermuten, daß er ihn so verstanden habe, wie es von ihm gemeint war, und das genügt ihm vollauf. An Gewißheit identischen Verstehens ist er nicht interessiert, sondern nur am Resultat der Handlung. Schließt er aber das Fenster nicht, so kann immer noch vermutet werden, daß der Befehl so verstanden worden ist, wie er gemeint war, ohne allerdings befolgt zu werden. In beiden Fällen könnte aber auch vermutet werden, der Befehl sei anders, vielleicht sogar nicht als Befehl, verstanden worden, aus Gründen, die beim Hörer liegen.

Noch weniger als bei Befehlssätzen läßt sich gegenüber Aussagesätzen ein behavioristischer Bedeutungsbegriff rechtfertigen, demzufolge am Verhalten mit Gewißheit abzulesen wäre, wie jemand etwas aufgefaßt habe, ob als „dasselbe“, als das es der Sprecher aufgefaßt hat, oder nicht. Es bleibt festzuhalten, daß die sich auf dingliche Gegenstände beziehenden *Reflexionskategorien* Identität und Differenz sich auf diese Frage nicht anwenden lassen. Der „Geist“ eines anderen ist weder nach irgendeinem Kriterium mit dem eigenen zu identifizieren noch von ihm zu unterscheiden. (Der Geist ist in der Frage nach Individualität oder Allgemeinheit absolut). Anders gewendet: In der *Reflexion* auf den Sprachvorgang als Versuch, sich dieses absoluten Wesens vergegenständlichend zu bemächtigen, ergibt sich, daß in ihm, um ihn im ganzen, einschließlich der sich auf die „Oberflächenstruktur“ beziehenden Formung der Rede verstehen zu können, sowohl mögliche Identität der bei Sprecher und Hörer realisierten Bedeutung wie auch deren mögliche Nichtidentität vorauszusetzen sind. Die sprachwissenschaftliche Trennung zwischen Tiefen- und Oberflächenstruktur setzt Bedeutungsidentität in der Tiefe voraus, der gegenüber die variierenden Oberflächenstrukturen, auch wenn ihnen bei einigen Autoren bedeutungsdifferenzierende Relevanz zugesprochen wird, nur Abarten darstellen sollen. In dieser Sicht ist Sprache überwiegend von im Gebrauch bereits eingespielten Bedeutungen, d. h. von Gebrauchsformen her verstanden, in denen intersubjektivpragmatische Situationsschemata so sehr das Verstehen lenken, daß variierende Ausdrücke aufgrund dieser institutionalisierten Verhaltensmuster als *den Ansprüchen nach befriedigend synonym* empfunden werden. Dem entspricht, daß die Frage, inwieweit Übersetzung von einer Sprache in eine andere möglich ist, immer im Bezug auf die der jeweiligen Situation entstammenden Ansprüche an die Differenziertheit des zu Übermittelnden gestellt sein muß, und also *generell nicht* zu beantworten ist. Eine einstmals als geglückt empfundene Übersetzung kann unter veränderten Umständen als sehr unbefriedigend erscheinen, und in der einen Redeabsicht als befriedigend synonym empfundene Ausdrücke sind es in einer anderen nicht unbedingt. Wenn, um zu einem einfachen Beispiel zurückzukommen, jemand sagt: „Es regnet", so ist „unmittelbar" überhaupt nicht klar, was er damit sagen möchte, aber die „Situation", in der es gesagt wird, könnte Vermutungen darüber nahelegen, z. B. daß er bedeuten wolle, es sei ratsam, einen Schirm mitzunehmen oder überhaupt zu Hause zu bleiben oder vieles andere mehr, z. B. könnte er auch nur ein Beispiel für einen „subjektlosen" Satz geben wollen. Dies ist in den die „Pragmatik" einbeziehenden Bedeutungstheorien im allgemeinen bedacht. Es bleibt aber in jeder noch so genau schematisierten Situation ebenso offen, welche Bedeutung die Angesprochenen einem solchen Satz *bei sich* geben, und nur davon und nicht vom Maßstab einer allgemeinen Bedeutung hängt ab, ob sie überzeugt sind, ihn „verstanden" zu haben oder nicht. Wenn sie meinen, ihn nicht verstanden zu haben, könnte gefragt werden, was der Sprecher damit habe sagen wollen. Er sagt dann als Antwort auf solch eine Frage „dasselbe" mit anderen Worten, in der Vermutung, jetzt besser verstanden zu werden. „Dasselbe" bedeuten für ihn diese anderen Worte insofern, als er dasselbe damit bewirken möchte. Sobald das von ihm beabsichtigte Verhalten anderer, z. B. als „passende" Antwort, erfolgt, fühlt er sich verstanden, aber es bleibt offen, wie er von ihnen verstanden worden ist und ob er die Antwort denn ebenso verstanden hat, wie sie von dem gemeint war, der sie gegeben hat. Er hat sie so verstanden, daß er sich *in dieser Situation hinreichend* verstanden fühlen kann. Zur *Kunst* wird die Sprachgestaltung, wenn mit ihr intendiert ist, über die determinierende Beschränktheit umschriebener pragmatischer Situationen, z. B. über Grenzen von wissenschaftlich-disziplinierten Verhaltens- und Verstehensweisen oder sozialen Verhaltensgruppen hinweg anderen etwas so zu sagen, daß es ihnen über solche festgelegten Schemata des Verhaltens hinaus je etwas bedeutet. An einem vermuteten allgemeinen Verstehenshintergrund kann dann vom Autor nur sehr vage angeknüpft werden, und die Sprache muß in weit höherem Maße als sonst einen solchen Hintergrund erst zubereiten, auf dem das Gesagte insgesamt *einzelnen* bedeutend zu werden vermag. Wenn man von einem „ursprünglichen" Verstehen gegenüber dem Verstehen in sympragmatisch eingespieltem Sprachverhalten sprechen will, dann könnte man es am ehesten gerade dort, wo die Bahnen garantierter intersubjektiver Bedeutungsidentität noch nicht wirksam sind und die Bedeutungen ihnen gegenüber und von ihnen aus gesehen als „metaphorisch" erscheinen. In ihrem kreativen bedeutungsverleihenden „Ursprung" ist Sprache notwendig „poetisch".

Wenn jemand das, was ein anderer sagt, für wahr hält, so bezieht er dies offensichtlich notwendig auf das, was es für ihn selbst bedeutet und darauf, wie es sich in offene Fragen *seines* Weltverständnisses fügt. Ein undogmatischer Begriff der Wahrheit läßt zu, daß das nicht „dasselbe" sein muß, was es für den anderen bedeutet. Ein kritischer Wahrheitsbegriff, der nicht von vornherein auf den Begriff des in eingefahrenen Handlungszusammenhängen verlaufenden Sprachverhaltens relativiert sein soll, *muß* dies sogar offenlassen und vom Begriff der *Gewißheit der Übereinstimmung in bezug auf ein Objekt und auch der Subjekte untereinander gelöst* werden. Er muß demgegenüber *absolut* sein. Aber diese Kritik ist nicht nur Verzicht. Sie bedeutet auch nicht Skeptizismus, es sei denn für die *Begründung* des korrespondenztheoretischen oder des konsensustheoretischen *Begriffs* der Wahrheit. Denn nur von dieser Kritik her kann begriffen werden, daß sich Individuen als Individuen in ihrer Differenz zueinander, derentwegen sie miteinander sprechen, „gegenseitig" verstehen. Andernfalls könnten sie sich nur insoweit verstehen, als sie eben nicht oder nur beiherspielenderweise „auch" Individuen, aber „im Grunde" ihres Sprach*vermögens* schon in Übereinstimmung wären. Nach Kant war die Voraussetzung der *Gewißheit* des sich Verstehens im identischen Objekt der die Gegenstände überhaupt konstituierende, nichtindividuelle, transzendentale Verstand. Über ihn brauchten sich Individuen natürlich nicht erst zu verständigen. Sie hätten sich seiner als eines a priori verfügbaren Kommunikationsmediums nur zu bedienen, bzw. ihre Sprache auf seine reinen Begriffe hin zu restringieren, um einen Begriff der Gewißheit zu erhalten, mit anderen über sie in der Sache übereinzustimmen. Nur reichte solch eine auf formale Syntax reduzierte „Sprache" der Gewißheit nicht zum Sprechen. Individueller „Reichtum" der Sprache beruht dann nach Kant konsequenterweise auch auf einem Mangel an Verstandesbegriffen[4].

Dieser transzendentalphilosophische Wahrheitsbegriff Kants hatte sich, wenn man vom Begriff zu erzielender „Übereinstimmung" ausgeht, als der einzig haltbare Begriff von Wahrheit ergeben. Seine nihilistische Konsequenz ist aufgezeigt worden. Er impliziert, daß man sich ihm zufolge *gegenseitig inhaltlich nichts* sagen kann, was das Attribut „wahr" beanspruchen könnte. Insofern ist er ein Unbegriff. „Nicht-Übereinstimmung" kann natürlich schon gar nicht an seine Stelle treten. Deshalb sagt W. v. Humboldt auch in seiner wenig terminologischen Sprache, wenn er die Seite der Nichtidentität gegen den vorherrschenden Begriff der Identität in

[4] Kant, Anthropologie, Akademie-Ausgabe Bd. VII, S. 191.

der Reflexion des Sprachvorgangs betonen möchte, es ließe „sich nicht behaupten", daß die Sprache, als allgemeines Organ, die Unterschiede des individuellen Sprachgebrauchs ausgliche. Zwar vermittle sie das gegenseitige Verständnis, „den Unterschied selbst aber" vergrößere „sie eher"[5]. Hier ist nur die einseitige Betonung der Identität durch die Tradition vorsichtig zurechtgerückt. Aber immerhin hält Humboldt die Vergrößerung individuellen Auffassens im Sprachvorgang, man kann auch sagen, die Bereicherung der Individualität, mit „Verständigung" für vereinbar und wertet sie nicht nur negativ als allenfalls „fruchtbares" Mißverstehen. Die Rede von solch einem „Mißverstehen" setzt ja ebenfalls einen philosophischer Kritik standhaltenden positiven Begriff des Verstehens voraus.

Es wird hier deutlich, daß die leitenden Reflexionsbegriffe der traditionellen Philosophie dem Phänomen des Sprechens nicht gerecht werden können. Diese traditionelle Reflexion hat sich notwendig am Gegensatz von „Identität" und „Nichtidentität" orientiert. Sie hat sich in der Kontinuität ihrer Geschichte zur Vermeidung des Widerspruchs auf jeweils eine Seite dieses Gegensatzes konzentrieren müssen und sich ohne theoretisch zwingende Sachgründe überwiegend auf das Moment der Identität festgelegt, wohl weil ein praktisch-soziales Lebens-Interesse der Gattung an zu erzielender Übereinstimmung und Interaktion die dem zugrundeliegende geistige Komponente sich ausprägender Individualität und Freiheit vorerst zurückzudrängen gebot. Das gleiche gilt dann natürlich auch für wahres Sprechen und für die Reflexion des Wahrheitsproblems. Humboldt versucht in einer unkonventionellen Ausdrucksweise, die sich einer dialektischen annähert, sich zugleich dem Phänomen zu nähern. Wir sind heute wohl immer noch nicht in einer viel besseren Lage. Die philosophische Sprache ist so sehr an der über Dinge orientiert, die man nach Identität und Nichtidentität begreift, daß sie auch über Bedeutungen wie über Dinge spricht, die sich dann zwar zugleich von den sinnlichen Dingen unterscheiden sollen, aber eben wieder so, wie man Arten von Dingen unterscheidet. Da der Begriff der Wahrheit von dem der Bedeutung nicht zu trennen ist, wird er in diese Aporie hineingezogen. Vor allen Dingen in dieser Hinsicht ist ein Hauptproblem gegenwärtigen Philosophierens das Sprachproblem der Philosophie. Die Möglichkeit seiner Überwindung gewährt die verfügbare Sprache selbst mit dem Mittel der bestimmten Negation.

Im Sprechen sind andere Menschen uns nicht in ihrer Weise des Auffassens als „Erscheinung" so „gegeben", daß wir uns dieser Weise vorweg vergewissern könnten. Über solch eine negative Formulierung kann man wohl nicht hinausgehen. Der Begriff der *Freiheit* steht als Abkürzung

[5] W. v. Humboldt, Akademie-Ausgabe Bd. VII, S. 169.

solcher negativen Aussagen. Am Phänomen der Sprache werden sich Menschen dieser ihrer Freiheit gegeneinander bewußt (im Unterschied etwa zum gemeinsamen Handeln als einem Verhalten, das aktiv zugleich den Schein erzeugt oder „voraussetzt“, die Subjekte seien miteinander insofern identisch, als sie z. B. in ihren „Absichten“, in denen sie sich an der Realisierung äußerer Zwecke orientieren, von ihrer individuellen Auffassung „absähen“). Im gewonnenen Bewußtsein dieser Freiheit, die sie sich *gegenseitig* zugestehen, *verstehen* sie sich zugleich. Sie verstehen sich im vollen, unreduzierten Sinn gerade dadurch, daß sie die jeweils anderen in ihrem jeweiligen Verständnis frei lassen, denn nur so bleiben sie füreinander *Subjekt*. Nur Subjekte können sich gegenseitig verstehen. Wahr ist die Rede, insofern sie sich in diesem ihrem eigenen, unreduzierten Begriff gegenseitigen Verstehens erfüllt, also dann, wenn das, was einer sagt, von anderen akzeptiert wird, weil es ihnen ebenfalls etwas bedeutet, ohne daß postuliert wird, dies müsse mit Gewißheit „dasselbe“ identische „Etwas“ sein wie beim Sprechenden. Im Begriff eines solchen identischen „Etwas“ wäre Bedeutung gerade wieder verdinglicht, und die Frage nach der Gewißheit oder nach einem Kriterium der so verstandenen Wahrheit käme wieder auf. Die Reflexionen verliefen sich wieder in der genannten nihilistischen Konsequenz, in der dann nur noch das als wahr gerechtfertigt werden könnte, was niemandem etwas *bedeuten* kann, insoweit der entsprechende Jemand ein individueller Mensch sein soll.

Erster Teil

Allgemeine semantische Grundlegung

1. Vorbemerkung

Die philosophische Frage nach der Wahrheit stellt sich immer wieder von neuem, insofern Wahrheit für Menschen von Bedeutung sein soll. Es wird vorausgesetzt, daß es nicht gleichgültig sei, die Wahrheit zu wissen oder nicht. Ihr wird ein Wert, ja der absolute Wert zugesprochen, und dies besagt zunächst, daß sie nicht etwa nur für das *Leben* von Bedeutung sei, so daß, wie es bei Nietzsche heißt, „der Wert für das *Leben*" „zuletzt" entscheide und das Leben also anstelle der Wahrheit den absoluten Wert darstelle[1]. Als absoluter Wert verstanden kann die Wahrheit nicht am Leben eine Grenze haben. Vielmehr wäre, wenn sie den absoluten Wert darstellt, das Leben umgekehrt an ihr zu messen und als „wahres" oder „falsches" Leben zu beurteilen. Ein solcher Begriff der Wahrheit, demzufolge sie über das Leben hinaus für die Menschen von *Bedeutung* wäre, wird dann unmittelbar doch als zu rigoros beurteilt. Er implizierte zugleich einen dementsprechenden Begriff vom Menschen, der über das Leben hinauszeigte. Ein solcher Begriff wird aber eher dem Glauben als dem Wissen zugeordnet, obwohl die Sache dadurch philosophisch sehr verwickelt wird: Für das Wissen folgt dann nämlich, daß auch ein „wahrer" Begriff vom Menschen nur als lebensdienliche Hypothese oder „in pragmatischer Hinsicht" möglich sei, und auch die Frage nach dem wahren menschlichen Leben und Glück wäre nicht mehr absolut zu beantworten. *Welche Vorstellung* vom Leben sollte „zuletzt" entscheiden? Und wer sollte entscheiden? Es bliebe nur das „Leben" selbst, und „Leben" stünde nicht mehr für einen Begriff, sondern genau genommen für *nichts*. Die „Entscheidung" würde ins absolute Dunkel verlagert, dieses Wort würde seines Sinnes entleert. – Andererseits hat das Argument gegen einen zu rigorosen Wahrheitsbegriff recht, wenn es sich dagegen stellt, die Wahrheit dem Leben überzuordnen. Denn mit der Beschränkung auf das Erlebbare beschränkt es sich auf das Wißbare an der Wahrheit. Der „Wert für das Leben" besteht unter dieser Beschränkung in der

[1] Nietzsche, Werke, ed. K. Schlechta, Bd. III, S. 844.

Erweiterung der Grenzen des ans Leben *gebundenen* Wissens, also zunächst des Lebens selbst. Dessen „Steigerung" nach Extensität und Intensität hätte dann allein Wert, doch im selben Gedanken verliert sich unmittelbar der Sinn der Frage „wozu?". Wenn das Leben als Bedingung des Wissens festgehalten wird, verliert sich der Sinn dieses Festhaltens, wenn zugleich der Begriff der Wahrheit des Wissens, und d. h. des Wissens selbst, leer wird. Leben verströmt sich in leerer Lebenssteigerung. – Das Dilemma ist offenkundig: Nur eine vom Menschen gewußte Wahrheit kann für ihn absoluter Wert sein, und nur eine erlebbare, also zum Leben relative Wahrheit kann gewußt werden.

Wenn vorausgesetzt wird, daß die Wahrheit *für die Menschen* Bedeutung hat, scheint also offenbleiben zu müssen, welches Menschenbild hierbei vorausgesetzt ist. Daß dies offenbleiben muß, entspricht zunächst wieder ganz dem Begriff der Wahrheit. Wenn sie „für die Menschen" in ihrem Gegensatz zum Falschen positive Bedeutung hat, muß sie allein – und nicht ein bestimmter Begriff vom Menschen, der ja immer wahr *oder* falsch sein könnte – als bestimmend gedacht sein. Das aber bedeutet wiederum, daß sub specie veritatis die Bedeutungen der gebrauchten Begriffe überhaupt *offen* bleiben müssen. Es darf dem Begriff der Wahrheit nicht nur nicht ein bestimmtes Menschenbild zu seiner philosophischen Bestimmung vorausgesetzt werden, weder ein am Leben noch ein an der Transzendenz ausgerichtetes; es dürfen zunächst überhaupt keine Begriffe als endgültig bestimmte Begriffe vorausgesetzt werden. Denn insofern solche Begriffe selbst „Bedeutung" haben, d. h. in ihrer Bestimmtheit wahr sein sollen, könnte jede vorausgesetzte Bestimmung in sich selbst falsch sein und von vornherein in eine falsche Richtung deuten. Der unter ihrer Voraussetzung bestimmte Begriff der Wahrheit wäre dann unter möglicher Voraussetzung der Unwahrheit gewonnen[2].

Wenn die Wahrheit für die Menschen absolute Bedeutung hat, *bedeutet* sie die Nichtdefinitheit aller bestimmten Bedeutungen. Die Frage, ob sie wirklich absolute und nicht etwa nur lebensdienliche Bedeutung hat, wird obsolet, weil unter der letzteren Voraussetzung ihr Begriff sich auflöst, so gut wie unter der entgegengesetzten „rigorosen" Voraussetzung, sie habe über das Leben hinaus, d. h. als nichtgewußte, für die Menschen Bedeutung. Also bleibt nur die Voraussetzung, daß sie die Bedeutung der Nichtdefinitheit *aller* solcher anfänglichen Festsetzungen hat, *wenn* man überhaupt „Wahrheit" voraussetzt, wie es aber wirklich geschieht, wenn man sich zum Reden entschließt. Was heißt dann in diesem Zusammen-

2 Die philosophische Wahrheitsreflexion richtet sich demnach immer zugleich kritisch gegen axiomatisch vorausgesetzte Ansätze, wie sie z. B. einzelne Wissenschaftsbereiche konstituieren.

hang „Bedeutung“? Als Vorbereitung auf eine weitere Erörterung des Wahrheitsproblems ist also zunächst eine „Theorie“ der Bedeutung in Umrissen zu entwickeln.

2. *Wortbedeutung*

Man kennt die Bedeutung eines Wortes, wenn man es richtig verwenden kann. Die Probe darauf besteht darin, daß man es mit anderen Wörtern in einen Zusammenhang bringt, den andere kompetente Sprecher einer Sprache für richtig halten, so daß sie dieser Verwendung zustimmen. Dabei muß es sich nicht unbedingt um dieselbe Sprache handeln. Ich kenne die Bedeutung des englischen Wortes „table“, wenn ich sagen kann, daß es dem deutschen Wort „Tisch“ entspricht. Ich kenne aber auch die des Wortes „transzendent“, wenn ich sagen kann, daß es sich um einen philosophischen Terminus handelt, der Gegenstände charakterisieren soll, die jede mögliche Erfahrung überschreiten. Doch in jedem Fall ist es denkbar, daß man mit einer solchen Angabe noch nicht zufrieden wäre. Man könnte aber auch zu dem Schluß kommen, daß jemand die Bedeutung von „transzendent“ kenne, wenn er den Terminus, ohne ausdrücklich nach der Bedeutung gefragt worden zu sein, richtig in einem philosophischen Essay verwendet, d. h. wenn diese Verwendungsweise nicht seltsam erscheint. So wird ausdrücklich nach einer „Bedeutung“ wohl generell erst dann gefragt, wenn es darum geht, festzustellen, wie jemand ein Wort verwendet, oder, z. B. in einer Prüfungssituation, ob er es überhaupt verwenden kann.

So zeichnen sich zwei Weisen ab, nach der Bedeutung zu fragen: Einmal kann es darum gehen, den *anderen* auf eine bestimmte Verwendungsweise festzulegen oder ihn in sie einzuführen. Er soll dann in seinem Sprachgebrauch diszipliniert werden. Das andere Mal unterstelle ich, daß jemand ein Wort in einer sinnvollen Bedeutung gebraucht, nur verstehe *ich* noch nicht, in welcher, und ich versuche, dies herauszufinden. Beide Vorgänge unterscheiden sich nur durch ihre Richtung. Einmal steht für mich die Bedeutung fest, das andere Mal unterstelle ich, daß sie für den anderen feststehe. Bedeutung ist also in jedem dieser Fälle etwas, das sich als etwas, in dem beide oder alle Sprechpartner übereinstimmen, noch ergeben *soll.*

Der Weg hierzu besteht darin, herauszufinden (oder vorzuschreiben), was *alles* in der fraglichen Bedeutung eingeschlossen oder aus ihr ausgeschlossen sein soll. So kann es schon genügen, daß mir jemand sagt, mit „Foxterrier“ meine er einen Hund. Dies kann völlig genügen, um ihn, d. h. das, was er letztlich durch die Rede, in der das Wort „Foxterrier“ vorkommt, sagen will, zu verstehen. Wenn es aber für das Verständnis, etwa einer Erzählung, relevant wird zu wissen, ob ein großer oder kleiner

Hund gemeint ist, muß die Angabe der Bedeutung genauer ausfallen, d. h. mehr Möglichkeiten der von mir als dem anderen Partner realisierten Bedeutung ausschließen. Man kann einen Zusammenhang zwischen Wortbedeutungen, demzufolge sie sich gegenseitig einschließen oder ausschließen, einen *Begriffszusammenhang* und die Bedeutungen in einem solchen Zusammenhang *Begriffe* nennen.

Eine Definition ist dann der Weg des Genauerwerdens der Angabe der Bedeutung, d. h. des weiteren *Ausschließens* der Realisation von Bedeutungsimplikationen in der Realisation beim anderen. „Mensch" bedeutet „Tier", aber genauer „vernünftiges Tier", und dann kann, je nach „Konvention", „Tier" unter Umständen nur noch für „unvernünftiges Tier" stehen, im Gegensatz zu „Mensch". Meistens ergibt die Art und Weise des Gebrauchs hinreichende Klarheit über die Bedeutung, in der ein Wort gebraucht wird. Wenn in einer Erzählung über einen Foxterrier vorkommt, er sei durch eine relativ kleine Öffnung gedrungen, dann erübrigt sich die Angabe der „spezifischen Differenz" „kleiner Hund". Die Angabe, wie klein nun aber ein „Foxterrier" genannter Hund überhaupt sein darf, ist erst dann gefragt, wenn ohne sie die Erzählung in ihrem Sinn unverständlich bliebe. – So impliziert die Bedeutung von „oft", daß ein mit „oft" charakterisierter Vorgang „überhaupt" stattfindet, ohne daß eine genaue Zahl gemeint wäre. Die Zahl muß aber doch wohl über der Zahl der Vorgänge liegen, die im gleichen Zusammenhang als „selten" bezeichnet werden.

Der Gegensatz zwischen „oft" und „selten" scheint als solcher kontextunabhängig zu sein, wenn auch in einem gewissen Kontext „selten" numerisch häufigere Vorgänge bezeichnen kann als „oft" in einem anderen Kontext. Es scheint kontextunabhängig zu sein, daß sie im selben Kontext so verwendet werden müssen, daß „oft" eben „häufiger" ist als „selten". Diese Kontextunabhängigkeit hängt offenbar damit zusammen, daß „selten" eben nicht „oft", d. h. daß es „nicht oft" bedeutet. Die Negation grenzt Bedeutungen in einer *kontextunabhängigen* Weise voneinander ab.

Ein *Wort* kann demnach zunächst von ihm selbst her alles bedeuten, außer dem, was dasselbe Wort zusammen mit dem Negationszeichen bedeutet. Die Negation hat die Funktion, ein Wort auf eine bestimmte Bedeutung festzulegen, dadurch, daß sie Bedeutung aus der Bedeutung dieses Wortes *ausschließt*. Determinatio est negatio. Die Analyse der Bedeutungen der Wörter einer Sprache hat also die Aufgabe zu untersuchen, welche Negationsoperationen in einer Bedeutung impliziert sind. Mit anderen Worten: die Explikation der Bedeutung eines Wortes besagt, was in dieser Bedeutung *nicht negiert* ist. Wenn gesagt wird, „Mensch" bedeute „vernünftiges Tier", dann ist gesagt, daß in der Bedeutung „Mensch" die Bedeutung „vernünftiges Tier" nicht negiert ist, ferner, daß darin die Bedeutungen „vernünftiges Wesen" und „Tier" nicht negiert sind, oder, positiv gewendet, daß sie darin, wie man sagt, „enthalten" seien.

Die negative bzw. doppelt negative Ausdrucksweise hat einen großen Vorteil. Denn eine Bedeutung läßt sich unmöglich damit umschreiben, daß man positiv sagte, was an Bedeutungen „alles" in ihr „enthalten" sei. Das wäre eine unendliche Aufgabe. So ist die Bedeutung „schwimmen" in der Bedeutung „Mensch" nicht negiert, aber doch wohl kaum in einem engeren begriffsanalytischen Sinn in ihr enthalten. Weil sie darin nicht negiert ist, ist der Satz „Der Mensch schwimmt" möglich, und diese Möglichkeit der Satzbildung gehört doch auch zu der Bedeutung von „Mensch" und expliziert die Bedeutung etwa für den, der mit dem Vernehmen solcher Möglichkeiten eine Sprache lernt. Es ist sinnvoll, unter „Enthaltensein" im weiteren Sinne „nicht Negiertsein" zu verstehen und die bildliche Vorstellung des Darinseins aufzugeben. Bedeutungen sind keine dinglichen Behälter.

Eine Bedeutung ist dadurch bestimmt, daß sie die Negation anderer Bedeutung ist. Sie steht damit zu anderer Bedeutung in einem systematischen Zusammenhang. Das einfachste Modell eines Lexikons sieht also so aus: *a ist nicht b*. Es wird erweitert: a ist nicht b, ist nicht c; b ist nicht a, ist nicht c, c ist nicht a, ist nicht b usw. Mit einem solchen Lexikon kann man aber noch keine Sätze bilden. Sätze kann man erst bilden, wenn mit „a" nicht *alle* anderen Bedeutungen „b, c" usw. verneint sind, z. B. „a ist nicht nicht n", wobei umgekehrt „n" aber durchaus als „nicht a" bestimmt sein kann. Sonst wäre es in diesem System mit „a" identisch.

Die Bedeutung eines Wortes stellt sich in einem solchen System als Summe bestimmter Negationen anderer Bedeutungen, aber eben nicht aller anderen Bedeutungen dar, wobei die Ausnahmen nicht wechselseitig sind. Die formale Notation einer Bedeutung würde also lauten: $a = \sim b, \sim c, \ldots, \sim n$. Hierbei ist wichtig, daß wir das Zeichen „. . ." nicht ausfüllen können. D. h. wir können nicht alle Bedeutungen eines Bedeutungssystems explizit aufzählen. Wir können deshalb auch die einzelne Bedeutung nicht vollständig explizieren und damit auch ein mögliches Andersverstehen durch andere weder a priori ausschließen noch mit Gewißheit in bestimmter Weise antizipieren. Diese „Subjektivität" ist von Bedeutungen nicht fernzuhalten. Die formale Notation täuscht vor, dieser Umstand sei nur von psychologischer Relevanz; Bedeutung sei „an sich" etwas Wohlbestimmtes. Es gehört aber zu ihrem wirklichen Begriff, daß sie sich nur aktuell, d. h. gegenüber einigen anderen Bedeutungen bestimmt, die *namentlich* selbst da stehen und nicht durch „. . ." „vertreten" sind. Damit ist eine Bedeutung niemals unbestimmt. Sie ist bestimmt gegen andere Bedeutungen. Sie ist aber auch niemals vollständig bestimmt, und dies wird durch „. . .“ formal ausgedrückt. Man kann also aus der Bestimmung dessen, was an Bedeutung mit einer Bedeutung negiert ist, nicht auf das schließen, was mit ihr nicht negiert ist. Das muß sich vielmehr „zeigen“.

Bedeutung ist also nicht durch einen „Gegenstand“ bestimmt, auf den sie sich bezöge, sondern durch andere Bedeutung. Wenn nun eine Sprache endlich viele Wortzeichen hat, dann steht nach dem Ausgeführten mit der Menge dieser Wortzeichen noch nicht die Menge der Bedeutungen fest. Wortzeichen schließen einander natürlich in keiner Weise aus. Sie haben keine innere logische Form. Nur als Zeichen für *Bedeutungen* haben sie eine logische Beziehung zueinander, und diese logische Beziehung läßt sich nicht ein für allemal angeben. Zwar ist mit einer Bedeutung eine Summe von Negationen bedeutet, aber man kann diese Summe nicht *vor* dem Gebrauch, der unabsehbar ist, hinschreiben. Man kann die Bedeutung nicht durch ein solches „paraphrasierendes“ Hinschreiben ersetzen, wenngleich wir eine ganze Menge *von* den Negationen, die die Bedeutung ausmachen, auch hinschreiben können, um die Bedeutung näher zu bestimmen. Das Zeichen „. . .“ bedeutet, daß die Paraphrase nicht „dasselbe“ bedeuten kann wie die paraphrasierte Bedeutung.

Die Negation hat also keine eigene Bedeutung. Sie ist das Mittel zur Bestimmung einer scharfen *Grenze* von Bedeutungen. Denn wir können unmittelbar nur wissen, welche Bedeutung welche andere *ausdrücklich* negiert, aber nicht, welche Bedeutung welche andere Bedeutung nicht negiert. Denn auch diese andere bleibt in allem, was sie nicht negiert, unbestimmt. Wir sehen es einer Bedeutung nicht an, was mit ihr *alles* negiert ist, sondern nur, welche *genannten* Bedeutungen in ihr, mögen sie positiv „enthalten“, was sie wollen, negiert sind. So kann sich in einer Bedeutung, die wir zunächst als mit einer anderen Bedeutung verträglich ansehen, eine Negation, und zwar gerade die Negation dieser anderen Bedeutung verbergen. Sie könnte in dem Zeichen „. . .“ verborgen sein. Wir sehen nicht scharf „in“ Bedeutungen hinein, sondern nur auf ihre Grenzen. Scharf „haben“ wir sie überhaupt nur als Grenze. Mit anderen Worten: man kann nicht eine Bedeutung durch eine andere oder mehrere andere ausdrücken, denn dann müßte der Ausdruck sagen, was die Bedeutung „alles“ bedeuten kann. Er müßte also „dasselbe“ wie die auszudrückende Bedeutung bedeuten, als Explikation der Implikationen dieser auszudrückenden Bedeutung. Wir hätten dann eine undeutliche Bedeutung durch eine deutliche ausgedrückt, sozusagen ersetzt. Die sprachanalytische Philosophie scheint dies für möglich zu halten[1].

[1] Diese Überlegungen beziehen sich natürlich auch auf die Bedeutung von „Bedeutung“. Wieviele Bedeutungen hat das Wort „Bedeutung“? Kann man sie zählen? Dazu müßte

Man kann nur klar sagen, was eine Bedeutung klar *nicht* bedeutet, und auch das ist nur im Vergleich mit einer anderen Bedeutung möglich, die an jene unmittelbar angrenzt. Um sagen zu können, welche Bedeutungen aneinander negativ angrenzen, müssen wir schon ein („intuitives") Vorverständnis ihrer Nähe haben, d. h. ihres inneren logischen Zusammenhangs. Dieses Verständnis besteht darin, daß sich uns die Bedeutungen als gegensätzliche Bedeutungen darstellen. Negation ist ihre Erscheinungsweise. Gegenstände erscheinen dagegen nebeneinander. Bedeutung ist in ihrer Schärfe immer die Negation von anderer Bedeutung. „Klarheit" wird durch „Distinktheit" dargestellt.

Hier stellt sich die Frage des „Anfangs" in dem Wissen um Bedeutungen. Nach dem Ausgeführten gibt es kein Anfangen. Wenn wir scheinbar bei einer positiven Bedeutung anfangen, sind wir immer schon aus einer „anderen" Bedeutung hergekommen und nur so zu dieser gekommen. Nur im Überschreiten der Grenzen von Bedeutungen, nur in dieser Vermittlung, haben wir eine Bedeutung *unmittelbar*. Nur sich ausschließende Bedeutungen hängen unmittelbar einsichtig *zusammen*. In allen anderen miteinander verglichenen Bedeutungen ist der Zusammenhang *undeutlich*[2]. (Deshalb kann man in ihrer Kopulation auf Widersprüche stoßen, und aus dem gleichen Grunde kann man Widerspruchsfreiheit in einer Sprache nicht „a priori" beweisen.) Man kann auch sagen: Wenn sich Bedeutungen gegenseitig ausschließen, hängen sie (dadurch) unmittelbar zusammen. Die Negation ist die *Unmittelbarkeit (Erscheinung) der lo-*

man sie alle in Bestimmtheit voneinander unterscheiden und so identifizieren können. Auch hier gilt, was Wittgenstein über Bedeutung anführt: „Die Bedeutung des Wortes ist das, was die Erklärung der Bedeutung erklärt" (Philosophische Untersuchungen Nr. 560). Es ist hinzuzufügen: was in einer bestimmten Situation von einer bestimmten Person, die danach gefragt hatte, *als* Erklärung akzeptiert wird, weil es hier und jetzt als Erklärung befriedigt.

2 Der für die folgenden Überlegungen wichtige Begriff der *Undeutlichkeit* von Bedeutung kann erst in späteren Zusammenhängen mit der Interpretation historischer Positionen und in deren begrifflichem Kontext seine nähere Bestimmung in seinem Bezug zum Wahrheitsproblem erlangen. – Hier soll nur schon festgehalten werden, daß es nur in einem System, das eine *vollständige Disjunktion* von Bedeutungen bildete, „deutlich" gegeneinander abgegrenzte Bedeutungen geben könnte. Man kann, in Anlehnung an die Terminologie Descartes', eine gegen ihr semantisches Gegenteil (negativ) abgegrenzte Bedeutung „klar" nennen, Bedeutungen, die gegeneinander ein System *vollständiger* Disjunktion bilden, darüberhinaus „deutlich". „Deutlichkeit" kann es dann also nur geben, wenn es sich entweder um eine *konstruierte* Sprache handelt oder wenn einige Bedeutungen so *angesehen* werden, als *seien* es einige aus einem solchen disjunktiven System (einige von „allen" möglichen, die im Bezug auf nichtkonstruierte Sprache natürlich nicht aufzählbar sind). – Auf die Bedeutung des disjunktiven Urteils und Schlusses für die Begriffe „Wechselwirkung" und „Gemeinschaft" und von daher für das philosophische Wahrheitsproblem wird im Zusammenhang mit der Vergegenwärtigung historischer Reflexionsstufen dieses Problems noch ausführlicher einzugehen sein.

gischen Form und damit der internen Beziehungen von Bedeutungen[3]. Die Negation kommt natürlich nicht ontisch „vor". Sie ist wesentlich gesetzt. Damit ist das Reich von Bedeutungen als System von Negationen vom Geist gesetzt. Es resultiert aus einem Entgegensetzen, einem Setzen gegen den Schein eines unmittelbar ontisch Vorfindlichen, das als solches ohne jede Bestimmtheit sein müßte und somit seinem Begriff widerspräche, als irgend*etwas* überhaupt vorfindlich zu sein.

Mehr läßt sich über Bedeutungen *allgemein* nicht sagen, und auch dieses „Allgemeine" ließ sich nur sagen, weil dabei immer schon von bestimmten Bedeutungen in bestimmter, aber nicht (vollständig) analysierter Weise Gebrauch gemacht worden ist.

3. Sätze

Weil Bedeutungen in ihren internen Beziehungen, die sie ausmachen, wesentlich nicht unmittelbar wie Dinge zu sehen sind und wir, wie man sich auch ausdrücken kann, wesentlich keinen *Überblick* über alle Bedeutungen und damit auch keinen *Einblick* in den vollen positiven Gehalt einer einzelnen Bedeutung haben, können wir mit unserem Gebrauch von Bedeutungen in Widersprüche geraten. Aus dem gleichen Grund können wir aber auch sinnvolle Sätze bilden, d. h. Bedeutungen „vorläufig" kombinieren. Wir gehen dabei davon aus, daß die Kombinationen *möglich* seien. Diese Vorstellung ist nun genauer zu bestimmen.

Wir verbinden Bedeutungen, deren negativer Zusammenhang uns unmittelbar einsichtig ist, nicht. In der Unmöglichkeit (offenkundigen Widersprüchlichkeit) solcher Verbindung besteht ja gerade der unmittelbar einsichtige Zusammenhang von Bedeutungen als Wortbedeutungen, d. h. ein *semantischer* Zusammenhang. Im Negativen ist Analyse und analytische Notwendigkeit möglich. Analytische Urteile drücken dies aus: „Kein Junggeselle ist verheiratet". Diese logische Beziehung kann natürlich auch „verkleidet" sein und dann positiv klingen: „Alle Junggesellen sind ledig"; „Alle Körper sind ausgedehnt." Solche Sätze *sagen* natürlich nichts, d. h. sie haben als Sätze keine *weitere* Bedeutung als die Wörter, die in ihnen stehen. Sie sind ein Zusammenhang, der schon rein der Semantik nach einsichtig sein konnte; sie sind nicht synthetisch. Ein Satz als Satz hat erst Bedeutung, wenn er synthetisch ist. Sonst ist er ein Scheinsatz. Von einem synthetischen Satz kann man demnach nicht wissen, ob er „richtig" ist. Man bildet ihn „trotzdem". Ein synthetischer Satz ist dem Wesen nach problematisch. Er kann wahr oder falsch sein.

[3] Eine analoge Bestimmung der logischen Form, hier des logischen Zusammenhangs von Sätzen, findet sich im Tractatus logico-philosophicus Wittgensteins, Satz 6ff.

Ein Satz kann also wahr oder falsch sein, weil er im „Subjekt" von einer Bedeutung ausgeht, in deren Analyse ein Moment der Unbestimmtheit, ausgedrückt durch das Zeichen „. . .", enthalten ist. Vermöge dieses Moments kann eine Bedeutung überhaupt erst als Beziehung auf *etwas* verstanden werden, das *in einem Satz* noch „näher" bestimmt wird. Etwas wird im Subjektbegriff als etwas Bestimmtes, aber gleichwohl *auch* Unbestimmtes angesprochen, so daß das „Prädikat" eine weitere Bestimmung hinzufügen kann. Vermöge des Moments der Unbestimmtheit im Subjekt ist ein Satz auf etwas Unbestimmtes, noch zu Bestimmendes beziehbar. Wäre dies Moment der Unbestimmtheit nicht, dann wäre eine Bedeutung nur auf *einen* Gegenstand beziehbar, und dieser wäre darin schon vollständig bestimmt, d. h. man könnte nur noch tautologische Sätze über ihn bilden, d. h. nichts über ihn sagen.

Erst in einem (synthetischen) Satz wird eine Bedeutung auf *etwas* bezogen. Erst im Satz erhält sie ihre Funktion als Beziehung auf etwas (ihr „gegenüber" *auch* Unbestimmtes). In der formalen Betrachtung des Satzes sieht es so aus, als würden fertige Bedeutungen miteinander verbunden, weil das Zeichen „. . ." als prinzipiell ausfüllbar gelesen wird. Das wesentliche Moment der Unbestimmtheit im Begriff der Bedeutung ermöglicht aber erst, daß ein Satz von *etwas handelt*, d. h. von einem Bestimmten und zugleich Unbestimmten, *im Satz* deshalb noch näher Bestimmbaren. Der Satz verbindet aber Bedeutungen, die das Moment der Unbestimmtheit dabei behalten. Z. B. verbindet er ein Subjekt (S) und ein Prädikat (P). Formal läßt sich dies so darstellen:

$$S(\sim a, \sim b, \sim c, \sim \ldots, \sim n) = P(\sim d, \sim e, \sim f, \sim \ldots, \sim m)$$

Bei der Bestimmung der Bedeutungen S und P können nur die unmittelbar „angrenzenden" Negationen anderer Bedeutung hingeschrieben werden. Nur der so bestimmte Bedeutungsgehalt ist „bewußt" oder „deutlich". Die Verbindung *erscheint* als möglich, solange sich im „bewußten" Bedeutungsgehalt der Satzteile Subjekt und Prädikat kein Widerspruch ergibt oder solange in den Klammern zu S und zu P nicht Negationen stehen, die S oder P selbst negieren. Es ist wichtig, hier die Begriffe „bewußter Bedeutungsgehalt" und „erscheinende" Möglichkeit der Satzbildung einzuführen. Von dem *bewußten* Bedeutungsgehalt her erscheint eine Möglichkeit der Satzbildung. Entsprechend ergibt sich der Begriff der *erscheinenden Widerspruchsfreiheit*[1].

[1] Diese „erscheinende Widerspruchsfreiheit" ist die jeweils gegenständliche Wahrheit des Bewußtseins von seinem bedingten Standpunkt aus, die Wahrheit des ihm „erscheinenden", phänomenologischen Wissens, demgegenüber es jeweils sein Selbstbewußtsein als erkennendes Subjekt gewinnt. Mögliche Bestandteile des Begriffs, die einen Widerspruch hervorkehren könnten, sind in dieser „erscheinenden Widerspruchsfreiheit" jedenfalls

Bedeutungen können im Satz auf etwas bezogen werden, weil sie als solche komplex (nicht elementar) sind, d. h. weil sie wesentlich negativ in ihren internen Beziehungen systematisch vermittelt sind, und zwar so, daß sie wesentlich komplexer sind, als ihre *durchgeführte* Analyse es vorstellt.

Im Satz werden der Analyse der Bedeutung des Subjektbegriffs weitere Bestimmungen hinzugefügt, nämlich die (bewußten und nichtbewußten) Bestimmungen des Prädikats. Die bewußten Bestimmungen des Prädikats werden bewußt hinzugefügt. Dabei kann man „unbewußt" in einen Widerspruch geraten. Denn wegen der Unbestimmtheit des Subjekts und des Prädikats kann dasselbe Prädikat mehreren Subjekten zugefügt werden. (Wären alle Bedeutungen bewußt analysiert oder vollkommen bestimmt, dann wären damit im Prinzip auch schon alle möglichen Sätze gebildet. Dies ist die Wittgensteinsche Vorstellung vom „Elementarsatz"[2].) Ein Widerspruch liegt vor, wenn Sätze so gebildet worden sind, daß ein Prädikat P(~d, ~. . .,) in einem Satz einem Subjekt S (~a, ~. . .,) zugefügt wird, dem in einem anderen Satz schon einmal ein Prädikat Q(~p) zugesprochen worden war, wenn also das Prädikat P aus der Bedeutung

(noch) undeutlich. Sie sind nicht zur Sprache gebracht, nicht expliziert, nicht prädiziert und in diesem Sinne „unbewußt" oder im Sinne Kants „dunkel" (Vgl. Kant, Anthropologie, Akademie-Ausgabe, Bd. IX, S. 135ff.). Ihre Vorstellung geschieht „mittelbar". Wenn man sich mit *anderen* ins Gespräch begibt, kann sich dagegen der Widerspruch oder Fehler im eigenen Denken verdeutlichen. Andere legen die („gemeinsamen") Bedeutungen möglicherweise anders aus als man selbst. (Vgl. hierzu Kants Begriff des „logischen Egoisten", Anthropologie, a. a. O., S. 128f.). Von einem „monologischen" Ansatz Kants könnte also nur bezüglich des transzendentalen Subjekts als des Vermögens der reinen Verstandesbegriffe die Rede sein, nicht aber bezüglich der empirischen Subjekte, die mittels reiner Verstandesbegriffe empirische Begriffe verknüpfen, d. h. wirklich urteilen. – Eine pragmatische „Transformation" der Kantischen transzendentalen Philosophie kann sich somit nur auf einen reduzierten Kantischen Subjektbegriff beziehen. Vgl. unten S. 354ff. – Hier ließe sich auch auf den Symbolbegriff P. Ricoeurs verweisen: „Mit dem Symbolbegriff" bezeichnet Ricoeur „jede Sinnstruktur, in der ein unmittelbarer, erster, wörtlicher Sinn überdies einen mittelbaren, zweiten, übertragenen Sinn anzielt, der nur durch den ersten erfaßt werden kann . . . Die Interpretation ist jene rationale Arbeit, die im offenbaren Sinn den verborgenen entschlüsselt; sie entfaltet die Bedeutungsschichten, die in der wörtlichen Bedeutung impliziert sind" (P. Ricoeur, Hermeneutik und Strukturalismus, deutsche Ausgabe, München 1973, S. 22). – Zur Unterscheidung analytischer und synthetischer Sätze sei noch angemerkt, daß Quine's Argument gegen die Annahme analytischer Urteile sich gerade darauf bezieht, daß die Analytizität in einem bestimmten Sprachgebrauch zweifelhaft sein könnte, d. h. daß sie davon abhängt, wie eine Bedeutung *jeweils* explizit ausgelegt ist.

2 Daß solche „Elementarsätze" aber nur als Postulate einer Logiktheorie angenommen werden können, Bedeutungen wesentlich nicht wirklich vollkommen analysierbar sind und es also kein *Beispiel* für einen Elementarsatz geben kann, bezeichnet den Gegensatz etwa zu Leibniz oder zu Hegel, bei denen von dieser Nichtanalysierbarkeit von Bedeutung für endliche Wesen, von Bedeutung, wie sie für das Bewußtsein wirklich ist, ausgegangen wird.

des Prädikats Q bereits ausgeschlossen ist. Dabei kann der Widerspruch durch die Satzbildung bzw. die Explikation von Bedeutung durch *verschiedene* Sprecher, mit anderen Worten: durch individuell verschiedene Explikation in einem Gespräch zwischen *Individuen* erscheinen, aber auch dadurch, daß demselben Individuum seine vormalige Explikation unmittelbar nicht mehr *bewußt* ist und es sich *zu sich als anderem* verhält[3].

Für den Widerspruch kommt es also immer auf den analysierten Teil der Bedeutung an, er zeigt sich im analysierten Teil. Aber durch den Umstand, daß die Analyse niemals vollständig ist, kann sich überhaupt erst ein Widerspruch ergeben, weil sonst dieselbe Bedeutung nicht in verschiedene Sätze eingehen könnte. (Der bewußt konstruierte Widerspruch interessiert hier nicht. Man kann eine solche Konstruktion nur unter äußerlichen Gesichtspunkten als Satz bezeichnen. Auf der anderen Seite sind in einem Sprachsystem, in dem die Widerspruchsmöglichkeit a priori per Konstruktion ausgeschlossen ist, eigentlich schon alle Sätze gebildet. Es ist schon alles gesagt, bzw. es kann in diesem System nichts mehr gesagt werden.)

Das Zeichen „. . .“ drückt die Allgemeinheit der Bedeutungen aus. Der Satz schränkt diese Allgemeinheit probeweise ein. Er *versucht* eine nähere Bestimmung, d. h. er versucht die Bedeutung als Bestimmung von *etwas* zu *realisieren*. Eine Bedeutung erfüllt erst ihren Begriff, insofern sie sich auf ein Etwas als dessen Bestimmung bezieht. Bedeutung ist demnach nur dann Bedeutung, wenn sie *Prozeß* ihrer näheren Bestimmung als Aufhebung von Unbestimmtheit ist. Sie hat in diesem temptativen Prozeß den ihr eigentümlichen Bezug zur Realität. Mit anderen Worten: der Bezug zur Realität ist dasselbe wie die Möglichkeit, sich in einen Widerspruch zu verstricken. Mit dieser Möglichkeit kann der Versuch der Realisierung der Bedeutungen scheitern. Das Reich der Bedeutungen unterscheidet sich mit dieser seiner Möglichkeit von einer realen Welt. Es ist als es selbst darin von dieser Vorstellung einer „härteren“ „Außenwelt“ begleitet, *der gegenüber* es sich als problematisch versteht.

Sind die Bedeutungen ein System von Negationen, d. h. aufbewahrten geistigen Akten, so negiert sich das ganze System mit der ihm wesentlich

[3] Auch die in den Klammern negierten Bedeutungen a, b, . . . sind je für sich Bedeutungen der Form B (∼x, ∼y, . . .). S (∼a) kann also auch geschrieben werden: S [∼(∼n, ∼m, . . .)] oder S (n, m, . . .). Ein Widerspruch liegt vor, wenn ein Satz der Form S (∼a, ∼. . .) = P (∼d, ∼. . .) = P (d, . . .) gebildet worden ist, wobei P (d, . . .) für P (∼p) steht. (Die großen Buchstaben bezeichnen eine als bestimmt gemeinte Bedeutung, die kleinen Bedeutungen, mit denen die ersten analysiert werden oder die sie „enthalten“ sollen. Es soll hier nicht etwa eine besondere Notation oder Begriffsschrift vorgeschlagen, sondern gerade die Unmöglichkeit der Reduktion von Bedeutung in normalen Sprachen auf ihre explizite „Erklärung“ veranschaulicht werden.)

innewohnenden Möglichkeit, in der Generation von Sätzen widersprüchlich zu werden, noch einmal. Es reflektiert sich darin als Möglichkeit des Scheiterns, d. h. es denkt eine ihm vorausliegende *reale* Welt.

4. *Satzverbindungen*

Von der inneren Form der Bedeutungen her stehen alle möglichen Sätze in einer internen Beziehung zueinander. Denn da Bedeutungen wesentlich nicht vollständig analysiert sein können, kann die Analyse wesentlich fortschreiten, d. h. es können neue Sätze gebildet werden, und dadurch kann sich ergeben, daß Sätze sich widersprechen, d. h. eine *Grenze* gegeneinander bilden. Es wiederholt sich auf der Satzebene, daß die Negation die interne Beziehung *erscheinen* läßt. Der Widerspruch bedeutet, daß nur einer der sich widersprechenden Sätze wahr sein kann, aber nicht beide zugleich. Er bedeutet somit die Möglichkeit, etwas über die objektive Gültigkeit von Sätzen zu sagen. (Bei nur einem Satz oder sich nicht widersprechenden Sätzen ist dies nicht möglich. Sie können immer sowohl wahr wie auch falsch sein. Man kann sie nicht „unmittelbar“ mit der Wirklichkeit „vergleichen“.) Der Widerspruch zwingt, einen der Sätze nicht gelten, d. h. gegenüber einer darin vorausgesetzten Realität scheitern zu lassen. Das Gebot vom zu vermeidenden Widerspruch lautet: Nicht beide: p und q. Es ist die allgemeine Form der Satzverbindung. (Vgl. Wittgensteins „allgemeine Satzform“.) q ist dabei u. a. *durch* $\sim p$ *analysiert,* aber nicht *unmittelbar* $= \sim p$. Auf diesen Unterschied kommt es an. Denn ein Satz $\sim p$ wäre gar nicht *zugleich* mit einem Satz p *sinnvoll* bildbar. Es darf noch nicht deutlich oder bewußt gewesen sein, daß q mit Hilfe von $\sim p$ analysiert werden kann, als neben p auch q gebildet worden war. Sonst hätte die Bildung von q neben der von p keinen Sinn gehabt.

Sinn hat eine Satzverbindung nur, solange der hinzukommende, neu gebildete Satz noch nicht mit Hilfe der Negation eines schon gebildeten Satzes bewußt analysiert ist. Ein Satz hat also Sinn, insofern er mit schon gebildeten Sätzen verträglich *erscheint*[1]. Satzverbindungen sind, wie Be-

[1] Bei Frege haben die Ausdrücke „Morgenstern“ und „Abendstern“ verschiedenen Sinn, aber gleiche Bedeutung. Aufgrund des Sinnes ließe sich ein Satz bilden: „Der Morgenstern ist nicht der Abendstern“, *solange* die Identität beider in der Astronomie nicht bekannt war. Sinn, im Unterschied zur Bedeutung, ist eine in die Vergangenheit reflektierende Kategorie. Aufgrund der Annahme der Verschiedenheit (des Sinnes, wie man dann nachträglich sagt) kann man zur Einsicht in die Identität (des dem Sinn nach Verschiedenen) gelangen, nämlich dann, wenn das Festhalten an der Verschiedenheit zum Widerspruch einer (z. B. astronomischen) Theorie führt. Es bleibt dann nur festzuhalten, daß die vormalige Unterscheidung „Sinn“ hatte. Man „*versteht*“ sie immer noch, auch wenn man es nun anders „weiß“.

deutungsverbindungen in Sätzen, mit Ausnahme der des Widerspruchs problematisch. Sie könnten sich möglicherweise als widerspruchsvoll *herausstellen*, je nachdem, wie die weitere Analyse der in ihnen verbundenen Bedeutungen durch die Bildung weiterer Sätze fortschreitet, die ja nur wegen des Moments der Unbestimmtheit der Bedeutungen *möglich* ist. Man kann eine überschaubare Menge der mit Hilfe eines Systems von Bedeutungen gebildeten Sätze, die insgesamt wahr sein sollen, eine *Theorie* nennen. Dann gehört es aber wesentlich zu einer Theorie, daß mit ihren Sätzen nicht alle aus diesem System heraus bildbaren Sätze schon gebildet sind. Die weiteren, noch bildbaren Sätze, die mit denen der Theorie also in einen Widerspruch treten *könnten*, kann man auch *Beobachtungssätze* nennen.

Diese Benennung ist nur aus der Tradition heraus zu verstehen, die erkannt hatte, daß eine Theorie nicht *alle* von einem semantischen System her bildbaren Sätze umfassen kann, weil alle gar nicht *vorauszusehen* sind. (Denn der „Gehalt" von Bedeutungen ist nicht vorauszusehen, und deshalb sind im *Prinzip* nicht schon alle Sätze gebildet.) Es sind also vom Begriff des Satzes her immer Sätze denkbar, die eine Theorie (nachträglich oder a posteriori) in Frage stellen können, was sich *zeigt*, wenn sie der Theorie widersprechen. Ob sie der Theorie widersprechen, hängt aber davon ab, welche Analyse von Bedeutungen sie im Verhältnis zu der *je vollzogenen* Analyse der Bedeutungen der Theorie, d.h. der auf bestimmte Weise *verstandenen* Theorie darstellen, d.h. wie sie das Moment der Unbestimmtheit von Bedeutungen („. . .") auslegen. Sagt die Theorie: „Alle Schwäne sind weiß", so ließe sich ein „Beobachtungssatz" denken, der lautet: „Dort ist ein schwarzer Schwan". Offenbar hat die Beobachtung sich hier nicht an die explizite Auslegung der Theorie gehalten, die die Verbindung von „Schwan" und „schwarz" mit der Partikel „alle" ausschloß, was wohl als sinnvoll erschienen sein könnte (weil *bis dahin* niemand einen Satz über schwarze Schwäne beigetragen hatte). Man muß sich *entscheiden*, ob man es als „wesentlich" für Schwäne (oder als „Axiom") ansehen möchte, daß sie weiß sind. Je nach Entscheidung wird die Theorie geändert oder der Beobachtungssatz anders artikuliert.

Schreiben Theoriesätze einen Sprachgebrauch („normativ") vor? Oder fassen sie Erfahrung zusammen? Das läßt sich ebenfalls a priori nicht entscheiden, denn als semantische Regeln wären sie unantastbar, als Zusammenfassung der Erfahrung müßten sie den Beobachtungssätzen ihr Recht einräumen. Es entscheidet sich, ob sie das eine oder das andere sind, je nachdem, welche Sätze von jetzt ab als möglich gelten, d.h. wie Bedeutungen weiterhin ausgelegt werden. Man kann natürlich *sagen*, man habe einen schwarzen Schwan beobachtet, aber das folgt nicht unmittelbar aus der Beobachtung, sondern aus dem Entschluß, dieses Tier, obwohl es schwarz ist, „Schwan" zu nennen, weil dies sinnvoll erscheint. Der *Sinn* leitet die Explikation der Bedeutungen, so gut wie er sich in ihr aufheben kann. Mit anderen Worten: nur unter der Leitung von Sinn kann sich anderer Sinn in der Explikation von Bedeutungen aufheben.

Es erscheint sinnvoll, ein zum erstenmal beobachtetes Tier, obwohl es gegen die bestehende Theorie schwarz ist, „Schwan" zu nennen, wenn andere Gründe dafür gelten gelassen werden, z. B. weil es ein Tier von einer bestimmten Gestalt ist, oder weil es sich mit weißen, also „klassischen" Schwänen, paart. Die Bedeutung „Schwan" ist dann expliziert durch die Bedeutungen „langer Hals", „paaren sich", letztere wieder durch „Lebewesen", *usw.* Die Bedeutung „weiß" wird für „alle Schwäne" fallengelassen und auf die Explikation von „einige Schwäne" eingeschränkt, dort aber beibehalten. Der zusätzliche „Quantor" „einige" wird eingeführt, um die Explikation „schwarz" *neben* der Explikation „weiß" für „Schwan überhaupt" gelten lassen zu können. Sie spaltet den Begriff auf, als Negation der negativen Bedeutungsanalyse, die besagt, daß Schwäne *nicht* schwarz seien. Nun mag die Explikation von „Schwan" den Satz beinhalten, daß Schwäne schwarz *oder* weiß seien.

5. *Objektivität*

Daß eine Bedeutung wesentlich nicht vollständig expliziert ist, ist dasselbe wie der Umstand, daß man über etwas überhaupt etwas sagen kann. In einem Satz wird etwas als etwas *angesprochen*, und über das *so* Angesprochene wird dann etwas ausgesagt. Nur über ein zuvor in einer Bedeutung Angesprochenes kann etwas ausgesagt werden, nicht über den „Gegenstand" unmittelbar. Ein unmittelbarer Gegenstand wäre völlig unbestimmt. Über ihn könnte alles gesagt werden, d. h. auch: nichts. Er wäre nicht von einer Bedeutung her gegen andere Bedeutung abgegrenzt, d. h. er stünde nicht in einer internen Beziehung zu irgendetwas anderem. Die Logik wäre nicht auf ihn anwendbar.

Die Vorstellung einer „ursprünglichen" Prädikation, in der einem außersprachlichen Gegenstand ein Prädikat zugesprochen werden soll, ist unhaltbar. Wenn ein Prädikat einem Subjekt sinnvoll zugesprochen werden können soll, dann muß es auch Prädikate geben, die ihm nicht zugesprochen werden können. Ein Gegenstand einer Aussage muß selbst schon eine logische Form haben. Über das reine Sein lassen sich keine Sätze bilden, es sei denn ein Satz, der besagt, es sei rein, unbestimmt usw., und nicht das Gegenteil, nämlich unrein, bestimmt usw. In dieser Bestimmung war es dann aber eben nicht so „rein", wie es gemeint war, sondern mit zusätzlichen Bestimmungen versehen, z. B. der der Reinheit.

Auch ein Satz, der sich scheinbar im „Subjekt" jeder inhaltlichen Bestimmung enthält, wie „dies ist rot", unterscheidet „dieses" von allem anderen, das es *nicht* sein soll. Das sympragmatische Umfeld muß dann schon nahelegen, auf *was* denn mit „dies" gezeigt werden soll, eben auf das Rote. Wenn jemand den Satz „dies ist ein Fagott" verstehen können soll, wird er schon wissen müssen, worauf „dies" hier zeigt[1]. Er wird „dies" schon als Art von Musikinstrument kennen müssen, wenn er auch noch nicht weiß, daß man diese Art „Fagott" nennt. Sonst könnte er ja zu der Meinung gelangen, „Fagott" sei eine Art von abstraktem Kunstwerk oder der Name für die Farbe, mit der der Gegenstand überzogen ist, oder irgendetwas anderes, das uns Eingeweihten natürlich ganz abwegig erscheint. Er muß schon sehr viel über den Gegenstand wissen, z. B. auch, im Unterschied zu welchen *angrenzenden*, verwandten Instrumenten „dies" ein Fagott ist, denn er lernt auch zu wissen, was nicht ein Fagott ist. Vor allen Dingen hat der Satz nur dann Sinn, wenn der Angesprochene schon einiges über Musikinstrumente wußte, z. B. über ihre Einteilung im allgemeinen, die Art ihrer Verwendung, ihre Technik, ihre Geschichte usw., nur eben einen gewissen Unterschied noch nicht, über den er nun aufgeklärt wird. Nur dann kann er jetzt das Wort „Fagott" richtig verwenden. Er kann jetzt „Schlüsse" ziehen nach dem Schema: Wenn etwas ein Fagott ist, dann sieht es so und so aus, wird so und so verwendet, ist so und so lange unter diesen und jenen Bedingungen im Gebrauch, usw. Er wird dann *besser* wissen, welche Schlüsse er ziehen kann, als wenn er nur über den allgemeineren Begriff verfügte. Vor allem wird er klar wissen, welche Schlüsse er nicht ziehen kann.

Eine Bedeutung ist nicht etwas jenseits der Wirklichkeit. Sie drückt aus, was es mit *etwas*, das in ihr angesprochen wird, auf sich hat. So ist es ein Zeichen dafür, daß man die Bedeutung des Ausdrucks „der gegenwärtige König von Frankreich" nicht kennt, wenn man meint, man könnte sagen, er sei „kahlköpfig". Es gehört zu der Bedeutung dieses Ausdrucks, daß das mit ihm Benannte nicht existiert. Und damit sind alle „Schlüsse" unzulässig, die die Existenz des Gegenstandes voraussetzen (präsupponieren). (Der *Sinn* des Ausdrucks, in dem er gebildet ist, ist ja gerade der, daß es ein Ausdruck ohne die Möglichkeit, „. . . existiert" hinzuzufügen, sein soll.) So hat der Ausdruck „der gegenwärtige König von Frankreich" durchaus Sinn und Bedeutung. Beide heben ihn aber nicht von der Wirklichkeit ab. In beiden ist er gerade auf sie bezogen. Der Sinn besagt, *wie* er auf sie bezogen ist, und die Bedeutung impliziert alle *daraus* möglichen Schlüsse.

[1] An solchen Beispielen läßt sich also kaum rekonstruieren, wie *anfänglich* „Prädikatoren der natürlichen Sprache . . . erlernt" wurden. Vgl. W. Kamlah und P. Lorenzen, Logische Propädeutik, Mannheim 1967, S. 28f.

Es sind also Bedeutungen, die „Existenz“ implizieren, von Bedeutungen zu unterscheiden, die das nicht tun, und von Bedeutungen, die dies offen lassen. Die Sprache kennt Verfahren, dies jeweils explizit zu machen. „Dieses Fagott“ impliziert, daß man nicht folgern kann, „existiert nicht“, denn „dieses“ *bedeutet* etwas hier und jetzt Vorliegendes. Versteht man unter „Gott“ eine oberste Ursache des Seienden, *dann* kann man nicht folgern, er existiere nicht. Die *Frage* dagegen, „ob“ er existiere, läßt offen, ob er existiert oder nicht. Sie verwendet das Wort in einer allgemeineren Bedeutung als der Aussagesatz, der ihn „oberste Ursache“ (*existierender* Wirkungen) nennt. (Es wird hier schon deutlich, daß es wichtig für die Bedeutung ist, in welcher Art von Satz, ob in einem Aussage-, Frage-, Befehlssatz usw., ein Wort verwendet wird.)

Ob einer Bedeutung ein Gegenstand entspricht und man sagen kann, „es gibt ein . . .“, ist eine Frage der Bedeutung selbst. Man wird jemandem, der die Existenz von etwas behauptet, nicht die Nichtexistenz vorführen können (und jemandem, der die Nichtexistenz behauptet, auch nicht *unmittelbar* die Existenz). Man kann ihn nur auf seinen Sprachgebrauch aufmerksam machen. Es könnte jemand sagen, daß es „vielleicht“ doch einen gegenwärtigen König von Frankreich gebe, und man wird antworten, daß die französische Verfassung diesen Titel nicht kenne. Er wird dann vielleicht von einem „heimlichen“ König sprechen. Aber mit diesem Zusatz zu „König“ fängt er an, über etwas ganz anderes zu sprechen, als seine Partner vermuten konnten. So hat Kant auch nicht die Frage abgewiesen, ob es Gott gebe, sondern den Sinn der Frage nach einer obersten Ursache. Denn wenn es sinnvoll ist, von einer obersten Ursache zu sprechen, warum sollte man sie nicht „Gott“ nennen? Und von ihr zu sprechen, hat nur Sinn unter der Voraussetzung ihrer Existenz. Man meinte ja die oberste Ursache von als „existierend“ Angesprochenem.

Aus der Verschiebung der Bedeutung, die man einem Wort im Sinne der Spezifizierung gibt, kann durchaus die Voraussetzung der Existenz des so Angesprochenen folgen. Die Bedeutungsverschiebung ist dann dasselbe wie eine ontologische Voraussetzung. Dabei ist natürlich generell vorausgesetzt, daß überhaupt etwas ist. Nicht das Sein (in dieser unbestimmten Bedeutung), sondern nur das Seiende in seiner jeweils negativen Abgrenzung gegen anderes, Nichtseiendes, folgt aus der Sprachentwicklung. So kann man die Arten existierender Musikinstrumente aufzählen und voneinander unterscheiden, und man unterscheidet sie damit auch von möglichen weiteren Instrumenten, die es nicht gibt, z. B. Streichinstrumenten mit sieben Saiten, die sozusagen in der „Verfassung“ oder im System unserer Instrumente nicht vorgesehen sind. Man könnte ein System möglicher Instrumente aufstellen und weitere Namen einführen, um sagen zu können, diese Instrumente gebe es nicht, aber das hätte dann eben nur diesen Sinn. Es wäre eine umständliche Art zu sagen, welche es denn gibt.

Die Frage nach der Existenz von etwas ist nicht von der Frage zu lösen, was man denn unter dem so Befragten versteht. Versteht jemand unter „Gott" eine oberste Ursache, dann setzt er in diesem Verständnis die Existenz Gottes voraus. Er hat sie in seinen Prämissen, so daß er sie „beweisen" kann. Es kann nun, wie Kant es tut, bestritten werden, daß es sinnvoll sei, nach einer obersten Ursache zu fragen. Dies ist natürlich wiederum nur entscheidbar, wenn feststeht, welche Bedeutung „Ursache" hat. Kant zeigt auf, daß ein in gewissem Sinne ungeregelter Gebrauch des Wortes „Ursache" in einen Widerspruch führt. Einmal wird unter „Ursache" etwas verstanden, nach dem zu fragen *aufgegeben*, zum anderen etwas, das *gegeben* sei[2]. Einmal ist es ein Begriff der *Verknüpfung* von Gegebenem, einmal ein Begriff eines *Gegebenen*. Ist es ein Verknüpfungs- oder Relationsbegriff, so kann er nur angewandt werden, insofern etwas in anderer Bedeutung, z. B. in der eines „Anschauungsgegenstandes", bereits *als gegeben* vorausgesetzt wird, das zusammen mit einem anderen Gegebenen so gegeben ist, daß es mit diesem *als* dessen Ursache verknüpft wird. Soll „Ursache" dagegen unmittelbar ein Begriff von Gegebenem sein, dann ist damit auch dessen Existenz präsupponiert. Schwierigkeiten treten erst auf, wenn beide Bedeutungen durcheinanderlaufen, d. h. wenn eine Ursache ein Gegebenes bedeuten soll und im selben Kontext auch einen Begriff zur Verknüpfung. Denn dann muß zu jeder „gegebenen" Ursache noch nach einer Ursache dieses Gegebenseins gefragt werden. Eine vorausgesetzte oberste Ursache läßt dann den Widerspruch zwischen den Explikaten „als seiend präsupponiert" und „oberste", d. h. selbst ursachlose Ursache erscheinen. Kant entscheidet sich, nachdem dieser Widerspruch in der Bedeutung von Ursache *erschienen* war, zu der Voraussetzung der alleinigen *Bedeutung* des Begriffs als eines Verknüpfungsbegriffs von Gegebenem, das *zuvor schon* in der Bedeutung „Anschauungsgegenstand" angesprochen ist. Der Begriff soll Gegebenes oder als seiend Vorausgesetztes in der Kategorisierung des einen als Ursache und des anderen als Wirkung *verknüpfen*, so daß etwas nur als ein so Verknüpftes auch für sich „Ursache" heißen kann. Es muß also schon *zuvor*, nämlich durch seine Ansprache als „Gegebenes", als seiend präsupponiert sein, so daß die Ansprache als „Ursache" von sich aus nicht eine solche Präsupposition bewirkt. Dies ist der Kern der Kantischen Kritik.

[2] Kant, Kritik der reinen Vernunft, B 526.

6. *Kategorien*

Man gerät in der Verwendung von Wörtern, d. h. mit seinen Sätzen in einen Widerspruch, wenn man sie so verwendet, daß einmal eine bestimmte Explikation ausgeschlossen, das andere Mal aber nicht ausgeschlossen sein soll. Der Widerspruch bleibt solange unbemerkt, wie nicht *Explikationen* von implizierten Präsuppositionen aufeinanderstoßen. So kann man unter Ursache an und für sich durchaus sowohl „*etwas*" verstehen, dessen Existenz man dann präsupponiert, als auch eine Art der *Verknüpfung* von verschiedenen „etwas", die man dann schon *zuvor* als existierend präsupponiert hat. Man darf nur diesen Bedeutungsunterschied nicht zugleich setzen und ignorieren, denn dann kommt der Widerspruch zustande, d.h. die Bedeutung verliert jede Abgrenzung. Sie verliert sich als (wesentlich bestimmte) Bedeutung. So kommt Kant zu der Aussage, solche Begriffe wie „Ursache" hätten außer in der Funktion der Verknüpfung von Gegebenem überhaupt keine Bedeutung. „Ursache" ist um einer weiteren Bedeutungshaftigkeit dieses Wortes willen als *Kategorie* bestimmt, nicht als *Ding*. Dann kann man nicht mehr sagen, eine Ursache *sei*, sondern nur noch, ein Seiendes sei in Relation zu einem anderen (dessen) Ursache. Das Ursachesein setzt dann nicht von sich aus Existenz voraus. Es setzt vielmehr die *vorausliegende* Ansprache des nun als Ursache Angesprochenen in einer Bedeutung voraus, die ihrerseits von sich aus die Existenzzusage präsupponiert. Bei Kant ist das die Ansprache als Gegenstand der Anschauung oder als Gegebenes. Wir unterscheiden somit Dingbedeutungen und Kategorien.

Wenn man eine Liste der Dingbedeutungen aufstellen wollte, könnte man Kant darin folgen, daß diese Bedeutungen eine räumliche und zeitliche Bestimmung implizieren müßten. So ist, wenn man unter Dingbedeutung genauer eine existenzpräsupponierende Bedeutung versteht, „König von Frankreich" *jetzt*, zu dieser Zeit keine solche Bedeutung. Der Ausdruck enthält keine *nähere* zeitliche Bestimmung, so daß es keinen Widerspruch ergibt, die Existenz jetzt zu verneinen. „Ich", „du", „dieser", „heute" und alle diese Zeigwörter im Sinne K. Bühlers haben existenzpräsupponierende Bedeutung. In der idealistischen Philosophie wurde vor allem diese Bedeutungskomponente von „ich" erkannt. Das „ich denke" muß nach Kant alle meine Vorstellungen begleiten können, weil „denken" im Sinne der Kantischen Kategorien die Verknüpfung von Vorstellungen meint, die um ihrer Verknüpfbarkeit willen schon vorweg als „meine" Vorstellungen vereint sein müssen und von daher in der Weise des Vorgestelltseins (der Imagination) *da* sind. Sie sind darin gleichnamig angesprochen und als „meine" auch als existierende Vorstellungen vorausgesetzt. Mit oder in *mir* haben sie, wenigstens als Vorstellungen, Existenz.

Das „Ich“ ist oberste Bedingung für die (kritische) *Bedeutung* von Kategorien.

Vorstellungen sind nur dadurch etwas, daß es *meine* Vorstellungen sind. Sie lassen sich nicht von meiner Subjektivität ablösen; d. h. sie sind nicht unmittelbar objektiv. „Vorstellung“ ist alles, dessen ich mir bewußt bin. Der Begriff der Vorstellung ist Oberbegriff auch zu dem, was nicht *nur* (subjektive) Vorstellung sein könnte. Der Begriff eines objektiven Gegenstandes muß also durch spezifische Differenz von dem der Vorstellung abgehoben werden. Da zunächst oder unmittelbar alles (ob seine Bedeutung, in der es bestimmt ist, nun Existenz präsupponiert oder nicht) *Vorstellung* ist und das Denken Vorstellungen verknüpft, kann diese spezifische Differenz nur durch *Verknüpfung* von Vorstellungen hinzukommen. Jede Bedeutung ist zunächst nur die einer Vorstellung, wie *ich* sie mir vorstelle. Nur durch ihre Verknüpfung kann die spezifische Differenz hinzukommen, daß etwas von seiner Bedeutung her *nicht nur* meine Vorstellung bedeutet.

Indem ich im Denken Vorstellungen verknüpfe, setze ich sie als objektiv. Diese Verknüpfung muß sich von der bloßen *Vereinigung* (Apprehension) der Vorstellungen als *meine* Vorstellungen unterscheiden. Sie muß sie als nicht nur meine, d. h. also als objektive Einheit vorstellen. Wenn die Vereinigung den *allgemeinen* Begriff der Vorstellungen ausmacht, in dem sie überhaupt erst als Vorstellungen zusammengefaßt sind, dann muß die davon abgehobene Verknüpfung eine Verknüpfung in einer *besonderen* Weise sein, d. h. sie muß gegen *andere* Weisen der Verknüpfung, die ebensogut möglich wären, *abgegrenzt* sein. Sie muß sich von der beliebigen reinen *Möglichkeit* als diese eine bestimmte abgrenzen. Sie ist damit wesentlich eine Verknüpfung in einer (besonderen, bestimmten) *Bedeutung*.

Durch Verknüpfung von Vorstellungen in bestimmter Bedeutung werden Bedeutungen erzeugt, die nicht nur subjektive Vorstellungen bedeuten. Nur so *erzeugte* Bedeutungen können mehr als nur Vorstellungen bedeuten, d. h. über ihre Subjektivität *hinausdeuten*. Dic besonderen Bedeutungen der Verknüpfung von Vorstellungen bedeuten die Ablösung (Negation) der so verknüpften Vorstellungen von ihrem unmittelbaren subjektiven Vorgestelltsein. Diese Vorstellungen erhalten somit außer der Bedeutung, in der sie vorweg angesprochen sind, noch eine weitere Bedeutung, nämlich die, daß sie nicht nur „in“ mir, sondern mir „von außen“ gegeben oder „Anschauungen“ seien. Dies bedeutet zugleich die Rezeptivität des Subjekts ihnen gegenüber. Damit ist natürlich nichts darüber gesagt, „woher“ sie denn kommen mögen, sondern nur bedeutet, daß sie nicht aus dem Ich kommen. „Inneres“ und „Äußeres“ sind durch Negation abgegrenzte Bedeutungen. So entsteht „unter“ der Bedeutung des Vorgestellt*seins* die bestimmtere des Gegeben*seins*, als „Unterbegriff" zum Vorgestelltsein.

Formal ist es ein Widerspruch, wenn die Negation von etwas zugleich dessen Unterart sein soll. Hier löst sich der Widerspruch dadurch auf, daß nicht *dasselbe* die Bedeutung haben soll, in mir und zugleich außer mir oder Vorgestelltsein und Gegebensein zu sein, sondern daß nur das Verknüpfte *als* Verknüpftes gegeben sein soll. (Die Auflösungen des formalen Widerspruchs sind die Lösungen des Erkenntnisproblems.) Das, „worin" die Gegenstände sind, insofern sie *nicht nur* in mir als meine Vorstellungen sind, ist bei Kant (im Unterschied zur Zeitbestimmung, in der allein etwas auch immer noch nur Vorstellung sein kann) der *Raum*. Die Bedeutung dieses Wortes schließt also nicht ein, daß man sich darunter einen Raum „vorzustellen" habe, etwa als Behälter. Sie schließt eigentlich nur etwas aus, nämlich das bloße Vorgestelltsein der Dinge, die man damit (logisch) „in" ihn setzt. Die Gegenstände erhalten durch diese Negation die Bedeutung, *extensive Größen* zu sein. Sie sind damit als meßbar, als *miteinander* (und nicht nur in Beziehung auf mich) in Relation stehend, als *vergleichbar* angesprochen. Und dies bedeutet die Negation ihres bloßen Vorgestelltseins. Die (indefiniten) Bedeutungen der im Urteil auf besondere Weise verknüpften empirischen oder inhaltlichen Begriffe, die wegen ihrer wesentlich indefiniten Explikation von Subjekt zu Subjekt *verschieden* expliziert werden können, sind damit zugleich außer acht gelassen. Nur noch als (meßbare, bestimmbare) Größe sind die Gegenstände angesprochen.

Die allgemeine Form der bestimmten Verknüpfung von Vorstellungen ist demnach deren (bestimmte) Negation, nur Vorstellung zu sein. Die Vorstellungen treten darin in ein Verhältnis *zueinander*. Insofern dieses Verhältnis Negation ist und die Vorstellungen in der Negation ihres bloßen Vorgestelltseins als ihrer Vereinigung in mir im Raume sind, sind sie in ihrem Verhältnis zueinander als auseinander bestimmt. Sie sind „außer uns" und damit „auseinander". In diesem Auseinander*sein* haben sie die Bedeutung von objektivem Sein, d. h. der Lösung aus dem gemeinsamen bloßen Bezug auf das Subjekt und der Setzung in einen Bezug zueinander. Ein Gegenstand ist durch sein Verhältnis zu einem anderen *Gegenstand* objektiv, d. h. durch seine Grenze zu einem anderen Gegenstand. Diese Grenze ist nun wesentlich nicht mehr Vorstellung, sondern *Denken*. Die im Denken verknüpften Vorstellungen sind außer dem, daß sie meine Vorstellungen sind, auch *Anschauungen*.

Die *Kategorien* sind diese Grenzen oder negativen Verknüpfungen, die durch ihre Bedeutung, nicht Dinge, sondern Verknüpfungen von *vorweg* als seiend Bedeutetem zu sein, Vorstellungen die Bedeutung von Anschauungsgegenständen zusprechen. Wenn man überlegt, was an den Vorstellungen eigentlich negiert werden muß, damit sie die Bedeutung von äußeren Anschauungsgegenständen erlangen, so leuchtet ein, daß dies nur das Moment der wesentlichen Unbestimmtheit der Bedeutungen ist, in denen sie als „meine" Vorstellungen zunächst angesprochen sind. Die Kategorien sind demnach Formen der Ansehung von etwas *als* (an ihm selbst) durchgehend bestimmt, im Unterschied zu der immer auch unbestimmten Bedeutung, in der sie *nur von mir* angesprochen sind. Sie sind die Formen, *Urteile* zu bilden, wenn man unter einem Urteil ein Verhältnis in *objektiver* Bedeutung versteht. In der kategorialen Verknüpfung wird an den verknüpften Vorstellungen die Unbestimmtheit der Bedeutungen *negiert*, in denen sie für mich (als endliches Wesen) wesentlich sind. Die einfache *Form eines Urteils* besteht darin, eine Vorstellung zunächst in einer bestimmten Bedeutung anzusprechen, um dann die in dieser Ansprache mitschwingende wesentliche Unbestimmtheit aufzuheben. Sie ist also doppelte Negation: das Nichtbestimmtsein soll in der im Urteil geschehenden Bestimmung negiert werden. Im Unterschied zum Aussagesatz im allgemeinen soll das Urteil eine endgültige Bestimmung bedeuten. Es soll keine Grenze gegen seine Negation haben. Das ist nur eine Umschreibung für den Gedanken, daß das im Urteil Angesprochene als Anschauungsgegenstand im Raume und nicht mehr in einer subjektiv geleisteten Bedeutungsexplikation angesprochen sein soll. Im Raum sind die Gegenstände als objektiv gegeneinander abgegrenzte gedacht, so daß ein Urteil als Urteil bedeutet, dieses objektive Verhältnis *sei* in ihm ausgesagt. Es bedeutet also, daß es von der Sache her *nicht anders* lauten könnte, oder es ist kategorisch.

Die Kategorien sind Formen der Ansehung von etwas *als* bestimmt. Sie erzeugen in diesem Ansehen von wesentlich auch unbestimmten Bedeutungen den Raum als den Inbegriff objektiver Verhältnisse, in dem „die Sachen selbst" „aneinanderstoßen". Die Unbestimmtheit der Vorstellungen, die ein „assoziatives" Auslegen der Bedeutungen erlaubt, wird in dieser „objektiven" Verknüpfung negiert. Die Raumwelt konstituiert sich so als Negation einer subjektiven Einbildungswelt. Im Paralogismuskapitel der „Kritik der reinen Vernunft" mußte Kant deshalb großen Wert auf den Hinweis legen, daß die Cartesianische Begründung von „Wahrheit" auf der Basis der Realität von „Ich" nicht aus einer imaginären Welt herausführen kann, solange sie nicht durch eine spezifische Differenz von einer Traumwelt abgesetzt ist. Das reine „cogito" leistet dies nicht. Es bedeutet nur das *Vorgestelltsein*, aber noch nicht das *Anschauungsein* der Vorstellungen in ihrer jeweiligen Bedeutung. Die spezifische Differenz kann nur mit einem *spezifischen* cogito, eben mit einer Kategorie von *bestimmter* Bedeutung, im Unterschied zur reinen Vereinigung der Vorstellungen im Ich, hinzukommen. Die Kategorie muß in ihrer spezifischen

Bestimmtheit von aller weiteren möglichen Explikation ihrer Bedeutung (durch mich) abgelöst, d. h. absolut bestimmt sein.

Die Frage ist nun aber, inwiefern die Kategorie spezifisch bestimmt ist. Spezifisch bestimmt kann sie nur als eine unter oder neben anderen, d. h. als Kategorie aus einer vollständigen *Tafel* von Kategorien sein. Um zu einer Tafel von Kategorien zu gelangen, muß man auf die allgemeine Bedeutung der Kategorie zurückgreifen. Sie soll die Vorstellungen, indem sie sie verknüpft, objektiv machen. Sie soll ihre Unbestimmtheit, die ihnen als Vorstellungen eigen ist, negieren. Sie soll also die Bedeutungen festsetzen oder durch Verknüpfungen *regeln*. Bei dieser Regelung als einer Verknüpfung von Vorstellungen soll zugleich die Unbestimmtheit der verknüpften Vorstellungen ausgeschlossen werden. Die Verknüpfung soll dieser Ausschluß sein.

Es ist nun einer solchen Regelung wesentlich, daß sie, als Ausschluß von Unbestimmtheit oder als Reduktion von unendlicher Komplexität, selbst *bestimmte* Regelung sein muß. D. h. sie ist wesentlich eine Regelung gegen eine mögliche andere Regelung. Es ist diesen kategorialen Regelungen aber ebenso wesentlich, daß sie immer auch anders erfolgen könnten. (Soll eine Regel z.B. für eine Bedeutung so gelten, daß aus dieser Bedeutung a folgen soll, daß die Bedeutung b ausgeschlossen ist, so bedeutet dies, daß an und für sich auch die Regelung gelten könnte, dies sei nicht der Fall. Es könnte auch geregelt sein, daß der Ausschluß, der in der ersten Regel als notwendig, d.h. als semantische Regel vorgestellt ist, zufolge einer anderen möglichen Regel als nicht notwendig ausgesprochen wird.) Da die Objektivierung der Bedeutungen Grenzen der Bedeutungen (in den äußeren Raum) setzt, erscheinen diese Regelungen als „Quantoren". Es gilt: „alle a sind . . ." bzw. „nicht alle" oder „einige sind . . .". Da hier die Existenzaussage in jedem Fall in den Bedeutungen impliziert ist, kann man nicht nur den Quantor „einige" als „es gibt (mindestens) ein a, das . . . ist", interpretieren. Vielmehr „folgt" diese Auslegung auch aus dem All-Quantor. (Die Bedeutungen bedeuten hier ja schon immer Anschauungsgegenstände!) „Alle" bedeutet: „Es gibt mindestens ein a, und für alle, die es gibt, gilt:". „Einige" bedeutet: „Es gibt mindestens ein a, und für mindestens dieses eine, aber nicht notwendig für alle gilt:". Was ausgesagt wird, folgt hier also nicht aus der unspezifizierten Bedeutung von a, sondern nur aus einer bestimmten Spezifizierung. Aus dieser, nennen wir sie a', folgt nun notwendig, was in bezug auf a für „einige a" gesagt war. Wird „einige" nun weiter eingeschränkt bzw. a' noch weiter spezifiziert, dann bedeutet dies „nicht einige", aber, da Existenz hier immer impliziert ist, doch *eines*. „Es gibt ein a, für das gilt:". Daß „ein" gegenüber „einige" ein weiterer Quantor ist, macht deutlich, daß wir uns hier nicht in der reinen Logik, sondern in der transzendentalen Logik der Bestimmung *der* Bedeutungen befinden, die immer das Angeschautsein der in den Bedeutungen angesprochenen Gegenstände voraussetzen, d. h. sie von bloßen Vorstellungen *unterscheiden*.

Es handelt sich bei diesen quantitativen Kategorien um ein System fortschreitender bestimmter Negationen. „Alle" – „nicht alle", aber „einige" – „nicht alle von diesen einigen", aber „ein". Mehr Schritte der Negation kann es nicht geben, da „ein" oder Existenz schon immer impliziert war. Auch hier fällt auf, daß die Negate zugleich Unterarten dessen sind, dessen Negat sie sind. Da aber Existenz *vorausgesetzt* und folglich der Widerspruch schon ausgeschlossen ist, folgt daraus nicht die Widersprüchlichkeit des Systems, sondern die Notwendigkeit, zwischen diesen Quantoren zu wählen, wobei die Wahl des „oberen" jeweils die unter ihm stehenden noch zuläßt, aber nicht umgekehrt. Es ist also zugleich ein System fortschreitender Ausschließung von Unbestimmtheit. Die jeweils untere Kategorie erfüllt ihren Begriff besser. Sie ist *kategorialer* als die oberen („weiteren") Kategorien[1].

Da die kategoriale Bestimmung das in den Bedeutungen Angesprochene als äußere Gegenstände ansprechen soll, d. h. als extensive Größen, die in ihrer Bestimmtheit im Raum oder objektiv gegeneinander abgegrenzt sein sollen, bedeutet das im System der quantitativen Bestimmungen aufgewiesene Fortschreiten im Bestimmen immer zugleich eine Operation im Raum der äußeren Gegenstände. „Alle" heißt: „im ganzen Raum (und zu jeder Zeit)", „einige" heißt: „in einem Teil des von dem Bedeuteten ausgefüllten Raumes", „ein" heißt: „an einer Stelle dieses Raumes". Die quantitative Bestimmung beinhaltet also schon das ganze System möglicher Kategorien. (Semantische) Bedeutungsunterschiede sind hier als räumliche („ästhetische") Unterschiede, Bedeutungsgrenzen als Grenzen im Raum objektiviert. „Raum" ist dabei „nicht nur Vorstellung". Die Bedeutungen erhalten more geometrico die Gestalt eines begrifflichen Systems. Wenn aber auch die quantitativen Kategorien im Grunde schon alle sind, so lassen sich dennoch weitere Kategorien ableiten. „Alle" heißt hier: alle durch Negation gegeneinander abgrenzbaren Kategorien, unter Bewahrung der Voraussetzung der Existenz. Es sind alle kategorialen *Bedeutungen*. Unterschiede kann es dann nur noch dem *Sinn* nach geben. (Die Vollständigkeit ergibt sich aus der logischen Trias: Unbeschränkter Umfang; beschränkter Umfang; kein Umfang, aber doch Existenz.)

Man könnte nun „rein logisch" in der Abstufung der Negationen oder der Erzeugung von Bedeutungen weiter fortschreiten: „nicht *ein* a ist . . .",

[1] Die Möglichkeit der Steigerung von Kategorialität, bzw. des Zum-Begriff-Kommens ist die entscheidende Entdeckung der „Logik" Hegels. Hierzu Näheres im dritten Teil, Abschnitt 10.

oder: „a *ist nicht* . . .". Unter Bewahrung der Bedeutung von Existenz ist dies aber nicht die Negation von a. Es bedeutet vielmehr: „es gibt mindestens ein a, aber keinem, also auch nicht diesem kann , . . .' zugesprochen werden." Diese Negation ist dann in der Tat eine positive Bestimmung von a. Es ist eine Scheinnegation, und d. h. eine Scheinkategorie. Die Trias „Position", „Negation", „Limitation" („qualitative Kategorien") fügt dem zunächst vorausgesetzten positiven Bestimmen zum Schein noch das negative Bestimmen als eine scheinbar *andere* Art des Bestimmens hinzu. Der Schein lag aber schon im Ausgang von einem scheinbar positiven Bestimmen. Positives Bestimmen kann nur eine Schreibweise für negatives Bestimmen sein, denn wegen der unabsehbaren Unbestimmtheit in den Bedeutungen kann eine explizite Regelung nur durch Ausschluß möglicher Schlüsse aus den vorausgesetzten Bedeutungen erfolgen. Die Negation allein kann abgrenzen. So erweist sich dann auch bei Kant zurecht die „Limitation" als Negation eines Unterschieds zwischen Position und Negation. Wieder erfüllt die dritte Kategorie ihren Begriff am besten. Die qualitativen Kategorien entstehen aus der Verkennung des negativen, besser limitativen Charakters des Bestimmens, zuletzt des Bestimmens im singulären Urteil. Sie sind nur ein anderer *Sinn* desselben Bestimmens, d.h. sie unterscheiden sich als positives und negatives Urteil nur aufgrund ihrer *Ansatzweise* an einer vorausgesetzten quantitativen Kategorie. „Alle nicht" setzt bei „alle" an. „Einige" bedeutet aber dasselbe. „Einige nicht" setzt bei „einige" als einem Positiven an, der Bedeutung nach aber ebensogut bei „nicht alle", also einem Negativen, und dann wäre es selbst positiv. Ebenso ist „ein" der Bedeutung nach dasselbe wie „nicht einige", und ein singuläres Urteil ist je nachdem, ob es mit dem Sinn „ein" oder „nicht einige" ansetzt, positiv oder negativ. In jedem Fall ist es limitativ. (Das gilt, wohlgemerkt, für das *Urteil*, nicht für den Satz im allgemeinen als Gegenstand rein formallogischer Betrachtung. Die formale Logik geht nicht von auch unbestimmten *Bedeutungen* aus, sondern von abstrakten reinen Bestimmtheiten. So schließt sie den Widerspruch a priori aus. Sie setzt nicht Existenz voraus, sondern räumt sie aus der Widerspruchslosigkeit ein.)

Limitation bedeutet Bestimmung durch Ausschluß. Eine solche Bestimmung kann natürlich nicht wirklich alles ausschließen, was etwas nicht sein soll. Diese Unmöglichkeit wird in einem sogenannten „unendlichen Urteil" wie dem Urteil „der Geist ist nicht grün" deutlich. Ein solches Urteil ist sinnlos, d. h. es führt zu nichts, obwohl es seiner *Form* nach die Wahrheit der Unterscheidung in positive und negative Urteile ist. An ihm zeigt sich also noch einmal die Scheinhaftigkeit dieser Unterscheidung, der es sich selbst verdankt. Es zeigt sich, daß etwas nicht via negationis bestimmt, sondern nur *als* bestimmt *angesehen* werden kann. In jeder kategorialen Bestimmung findet sich somit eine Differenz zwischen der *Form* (d. h. der Bedeutung der Kategorie, Bestimmung zu sein) und dem *Inhalt*. Die Form ist Bestimmung durch Negation (Limitation). Der Inhalt setzt dagegen immer bei irgendwelchen Bedeutungen an, *als seien* sie bestimmt (d.h. als stimmten sie mit ihrer Form überein), und nimmt so eine Negation *als* positive Bestimmung (z.B. indem ein scheinbar positiver Ausdruck wie „einige", „ein" zum Ausgangspunkt weitergehender Bestimmung vorausgesetzt wird. Die daran anknüpfende weitergehende Bestimmung kann dann ebenfalls nur eine Bestimmung „als ob" sein, auf dem „Boden" des Scheins).

In der Problematik des unendlichen Urteils zeigt sich die Problematik der Unterscheidung zwischen positivem und negativem Urteil. Es handelt sich dabei eigentlich um die des Urteils als endgültige Bestimmung überhaupt. Es zeigt sich die Problematik der in einem Urteil vorausgesetzten Bestimmung, auf deren „Boden" es im Bestimmen weiterzukommen gedenkt. Die Form der Reflexion der dem Urteil wesentlichen Differenz zwischen seiner Form, Bestimmung zu *sein*, und seinem Inhalt, den es bestimmen *soll*, ist die *hypothetische* Urteilsform. Dieses Urteil bedeutet das Bestimmen unter der Voraussetzung schon geschehener Bestimmung der Bedeutung, in der etwas Gegebenes angesprochen ist. Sie drückt in seiner Form die Problematik der in einem Urteilssubjekt wesentlich gemachten Voraussetzung aus. „*Wenn* a in einer vollständigen Bestimmung vorliegt, *dann* . . .". Aber auch die Absetzung dieser Form gegen ihr Gegenteil, das schlichte kategorische Urteil, ist eine Scheinunterscheidung. Beide Formen *bedeuten* dasselbe, denn auch das hypothetische setzt voraus, die in ihm als problematisch vorausgesetzte Bedingung *könnte* eintreten, d. h. die Unbestimmtheit in einer Bedeutung könnte durch Explikation *aller* Implikationen behoben werden, als hätte „alle" in diesem Zusammenhang überhaupt einen finiten Sinn. Man weiß nie, ob es wirklich „alle" Implikate einer Bedeutung sind. „*Wenn* die Implikate alle explizit sind" oder „*wenn* die im Urteilssubjekt vorausgesetzte Bedeutung vollständig analysiert ist", diese Bedeutung von „wenn" *stellt* Erfüllbarkeit zu irgendeiner Zeit *vor*. Sie unterstellt, ein Zeitpunkt „jetzt" sei die Grenze zwischen den expliziten und den noch nicht expliziten Implikaten einer Bedeutung, wobei die noch nicht expliziten doch auch schon *als* endliche Menge angesehen werden. Dieses Ansehen erscheint nun als der wahre Boden des kategorialen Verknüpfens. Es hat die Form einer *Disjunktion*. In dieser Form wird eine durchgehende *Wechselwirkung* allen Bestimmens gedacht, vor allem auch zwischen den „noch nicht" expliziten und den expliziten Bestimmungen. Sonst bliebe unverständlich, wieso man mit Hilfe von „wenn . . . dann . . ." Voraussagen machen können sollte. Da alles Bestimmen hier immer unter der Voraussetzung der Explikation der Existenz aus *der* Bedeutung steht, in der eine Vorstellung vorweg angesprochen ist, d. h. unter der Voraussetzung, daß diese Bedeutung einschließt, diese Vorstellung sei nicht nur Vorstellung, sondern auch Anschauung, ist die Wechselwirkung als Wechselwirkung verstanden, die ihren Grund in einem objektiven Zusammenhang all dieser (expliziten *und nicht* expliziten) Bestimmungen oder in der zu bestimmenden Sache haben soll, also als objektive Wechselwirkung.

Diesem Gedanken nach müßte eines Tages oder „in the long run" alles explizit geworden sein. Dies ist die positive, wenn man so will optimistische Theorie. Man kann aber auch ebensogut sagen: Wenn die Bestimmtheit von etwas in Wechselwirkung mit allen möglichen, also auch den (noch) nicht expliziten Bestimmungen stehen soll, dann ist alle explizite Bestimmung auf einen Wechsel bezogen, von dem man nicht *wissen* kann, ob er einlösbar ist. Man kann aber wissen, daß man dies nicht wissen kann. (Mit der Kategorie der Wechselwirkung gehen die Kategorien schon in die „Ideen" im Sinne Kants über.)

Die Modalkategorien sind ebenfalls nur zum Schein neue Kategorien. „Notwendigkeit" setzt vollständige Analyse voraus. „Möglichkeit" hebt diese Voraussetzung auf. Was einem Begriff möglicherweise zukommt, kommt erst einem seiner Unterbegriffe notwendig zu, d. h. der Begriff war noch nicht so weit spezifiziert, daß der fragliche andere ihm notwendig zukommen müßte. „Wirklichkeit" schließlich ist der Modus einer Aussage, die in einem einzelnen Urteil einem Subjekt etwas zuspricht, was weder aus dem allgemeinen noch aus dem spezifizierten Begriff notwendig folgt. Sie ist Implikat der umfangslosen Bedeutung, in der Existierendes angesprochen ist. Die modalen Unterscheidungen sind also ebenfalls nur Scheinunterscheidungen. Sie leiten sich je nachdem davon ab, bei welcher Bedeutung man ansetzt, d.h. welche man als uneingeschränkte Bedeutung möglichen Spezifizierungen *voraussetzt*, um von da aus durch Negation zu einem eingeschränkten Umfang und schließlich zur Umfangslosigkeit zu gelangen. Der Ansatz ist auch hier jeweils die *Voraussetzung* eines positiven *Anfangs* weiterer Bestimmung.

Zu solch einer Kategorientafel kann allgemein gesagt werden, daß sie aus dem Begriff der Kategorie heraus vollständig sein *soll*. Ist sie es nicht, so sind die einzelnen Kategorien nicht gegen andere bestimmte Kategorien, sondern gegen eine unbestimmte Zahl weiterer Kategorien, also nur zum Schein bestimmt. Die Bestimmung der Kategorien soll aber die Aufhebung von Unbestimmtheit sein, so daß den Vorstellungen dadurch, daß der Verstand sie kategorial verknüpft, die Bedeutung von Anschauungen zugesprochen werden kann. Dieses Zusprechen muß selbst bestimmt sein, denn wäre es unbestimmt, so wären die Vorstellungen auch nur auf unbestimmte Weise als Anschauungen bestimmt. Insofern Bedeutungen aber wesentlich auch unbestimmt sind und ihr Gehalt nicht endgültig durch Analyse erschöpft werden kann, kann es sich hier nur um ein Ansehen *als* bestimmt handeln. Das Bestimmen ist wesentlich Auslegen, es ist unerschöpflich. Die Tafel ergibt sich nur in einer Reflexion dieses Wesens der Kategorien, und diese Reflexion erzeugt den Schein ihrer Unterschiedenheit als selbständiger Kategorien. Die einzige Kategorie ist die (fortschreitende) Negation jeweils der Voraussetzung der anfänglichen Bestimmtheit, in der das Urteilssubjekt vorgestellt wird[2]. Etwas wird im Vollzug des prädikativen Urteils als bestimmt angesehen, indem die Bestimmtheit, in der es als Subjekt schon vorausgesetzt war, als bloße Voraussetzung seiner Bestimmtheit aufgehoben wird. Dies ergibt die Triade: 1. Voraussetzung einer anfänglichen Bestimmtheit (Subjekt) – 2. Aufheben dieser Voraussetzung in einer weiteren Bestimmung, d. h. Negation der vorausgesetzten Bestimmtheit (Prädikat) – 3. Weitere Negation auch dieser „näheren" Bestimmtheit unter Beibehaltung des Implikats der Existenz des Bestimmten (Gegenstand). Alle weiteren Kategorien ergeben sich aus dem Umstand, daß diese drei „Momente" des Bestimmens in der Reflexion als etwas Selbständiges genommen werden, in der Meinung, es sei ein objektiver Unterschied, ob das Subjekt positiv oder negativ quantifiziert sei, also in der Meinung, jede dieser Stufen, die immer nur eine Negation der Meinung eines möglichen Anfangs bei einer wirklichen Bestimmung sind, sei selbst etwas Positives. So verbirgt das *Wort* „alle", daß es *Negation* von Unbestimmtheit bedeutet, das *Wort* „einige" seine Bedeutung als *negative* Abgrenzung gegen „alle", das *Wort* „ein" seine Bedeutung als *Negation* von „einige", und auf dem Grund dieser Identifikation einer geistigen Operation durch ein *Wort* entsteht dann der Schein des kategorialen Unterschieds zwischen positiver und negativer Verknüpfung von Bedeutungen zum Zweck der Elimination ihrer Unbestimmtheit. Die qualitativen Kategorien versuchen, den Schein zu *stabilisieren*, und das gleiche gilt für die weiteren „Titel" einer Kategorientafel. Es muß immer weitere „Titel" einer solchen Tafel geben, weil das jeweils dritte Moment eines Titels die ausgezeichnete Funktion hat, den Widerspruch der Form gegen den Inhalt selbst in eine Form zu bringen. (Aus diesem einfachen Grund erscheint auch immer eine Trias

[2] Entsprechend heißt es in Hegels „Logik", der „Geist" sei, als die Wahrheit von Verstand und Vernunft, „das Negative" (Wissenschaft der Logik, ed. Lasson, Leipzig 1951, S. 6) und als solches das „Einzige, *um den wissenschaftlichen Fortgang zu gewinnen*". Das, „um dessen ganz *einfache* Einsicht" man sich in der Logik der Kategorien „zu bemühen" habe, sei „die Erkenntnis des logischen Satzes, daß das Negative ebensosehr positiv" (konstitutiv) sei, als „bestimmte Negation" eines zuvor unter einer anderen Kategorie als bestimmt angesehenen „Inhalts" (S. 35f.).

von Momenten.) Die Tafel ist deshalb ihrer Logik nach nicht abschließbar. Aber in einer besonderen Sprache werden sich traditionell immer nur endlich viele Wörter zur *Bezeichnung* von Kategorien finden lassen, und damit hat der Schein einer Tafel von Kategorien historisch wesentlich eine endliche Fassung. Die Bestimmtheit der Kategorie verdankt sich also letztlich der historischen Sprache ihrer Bezeichnung. Es gibt so viele Kategorien (Titel), wie es in einer Sprache Möglichkeiten zur Bezeichnung von *Stufen der Reflexion* (Zurückbiegung) des wahren Wesens der Kategorie, d. h. der Verbergung ihrer Wahrheit, gibt. Je mehr Kategorien es in einer Sprache gibt, um so mächtiger ist diese Sprache im Sinne der Objektivierung von Bedeutungsabgrenzungen, d. h. der Artikulation der Welt. Sie objektiviert in dieser Artikulation geistige Operationen (objektiver Geist). (Es ist zu vermuten, daß die aufgestellten Tafeln hinter dem Reichtum der Sprache, in der sie aufgestellt werden können, zurückbleiben müssen.)

Kant hat gesehen, daß das Vermögen der Kategorien, die Anschauungen *als* solche, d. h. *als* bestimmt anzusehen, darauf zurückzuführen sein muß, daß die Kategorien selbst (in einer Tafel oder in einem Kategorien*system*) bestimmt seien, als Formen bestimmter, von der reinen Cogitatio unterschiedener Denkoperationen. Sie sind aber ihrerseits selbst nur kraft des Bezeichnungsvermögens historischer Sprachen *als* bestimmt *angesehen*. Die Tafel ist nicht in ihrer logischen Bewegung, sondern immer nur historisch abgeschlossen. (Von dieser historischen Bestimmtheit her erlangt z. B. das hypothetische „wenn . . . dann . . .“ seine bestimmende Zuversicht.) Die historische Gegenwart ist der Abschlußpunkt des Kategoriensystems, in dem jede Kategorie in einem bestimmten Verhältnis zu allen anderen stehen und somit ohne Unbestimmtheit sein kann, d. h. zur Bestimmung von Objektivität fähig ist. *Die historische Gegenwart stellt damit alle Bedeutungen mittels der Kategorien fest*. Aber sie bewegt sich natürlich auch ebensogut fort. Die Bedeutung der Kategorien erlangt in dieser Bewegung eine Geschichte. In dieser Bewegung verändert sich mit der Bedeutung der Kategorien jeweils der *Sinn*, in dem sie an inhaltlichen Bedeutungen ansetzen, um sie „näher“ zu bestimmen.

7. Bedeutung und Sinn

Der Sinn positiviert Bedeutungen. Sinn ist die Art und Weise, Bedeutungen in Gebrauch zu nehmen und sie dadurch *als* bestimmt anzusehen und z.B. „Morgenstern“ und „Abendstern“ *als* gegeneinander abgegrenzte Bedeutungen zu betrachten, d. h. den *Standpunkt* zu beziehen, von dem aus sich dies so darstellt. (Von einem anderen, z. B. dem modernen astronomischen Standpunkt aus hebt sich diese Abgegrenztheit als unterschiedene Bedeutung auf, und die Verschiedenheit des Sinnes tritt dann *als solche* hervor.)[1] Die Kategorien haben in ihren unterschiedlichen Bedeutungen *Sinnfunktion*. Sie bedeuten je eine Art und Weise, inhaltliche Bedeutungen *als* bestimmt anzusehen und sie damit in den Status von *Begriffen* zu überführen. (Die formale Logik setzt dagegen schon Begriffe voraus. Sie setzt, insofern sie sich als Logik der Sprache versteht, voraus, in der Sprache würden (bestimmte) Begriffe kopuliert, während im sprachlichen Satz überhaupt erst Bedeutungen zu bestimmen versucht werden.) Eine bestimmte *Anzahl* von Kategorien und damit ein System ihrer in diesem System bestimmten Bedeutungen resultiert aus einem synchronischen Querschnitt durch eine diachronische Sprachentwicklung. Die Kategorien bedeuten den Reichtum einer Sprache an Sinn, d. h. an Verfahren, inhaltliche Bedeutungen zu Begriffen und Vorstellungen zu Anschauungen zu machen. Der Sinn ist das Verfahren der Projektion der Vorstellungen in die bestimmtere Bedeutung von Anschauungsgegenständen, die in einem „äußeren" Raum aneinandergrenzen. Durch ihn erhalten also Sätze den Status von Urteilen, als Verhältnissen, die *objektiv* sein sollen. Satzverknüpfungen werden je in einem bestimmten, durch die Bedeutung einer Kategorie abgegrenzten Sinn in die Bedeutung objektiver Verhältnisse transponiert. *Sinn ist die bestimmte Art der Konstitution von Realität*. Als bestimmter Sinn ist er gegen möglichen anderen Sinn bestimmt. Insofern in einer Sprache ein System von Sinn bedeutenden Kategorien vorliegt – die Kategorien bedeuten ja nicht Gegenstände, sondern je einen bestimmten Sinn, in dem sich etwas in der Bedeutung (äußerer) Gegenstände konstituiert – hat sie damit eine „innere Form" (W. v. Humboldt). Mit ihr gewährt sie eine bestimmte „Weltansicht". Die Weltansicht resultiert aus der *jeweiligen* Bestimmtheit des Kategoriensystems, das sich in einer Sprache findet. Die innere Form einer Sprache ist, wie aus dem Ausgeführten folgt, aber keineswegs geschlossen. Sie ist dynamische Form. Denn ein System verschiedener Kategorien ergibt sich dadurch, daß die Kategorie, die auf der Basis der Voraussetzung von Bestimmtheit eine nähere Bestimmung ausspricht, jeweils wieder auf das so gewonnene Resultat angewandt wird, so daß sie nun dieses Resultat als schon bestimmt voraussetzt. Sie ist wesentlich schon auf Anschauung bezogen (Kant), wenn sie, darauf aufbauend, *weiteren* Vorstellungen die Bedeutung von Anschauungen zuspricht. Sie setzt die Anschauung, von der sie

[1] Man könnte diese Verschiebung im „erscheinenden Wissen" als „phänomenologischen Prozeß" im Sinne von Hegels „Phänomenologie des Geistes" bezeichnen. Sie bedeutet die Geschichtlichkeit des jeweils „etwas" als objektive Einheit synthetisierenden Subjekts. Vgl. unten, Abschnitt 11.

ausgeht, wesentlich als bestimmt voraus und hebt, indem sie dieselbe Anschauung (durch das Prädikat) weiter bestimmen will, diese Voraussetzung auch wieder auf. Erst das Urteil im ganzen soll die objektive Bestimmtheit des im Subjekt Angesprochenen bedeuten. Die Kategorie kann also ebensogut auf dieses Ganze noch einmal angewandt werden, indem nun dieses Ganze *als* Anschauung, d.h. als wirklicher und nicht nur vorgestellter Gegenstand vorausgesetzt wird, aber so, daß diese Voraussetzung eines Anfangs bei einer (in sich durchgängig schon bestimmten) Anschauung im Fortgang des Urteils wieder aufgehoben wird. Das Vermögen der Kategorien, das als Anschauung Gesetzte in dieser Bedeutung auch wieder aufzuheben, kann sich im Prinzip beliebig oft wiederholen, indem dann die Negation dieser endgültigen Bestimmtheit von Bedeutung die nun zu bestimmende, d. h. objektiv zu machende Anschauung sein *soll*, so wie ja überhaupt die Bedeutung von „Anschauung“ sich als Negation der „bloßen Vorstellung“ ergibt[2].

Die innere Form oder das Kategoriensystem einer Sprache schreibt nicht eine bestimmte Sicht der Wirklichkeit vor, wie die These von einer linguistischen Relativität es behauptet (Weisgerber, Whorf). Sie ist vielmehr eine bestimmte Möglichkeit der Umbestimmung in der Verteilung der synkategorematischen Bedeutung von Existenz auf die Wortbedeutungen der Sprache. Sprache könnte überhaupt nicht funktionieren, wenn alle „Namen“ in ihr für „Gegenstände“ stünden und a priori *in diesem Sinne* Bedeutung hätten. Im Gebrauch wird bestimmten Wortbedeutungen die Bedeutung, für sich schon *Existierendes* zu bedeuten, zusätzlich (synkategorematisch) zugesprochen und anderen Wortbedeutungen abgesprochen. Nennt man dagegen den Bezug auf eine objektive Realität eigentlich erst „Bedeutung“, so wird den Wörtern im Satz Bedeutung erteilt, indem sie anderen genommen wird. Jene erhalten so erst eine

[2] Das steht nicht im Gegensatz zu Freges Unterscheidung zwischen „Sinn“ und „Bedeutung“ (vgl. S. 46, Anm. 1). Wenn mit Frege gesagt wird, zwei Ausdrücke a und b hätten dieselbe Bedeutung, aber verschiedenen Sinn, so muß es einen Satz geben, in dem dies festgestellt wird („a=b“). Er ist auf die Gegenwart bezogen, in der dies „gewußt“ wird. Zuvor hatten die Ausdrücke die Bedeutung, in der *Anschauung* Verschiedenes zu bedeuten, also die Anschauung zu artikulieren. Die Gleichsetzung ihrer Bedeutung hebt diese Artikulation der Anschauung auf und setzt den Unterschied zu einem bloßen Unterschied der Gegebenheitsweise, und d. h. bei Frege, des Sinnes herab. „Sinn“ ist also auch hier die Weise der Anschauung oder die Setzung von etwas in die Bedeutung eines Anschauungsgegenstandes, im Unterschied zur bloßen „*Vorstellung*“. „Sinn“ ist die jeweilige Weise, etwas als Anschauung von einer bloßen Vorstellung abzuheben, aber auch, etwas die Bedeutung, Anschauungsgegenstand zu sein, abzusprechen. Es ist die jeweilige Art und Weise der Umstrukturierung in der *Unterscheidung* von Anschauungen und bloßen Vorstellungen, einer Außen- und einer Innenwelt des Bewußtseins.

„eigene“ Bedeutung, während diese sie verlieren. *Alle* Wörter im Satz haben also nur sozusagen *momentan*, nämlich in dem Moment, in dem die einen sie „schon“ und die anderen sie „noch“ haben, für sich Bedeutung. Man kann aber auch sagen: In diesem Moment haben die einen sie „noch nicht“, die anderen „nicht mehr“, und so kann man die Bedeutung einerseits den einzelnen Wörtern, andererseits aber mit gleichem Recht nur dem Satz im ganzen zusprechen. Das gleiche gilt für einen Zusammenhang mehrerer Sätze. Es könnte sich kein Satz sinnvoll an einen anderen anschließen, wenn der erste schon die endgültige *Umbestimmung* sein sollte. Denn Sinn ist die *Bestimmtheit* in der Umbestimmung im Zu- und Absprechen von Bedeutung (als Bedeutung von Objektivität). Ein Satz bildet mit einem ihm vorausliegenden Satz einen sinnvollen Zusammenhang, wenn er diesen ersten Satz, als Leistung im Zusammenhang der Bestimmung von Objektivität, durch Umbestimmung negiert, d. h. seine Definitheit aufhebt. Auch im Zusammenhang von Sätzen oder in der Bildung von Texten ist die Negation die allgemeine Form der Kategorie. Dabei wird nicht der Inhalt, sondern die Bedeutungsdefinitheit des vorausliegenden Satzes negiert, d.h. der folgende Satz ist *zu* dem ersten *möglich*. Der erste wird nicht sinnlos, sondern zur Basis weiterer, d.h. anderer Bestimmung der Grenze zwischen Innen- und Außenwelt im Zusammenhang eines umfassenderen Sinnes. – Der Sinn ist, entgegen Freges Sinnbegriff, das Frühere gegenüber einer als „objektiv“ vermeinten Bedeutung.

Die innere Form einer Sprache ist demnach mit ihrem Vermögen identisch, Sinnzusammenhänge zu generieren. Sie generiert sie auf ihre Weise, vermöge der in ihr befindlichen Kategorien. Insofern ist die Art und Weise der Erzeugung sinnvoller Zusammenhänge sprachspezifisch. Damit ist jemand, der eine bestimmte Sprache („Muttersprache“) spricht, gerade weil er über diese bestimmte geistige Fähigkeit verfügt, *nicht* darauf festgelegt, die Realität in einer bestimmten Weise anzusehen. Er wäre, wenn man einmal von der Sprachentwicklung absieht, nur auf bestimmte Arten und Weisen festgelegt, ein solches Ansehen *als* bestimmt zu verändern. Die Sprachentwicklung dagegen verändert auch diese Bahnen der Veränderung auf bestimmte Weise.

Bestünde eine Sprache, wie der „Tractatus“ von Wittgenstein es unterstellt, aus „Namen“ für „Gegenstände“, dann könnte sie in einem analysierten Zustand auch nur aus Gegenstandswörtern (und der allgemeinen Satzform) bestehen. Es wäre dann schwierig, Wörter wie Verben, Adverbien usw. zu analysieren. Diese Wörter haben aber einen Platz, wenn man den Satz als Verlagerung der (objektiven) Bedeutsamkeit der Wörter interpretiert. Dann müssen, wenn man eine Momentaufnahme von der Satzbewegung macht, um ihn betrachten zu können, immer auch

„Teilchen“ in einem Satz gefunden werden, die keine (bzw. eine „negative“ objektive) Bedeutung haben, insofern „Bedeutung“ einen Bezug auf einen objektiven Gegenstand oder eine Anschauung bedeuten soll. Nur mit Hilfe dieser „negativ geladenen“ Teilchen wird der Sinn des Satzes verständlich. Sie haben die Funktion zu bedeuten, daß andere Bedeutungen *nicht* die von objektiven, d. h. vollständig bestimmten Gegenständen sind, und daß sie ihre („negative“) Bedeutung erst noch dazutun müssen, damit eine solche Bestimmung vorläufig wenigstens getroffen werden kann. „Vorläufig“ heißt hier: innerhalb der Einheit dieses Satzes oder bis zum folgenden Satz. Diese negativ-bedeutenden Wörter sind also wesentlich nähere Bestimmungen als Aufhebung der Voraussetzung des Satzsubjektes in der Bedeutung eines schon Bestimmten. Sie haben ihre Funktion im sogenannten Prädikatteil des Satzes. Wie sollte sonst die „Bedeutung“ von „gehen“, „oft“, „schnell“ usw. verstanden werden? Diese negativen Bedeutungen verstehen sich nur vom *Sinn*, d. h. von der Satz*bewegung* her. Sie sind zeitbezogene Elemente dieser Bewegung. Man kann einen Satz nicht verstehen, wenn man ihn nur als Verknüpfung positiver Bedeutungselemente auffaßt. Er ist wesentlich als *Umbestimmung* einer vorausliegenden Bestimmung von Objektivität zu verstehen.

8. Die Idee einer Ontologie „wahren“ Seins und der Gegensatz des Bewußtseins

Ein Urteil ist ein Satz, in dem Bedeutungen durch Verknüpfung zusätzlich (synkategorematisch) die Bedeutung zugesprochen wird, das in ihnen Angesprochene existiere, und zwar *so*, wie es in dieser Verknüpfung angesprochen ist. Existenz ist immer als Existenz auf bestimmte Weise gemeint und niemals als „reine“ Existenz. Das Urteil setzt damit eine Einheit von Sein und Wesen (Existenz und Essenz). Es setzt bestimmtes Sein, und im selben Akt negiert es damit das Sein in anderer (diesem bestimmten Verknüpfen vorausliegender) Bestimmtheit. Die Verknüpfung ist also *wesentlich* auch negative (ausschließende) Verknüpfung, wenn sie auch nur entweder in positiver oder negativer Gestalt *erscheinen* kann[1]. Die bestimmte Kategorie der Verknüpfung bestimmt diese Art und Weise der Erscheinung oder des Sinnes.

Das Urteil setzt das *in ihm* Bestimmte als vollständig bestimmt. Der Gegenstand ist gesetzt als auch *objektiv* durch *die* kategorial verknüpften Bestimmungen bestimmt, durch die er tatsächlich in diesem Urteil bestimmt ist – gegen jede andere, weitere Bestimmung. Denn das Urteil als

[1] Vgl. o. S. 41, 43, 46ff.

Urteil beansprucht in der kategorialen Form, die es darstellt, *abgeschlossen* zu sein. Es hat die Bedeutung, sich *als diese verknüpfende Form* auf die *Sache* zu beziehen. Die das Urteil bildende Form soll von der Sache her eine die subjektive Urteilsbildung abschließende, ein objektives Urteil bildende Form sein. Die getroffene Bestimmung soll also die als letzte hinzukommende Bestimmung von all den Bestimmungen sein, in denen dieses so Bestimmte „an sich" existiert.

In der Ansehung von etwas „als" (vollständig) bestimmt wird etwas zugleich „als existierend" gesetzt. Die besondere Bestimmung, die, wenigstens vorläufig, zugleich mit ihrer Hinzufügung zum Urteilssubjekt, also zugleich mit der Synthesis des Urteils in dieser Form, *als letzte aller* Bestimmungen *angesehen* ist, weil sie, als Prädikat eines Urteils, zugleich bedeutet, daß der subjektive Prozeß der Urteilsbildung mit ihrer Prädikation seinen Abschluß gefunden habe, stellt das Bestimmte als *so existierend* vor. Mit der formalen Bestimmung einer prädikativen Bestimmung als einer letzten (von allen) werden alle im Urteilssubjekt vorausliegend gedachten Bestimmungen als objektive Einheit angesehen: Die Vorstellung „aller" Bestimmungen von etwas kann nicht nur Vorstellung sein, denn *wenn* es alle sind, müssen es *objektiv* alle sein. Ens et unum convertuntur. Subjektiv wäre nicht zu entscheiden, was wirklich alle sind und ob die getroffenen überhaupt dazu gehören, und deshalb kann der Begriff der Objektivität nur dadurch gewonnen werden, daß die ausdrücklich getroffenen Bestimmungen *als* einige *von allen* angesehen werden, d. h. daß ihr (prädikatives) Hinzusetzen das Urteil *objektiv* abschließen soll.

Im *ausgesprochenen* Urteil können nicht alle Bestimmungen genannt sein. Es ist jedoch in ihm *bedeutet,* daß die genannten einige *von allen* seien. Aber ein eventuell im Text folgendes Urteil hebt den Anspruch des ihm vorhergehenden, es seien alle *bedeutet*, auf und fügt weitere hinzu. In jedem besteht aber die Prätention auf alle. Jedes einzelne Urteil gibt diese Prätention, insofern es nicht eine Rede abschließt, an einen übergeordneten Zusammenhang von Sätzen ab. (Dieser Zusammenhang stellt dann eigentlich das neue Urteil dar. In ihm ist der Urteilscharakter der früheren Urteile „aufgehoben".) Das einzelne Urteil bzw. der größere Zusammenhang ist wesentlich von der Idee der Abschließbarkeit geleitet, so daß sich von daher die einzelnen Bestimmungen, die *erscheinen* oder ausdrücklich genannt werden, doch als Erscheinungen des ganzen existierenden Wesens verstehen.

Ein Wesen, das existiert, ist vollkommen bestimmt. Die Leibnizsche Idee, jedes Urteil sei, wenn es wahr sei, analytisch, geht davon aus, daß eine wahre Bestimmung immer *eine von allen* Bestimmungen sein müsse, in deren Totalität die Existenz beschlossen liegt, als der Gesamtheit der Bedingungen für die Existenz eines bestimmten, d.h. *so* (und *nicht* anders)

Existierenden. Ein Wesen, das, wie die von der Idee der Abschließbarkeit geleitete *Form* des Urteils es bedeutet, als vollkommen bestimmt angesehen ist, ist dann aber damit auch als existierend angesehen. Die metaphysische Tradition bezog von diesem syntaktisch-semantischen Zusammenhang die Idee des ontologischen Gottesbeweises. Sie entwickelte von hier aus eine Ontologie „wahren" bzw. nur „analogen" Seins. Der Begriff der Wahrheit wird so zu einem ontologischen Begriff. (Anselm ging allerdings davon aus, es existierten auch unvollkommene Wesen. Diese hätten jedoch die „Idee" eines höchsten Wesens, „id quo maius cogitari non potest", dem wegen seiner Vollkommenheit die Existenz nicht fehlen dürfe. Es „müsse" also existieren. – Die unvollkommenen Wesen dagegen „müßten" dies nicht. Sie „könnten" auch nicht sein. Wenn sie dennoch sind, dann finden sie sich zufällig als existierend vor. Die unvollkommenen Wesen existieren demnach, wenn sie existieren, nicht notwendigerweise oder ohne *Begriff* ihrer Existenz.)

Eine Bestimmung, die nicht als eine von allen angesehen ist, ist damit schon nicht als die eines notwendigerweise Existierenden angesehen, d.h. sie könnte ohne ontische Begründung, also falsch sein. Eine Bestimmung dagegen, die eine von allen, also analytisch sein soll, ist damit auch als die eines Existierenden, also als wahre gesetzt. Als eine Bestimmung *von allen* steht diese eine *für alle*. Sie bedeutet damit die Existenz des in ihr Angesprochenen. Etwas hat dann diese Bestimmung, *weil* es auch alle die anderen hat, *für* die diese eine steht. Sie stehen dieser Idee nach alle in einem ontischen Zusammenhang als ihrem Grund. Die Nennung auch aller anderen bedeutete also erst die vollständige Analyse dieser einen. Eine solche Analyse ist nur in künstlichen Sprachen durchführbar, in denen festgelegt ist, welche Bestimmungen etwas überhaupt zugesprochen werden können. Mit diesen ist es dann vollkommen bestimmt. D. h. hier wird die Existenz mit der Sprache konstruiert. In den natürlichen Sprachen ist dagegen die Gesamtheit der Bestimmungen von etwas faktisch nicht aufzählbar, und dies ist gleichbedeutend damit, daß sie ihrem Begriff nach voraussetzen, daß in ihnen *über* oder *von* etwas gesprochen wird, d. h. daß immer wesentlich *noch nicht alles gesagt* ist. In künstlichen Sprachen mit definierten Bedeutungen ist dagegen alles schon so gesagt, daß es zumindest aus dem Gesagten errechnet werden kann. Insofern fehlt ihnen der ontologische Bezug.

Wäre etwas vollkommen bestimmt, dann müßte es auch unter jeder dieser Bestimmungen existieren. Jede wäre eine wahre Bestimmung. Nun kennen wir aber niemals alle Bestimmungen. Die Begründung der Metaphysik für diesen im Wesen sprachlichen Bestimmens (in nicht-künstlichen Sprachen) liegenden Umstand besteht darin, daß sich die erkennenden Subjekte selbst als „endlich" bestimmen. Das gehört wesentlich zum ontologischen Wahrheitsbegriff[2]. Hier liegt aber auch der Anfang der gnoseologischen Aporie. Denn nun müßte „endlich" eine von allen (positiven) Bestimmungen dieser Subjekte sein, die aber ein endliches Wesen seinem Begriff nach eben nicht kennen kann. So kann es auch nicht wissen, ob „endlich", gemeint als „wesentliche" Bestimmung, eine *von* diesen ist und so *für* alle stehen kann. – Mit der Bestimmung als „endlich" setzen sich die Subjekte ontologisch und gnoseologisch in einen Gegensatz zu einem „vollkommenen" Wesen, *das weiß*, was alle Bestimmungen von etwas jeweils sind, und damit auch, ob eine bestimmte eine von allen ist. In diesem Gegensatz versteht sich das erkennende Subjekt als unvollkommen, d. h. als nicht vollkommen bestimmt, und zwar besteht die Unvollkommenheit darin, daß es von sich selbst und von anderem niemals weiß, was alle Bestimmungen von etwas sind. Wieviele es auch „wissen" mag, es gehört zu dem *Begriff* dieses (endlichen) Wissens, daß die gewußten Bestimmungen *nicht alle* sind. Es sollen also noch immer weitere Bestimmungen hinzukommen. Sein Wissen ist in diesem Sinne potentiell unendlich. Diese Unendlichkeit ist insofern eine „schlechte" Unendlichkeit, als sie selbst endlichem Wissen entspringt, das nicht weiß, ob die genannten Bestimmungen überhaupt ein Teil von allen Bestimmungen dessen sind, dem sie zugesprochen werden. Denn es wird ja davon ausgegangen, daß nicht gewußt wird, was alle sind. Dies war schon das Erzeugungsprinzip der ganzen (prinzipiell unabschließbaren) Reihe der ausgesprochenen Bestimmungen. – Aber, wie gesagt, es wird auch nicht gewußt, ob dieser Ansatz bei der Endlichkeit selbst wahr ist, weil eben diesem Ansatz nach nicht gewußt werden kann, ob er selbst wahr ist. Die ontologische Idee der Wahrheit gewinnt wesentlich keinen *Begriff* der Wahrheit dieser Idee. Daß nicht alle Bestimmungen gesagt, bzw. Bedeutungen nicht vollständig analysiert worden sein können, muß also einen anderen als diesen „Grund" der Endlichkeit haben.

Der Gedanke der vollkommenen Bestimmung und dessen Gegensatz, der des endlichen Wissens, leben beide von der *Idee einer Sprache*, in der im Prinzip schon alles gesagt und im Verhältnis zu der das Sprechen in den natürlichen Sprachen ein bloßes Nachsprechen wäre. Aus dieser Idee entwickelt sich schließlich die Struktur einer entsprechenden Ontologie: Das dieser Idee entsprechende „vollkommene" Wesen wäre insofern

[2] Der Gedanke Heideggers von der „Erschlossenheit" des Daseins als einer „Vertrautheit mit der Bedeutsamkeit" über das Vorhandene hinaus versteht sich als Explikation des „In-der-Welt-seins" des Daseins (Sein und Zeit, Tübingen 1953, S. 87 u. a.). Das endliche Sein in der Welt und solche Offenheit über die jeweilige Befindlichkeit hinaus erweisen sich auch hier, oder vielmehr hier in aller Deutlichkeit, als *ein* Gedanke, im Unterschied zu einem Denken, in dem Endlichkeit bloß als privative Bestimmtheit von Seiendem und nicht als dessen „eigentliches" Sein verstanden ist.

unvollkommen, als ihm nichts mehr *gesagt* werden könnte. Es wäre von der Wirklichkeit des Sprechens her unvollkommen. Das dieser Idee entsprechende „endliche“ Wesen wäre in dieser Hinsicht vollkommener, ja, da es in der Konsequenz des Gedankens von sich aus überhaupt nichts wissen könnte, müßte ihm alles *gesagt* werden. Seine Sätze wären a priori als ihm mitgeteilte („geoffenbarte“) qualifiziert, einschließlich des Grundsatzes, der seine Endlichkeit beinhaltet. Das ist der Standpunkt der Offenbarungsreligion oder, philosophisch gesehen, des Dogmatismus. Mit der eigenen Endlichkeit wäre ihm aber im Grunde auch mitgeteilt, daß es nicht vollkommen bestimmt sei, so daß ihm überhaupt nur „in analoger Weise“ Existenz zugesprochen sein könnte. Ihm wäre nicht nur „alles“ und damit auch alles *über* seine Existenz von einem anderen *mitgeteilt*; auch diese Existenz müßte ihm „mitgeteilt“ worden sein, eben dadurch, daß ein vollkommenes Wesen ihm „alle“ seine Bestimmungen zugesprochen hätte, im Sinne einer *bestimmten* Allheit und im Unterschied zu den Bestimmungen, die es anderen endlichen Wesen zugesprochen hätte. Ein endliches Wesen wäre im Sprechen des vollkommenen Wesens konstituiert, in dem ihm Bestimmungen *zu- und ab*gesprochen würden. Es wäre Moment in der Bewegung dieses (göttlichen) Sprechens (Logos). Die Mitteilung bezöge sich sogar primär auf die Konstitution der Existenz des endlich Seienden. Sie vollzöge sich darüber hinaus so, daß den endlichen Wesen von den Bestimmungen, mit deren Totalität sich je ihre eigene Existenz konstituierte, nicht alle so mitgeteilt würden, daß sie diesen Wesen dadurch auch *bewußt* würden. Diese Wesen *verstehen* dieser Konstruktion nach also nicht *alles*, was im Logos gesagt ist, und dadurch *sind* sie so, wie sie sind. Dieses Nichtverstehen und Verstehen macht ihr Sein aus, das sie sich entsprechend als Bewußt-Sein, d. h. als Sein vorstellen, für das *nicht alles*, was es ist oder worin es für ein vollkommenes Wesen „an sich“ bestimmt ist, auch „für es“ oder bewußt ist. Sie existieren im „Gegensatz des Bewußtseins“.

In der Logik einer solchen metaphysischen Geschichte liegt allerdings beschlossen, daß auch sie eigentlich, wenn sie wahr sein soll, von einem vollkommenen Wesen mitgeteilt oder dogmatisch sein müßte[3]. Es könnte hier nicht einmal um die Bestimmung eines Verhältnisses von Philosophie und Theologie, von philosophischem und theologischem Wahrheits*begriff*, sondern nur um das von Begriff und Offenbarung gehen. Und auch die Bestimmung dieses Verhältnisses müßte Offenbarungswissen sein. Das

[3] Als solch ein Dogmatismus der Metaphysik stellt sich die Philosophie von Leibniz dar, insofern in ihr die Perspektiven der einzelnen endlichen Monaden wie von einem göttlichen Aspekt aus überhaupt erst *als* solche endlichen Perspektiven bestimmt werden und die Endlichkeit *auch einer solchen philosophischen Bestimmung* nicht in die Reflexion einbezogen ist.

sich als endliches Wesen bestimmende Wesen bestimmt sich als reine Rezeptivität. Diese Bestimmung besteht im Grunde in der Negation auch der „eigenen“ Existenz. Denn sie *bedeutet* ja, daß dieses Wesen nicht in allen seinen Bestimmungen existieren soll, d. h. sie bedeutet dessen Widersprüchlichkeit. Es existierte als Mangel an vollkommener Bestimmtheit, d.h. als Negation von Realität.

Da es nun aber doch spricht und „ich“ sagt, d.h. sich die *Bedeutung* eines Existierenden *unmittelbar* zuspricht, muß es sagen, es existiere nur auf „analoge“ Weise. Es ist (als sich selbst nicht vollkommen durchsichtiges, im Bezug auf sich selbst nicht voll analysiertes Bewußt-Sein) auch nur auf analoge Weise „ich“. Wenn es selbst aber nun sagt, ein vollkommenes Wesen existiere auf eigentliche Weise, so ist dies dann auch nur eine zu der eigentlichen Rede dieses vollkommenen Wesens analoge Rede. Ebenso ist die Aussage, es selbst existiere nur in einer analogen Bedeutung, eine Rede mit nur analoger Bedeutung. Nichts ist eigentlich, und es gibt keinen Bezugspunkt zur *Bestimmung* der Analogie, weil der Bezugspunkt ja gerade transzendent sein soll. Wenn das endliche Wesen „ich“ sagt, meint es dies „eigentlich“ nicht. Es meint, nicht es, sondern ein transzendentes sei eigentlich „ich“. Es hat sein „ich“ in diesem anderen.

Dieses Verhältnis von Bedeutung und Existenz ist grundlegend für die metaphysische Reflexion bis in die Neuzeit hinein. Es findet sich auch noch bei Kant. Kant spricht von „unserem“ Verstand, im Gegensatz zu einem „intellectus archetypus“. Im Unterschied zu diesem soll unser Verstand darauf angewiesen sein, daß ihm etwas in der Anschauung *gegeben* ist. Seine Bestimmungen werden auf der Grundlage solchen Gegebenseins getroffen. Der Begriff „Anschauung“ ist in seiner Bedeutung bei Kant auf diese Weise bestimmt. „Anschauung“ ist definiert als das, worauf eine Erkenntnis sich „unmittelbar bezieht, und worauf alles Denken als Mittel abzweckt“[4]. Das Angeschaute liegt dem Denken voraus. Bei allen seinen Bestimmungen gibt das Denken seinem Gegenstand (synkategorematisch) zugleich die Bedeutung, ihm selbst vorauszuliegen, und zwar auf eine für es unbestimmte und unbestimmbare Weise. Die Bestimmungen des Denkens geschehen ohne Beziehung darauf, was der Gegenstand „an sich selbst betrachtet“ oder in der Sicht eines „intellectus archetypus“ sein mag. Er ist in der Anschauung nicht an sich selbst betrachtet, sondern *als* bestimmungslos angeschaut. Die ihm zugesprochenen Bestimmungen sind ihm dann wesentlich nicht als einige von allen, die er an sich selbst hätte, zugesprochen. Vielmehr wird ihnen (durch die Urteilsform) die *Bedeutung* mit auf den Weg gegeben, es seien alle. Ihre

[4] Kant, Kritik der reinen Vernunft, B 33.

Einheit besteht nicht an sich, sondern in der Form, in der sie verknüpft werden, wenn sie zugesprochen werden. In diesem Verknüpfen (Urteilen in einer der Kategorien) *macht* das Subjekt sein Urteil objektiv. Zugleich macht es aber auch sich, und dies ist bei Kant nicht ausgeführt, zu einem eigentlichen „ich", das etwas zu sagen vermag (Urteilsvermögen). Bei Kant ist „ich" als Urteilsvermögen vorausgesetzt, oder, was dasselbe ist, als *Einheit* der Kategorien, weil die Kategorien als „alle" Kategorien in einer übersichtlichen Tafel vorausgesetzt sind, auf der jede ihren genauen systematischen Ort und damit ihre unveränderliche Bedeutung hat. In bezug auf das Wissen um die so gearteten Kategorien oder die „transzendentale Grammatik" hat das „Ich" Kants Einblick in das Wissen eines archetypischen Intellekts. So ist es Selbst-Bewußtsein. Hier gilt die Differenz zwischen diesem und „unserem" Verstand also nicht. In bezug auf die *transzendentale Grammatik* der Kategorien ist unser Verstand – im Unterschied zum Leben in der Unendlichkeit des Auslegens sprachlich-inhaltlicher Bedeutungen – selbst archetypisch, sich selbst analytisch klar.

Unser Verstand ist, insofern er als Anwendung einer der Kategorien bestimmt wird, vollständig bestimmt, denn diese ist als eine von allen bestimmt. Alle diese Bestimmungen sollen unserem Verstand zukommen, und die jeweilige ist eine *davon*. Die bestimmte Kategorie ist nach Kant eine von den in einer jeden Sprache[5] befindlichen, und so ist unser Verstand vom Bezug auf diese nicht in allen ihren Bedeutungen analysierte Sprache und ihre besondere innere Form gelöst und vollkommen. Jede der Kategorien ist, als eine von allen „überhaupt", *objektiv* gültig. So hat sie Bedeutung, nämlich die, dem so und so Vorgestellten auf eine bestimmte Weise durch Verknüpfung die Bedeutung von Objektivität zu geben, es objektiv zu *machen* und zugleich dem „ich" sagenden Ich sein Selbstbewußtsein als Vermögen dazu zu geben. Sie hat, wenn man, wie Kant, unter „Bedeutung" den Bezug aufs Objekt versteht, bedeutungsverleihende Bedeutung.

Die Schwierigkeit liegt hier aber darin, daß die jeweilige Kategorie zwar eine von den in einer apriorischen Tafel aufgezählten, aber in der *Anwendung* nicht eine von allen ist. Denn in der Anwendung schließt ja die Anwendung der einen die Anwendung der anderen, die in der Tafel unter demselben Titel stehen, aus. Es muß eine Wahl getroffen werden, z.B. muß entschieden werden, ob der Gegenstand in einem aus einem Satz oder in einem aus mehreren Sätzen bestehenden Urteil (in Ansehung der „kategorischen" oder der „hypothetischen" bzw. „dis-

[5] Vgl. Kant, Prolegomena, § 39, und Kant, Vorlesungen über die Metaphysik, Darmstadt 1964, S. 78.

junktiven“ Urteilsform) als abschließend bestimmt angesehen wird. Das wirkliche Denken ist dadurch bestimmt, daß es sich einer vollständigen Bestimmung durch eine vorgegebene Tafel von Bestimmungen entzieht. Es entzieht sich einer solchen sukzessiven Beschreibung, weil es sich jeweils *entschließt*, in einem *bestimmten Sinn* seine Vorstellungen objektiv zu machen, und nur in diesem Entschluß, d.h. als Denken in Ansehung „einer der“ logischen Urteilsfunktionen hat es *Existenz*. Die ausgebreitete Tafel der Denkbestimmungen ist nicht eine Tafel seiner Eigenschaften, und die Aufzählung aller Momente beschreibt nicht es, denn in der *Anwendung* schließen die unter einem Titel zusammengefaßten Kategorien sich jeweils aus, so daß das Denken, indem es sich zu einer entschließt, die anderen ausschließt. *Es bestimmt sich also selbst*, und zwar im Unterschied zu den Dingen, die es als objektiv bestimmt denkt. Es bestimmt sich in Negation zu der Art, in der es sich Dinge *als* bestimmt denkt. Insofern bestimmt es sich als *frei*, und es verliert dadurch wieder sein Selbstbewußtsein aus der Idee einer Partizipation an einem archetypischen Verstand.

In der Tafel bilden die Kategorien ein System. Gegenüber der in einer solchen Tafel der Verstandesgesetze ausgedrückten Bestimmtheit des Denkens ist das Denken selbst frei. Es unterscheidet sich als Vollzug von dieser Form seiner Reflexion. Zwar vollzieht es sich in einer der Kategorien dieser Tafel, aber diese eine ist nur in der Tafel, aber nicht in der Anwendung eine von allen, denn alle sind ja nur in der Tafel, aber nicht in der Anwendung. In der Anwendung sind notwendig nicht alle (wenn auch nicht notwendig nur eine). In der Anwendung ist die Bestimmtheit des Sinnes, die die Kategorie bedeutet, nicht gegen die angrenzenden Sinne abgegrenzt, sondern frei gewählt. Sie ist damit unbestimmt. Somit bedeutet die Anwendung eine Negation der Bestimmtheit der ganzen Tafel. Sie produziert eine in der Tafel nicht vorkommende, zufällige Bestimmtheit des *Sinnes*, d. h. der besonderen Art und Weise, Vorstellungen objektiv zu machen.

Dieses ungesicherte, auf sich gestellte Sein kommt bei Kant so *nicht zur Sprache*. So kann bei ihm auch nicht zur Sprache kommen, daß eine unter einem der Titel (Quantität, Qualität, Relation, Modalität) zusammengefaßte Kategoriengruppe nur deshalb jeweils noch als weiterer Sinn hinzukommt, weil sie aus der Negation der ganzen voranstehenden Gruppe entsteht, und zwar so, daß jeweils die Anwendung die Negation der in einer solchen Gruppe stehenden Bestimmtheiten ist, weil die Anwendung sich (ohne in der Tafel selbst verzeichneten Grund) eines der Momente herausnimmt. Unter jedem der Titel ist also die Tafel, wenn man die Anwendung berücksichtigt, wesentlich nicht abzuschließen. Die Anwendung als solche steht gegen die Vollständigkeit der Tafel, wie sie jeweils vorliegt, denn da die Bestimmtheiten der Kategorien sich in Schritten von Negationen ergeben, können es gar nicht in einem Akt alle sein, d.h. sie müssen in dem Akt der Anwendung die Bestimmtheit verlieren, die sie im Nebeneinander der Tafel, als je eine von allen, hatten.

In der Anwendung ist die Kategorie aber nicht schlechthin unbestimmt, sondern nur unbestimmt im Sinne der in der Tafel vorgestellten Bestimmtheiten. Sie ist nicht *in* diesem System, sondern als Negation des ganzen Systems bestimmt, dem sie sich entzieht, indem sie es anwendet, d. h. sich auf etwas anderes bezieht, das nicht Teil dieses Systems ist. Dieses andere zum Denken ist die (zufällig) gegebene Anschauung. Die angewandte Kategorie muß ihre Bedeutung in diesem Bezug finden, in dem sie wirklich angewandt wird.

Kant geht also insofern noch von der Idee einer ontologischen Wahrheit aus, als er die Idee eines vollständig bestimmten und deshalb wahren Seienden zwar wegen der Unmöglichkeit dieser Idee, einen Begriff ihrer eigenen Wahrheit zu erlangen, aufgibt, aber dann doch von der Idee eines transzendentalen Subjekts her wenigstens den *Begriff* von Objektivität aus einem System des transzendentalen „Ansehens als bestimmt" zu rekonstruieren versucht. Die Aporie entsteht dafür nun aber als Widerspruch zwischen dem Begriff eines *transzendentalen* Subjekts, das als Vermögen zu urteilen oder als Verfügen über ein wohlbestimmtes System von Kategorien oder einer „transzendentalen Grammatik" gedacht ist, und dem *empirischen* Subjekt, das wirklich urteilt. In der Anwendung, als die es sich vom transzendentalen Subjekt unterscheidet, findet das empirische Subjekt an der Tafel, wie immer sie aussehen mag, keinen Halt. Es findet sich ohne Begriff seines Tuns, d.h. es muß sich darin als unanalysiert verstehen und hat insofern Angst um seine vollkommene Bestimmtheit oder Existenz in der mit ihren Bestimmungen und Auslegungen an kein Ende kommenden, unerschöpflichen Sprache, von der her ihm also auch kein Ding endgültig bestimmt erscheinen kann, von der her ihm kein Ding sicher ist. Aus „Sorge" um seine Existenz hält es sich deshalb an die *Idee* einer künstlichen Ersatzsprache, deren Bedeutungen alle aufzählbar und von der her wenigstens ersatzweise „Dinge" in gesicherter Identität ihres Bestimmtseins verfügbar sein sollen. Wenn dies dann auch nicht die wirklichen Dinge sind, so sollen es doch wenigstens Bilder oder Modelle der wirklichen Dinge sein. Ihre Identität soll *für* die nicht zu erreichende Identität der Dinge stehen, über die man in den natürlichen Sprachen spricht. Die Begriffe „Modell" und „Wirklichkeit" bilden sich in ihrer Differenz gegeneinander aus der Differenz zwischen der Idee solch einer künstlichen Sprache, in der ein abschließbares Bestimmen von Dingen möglich sein soll, und den natürlichen Sprachen, in denen über wirkliche Dinge, aber in einer nicht abschließbaren Weise gesprochen wird. Die Idee einer künstlichen Sprache endgültigen Bestimmens als Idee einer „Wissenschaftssprache" hängt also ihrerseits noch mit der Idee einer ontologischen Wahrheit zusammen, in der die Begriffe „Existenz" und „Vollkommenheit" so zusammengehören, daß eine objektive Erkenntnis sich als Erkenntnis der *objektiven* Einheit aller Bestimmungen einer Sache zu verstehen hätte. Diese Idee ist z. B. in der Sprachauffassung des „Tractatus" von Wittgenstein noch maßgebend. Hier geht es allerdings weniger um die Konstruktion einer künstlichen Wissenschaftssprache als um die Konstruktion eines Begriffs von Sprache überhaupt, demzufolge Sprache sich als „Abbilden", d. h. als Nachbilden ontischer Bestimmtheiten verstehen lassen soll. Die „Elementarsätze" sind die allem Sprechen vorweg schon gebildeten Sätze, in denen schon alles beschrieben und gesagt ist, was überhaupt gesagt werden kann. Man könnte sagen, es seien die Sätze eines archetypischen Verstandes, der alle Bestimmungen von allem, „die Welt" als „Gesamtheit der Tatsachen"[6] kennt, und unser Sprechen kann dann nur noch ein Zusammensetzen aus diesen elementaren Sätzen sein. Die Wahrheit der so durch Zusammensetzen gebildeten Sätze ist dann eine Funktion der Wahrheit der Elementarsätze, und das Wahrheitsproblem scheint damit gelöst.

Aber es ist hierbei verdrängt, daß wir solche Elementarsätze, von denen man ja zugleich wissen müßte, daß es *alle* möglichen Elementarsätze seien, nur als Idee kennen, als Postulat für die Konstruktion eines von ihnen abgeleiteten Wahrheitsbegriffs, der die Wahrheit von Sätzen als Funktion der Wahrheit von Elementarsätzen bestimmt. Alle Sätze, die wir *nennen* können, sind dieser Idee nach zusammengesetzte Sätze. Sie sind wahr unter der Bedingung, daß sie aus elementaren Sätzen in der richtigen Weise zusammengesetzt sind. Es ist also nicht verwunderlich, daß sich im Anschluß an Wittgenstein dann doch die Idee der noch zu leistenden Konstruktion einer Wissenschaftssprache am Leben hielt, deren grundlegende Sätze wirklich nennbar sein sollten, z. B. als „Protokoll-" oder „Beobachtungssätze". Es konnte dabei aber nicht verborgen bleiben, daß zur Konstruktion einer solchen Sprache *Entscheidungen* notwendig sind, aus denen heraus gesagt wird, dieser bestimmte Satz da *sei* ein Beobachtungssatz. Er gebe die unmittelbare Wirklichkeit wieder, so daß die wissenschaftliche Theorie dem Postulat unterliege, als Wahrheitsfunktion dieser, in den Rang von Beobachtungssätzen gestellten Sätze verstanden werden zu können. Solche Entscheidungen liegen z. B. den Beschreibungen der Verfahren zur Gewinnung von Beobachtungssätzen zugrunde. Sie schlagen sich in den Bestimmungen für die „Wissenschaftlichkeit" solcher Verfahren nieder. Es liegt auf der Hand, daß es nicht unbestimmt

[6] L. Wittgenstein, Tractatus logico-philosophicus, Satz 1.1.

bleiben darf, was eine als wissenschaftlich *geltende* Beobachtung sein soll. Sonst könnten ja sehr „laienhafte" Beobachtungen wissenschaftliche Theorien falsifizieren. Diese Entscheidungen legen fest, was ein Beobachtungssatz ist, d. h. welcher Satz in seinem Bestimmungsgehalt als eine Auslegung der objektiven Bestimmtheit der Sache selbst in ihrem wirklichen, durchgehenden Bestimmtsein, als das sie Existenz habe, zu *gelten* habe. Sie legen damit fest, *wovon* die Wahrheit der Theorie eine Funktion sein müsse. Wahrheit wäre dann eine Funktion von *Verfahren*. Verfahrensvorschriften bildeten den Rahmen für die Gewinnung „wahrer" Sätze. Sie ersetzten die kategorialen Formen im Wahrheitsbegriff der Transzendentalphilosophie Kants.

Wittgenstein selbst ist diesen Weg nicht gegangen. Ihm ging es nicht um die Konstruktion von Wissenschaftssprachen, sondern um die Sprache, wie sie wirklich ist. Daß sie aus Elementarsätzen zusammengesetzt sei, ist eine Vorentscheidung über ihr Wesen, ein an sie herangetragener Begriff. Der spätere Wittgenstein gibt die Idee einer semantischen Interpretation durch die Annahme einer möglichen Rückführung der sprachlichen Bedeutungen auf die Bedeutungen von Elementarsätzen auf. Die Bedeutung soll sich erst durch die Art und Weise des *Gebrauchs* der Sprache konstituieren. Sie soll diesem Gebrauch (der vom Standpunkt des „Tractatus" aus nur im Verknüpfen von Elementarsätzen zu zusammengesetzten Sätzen bestehen könnte) nicht schon vorausliegen. Dieser Gebrauch soll in a priori gar nicht aufzählbaren Arten und Weisen, die Sprache in Gebrauch zu nehmen (Sprachspielen), bestehen. Man kann dann nur Beispiele für solche Sprachspiele nennen. Das Beschreiben von Sachverhalten, das im „Tractatus" im Zentrum der Überlegungen stand, ist nur eine dieser Möglichkeiten, z. B. neben Befehlen, Berichten, Hypothesen aufstellen, Geschichten erfinden, Rätsel raten, Witze machen, Danken, Bitten, Fluchen, Grüßen, Beten usw. Wichtig für die neue Position ist, daß es „*unzählige* solcher Arten" gebe[7]. Daraus folgt, daß man überhaupt nicht mehr sagen kann, was „Bedeutung" denn sei. „Jener philosophische Begriff der Bedeutung", nämlich der, der sich aus der Vorstellung der Sprache ergibt, der *eine bestimmte* Verwendungsweise der Sprache zugrunde liegt, „ist in einer primitiven Vorstellung von der Art und Weise, wie die Sprache funktioniert, zu Hause. Man kann aber auch sagen, es sei die Vorstellung einer primitiveren Sprache als der unsern" (2). *Jeder* Begriff von Bedeutung bezieht sich notwendig nur auf eine oder bestenfalls einige dieser Möglichkeiten, Sprache zu verwenden, denn, wenn es „unzählige" gibt, kann kein Begriff sich auf alle beziehen. „Unzählige" ist hier gewiß so zu verstehen, daß keine Aufzählung sicher sein kann, sie habe alle

[7] L. Wittgenstein, Philosophische Untersuchungen, Nr. 23.

aufgezählt. Es kann also kein System solcher Verwendungsweisen oder, wie sie seit Austin und Searle genannt werden, solcher „Sprechakte" geben.

Damit müßte das Problem der Bedeutung eigentlich erledigt sein. Denn man kann dann auch kein System der Arten von Bedeutung aufstellen, in dem die jeweiligen Bedeutungen von Bedeutung gegeneinander abzugrenzen wären. Man kann eben nur Beispiele nennen, z.B. „Grüßen", aber auch „Behaupten", und so gut wie man beim Beispiel des Grüßens darauf angewiesen ist, daß der, dem man es nennt, es versteht, so gut ist das in dieser Sicht auch bei dem anderen Beispiel des Behauptens von Sachverhalten der Fall. Es muß genügen, daß man sich „blind" (219) auf die gar nicht vorweg zu nennende „Regel" der „Sprachspiels" des Behauptens von Sachverhalten, des Zweifelns an solchen Behauptungen und von da her auch auf die Bedeutung des in solchen Zusammenhängen möglicherweise vorkommenden Wortes „wahr" einläßt. Eine allgemeine Theorie hierüber kann es dann nicht geben. Man versteht Bedeutungen, insofern man in die Partizipation an Sprachspielen eingespielt ist, in denen Sprache auf je verschiedene Weise gebraucht wird. Allgemeineres, das über solche verschiedenen Weisen des Gebrauchs hinauswiese, läßt sich über Bedeutungen nicht sagen. Es ist auf den spezifischen Fall zu sehen, in dem tatsächlich Verstehen stattfindet, und die Bedeutung, in der das Wort in diesem tatsächlichen Verstehen, als einem sich Verstehen auf *diese* Art der Verwendung, tatsächlich verstanden werden konnte, war die Bedeutung des Wortes. Mehr ist nicht zu sagen.

Aber damit hat es doch nicht sein Bewenden. Der Systemzwang ist so groß, daß man sich nun im Anschluß an diese Position des späteren Wittgenstein daran machte, eine Theorie der Sprechakte aufzustellen.

Die Theorie der „Sprechakte", wie sie vor allem bei Searle[8] aufgestellt wird, geht an der Intention Wittgensteins vorbei. Während Wittgenstein zeigen will, daß sich die Bedeutung immer erst in einem komplexeren Handlungsbezug ergebe, in dem die Anwendung erfolgt, wird versucht, solche Bezüge systematisch abzugrenzen. Zunächst wird gesagt, daß Urteile als Behauptungen nicht die ganze Sprache ausmachten, sondern daß Behauptungen selbst nur eine Art von Sprechakten neben Fragen und Befehlen, aber auch neben Grüßen, Versprechen, Scherzen usw. darstellten, je nachdem, *was an Handlung* ich mit einer Rede zu tun beabsichtigte. Nun dürfte wohl kaum ein Philosoph vorher nicht gewußt haben, daß man all diese „Sprechakte" vollziehen könne. Die Philosophie hat sich aber thematisch der Absicht, die Wahrheit sagen zu wollen,

[8] J. R. Searle, Speech Acts, Cambridge 1969, deutsche Ausgabe: Sprechakte, Frankfurt a. M. 1971.

zugewandt, und diese Absicht auf die Möglichkeit ihrer Erfüllung hin kritisch untersucht. In bezug auf dieses Thema gab es Lösungsvorschläge, aber auch skeptische Resignation. Keinen Skeptizismus gab es dagegen hinsichtlich der Frage, ob man Behauptungen aufstellen oder grüßen, fragen oder scherzen könne, einfach deshalb nicht, weil dieses eben *Handlungen* sind, und Handlungen kann man, quasi als das objektive Korrelat zu den sie bezeichnenden Wörtern, machen, produzieren. Man kann sie mit den Wörtern und die Wörter in der Zugehörigkeit zu Handlungen lernen. Anders ist es schon mit der Frage bestellt, ob etwas z. B. ein Scherz sei, d. h. ob der Satz: „Es ist doch nur ein Scherz gewesen", wahr sei. Hier genügt es nicht mehr, daß wir ja wohl alle in der Weise wissen, was „scherzen" ist, daß wir abstrakt Beispiele vorführen können, sondern hier kommt es auf die Analyse des Bedeutungsgehaltes von „Scherz" an, und diese Analyse kann sehr humorlos ausfallen, z. B. wenn es in einer richterlichen Entscheidung wichtig sein sollte zu beurteilen, ob etwas als Scherz gelten gelassen werden könne oder nicht. Dann zeigt sich, daß man unter „Scherz" sehr Verschiedenes verstehen kann, d.h. aus der vorgestellten Bedeutung des Wortes sehr verschieden folgern kann, was in ihr enthalten oder nicht enthalten sei.

Alles reduziert sich hier auf die eine Frage, wie wir das Wort in *Urteilen* verwenden. Durch eine Sprechakttheorie wird von der Schwierigkeit, alle Implikate *in dieser Hinsicht* aufzuzählen, nichts hinweggenommen. Wittgensteins Hinweis auf verschiedene Sprechakte verweist auf die Offenheit, die die Bedeutungen im Gebrauch gegenüber der Vorstellung lexikalischer Einheiten erhalten, aber nicht auf eine Bestimmtheit positiver Art, die sie, gegenüber einer Vagheit *vor* dem Gebrauch, *im* Gebrauch faktisch, sozusagen aus der Bestimmtheit des Sprechaktes, in dem sie verwendet werden, erhielten. Er hat keine systematische Sprechakt*theorie* ausgebaut. Die Sprechakttheorie geht von einem Konsens darüber aus, was „grüßen", „befehlen", „Behauptungen aufstellen" usw. je in Handlungszusammenhängen bedeute, deren *geglückter* Verlauf eine Intersubjektivität als ein allgemeines sich Verstehen auf solche Bedeutungen bezeuge. Die Philosophie dagegen interessiert sich eigentlich für einen solchen funktionierenden Konsens nicht. Sie setzt ihn natürlich auch voraus, denn wie sollte man sonst verstehen können, daß jemand etwas behauptet und nicht etwa nur einen Scherz gemacht habe? Sie fragt eigentlich nach den Grenzfällen, in denen eine Bedeutung fraglich geworden ist, wie z.B. wenn *geurteilt* werden soll, ob etwas zu Recht in *der* Bedeutung als existierend angesprochen ist, in der es angesprochen ist. Sie fragt insbesondere nach Entscheidungsmöglichkeiten in dieser Richtung, d. h. über die Wahrheit aufgestellter Behauptungen im Unterschied zu einer „bloßen" Behauptung.

9. Bedeutung in anderen Sprechakten als Urteilen

Nur durch den Akt des Urteilens wird den im Urteil verknüpften Bedeutungen synkategorematisch die Bedeutung zugesprochen, das in ihnen Angesprochene existiere so, wie es angesprochen ist. In anderen Sprechakten haben Wörter natürlich ebenfalls Bedeutung. Bei der Analyse der Bewegung des Urteils zeigte sich, daß schon im Urteil nicht alle Wörter die Bedeutung haben, etwas Existierendes zu bedeuten. Diese (synkategorematische) Bedeutung wird in der Bewegung des Urteils einer Bedeutung nur zugesprochen, indem sie anderen Bedeutungen abgesprochen wird. (Jedes positive Urteil ist in der Umkehr seiner Bewegung auch ein negatives. „Position" ist eine *Sinn*kategorie.) In der Frage etwa bleibt die im Urteil geschehende Setzung des synkategorematischen Bedeutungsakzents der Existenz auf *eine* Seite des Satzes in der Schwebe. Ein Befehl läßt sie ebenfalls offen, er drückt aber aus, der Angesprochene möge etwas dazu tun, daß sich einem Subjekt ein bestimmtes Prädikat zusprechen läßt, oder etwas dagegen tun. „Komm!" bedeutet, daß der Angesprochene das Urteil, er sei da, wahrmachen, d. h. dieser Vorstellung die Bedeutung einer Anschauung geben soll. Ähnliches gilt für den Wunsch, nur daß hier mitbedeutet ist, daß der andere seinen Teil hierzu aus freien Stücken vollziehen möge, bzw. daß es sich „von sich aus" ereignen möge. Mit dem Scherz dagegen ist auch ein Ereignis beabsichtigt, aber nicht das sich Ereignen des in dieser Rede Vorgestellten, sondern eines Vergnügens des Angesprochenen, aber unter Umständen auch eines sich Ärgerns, über das dann andere wieder lachen sollen, usw., und die Absicht auf das Eintreten solcher Ereignisse ist in den Bedeutungen von Scherzen usw. impliziert. Wenn Sprechakte wirklich als Handlungen verstanden werden sollen, die in Sprache ausgeführt werden, dann liegt allen Sprechakten eine bestimmte Absicht zugrunde, die erreicht werden soll. D. h. es soll etwas *objektiv gemacht* werden. Jemand soll erheitert, geärgert, begrüßt, informiert, überredet, belogen, veranlaßt werden, sich etwas als wirklich vorzustellen, usw. In den Sprechakten, die nicht Urteile sind, ergibt sich die Bedeutung erst dadurch, daß die Person des Angesprochenen in irgendeiner Weise, z. B. dadurch, daß sie wirklich belustigt ist, sich wirklich ärgert, sich gegrüßt oder informiert weiß, die Lüge glaubt, die Behauptung als solche ansieht, sich verheiratet weiß usw., zur Erfüllung der Bedeutung beitragen muß. Eine Logik der gegenseitigen Implikation von Sprechakten gibt es aber nur in Urteilen. *Wenn* etwas wirklich eine Heirat war, *dann* war es auch ein Versprechen, dann schloß es die Voraussetzung des Erinnerungsvermögens der Beteiligten, deren freien Willen usw. ein. Im Urteil wird gesagt, daß etwas eine Heirat ist, d. h. daß alle Implikate der Bedeutung dieses Wortes versammelt und daß die genannten einige von allen, aber nicht wirklich aufzählbaren und angebbaren seien, die die Bedeutung von „heiraten“ insgesamt ausmachen, so daß man auch hier nicht sagen kann, daß es auch nur für die beiden Beteiligten „dasselbe“ bedeute. Sie heiraten trotzdem, d. h. sie setzen eine hinlängliche Identität der Bedeutung, die dieser Akt für beide je hat, *voraus*[1].

Die Reflexion auf Sprechakte umgeht die Unmöglichkeit, alle Bedeutungsimplikate zu nennen, dadurch, daß, zumindest bei einigen Beispielen, die Sache selbst im Erfülltsein einer endlichen Anzahl von Bestimmungen als konstituiert *gilt*. Diese Bestimmungen bedeuten selbst wieder das Ausführen von Handlungen, über deren wirklichen Vollzug keine Meinungsdifferenz bestehen darf. So kann man (juristisch) entscheiden, ob etwas eine Heirat war, weil dafür eine endliche Zahl von (symbolischen) Handlungen vorgeschrieben ist und der Jurist nicht mehr danach fragt, wann die Beteiligten die zur Erfüllung der Bedeutung des (juristischen) Wortes „Eheschließung“ *genannten* Bestimmungen ihrerseits als erfüllt ansehen wollen, denn man kann nicht ad infinitum Bestimmungen angeben. Man fragt nur noch die Zeugen, ob die festgelegten erfüllt seien, und sie antworten nur mit ja oder nein. Nur auf dieser (institutionalisierbaren) Basis ist es möglich, einen bestimmten Sprechakt *als* vollzogen anzusehen.

Dieses muß festgehalten werden, wenn von einem Vermögen, Sprechakte zu vollziehen, die Rede ist, und wenn dieses Vermögen als „kommunikative Kompetenz“ an die Stelle des Ich von Urteilsakten treten soll. So

[1] Gerade insofern interpersonale Akte auch eine *rechtliche* Relevanz haben, wird deutlich, daß ihr Vollzug als Kommunikation keineswegs darin sein „Wesen“ hat, daß er für die auf diese Weise Kommunizierenden „dasselbe“ bedeutete. Er setzt nicht unbedingt übereinstimmende „Kommunikationsmedien“ oder eine „gemeinsame Aktualisierung von Sinn“ (im Sinne N. Luhmanns) voraus. Zurecht versteht Luhmann „Kommunikation“ nicht als *Übertragung* einer Sinnstruktur. Wenn er sie dagegen als Aktualisierung einer den Partnern gemeinsam *zugrundeliegenden* Sinnstruktur bestimmt, so argumentiert er, wie es ja auch seine Absicht ist, soziologisch und nicht philosophisch, d. h. es geht hier um die Erklärung der Möglichkeit von Kommunikation in soziologischer, auf Gemeinsames abzielender *Hinsicht*, in der davon *abgesehen* ist, inwiefern die Partner sich in ihrer individuellen Verschiedenheit voneinander über diese Verschiedenheit hinweg, also als Individuen, zueinander verhalten, und eben diese Absicht ist die Bedingung der Möglichkeit dieser Erklärung, in der Luhmanns Sinnbegriff Funktion hat. Individuen kommunizieren miteinander *bei* ihrer (gegenseitig anerkannten) Verschiedenheit, die sich allerdings nur negativ dadurch bestimmen ließe, daß man sagte, sie teilten nicht unbedingt den „Sinn“, den man zur positiven *Erklärung* ihrer Kommunikationsmöglichkeit *als* gemeinsamen unterstellt, und jeder vollzöge den kommunikativen Akt möglicherweise aus einem anderen „Grunde“, aus dem er *für ihn*, so wie er sich *von sich aus* und in *seinem* weltauslegenden Sinn in seinem Verhältnis zu den anderen versteht, von Bedeutung ist. (Vgl. N. Luhmann, Sinn als Grundbegriff der Soziologie, in: J. Habermas und N. Luhmann, Theorie der Gesellschaft oder Sozialtechnologie, Frankfurt/M. 1971, S. 42f.) Vgl. hierzu ausführlicher den vierten Teil.

sollen „fluchen“ und „scherzen“ Sprechakte sein, neben „urteilen“ oder „behaupten“. Aber erst, wenn die sich auf solche Akte verstehende „kommunikative Kompetenz“ gestört ist, wird man fragen, ob etwas z. B. ein Scherz war. Hier wird erst die *Bestimmtheit* des Aktes relevant, und nun muß gesagt werden, was *alles* zu einem als Scherz Angesprochenen gehört, und es muß dann der einzelne Fall *beurteilt* werden. Da es hier nicht wie beim Heiraten ausdrückliche Regeln dafür gibt, d. h. da diese Bestimmungen nicht in einem Gesetz stehen, kann die Bedeutung von „Scherz“ nur symbolisch angesprochen werden, d. h. es wird davon ausgegangen, die genannten Implikate *seien* einige *von* allen, die den Akt Scherz insgesamt konstituieren. Ein Vermögen, individuelle Akte *als* Scherze zu verstehen, steht damit grundsätzlich zur Diskussion, so wünschenswert Humor allgemein ist. Damit steht auch zur Diskussion, ob etwas in der *Bedeutung* eines Scherzes oder ironisch oder als Befehl oder als Behauptung usw. gesagt und verstanden sei. Die Sprechakttheorie trägt nichts prinzipiell Neues zur Bedeutungstheorie bei. Gewisse Beispiele von Sprechakten machen das Wesen des Sich-Verlassens auf intersubjektive Bedeutung, das Verlassen subjektiver Gewißheit ihrer identischen Realisation bei anderen nur besonders deutlich. Schon gar nicht gelingt es, die Urteilsproblematik in einer Sprechakttheorie aufzulösen. Wenn auch Urteile Sprechakte sind, so ist damit gar nichts über die Problematik der Urteile als Wahrheitsanspruch gesagt, den sie ja in spezifischer Differenz zu anderen Sprechakten erheben. Diese Problematik setzt erst ein, wenn etwas als Urteil verstanden worden ist. Erst wenn die „kommunikative Kompetenz“, Sprechakte zu vollziehen, gestört erscheint, greift die *Beurteilung* der Identität der Sprechakte über die jeweils gestörten Akte hinaus und macht sie zu ihrem Gegenstand.

10. Vorläufige Erörterung der Bedeutung von „wahr“

Die Frage nach der Wahrheit von Urteilen setzt bei der spezifischen Differenz von Urteilen zu anderen Sprechakten ein[1]. Daß ein Urteil auch eine Art von Handlung ist, ist trivial. Kant spricht von der Urteilshandlung. Er kommt deswegen aber nicht auf die seltsame Idee, durch den Begriff der Handlung, also den allgemeineren Begriff, den spezielleren erklären zu wollen. Welche *Art* von Handlung ist also ein Urteil? Nach

[1] Daß eine *philosophische* Reflexion des Wahrheitsproblems nicht allen möglichen Bedeutungen nachgehen kann, in denen „wahr“ bzw. „Wahrheit“ überhaupt gebraucht worden ist bzw. gebraucht werden könnte, ergibt sich aus den voranstehenden Ausführungen zum Bedeutungsbegriff. Für die Bedeutung von „wahr“ gilt das auf S. 40, Anm. 1 über die Bedeutung von „Bedeutung“ Gesagte entsprechend.

Kant ist es Denken; Denken ist Verknüpfen von Begriffen mittels einer der *Formen* des Urteilens, und zwar so, daß darin eine Anschauung *als* bestimmt angesehen ist. Es macht Bedeutungen objektiv. Darin konstituiert es den Gegenstand als Erscheinung im Unterschied zu einer gedachten „ansichseienden", vollkommenen Bestimmtheit. Es finitisiert quasi seine Bestimmungen. Anders käme es nicht zum Schluß. Es sagt, die genannten seien alle oder doch einige von allen, so, als seien alle gegeben. Hierin liegt der Urteilscharakter. Er liegt in der kategorialen Form, in der der urteilende Verstand sich mit einem „intellectus archetypus" einig weiß, während er sich zugleich von ihm dadurch unterscheidet, daß er die Bestimmungen in dieser Form so verknüpfen muß, als seien es die des Gegenstandes selbst. Anschauend verliert sich unser Verstand in einer Unendlichkeit, die er urteilend finitisiert. (Deshalb ist „Anschauung" auch kein „Vermögen" *unseres* Verstandes.)

Die eigentliche „Handlung" besteht im Urteilen also in einer partiellen Identifikation mit dem Archetyp von Verstand. Aus ihr leitet sich der ihm eigentümliche *Anspruch* (auf Wahrheit) ab. Er rechtfertigt sich nach Kant in dem Ausweis der *Form* der Verknüpfung als *einer von allen* diesen Formen oder als Teil einer transzendentalen Grammatik. Schon die Fregesche Bestimmung des Urteils mißversteht es als „Behauptung". Sie unterscheidet den propositionalen Gehalt eines Urteils, in der Sprache Freges den „Gedanken", von einem besonderen Akt, der nun *behaupten* würde, was im Gedanken *gedacht* sei. Im Gedanken sollen also schon die Teile des Urteils verknüpft, aber eben noch nicht damit auch als wahr oder falsch behauptet worden sein. Wäre diese Analyse richtig, dann wäre die Wahrheit ein Attribut jener (sekundären) Handlung, die man Behaupten nennt[2].

Das geht zunächst schon am normalen Sprachgebrauch vorbei. Auch ein Lügner behauptet etwas, ohne damit notwendig für sich die Wahrheit des Behaupteten in Anspruch zu nehmen. Eine Behauptung ist ein Akt, der die Wahrheit des Gesagten anderen gegenüber vorgibt, gleichgültig, ob man selbst davon überzeugt ist oder nicht. Das Urteil dagegen ist der vom Urteilenden vollzogene Gedanke der Wahrheit des *Inhaltes* des Urteils,

[2] Vgl. die Kritik Quine's an dem abstrakten Begriff der Proposition. W. v. O. Quine, Philosophy of Logic, Englewood Cliffs 1970, Abschnitt 1.1. – Bei Habermas führt die Unterordnung eines sogenannten „propositionalen Gehalts" unter den „performativen Satz", also unter eine mit dem Satz ausgeführte Handlung zu einer Konsensustheorie der Wahrheit: Der „Satz propositionalen Gehalts" wird als abhängig von dieser Handlung gedacht. Deren Gelingen muß dann schon für seine Wahrheit einstehen. (Vgl. J. Habermas, Vorbereitende Bemerkungen zu einer Theorie der kommunikativen Kompetenz, in: J. Habermas, N. Luhmann, a. a. O., S. 104; ders., Wahrheitstheorien, in: Wirklichkeit und Reflexion, Festschrift für Walter Schulz, Pfullingen 1973.)

der in *dieser* Form des Urteils erst als diese gegenständliche Einheit erscheint. Es ist ein Akt, den man, im Unterschied zur Behauptung, nicht wiederum beurteilen kann. Ob jemand eine Behauptung aufgestellt hat, kann man beurteilen, aber nicht, ob jemand sich ein Urteil gebildet hat. Im Urteilsakt identifiziert der Urteilende eine Form, in Ansehung derer *er* bestimmte Inhalte verknüpft, mit der Form eines intellectus archetypus. Er synthetisiert faktisch Begriffe, als seien diese eine Analyse der Sache selbst. Darin sieht er davon ab, daß die Anschauung als solche für ihn infinit ist. Er sieht sie *in dieser Form* „als“ finit an.

Die Fehlanalyse Freges rührt daher, daß er die Frage nach der objektiven Gültigkeit der *Form* des Satzes überhaupt nicht stellt. So kann dann der Satz nach Frege zunächst für sich, als Ausdruck eines „Gedankens“, eine Form haben, ohne daß damit Wahrheit beansprucht wäre. Er ist dann in dieser Form nur als Verknüpfung von etwas vorgestellt. Es ist aber zu fragen, was denn die Form überhaupt soll und wieso der Inhalt in dieser Form *ist*. Die Verknüpfung von Begriffen, die nicht als solche schon dadurch miteinander zu tun haben, daß sie analytisch, d. h. aufgrund expliziter Bedeutungsangaben, ineinander enthalten sind, also eine synthetische Verknüpfung, muß einen Sinn haben. Man könnte sagen, sie hätte den Sinn, „möglicherweise“ wahr zu sein, ohne daß die Wahrheit mit diesem „Gedanken“ auch schon behauptet würde. „Der Zug ist schon abgefahren“ bedeutete dann rein als „Gedanke“, es sei möglich, daß er abgefahren sei, weil Züge ja etwas seien, das abfahren kann. In diesem Verständnis wäre der Satz rein analytisch, da „Zug“ „ein Fahrzeug“ bedeutet. Dann könnten durch zusätzliche Behauptung aber nur solche Sätze von der Möglichkeitsform in die Wirklichkeitsform übersetzt werden, die als begriffsanalytische Möglichkeitsaussagen zu verstehen sind. In diesem Sinne von „möglich“ ist es aber schon nicht möglich, daß eine Rose rot ist, denn das weiß man nur, weil man schon rote Rosen gesehen oder von ihnen gehört hat. In Beispielen, bei denen das Prädikat dem Subjekt nicht allein aufgrund einer semantischen Begriffsanalyse zugesprochen werden kann, ist auch die Möglichkeitsaussage schon ein Urteil. Eine Gedankenverbindung ohne Urteilscharakter mindestens für das Subjekt selbst, das sie vollzieht, kann nur sinnvoll sein, wenn es sich um einen analytischen Satz handelt. Analytische Sätze erhalten aber auch „nach außen“ gewendet oder in der Kommunikation keinen Behauptungscharakter. Es ist sinnlos zu „behaupten“, daß ein Kreis rund sei.

Davon ist eine Behauptung zu unterscheiden, die den analytischen Charakter eines Satzes behauptet, wenn etwa eine Unsicherheit darüber bestehen sollte. Eine solche Behauptung ist selbst nicht analytisch, weil sie ja nur dann sinnvoll ist, wenn es keine scharfe Grenze zwischen analytischen und synthetischen Sätzen gibt, d. h. wenn jemand einen Begriff anders analysiert, d. h. ihm eine andere Bedeutung zuschreibt als andere.

Soll aber eine Behauptung ein Akt sein, der zu der subjektiven Bildung eines Urteils (als wahr oder falsch) noch hinzukommt, dann ist damit gemeint, daß ich dieses Urteil nun nach außen hin oder *für andere* entweder in Übereinstimmung oder entgegen dem eigenen Urteil als wahr äußere. Im letzten Fall wäre die Behauptung eine Lüge. Diese kommunikative Seite ist, damit überhaupt Wahrheit und Lüge, wissentlich wahre und unwahre Behauptungen zu unterscheiden sind, vom Akt des Urteilens zu unterscheiden. Der Akt der Urteilsbildung bleibt quasi innerlich. Er sieht den Gegenstand als in dieser Urteilsform bestimmten Gegenstand und diese Bestimmung als objektive Bestimmung an, und daraufhin, d. h. auf Grund dieser Handlung der *Selbstbestimmung* kann man sich erst *nach außen* oder an andere wenden und im moralischen Sinne wahrhaftige oder unwahrhaftige Behauptungen aufstellen. Die Sprechakttheorie müßte konsequenterweise, wenn sie ein Urteil im Sinne Kants in ihrem Sinn als Handlung, d. h. als kommunikatives Verhalten deuten wollte, eo ipso die „Wahrhaftigkeit" des Urteilenden postulieren und die Differenz zwischen der subjektiven Urteilsbildung (und der Frage, ob sie „wahr" sei) und der kommunikativen Äußerung zu anderen hin (und der Frage, ob sie wahrhaftig sei) aufheben.

11. „Wahr" und „wahrhaftig" als Thema einer „Phänomenologie des Geistes"

Die vor allem gegenüber dem Urteils- und Wahrheitsbegriff Kants kritische Bestimmung des Verhältnisses zwischen „wahr" und „wahrhaftig" ist Gegenstand einer „Phänomenologie des Geistes", einer bekanntlich von Hegel eingeführten philosophischen Problemstellung. Sie handelt von dem Verhältnis eines vermeintlich „inneren" zu dem „erscheinenden Wissen", der Bildung des Urteils im Subjekt zu dessen möglicher Behauptung gegenüber anderen. In der Kantischen Philosophie hat sie noch keinen Ort, weil in ihr die Erscheinung des Wissens, als etwas nur Äußerliches, allenfalls in einer „Anthropologie in pragmatischer Hinsicht" zur Sprache kommt. Deshalb bleiben hier auch die theoretische Urteilslehre und der theoretische Wahrheitsbegriff von dem kategorischen Imperativ der praktischen Vernunft getrennt. Die Differenz zwischen Urteilsbildung und -äußerung erscheint auf dem Boden eines transzendental-philosophisch gesicherten *Vermögens* zur Wahrheit in Urteilen lediglich als moralisch zu beurteilendes Phänomen, als „Lüge". Der kategorische Imperativ gebietet kategorisch, d. h. ohne Bedingungen, die Wahrheit zu sagen. Dieser kategorische Zug ist bei Kant möglich geworden, weil die theoretische Philosophie das Subjekt als Vermögen zur Wahrheit bestimmt. Der Skeptizismus ist zwar nur in bezug auf die *Formen* des Urteils überhaupt, in Kants historischer Fragestellung damit aber theoretisch überhaupt schon überwunden, so daß die *absolute* Forderung an jeden einzelnen, die Wahrheit zu sagen, unter kritisch-philosophischem Aspekt der Reflexion des Wahrheitsproblems nicht unbillig erscheinen kann und zu ihrer Erfüllung keiner weiteren Bedingungen zu bedürfen scheint als der, dies aus Vernunft nun auch von sich aus zu wollen. Insofern die Kantische Begründung des erkenntnistheoretischen Wahrheitsbegriffs philosophisch aber nicht genügt, bleibt im Praktischen nur die Forderung, „die Wahrheit“ nach „bestem Wissen und Gewissen“ zu sagen, d. h. zu sagen, was man je selbst dafür hält, nachdem man sich sein (vorläufig) abgeschlossenes Urteil gebildet hat. Der moralische Wahrheitsbegriff hebt sich insoweit in der theoretisch nicht zu bestimmenden *Überzeugung* des einzelnen auf[1]. Die „Phänomenologie des Geistes“ als philosophische Teildisziplin handelt dagegen von einer Nichtübereinstimmung zwischen möglicher *Urteilsbildung* des einzelnen und möglicher Urteilsäußerung in einem außermoralischen Sinn. Sie handelt von dem Gegensatz zwischen der inneren „Gewißheit“ des einzelnen, sich in der von ihm als dazu geeignet angesehenen Urteilsform ein (abschließendes) Urteil bilden zu können, also Vermögen der Wahrheit in der Ansehung dieser „transzendentalen“ Formen zu sein, und der darauf bezogenen „Anerkennung“ durch andere, denen gegenüber er seine Überzeugung äußert. Der traditionelle „Gegensatz des Bewußtseins“, verstanden als Gegensatz zwischen einem „endlichen“ Vermögen und der Wahrheit, nimmt bei Hegel unter der Thematik des „Geistes“ diese Gestalt an. Dieser Gegensatz des einzelnen in seiner „absolut in sich seienden *Einzelheit*“[2] zu einem transzendentalen Begriff von Subjektivität ist in den Begriff von Subjektivität aufzunehmen, also als möglicherweise phänomenologisch bestehender Gegensatz zu begreifen, ehe überhaupt philosophisch (statt phänomenologisch) von Wahrheit die Rede sein und „unser“ Vermögen mit dem eines intellectus archetypus auch nur der Form der Wahrheit nach gleichgesetzt werden kann. Dieses Thema kann auch in die Form einer Frage gekleidet werden: Wie erhält das Subjekt jeweils die Gewißheit seiner Übereinstimmung mit einer absoluten Perspektive eines archetypischen Intellekts in der Wahl der besonderen Urteilsform, in der es den Gegenstand als bestimmt ansieht? Woher erhält es jeweils das Selbstbewußtsein, daß es die zur *Äußerung* seines Urteils gegenüber anderen,

[1] Vgl. u. S. 283ff.
[2] Hegel, Phänomenologie des Geistes, ed. Hoffmeister, Leipzig 1949, S. 471.

die ja als andere ebenfalls urteilen, *geeignete*, diese Andersheit aufhebende *Sprache* findet? Die „Phänomenologie des Geistes" handelt von diesem Verhältnis des Urteils zu anderem Urteil, dessen Möglichkeit schon verdeckt in der Kantischen Bestimmung des Verstandes als „ansehen *als* bestimmt" enthalten war. Allem „Ansehen als" in der Form einer der Kategorien ist die Möglichkeit anderen „Ansehens als" impliziert. Sie steht also dagegen, daß ein Urteil, das als Verknüpfung mittels einer dieser Kategorien gebildet ist, „unmittelbar" „alle Realität" bedeuten könnte.

Die „Phänomenologie des Geistes" greift demnach quasi ein Kantisches, aber bei Kant liegengebliebenes Thema auf, nämlich das Moment des Urteils, das darin besteht, daß zwar unser Verstand vermögend sei als urteilsbildender Verstand, daß er aber kein „anschauender Verstand" sei, so daß gegenüber der Einheit des Urteils in dieser oder jener, durch die jeweilige Kategorie der transzendentalen Grammatik erzeugten finiten Form die Anschauung unendlich sei. Diese Unendlichkeit bzw. Unverhältnismäßigkeit der Anschauung im Verhältnis zum kategorial gebildeten Urteil wird bei Kant mit Hilfe einer „transzendentalen Ästhetik" zu überwinden versucht, in der *gesagt* ist, der Raum als Form der Anschauung a priori werde „als eine unendliche *gegebene* Größe vorgestellt"[3]. Urteile, die sich auf Anschauungen beziehen, insofern sie in dem vorweg so beurteilten Raum gegeben sind, beziehen sich dann auf etwas vollkommen Gegebenes und in der Form ihrer Gegebenheit vorweg Finitisiertes. Dem ektypischen Intellekt tritt ein archetypisches geometrisches Anschauungsvermögen zur Seite.

Die inhaltliche Bestimmtheit der im Urteil verknüpften empirischen Begriffe, wie eine semantische Bedeutungsanalyse sie im Blick hat, bleibt hierbei außerhalb der Finitisierung. Deren „Objektivität" bleibt dahingestellt. Vom Gegenstand der Anschauung wird nur gesagt, was er alles sei, insofern er im geometrischen Raum ist. Er als Raumerfüllung ist vollständig analysierbar, denn der Raum ist als geometrischer Raum ein konstruierter Raum. Die Bedeutung „räumlicher Gegenstand" ist deshalb eine vollständig bestimmte Bedeutung, so daß man auch ableiten kann, was in dieser Bedeutung *alles* enthalten ist. Der Raum ist als *gegebene* Unendlichkeit vorgestellt. Für Kant sind die den Raum konstruierenden „Axiome der Anschauung" unmittelbar gewisse Sätze, deren Wahrheit sich eben unmittelbar, d. h. aus der Räumlichkeit der Anschauung selbst ergibt. In bezug auf die reine Anschauungsform eines jeden Anschauungsgegenstandes ist das Urteil also definit.

Kant kann aber mit dem kategorischen Imperativ der Verpflichtung zur Wahrhaftigkeit nicht gemeint haben, nur geometrische Aussagen seien

[3] Kant, Kritik der reinen Vernunft, B 39. Vgl. hierzu ausführlich u. S. 184ff.

gewisse Aussagen, und über sie solle man die Wahrheit sagen, d. h. in der (eigenen) *Urteilsbildung* und der *Urteilsbehauptung* (nach außen hin) identisch sein. Über geometrische Sätze läßt sich ja gerade, wenn sie unmittelbar der Anschauung entspringen sollen, wenig mitteilen. Denn im Prinzip kann, wie Sokrates in Platons „Menon" an einem ungebildeten Sklaven demonstriert, jeder „selbst" auf sie kommen. Man könnte allenfalls anderen helfen, „von selbst" auf sie zu kommen. Allerdings gibt es eine Briefstelle[4], in der Kant schreibt, wir könnten nur das „mitteilen", was wir „selbst *machen* können, vorausgesetzt, daß die Art, wie wir etwas *anschauen*, ... bei allen als einerlei angenommen werden kann". Mit dem kategorischen Vernunftgebot der Wahrhaftigkeit muß dennoch mehr gemeint sein. Schon für Sätze der Naturwissenschaft kennt Kant eine über die Vermittlung im Begriff einer reinen und bei allen gleichartigen Anschauung hinausweisende Art der Identifizierung von Urteilsbildung und Urteilsäußerung, d. h. der Verallgemeinerung der individuellen Urteilsbildung in Richtung auf die Kommunikation mit allen.

12. Pragmatisch-semantische Regeln zur Stabilisierung des Selbstbewußtseins, Vermögen zur Wahrheit zu sein

Den „mathematischen" Kategorien stehen die „dynamischen" Kategorien gegenüber, z. B. die Kategorie der Verknüpfung von Gegebenem als „Ursache" und als „Wirkung". Das in dieser Form Verknüpfte ist nicht in unmittelbarer Anschauung als objektiver Zusammenhang einzusehen. Es bezieht sich auf Erfahrung, und damit entsteht das Problem der unvollständigen Induktion noch einmal, ohne daß es mit dem Bezug auf die Form der Anschauung, d. h. auf Axiome der Geometrie, gelöst werden könnte. Der Gegenstand der *Erfahrung* trägt Bestimmungen, die sich nicht allein aus seiner Räumlichkeit und der Analyse dessen ergeben können, was in der Bedeutung, der Gegenstand sei ein räumlicher, impliziert ist. Wegen der Konstruktion des Räumlichen in reiner Anschauung könnte man in bezug auf den reinen Anschauungsgegenstand von vollständiger Induktion sprechen, d. h. das eigentliche Induktionsproblem ergibt sich hier noch nicht. Es ergibt sich erst, wenn dem Gegenstand synthetisch Prädikate zugesprochen werden, die nicht unmittelbar als Prädikate dieses Gegenstandes rein aus seiner Anschauung einzusehen sind und sich auch nicht aus unmittelbar Einsichtigem ableiten lassen. Damit

[4] Kant an Beck am 1. 7. 1794.

entsteht die Frage der Vermittlung des Prädizierens in Prädikaten, die sich nicht aus einer Analyse der Bedeutung „Anschauungsgegenstand" ergeben, zum Gegenstand selbst.

Diese Vermittlung kann also nicht mehr in der Unmittelbarkeit oder der Evidenz der Anschauung geschehen. Sie geschieht „in Rücksicht auf eine Regel". Eine Regel ist ein Satz, der als allgemein geltend angesehen ist, so daß man sich auf ihn berufen kann. Als Satz spricht er einem Subjekt ein Prädikat zu, z. B. „Körper, die frei fallen, sind Körper, die mit einer bestimmten Beschleunigung fallen", oder: „Wenn ein Körper sich im freien Fall befindet, wird er in einer bestimmten Weise beschleunigt". Die allgemeine Form der Regeln dieser Art lautet: Wenn S P_1 zugesprochen wird, dann wird ihm auch P_2 zugesprochen. Wird einem Subjekt nun P_1 wirklich zugesprochen, dann wird ihm auch P_2 zugesprochen.

Es ist hier also offen, ob P_1 zugesprochen wird. Aber es ist nicht offen, daß dann, wenn P_1, auch P_2. Man weiß also nicht, ob P_1 zu den (allen) Bestimmungen dieses Gegenstandes gehört. Aber man weiß, daß P_1 nicht dazu gehören kann, ohne daß auch P_2 dazu gehört. Man weiß dies nicht schon deshalb, weil die Bedeutung von P_1 die von P_2 rein semantisch implizierte, also nicht schon aus einer semantischen Analyse von P_1 überhaupt, sondern nur in bezug auf dieses S. Allein im prädikativen Bezug auf einen in der Bedeutung von S angesprochenen Gegenstand gilt „P_1 impliziert P_2" *wie* eine semantische Regel. Eine wirkliche semantische Regel gilt a priori, d. h. für alle Anwendungsfälle. Die hier vorausgesetzte Regel setzt nur die Implikation von Prädikaten, wenn sie Prädikate eines bestimmten Subjektbegriffs sind. Es handelt sich also um eine semantische Regel in Verbindung mit einer pragmatischen Anwendung. Ich nenne sie „pragmatisch-semantische Regel". Nicht allein aus der Semantik, sondern erst aus der Anwendung auf dieses Subjekt folgt die Implikation von P_2 in P_1, dann aber so, als folgte sie aus der Semantik.

Die allgemeine Form dieses pragmatisch-semantischen Verfahrens nennt Kant „Kausalität". Gegenüber dem herkömmlichen hat er damit einen kritischen Kausalitätsbegriff entwickelt. Wir sehen nicht das Innere der Dinge und können sie daher nicht in Bedeutungen ansprechen, aus denen semantisch alle Bestimmungen analytisch folgten, die das so Angesprochene überhaupt annehmen kann und in denen es somit existiert. Wenn wir etwas in einer Bedeutung ansprechen, um daran anknüpfend dem so Angesprochenen ein Prädikat hinzuzufügen, d. h. es als Satzsubjekt kategorisieren, dann kann das allein in der Absicht geschehen, den Gegenstand als durch dieses Prädikat bestimmt anzusehen. Soll dieses „Ansehen als" nicht nur individuell bleiben, sondern auch allgemeinverbindlich werden, dann muß dies im Rückgriff auf Regeln geschehen, die schon als allgemein akzeptiert *gelten*, so daß die Frage nach ihrem individuellen Aufgefaßtsein keine Rolle mehr spielt. Es gilt als nicht „wesentlich“, wie sie wirklich verstanden werden. Nur so kommt Notwendigkeit in unser „Ansehen als bestimmt“, d. h. es bleibt nicht nur subjektiv. Also nicht der Blick „in“ die Dinge, mit dem wir, wie der vorkritische Kausalbegriff sich versteht, „Kräfte“ in ihnen entdecken könnten, sondern der Bezug auf allgemein akzeptierte Regeln *macht* unsere Vorstellungen und Aussagen objektiv. Das ist der kritische Begriff der Objektivität.

In bezug auf solche Regeln hat das Individuum einen Anhalt dafür, daß seine Form der Urteilsbildung in einer bestimmten Kategorie, z. B. der Kausalität, auch die Form anderer Subjekte ist, obwohl die Anschauung unendlich ist, d. h. obwohl der Gegenstand als Gegebener *für es* nicht finit wird. Es hat in solchen Regeln einen gegebenen Anhalt zur Finitisierung, und damit gewinnt es ein Selbstbewußtsein, anderen sein Urteil als wahr anzusinnen und von anderen zu erwarten, daß sie ihm darin zustimmen. So gewinnt es das moralische *Selbstbewußtsein* der Wahrhaftigkeit. Es hat das Kriterium der Wahrheit seines Urteils nicht unmittelbar vom Gegenstand her, sondern dadurch, daß es sich auf eine allgemeine Regel bezieht, wenn es urteilt. Es bezieht diese Regel in sein Urteil ein. Das Urteil besteht dann nicht aus nur einem Satz, sondern aus einem Zusammenschluß mehrerer Sätze, von denen einer diese allgemeine Regel ist. Ihr fügt das urteilende Subjekt einen weiteren Satz hinzu, in dem die Bedingung der Regel als erfüllt ausgesagt wird, und daraus „folgt“ dann, d. h. unter der Voraussetzung dieser beiden Sätze, ein weiterer Satz notwendig. Es ist so eine Notwendigkeit gewonnen, die sich nicht *allein* aus der Semantik, sondern aus einer sich von einer bestimmten Anwendung her ergebenden Semantik herleitet: Die allgemeine Regel gilt unter der besonderen Bedingung, daß etwas in einer bestimmten Bedeutung angesprochen wird. Unter dieser Bedingung zieht die eine Prädikation die andere notwendig nach sich. P_1 zieht P_2 nach sich, *wenn* es Prädikat zu S ist. Eine reduktive Sprachregelung, die die Zeichen „P_1“ und „P_2“ als nicht mehr diakritisch oder als synonym, als nur noch den Zeichen, aber nicht mehr der Bedeutung nach unterschieden setzt, *erzeugt* die intersubjektive Objektivität. Das Bewußtsein, eine objektive Wahrheit sagen zu können, ergibt sich im Verzicht auf einen reicheren, vom Ergebnis der Reduktion her dann als „nur noch individuell“ zu verstehenden Sprachgebrauch oder in einem disziplinierten Sprachverhalten, das sich nach Regeln richtet, die bestimmter sind als die sonst gar nicht ohne weiteres zu reflektierenden Regeln des Sprechens in einer Sprache überhaupt. Sie werden deshalb auch nicht Sprachregeln genannt, sondern „Naturgesetze“. Von diesem besonderen Sprachverhalten her ergibt sich erst ein Begriff von objektiven Sätzen. Der Satz, der die Bedingung als erfüllt aussagt, ist wieder ein „Ansehen *als* bestimmt“. Unter der Voraussetzung der allgemeinen Regel folgt nun aber ein Satz, der der Subjektivität des „Ansehens als" entzogen ist. Die Regel macht also aus, daß das subjektive „Ansehen als" in eine „objektive" Aussage übergeht: Das so angesprochene Ding *ist* ein solches Ding, das dann notwendig, man kann sagen „von sich selbst her", in der Bestimmung P_2 ist, wenn man es subjektiv in der Bestimmung P_1 anspricht. Es „reagiert" von sich aus in dieser Weise. Durch die Regel „offenbart" sich hier ein Selbst der Sache. Es ist in ihr antizipiert.

Solche Regeln heißen „Naturgesetze" oder „Gesetzeshypothesen". Es ist aber kein prinzipieller Unterschied zwischen einem hypothetischen Verfahren in den sogenannten exakten Wissenschaften und Verfahren dieser Form in anderen, außerwissenschaftlichen Bereichen. Die allgemeine Form bzw. unser transzendentales Vermögen des Verfahrens zur Gewinnung von Objektivität ist die Anwendung der Kategorie der Kausalität. Die Inhalte sind zufällig, aber die Form ist eine durchgängige (apriorische) Form zur Objektivität von subjektiv gebildeten Urteilen. Es macht auch für diese allgemeine Form keinen Unterschied, ob der hypothetische Charakter der jeweiligen inhaltlichen Regeln dem Subjekt bewußt ist oder nicht und ob es sie als konventionell oder als absolute Wahrheit ansieht. Wichtig ist nur, daß das (formelle) Verfahren als solches als legitim gilt. Ein Streit hierüber lohnt sich nicht, denn in dem Verfahren geht es nicht um die jeweils vorausgesetzten Sätze, sondern um das Objektivmachen anderer Sätze mit Hilfe oder unter *Voraussetzung* der Geltung dieser Sätze (Gesetze). Als vorausgesetzte werden sie in Anspruch genommen, gleichgültig, was ihre Quelle sein mag, und im Vorausgesetztsein besteht ihre Allgemeinheit. Sie werden wie semantische Regeln vorausgesetzt, nur daß es sich um pragmatisch *bedingte* semantische Regeln handelt. Die Bedingung ist ein subjektives „Ansehen als bestimmt", wie es in jedem kategorischen Urteil geschieht. Während aber im kategorischen Urteil das Subjekt quasi mit sich allein bleibt, ohne ein Selbstbewußtsein als urteilendes Subjekt zu erlangen – es urteilt nur der kategorischen *Form* seines Urteils nach; die Anschauung bleibt ihm unbestimmt –, hat der Bezug auf vorausgesetzte Regeln den *Sinn*, es in seinem Selbstbewußtsein als Vermögen der Wahrheit zu stabilisieren. Es bringt Notwendigkeit in sein Urteilen, indem es sich auf inhaltliche Regeln bezieht. Daß diese Regeln nur vorausgesetzt sind, d. h. daß auch anders lautende vorausgesetzt sein könnten, macht aus, daß sich für es Objektivität nur in einem bestimmten Sinne, d. h. ja, unter bestimmten Voraussetzungen konstituiert. Ist *Bedeutung* der Bezug auf Objekte, dann wird hier deutlich, daß solch ein Bezug sich wesentlich nur in einem besonderen *Sinn*, auf eine besondere Art und Weise konstituieren kann, man kann auch sagen: in einer bestimmten Weltansicht. Das ist die Konsequenz der kritischen Bestimmung von Objektivität, wie Kant sie durchführt; sie lag allerdings als solche nicht mehr in seinem Gesichtskreis.

Das Selbstbewußtsein des urteilenden Subjekts, die Wahrheit sagen zu können, ist in dem Maße stabil, in dem es sich *voraussetzend* verhält. In dem Maße, in dem es nach der Wahrheit der Voraussetzungen fragt, wird es instabil. Kausale Erklärungen sind in diesem Maße für es dann kein Vermögen mehr. Die Kategorie der Kausalität verliert ihre *Bedeutung* und stellt sich als ein leeres *Verfahren* dar. Das Subjekt gewinnt zugleich einen Standpunkt der (selbstkritischen) *Reflexion* seiner selbst als Urteilsvermögen, als das es sich zuvor noch voraussetzte. Mit dem unbefragten Voraussetzungscharakter der Regeln verliert es die Bedingung der Voraussetzung seiner selbst als Vermögen, in Ansehung der kategorialen Formen urteilen zu können oder der Wahrheit fähig zu sein.

Eine philosophisch als *absolut* zu reflektierende (moralische) Forderung nach Wahrhaftigkeit wird für es fragwürdig. Sie erscheint als Forderung von einem reflexionslosen Standpunkt aus, der ein *absolutes Können*, das dieser absoluten Forderung entspricht, und damit auch die Überzeugung voraussetzt, eine dazu geeignete Sprache sei ohne weiteres verfügbar und die Sprachproblematik sei philosophisch übergehbar. In der Reflexion geht es ja gerade um die Wahrheit der Voraussetzungen, unter denen die Forderung nach Wahrhaftigkeit „intersubjektiv" ihren guten Sinn erhielt, weil *unter* diesen Voraussetzungen erst ein Selbstbewußtsein als Vermögen der Wahrheit, das seinerseits Voraussetzung einer solchen absoluten Forderung ist, möglich gewesen war. Von dem naiven Standpunkt der Geltung der Voraussetzungen her erscheint die Reflexion deshalb ohne Gewissen, ohne Ich-Identität, bzw. als gehemmte Identifizierung von (innerer) Urteilsbildung und -behauptung gegenüber anderen, als *gehemmtes* Selbstbewußtsein oder Ich-Schwäche. Der Reflexion dagegen erscheint die absolute Forderung nach Wahrhaftigkeit mit dem der Kantischen Moralphilosophie eigenen Rigorismus fragwürdig. Der Rigorismus, auch in „Grenzsituationen", also in Situationen, in denen die „selbstverständliche" sittliche Orientierung aufhört und in denen allein die Frage nach der Absolutheit moralischer Postulate ernsthaft aufkommt, sogar um den Preis des Lebens an der *absoluten* Forderung nach Wahrhaftigkeit festzuhalten, wird der Reflexion bedenklich, weil sie ja gerade auf die Bedingtheit eines sich als unbedingtes Vermögen zur Wahrheit wissenden Selbstbewußtseins und damit auf die Bedingtheit der Forderung eines solchen Selbstbewußtseins an sich oder an andere reflektiert.

Es folgt für diese Reflexion also keineswegs, es sei überhaupt keine Verbindlichkeit zur Wahrhaftigkeit begründbar. Ihr Standpunkt ist der der Reflexion auf *Bedingungen* eines Selbstbewußtseins, das sich erst im *Aussprechen* seines Urteils zur Anerkennung durch andere hin vermittelt.

Es ist der Standpunkt der Reflexion auf *Bedingungen*, unter denen Subjekte überhaupt erst als wahrhaftig oder unwahrhaftig gelten können. Er besteht im Verlassen der abstrakten Alternative, das Subjekt sei entweder rein von sich aus bzw. als solches absolutes Vermögen zur Wahrheit oder der Begriff „Wahrheit" habe für es überhaupt keine der Reflexion standhaltende Bedeutung.

13. Der Relativismus. Methodische Unwahrhaftigkeit. Weitere Bestimmung des phänomenologischen Wahrheitsbegriffs

Der so gewonnene reflektierende Standpunkt ist, *als Standpunkt*, der des Relativismus. Die Sinnbezüge, Sinnhorizonte usw. erscheinen ihm als prinzipiell, wenn auch nicht faktisch austauschbar, jedenfalls als bedingt. Nach Nietzsche stehen sie im Dienst des Lebens, das damit als der Wahrheit übergeordnete Kategorie erscheint, spezieller im Dienst eines Willens zur Macht. Vor allem scheint sich von dieser Reflexion her der Begriff objektiver Wahrheit als etwas Interessegeleitetes ausgeben zu lassen, das wesentlich „ideologiekritisch" „hinterfragbar" sein soll. Unvermeidlich ergibt sich damit die Frage nach einer bevorzugten Berechtigung des „Standpunktes" solcher „Kritik", die dann mit dem Begriff eines „objektiven" Interesses zu beantworten wäre. Marx leitet ein objektives Interesse vom Standpunkt des Proletariats ab, der seinerseits als der der Entwicklung der Produktionsverhältnisse adäquate und deshalb welthistorisch berechtigte Standpunkt bestimmt wird. Er bestimmt sich im Zusammenhang mit der Art, in der die Menschen auf der rezenten Stufe der Entwicklung ihre Lebensmittel im weitesten Sinne des Wortes produzieren. Der Relativismus wird hier in der Rechtfertigung eines Standpunktes gegenüber anderen, z. B. „bürgerlichen" Standpunkten überwunden. Diese Verbindung von Reflexion und Standpunktsdenken bedient sich zunächst ebenfalls der philosophischen Reflexion. Sie beruft sich auf die reflektierende Philosophie, um die *anderen* Standpunkte zu entlarven, aber letztlich, um auf dem Boden solcher „Ideologiekritik" doch den eigenen zu rechtfertigen. Er soll nicht einer wie alle anderen sein. Dies ist der Punkt des Ausbruchs aus der Philosophie. Denn die Rechtfertigung eines berechtigten Standpunktes geschieht außerphilosophisch. Die Bestimmung etwa der gegenwärtigen Art der Produktion der Lebensbedingungen und dessen, was daraus folgt, muß wissenschaftlich geschehen, sich auf Regeln beziehen, d. h. Voraussetzungen machen, die wesentlich auch anders sein könnten als die im konkreten Fall jeweils gemachten. Auch sie muß verschiedene sprachliche Ausdrücke, die an sich nicht analytisch ineinander enthalten sind, *als* Ausdrücke mit derselben Bedeutung ansehen. Sie macht damit wie der von ihr kritisierte Standpunkt von dem Prinzip der pragmatisch bedingten Bedeutungsverschmelzung Gebrauch und hat daher ein subjektives Moment in der sich so konstituierenden Objektivität, auf die sie sich zur Rechtfertigung ihres kritischen Standpunktes beruft.

Die „Unwahrhaftigkeit" einer solchen („nachphänomenologischen") *Position* ist somit keine individuelle Unwahrhaftigkeit. Individuelle Wahrhaftigkeit ist hier ja gerade gefordert, damit die einzelnen Individuen sich nicht reflektierend diesem an sich bedingt allgemein geltenden „Ansehen als" entziehen. Die Unwahrhaftigkeit ist hier eine *methodische* Unwahrhaftigkeit. Sie kehrt die philosophische Reflexion der Wissenschaft gegen andere Positionen, bedient sich aber der wissenschaftlichen Methode zur Rechtfertigung des eigenen Standpunktes. Sie ist lediglich instrumentell reflektiert. Philosophie ist für sie eine nach außen gewandte Strategie. Nach innen ist sie eine Theorie des *gebundenen* Gewissens.

Wenn in solchen Zusammenhängen die moralische Forderung nach Wahrhaftigkeit im Sinne einer *absoluten* Forderung auftritt und Wahrhaftigkeit in transzendentaler Absicht zu einer sogenannten „kommunikativen Kompetenz" gerechnet wird, von der her ein Wahrheitsbegriff mit philosophischem Anspruch *begründet*, also abgeleitet werden soll[1], dann hat diese Forderung einen ganz anderen Stellenwert als etwa noch in der philosophiehistorischen Position Kants. Bei Kant geht es zunächst um Argumente gegen den Skeptizismus Humes. Hume hatte die objektive Gültigkeit der formalen Regeln der Bildung synthetischer Sätze über die Natur in Zweifel gezogen, als er die objektive Gültigkeit des Kausalnexus in Frage stellte. Er sah bekanntlich in der Bildung von Sätzen der Form „wenn . . . dann . . ." nur den Ausdruck einer subjektiven Ge-

[1] Vgl. J. Habermas, Vorbereitende Bemerkungen zu einer Theorie der kommunikativen Kompetenz, a.a.O., S. 131. – Die „Vernünftigkeit eines Sprechers" soll „an der *Wahrhaftigkeit seiner Äußerungen*" „bemessen" werden, d. h. *andere* sollen sie daran messen, ob die Äußerungen ihnen wahrhaftig *erscheinen*. Zur *Entscheidung* etwa von Rechtsverfahren ist solch eine Beurteilung von Äußerungen unumgänglich. Es bleibt philosophisch aber problematisch, von „außen" her zu bestimmen, ob jemand „die Intentionen, die er . . . zu erkennen gibt, . . . tatsächlich meint". Es entsteht das Problem der Wahrheit eines Urteils hierüber. Habermas schlägt vor, in diesem Zusammenhang auf die den Äußerungen folgende Folgerichtigkeit der Handlungen zu rekurrieren (133). Dies setzt aber wiederum eine notwendig *subjektive Zusammenfassung* von Handlungen des zu Beurteilenden zu einer *Einheit* voraus, die in sich als stimmiger Handlungszusammenhang oder als „Äußerung eines Subjekts aufgefaßt werden können, das Regeln intentional folgt" (133). So notwendig solche Theorien über andere Subjekte im Zusammenhandeln auch sind, so problematisch bleibt ihr Wahrheitsstatus im Zusammenhang mit der philosophischen Wahrheitsfrage. Subjekte werden, auch als Handlungssubjekte, nur in einem Ansehen *als* bestimmt durch sie selbst oder durch andere Subjekte für sich bzw. für andere gegenständlich.

wohnheit aufgrund bisheriger Erfahrung und die Projektion eines solchen subjektiven Prinzips in die Natur. Damit war zugleich die Frage nach der objektiven Gültigkeit aller Formen aufgeworfen, die der Verknüpfung von Begriffen dienen und in denen ein objektiver Zusammenhang als Entsprechung zu diesen bestimmten Formen der Urteilsbildung behauptet wird. Es geht Kant also zunächst um eine Theorie der objektiven Gültigkeit, d. h. für ihn: der *Bedeutung* dieser Formen, zu denen ja auch die einfache Subjekt-Prädikat-Verknüpfung gehört; denn er hatte klar gesehen, daß es sich überhaupt nicht lohnte, noch über die mögliche Wahrheit irgendeines Satzes dem Inhalt nach zu reden, wenn nicht zuvor der ungeheuerliche Einwand Humes gegen die Wahrheitsmöglichkeit der Formen, in denen wir Sätze bilden, indem wir Begriffe verknüpfen, widerlegt sei. Es war zunächst einmal eine Theorie von der objektiven Gültigkeit der „transzendentalen Grammatik" als der Grammatik einer jeden denkbaren Sprache zu gewinnen, wenn es einen Sinn behalten sollte, universal zu fordern, man müsse die Wahrheit *sagen*, d. h. man habe sich der verfügbaren Sprache in der Bedeutung eines *fraglos geeigneten „Mediums"* der Wahrheit zu bedienen. Es bleibt dann immer noch die Frage offen, ob sie auch über eine „transzendentale Grammatik" hinaus ein tragfähiges „Medium" sei und nicht unter Umständen in einer besonderen Gestalt von Sprachregelung auch mögliches Medium der Verdeckung der Wahrheit und der individuellen Äußerung.

Es ist zwar richtig, daß man nur unter der Voraussetzung, die Sprache *solle* unbedingt als Medium der Wahrheit gebraucht werden, zu anderen etwas sagen wollen oder sich von anderen etwas sagen lassen kann, aber gerade dabei muß sie doch als dafür taugliches Medium *angesehen* sein, d. h. diese Tauglichkeit darf noch nicht prinzipiell bezweifelt sein. Entstandene diesbezügliche Zweifel müssen *philosophisch* behoben werden können, wenn die Forderung nach Wahrhaftigkeit als philosophisch begründete *absolute* Forderung weiter bestehen soll.

Wenn Kant nun eine Theorie aufstellt, in der er die Möglichkeit „synthetischer Urteile a priori" in objektiver Gültigkeit nachweist, so weist er zugleich nach, daß dies *nur unter Bedingungen möglich* ist. Darin besteht die eigentliche Kritik gegenüber einem reinen Verstandesgebrauch bzw. einer unkritischen Anwendung der transzendentalen grammatischen Möglichkeiten, Begriffe miteinander zu verknüpfen und auf diese Weise im Grunde beliebig viele „Gegenstände" zu erzeugen, die diesen Produkten eines reinen Verstandesgebrauchs entsprechen sollen. Die Bedingungen bestehen darin, daß sich diese Formen nicht ohne weiteres auf die zu verknüpfenden Begriffe in ihren empirischen, also nicht a priori definitiv angebbaren Bedeutungen beziehen, sondern daß sie sich allein auf das eine Bedeutungs*moment* dieser Bedeutungen erstrecken, durch das das in ihnen Angesprochene auch als „Anschauungsgegenstand", d.h. als etwas *vor* der fraglichen Verknüpfung schon „Gegebenes" und in diesem Sinne dann auch *als* existierend angesprochen ist. Wenn es um die objektive Gültigkeit der Verknüpfung (Synthesis) eines Begriffes mit einem oder mehreren anderen geht, muß also *alle weitere* Bedeutung der verknüpften Begriffe außer acht bleiben. Sie bleibt wegen ihrer Unfeststellbarkeit a priori subjektiv, d. h. im Verstehensprozeß kann ein Angesprochener *immer noch* etwas anderes darunter verstehen als der Sprechende.

Es kann nun keine Theorie der Wahrheit mehr unter diesen Preis gehen, der, wie Kant stringent ein für allemal dargelegt hat, für einen Begriff der Wahrheit im Sinne einer *objektiven Gültigkeit* auch nur der *Formen* unserer Sätze zu zahlen ist. Nur deshalb wird in diesem Zusammenhang so viel Wert auf die Kantische Position gelegt. Sie zählt nur als Argument, und zwar als bisher nicht widerlegtes Argument. Die Philosophie muß an ihren historischen Einsichten festhalten, wenn sie überhaupt Fortschritte machen und in einer konsistenten Gestalt auftreten will. Ob man eine solche Gestalt nun „Wissenschaft" nennen will oder nicht, ist demgegenüber sekundär. Jedenfalls würde keine andere Wissenschaft es sich einfallen lassen dürfen, einen einmal erreichten Standard der Rationalität im Hinblick auf ihren Gegenstand zu unterschreiten.

Natürlich ist der Verzicht schmerzlich, denn wie steht es nun mit der Wahrheit, wenn für einen Begriff der möglichen Wahrheit der Formen, in denen wir Urteile bilden, der Preis der Gleichgültigkeit der spezifischen Inhalte dieser Urteile, die sie von den jeweils synthetisierten empirischen Begriffen her haben sollen, gezahlt werden muß? Was bedeutet es, wenn z. B. zwar nachgewiesen ist, daß die Subjekt-Prädikat-Form bzw. die Kategorie Substanz-Modus eine *Form* der Wahrheit ist oder daß dies von der hypothetischen Urteilsform bzw. der Kategorie Kausalität-Dependenz gilt, auf der anderen Seite aber kein Begriff davon möglich sein soll, daß der einzelne Satz, der in diesen Formen gebildet ist, wahr sein kann? Es bedeutet zunächst, wie Kant selbst in bewundernswürdiger Konsequenz darlegt, daß man von Wissenschaft im „eigentlichen Sinne" und damit von einer als Medium der Wahrheit zu rechtfertigenden Wissenschaftssprache nur soweit sprechen kann, als in einer besonderen Wissenschaft „Mathematik ... angewandt werden kann"[2]. Die Mathematik handelt von syntaktischen Strukturen und ist deshalb von ihrem Begriff her gegen die einsetzbaren Inhalte gleichgültig. Sie handelt von reinen Verknüpfungsmöglichkeiten. Ferner ist in einer besonderen Wissenschaft über das rein Mathematische hinaus noch so viel Wissenschaft „im eigentlichen Sinne",

[2] Kant, Metaphysische Anfangsgründe der Naturwissenschaft, Akademie-Ausgabe, Bd. IV, S. 470.

wie die „dynamischen“ Kategorien Substanz-Modus, Kausalität-Dependenz, Wechselwirkung und die Modalkategorien Begriffe in ihr verknüpfen. Bei dieser Gruppe der „dynamischen“ Kategorien ist es allerdings unumgänglich, daß die Begriffe in inhaltlichen Bedeutungen miteinander verknüpft werden, denen zufolge die in ihnen angesprochene Vorstellung nicht nur vorweg als reiner Anschauungsgegenstand, sondern darüber hinaus in einer spezifischen Differenz gegen diese gemeinsame Bedeutung in ihren Bedeutungen *gegeneinander* angesprochen ist: „Ursachen“ und „Wirkungen“ müssen auch ihren inhaltlichen Begriffen nach voneinander verschieden sein, um überhaupt kategorial *als* Ursache und *als* Wirkung bestimmt und dadurch miteinander *auf diese Weise* verknüpft werden zu können. Diese Art der Verknüpfung setzt sie ja gerade als *inhaltlich* verschieden voraus. Insofern in einer Wissenschaft, z. B. der Physik, also nicht nur Mathematik, sondern außerdem auch solche „dynamischen“ Kategorien angewandt werden, entsteht die merkwürdige Sachlage, daß die dadurch zustandegekommenen Urteile ihrer Form nach als wahr begriffen werden können, insofern sich diese Form auf Begriffe bezieht, die *auch* das reine Angeschautsein des in ihnen Angesprochenen bedeuten, daß es dem *Inhalt* nach aber keinen Begriff ihrer möglichen Wahrheit geben kann, weil diese Art der Verknüpfung verlangt, daß sie *nicht nur* als Anschauungen vorweg angesprochen sind. Dieses Mehr an inhaltlicher Bedeutung muß derselben Theorie nach, die die objektive Gültigkeit der *Formen* darlegt, subjektiv bleiben[3].

Da, wie gesagt, das Interesse Kants sich unmittelbar auf einen Begriff von der Wahrheit der Formen (Kategorien) und auf die Bedingungen dieser Wahrheit richtet, bleibt diese Kehrseite, wenngleich sie nicht verschwiegen wird, im Hintergrund. Vor allem philosophiehistorisch ist sie im Hintergrund geblieben, und die moderne Wissenschaftstheorie muß sich erst mühsam wieder zu solch kritischen Einsichten durcharbeiten. Im „kritischen Rationalismus“ Poppers z. B. bleibt die Genesis der einzelnen inhaltlichen „Gesetzeshypothesen“ einer Wissenschaft prinzipiell dahingestellt. In einem systematischen Interesse empfiehlt es sich dennoch, an die klaren Gedankengänge Kants anzuknüpfen und festzuhalten, daß schon bei ihm, wenn auch sein Interesse zunächst anders gelagert ist, die wesentliche Zufälligkeit der Regeln (Naturgesetze) dem Inhalt nach eingesehen ist, und daß er im kritischen Sinne nur von der apriorischen Wahrheit der Formen (Kategorien) spricht, in denen der Verstand solche Regeln formuliert, um in bezug auf sie die Anschauungen „als bestimmt“ *anzusehen*.

[3] Vgl. J. Simon, Begriff und Beispiel. Zur Aporie einer Philosophie und Systematik der Wissenschaften, dargestellt am Wissenschaftsbegriff Kants, Kant-Studien 1971, Heft 3, S. 269ff.

Die „Kritik der reinen Vernunft" handelt zunächst nur von den *Kategorien* als den allgemeinen oder transzendentalen *Formen* solcher Möglichkeit zur Objektivität. Die Zufälligkeit der Inhalte der Regeln, d. h. der empirischen Naturgesetze, kommt dagegen in der „Kritik der Urteilskraft" zur Sprache[4]. Hier stehen nicht die transzendental-allgemeinen Formen der Konstitution von Objektivität, sondern die bedingt-allgemeinen Inhalte im Blickpunkt, im Rückgriff auf die solche Formen erst zur Geltung kommen, also die besonderen Naturgesetze. „Und in deren Ansehung beurteilen wir die Natureinheit nach empirischen Gesetzen, und die Möglichkeit der Einheit der Erfahrung (als Systems nach empirischen Gesetzen), als zufällig." Weil aber anders eine Einheit der Erfahrung nicht zu gewinnen wäre, „muß die Urteilskraft für ihren eigenen Gebrauch es *als* (Hervorhebung v. Vf.) Prinzip a priori annehmen, daß das für die menschliche Einsicht Zufällige in den besonderen (empirischen) Naturgesetzen dennoch eine, für uns zwar nicht zu ergründende aber doch denkbare, gesetzliche Einheit, in der Verbindung ihres Mannigfaltigen zu einer an sich möglichen Erfahrung, enthalte". Dieses Prinzip ist das der „Zweckmäßigkeit" der Natur „für unser Erkenntnisvermögen" (XXXIV).

Zweckmäßigkeit ist eine Kategorie des *Handelns*. Damit überhaupt eine Einheit der Erfahrung gegenüber der nur zufällig subjektiven Synthesis als möglich gedacht werden kann, wird hier unterstellt, *die Natur handele* unserem Erkenntnisvermögen entgegenkommend. Es ist bei Kant ganz deutlich, daß dies generell und ohne Ausnahme ein „Ansehen als" ist, ein an und für sich nicht zu rechtfertigendes teleologisches Denken in der Begründung von Erkenntnismöglichkeit. Nur mit Hilfe dieser Prämisse teleologischer Art wird hier das wesentliche Moment der Zufälligkeit in der Gewinnung eines Standpunktes zur Konstitution von Objektivität verdeckt. Diese Zusammenhänge sind bei Kant klar analysiert, und der Bezug auf die teleologische Prämisse ist allein damit gerechtfertigt, daß wir sonst überhaupt keinen Begriff von einer objektiven Einheit der Erfahrung haben könnten. In diesem Begriff steckt die Zufälligkeit also genuin. Sie steckt nicht nur in dieser oder in jener Aussage über die Natur, sondern im so gewonnenen *Begriff* von Erfahrung überhaupt.

Wir gewinnen einen solchen Begriff nach Kant zugleich mit der Einsicht, daß wir auf besondere inhaltliche Regeln so zurückgreifen, *als wären* es objektive Gesetze der Natur selbst, d. h. wenn sich hier keine Unsicherheit einschleicht. Daß wir sie in den apriorischen *Formen* formulieren, muß allein *für* die Wahrheit dieser Gesetze bürgen. Dies bewirkt dieses „als". Auf dem Boden solcher (rein grammatischen) Sicherheit hat

[4] Kant, Kritik der Urteilskraft, 3. Aufl., XXXIII, Vgl. das Kapitel „Zweckmäßigkeit", unten S. 260ff.

es dann erst einen Sinn, Wahrhaftigkeit zu postulieren. Aber der Boden kann seinem Begriff nach immer auch, von der Seite der *Inhalte* her, „historisch“ schwanken. Dieses Schwanken konnte die Theorie nicht a priori ausschließen. Er kann schwanken, aber er muß im besonderen Fall nicht schwanken. Das bedeutet der Begriff der Zufälligkeit. Er schwankt dann nicht, wenn die Metareflexion auf seine Natur im einzelnen Akt selbst, im Vertrauen auf dessen reine Form, unterbleibt. Wann dies der Fall ist, kann a priori nicht gesagt werden. Es ist „historisch“ bedingt.

Sobald aber die philosophische Reflexion hierüber eingesetzt hat, kann sie sich nicht mehr dadurch aus der Affäre ziehen, daß sie sich auf bestimmte Fälle nicht erstrecken möchte. Sie kann nicht *bewußt* Ausnahmen machen. Das wäre „methodisch“ unwahrhaftig. Reflexion kann überhaupt keine Ausnahmen machen, sondern nur in bezug auf bestimmte vorausgesetzte Regeln unterbleiben. Daß sie unterbleibt, ist identisch mit dem stillschweigenden Voraussetzen des genannten teleologischen Prinzips. Die Urteilskraft ist dann „bestimmend“, nicht „reflektierend“. Reflektierend gesehen ist die „Zweckmäßigkeit der Natur“ „ein kritisches Prinzip“ (§ 75). Die bestimmende Urteilskraft hat die unterlassene Reflexion oder die beharrende *Gebundenheit* des Gewissens im Selbstbewußtsein unreflektierter Gewißheit zur Bedingung. Die Forderung nach *absoluter* subjektiver Wahrhaftigkeit kann von der Reflexion her nur mehr als Mahnung an das nichtreflektierende Gewissen verstanden werden, in seiner Gebundenheit und Orientierung am Geltenden zu verharren. Sie kann nur auf das dem Gewissen Gewisse, d. h. auf das bezogen werden, was durch den in jedem Subjekt in unbestimmbarer Weise vorauszusetzenden Schatz dogmatisch-unreflektiert geltender Stabilisierungsregeln gewißt *gemacht* ist, in bezug auf die das individuelle Subjekt selbst aber „undurchdringlich“ bleibt.

Eine „Phänomenologie des Geistes“ ist die Geschichte der jeweiligen *Grenze* zwischen bestimmender und (auf die stillschweigenden Voraussetzungen der Sicherheit des Bestimmens) reflektierender Urteilskraft. Sie zeigt die Geschichte der Aufhebung dessen, was jeweils unthematisiert als „Regel“ in der Herstellung (Bestimmung) von Objektivität vorausgesetzt war. Damit ist sie zugleich die Geschichte des Verlustes an Sicherheit für das urteilende Subjekt, in der es sich als Vermögen zur Wahrheit voraussetzt und somit „moralisch“ die *absolute* Forderung nach Wahrhaftigkeit erheben kann. Denn die Absolutheit dieser Forderung hat doch nur Sinn, insoweit sich das Subjekt als solch ein Vermögen der Partizipation an einem archetypischen Intellekt begreifen kann. Ein weiteres unreflektiertes Verharren in dem, was der Reflexion als problematisch und insbesondere als problematische pragmatisch-semantische Sprachregelung erscheint, also ein Reflexionsverbot, kann mit der absoluten Forderung nach „Wahrhaftigkeit“ nicht zusammenstimmen[5].

Die „Phänomenologie des Geistes“ ist also wesentlich eine rückblickende Disziplin. Sie verzeichnet den Ablauf von Stabilisierungsverfahren des Selbstbewußtseins im eigenen Urteil und in der Festigung der Moral als Forderung nach Wahrhaftigkeit. Hier soll nicht versucht werden, eine solche Geschichte, etwa in Fortsetzung der Hegelschen „Phänomenologie“ bis auf den heutigen Tag, fortzuschreiben. Nur soll ihr Begriff noch näher bestimmt werden.

Die der Stabilisierung jeweils dienenden Voraussetzungen (Axiome von „Weltanschauungen“ oder von einzelnen Wissenschaften) sind zufällig. Sie sind damit im einzelnen eigentlich überhaupt kein philosophisches, sondern ein z. B. kulturgeschichtliches oder auch wissenschaftsgeschichtliches Thema. Philosophisch relevant ist dagegen, *wie* jeweils die Allgemeinheit der Reflexion unterdrückt wird, damit sich das Subjekt überhaupt wieder erneut auf Inhalte als auf seine gegenständliche „Wahrheit“ beziehen kann, nachdem die Reflexionseinsicht in die wesentliche, d. h. ausnahmslose Zufälligkeit bei der Konstitution solcher geltenden inhaltlichen Wahrheiten einmal gewonnen ist.

Es steht also zunächst fest, daß die besonderen Inhalte der Naturbestimmung notwendig zufällig sind. Dennoch müssen wir „notwendig annehmen“ (XXXIV), es gäbe über die Einheit der im Verstand liegenden apriorischen Grundsätze hinaus, die ja nur durchgehende formale Kategorien zur *Formulierung* von besonderen inhaltlichen Naturgesetzen sind, auch eine Einheit der besonderen Naturgesetze dem Inhalt nach. Die Notwendigkeit dieser Annahme liegt eigentlich schon in der Einheit der formalen Naturgesetze. Denn wenn z. B. der formale Grundsatz gilt, „alle Veränderungen geschehen nach dem Gesetze der Verknüpfung der Ursache und Wirkung“[6], dann muß er sich auch inhaltlich ausfüllen lassen. Die Verknüpfung von etwas *als* Ursache mit etwas anderem *als* Wirkung in der Form „wenn . . . dann“ setzt die Verbindung der so formulierten einzelnen Naturgesetze auch untereinander, über die Gemeinsamkeit ihres formalen Bildungsprinzips hinaus, *voraus*, obwohl dieses Setzen als ein

[5] Insofern ist R. Aschenberg zuzustimmen, wenn er den von ihm sogenannten „impliziten phänomenologischen Wahrheitsbegriff“ als den Inbegriff der Hegelschen „Phänomenologie des Geistes“ in seiner Bezüglichkeit auf eine jeweilige Bewußtseinsgestalt zwar einerseits als „korrigierte Fassung der ‚naiven‘ adaequatio-Konzeption“ versteht, zugleich aber konstatiert, daß Hegel diesem Wahrheitsbegriff die „Aufgaben, denen eine ‚Definition‘ von Wahrheit genügen müßte, gar nicht zumuten wollte“ (R. Aschenberg, Der Wahrheitsbegriff in Hegels „Phänomenologie des Geistes“, in: K. Hartmann (Hrsg.), Die Ontologische Option, Berlin/New York 1976, S. 297f.). Zu Hegels Wahrheitsbegriff vgl. unten, insbes. S. 290ff.

[6] Kant, Kritik der reinen Vernunft, B 232.

„Ansehen als bestimmt" im einzelnen Fall selbst zufällig ist. Die Wesentlichkeit auch des Inhalts scheint sich zu bestätigen, wenn sich eine Einheit solcher Inhalte untereinander, was sich natürlich wiederum nur zufällig ergeben kann, wirklich einstellt. Kant schreibt, wir würden in einem solchen Falle „erfreut", quasi freudig überrascht, nämlich gegen besseres kritisches Wissen. Die kritische Reflexion ergibt ja gerade die Notwendigkeit der Zufälligkeit der empirischen Naturgesetze, die wir als inhaltliche Regeln voraussetzen, um im Rückgriff auf sie *dann erst* unsere Vorstellungen „objektiv machen" zu können, weil anders überhaupt nicht Notwendigkeit in der Erfahrung, d. h. über eine rein analytische Notwendigkeit hinaus zu denken ist. Dieses überraschte Erfreutsein hat nach Kant seinen Grund darin, daß wir „eines Bedürfnisses entledigt" werden[7]. Es handelt sich um die Bedürftigkeit, die aus der wesentlichen Unterschiedenheit von einem archetypischen, anschauenden Verstand resultiert. Sozusagen ersatzweise leuchtet in dem (prinzipiell zufälligen) Sich-fügen der empirischen Regeln zu einer Einheit dem endlichen Verstand, entgegen seiner kritischen Reflexion, die Zuversicht auf, den Anschauungsgegenstand endgültig bestimmen zu können. Die Freude darüber bleibt allerdings zugleich eitel. Sie ist unverständig, ohne Begriff und sogar gegen den Begriff von der Möglichkeit der Erfahrung überhaupt. So ist sie eigentlich paradox.

Ein Grundzug einer „Phänomenologie des Geistes" als einer Geschichte der Stabilisierungen des Selbstbewußtseins besteht demnach in einer Bedürftigkeit nach inhaltlicher Entsprechung zu dem als transzendentalgrammatische Kompetenz vorausgesetzten formalen Verstand. Es ist das Bedürfnis, die zur Objektivation der Vorstellungen, d. h. zur orientierenden Finitisierung einer „übergroßen Mannigfaltigkeit" der Anschauung (L) unternommene Reduktion von Bedeutungsunterschieden (Verallgemeinerung) als zugleich in der Einheit der Sache begründet zu denken, d. h. den bloßen Voraussetzungscharakter solcher Regeln aufzuheben und mit deren Zufälligkeit auch die Möglichkeit des Streits hierüber zu beheben. Die Freude darüber, daß sich zufällig eine Einheit der Regeln einstellt, wird durch diesen wesentlichen Zufall ausgelöst, in dem sich empirische Sätze zu einer systematischen Theorie vereinigen lassen. Das Subjekt *erfährt* in dem, was für es im Anschluß an die erkenntniskritische Reflexion wesentlich nur noch als Zufall zu begreifen ist, sein Glück. Es freut sich über dieses zufällige sich Einstellen einer Perspektive der möglichen Wahrheit seines Tuns. Ihren tieferen Grund dagegen hat diese Freude in der *Voraussetzung* des Subjekts als transzendentalgrammatische Kompetenz, von der her sich das genannte Bedürfnis allererst ergibt, wenn-

[7] Kant, Kritik der Urteilskraft, XXXIV.

gleich es sich so ergibt, daß es wesentlich nur zum Schein befriedigt werden kann. Es ist als unstillbar konstruiert. Denn eine Einheit von notwendig zufälligen Sätzen muß selbst notwendig zufällig (historisch) bleiben[8].

Der Grundzug der „Phänomenologie des Geistes" besteht also in der Geschichte der Scheinbefriedigungen eines Bedürfnisses. Der Lustgewinn hierin ist wesentlich temporär, punktuell oder abstrakt individuell, er bleibt vor dem Begriff einer objektiven Notwendigkeit stehen. Theorien inhaltlicher Art sind generell so charakterisiert, wenn zugleich das *Reflexionswissen*, wie es in der Geschichte der Philosophie erreicht ist, bewahrt wird. Nietzsches Charakterisierung der Wissenschaft als „fröhliche", unbekümmerte Wissenschaft gehört hierhin, ebenso wie die Heideggers, der auf die wesentlich geschichtliche Bedingtheit der jeweiligen Grundansätze zur Theorienbildung hinweist und, wie der spätere Nietzsche, den „tragischen" Ton zu solcher reflexionslosen, unbekümmerten Lust hinzumischt. Hierzu gehört auch noch die Charakterisierung der Wissenschaft durch den späten Wittgenstein, für den natürlich auch die Wissenschaften „Sprachspiele" sein müssen, in denen Regeln „blind" befolgt werden. Die „Blindheit" kann in diesem Zusammenhang näher als Ausschaltung der Reflexion auf deren wesentlich zufälligen Status bestimmt werden. Auch Quine wäre noch zu nennen, ferner Th. S. Kuhn, wie überhaupt alle nachkantische Philosophie, die diesen Namen verdient, weil sie nicht, welche Wege sie im einzelnen auch gegangen sein mag, sich selbst täuschend, hinter einen erreichten Reflexionsstand fällt, obgleich solch ein „träges" Fallen gerade an der beschriebenen Lust einer wissenschaftlichen „intentio recta" partizipieren könnte. Die Versuchung bleibt.

Indem „unser" Verstand als formales Vermögen, aber als Vermögen zur Bestimmung einer für ihn unendlich bleibenden Anschauung bestimmt ist, wird die Lust an der Einheit zu einer anthropologischen Konstante. Natürlich kann es beim Festhalten des erreichten Reflexionswissens niemandem mehr einfallen, von anthropologischen Konstanten im Sinne ihrer Aufdeckung durch wahre Erkenntnis zu reden. Der menschliche Begriff der Wahrheit schließt die Dogmatisierung eines „wahren" Begriffs vom Menschen aus. Deshalb kann man nur sagen: *wenn* von „unserem" Verstand in der genannten Weise die Rede ist, *dann* ist diese Lust eine Konstante. In jedem *Anspruch* auf objektive Wahrheit ist aber davon die Rede, daß die Form des Urteils die der Wahrheit sei, wenn man auch über den Inhalt noch streiten könnte. Ergibt sich hinsichtlich der Inhalte Übereinstimmung untereinander, so scheint sich die Wahrheit der Form oder die formal antizipierte Wahrheit zu *erfüllen*. Es *scheint* sich zu erfüllen, was

[8] Vgl. Kants Bestimmung der Urteilskraft, Kritik der reinen Vernunft, B 172f.

alle voraussetzen, indem sie sich zuversichtlich der Grammatik dieser Formen bedienen. Der einzelne scheint in seinem zufälligen Glück mit dem (transzendentalen) Ganzen zu harmonieren. Aber dies scheint nur temporär so zu sein, zur Freude dessen, dem die Einheit, als „Idee", *erscheint* und dem sie *für* eine objektive Einheit steht, ohne daß diese Freude ringsherum geteilt werden müßte oder sich gar ohne weiteres mitteilen ließe. Wenigstens im Prinzip bleibt es möglich, daß andere Einwände erheben. Was auch immer als Wahrheit vorgetragen wird, behält subjektiven Werkcharakter. Es gilt nicht als ausgemachte allgemeine Wahrheit und steht a priori unter dem Aspekt, revidiert werden zu sollen. Daß das Werk ein „Beitrag" sei, ist ein unreflektierter Ausdruck dafür, daß es, ob es nun akzeptiert oder kritisiert wird, ein Beitrag zur Lust sein kann, d. h. zur Stabilisierung des einen oder anderen Selbstbewußtseins, natürlich nicht nur des Selbstbewußtseins der Autoren und Kritiker, sondern auch des Publikums und der Überzeugungsgruppen.

14. Anmerkung
zum Problem einer nachhegelschen Phänomenologie des Geistes

Deshalb ist die Lust aber nicht gering zu veranschlagen. Sie ist notwendig für das *Leben* im Zustand der Reflexion. Sie ergibt sich der Reflexion zum Trotz daraus, daß es „im Prinzip" gleichgültig ist, woran das Selbstbewußtsein seinen Halt findet, wenn es ihn nur *findet*[1].

So ist z. B. die Marxsche Theorie „im Anschluß" an die Philosophie, genauer an die Einsichten der Philosophie in ihrer Hegelschen Gestalt, der Versuch, ein „proletarisches Selbstbewußtsein" als das welthistorische Subjekt zu konstruieren. Im Anschluß an Kant waren mit der Fichteschen und Schellingschen Philosophie schon Versuche vorausgegangen, doch noch ein allgemeines, transzendentales Selbstbewußtsein zu konstruieren. Erst im Anschluß an Hegel wurde, z. B. für Marx, deutlich, daß dies aporetische Versuche bleiben müssen und daß sich solch ein Selbstbewußtsein nur als historisch-zufällig bestimmtes Selbstbewußtsein, d. h. in der Paradoxie gegen den *Begriff*, mithin außerphilosophisch konstruieren läßt. Es handelt sich um Konstruktionen gegen besseres oder aus verdrängtem philosophischen Wissen. Sie erzeugen nicht einfach Lust, sondern wesentlich individuelle, temporäre Lust gegen immer mögliche Unlust anderer. Diese besteht *ohne* Rücksicht auf Prinzipien und *in* Rücksicht auf ihr Subjekt. Sie bleibt ihm eigen. Ihre Vermittlung bleibt

[1] Vgl. das Kapitel „Die Lust und die Notwendigkeit" in Hegels „Phänomenologie des Geistes", S. 262ff.

problematisch. Insofern behält sie, während man in bezug auf den Reflexionsstand Kants von einer „transzendentalen Lust" sprechen könnte, den Charakter des *Affekts*[2]. So stabilisiert die Marxsche Theorie zunächst auch nicht das Selbstbewußtsein „des" Proletariats als einer „objektiven" Klasse, sondern das ihrer Anhänger in bezug auf eine objektive Gültigkeit dieses „empirischen", in „Klassen" *einteilenden* Begriffs. Sie ist *Phänomen* einer nachhegelschen, am philosophiegeschichtlich gewonnenen Begriff vorbeigehenden „Phänomenologie"[3].

Ein entgegengesetztes und darin ebenso abstraktes Phänomen ist das Phänomen Kierkegaard. Kierkegaard begreift die Situation der *Einzelheit* der Lust, während Marx den Anspruch ihrer Verallgemeinerung für alle beibehält, aber festhält, daß es individuelle Lust ist, was verallgemeinert werden *soll*. Dieser Anspruch bleibt zum Schein theoretisch, wissenschaftlich. Das die Theorie tragende, zufällige „Ansehen als bestimmt" wird *als* allgemeines ausgegeben, obwohl es nach dem Stand der Reflexion nur die Funktion haben kann, das *in* dieser Theorie Abgeleitete objektiv zu machen. – Der Standpunkt Kierkegaards ist der der Verzweiflung, der Marxsche der der Verzweiflung in der Gestalt der Gewalt, durch die die Lust *dennoch*, d. h. ohne Begriff, allgemein *gemacht* werden soll. Mit

[2] „Seine" (des „Theoretikers") „Kritik ist aggressiv nicht nur gegenüber den bewußten Apologeten des Bestehenden, sondern ebensosehr gegenüber ablenkenden, konformistischen oder utopistischen Tendenzen in den eigenen Reihen" (M. Horkheimer, Traditionelle und kritische Theorie, Frankfurt/M. 1970, S. 35). Auf das Wahrheitsmoment des Affekts wird an anderer Stelle ausführlicher eingegangen (Vgl. den vierten Teil, Abschnitt 7). Hier soll erst vorläufig dargelegt werden, daß eine „Theorie" als solche eine wesentlich subjektive Form der Stabilisierung des Selbstbewußtseins darstellt. Insofern sie sich als „rein" theoretisch begreift, verdrängt sie diesen (in der Philosophie Hegels) deutlich gewordenen Sachverhalt als den negativen Wahrheitsgehalt jeder Position, die sich, im *Gegensatz* zur Praxis, „als" Theorie *auslegt* (Vgl. den Abschnitt „Wahrheit als Theorie oder Praxis", unten S. 273ff.).

[3] Das kann nicht als dogmatisches Festhalten an einer Position, hier der Hegelschen, verstanden werden, sondern nur als Vergegenwärtigung einer historisch erreichten philosophischen Einsicht, in der das jeweils (widerspruchsfrei) *erscheinende* Wissen als Position, in dem Bewußtsein sich je als Selbstbewußtsein stabilisiert, seinen philosophischen Begriff gefunden hat. Insofern die diesem Wissen wesentliche Zufälligkeit seiner Stabilisierung *begriffen* ist und an diesem „Begriff" des „phänomenologischen Wissens" (im Sinne der „Phänomenologie des Geistes" von Hegel) festgehalten und nicht hinter diese Einsicht zurückgegangen wird, hat die Philosophie nicht mehr die Möglichkeit, in *einer* dieser Formen (bzw. Positionen) eine letztgültige Form zu sehen, d. h. ihr im philosophischen Sinn Wahrheit zuzusprechen. Wenn auch Bewußtsein sich nach wie vor in solchen Formen stabilisieren *muß* und also deren Geschichte vom *Wesen* des Bewußtseins her nicht „zu Ende" sein kann, so ist sie doch insofern *philosophisch* abgeschlossen. – Vgl. in diesem Zusammenhang von Bewußtseinsstabilisierung und positionaler Theorie auch die Reflexion des Theoriebegriffs in bezug auf die Marxsche Theorie bei K. Hartmann, Die Marxsche Theorie, Berlin 1970.

„Gewalt" ist in diesem Zusammenhang nicht nur eine offenkundige Gewaltanwendung gemeint, sondern alle intendierte Verallgemeinerung eines Standpunktes gegen den philosophischen Begriff seiner wesentlichen Partikularität, die sich begriffslos „praktisch" vollziehen soll. Die Hoffnung auf eine begriffslos allgemeine „Praxis" steht an der Stelle der Reflexion. Ein „Prinzip Hoffnung" ist schon sprachlich der Beleg dafür. Als „Prinzip" genommen muß sie dem, was einzelne *für sich* konkret erhoffen mögen, den Atem nehmen und die individuelle Hoffnung, die sich von keinem umfassenden „Prinzip" geleitet wissen kann, als rückschrittlich betrachten. Hoffnung als *Gestalt* einer „Phänomenologie des Geistes" ist eine unter dem Gestus des allgemeinen *Anspruchs* versteckte Verzweiflung, die „im Grunde" längst weiß, daß es philosophisch gleichgültig ist, woran das Selbstbewußtsein sich orientiert und worauf es zurückgreift, wenn es darum geht, die Objektivität der Erfahrung aus Regeln abzuleiten, selbst dann, wenn es gelingt, eine Einheit in solche Regeln zu bringen und eine Theorie (temporär) konsistent erscheinen zu lassen[4].

[4] *Hoffnung als Prinzip* des Handelns würde nach Kant „den ganzen moralischen Wert der Handlungen vernichten" (Kritik der praktischen Vernunft, S. 233), weil die Hoffnung auf einen Zustand der Glückseligkeit ein materialer, von der *inhaltlichen Vorstellung des einzelnen* bestimmter, beschränkt-subjektiver Beweggrund wäre. Allgemeines *Prinzip* kann für Kant nur ein reines, der allgemeinen Vernunft entspringendes Prinzip, also das Sittengesetz sein. Nur wenn der reine Wille zu dessen Befolgung aus reiner Vernunfteinsicht zugleich bedeuten würde, daß „im Ganzen" der „Existenz" eines Menschen „*alles nach Wunsch und Willen*" gehe (224), könnte auch das Prinzip zugleich Hoffnung bedeuten. Insofern aber für den Menschen solch eine *notwendige Verbindung* nicht einsichtig ist, ist ein anderes Subjekt, d. i. *Gott* postuliert, das den Menschen, der sich, im Willen zur Befolgung des Sittengesetzes der Vernunft, der Glückseligkeit „würdig" macht, nun auch (in einer ihm selbst notwendig als *zufällig* erscheinenden Weise) *wirklich* glückselig macht. Das Glück ist erst über das Postulat der Existenz Gottes mit der menschlichen Praxis vermittelt. Der Mensch kann nicht sein Glück gemäß *seiner individuell beschränkten Vorstellung davon anstreben.* Es erscheint im Gegenteil nur dann sinnvoll, es, als gewährtes, zu erhoffen, wenn nicht diese wesentlich beschränkte Vorstellung Beweggrund des Handelns ist. – Diese Kantische Argumentation wäre erst dann als Resignation abzutun, wenn es eine Theorie davon gäbe, wie eine *Vorstellung* vom Glück ohne Gewalt allgemeinverbindlich gemacht werden könnte, bzw. wie das Handeln nach einer solchen Vorstellung zugleich als objektiv zweckmäßig für „das Ganze der Existenz" zu begründen wäre. Die an Kant anknüpfende Philosophie unterzog sich natürlich nicht solch einer im Sinne kritischer Philosophie „hoffnungslosen" Aufgabe; sie radikalisierte vielmehr das Inrechnungstellen der Endlichkeit des Menschen, indem sie nach dem Sinn eines Moralprinzips fragte, das sich, wie das Kantische, seinem Begriff nach rein auf den Begriff eines innerlich bleibenden Willens bezieht, der sich *als solcher in keiner Tat äußern* kann, weil die Tat diesen Willen nicht rein zu erkennen gibt und folglich für Handelnde wie Betroffene letztlich ungewiß bleiben muß, was *wirklich* ihr Beweggrund und damit ihr „moralischer Wert" gewesen sein mag. Diese philosophisch über Kant hinausführende Kritik richtete sich gegen das Kantische Handlungsprinzip (und nicht gegen die individuelle Hoffnung), aber ebenso wie Kant gegen Hoffnung als Handlungs*prinzip*.

Zu einer nachhegelschen „Phänomenologie des Geistes" gehört wesentlich auch der Ansatz Freuds. Das „Lustprinzip" ist, indem es Lust paradoxerweise als Prinzip ausgibt, die theoretische Formulierung des Gegenteils von Theorie. Als Gefühl des Selbstwertes auf dem Boden der Verzweiflung ist die Lust wesentlich punktuell. Das in ihr befriedigte Bedürfnis bleibt unendlich. Sie ist ein „Prinzip" des Augenblicks, in dem sich subjektiv das Gefühl der Objektivität des subjektiven Bestimmens einstellt und sich der Einsicht der Reflexion entgegenstellt, in der begriffen ist, daß das Gelingen solch einer Einheit wesentlich zufällig ist. Damit ist auch begriffen, daß es zu dieser zufälligen Einheit des Bewußtseins keine Alternative im Sinne einer nichtzufälligen Einheit geben oder daß sie sich auf keine Weise zu einer solchen Einheit fortbilden kann. Der Ansatz ist daher die individuelle Therapie[5].

[5] Es muß hier bei solchen kurzen Hinweisen auf „nachphänomenologische" Gestalten der Bewußtseinsstabilisierung bleiben. Vielleicht kann aber auch schon ein Hinweis auf Freud deutlich machen, daß, nachdem das Historische *jeder denkbaren* Gestalt dieser Stabilisierungen philosophisch begriffen ist, es eigentlich unmöglich geworden ist, daß sich eine solche Gestalt selbst noch als Philosophie begreift. Sie ist vielmehr gerade dann in Übereinstimmung mit der Entwicklung des philosophischen Begriffs der Wahrheit, wenn sie sich selbst unprätentiös individuell versteht, als Mittel zur Stabilisierung, nicht eines „Bewußtseins überhaupt", aber auch nicht einer Nation oder einer Klasse im Sinne objektiver Realitäten, sondern des Bewußtseins von Individuen. Insofern entlastet dieser Begriff das in einer solchen Gestalt stabilisierte individuelle Bewußtsein zugleich von der Überforderung zur Wahrhaftigkeit über die historischen Möglichkeiten der „normalen", dem einzelnen je verfügbaren Sprache hinaus. Wenn das Individuum sich vor sich selbst über seine individuelle, sein *Bewußtsein* stabilisierende Sprachmöglichkeit hinaus, d. h. *absolut* zur Wahrhaftigkeit verpflichtet weiß, kann es „sich" unter diesem Anspruch an sich selbst nur noch „unbewußt" in „Ersatzsprachen" (z. B. Neurosen) ausdrücken. Es kann nur in einem solchen „abnormen", von geltenden Normen der Kommunikation her nicht als rational einsehbaren Verhalten seine Identität zu finden und *unmittelbar* (ohne ihm individuell verfügbares öffentliches Medium) symptomhaft zu präsentieren versuchen. Der Versuch muß scheitern, insofern es darin kein anerkennendes „Verständnis" findet. „Hilfe" kann ihm nur gewährt werden, insofern es gelingt, das „kranke" Individuum durch eine *ihm selbst etwas besagende Benennung* einer *individuellen,* in seiner eigenen Lebensgeschichte zu lokalisierenden „Ursache" von der vermeintlichen Absolutheit seines die Sprachmöglichkeit überschreitenden Wahrhaftigkeitspostulats zu lösen und es als *Wahrheit* begreifen zu lassen, daß es als dieses *so* gewordene, bestimmte, gegen Nichtbewußtsein abgegrenzte, endliche und also nicht totale Bewußtsein mit diesem totalen Anspruch einer absoluten Repräsentation seiner selbst in der Unwahrheit ist und daß es wohl dieses oder jenes, aber niemals sich „selbst" im Sinne absoluter Offenlegung und Deutlichkeit sagen kann (und deshalb auch nicht „soll". Auch ein zum philosophischen Prinzip erhobener Legitimationszwang bedeutet Gewalt gegenüber der philosophiegeschichtlich begriffenen Wahrheit von Bewußtsein). Es geht im Grunde dabei um das Begreifen der Zusammengehörigkeit von historischer Sprache und *endlichem,* d. h. nicht totalem Bewußtsein. Das endliche ist als solches wesentlich nur als *auslegendes,* auch *sich* auslegendes Bewußtsein *für sich und andere da,* also im frei auslegbaren Symbol und nicht im Symptom als einer als unmittelbar und in solcher *Unmittelbarkeit* als wahrhaftig vermeinten Äußerung. Mit

Jede Einheit, die zufällig gelingt, ist durch die Reflexion im Grunde also auch schon aufgelöst. Jede vorgetragene Theorie ist im Grunde schon widerlegt, indem sie formuliert wird. Die Lust an ihr ist wesentlich mit dem *Wissen* darum verbunden.

15. Wahrheit der Freude und „Ende der Kunst"

Der Gegenstand, der sich gegen den Begriff von einem Gegenstand *überhaupt*, also als zufälliges Zusammenstimmen seiner Teile konstituiert, war bei Kant das *Schöne* genannt worden. Insoweit Natur nicht ganz als Gegenstand der in ihrem Begriff kritisch reduzierten Wissenschaft zu begreifen ist, sondern sich in der Unendlichkeit von Bedeutungen, in denen sie subjektiv angesprochen werden kann, doch zufällig zu einer Einheit fügt, ist sie „schöne Natur". Vom Schönen und von seinem subjektiven Korrelat, der Freude, gibt es also per definitionem, sowohl der Wissenschaft als des Schönen selbst, keine Wissenschaft. Seine Wahrheit übersteigt den Begriff der Wahrheit als objektiver Gültigkeit. Aber ohne Freude am Zusammenstimmen inhaltlicher Bedeutungen als subjektives Motiv oder Beweggrund des Forschers gibt es dann auch keine Wissenschaft, die mehr wäre als mathematisierende und kategorisierende Methode. Was an der Wissenschaft mehr ist als das Methodische in diesem Sinne, ist theoretisch unbegriffen. Es ist eigentlich *Kunst*. Dieser Grundzug der neuzeitlichen Wissenschaft ist noch nicht deutlich genug heraus-

einer Philosophie der „Phänomenologie" des Geistes ist begriffen, daß endliches Bewußtsein *wesentlich* eines es selbst, einschließlich seines „Selbstbewußtseins" als seiner Selbstauslegung, tragenden „Mediums" bedarf, von dem es sich gleichwohl unterscheidet (vgl. das Thema der „Bildung" des Bewußtseins, unten S. 213ff.), so daß es als solches für andere immer auch als Selbst-*Darstellung* erscheint, die aus dem Blickpunkt einer von der konkreten Möglichkeit des Bewußtseins abstrahierenden und sich darin verabsolutierenden Moral als „Verstellung" beurteilt wird. Vor Hegel ist vor allem bei Johann Georg Hamann auf die Notwendigkeit solcher „Einkleidung" endlichen Bewußtseins hingewiesen worden, z. B. „Aesthetica in nuce", Werke, ed. J. Nadler, Bd. II, S. 198: „Aber *Gott* der *Herr* machte Röcke von Fellen, und zog sie an – unsern Stammeltern, welche die Erkenntnis des Guten und Bösen Schaam gelehrt hatte . . . ". Hamann spricht an dieser Stelle von einer „Erkenntnis" „unter dem gelehnten Balg". Dessen „Relativität" ist von Gott selbst zugestanden. Der sich als absolut verstehende Anspruch der Moral fällt hinter diesen absoluten Begriff zurück. Das Thema einer wesentlichen „Verkleidung" ist außer in der Philosophie Hegels eher in der Dichtung als in der Philosophie aufgenommen, so z. B. in der Gestalt Mignons in Goethes „Wilhelm Meister": „So laßt mich scheinen, bis ich werde, – Zieht mir das weiße Kleid nicht aus! . . . ". Die „Phänomenologie" bedeutet den Begriff und die Anerkennung des *Bedürfnisses* solcher „Verstellung" oder „Verkleidung" von Bewußtsein, in der es allein als solches, d. h. in seinem Gegensatz zu der Unmittelbarkeit des Daseins positiver Gegenstände der „Anschauung", *da* sein kann.

gestellt worden. Er impliziert die begründete Freiheit des Subjekts, ohne Prinzip, d. h. aus Freude am unbegreiflichen Zusammenstimmen der Erkenntnisse zu forschen und allein dadurch motiviert zu sein, wenn schon die Wissenschaft nicht als ganze auf den Begriff der Erforschung objektiver Realität gebracht werden kann. Und diese Freude soll dann auch nicht durch rational nicht zu rechtfertigende, in ihrer Behauptung als allgemeingültig hinter den rational erreichten Reflexionsstand zurückfallende Scheinprinzipien beengt werden. Von der Setzung solcher postrationalen „Prinzipien" her müßte diese Freiheit, das Pendant zu einem kritisch-rationalen Erkenntnis- und Wahrheitsbegriff, als prinzipienlose Privatbeschäftigung erscheinen, da ja diese Scheinprinzipien vorgeben, *die Natur* a priori auf ihren Begriff gebracht zu haben.

Das Schöne ist nach Kant „ohne Begriff", d. h. ohne positiven Begriff seiner Möglichkeit. Ja auch die Kantische Bestimmung des Schönen ist eigentlich schon eine Bestimmung gegen den transzendentalen Begriff des Begriffs im Sinne Kants. Das Gefühl der Lust verbindet sich bei Kant mit der Vorstellung der Zweckmäßigkeit der Natur für unser Erkenntnisvermögen. In ihm erfüllt sich faktisch ein Bedürfnis, das sich nach dem Verstand nur zufällig erfüllen kann. Aber der Gegenstand der Lust ist nach Kant *schön*, insofern er als Objekt eines *allgemeinen* Wohlgefallens vorgestellt wird[1], so daß kein subjektives Interesse damit verbunden ist. Die Freude daran kann sich also gar nicht auf den zufälligen Inhalt beziehen, sondern nur auf die Form, d. h. darauf, *daß* sie zufällig an diesem Inhalt *erscheint*. Diese Formen kommen beim Anblick des Schönen ins Spiel. Schönheit ist wesentlich ein formaler Aspekt an einem für sich gleichgültigen Inhalt. Von „Spiel" muß hier die Rede sein, weil die Kritik doch im Grunde schon *weiß*, daß die Natur „im Ernst" nicht für unsere Erkenntnisvermögen zweckmäßig *sein* kann. Zumindest fehlt uns jeder Begriff von einer solchen aufs Erkanntwerden durch uns hin teleologischen Natur. Nur *scheint* sie in glücklichen Augenblicken so zu sein, so daß das Subjekt in solchen Momenten des Gelingens einer Einheit der empirischen Regeln, unter denen es sie als bestimmt ansieht, sich auf dem Wege zu ihr oder sie auf dem Wege zu sich sieht. In diesem Moment scheint die Anschauung für es nicht unendlich oder es scheint aktuale Anschauung des Unendlichen zu sein. Es *scheint* anschauender Verstand zu sein, seine Selbstvoraussetzung als Vermögen scheint sich zu erfüllen. Und da dies Vermögen transzendental und damit bei allen gleich sein soll, ist die Aura der Schönheit, in welcher der sich in einem subjektiv zufälligen „Ansehen als bestimmt" konstituierende Gegenstand erscheint, der Schein der Göttlichkeit des Subjekts und der letztgültigen Bestimmung des

[1] Kant, Kritik der Urteilskraft, § 6.

Gegenstandes zugleich. Er ist so angeschaut, als sei er vollkommen erschlossen und als sei eine noch ausstehende „andere" Explikation der Bedeutungen, in denen er aktual angesprochen werden kann, nun ausgeschlossen. Das Wohlgefallen muß in dem Sinne allgemein sein, daß die Freude völlig uneingeschränkt eine Freude über die Erfüllung der vorausgesetzten Erkenntnisvermögen *aller*, also eine völlig unegoistische Freude ist. Nur für die kritische *Reflexion* muß sie zugleich *Trauer* sein. Denn es war ja festgelegt, daß unser Verstand kein anschauender Verstand sei und daß ihm etwas „gegeben" werden müsse, das in seiner Gegebenheit oder als Anschauungsgegenstand den Makel der Zufälligkeit nicht abstreifen kann.

Das ist die „empiristische" Komponente der Kantischen Kritik. Sie ist der Grund, warum der Kunst nach Kants *Begriff* der Wahrheit kein Erkenntniswert zukommen kann, aber ebenso der Grund dafür, warum der Reflexions-*Begriff* der Wahrheit auch der *Wissenschaft* gegenüber unvollkommen bleibt und die Kunst der Imagination und des modellhaften Veranschaulichens ausschließt, ohne die eine Wissenschaft nicht *wirklich* wäre[2]. Die Kunst *macht* sich ihren Gegenstand, sie produziert ihn auch dem Inhalt nach. Sie produziert etwas, an dem es scheinen kann, als wäre unser Verstand anschauend. Sie ahmt das Naturschöne nach, insofern diesem schon ein Machen zugrunde liegt, nämlich ein Objektivmachen der Vorstellungen in Ansehung von sich zu einer Einheit fügenden Regeln, in der die wesentliche Zufälligkeit dieser Regeln obsolet zu sein scheint. Denn wie sollte es sonst zu verstehen sein, daß Zufälliges sich untereinander zu einer „kohärenten" Einheit fügt? Sie ahmt das Naturschöne nach, insofern diesem schon ein Machen, aber eben ein sich negierendes Machen, eine sich negierende Subjektivität zugrunde liegt, so daß in der Kunst die Natur nicht vorläufig *bestimmt* zu werden, sondern selbst zu *sprechen* scheint.

Aber die Freude am begriffslosen Zusammenstimmen ist eben doch für die kritische Reflexion eine Freude am schönen Schein. Wahrheit könnte ihr nur zukommen, wenn die Reflexion im Grunde unrecht hätte. Immerhin aber wirkt hier auch für Kant die „Idee", alle Erkenntnisse *sollten* doch zu einer Einheit verbunden werden können, die ja auch nach Kant den Willen zu einem Erkenntnisfortschritt motivieren soll, gegen den Einwand der Kritik, daß die Vernunft als das „Vermögen der Ideen" keine Erkenntnis hervorbringe und daß Erkenntnis im kritischen Sinn nur

[2] Die Frage Kants nach den Bedingungen der *Möglichkeit* fragt nicht nach der Möglichkeit einer Wissenschaft, insofern sie, *weil sie wirklich ist,* auch möglich sein muß, sondern nach den Bedingungen der Möglichkeit, einen Begriff von der *Wahrheit* als der objektiven Gültigkeit dieser wirklichen Wissenschaft zu erlangen. Dieser Begriff der Möglichkeit ist also enger (bestimmter) als der dieser Wirklichkeit.

unterhalb von Regeln möglich sei, auf die man zurückgreifen können müsse, um überhaupt zu einer notwendigen Verknüpfung der Vorstellungen, d. h. zur Erkenntnis zu gelangen.

Die Kritik hat demnach selbst nur einen formalen Begriff von Erkenntnis, den sie gleichwohl gegen die Freude der Einbildungskraft ins Feld führt. Sie beruht auf der Einsicht in die wesentliche Zufälligkeit der empirischen Regeln, die in der Erkenntnis schon *als* geltend vorausgesetzt werden müssen. Nur so gewinnt sie wenigstens ihren formalen Begriff, den sie gegen die Wahrheit der Kunst anführt, die dann aber doch mit der Freude des empirischen Subjekts zu tun haben soll, durch die es motiviert wird, sich dennoch als Erkenntnisvermögen zu betätigen, indem sie ihm das Ziel dieses Vermögens, also die Wahrheit, als erreicht *vorspielt*, und zwar deshalb nur vorspielt, weil die Kritik sagt, dies könne doch nur Spiel sein, ein Spiel allerdings, durch das sie sich dennoch, insofern das kritische Subjekt auch erkennendes sein soll, motiviert sieht, sich als Vermögen überhaupt selbst ins Spiel zu *setzen* und nicht dem Skeptizismus zu verfallen, der immerhin auf den bloß formalen Charakter eben dieses Vermögens hinweisen könnte.

Der erkannte und der schöne Gegenstand fallen also in dieser Gestalt der Stabilisierung des Gegensatzes des Bewußtseins auseinander. Der schöne spricht die Erkenntnisvermögen so an, daß sie ins Spiel kommen. Er motiviert sie dazu. Der erkannte Gegenstand ist das bloße *Resultat* davon, daß sie ins Spiel gebracht worden sind, ohne daß er es schon gewesen wäre, der sie ins Spiel gebracht hätte oder hätte bringen können. Der erkannte Gegenstand ist also nicht Anstoß, sondern reines Produkt der Erkenntnisbemühung. Der schöne Gegenstand stabilisiert das Bewußtsein vorweg als Selbstbewußtsein, Vermögen der Wahrheit zu sein, so daß es allein von da her zur Erkenntnis motiviert ist, obwohl es wesentlich seine Erkenntnisse nicht abschließend zusammenbringen, sie nicht als ein endgültiges System von Erkenntnissen einbringen kann, d. h. obwohl es in seinem reflektierten Selbstverständnis „eigentlich“ verzweifelt sein müßte.

Wenn Hegel davon spricht, die Kunst sei „nach der Seite ihrer höchsten Bestimmung für uns ein Vergangenes“[3], so drückt dies noch einmal aus, daß sie für uns neben der Wissenschaft nur eine Hälfte ist, nämlich das, was das Selbstbewußtsein erhebt, aber doch nur so, als *sei* es zur Wahrheit fähig. Der zitierte Hegelsche Satz ist oft als Lehre vom „Ende der Kunst“ interpretiert worden. Er besagt aber doch nur eben dies, daß sie „nach der Seite ihrer höchsten Bestimmung“ für uns vergangen sei. Sie sei „weit entfernt, . . . die höchste Form des Geistes zu sein“ (35). Dies ist nun schlechthin schon dadurch evident, daß es neben ihr die empirische

[3] Hegel, Vorlesungen über die Ästhetik, Sämtliche Werke, ed. H. Glockner, Bd. 12, S. 32.

Wissenschaft, auch die Kunstwissenschaft, gibt, und daß sie zumindest öffentlich nicht als Erkenntnis der Wahrheit gilt. Dies *soll* die Wissenschaft sein, obgleich auch sie in diesem Sollen ohne Begriff bleibt, so daß die Subjekte nicht aus ihr ihr Selbstbewußtsein als Vermögen der Wahrheit schöpfen können. Die Wissenschaft hat die *öffentliche Autorität* zur Wahrheit, aber die Individuen finden in ihr nicht ihre individuelle Befriedigung. Sie suchen sie öffentlich in der Kunst, d. h. die Kunst gilt als Institution hierfür. So kann jemand als Chemiker z. B. tätig sein, aber privatim „sollte" er sich „als Mensch" auch mit Kunst beschäftigen. Es besteht die Vorstellung, er könnte als Mensch sonst leer werden, d. h. seine Motivation könnte mangels eines absoluten Begriffs von der Wahrheit seines hauptamtlichen Tuns erlahmen. Keineswegs ist die neuzeitliche Wissenschaft an die Stelle der Kunst getreten. Auch sie ist keine „höchste Form des Geistes". Das war sie ihrem Begriff nach von Anfang an nicht. Wissenschaft und Kunst bestimmen und beschränken sich in der Neuzeit gegenseitig. Doch jede Seite behält in ihrer Wirklichkeit Momente, die dem begrifflichen Verständnis nach jeweils nur der anderen Seite zugeschrieben werden. So schließen sie sich wechselseitig als volles Vermögen der Wahrheit aus. Keine Seite kann von sich selbst den Begriff ihrer Wahrheit erlangen. Es lassen sich weder Kunst noch Wissenschaft als Ort der Wahrheit begreifen. Um dies darzustellen, soll eingehender auf die neuzeitliche Begründung des Wissens als Wissenschaft, zunächst bei Descartes, zurückgegangen werden.

16. Einbildungskraft als semantische Kompetenz. Wissenschaft und Kunst als menschliche Tätigkeiten

Es wird hierbei besonders auf die Rolle eingegangen werden müssen, die der Einbildungskraft in der neueren Philosophie im Zusammenhang mit dem Wahrheitsproblem zugesprochen wird. Vor der Darstellung des Cartesianischen Ansatzes im einzelnen soll deshalb zunächst, im Sinne einer Überleitung, die Bedeutung der Einbildungskraft für die neuere Philosophie überhaupt umrissen werden, besonders ihre den neuzeitlichen Kunst- und Wissenschaftsbegriff verklammernde Funktion.

Die Philosophie der Neuzeit wurde, im Anschluß an Heideggers Deutung dieser Philosophie als Ansatz bei der „Subjektität" eines „unbedingten Sichwissens" des Subjekts[1], als Subjektivismus gedeutet. Schon die Analyse der „Regulae" Descartes' zeigt aber, daß hier zumin-

[1] Vgl. Heidegger, Holzwege, Frankfurt/M. 1950, S. 122: „Das unbedingte Sichwissen ist als die Subjektität des Subjekts die Absolutheit des Absoluten."

dest eine einseitige Deutung vorliegt. Die neuere Philosophie stellt sich das Problem, die „Endlichkeit" des Subjekts als dessen Seinsweise mit in die Reflexion aufzunehmen, wenn sie die Wahrheitsfrage reflektiert. Das Subjekt wird nicht schlicht als „sich wissendes" *Vermögen* zur Wahrheit vorausgesetzt, so daß das Wahre nur noch einem solchen Vermögen gemäß *abzuleiten* wäre. Das eigentliche, spezielle Vermögen des menschlichen Subjekts wird vielmehr in der Einbildungskraft gesehen. Aus ihr ist, so wie von ihr die Rede ist, nichts abzuleiten. Auf sie wird nämlich durchweg nur als auf ein faktisches Vermögen hingewiesen, das gerade nicht theoretisch zu bestimmen sei. Sie wird zum *Körper* gerechnet[2], der der Tradition nach das Individuelle unterhalb des untersten Artbegriffs ausmacht. Noch bei Kant wird sie „eine blinde, obgleich unentbehrliche Funktion der Seele"[3] genannt, und auch wenn Kant „vor dieser unbekannten Wurzel zurückgewichen" ist[4] und sie zunehmend in eine Funktion des Verstandes umgedeutet hat[5], so bleibt sie doch, gerade in ihrer Verschiedenheit vom Verstand, eine im Kantischen System der transzendentalen Vermögen unentbehrliche, aber ihrerseits unbestimmbare Voraussetzung für den Begriff von Erkenntnis. Das Schema als Produkt der reinen Einbildungskraft gibt den Kategorien des Verstandes erst dadurch „Bedeutung" (B 185), daß es den Verstand, als das Vermögen der „Synthesis" „in Ansehung des Mannigfaltigen einer Anschauung überhaupt" (B 151) darüberhinaus „auf Gegenstände der uns möglichen" (B 152), d. h. der „sinnlichen", „menschlichen" Anschauung bezieht. Unsere sinnliche Anschauung, die vom faktischen Gegebensein einer Empfindung abhängt und somit wesentlich individuell ist, wird mittels der Einbildungskraft als des Vermögens, „einen Gegenstand auch *ohne dessen Gegenwart* in der Anschauung vorzustellen" (B 151), affin zum allgemeinen Verstand. Durch ihre Vermittlung erst wird „Verstand" zum spezifisch menschlichen und d. h. individuellen Verstand. Aus dieser unverzichtbaren Beteiligung der Einbildungskraft als eines selbst begrifflich unbestimmbaren Vermögens folgt, daß auch „unser" Verstand für uns selbst eine „blinde" Funktion bleibt, trotz der Aufzählung der Kategorien eines Verstandes überhaupt und der damit erreichten Durchsichtigkeit des *reinen Begriffs* des Verstandes in „allen" seinen Funktionen. Wir als Menschen können uns in bezug darauf, daß wir uns faktisch als Vermögen

[2] Z. B. bei Descartes (Regulae ad directionem ingenii, Regel XII, 8). Das Körperlich-Materielle ist der Tradition nach das principium individuationis unterhalb des untersten Allgemeinbegriffs.

[3] Kant, Kritik der reinen Vernunft, B 103.

[4] Heidegger, Kant und das Problem der Metaphysik, Frankfurt/M. 1951, S. 147.

[5] Vgl. Kant, Kritik der reinen Vernunft, B 152 f.

der Wahrheit verstehen, nicht selbst durchsichtig werden. Wir können nicht absolutes „Selbstbewußtsein" werden, und genau den Punkt dieser Unmöglichkeit bezeichnet der Terminus „Einbildungskraft" oder „imaginatio". Er bezeichnet den Umstand unserer wesentlich unvollständigen Selbstreflexion als Wahrheitsvermögen. Die Einbildungskraft ist das „dunkle" Vermögen, über diesen Umstand hinweg sich dennoch als Wahrheitsvermögen zu wissen und aus einem entsprechenden (aber eben unreflektierten) Selbstbewußtsein heraus Urteile zu fällen, mit dem Anspruch, innerhalb der finiten Formen dieser Urteile bezüglich der Darstellung der Wahrheit zum Schluß zu kommen, also als endliches Wesen dennoch der Wahrheit fähig zu sein. Sie ist somit die selbst nicht mehr auf einen allgemeinen Begriff zu bringende, also individuelle Voraussetzung unserer *Urteilskraft*, durch welche diese sich vom allgemeinen Verstand unterscheidet, der nur die formalen Regeln anbietet, nach denen die Urteilskraft das Besondere unter das Allgemeine dann subsumieren kann, wenn zuvor die Einbildungskraft das Gegebene *als* ein derart Subsumierbares, d. h. *Besonderes* vorstellen konnte.

Der Begriff der Einbildungskraft bezeichnet ein Können des endlichen Subjekts, das es faktisch für sich beansprucht, ohne daß es diesen Anspruch zugleich diskursiv begründen oder rechtfertigen könnte. Er bezeichnet ein von ihm beanspruchtes, aber seinerseits nicht auseinanderzulegendes, faktisches Vermögen der Auseinanderlegung (Beurteilung). Gerade indem die Einbildungskraft von Kant zunehmend als Funktion des Verstandes (statt der Seele) bestimmt wird, kommt dieser Punkt der Unreflektierbarkeit in den Begriff des Verstandes selbst. Er selbst wird, insofern es sich nicht um den „reinen", sondern um „unseren" menschlichen Verstand handeln soll, zu einem in diesem Punkt nicht auf einen allgemeinen Begriff zu bringenden „atomen" oder „individuellen" Vermögen. Auch wenn dieser Umstand bei Kant selbst nicht in dieser Weise reflektiert ist, so wird dies doch zum Problem der Philosophie im Anschluß an Kant, z. B. bei Fichte, Schelling und Hegel. Damit wird auch die prinzipielle Untrennbarkeit eines philosophischen Begriffs der Wissenschaft von dem der Kunst deutlicher. Auch die Wissenschaft läßt sich nicht ohne ein ihr innewohnendes individuelles Moment, d. h. in einem konkreten Sinn überhaupt nicht auf einen Begriff ihrer theoretischen (wissenschaftstheoretischen) *Reflexion* bringen. Dies gelingt nur unter Abstraktion von diesem Moment der Imagination. Am entschiedensten wird darauf bei W. v. Humboldt der Akzent gelegt. „Im Mittelpunkt aller besonderen Arten der Tätigkeit" steht der (individuelle) „Mensch". Alle Tätigkeit, und insbesondere auch die wissenschaftliche, hat für den Menschen, der sie wirklich ausübt, den Zweck, „vor sich selbst verständlich" zu werden, als „Versuch" des „Willens, in sich frei und unabhängig zu werden"[6]. Sie hat die Freiheit, oder, was hier dasselbe ist, die „Veredlung seiner Persönlichkeit" zum Zweck (286). Es geht dabei also letztlich nicht um die Entdeckung objektiver Sachverhalte. Darum geht es wohl zunächst in den einzelnen Disziplinen unter deren besonderem methodischen Zugriff, der aber in dieser Besonderheit, wenn sie nicht auf den Zweck bezogen und nicht dessen Mittel bleibt, eine „Entfremdung" vom Zentrum aller Tätigkeit bedeutet, in der sich der Mensch nicht „selbst verlieren" darf (284). Es geht auch nicht mehr um den als Inbegriff aller objektivistisch verstandenen Wahrheit in Anspruch genommenen Gottesbegriff. „Der Bildner will nicht das Bild Gottes darstellen, sondern die Fülle seiner plastischen Einbildungskraft". Sie ist der letzte Zweck in aller zunächst objektbezogenen, gegenständlichen Tätigkeit innerhalb der speziellen Disziplinen sowohl der Wissenschaft als auch der Kunst. Die Wahl der methodischen Mittel wird letztlich danach bestimmt, ob diese Mittel und die ihnen entsprechende Auswahl des Betätigungsfeldes für den einzelnen hierin „geringere oder vollere Befriedigung" gewährt (286). Davon wird es also abhängen, ob einer wirklich Künstler oder Wissenschaftler ist und ob er diese oder jene Wissenschaft oder Kunst wahrhaft ausübt. Davon hängt die Wahrheit dieses Tuns ab. Es gilt für die Wissenschaften und die Künste das gleiche: im besonderen sind sie abstrakt und bedeuten „Entfremdung". Für die „arbeitsteilige" Wissenschaft ist das leichter einzusehen. Es gilt nach Humboldt aber ebenso für die Kunst: „So fehlt der Malerei die Vollendung der Form, der Bildhauerkunst die Wirkung der Farben, beiden die lebendige Bewegung, der Musik die Schilderung der Gestalten, der Dichtkunst die Anschaulichkeit und die Stärke", und es liegt am einzelnen Menschen, an seiner Einbildungskraft, „sich in eine Mitte von allen zu stellen" (II, 148) und sie auf sich zu beziehen, um ihnen ihren Sinn zu geben. Die Kunst ist definiert als *„die Fertigkeit, die Einbildungskraft nach Gesetzen produktiv zu machen"* (127). Sie entspringt nicht nur der Einbildungskraft, sondern sie dient ihr auch. Die Kunst bleibt Mittel. Sie ist bei Humboldt wie bei Hegel keine „höchste Bestimmung", kein absoluter Zweck mehr. Die Einbildungskraft selbst als Zweck bleibt aber die „geheimnisvollste unter allen menschlichen Kräften" (116). Sie verbindet *alle* menschlichen Tätigkeiten, ohne selbst auf einen Begriff gebracht werden zu können. Sie ist in dieser Negativität die Kraft der „in keine allgemeinere Kategorie mehr" zu bringenden „Individualität" (VI, 174), die solche semiotischen „Systeme" wie Nationalsprachen, Wissenschaftssprachen oder auch die tradierten Kunstgattungen beseelt und ihnen konkrete Bedeutung gibt, indem sie sie von sich aus und in bezug auf sich selbst versteht. Diese Systeme sind nur in ihrer

[6] W. v. Humboldt, Akademie-Ausgabe, Bd. I, S. 283.

Abstraktheit als abgehobene, geschlossene „Systeme" möglich. Ihre besondere innere Gesetzlichkeit, die ihnen, analog zu uninterpretierten formalen Systemen, nur in dieser uninterpretierten Abstraktheit zugesprochen werden kann, erhält nur insofern *Bedeutung*, als sie zum Mittel einer „nach Gesetzen" verlaufenden Einbildungskraft wird, indem sie von ihr individuell in Gebrauch genommen und dadurch auf sie als Zweck zurückbezogen wird. „Einbildungskraft" bezeichnet das Individuelle, Unreflektierbare im Bewußtsein, von dem wir, im Gegensatz zu seinem transzendentalen Begriff als Vermögen von Regeln, „auch nicht einmal die entfernteste Ahndung" haben (VII, 37).

In dieser negativen Bestimmung bleibt die Einbildungskraft ein Grundbegriff der neueren Philosophie. Sie wird mit deren Entwicklung zunehmend zu ihrem Grundbegriff. Von ihrer Unreflektierbarkeit her fallen die institutionalisierten menschlichen Bemühungen um Wahrheit, wie vor allem die Künste und die Wissenschaften, insofern sie ihrerseits unter Begriffen, *als* Kunst oder *als* Wissenschaft, angesprochen sind, ohne gemeinsamen Oberbegriff auseinander. Die Einbildungskraft ist das ihrerseits nicht mehr auszulegende Individuelle im Vermögen der Auslegungen. Sie ist der Begriff der Subjektivität, insofern sie sich selbst in der Absicht einer Selbstvergewisserung ihres Anspruchs auf Wahrheit, den sie in jedem Urteil erhebt, nicht in den Griff bekommt. Sie ist das *Sein* im Subjekt selbst, das es daran hindert, sich selbst als sich vollkommen ins *Bewußtsein* reflektierendes, erschöpfend bestimmendes Subjekt zu verstehen.

Diese Erweiterung des Begriffs der Einbildungskraft läßt sie als individuelle Kraft in allen besonderen Tätigkeiten erscheinen. Sie läßt sich genauer umschreiben als das individuelle Vermögen der (besonderen) Regeln, wie sie nicht nur in den Wissenschaften, sondern in *allen* Tätigkeiten als geltend vorauszusetzen sind, so daß sich im Hinblick auf diese Regeln diese Tätigkeiten erst als Tätigkeiten besonderer Art, als Disziplinen verstehen lassen. In allen Tätigkeiten, die überhaupt durch die vorausgesetzte Geltung von Regeln als bestimmte Tätigkeiten angesehen werden können, ist erstens das Moment der Geltung solcher Regeln und ein allgemeines Vermögen der Subjekte, überhaupt Regeln zu folgen, zu unterscheiden, zweitens aber ein Vermögen, sich im Befolgen der Regeln jederzeit zugleich an den *Zweck* zu erinnern, um dessentwillen sich gerade *dieses* Subjekt von sich aus frei auf sie eingelassen und sich dadurch von sich selbst, in einer „Manifestation" seiner Freiheit, „entfremdet" hatte. Das Vermögen, überhaupt Regeln zu folgen, heißt seit Kant „Verstand". Das Vermögen, sich zu einem bestimmten Zweck auf das Befolgen von solchen Regeln einzulassen, die hierzu als zweckmäßig angesehen werden, und sich darin jederzeit zugleich an den ursprünglichen Zweck zu *erinnern*, ist die „Einbildungskraft". Sie ist das Vermögen, das Befolgen der Regeln jederzeit als *Mittel* erscheinen zu lassen und sich darin der Freiheit als des Grundes der Regeln bewußt zu sein, also das Vermögen der Entschränkung des in einer besonderen Tätigkeit beschränkten Blicks.

Indem dies für alle Tätigkeiten gilt, insofern sie wegen eines inneren Geregeltseins überhaupt als besondere Tätigkeiten in Abhebung gegen andere angesprochen werden können, gilt dies zum einen auch für die Wissenschaften und für die darin konstituierten Gegenständlichkeiten, zum anderen aber ebensogut für die Künste. Sie verlangen dem Subjekt nicht weniger ein geregeltes Verhalten ab. Aber so wie die Einbildungskraft gegenüber dem Regelcharakter der Wissenschaften das Vermögen ist, sich an den Zweck zu erinnern, um dessentwillen die Regeln befolgt werden, und damit das produktive („poetische") Moment oder das Moment einer nicht wieder auf Regeln zu bringenden „Kunst" einzelner Persönlichkeiten darstellt, die durch Leistungen ihrer individuellen Einbildungskraft die Wissenschaften entscheidend weiterbringen, so stellt andererseits der Verstand auch in den Künsten das Vermögen dar, sich überhaupt an Regeln zu halten. Der Unterschied ist ein Unterschied des Akzents. Er entsteht dadurch, daß in der *Reflexion* auf die verschiedenen Tätigkeiten das „Wesen" der Tätigkeit einmal in der den Regeln gegenüber rezeptiven Seite und damit im Charakter einer intersubjektiven gegenstandskonstituierenden, objektiven Erkenntnis, das andere Mal in der ihnen gegenüber produktiven Seite gesehen wird. Diese Akzentsetzung schließt es jeweils aus, in der einen *oder* der anderen dieser Tätigkeiten je für sich einen Weg zur absoluten Wahrheit zu sehen. Denn die Akzentsetzung unterscheidet – ob der Akzent nun nach der einen oder nach der anderen Seite hin gesetzt wird – als solche schon die beiden Momente und trennt somit einen besonderen, „objektiven" „Bereich" in jeder dieser Tätigkeiten von dem Zweck ab, um dessentwillen Menschen sich von sich aus – kultur*historisch* oder individuell gesehen – zu ihr entschieden haben und sie, indem sie diese Tätigkeitsweisen in ihrer Besonderheit reproduzieren, zugleich „erinnernd" auf sich selbst beziehen. Die „Bereiche" können, insofern sie durch die Geltung jeweils eigener Regeln als in sich zentrierte „Bereiche" oder geschlossene Systeme reflektiert und objektiviert sind, nicht *offen* für die Wahrheit sein, sondern nur insofern, als ein Subjekt mittels seiner Tätigkeit in ihnen zugleich bei sich selbst ist und der geregelten Tätigkeit dadurch *Bedeutung* verleiht, d. h. insofern, als sie nicht voneinander unterschieden sind. Ihre Unterschiedenheit gegeneinander war aber ihre Konstitution. „Kunst" ist: „*nicht* Wissenschaft", und „Wissenschaft" ist: „*nicht* Kunst", wenn diese Begriffe überhaupt eine deutlich reflektierbare Bedeutung haben sollen. Sie sind *gegeneinander* abgegrenzt. Die Einbildungskraft macht aber aus, daß dennoch dasselbe Subjekt als individuelles (d. h. als *nicht* seinerseits als allgemeines Vermögen des reinen Befolgens von bestimmten Regeln bestimmtes) Subjekt von sich aus verstehen kann, was sowohl der eine als auch der andere dieser gegeneinander abgegrenzten Begriffe *bedeutet*. Sie können ihm, trotz der entgegengesetzten Weisen ihrer jeweiligen Bestimmung, beide etwas bedeuten. Das seinerseits von solchen „regionalen" Regeln unbestimmte, individuelle Subjekt ist in seiner „Erinnerung" an den finalen Grund aller Regeln die gemeinsame Mitte solcher „Tätigkeitsfelder". Es kann sich vermöge seiner selbst nicht bestimmbaren, „blinden" (Kant) oder „geheimnisvollen" (Humboldt) Einbildungskraft auf diese Felder begeben, aber, bei bleibendem Selbstbewußtsein, *auch von ihnen zurückziehen*. Es hat die Fähigkeiten und die Freiheit, in ihnen, welche es auch seien, *Mittel* zu sehen.

Die Einbildungskraft ist das Vermögen, Möglichkeiten zu sehen, ohne sich an sie zu verlieren. Sie ist in einem produktiv und erinnernd. Insofern kann sie die gesehenen Möglichkeiten insgesamt auf sich beziehen und *dadurch* miteinander verbinden. Sie kann z. B. innerhalb der Regeln einer besonderen Sprache Sätze bilden und diesen Sätzen *zugleich* eine über dieses System hinausweisende Bedeutung geben, indem sie sich an sich selbst als an die wahre Mitte der Bildung dieser Sätze „erinnert", und sie kann die Sätze *anderer* Individuen von sich aus verstehen, d. h. sie kann sie verstehen, ohne sie auf einen abstrakteren, nichtindividuellen Nenner bringen zu müssen. Sie ist das seinerseits ebenfalls nicht auf einen begrifflichen Nenner zu bringende Vermögen hierzu, bzw. diese semantische Kompetenz. Generell gesagt ist sie das nicht weiter reflektierbare Vermögen der Beherrschung von „Kommunikations*medien*" in interindividueller Kommunikation. Solange „Kunst" bloß Sammelbegriff für die Fertigkeiten in besonderen Künsten wie Bildhauerei, Malerei, Musik und Dichtung nach jeweiligen Regeln dieser Künste sein soll, denen der Künstler, ohne Reflexion auf *sich*, folgt, weil sie ihm reflexionslos als Medium der Wahrheit *gelten*, ist auch eine sich aus dieser Tätigkeit heraus „erinnernde" Einbildungskraft nicht thematisch. „Kunst" bleibt, in dieser unreflektierten Bedeutung eines Sammelbegriffs von besonderen Kunstfertigkeiten, „Kunstreligion". Das Subjekt bleibt in Regeln eingebunden, die je in den besonderen Künsten unreflektiert, und d. h., als unbedingt oder „blind" zu befolgende Regeln einer Tätigkeit von unbedingter, absoluter Bedeutung für das Subjekt gelten. Es bleibt in diese Besonderheit versenkt, und somit entsteht (noch) nicht das Problem, wie eine *Besonderheit* zugleich Medium der Parusie des *Absoluten* sein könnte. Erst zugleich mit dem „Erfinden" von Möglichkeiten der Kunst in säkularer thematischer Absicht kann sich das Subjekt aus dieser unreflektierten Tätigkeit lösen und auf das Besondere seiner Tätigkeit aufmerksam werden. In säkularer Absicht ist der besondere Zweck als besonderer *bewußt*, auf den das Subjekt sich von sich aus richtet. Das Subjekt nimmt die Absicht nicht unreflektiert absolut. Von daher tritt ein Selbstbewußtsein der eigenen subjektiven Einbildungskraft hervor, und gleichzeitig bildet sich der den einzelnen Künsten vorgeordnete, selbst aber weiter nicht durch den Verweis auf das Gelten besonderer Regeln bestimmbare Begriff „der" Kunst als des Vermögens des subjektiven Hervorbringens schlechthin. Es entsteht das Bewußtsein des Subjekts, *von sich aus* etwas für es Bedeutungsrelevantes hervorbringen zu können. Das Werk wird als Spiegel des eigenen Könnens gesehen und in diesem Sinne einem allgemeinen, unbeschränkten Begriff „der" Kunst subsumiert. Diese Entwicklung ist die Entwicklung zum neuzeitlichen Kunstverständnis. Das objektive, nach den Regeln *einer* der Künste produzierte Werk kann in diesem Verständnis nicht mehr als solches Erscheinung des Absoluten sein. Es geht, wie Humboldt es formuliert, nicht mehr um „das Bild des Gottes". Das Bild eines Gottes ließe sich nur aus dem Bewußtsein des Gehorsams gegenüber der (geregelten) Art und Weise der (rituellen) Arbeit an ihm hervorbringen, d. h. im Bewußtsein seines Tuns in einem fremden Sinn, bei dem die Individualität des Künstlers *ohne Bedeutung* zu sein hätte. Es geht nach Humboldt vielmehr um die „Fülle" der „plastischen Einbildungskraft" des „Bildners" selbst, mit der er die Kunstregeln sich von sich aus dienstbar macht. Die Kunst wird sich als Kunst schlechthin bewußt. Die Einbildungskraft des Künstlers ist das Belebende in allen Künsten, sie umfaßt sie im Prinzip alle, über ihre besonderen Eigenregeln hinweg, und macht die „Fertigkeiten" so erst im neuen Sinn zur „Kunst". Die Regeln der Künste werden zum bloßen und in ihrer Besonderheit im Grunde beliebigen Mittel. „Kunst" kann nun nicht mehr „Kunstreligion" sein. Sie kann nicht mehr in ihrer jeweiligen kunstgattungsmäßig und historisch bestimmten Eigenart als integrierter Teil einer allgemein geltenden Verbindlichkeit einer Volksreligion verstanden werden, aus der heraus und für die sie im Werk, als dem „Bild des Gottes", diese Verbindlichkeit symbolisch vor Augen stellte. Das Bewußtsein der individuellen Einbildungskraft als des Allgemeinen in allen „Kunstarten" löst die Bindung an die Regeln einer dieser „Arten" (mit ihrer immanenten Zweckmäßigkeit) auf.

Dieser Vorgang vollzieht sich parallel zu der Gewinnung des neuzeitlichen Wissenschaftsbegriffs, der auf das Verständnis der Gesetzlichkeiten besonderer „Arten" der Natur aus einer *universalen* Naturgesetzlichkeit heraus abzielt. Es löst sich die vormalige Zuversicht auf, nach den Regeln *einer* der Künste, also überhaupt nach vorgegebenen Regeln ließe sich der gemeinsame Gott herausmeißeln. Die Institution „Kunst" wird als Betätigungsfeld freier Einbildungskraft gewußt, und das Werk erscheint zunächst einmal als ein unverkennbares Werk dieses individuellen Künstlers, bei dem prinzipiell offen bleiben muß, welche *Verbindlichkeit* es habe und was es anderen Individuen jeweils bedeute. Seine Bedeutung läßt sich nicht verbindlich nach vorweg schon anerkannten Gesichtspunkten oder Prinzipien bestimmen, wie es bei einem Werk der Kunstreligion oder auch noch der religiösen Kunst der Fall sein müßte. An die Stelle spezieller Kunstlehren und Schulen tritt zunehmend die allgemeine Ästhetik mit ihrer genuinen und unaufhebbaren Differenz von Produktions- und Rezeptionsästhetik. Mit dieser Differenz ist sie als „begriffslose" Disziplin ausgewiesen. Ein Begriff des Schönen, ein Begriff ihres Gegenstandes also, der gleicherweise das Moment seiner Produktion wie das Moment seines Rezipiertwerdens umgriffe und das Produzieren schon von einer *geltenden* Bedeutung auch für die Rezipierenden leitete, kann nicht möglich sein. Das Schöne „gefällt" „ohne Begriff". Es hat keine von einem allgemeinen Begriff her vorweg verbürgte kommunikative, identische Bedeutsamkeit für den Künstler und für die Aufnehmenden zugleich. Seine bloße Gegenständlichkeit als solche und seine kommunikative Bedeutsamkeit werden getrennte und gegeneinander zufällige Aspekte dieser „Sache", und deshalb ist dieser „Sache" auch schon der Begriff des „Schönen" im Grunde nur noch aus der Tradition heraus beigegeben.

Es kann hier natürlich nicht um eine angemessene Interpretation des Verhältnisses zwischen der neuzeitlichen Ästhetik und der neueren Kunst gehen, sondern nur um den sich darin spiegelnden Begriff von „Bedeutung" und um die Parallele zur Funktion der Einbildungskraft für den Wissenschaftsbegriff. Der Begriff der Bedeutung, der sich in der neueren Philosophie herausbildet, wird klarer, wenn er nicht isoliert nur als „Bedeutung" innerhalb des wissenschaftlichen Urteilens, sondern in seiner für Kunst und Wissenschaft gemeinsamen Problematik befragt wird, gerade wenn diese Betrachtung der gewohnten, Kunst und Wissenschaft mehr von ihrem Gegensatz her verstehenden Einteilung zunächst befremdlich erscheint.

Zweiter Teil

Vergegenwärtigung der Wahrheitsproblematik in der neueren Philosophie

1. Vorbemerkung

Nach diesem knappen Versuch, Wissenschaft und Kunst in ihrem neuzeitlichen Verständnis als gleichermaßen menschliche, von der Einbildungskraft getragene Tätigkeiten, als Formen zur Stabilisierung des Gegensatzes des Bewußtseins und damit als Tätigkeiten endlicher Wesen vorzustellen, soll im folgenden näher auf einige philosophiehistorische Stationen des Weges dieser Entwicklung eingegangen werden. Die interpretierten philosophischen Texte sind dabei so ausgewählt, daß dadurch entscheidende Schritte zur näheren Bestimmung des Wahrheitsbegriffs vorgestellt werden können, wie er sich in diesem Zusammenhang der Reflexion der Endlichkeit versteht. Es soll dabei zu zeigen versucht werden, daß einerseits wohl die Anstrengungen eine große Rolle spielen, im Bewußtsein des *Gegensatzes* des Bewußtseins zur Wahrheit dennoch einen „objektivistischen" Wahrheitsbegriff zur Stabilisierung des Begriffs einer wissenschaftlich-methodischen Erkenntnis zu *konstruieren*, daß auf der anderen Seite aber doch in entscheidenden philosophischen Ansätzen zugleich das Bewußtsein von dem imaginären Charakter der Konstruktion eines methodisch erfaßbaren *Objekts* deutlich bleibt. Damit wäre dann zugleich nachzuweisen, daß eine Unterscheidung zwischen „szientistischer" und „hermeneutischer" Einstellung dem Wahrheitsbegriff der neueren Philosophie im Grunde fremd ist, wenn dazu auch dieser „Grund" erst freigetragen werden muß[1].

Die Reflexion auf das einem endlichen Bewußtsein Mögliche erweist, daß von daher *alle* Erkenntnis sich im Grunde, d. h. in einer konsequenten Reflexion, als „Auslegung" auf (endliche) Zwecke hin verstehen muß, die in ihrem Gesetztsein den „hermeneutischen" Rahmen bestimmen, in dem sich überhaupt Objektivität konstituieren kann. Am gründlichsten ist dieser Sachverhalt bei Kant verdeckt. Aber gerade deshalb erschien es als besonders wichtig, den Kantischen Argumentationen, die das vorherr-

[1] Vgl. hierzu den dritten Teil.

schende Bild der neueren Philosophie so nachhaltig geprägt haben, auf den Grund zu gehen. Ebenso wichtig erschien es aber zu zeigen, daß auch die Philosophie Hegels – die gewissermaßen als „Vollendung" der Gestalt des Philosophierens gilt, die man als neuzeitlichen „Idealismus" zusammenzufassen gewohnt ist – *in ihrem Kontext mit dem philosophiehistorischen Argumentationszusammenhang* keineswegs eine „Lehre von der divinatorischen Perfektion des Verstehens" darstellt, sondern, vielleicht sogar am entschiedensten, die „Endlichkeit des sprachlichen Geschehens, in dem sich das Verstehen jeweils konkretisiert"[2], in den Mittelpunkt stellt.

Die Interpretation der herangezogenen philosophischen Texte verfolgt also immer den Zweck, sie in ihrem historischen Bezug aufeinander zugleich als *Argumentationszusammenhang* darzustellen. Es geht um das sich darin klärende systematische Problem des Wahrheitsbegriffs und nicht um eine möglichst eingehende Interpretation dieser Texte selbst. Da die Interpretation verschiedener Texte also einen durchgehenden Zweck verfolgt, geschieht sie notwendigerweise von einem *Ansatz* aus, der von dem Ansatz rein immanenter Interpretation her gesehen möglicherweise fremd erscheint. Um nicht nur isolierte Thesen oder philosophische Doktrinen, sondern die argumentative Entfaltung von Gedanken in der Form darstellen zu können, in der der jeweilige Autor selbst mit dieser Darstellung zum Schluß zu kommen gedachte, wurden, soweit es in der gebotenen Kürze möglich war, dennoch exemplarisch ausgewählte einzelne Werke oder doch Teile solcher Werke in ihrem Zusammenhang vorgestellt. In bezug auf Kant und Hegel erwies sich dieses Verfahren allerdings als nur sehr bedingt möglich. Wegen der grundlegenden Bedeutung dieser Positionen für eine systematische Diskussion des gestellten Themas war hier eine solche Beschränkung auf einzelne zusammenhängende Kontexte unangebracht, so daß die Bezüge auf die Kantische und Hegelsche Philosophie auch im folgenden jeweils ungeachtet der historischen Abfolge so herzustellen versucht wurden, wie es der systematischen Absicht angemessen erschien. Um aber auch hier jeweils möglichst zusammenhängende Argumentationsgänge und nicht nur Verweise auf „Standpunkte" oder „Ergebnisse" anführen zu können, ließen sich Wiederholungen und Wiederaufnahmen nicht vermeiden.

Zunächst soll mit den „Regulae ad directionem ingenii" von Descartes begonnen werden. Diese Schrift ist zwar unvollendet und nicht zu Lebzeiten Descartes' veröffentlicht worden, aber deshalb ist sie keineswegs ohne Wirkung geblieben. Leibniz z. B. hat sie gekannt, und die Darstellung selbst soll zeigen, daß sich gerade in dieser Schrift die Grundzüge der neuzeitlichen Reflexion des Wahrheitsproblems entschieden abzeichnen.

[2] H. G. Gadamer, Wahrheit und Methode, Tübingen 1965, S. 451.

2. Descartes' methodischer Wahrheitsbegriff

Wenn die Bedeutung Descartes' für den neuzeitlichen Wahrheitsbegriff aufgewiesen werden soll, müssen die „Regulae ad directionem ingenii" an den Anfang gestellt werden. Der hier zugrundeliegende Wahrheitsbegriff ist fundamentaler als der später in den „Meditationes" entwickelte. Er bleibt auch dort grundlegend. Die Darstellung selbst soll das nachweisen.

Die erste „Regel" in Descartes' „Regulae" lautet: „Es muß das Ziel der wissenschaftlichen Studien sein, die Erkenntniskraft (ingenium) darauf auszurichten, daß sie über alles, was vorkommt, unerschütterliche und wahre (solida et vera) Urteile herausbringt"[1]. Um dies zu gewährleisten, soll man sich nur mit Gegenständen beschäftigen, „zu deren zuverlässiger und unzweifelhafter Erkenntnis unsere Erkenntniskraft offenbar ausreicht" (II). Um den Begriff der Erkenntnis zu erfüllen, muß sich die Erkenntniskraft also zugleich beschränken. Sie soll sich auf Gegenstände beschränken, die durch Intuition klar und deutlich zu erkennen sind, und auf solche Erkenntnisse, die von hier aus deduziert werden können, wobei die Deduktion ihrerseits wieder in ihren einzelnen Schritten intuitiv als „notwendige Verbindung" zu erkennen sein muß. Eine „notwendige Verbindung" zwischen Vorstellungen besteht dann, wenn die eine nicht klar erfaßt werden kann, ohne daß auch die andere vorgestellt wird, gegen die die erste abgegrenzt wird. Die Intuition ist definiert als ein müheloses und deutliches Begreifen (facilis distinctusque conceptus) solcher Verbindungen ohne Zweifel: als *Evidenz*. Das, was so ohne jede Mühe und ohne daß etwas im Wege stünde einzusehen ist, und – was das Entscheidende ist – *frei* oder unmittelbar ohne jede Vermittlung, ist die Basis aller Wahrheit, die *für uns* möglich ist. Die Wahrheit dieser Voraussetzung ist für Descartes selbst eine solche unbezweifelbare Wahrheit. Es ist evident, daß wir nur so einer gewissen Wahrheit fähig sind. Wahrheit steht demnach *für uns* wesentlich unter dem Gesichtspunkt der Beschränkung, d. h. sie ist in ihrem Begriff abgegrenzt gegen eine unbeschränkte Wahrheit. Von dieser unbeschränkten Wahrheit haben wir in dieser Abgrenzung also ebenfalls einen (formalen) Begriff, der für uns aber ohne Inhalt bleibt. Dieser Umstand bleibt wichtig für den Cartesianischen Wahrheitsbegriff, auch in den „Meditationes", sogar als Voraussetzung für deren Konzeption, die ja auf die Frage zielt, wie das für uns Evidente zugleich als absolute Wahrheit gedacht werden kann. Zunächst bringt Descartes *Beispiele* für Evidenz. Evidenz kann nur im nachzuvollziehenden Beispiel vorgestellt, aber es kann nicht umschrieben werden, was Evidenz ihrem *Wesen* nach sei. Sie erweist sich darin, *daß* sie nachvollzogen wird, wobei

[1] Descartes, Regulae ad directionem ingenii, Regel I.

vollkommen offen bleibt, *was* sich die einzelnen Individuen dabei vorstellen. Das erste Beispiel lautet, daß jeder unmittelbar einsehe, „daß er existiert, daß er denkt", und ein weiteres Beispiel wird dem unmittelbar hinzugefügt: „daß ein Dreieck von nur drei Linien, daß die Kugel von einer einzigen Oberfläche begrenzt" sei (III,5).

Das erste Beispiel wird in der Regel XII, 17 dahingehend präzisiert, daß es nun lautet: „Ich erkenne, also habe ich einen vom Körper unterschiedenen Geist". Der Geist (mens) existiert „a corpore distincta", er ist etwas, d. h. etwas Bestimmtes *wegen* dieser Verschiedenheit und deutlichen Abgetrenntheit. „Körper" *bedeutet* dabei zunächst nur die Negation des Geistes, „Nicht-Geist". Im Denkakt geschieht diese semantische Abgrenzung durch Ausschließung, so daß dieser Akt und Existenz im Sinne von begrifflicher Abgegrenztheit zusammenfallen. Denken ist eine sich unmittelbar selbst bestimmende, weil sich gegen anderes absetzende Tätigkeit. Diese Abgrenzung rein als solche ist evident, gleichgültig, was sich verschiedene Subjekte positiv unter den Begriffen Geist oder Körper „alles" vorstellen mögen. Während Descartes später in den „Meditationes" die Evidenz der mathematischen Sätze in den Zweifel einbezieht, d. h. nun expressis verbis die Frage stellt, ob das *uns* Evidente auch *an sich* wahr sei, wird an der Wahrheit der Evidenz des sich als Existenz denkenden Denkens durchgängig festgehalten. Wo liegt der Unterschied dieser Evidenz zu der der mathematischen Beispiele?

Zunächst ist zu sehen, daß die Frage nach der Wahrheit der Evidenz im Sinn von Übereinstimmung mit der Außenwelt auch den „Regulae" nicht fremd ist. Ihre Behandlung wird aber ausdrücklich aufgespart, gemäß dem methodischen Postulat, nicht alles auf einmal, sondern nur jeweils unmittelbar Zusammenhängendes zu behandeln. Ein weiser Verstand wird „nie behaupten, daß" das, was „von der Einbildungskraft empfangen" ist, „vollständig und ohne jede Veränderung von den äußeren Dingen zu den Sinnen und von den Sinnen zur Einbildungskraft übergegangen sei, es sei denn, er habe dies zuvor aus irgendeinem anderen Grunde erkannt" (XII, 19). Diese anderen Gründe müßten die Einsicht in „notwendige Verbindungen" zwischen der Einbildungskraft, den Sinnen und den äußeren Dingen (an sich) beinhalten, um so mittels einer evidenten Reihe von Evidenzen den Begriff Wahrheit als Adäquation zur äußeren Realität zu deduzieren. Solche zu einer Deduktionskette aneinandergereihten notwendigen Verbindungen werden in den „Regulae" noch nicht thematisiert. Hier geht es um die reine Methode selbst und noch nicht um die Lösung einer solchen *speziellen* Frage. Daher werden hier auch nur einzelne Beispiele für Evidenzen vorgestellt, obwohl auch hier schon die Problematik gesehen ist. Die *Methode* darf, wenn es dann später in den „Meditationen" um die Lösung des Problems der Übereinstimmung des Evidenten mit dem transzendent Wahren geht, keine andere sein als die in den „Regulae" aufgewiesene. Sie wird dort nur auf ein bestimmtes Problem angewandt, d. h. dort geht es darum, diese Übereinstimmung der Evidenzen mit äußerer Realität selbst evident zu machen, weil sie, da viele einzelne Schritte dazu erforderlich sind und der Verstand jeweils nur einen Schritt als evident im Blick haben kann, nicht *unmittelbar* evident ist. Es wird also deutlich, daß die Frage der Wahrheit im Sinne einer Übereinstimmung mit den äußeren Dingen (intellectus et rei) für Descartes nicht eine *erste* Frage sein kann, wenn von Wahrheit die Rede sein soll. Sie ist fürs erste zu schwierig, weil zuerst die Methode, und zwar an viel einfacheren, weniger Schritte implizierenden Beispielen geklärt werden muß, die *überhaupt* zur Wahrheit führt. Sie muß sich an *einfachsten* Beispielen bewähren, d. h. als wahr erweisen. Wahrheit im Sinne der Übereinstimmung mit äußeren Dingen ist aber ein kompliziertes Beispiel (wie dann der ganze Gang der „Meditationes" zeigt).

Was ist also die Wahrheit der einfachsten Beispiele? Es ist die Wahrheit, an der gemessen sich auch noch die Wahrheitstheorie der Wahrheit als Übereinstimmung als wahr ausweisen muß. Ihr Begriff bleibt auch in der Philosophie des „klassischen" Descartes grundlegend. Bei evidenten Einsichten, z. B. mathematischen Sätzen über räumliche Verhältnisse, *kann* man zwar über die unmittelbare Evidenz hinaus die Frage stellen, ob sie mit einer vom Denken verschiedenen „äußeren" Realität übereinstimmen, wenn man sie stellen *will*. Aber nur dann besteht die Aufgabe, sie zu beantworten, und auch dann muß man sie so beantworten, daß man durch eine Reihe evidenter Schritte zur Antwort kommt. In der Mathematik selbst besteht diese Frage nicht, weil sie nicht unmittelbar von äußeren Gegenständen handelt. Sie stellt dann auch nicht die Frage, ob z. B. ihre Bestimmungen des Raumes *auch* Bestimmungen an räumlichen Gegenständen, d. h. an Gegenständen im Raume als dem Inbegriff des „außer uns" Seienden seien. Dies ist vielmehr eine *zusätzliche*, schon recht komplizierte metaphysische Frage. Sie wird in den „Meditationes" behandelt.

Die „Regulae" lehren, daß man keine Fragen stellen wollen soll, für deren Beantwortung noch nicht alle Voraussetzungen selbst beantwortet sind. Für den Anfang muß es deshalb ganz einfache Fragen geben, die ohne solche Voraussetzungen zu beantworten sind. Nur solche Fragen soll man zunächst beantworten wollen. Wahrheit ist hier also ein unmittelbar mit dem Wollen zusammenhängender Begriff. Er hängt mit dem vernünftigen Wollen, d. h. mit der Einsicht in ein Können zusammen[2]. Wahrheit

2 Vgl. L. Oeing-Hanhoff, Descartes' Lehre von der Freiheit, Philosophisches Jahrbuch der Görres-Gesellschaft, 1971/1.

zeigt sich unmittelbar in der absoluten *Leichtigkeit* (facilitas) der Einsicht in sie. Sie ist nichts Dunkles und Schwieriges, und dies sollen die Beispiele *zeigen*. Wahrheit *zeigt sich* unmittelbar, wenn man nur auf sie achtet und sich nicht zu schwierigen Problemen zuwendet. Sie ist das sich am Allereinfachsten Zeigende. Ein *Beispiel* hierfür ist die Proposition: Ich denke, ich bin. Denn Denken setzt sich in dem Akt des Denkens unmittelbar in die Distinktion zu etwas anderem, dem Nichtdenken. Es wird „Körper" genannt. Es denkt sich in allem Denken immer auch selbst, weil es sich darin so unterscheidet. Hier kann sich überhaupt vernünftigerweise nicht die (schwierige) Frage stellen, ob diesem Unterscheiden auch etwas anderes *so* entspricht, daß die Unterscheidungen oder die Denkbestimmungen in Übereinstimmung mit „äußeren" Sachverhalten stünden. Denn bei diesem Beispiel denkt das Denken ja erst sich selbst im begrifflichen Unterschied zu möglichen ihm gegenüber „äußeren" Sachverhalten. Sich selbst denkt es nur in der einen Bestimmung, gegen den Unterschied gegen sich bestimmt zu sein. Der Gedanke ist *absolut einfach*. Er sagt nichts über irgendwelche vom Denken verschiedenen, d. h. äußeren Sachverhalte. Der Gedanke der Selbstbestimmtheit des Denkens steht am absoluten Anfang jeder weiteren Bestimmung, d. h. der weiteren Einteilung des vom Denken selbst als unterschieden Bestimmten, mit der dann erst etwas Bestimmtes über diesen Bereich gedacht wäre.

Wenn dies ein ganz anfänglicher, also in diesem Sinne *absoluter* Gedanke sein soll, kann man auch nicht sagen, welcher *Art* er sei, z. B. ob er etwa ein Schluß oder etwas anderes sei. Er fällt unter keine dieser allgemeinen logischen Bestimmungen. Er beinhaltet überhaupt nicht ein Fallen unter einen angesetzten, d. h. vorausgesetzten Begriff. Dennoch ist er auch für Descartes selbst zunächst nur ein *Beispiel* für einfache Wahrheit. Die anderen Beispiele sind die einfachsten mathematischen Propositionen in ihrer Einfachheit, d. h. ohne die weitere Frage, ob sie auch im Sinne der Übereinstimmung mit Äußerem wahr seien. Als ganz einfach genommen haben alle diese Beispiele denselben Status. Er ist absolut, d. h. ihre Wahrheit ist *ohne Begriff* oder *unmittelbar* einsichtig.

Daraus geht hervor, daß es sich bei diesen absoluten, weil ganz einfachen und leichten Wahrheiten, über die hinaus Leichteres, d. h. dem menschlichen Verstand Zugänglicheres nicht gedacht werden kann, nicht um Urteile handeln kann, die wahr oder falsch sein, d. h. in Übereinstimmung oder Nichtübereinstimmung mit anderem, Äußerem stehen könnten. Sie sind weder Schlüsse noch Urteile, sondern eben ohne Begriff nackte, einfache Wahrheiten. Sie bedeuten keinen von ihnen verschiedenen Sachverhalt. Nicht in der Übereinstimmung mit einem solchen, sondern in ihrer Einfachheit und Leichtigkeit besteht ihre Wahrheit, die als solche nicht nur „für Aussagen (enuntiationes), sondern auch für jedes beliebige folgernde Denken (discursus)" erforderlich ist[3]. Die Wahrheit steht hier diesseits der Unterscheidung zwischen formalem und inhaltlichem Denken. Sie kann kein Schluß und kein Urteil sein, da solche Verbindungen umgekehrt alle von ihrer Art sein müssen und sie also nicht von deren Art sein kann. Hier liegt der absolute Sinn der Kritik des Descartes an den sogenannten substantiellen Formen. Die Wahrheit zeigt sich in der Leichtigkeit, mit der man ein Urteil *einsieht*, einen Schluß *zieht* und überhaupt „notwendige Verbindungen" (coniunctiones necessariae) *vollzieht*. Sie zeigt sich in einem absoluten Können, das nach Descartes eo ipso jedermann offenstehen soll. Diskutieren läßt sich „über" die Tatsache solcher Evidenzen deshalb nicht. Es läßt sich nur mittels dieser Wahrheiten überhaupt diskutieren. Es läßt sich nur *aus* ihnen und *mittels* ihrer Weiteres ableiten (deduzieren), das dann aber, so wie die einfachen Wahrheiten selbst, immer nur ein *für uns* Wahres bleibt. Sonst hätte auch das Zugeständnis Descartes' keinen Sinn, daß diese Wahrheiten zulassen, daß wir das in der Religion Geoffenbarte für zuverlässiger als alle so gewonnene wissenschaftliche Erkenntnis halten (III,9). Sie ist nur *für uns* absolut, weil *für uns* das Einfachste. Sie ist *unser* Können, bzw. Nichtkönnen: wir können sie nicht bezweifeln, aber auch nicht in irgendeiner Weise über sie und das von ihnen her Deduzierbare hinausgehen.

Die Regel VI sagt dann weiteres über diese Absolutheit. Das Absolute ist das „im höchsten Grade Einfache (maxime simplex)". Es ist das, aus dem anderes erkannt wird. Dabei ist der *Sinn* der Frage ausschlaggebend. Denn das Einfachste ist es immer in bezug auf die Lösung von Problemen, die man lösen will (in quaestionibus resolvendis), aber es ist nicht ein an und für sich Einfachstes (VI,3). Es ist dasjenige, von dessen Vorausliegen her man die in Frage stehenden Probleme lösen *kann*, sofern sie gelöst werden *sollen*. Es ist ein Absolutes respektive der Dinge, „sofern sie erkannt werden sollen", nicht aber respektive ihrer „Naturen" (VI,5). Das absolut Einfache ist das, was in der Reihe von Ableitungen obenan steht *und* die Reihe generiert, d. h. den Reihencharakter der Reihe ausmacht. Ein Beispiel ist eine Reihe von Proportionen: 3:6 = 6:12 = 12:24 = 24 . . . (VI,7). Es sei so durchsichtig, „daß es beinahe kindisch aussieht", aber in solch einer einfachsten Einsicht soll sich ja die Wahrheit zeigen. Nicht ebenso leicht sei dagegen bei gegebenen Außengliedern 3 und 12 die mittlere Proportionale 6 zu finden. Diese Erkenntnis sei deshalb nicht absolut, sondern abgeleitet. Die Aufgabe besteht hier darin, eine unterbrochene Reihe wieder vollständig herzustellen, und das kann nur aus dem Begriff ihrer Bildung heraus geschehen, der hier erst zu suchen wäre. Das setzt eine „hinreichende Aufzählung oder Induktion" (VII,5) voraus, um

[3] Descartes, Regulae, Regel III, 7.

von einer solchen Induktion her auf das Gesetz der Reihenbildung zurückschließen zu *können*. Die Induktion ist dann hinreichend (sufficiens), wenn dieses Können sich mit ihr ergibt. Dann ist sie auch vollständig (completa) genug.

Mit dem Begriff der *Induktion* wird das Problem der Wahrheit aus *Erfahrung* berührt. Klar ist bei Descartes erkannt, daß der Begriff der Erfahrung im Sinne der Empirie eigentlich aus einem möglichen Wahrheitsbegriff auszuschließen ist. Aus Erfahrung ist unmittelbar keine Wahrheit zu gewinnen, sondern nur aus der (freien) *Bestimmung* (Finitisierung als Ansehen als bestimmt) der Erfahrung in einem geistigen Akt. Die Erfahrung ist an sich unendlich, d. h. wesentlich unabgeschlossen und somit unbestimmbar. Es ist unmöglich, in einem „Menschenleben" das Einzelne (singula), das zu einer Proposition gehört, für sich aufzuzählen. Deshalb genügt es, wenn es in Klassen (classes) eingeteilt werden *kann*, wobei die Einteilung von der Willkür (arbitrio) und nicht von der (problematischen und ihrerseits nicht einfach zu begründenden) Erkenntnis ansichseiender „substantieller Formen" abhängen muß (VII,9). Wenn die Einteilung vollständig ist, ist auch eine Induktion von den Teilen auf das Ganze vollständig, d. h. möglich. Wegen der Unmöglichkeit der Orientierung an einer ansichseienden Ordnung der Dinge muß hierbei die Regel V beachtet werden, die besagt, daß man in der Erkenntnis von einfachsten und unmittelbar einsichtigen Sachverhalten zu den komplizierteren fortschreiten müsse. Dies ist die einzige Art der Ordnung, die zur Verfügung steht. Man muß also von unmittelbar einsichtigen, ganz leicht oder sich von selbst ergebenden Einteilungen, wie der Einteilung in Denken und Körper, ausgehen. Dann braucht man, um Aussagen über das Denken zu machen, erst gar nichts Körperliches zu beachten, und umgekehrt. Die Regeln der Auffindung des Einfachsten, der Deduktion vom Einfachsten aus und der ordentlichen Einteilung sind gleich ursprünglich (VII,10): Wenn man eine Reihe 2,4,6, . . . in ihrem einfachen Gesetz begriffen hat, hat man auch schon die Einteilung in gerade und ungerade Zahlen vollzogen, d. h. eine Ordnung gesetzt, und braucht nicht jede Zahl daraufhin zu betrachten, ob sie zu dieser oder jener Klasse gehört, und umgekehrt hat man mit der Ordnung auch das erzeugende Gesetz der Reihe (Klasse). Wir haben es unmittelbar in unserem Geist also gar nicht mit Einzelnem schlechthin zu tun, so daß wir von ihm aus induzieren müßten, was gar nicht möglich wäre, sondern das Einzelne ist *unmittelbar* schon als Ordnung und damit auf mögliche Induktion von ihm aus begriffen: Der einfachste und deshalb absolute Begriff stellt ein genetisches Gesetz dar, das eine bestimmte Reihe deduziert und das Deduzierte damit schon gegen anderes abgrenzt und so das Gegebene a priori *einteilt*. An einer Stelle heißt es, die *Negation* gehöre zu den einfachsten Wahrheiten (XII,15). Man kann über das bei Descartes explizit Ausgeführte hinausgehend sagen, daß sie eigentlich das methodische Erzeugungsprinzip schlechthin ist. Eine Aufzählung ist immer auch eine Abgrenzung des Aufgezählten gegen das andere, und positive Wesenheiten, etwa der geraden Zahlen, im Sinne von ansichseienden Formen dürfen hier ja nicht angenommen werden. Die Begründung einer *Übereinstimmung* des Denkens mit solchen Wesenheiten wäre niemals eine unmittelbare, absolute und einfache, sondern notwendig eine vermittelte, respektive und sowohl komplizierte wie schwierige Angelegenheit. So kann eigentlich nur Einteilung durch Negation als geistiges Erzeugungsprinzip gemeint sein, auch wenn die eingeteilten Klassen dann positive *Namen* wie „Denken", „Körper" usw. erhalten. Die Namen sind ihnen gegenüber gleichgültig. An ihnen ist nur ihre diakritische Verschiedenheit *gegeneinander* wichtig, nicht aber die wesentlich unbestimmt bleibende assoziative positive Vorstellung, die sich mit ihnen bei diesem oder jenem Subjekt einstellen mag und von der kein allgemeines Wissen möglich ist. Wenn etwas „nur gegeben" oder nur positiv ist, ohne daß es sich als abgegrenztes, wohlbestimmtes Glied einer Reihe verstehen läßt, die sich mit dem Gesetz ihrer geistigen Erzeugung ergibt, oder wenn etwas so gegeben ist, daß es in dieser Weise aus der Reihe fällt, dann ist das Gegebene kein Material möglicher Erkenntnis (Regel VIII). Das Wissen kann dann hierauf keine Erkenntnis begründen. Es hat aber ihm gegenüber dieses Bewußtsein des Unvermögens oder seiner *Grenze* als Wissen, und „diese Erkenntnis ist kein geringeres Wissen als dasjenige, welches die Natur der Sache selbst erkennen läßt" (VIII,2). Indem so das Nichtwißbare von der inneren Grenze des Wißbaren her negativ abgegrenzt und durch diese Einteilung negativ mit in das Wissen einbezogen wird, kann es keine unermeßliche Aufgabe (neque immensum est opus) sein, „alles, was in diesem Universum enthalten ist, im Denken fassen zu wollen" (VIII,5). Die Einteilung hat sich zu einer vollständigen Disjunktion entwickelt, so wie sie eigentlich von Anfang an in solchen vollständigen Disjunktionen verlief, deren erste und damit einfachste die zwischen Denken und Nichtdenken ist. Von diesem Anfang ausgehend hat man es dann mit Gewißheit immer nur mit den Sachen zu tun, wie sie nicht an sich selbst sind, sondern „den Verstand angehen", und nur insofern geschehen alle Einteilungen (VIII,7). Sie zeichnen nicht ansichseiende Naturen der Dinge nach. Die wahre Methode ist identisch mit dieser Negation. Sie gewinnt ihre Identität durch Ausschließung. Die Beziehung des Verstandes zur Erfahrung ist wesentlich negativ. Der Verstand weiß, daß er eine Erkenntnis „entweder vollkommen erwerben" oder doch sehen kann, „daß sie von einer Erfahrung abhängt, die nicht in seiner Gewalt ist" (quod in sua potestate non sit. VIII,8). Das ist eine klare Disjunktion, die von ihren *beiden* Seiten her zur Wissenschaft gehört. Denken ist eo ipso die Setzung dieses Entweder-Oder, oder, was dasselbe ist, Reflexion. Es „erfindet" (fingere) eine Ordnung gegen eine möglicherweise bestehende, ihm aber nicht zugängliche Ordnung der Dinge an ihnen selbst (vgl. X,3), nicht irgendeine beliebige, sondern genau die, die sich aus und mit dieser Negation ergibt. Die Ordnung des Denkens ist nicht die der *formalen* Logik. Denn deren Begriff ist gegen den des Inhalts gebildet, der ihr vorgegeben sein muß und demgegenüber sie in ihren Operationen nichts Neues (nihil novi. X,5) erfassen darf, wenn sie ihrem Begriff nach „richtig" verfahren soll. Die Ordnung des Denkens ist dagegen als ein setzendes Erzeugen vorgestellt. In seinen „Intuitionen" ist es produktiv.

Es ist also unzutreffend, den Cartesianismus als optimistischen Rationalismus zu interpretieren. Der Verstand ist bei Descartes geradezu in seinem einfachsten Selbstbegriff identisch mit der Beschränkung auf das, was ihm ganz leicht möglich ist, d. h. auf sich selbst. *Was* das sein soll, kann nicht unter einen Begriff gefaßt, sondern nur in Beispielen gezeigt werden, die darin Beispiele sind, *daß* jeder sie wirklich *in sich selbst* vollzieht. Das, was Bedingung dafür ist, daß ich das Gesetz der Erzeugung der Reihe 2,4,6,8 . . . ohne Umschweife erfasse und die Reihe fortsetzen kann oder, was schon ein wenig umständlicher ist, daß ich eine Reihe 2, . . ., 6, 8, . . ., . . ., 14 ausfüllen kann oder daß ich verstehe, was „Negation" bedeutet, obgleich es mir niemand erklären kann, ohne schon von diesem Begriff, d. h. meinem eigenen ursprünglichen Verständnis von ihm, Gebrauch zu machen, usw., das ist es. Der Verstand kann ja nicht „unter" einen Begriff fallen und also auch in seinem „Wesen" nicht „definiert" werden, weil eine solche „Definition" des Verstandes sofort die *unmittelbar* gar nicht zu lösende Frage nach der objektiven Gültigkeit (Adäquatheit) von Begriffen aufwerfen würde. Der Verstand ist das sich in solchen Beispielen betätigende Vermögen. Er ist Können, Freiheit. Diese Freiheit ist zugleich sein Sein. Sie ist keine Eigenschaft, sondern seine Substanz. Er *ist* Negativität, die sich in einem Akt mit dem Begriff eines mächtigeren Verstandes, das ist Gottes, als sich selbst begreift. „Gott" bedeutet den anderen, nicht auf sich beschränkten Verstand, gegen dessen Sein ich mich, mich auf mich besinnend, selbst bestimme. „Ich bin, also ist Gott" (XII,17) ist immer noch dieser einzige, absolut einfache Gedanke, eine ganz anfängliche Disjunktion, und sozusagen nur eine andere Lesart des Satzes: „ich erkenne, also habe ich einen vom Körper unterschiedenen Geist" (ebd.). Der Körper steht im Zusammenhang mit der Außenwelt, auf die sich die Sinne beziehen und von der der Verstand weiß, daß er (im Unterschied zu einem unendlichen Verstand) keine Macht über sie hat. Er weiß sich in bezug auf sie als Nichtwissen, und nur so weiß er *sich* in seinem eigenen wirklichen Können. D. h. er hat die Idee eines Wissens, das *er nicht* ist. Dieses Wissen ist das Wissen, das positiv alle überhaupt möglichen Daten unter Regeln weiß und unbegrenztes Können oder unbegrenzte Freiheit ist. Der Verstand ist begrenzte Freiheit. Er ist nur in dieser Begrenzung er selbst, also Freiheit gegen jene. Er ist somit nicht eine Freiheit, die einiges von dem vermag, was jene alles vermag. Sein Können ist jenem nicht kommensurabel. Es ist frei gegen jenes Können. Er erkennt auf seine Weise, d. h. selbständig. Er ist darin vollkommen, denn die Disjunktion, in der er sich begreift, ist vollständig.

Für diesen Wahrheitsbegriff ist es wesentlich, daß es über Wahrheit eigentlich keine Diskussion geben kann. Die Beispiele für die einfachen Wahrheiten, von denen alle anderen deduziert oder deduzierbar sein müssen, müssen für sich selbst sprechen. Die Wahrheit zeigt sich darin, daß sie gebildet werden *können*, und darin, daß sie dann auch von anderen, nach Descartes grundsätzlich von *jedem* anderen, als Beispiele für Evidenz nachvollzogen werden können. Wenn eine Diskussion entsteht, haben nach Descartes beide Seiten unrecht, wenn es nicht gelingt, daß die eine die andere überzeugt, d. h. das Behauptete auf solche einfachen und absolut leicht einzusehende Wahrheiten, die auch die andere Seite einsieht, zurückführt (II, 2). Zu einer wirklichen Kontroverse kann es also nur kommen, wenn undeduzierbare Sachverhalte behauptet werden, d. h. solche, die nicht von einfachen „Gründen" (rationes) abgeleitet werden können (vgl. II,2) und über die es deshalb kein Wissen geben kann. Platz- und Zeitgründe lassen es aber nicht immer möglich erscheinen, so „gründlich" vorzugehen. *Deshalb* (XII,4) werden mitunter Hypothesen vorgeschlagen, die man nicht akzeptieren *muß*, die aber alles weit klarer machen, *wenn* man sie akzeptiert, „nicht anders als in der Geometrie, wo Sie auch über die Quantität einiges voraussetzen, das die Kraft der Beweise auf gar keine Weise mindert, obgleich Sie in der Physik häufig über ihre Natur anders denken" (XII, 4). Es ist auffällig, daß Descartes hier in die direkte Anrede des Lesers verfällt. Er mutet ihm zu, etwas anzunehmen, das nicht auf Evidenz beruht und das er rein vom Verstand und von dessen einfachen Wahrheiten her nicht annehmen und übernehmen muß, so wie man z. B. in der Geometrie annimmt, daß es Körper ohne dritte Dimension, also Flächen, und Flächen ohne zweite Dimension, also Linien, und Linien ohne jede Dimension, also Punkte „gebe". Das sind aber wichtige Hilfsvorstellungen, durch die eine mitunter sehr komplexe und unmittelbar nicht leicht einzusehende Sache leichter und überschaubar wird. Sie sollen in dieser Hilfsfunktion die Wahrheit nicht beeinträchtigen. Ihre Annahme kann aber gleichwohl nur höflich vorgeschlagen werden, die Akzeptation bleibt der *freien* Einsicht des anderen in ihre *Nützlichkeit* für einen endlichen, auf diese Weise unterstützungsbedürftigen Verstand überlassen, so daß es auch hier keinen Grund für einen

Streit, etwa über die „Natur" solcher geometrischen Hilfsvorstellungen, geben kann. Sie bilden unter Vernünftigen kein ontologisches Problem[4].

So mag man auch darüber, was Farbe ist, subjektiv annehmen, was man will. (Es könnte auch jeder die Farben subjektiv nur auf seine eigene Weise sehen.) Man wird aber nicht leugnen, „daß sie ausgedehnt und folglich gestaltet ist"[5]. Weshalb soll man dann nicht von all den Annahmen über die Natur der Farben abstrahieren und sich auf eine gewisse neutrale Bezeichnung durch anschauliche graphische Figuren für die Unterschiede der Farben einigen? Dasselbe soll von allem anderen gelten, so daß es vernünftig erscheint, zur Bezeichnung aller Unterschiede der Gegenstände sich der unendlichen Vielheit von (räumlichen) Figuren zu bedienen, um nicht in einen unschlichtbaren Streit über die wahren Naturen und alles mögliche dabei noch Mitgemeinte zu geraten. Dann wird nur die *reine* Verschiedenheit als gegenseitige begriffliche Abgegrenztheit symbolisiert, aber damit nichts über die *Natur* gesagt, die solcher Verschiedenheit zugrunde liegen mag. Der Verstand geht nur mit solchen, reine Einteilungen symbolisierenden Zeichen um, und er ist in diesem Geschäft bald rezeptiv, bald aktiv, indem er sich bald mit den schon vorgenommenen Operationen und deren Symbolen beschäftigt, bald „neue Ideen in der Phantasie zeichnet" (XII, 10). Er kann so von der *Einbildungskraft*, dem Vermögen solcher Symbolisierungen, bewegt werden und umgekehrt sie bewegen. Die Einbildungskraft ist bald produktiv, bald rezeptiv. Jedenfalls spielt die produktive Einbildungskraft oder zeichenerzeugende Phantasie und damit eine kreativ-künstlerische Komponente für den neuzeitlichen Wissenschaftsbegriff, wie Descartes ihn vorstellt, eine große Rolle. An sich kann die Einbildungskraft, die als *individuelles* Vermögen gemäß der Sprache der philosophischen Tradition auch nach Descartes zum Körper gehört (XII, 8), als „verkehrt verbindende Einbildungskraft" zu falschen Urteilen führen (male componentis imaginationis judicium fallax. III, 5). Andererseits ist sie aber für uns unerläßlich, wenn es darum geht, dem Ingenium so vorzuarbeiten, daß es, als „Intuition", mühelos notwendige Verbindungen einsehen kann. In dieser Beziehung kann von einer bestimmten Stufe der Komplexheit an nichts mehr ohne Hilfe der Einbildungskraft vollzogen werden (nihil sine imaginationis auxilio. XIV, 9). So „leicht" die Intuition als Einsicht in notwendige Verbindungen auch ist, die eigentliche „Kunst", ein Problem erst einmal so vorzustellen, daß es sich in solche leichten und von jedermann nachzuvollziehende Schritte auflöst, liegt in der Einbildungskraft. Es ist die dann

[4] Die aus ihnen selbst heraus wahren geometrischen Operationen sind nach Descartes arithmetische Proportionen. Was „der" Raum seiner „Natur" nach sei, bleibt offen.

[5] Descartes, Regulae, XII, 6.

nicht weiter zu bestimmende Kunst, sich die Sache gerade in einer dafür zweckmäßigen Weise einzubilden statt gerade durch die Einbildungskraft zu verwirren. Die Alternative ist die zwischen fehlleitender oder rechtleitender *Imagination*, nicht aber die zwischen „bloßer" Imagination und der „Sache selbst"[6].

Das gilt auch für das Verhältnis zur Sprache und zum namenbehaltenden Gedächtnis. Der Zeichengebrauch konstituiert sich nach dieser Theorie geradezu in der Enthaltsamkeit des Verstandes gegenüber ontologischen Aussagen. Er konstituiert sich als kritischer Verzicht auf „Abbilder" ontischer Verhältnisse und unter Verzicht auf den kritisch nicht einzulösenden Wahrheitsbegriff der „Übereinstimmung". Was auch immer über die Körperwelt gesagt wird, wird unter der Prämisse gesagt, daß man im Sinne objektiver Gültigkeit nichts über sie sagen könne, was allgemein verbindlich wäre. Der Verstand hat es nur mit dem zu tun, was auf Körper *bezogen* werden kann (quod referri possit ad corpus. XII, 11). Dazu muß dessen „Idee" „so deutlich wie möglich in der Einbildungskraft gezeichnet werden", und zwar so, wie sie sich „in Beziehung auf unsere Erkenntnis" darstellt, im ausdrücklichen Unterschied zu dem, was etwas an sich betrachtet sein mag (XII, 13). Dabei soll das, was in dem einzelnen Erkenntnisschritt keine gegenwärtige Aufmerksamkeit erfordert, nur durch abkürzende Zeichen repräsentiert werden. Ob etwas als einfach oder als zusammengesetzt *angesehen* wird, erfolgt ebenfalls lediglich aus dieser Beziehung auf den Verstand (XII, 13). Als einfach gilt hier das für den Verstand Einfache, d. h. das, was nicht mehr in noch deutlichere Gedanken zerlegt werden kann, und das sind die einfachsten notwendigen Verbindungen, die darin bestehen, daß etwas nicht ohne den Begriff von etwas anderem, nicht ohne *Abgrenzung* gegen dieses andere deutlich begriffen werden kann. Die Außenwelt erscheint hier ganz unter dem Aspekt des Verstandes, d. h. unter dem Aspekt dieser seiner einfachen Ideen, zu denen, wie schon erwähnt, auch die Verbindungsschritte in Deduktionen zu rechnen sind „und auf deren Evidenz alles beruht, was wir im folgernden Denken erschließen" (XII, 14). Hierzu gehört vor allem die *Negation*, deren Idee wohl, so wird man Descartes interpretieren müssen, als das Urbild einer Verstandesidee betrachtet werden kann. Es ist unmittelbar einsichtig, was Negation ist, und diese Einsicht ist durch nichts anderes zu umschreiben. Das macht ihre absolute Einfachheit aus. So kann man eine Reihe von Negationen bilden: a (dessen Bestimmtheit selbst schon unmittelbar Negation gegen anderes ist), nicht a, nicht (nicht a), . . ., und von hier aus steht auch fest, ob etwas ein Einfaches oder ein Zusammengesetztes ist. Z. B. wenn man urteilt, daß irgendeine Figur sich

[6] Vgl. unten Anm. 11 und 12.

nicht bewege, ist mein Gedanke – und nur um Gedanken, d. h. um Gegenstände respektive des Verstandes, geht es hier – aus den Vorstellungen „Figur“ und „Ruhe“ (Ruhe als Negation von Bewegung aufgefaßt) zusammengesetzt. Da Negation in der äußeren Natur nicht vorkommt[7] (und auch diese Aussage ist ja eine Negation!), setzen sich unsere Aussagen aus einfachen Ideen zusammen, die alle nicht in der äußeren Natur vorkommen, d. h. die als Negationen von Äußerem überhaupt ihre Bestimmtheit haben. Und zwar haben sie in dieser Negation ihre vollständige Bestimmtheit, denn sonst wären sie nicht einfach, sondern zusammengesetzt aus dem, „was wir in ihnen erfassen, und aus dem, wovon wir urteilen, daß wir es nicht kennen“ (XII, 16). Ihre Bestimmtheit im Verstand muß also als vollkommene Negation dessen verstanden werden, was sie *außer* dem Verstand (an sich) sein mögen. Nur dann können wir sie als aus einfachen Ideen zusammengesetzt denken, d. h. erkennen. Die Negation ist nicht nur eine Negation *an* ihnen. Sie konstituiert ihre Einfachheit, indem sie vollkommen ist. Was im Verstand ist, kann nicht eingeteilt werden in es selbst, wie es an sich selbst sein soll, und in es, wie es im Verstand ist, weil dann überhaupt nichts Einfaches, d. h. Wahres, im Verstand wäre. Da die Seite außerhalb des Verstandes dem Verstand unzugänglich bleibt, bliebe es auch nach der Seite, mit der es im Verstand wäre, für den Verstand unbestimmt, d. h. zufällig. Der Verstand wäre nicht Verstand, sondern Aufnahmeorgan für Zufälliges wie die Sinne, die aber doch als Organ für das Zufällige *gegen ihn* bestimmt sind, so wie der Verstand als Organ für das Notwendige *gegen sie* bestimmt ist.

Notwendig ist eine Verbindung nach Descartes nur dann, „wenn der eine Sachverhalt gewissermaßen in einer solchen Verschlingung in den Begriff des anderen verwickelt ist (implicatur), daß wir keinen von beiden deutlich vorstellen könnten, falls wir urteilen sollten, sie seien voneinander getrennt“ (XII, 17). Daraus folgt schon, daß man nicht sagen kann, „etwas“ sei notwendig im Verstand. Notwendigkeit ist eine rein verstandesimmanente Relation, so daß auch die Relata nichts an sich haben dürfen, was nicht durch diese Relation bestimmt ist. Dabei kann die notwendige Verbindung durchaus asymmetrisch (XII, 17), d. h. ihre Umkehrung zufällig sein. Diese Möglichkeit bedarf natürlich besonderer Aufmerksamkeit, denn sie bringt einen ontologischen Zug in die Argumentation. Descartes' Beispiel ist, daß ich zwar aus meiner Existenz (dem

[7] Die Negation ist auch hier rein geistige Operation. Sie ist eigentlich *die* geistige Operation (vgl. o. S. 61, Anm. 2). – Absolute Ruhe kommt in der Natur nicht vor, so wie eine mathematische Linie oder ein sich darauf aufbauender geometrisch regelmäßiger Körper nicht vorkommt. Auch das jeweilige Gegenteil solcher Gegenstände der Einbildungskraft kommt nicht vor.

Bewußtsein meiner Unvollkommenheit) zuverlässig auf das Dasein Gottes schließen, jedoch nicht aus dem Dasein Gottes auch meine Existenz gewiß machen könne (XII, 17). Es liegt ja im *Begriff* des Unvollkommenen, daß es vom Vollkommenen abhängt, während dieses seinem *Begriff* nach nicht von einem anderen abhängt. Aber die Begriffe hängen in genau dieser Bedeutung doch wechselseitig voneinander ab. Dieses Beispiel zeigt deutlich, wie die erst später in den „Meditationes" systematisch ausgeführten Gedanken sich schon bruchlos von der Konzeption der „Regulae" her ergeben[8]. Es lohnt sich deshalb vielleicht, es noch näher anzusehen, gerade im Zusammenhang mit dem Wahrheitsbegriff. Vollkommenheit und Unvollkommenheit sind Begriffe, die ihre jeweilige Bedeutung in ihrer Bestimmtheit gegeneinander haben. Der eine ist seiner intentionalen Bedeutung nach die *Negation* des anderen. Keiner der beiden ist ohne den anderen zu konzipieren. Aber der Verstand (als „unser" Verstand) bezieht, wenn er diesen Unterschied denkt, doch die eine Seite, nämlich die Unvollkommenheit, auf sich, und zwar weil er in sich ebenfalls die einfache Idee der Wahrheit, der Erkenntnis usw. *und dann auch ebenso unmittelbar die Negation hierzu*, die Idee der Unwahrheit, des Irrtums, des Zweifels findet (vgl. XII, 14). Er hat in sich den Begriff der Negation, des von ihm nicht zu Bewältigenden, der Beschränkung auf das, was *ihm* klar und deutlich ist, ja er ist erst das, was er ist, im Vollzug dieser Negation. Da er unmittelbar Negation ist, muß er notwendig deren Gegenteil, die Negation der Negation oder die Vollkommenheit, einem anderen als sich zusprechen. Er hat sich gegenseitig definierende Begriffe, aber er hat sie so, daß er die *erste* Negation auf *sich* bezieht, indem er von ihr (und nicht etwa einer eo ipso nicht definitiv zu explizierenden Position!) *ausgeht* und damit dann auch schon den weiteren Schritt, der sich in der rekursiven Anwendung des ersten Aktes ergibt, nicht mehr auf sich selbst beziehen kann, wenn der Schritt der Negation überhaupt ein Akt der *Bedeutungsunterscheidung* sein soll. Das muß er aber sein, wenn die Begriffe „für etwas" stehen sollen und ihre Abgegrenztheit gegeneinander auch einen Unterschied der Bedeutung ausmachen soll. Der erste Schritt ist der des „ich denke, ich bin". „Ich denke" heißt: ich negiere, reflektiere, beziehe mich in der negativen Abgrenzung gegen alles andere auf mich als reines, also in seiner objektiven Gültigkeit völlig problematisches Denken. Damit denke ich ebenso unmittelbar, wenn auch in einer diskursiven Auseinanderlegung, den Gegenbegriff gegen diesen Begriff, in dem ich mich begreife. Diesen muß ich dann auf ein anderes als mich (referentiell) beziehen. Ich denke mich als abhängig von diesem, weil ja

[8] Die „Regulae" weisen schon auf das Vorhaben der Gottesbeweise hin, vgl. Regulae, III, 9.

der Akt der Negation sich als abhängig vom Negierten, der Realität, denkt. Denken hat demnach genuin den Begriff einer von ihm unabhängigen Realität, auf die es sich zwar nicht in einem unmittelbaren Begriff, ihre Erkenntnis zu sein, beziehen kann, sondern eben nur negativ in dem Begriff, ihre Erkenntnis von sich aus wenigstens nicht zu sein. Das bestätigt sich im Gegebensein von Daten, die *nicht* auf eine deduzierte Struktur abgebildet werden können.

Die Asymmetrie ist dadurch in der wechselseitigen Definition von Begriffen, daß das Denken in seinen Dichotomien immer zugleich reflektiert und als die eine Seite der ursprünglichen Dichotomie sich selbst denkt, d. h. *sich* unterscheidet. Die Generation von Bedeutungen geschieht nicht, wie man sagen könnte, „im" reinen abstrakten Denken. Vielmehr denkt das Denken existentiell *sich selbst* als das reine abstrakte Denken, im Gegensatz zu einem realitätsvollen Denken. Es denkt diese Abstraktheit als seine Realität, gegen die Realität eines nicht abstrakten, sondern unmittelbar realitätsvollen Denkens. Es kann den Begriff seiner selbst nicht ohne den Begriff dieses anderen Denkens denken, den es aber gerade dadurch von sich unterscheidet, daß es es als von seinem Denken unabhängig denkt. Die Asymmetrie ist also durch einen ursprünglich pragmatischen (performativen) Bezug des Denkens auf den Denkenden im Denken.

Die Asymmetrie von Begriffsrelationen ist demnach selbst eine einfache Idee. Sie ist aber keine Idee einer ansichseienden Hierarchie asymmetrischer ontischer Verhältnisse oder einer hierarchischen Natur, wie sie an sich sein könnte, sondern eine einfache Idee des Geistes, mittels der er Begriffsrelationen denkt, insofern *er es ist*, der sie denkt, indem er dabei zugleich *sich* denkt. Insofern gehört sie zum reinen Geist, den Descartes auch den „guten" nennt. Es ist der menschliche Geist, insofern er sich als solcher unterscheidet und bescheidet.

Bei alledem bleibt festzuhalten, daß alle Aussagen Descartes' über das Verhältnis zwischen Geist und Leib und über die verschiedenen Fähigkeiten, die der Erkenntnis dienen (intellectus, imaginatio, sensus et memoria. XII, 2), hypothetischer Art sind (XII, 3 u.4). Descartes ist zwar der Meinung, diese Zusammenhänge ließen sich apodiktisch auseinanderlegen, wenn mehr Raum zur Verfügung stünde. Man kann hier gewiß auch an die später entwickelte Theorie denken, in der über die Gottesbeweise und die Idee eines deus benignus eine evidente Verbindung zur Erkenntnis der Außenwelt hergestellt wird. Einen Beweis der Vollständigkeit in der Aufzählung der genannten vier Fähigkeiten, die der Erkenntnis dienen sollen – (quatuor sunt facultates tantum. XII, 2) – wird man sich aber kaum denken können. Der Verstand, der diese Beweise zu liefern hätte, unterscheidet zunächst nur *sich* von anderem, von Nicht-Verstand, und er bezieht sich in und mit dieser Abrenzung nur auf sich. Das „andere" bleibt nur via negationis bestimmt. So ist es konsequent zu sagen, „daß der Verstand von überhaupt keiner Erfahrung jemals getäuscht werden kann, wenn er genau nur den ihm gegenwärtigen Sachverhalt, so wie er ihn in sich selbst oder in einem Phantasiebild besitzt, intuitiv erfaßt und *nicht* noch außerdem urteilt, weder daß die Einbildungskraft die Gegenstände der Sinne treu wiedergibt, noch daß die Sinne mit den wahren Gestalten der Dinge bekleidet sind, noch schließlich daß die äußeren Dinge immer so sind, wie sie erscheinen" (XII, 19. Hervorh. v. Vf.). Wenn der Verstand dies alles *nicht* urteilen soll, ist nicht ganz zu begreifen, warum hinter die Einbildungskraft, d. h. die subjektive Vorstellung, noch die Sinne und hinter die Sinne noch die Außenwelt geschaltet werden. Nur in bezug auf die Einbildungskraft, die dem Verstand die Daten vorgibt, kann man sagen, daß das, was immer auch in ihr sei, wirklich in ihr sei (XII, 19), so wie man nicht bezweifeln kann, daß der empfundene Schmerz wirklich als empfundener da ist. Aber dann reißt die Kette der Sicherheit ab, und man soll sich deshalb auch eines Urteils enthalten. Darüberhinaus kann der Verstand, wenn er bei sich, d. h. der ihm möglichen Wahrheit bleiben will, nur urteilen, daß er *nicht* urteilen könne, so daß er von sich aus die Einbildungskraft nur noch negativ gegen anderes überhaupt abgrenzen kann. Das Organ einer Rezeption der Außenwelt im Unterschied zu einem Organ der Produktion von verstandesaffinen Vorstellungen, d. h. der produktiven Einbildungskraft, ist nur noch negativ auf den Verstand bezogen. Es erhält die positiv klingende Bezeichnung „Sinnlichkeit", und da es in seiner negativen Abgrenzung gegen die Einbildungskraft als rein rezeptives Organ bestimmt ist, wird ihm unter dem Begriff einer „Außenwelt" ein Korrelat zugesprochen, von dem es (gelegentlich) affiziert wird. So wäre man beim Begriff der Außenwelt via negationis angelangt, und man könnte sagen, daß diese Aufzählung von Zwischengliedern *genügte*. Die Topoi der erkenntnistheoretischen Tradition wären zugleich abgedeckt und kritisch rekonstruiert. Streng Cartesianisch ist aber allein das Argument, daß man „nur die Sachen aus den Worten deduzieren könne oder die Ursache aus der Wirkung oder die Wirkung aus der Ursache. . ." (XII, 26), also nur dann überhaupt, wenn Verbindungen vorliegen, deren Notwendigkeit unmittelbar einsichtig ist. Nicht die Behandlung der traditionellen Topoi als solcher, d.h. in ihrer Bedeutung als wirkliche Attribute einer ansichseienden menschlichen „Natur" kann hier ausschlaggebend sein, sondern allein deren Rekonstruktion als *Worte* der Einbildungskraft zum *Zwecke* der Selbstreflexion des Verstandes und als Relata in notwendigen Begriffsrelationen (Verbindungen). Denn Worte sind nur dann Worte, wenn sie für Sachen stehen, sonst sind es nur Laute, und sie stehen dann für Sachen, wenn es *diakritische* Zeichen sind, denn dann sind sie genuin Zeichen für *vom Verstand* getroffene Unterscheidungen oder Einteilungen. Sonst, d. h. außerhalb solcher Abgrenzungen durch Negation, sind es zwar auch Worte, mit denen man sich versteht, aber ohne Begriff von einer Notwendigkeit davon, daß man dabei auch ringsum dasselbe verstehe. Die Worte sind insofern sozusagen Gegenstand einer sie produktiv frei in ihrer Bedeutung explizierenden Phantasie. Sie haben noch „unendliche" Bedeutung. Nur in der negativen Abgrenzung im diakritischen System erlangen sie ein faßliches Moment der Definitheit ihrer Bedeutung. Und ebenso ist der Begriff der Ursache nicht ohne den der Wirkung zu konzipieren und umgekehrt, wenn daraus auch gerade nicht folgt, das als Ursache *Kategorisierte* könne ebenso nicht ohne die Wirkung *sein*, wie die Wirkung nicht ohne die Ursache *sein* kann. Im diakritischen Sinn der Wörter „Ursache" und „Wirkung" liegt ja gerade der Unterschied (die Asymmetrie) des Abhängigkeitsverhältnisses. Die Reziprozität der *Bedeutungen* verweist zugleich auf davon verschiedene, nämlich die Reziprozität negierende Verhältnisse des *Bedeuteten*. Diese sprachphilosophische Interpretation wird unterstützt durch folgende Stelle: „es ist zu beachten, daß wir unter die Probleme, die vollkommen verstanden werden, nur diejenigen setzen, in denen wir dreierlei deutlich erfassen, nämlich durch welche Zeichen das Gesuchte erkannt werden kann, . . .was genau genommen dasjenige ist, woraus wir es deduzieren müssen, und wie bewiesen werden muß, daß dies voneinander so abhängt, daß das eine auf keine Weise verändert werden kann, solange das andere unverändert bleibt" (XII, 27). Hier ist nicht mehr vom unmittelbar Einsichtigen die Rede, sondern von Problemen, deren Lösung noch nicht eingesehen wird. Daß das Problem aber als Problem verstanden wird, soll davon abhängen, daß 1. deutlich ist, durch welche Zeichen das Gesuchte erkannt wird. Das Gesuchte muß deutlich bezeichnet sein, so wie es in der Gleichung „a + x = b" durch das Zeichen „x" im Kontext dieser Gleichung deutlich markiert ist. 2. soll bekannt sein, woraus es deduziert werden soll. In der genannten Gleichung wäre das „a + . . . = b". (Wie Descartes betont, ist das eigentlich dasselbe wie das „x".) 3. muß der innere Zusammenhang dieser beiden Seiten, d.h. daß sie eigentlich dasselbe bedeuten, deutlich sein. Man muß allerdings bedenken, daß die „Regulae" keine mathematische Propädeutik sein wollen, sondern an mathematischen Beispielen nur die Grenzen des Geistes aufweisen möchten (XIV, 7). Es soll gesagt werden, es sei unvernünftig, sich *überhaupt* Problemen zuwenden zu wollen, die nicht in der genannten Weise deutlich sind. Die Frage muß also lauten: Was ist die Bedeutung eines Zeichens, das in einem klaren syntaktischen Zusammenhang mit anderen Zeichen steht? Wenn die Syntax, die Stellung des Unbekannten oder Erfragten innerhalb dieser syntaktischen Struktur und genügend viele unproblematische semantische Einheiten deutlich gegeben sind, dann muß sich auch auf das Unbekannte schließen lassen, denn es hat seine Bedeutung notwendig in einer diakritischen Opposition gegen andere Zeichen. Mit dieser Opposition ergeben sich zugleich syntaktische Regeln der Verknüpfung, zum Beispiel die Regelung, daß die diakritische Zeichenrelation eine einseitige (nicht umkehrbare) oder daß sie eine auch umkehrbare Relation des Bezeichneten bedeuten solle. In dem Beispiel „$a+x=b$" steht z.B. schon fest, daß „$b>a$" und daß „$x<b$" (wenn man im Bereich der positiven Zahlen bleibt).

Die einfachen Ideen Descartes' sind zugleich semantische und syntaktische Begriffe. So wie sie miteinander in notwendigen Verbindungen oder semantischen Implikationen verwoben sind, so können sie auch zu Aussagen verknüpft werden. Man könnte auch sagen, daß Descartes keine besondere Syntax neben der Semantik kennt. Dies hängt auch mit seiner Kritik der formalen Logik zusammen. Aber darauf wird noch zurückzukommen sein. Hier ist aber schon festzuhalten, daß die Wörter nach Descartes außerhalb ihrer negativen Abgrenzung gegeneinander, wie die Einbildungskraft sie als für den Verstandesgebrauch zum Zwecke der Lösung von Problemen *zweckmäßig* erachtet, durchaus ihre „umgangssprachliche" Bedeutung erhalten, die wesentlich immer weiter explizierbar bleibt und also nicht definitiv paraphrasiert werden kann. Dieser Bedeutung gegenüber, die wesentlich anderes Verstehen zuläßt, bleibt die Festsetzung von Bedeutung etwas „Künstliches". „Umgangssprachliche" Bedeutung bleibt das Reservoir weiterer produktiver Festsetzungen durch produktive Einbildungskraft im Sinne einer verstandesgemäßen Zweckmäßigkeit.

Von Wörtern soll auf Sachen geschlossen werden können (res ex verbis. XII,26). Von der Lautgestalt der Wörter kann nach dem Kontext der Ausführungen Descartes' aber natürlich nicht auf eine ansichseiende Gestalt oder Natur der Sachen geschlossen werden. Wörter sind Zeichen, aber nicht unmittelbar für die Dinge, sondern für Gedanken, d.h. für die Sachen, wie sie für den Verstand sind. Mit dem Unterscheiden von Sachen als einer Verstandesoperation entsteht erst ein Unterschied von Wörtern im Sinne von diakritisch bedeutenden Lauten oder Schriftzeichen. Das ist der Grund für den unmittelbar möglichen Schluß von Wörtern auf Sachen. Man kann sagen, daß sich deren unterschiedliche Bedeutungen mit ihrem „Gebrauch" durch den Verstand ergeben und nur in diesem Gebrauch bestehen. Nur in ihm sind sie begeistet. Es liegt also nicht irgendwie objektiv fest, wie und wofür sie als Zeichen gebraucht werden. Deshalb ist jedesmal zu unterscheiden (distinguere), „durch welche Ideen die einzelnen Wortbedeutungen unserem Verstand vorgelegt werden müssen" (XIV, 9), d. h. der Verstand muß sie, um sie zu verstehen, immer frisch in

Gebrauch nehmen oder ihre Ingebrauchnahme rekonstruieren. Dann versteht er sie. Es muß also deutlich sein, wie sie in dem jeweiligen Kontext *in Gebrauch genommen* sind. Dieses Wie ist durchaus variabel, ja es muß nach Descartes variabel sein. Das Zeichen wird vom Verstand immer nur von einer bestimmten Seite seiner Bedeutung genommen, in der es via negationis an eine andere Bedeutung angrenzt, weil der Verstand um der Einfachheit und Klarheit seiner Verknüpfungen willen immer nur zwei Aspekte in ihrer notwendigen Relation aufeinander beziehen kann, so wie die Geometer immer nur zwei Dimensionen des Ausgedehnten unmittelbar aufeinander beziehen, obgleich diese Dimensionen nur Abstraktionen von räumlichen Körpern sind. Die anderen Aspekte bleiben quasi abgedunkelt, aber doch so, daß der Verstand sich ihnen jederzeit zuwenden kann. Die Einbildungskraft arbeitet einerseits dem Verstand vor; das kann sie aber nur, insofern sie andererseits es mit einem unausschöpflichen Reservoir von Implikationen der Bedeutungen zu tun behält und etwas so zu verstehen vorschlägt, wie es möglicherweise noch niemand zuvor verstanden hatte. Sonst bliebe ja der Verstand notwendig im Bereich der schon bestehenden Bedeutungsanalysen. Er könnte nur analytische Urteile finden, sich im Grunde nur im Tautologischen bewegen und „nichts Neues" denken. Gerade so versteht Descartes ihn aber ausdrücklich nicht. „. . . obgleich . . . der Verstand schlechthin nur auf die Wortbedeutung achtet, soll die Einbildungskraft dennoch eine wahre Idee der Sache erzeugen, damit der Verstand sich, wenn es einmal nötig sein sollte, ebenso deren anderen in dem Worte nicht ausgedrückten Momenten zuwenden kann und niemals unklugerweise urteilt, sie seien ausgeschlossen" (XIV, 13). Das Zeichen muß also *als* Zeichen, d.h. so genommen werden, daß die Bedeutung von ihm bewußt unterschieden bleibt, damit man sich nicht in einer reinen Zeichenakrobatik verirrt. Es muß so im Verstand gebraucht (bewußt) sein, daß es auf etwas verweist, das *nur unter einem Aspekt* und nur in einer abstrakten Vorstellung durch es repräsentiert wird. Auch von hier aus gesehen ist seine Bedeutung unmittelbar verweisend bzw. unmittelbar syntaktisch, d. h. auf weitere mögliche Aspekte der durch es repräsentierten Sache bezogen. Es wird gesetzt und ebenso unmittelbar aufgehoben. Es *dient* nur dem Verstand zum produktiven Auffinden notwendiger Zusammenhänge als Aufhebung zunächst gesetzter Unterschiede. Es *bedeutet* eine bestimmte, auf bestimmte Weise geregelte Aufhebung eines (abstrakten) Unterschieds, d. h. es *bedeutet* schon als (scheinbar) isoliertes Zeichen eine notwendige Verbindung (coniunctio necessaria), der der Verstand sich nicht zuwenden *muß* – denn er kann sich nicht alles auf einmal „vornehmen" – der er sich aber wesentlich zuwenden *kann*. Es bedeutet also nur insofern „etwas", als es zugleich die Freiheit des Verstandes bedeutet. Anders könnte es kein (konkretes) Ding bedeuten. Von einer Bedeutung als feststehendem Bezug auf äußere Gegenstände ist in alledem also keine Rede. Aber nach diesem Bedeutungsbegriff ist der Verstand doch im Zeichenverstehen wesentlich auf ein anderes als sein *jeweiliges* Verstehen bezogen. Der Verstand operiert zwar nur mit den Zeichen, aber doch so, daß sie über die Einbildungskraft in einer *Bedeutung* gewußt sind, die komplex ist und all die a priori gar nicht angebbaren Verbindungen impliziert, in denen dieses Zeichen stehen kann, wenn auch der Verstand diese Komplexität nicht unmittelbar durchschaut. Er *kann* sie, aber er kann sie *nicht auf einmal* erfassen. Der Verstand ist diese Einheit von Können und Nichtkönnen. (Und er wird als endlicher Verstand sie niemals alle durchschauen. Das wird allerdings erst bei Leibniz zu einem philosophischen Thema.)

Zu *allen* Propositionen, in denen ein Zeichen stehen kann, gehören, weil die Negation zu den einfachen Begriffen gehört, auch alle, in denen es *nicht* stehen kann, d. h. alle positiven und negativen Verbindungen, die es eingehen kann. Alle Zeichen bilden demnach einen einzigen Bedeutungszusammenhang, in dem sie ihren wohlbestimmten Ort einnehmen. Das Zeichen ist die sinnliche Bezeichnung solch eines Ortes, den es anschaulich von allen anderen Orten unterscheidet. Es bezeichnet quasi einen Knotenpunkt von Beziehungen, so, wie ein geometrischer Punkt auf *allen* Linien liegt, die sich in ihm schneiden, auch wenn im Zusammenhang eines bestimmten Problems die Aufmerksamkeit ihn nur als Schnittpunkt zweier Linien betrachten mag. Um seinen Ort zu bestimmen, *genügt* das, und mehr braucht nicht in Betracht gezogen zu werden. Es genügt zur Lösung eines Problems, daß das „Unbekannte einem Bekannten gleich gefunden wird" (XIV, 15), und wenn es mit Hilfe solch einer Proportion gefunden ist, kann man von dort aus weitergehen und sich weiteren Problemen zuwenden, so wie man durch einen in seinem Ort bestimmten Punkt dann auch noch weitere Linien ziehen und sogar in weitere Dimensionen des Bestimmens übergehen kann. „Dimension" ist nach Descartes nichts anderes als ganz allgemein „die Bestimmung und Beziehung, in der ein Gegenstand als meßbar betrachtet wird" (XIV, 16), nicht nur Länge, Breite und Tiefe. Diese räumlichen Dimensionen sind nur mögliche Veranschaulichungen von rein noetischen Bestimmungsdimensionen. Dabei können vom Verstand immer nur benachbarte Dimensionen betrachtet werden, und es kommt nur auf diese Nachbarschaft und deren Veranschaulichung an. Derentwegen kann ohne weiteres eine Dimension depotenziert und ein Fläche z. B. als Linie dargestellt werden, damit die Veranschaulichung der Beziehung zur nächst höheren Dimension anschaulich und übersichtlich bleibt. Die ein Produkt „a · b" darstellende Fläche erscheint in solch einer Depotenzierung als ebenso große Fläche mit der Länge „x" und der Breite „1", wobei „x" sich aus der Proportion „a : 1 =

x : b" ergibt. In dieser Auffassung ist der Zahl der Dimensionen natürlich keine Grenze gesetzt. Es geht hier ja auch gar nicht um räumliche, d. h. äußere Verhältnisse, sondern um verstandesgemäße Verhältnisse und deren methodische Aufbereitung für einen in seinem Fassungsvermögen begrenzten Verstand, letztlich also um Finitisierungsprobleme. Diese Veranschaulichung ist für einen begrenzten, d. h. den menschlichen Verstand allerdings nichts Nebensächliches, denn er kann seine Aufmerksamkeit nur auf „eine oder zwei" Dimensionen richten (XIV, 18), wenn er *methodisch* vorgehen will, um Irrtümer zu vermeiden. *Gemeint* ist dagegen immer ein Gegenstand, der prinzipiell „unendlich vieler Dimensionen fähig ist" (XV, 1), so daß dem methodischen Fortschreiten von ihm aus keine Grenzen gesetzt sind, wenn der Verstand sich weiter mit ihm befassen *will*. Das kann auch so ausgedrückt werden, daß man sagt: wie er „an sich" ist, ist für den Verstand völlig unerschöpflich. Daß der Verstand vom Gegenstand aus in seiner Analyse nicht begrenzt und daß der Gegenstand für den Verstand unerschöpflich sei, sind einander implizierende Aussagen. Der Verstand hat den Gegenstand immer nur in seinen eigenen einzelnen Bestimmungsschritten, die wesentlich endlich sind, und die in diesen Schritten getroffenen Bestimmungen sind zum Gegenstand ebenso inkommensurabel wie das Endliche zum Unendlichen. Der Gegenstand stellt sich im Verstand als unendliche Reihe von Bestimmungen in unendlich vielen Dimensionen dar, von denen der Verstand aktuell jeweils nur mit unmittelbar benachbarten Gliedern zu tun haben kann, die er gemäß der Bedeutung dieser Glieder auseinander ableitet. Die allgemeine Form einer direkten Ableitung ist „a : b = b : x", die einer indirekten „a : x = x : b". In ihr ist das Unbekannte als Einheit *verschiedener* „Momente", unter verschiedenen Aspekten seiner Bedeutung zu bestimmen.

Aber Descartes geht es in alledem natürlich nicht um diese primitiven mathematischen Verhältnisse[9]. Es geht um den Aufweis, daß sich der menschliche Geist auch bei der Erörterung philosophischer Fragen in solchen primitiven Schritten bewegen müsse, wenn er nicht fehl gehen wolle, und im Mittelpunkt steht hier das Wahrheitsproblem. Auch dieses Problem hat eine primitive und eine komplexe Seite. Der primitive und deshalb auch für den späteren Descartes *grundlegende* Wahrheitsbegriff ist die Intuition, das Erfassen einfachster notwendiger Verbindungen. Er bleibt grundlegend, auch wenn man sich komplexen Problemen zuwendet. Das klassische Wahrheitsproblem als Problem der Übereinstimmung des Verstandes mit einem äußeren Sachverhalt ist ein komplexes Problem. Es

[9] Die mathematischen Beispiele sollen auf „verschiedene Schwierigkeitsgattungen" (difficultatis genus. VI, 8) „auch in anderen Disziplinen" (VI,9) hinweisen (vgl. u. S. 143).

setzt zu seiner Lösung den primitiven Wahrheitsbegriff voraus[10]. In ihm sind extreme Positionen „gegeben", nämlich die Begriffe des Verstandes selbst und des äußeren Gegenstandes. Es gibt keine *unmittelbare* Einsicht in einen notwendigen Zusammenhang zwischen ihnen. Denn die Relation

[10] Vgl. z. B. Meditationes de prima philosophia, Meditatio V,6: „et jam fuse demonstravi illa omnia quae clare cognosco esse vera; atque quamvis id non demonstrassem, ea certe est natura mentis meae ut nihilominus non possem iis non assentiri, saltem quamdiu ea clare percipio", und ferner ebd. V, 7: „Jam vero si ex eo solo, quod alicujus rei ideam possim ex cogitatione mea depromere, sequitur ea omnia quae ad illam rem pertinere clare et distincte percipio, revera ad illam pertinere, nunquid inde haberi etiam potest argumentum, quo Dei existentia probetur?" Das leuchtet lediglich „auf den ersten Blick nicht ganz ein (prima fronte non est omnino perspicuum)". Bei sorgfältiger Analyse wird dagegen „deutlich (fit manifestum)", daß Dasein und Wesen Gottes über notwendige Verbindungen verbunden sind. Dieser Wahrheitsbegriff des Einsehens (intuitio) der notwendigen Verbindungen, d. h. der der „Regulae", bleibt also auch für den Gang der „Meditationes" maßgebend. Diese explizieren nur einen prima fronte undeutlichen Gedanken als Kette von Schritten aus *deutlichen* Wahrheiten. – Der These von einer „Selbstkritik" Descartes' kann also nicht zugestimmt werden, wenn damit gemeint ist, daß diese Selbstkritik sich auf den Standpunkt der „Regulae" beziehe (L. Gäbe, Descartes' Selbstkritik. Untersuchungen zur Philosophie des jungen Descartes, Hamburg 1972). Gäbe knüpft an dem in den „Prinzipien der Philosophie", Erster Teil, § 45 dargelegten Unterschied zwischen „klar" und „deutlich" an. „Klar" nennt Descartes „illam, quae menti attendenti praesens et aperta est". „Deutlich (distinctam)" „illam, quae, cum clara sit, ab omnibus aliis ita sejuncta est et praecisa, ut nihil plane aliud, quam quod clarum est, in se contineat". Von hier aus folgert Gäbe, „der ‚Deutlichkeitsbegriff' des klassischen Descartes" beinhalte, im Unterschied zu einem bloßen Klarheitsbegriff des jungen Descartes der „Regulae", „stets eine diskursive Antwort auf die Frage, *was* der Gegenstand der Erkenntnis *in Wahrheit*" sei (L. Gäbe, a. a. O., S. 59). Es ist in der zitierten Stelle über die Deutlichkeit aber lediglich gesagt, wie es dann im § 46 der „Prinzipien" noch ausgeführt wird, daß von Deutlichkeit dann zu reden sei, wenn eine klare Vorstellung nicht mit einem dunklen Urteil darüber, etwa dem Urteil, das dieser Vorstellung eine Entsprechung in einem davon verschiedenen Gegenstande zuspricht, verbunden wird. Der Gegensatz zwischen den „Regulae" und dem „klassischen" Descartes besteht nicht darin, daß in den „Regulae" „expressis verbis auf die Frage, was der erkannte Gegenstand seiner wahren Natur nach sei, verzichtet" wird (Gäbe, ebd.), sondern darin, daß diese Frage dort ihrer Schwierigkeit wegen und zur Vermeidung „dunkler Urteile" noch dahingestellt bleibt. Hier geht es ja zunächst um die *Methode* zur Lösung von Fragen überhaupt, nicht aber um solche Fragen um ihrer Lösung selbst willen. Später wendet sich Descartes auf der Grundlage *dieser Methode* dann der Frage nach der Gegenständlichkeit zu. Die Methode bleibt als solche natürlich „unabhängig von jeder . . . theologischen Sicherung der sinnlichen Wahrnehmung durch die Prinzipien der Methode allein garantiert" (Gäbe, a. a. O., S. 85), schon weil eine solche Sicherung selbst streng methodischen Regeln folgen muß, wenn sie überhaupt eine argumentative Sicherung sein soll. Es sind also kaum die „Regulae" in ihrer Substanz, die Descartes kritisiert, wenn er sich schriftstellerisch gegen einen früheren, unkritischen Standpunkt wendet. – Die metaphysische Frage der Untrennbarkeit von Dasein und Wesen Gottes wird in den „Meditationes" (V, 8) ausdrücklich mit der Untrennbarkeit von Wesen und Winkelsumme des Dreiecks sowie mit der Untrennbarkeit der Vorstellungen von Berg und Tal, also mit solchen Beispielen „notwendiger Verbindungen" in methodischer Hinsicht gleichgesetzt. Vgl. auch Meditationes V, 10.

ist, als die zwischen endlich vielen vollziehbaren Bestimmungen des Verstandes und unendlich vielen möglichen Bestimmungen des Gegenstandes, selbst unendlich. So ist es vom Verstand aus gesehen. Es geht hier also darum, diese Lücke zu schließen. Wie das vonstatten gehen kann, legt Descartes in den „Meditationes" dar. Er benutzt dabei eine Einsicht, die schon in den „Regulae" als Beispiel für eine primitive Einsicht bzw. primitive Wahrheit genannt war: ich denke, ich bin, Gott ist. Das ist ein Stück einer aus notwendigen Verbindungen generierten Ableitung. Nun hat der Begriff „Gott" aber nicht nur die abstrakte Bedeutung, notwendig zu sein, wenn ich bin. Das würde ja, da „ich bin" nur folgt, solange (quamdiu) ich denke, sogar implizieren, er sei nur, solange ich denke. Durch einen Punkt gehen mehr Linien, als für seine Bestimmung von gegebenen Punkten aus notwendig sind. So ist „Gott" nicht nur als ursächliche Voraussetzung meiner Existenz, sondern auch, im Gegensatz zu meiner Unvollkommenheit, als vollkommenes Wesen bestimmt. In seinem Begriff „schneiden sich" zwei Wege (die Gottesbeweise der III. und V. Meditation)[11]. Nachdem nun seine Existenz abgeleitet ist, wird auf die Vollkommenheit als weitere Bedeutungskomponente des Wortes „Gott" zurückgegriffen. Der Verstand wendet sich mittels der Einbildungskraft, die ihn bewegt (motiviert), den „anderen, in dem Wort", so wie es zunächst gebraucht war, „nicht ausgedrückten Momenten" (conditiones) zu[12]. Aus diesem

[11] In V, 10 der „Meditationes" wird diese „Kreuzung" ausdrücklich benutzt, um den später von Kant erhobenen Einwand auszuschließen, daß aus der Unmöglichkeit, den *Begriff* Gottes ohne dessen Existenz zu denken, noch nicht die wirkliche Existenz folge. Der Gedanke der 3. Meditation wird aufgegriffen, daß „die Notwendigkeit der Sache selbst (ipsius rei), nämlich des Daseins Gottes, mich zu diesem Gedanken bestimmt". Die *Sache selbst* ist der Kreuzungspunkt *verschiedener* Verstandesoperationen, die der Verstand aber seiner diskursiven Eigenart wegen methodisch *nacheinander* vollziehen muß. Die *Einbildungskraft* hält sie zusammen. Die *Sache selbst* ist also Korrelat der *Imagination.* Sie leitet gegenüber dem analytischen Verstand zur absoluten Wahrheit.

[12] Descartes, Regulae XIV, 13. – Es muß fragwürdig erscheinen, die „Einbildungskraft", wie in den „Regulae" von ihr die Rede ist, als „Pendant" zum „lumen naturale" anzusehen (vgl. die Anm. 26 zu Regulae XII, 14 in der Ausgabe von H. Springmeyer, L. Gäbe und H. G. Zekl, Hamburg 1973, S. 199) und zu sagen, das „lumen naturale" sei, als Vermögen der Selbstreflexion, Kriterium für die Erkenntnis von Intelligiblem, die Einbildungskraft dagegen (nur) Kriterium für die Erkenntnis von Körpern. Zwar ist nach Descartes „allein der Verstand befähigt", die Wahrheit zu erfassen. Das gilt nicht nur für die „Selbstreflexion", sondern generell. „Gleichwohl muß er von der Einbildungskraft, den Sinnen und dem Gedächtnis unterstützt werden, damit wir ja nichts unterlassen, was in unseren Kräften steht" (XII,2). Anders könnte nicht von Dingen, wie sie in *unserer* (bedingten) Erkenntnis sind, die Rede sein. Für uns bleibt der Begriff der Deutlichkeit (Distinktheit) an das *Verdeutlichen* mittels der Einbildungskraft gebunden. (Vgl. den *methodischen* Vorrang der Ortsbewegung, Regulae IX, 5; ferner die Regel XIV). Das mathematische, auf „Körper" bezogene Erkennen ist nicht Selbstzweck der Erkenntnis von Körpern als eines besonderen objektiven Bereichs (Anhang zur Regel 4), sondern

Moment der Vollkommenheit folgert er dann, daß Gott, als mein Urheber, zugleich auch ein gütiger Gott (deus benignus) sei, der mich nicht täusche, und daraus folgt dann notwendig die (unmittelbar überhaupt nicht in die Form von Kommensurabilität zu bringende) Übereinstimmung des Verstandes mit der äußeren Sache. „Gott" ist das „x" in der Proportion „Ich : x = x : Außenwelt". Hierbei wird einsichtig, daß das „x" in zwei Momenten (conditiones) seiner „Idee" abgeleitet werden muß. Es folgt aber nicht, daß „Gott" hier „Lückenbüßer" sei, denn hier kann er nur als verbindendes Glied „eingesetzt" werden, weil er in anderen Ableitungen, z. B. in der Ableitung „ich denke, ich bin, Gott ist", in einer unmittelbaren Evidenz als existierend begriffen ist. Der ganze Gang der „Meditationes" stellt sich also in Reihen von Proportionen dar:

generelle Methode des Erkennens endlicher (und damit *auch* körperlicher) Subjekte der Erkenntnis. Zwar kann man sich keine körperliche Idee denken, die in der Einbildungskraft vorstellte, *was* (quid) „Erkenntnis", „Zweifel", „Unwissenheit" usw. sei (XII, 14). Auf die ansichseienden „Naturen" der Sachen soll sich das Erkennen ja auch nicht unmittelbar richten. Es richtet sich auf *Probleme*, wie sie sich *für uns* in unserer Bedingtheit *in Beziehung auf* „Erkennen", „Zweifel" und andere unkörperliche Ideen ergeben, und unser Erkennen muß *uns* angemessene Schritte zur Lösung der Probleme unternehmen, so wie sie sich uns stellen. (Ein unbedingtes, nicht mit einem Körper verbundenes Subjekt hätte natürlich erst keine Probleme.) Zur Lösung der *Probleme* in bezug auf die vom „lumen naturale" erfaßten Ideen sind diese Probleme in geeigneter Weise einzuteilen, auf lösbare Teilprobleme hin zu analysieren und in ihren einzelnen Teilen im „Gedächtnis", also mittels der Einbildungskraft, festzuhalten und nach Bedarf abzurufen, und *dafür* ist die Einbildungskraft, so wird man Descartes interpretieren müssen, unentbehrlich (vgl. Regel XIV). Descartes sagt nur, „daß der Verstand, wenn er sich mit etwas beschäftigt, worin es nichts Körperliches oder dem Körper Ähnliches gibt, von jenen Fähigkeiten" (Einbildungskraft, Sinne, Gedächtnis) „nicht unterstützt werden kann". Hier sind natürlich die empfangenden *Sinne* nicht im Spiel. Sie könnten nur stören, und die Einbildungskraft ist hier *soweit wie möglich*, „quantum fieri poterit", aus dem Spiel zu lassen (XII, 11), damit die *einfache Unmittelbarkeit* dieser in ihrer unmittelbaren Einfachheit notwendig unkörperlichen Gegenstände, wie z. B. „Erkenntnis", aber auch „Bewegung" („quis ignorat quid sit motus?" XII,23) oder „Ausdehnung" (im Unterschied zum Ausgedehnten: „extensio non est corpus" XIV, 9) nicht selbst wieder verundeutlicht wird. Die Unterscheidung zwischen solchen einfachen und folglich unkörperlichen Ideen selbst und der methodischen Funktion der Einbildungskraft bei der Lösung von *Problemen* wird von Descartes ja gerade in dem Zusammenhang gemacht, in dem es heißt, daß „wir aber von nun an nichts mehr ohne Hilfe der Einbildungskraft durchführen werden" (XIV, 9). Gerade um ihre *methodische* Funktion zu verdeutlichen und rein zu erhalten, muß davor gewarnt werden, sich die einfachen intelligiblen Ideen selbst noch mit Hilfe der Einbildungskraft „verdeutlichen" zu wollen. Sie sind um des in den „Regulae" entwickelten Begriffs von Methode willen als *unmittelbar* deutliche Ideen vorauszusetzen, als methodisches Pendant zur *vermittelnden* Arbeit der Einbildungskraft, als das, wobei der *Anfang* zu machen und auf dessen ursprüngliche Deutlichkeit hin alle Vermittlung von Deutlichkeit anzulegen ist, nicht aber als besonderer Bereich von *Objekten* der Erkenntnis. Vgl. unten, S. 145ff.

1. ich denke, ich bin, Gott ist.
2. ich denke mich als unvollkommen, ich habe die Idee eines vollkommenen Wesens, das ich Gott nenne, Gott ist vollkommen. (Das letzte Glied der ersten Reihe wird durch das letzte der zweiten Reihe substituiert, und dann wird weiter abgeleitet:)
3. Gott, der existiert, ist vollkommen, er täuscht nicht, ich erkenne die Außenwelt. Das letztere konnte ich auf intuitive Weise nicht begreifen. Nun habe ich es aber abgeleitet.

In diesen Denkschritten erweist sich die Möglichkeit der Asymmetrie der Begriffsverhältnisse als von grundlegender Bedeutung. Zeichen sind zwar unmittelbar in ihrer Bedeutung wechselseitig definiert, wie zum Beispiel: „unvollkommener Verstand": „vollkommener Verstand" = „Mensch": „Gott". Aber jedes dieser Zeichen kann auch noch auf eine andere Weise definiert sein, so daß die Bedeutung dieses Zeichens (sein Bedeutendsein, d. h. sein Zeichensein) nicht von der Existenz der Bedeutung des anderen Zeichens, durch das es in der ersten Definition definiert war, abhängt. Es kann also auch, respektive dieser Definition, unabhängig von dieser Dimension oder „an sich" eine Bedeutung haben. Eine Definition definiert dann nur ein „Moment" des ganzen Inhalts der Bedeutung. So ist Substitution möglich, als Übergang in eine weitere Bestimmungsdimension. Die Bedeutungen „Mensch" und „Gott" verhalten sich z. B. so zueinander, daß „Gott" wesentlich mehr Bestimmungsdimensionen hat, als Menschen erfassen können, *und daß Menschen dies (via negationis) erfassen können*, ist selbst eines dieser Momente in der Bedeutung von „Gott", aber, wie der Weg dahin ergeben hat, eben nur *eines* der Momente. Sobald aber von den Momenten, soviele es an sich auch sein mögen, auch nur zwei auf verschiedenen Wegen (mittels verschiedener, also bestimmter Negationen) erfaßt sind, sind *genügend* viele (per sufficientem enumerationem. VII, 5) erfaßt, um von da als von einer gesicherten Basis aus weiter in notwendigen Verbindungen fortschreiten zu können, obwohl, da der Rest immer noch unendlich ist, vom „Wesen" der Sache, wie sie an sich sein mag, positiv noch nichts erkannt ist.

Es läuft also schließlich alles auf den *primitiven* Begriff der Wahrheit hinaus. Dieser Begriff ist aber eigentlich kein „Begriff" in dem Sinne, daß hier mit anderen Begriffen „erklärt" würde, was Wahrheit ist. Dann müßte er aus diesen anderen Begriffen abgeleitet werden. Dieser „Begriff" ist eigentlich ein Vollzug, wie er in jeder geistigen Tätigkeit nach der Form des Verstehens des Übergangs von einer Position zu deren Negation geschieht (der ja auch schon der Fassung der Position als einer bestimmten zugrunde lag). Man kann nicht mit anderen Begriffen „erklären", was

„Negieren" bedeutet, ohne zu negieren, d. h. ohne zu unterstellen, daß der andere, dem man es erklären will, selbst schon negieren *kann*. Wahrheit in diesem primitiven und grundlegenden Sinn ist also genau das, was man bei allen als Können unterstellt, denen man auch nur irgendetwas „erklären" will. Sie ist das grundlegend Verbindende.

Im Zusammenhang dieser Interpretationen wird im Gegensatz zu einer vorherrschenden Tradition der Descartesinterpretation die methodische Funktion der *Einbildungskraft* für die „bona mens" oder „scientia generalis" überhaupt, also *auch* für die Erörterung metaphysischer Fragen hervorgehoben, obwohl dies bei Descartes selbst so nicht ausgeführt ist. Deshalb soll im folgenden noch eine kurze Erläuterung des Interpretationsvorschlages im Hinblick auf die späteren Schriften versucht werden. Eine ausführliche Untersuchung der systematischen Funktion der Einbildungskraft für Descartes' Wahrheitsbegriff steht noch aus. Sie würde den hier vorgegebenen Rahmen sprengen.

Auch in den späteren Schriften ist die Funktion der Einbildungskraft der Sache nach nicht auf die Erkenntnis körperlicher Dinge als eines besonderen ansichseienden Seinsbereiches beschränkt, sondern eher als körperliche Zuwendung zu Dingen zu verstehen, wenn auch Descartes der Themenstellung nach hier nicht ausdrücklich auf diese ihre *methodische* Funktion reflektiert. Es entspricht ganz dem Gesichtspunkt der „Regulae", wenn es im „Discours de la méthode" heißt, daß die (einfachen) Vorstellungen metaphysischer Entitäten, wie die Vorstellungen Gottes und der Seele, niemals „zuerst in den Sinnen" gewesen seien. Hier wird eine sensualistische Position abgewehrt. Weder unsere Einbildungskraft noch unsere Sinne *für sich* sollen über irgend etwas sichere Erkenntnis verschaffen können, *wenn der Verstand nicht mitwirkt* (si notre entendement n'y intervient)[13]. Die *reine* Einbildungskraft führt auch schon nach den „Regulae" in die Irre, aber nicht die dem Verstand methodisch zuarbeitende. Entsprechend wendet Descartes sich in den „Meditationes" gegen den Versuch, die Einbildungskraft zu bemühen, „um deutlicher zu erkennen, wer ich bin"[14]. Auch hier geht es nur um das reine Erfassen der *einfachen* Verbindung „ich denke, ich bin". Da dieses Erfassen absolut leicht ist, könnte die „Hilfe" der Einbildungskraft, die im Gegensatz dazu *Anstrengung* (animi contentio) impliziert, *hier* nur verwirren. Ebenso ist es hier auch mit der Erkenntnis Gottes (VI, 1). Seine Existenz erkenne ich absolut leicht aus einer notwendigen Verbindung heraus (und zwar so, daß dieser Gott *dieser Erkenntnis nach* alles das bewirken können muß, was ich deutlich erkennen kann, und nur das nicht bewirken kann, dessen

[13] Discours de la méthode, IV, 6.
[14] Meditationes, II, 7.

deutliche Erkenntnis einen Widerspruch bedeuten würde. Sonst würde er mich durch meine Unfähigkeit, etwas Seiendes zu erkennen, täuschen).

Beim späteren Descartes wird lediglich immer wieder betont, daß ich die Einbildungskraft „zum Verstehen nicht nötig habe“ (non utor ad intelligendum. VI, 2), d. h. daß der Verstand für sich eine mir mögliche absolute Erkenntnisquelle ist und daß die *Auflösung* der sich ergebenden Probleme in rein verstandesmäßige Evidenzen vernünftiges *Ziel* meiner „Anstrengungen“ sein kann (und muß). Da ich die Gewißheit meiner selbst aus dem ganz *einfachen* und ganz *leichten* Gedanken „ich denke, ich bin“ habe, also ohne Hilfe der „anstrengenden“ Einbildungskraft, würde ich, obwohl ich sie in mir (in me. VI, 3) vorfinde, auch ohne sie derselbe bleiben, der ich jetzt bin. Sie gehört nicht zum Wesen (essentia) meiner selbst als denkende Substanz, *so wie ich von dieser einen deutlichen Begriff erhalten kann*. Daraus scheint zu folgen (sequi videtur), daß sie von etwas abhängt, das von *mir als reinem Denkvermögen verschieden* ist (ab aliqua re a me diversa), und dieses andere meiner selbst wird „Körper“ genannt. Ich erlebe es darin, daß sich mir nicht alles *unmittelbar* als absolut deutlich und allgemein verstehbar aufschließt, d. h. darin, daß es für mich überhaupt *Probleme* gibt, deren Lösung mir individuelle Anstrengung abverlangt. Diese Anstrengung der Einbildungskraft, die rein als solche in die Irre leiten kann, kommt zustande, „sofern nämlich mein Körper existiert“. Aber diese Verdinglichung meines Problembewußtseins, meines erlebten Nichtkönnens oder meiner Unfreiheit ist zunächst nur eine *Annahme*, weil sich „keine andere gleich angemessene Erklärung anbietet“. Sie folgt keinem Beweisgrund, „aus dem das Dasein irgendeines Körpers mit Notwendigkeit folgte“ (VI, 3). Sie beinhaltet keine *unmittelbar* gewisse Erkenntnis und verlangt daher eine Auflösung durch einen einfallsreichen Weg, wie Descartes ihn auf dem Weg über den Gottesbeweis vorzeichnet, ohne daß man wiederum *beweisen* könnte, daß diese individuelle Figur des Weges die einzig mögliche sei. Er bleibt also der Weg eines Individuums, das ihn auf seine Weise imaginativ vorentwirft, völlig analog zur Lösung mathematischer Aufgaben, die für Descartes immer nur das *klarste Beispiel* für solche „phantasievollen“ Entwürfe für die („anstrengende“) *Auflösung* sich stellender Probleme in deutliche, absolut leichte Verstandesoperationen ist.

Die Einbildungskraft gehört nach Descartes nicht notwendig zu meiner Existenz, *so wie diese mir mit absoluter Notwendigkeit*, d. h. auf absolut leichte Weise, *gewiß geworden ist*. Somit ist sie der mir selbst dunkle Aspekt meiner selbst. Man erlebt sie als etwas anderes gegenüber der Fähigkeit des absolut leichten Verstandesvollzugs, d. h. als *Anstrengung*. Deshalb kann aus ihr auch nicht ohne weiteres *mit Notwendigkeit* die Existenz von Körpern folgen. Ich *finde* mich durch sie lediglich faktisch auf Körper, auf meinen Körper in seinem vorstellenden Bezug auf andere Körper, bezogen. Sie ist zwar nicht für die Gewißheit meiner Existenz (und alle andere Gewißheit gleichen Ursprungs) notwendig; aber sie ist für mich doch dann hypothetisch unentbehrlich, *wenn* ich mich Problemen zuwenden will, die sich mir nicht *unmittelbar* rein verstandesmäßig aufschließen und die eben deshalb überhaupt für mich Probleme darstellen. Probleme *habe* ich, insofern ich noch etwas *anderes bin* als die Selbstgewißheit aus einem ganz leicht zu vollziehenden, also problemlosen Denkakt. Daß ich Probleme *habe* und daß ich einen (vom Geist verschiedenen) Körper *habe*, ist in dieser Sicht dasselbe, und daß ich Probleme und einen solchen Körper habe, heißt wiederum, daß ich in der anstrengenden Arbeit meiner Einbildungskraft auf Körper bezogen bin. Eben *dadurch* (per hoc ipsum), daß der Geist sich nach Belieben (pro arbitrio. VI, 3), also *nicht* aus der *Notwendigkeit seines Begriffs* von sich selbst, auf etwas (anderes als er selbst) richten kann, das nicht wie die einfachen Ideen nur im Geist existiert, *imaginiert* er körperliche Dinge, die für ihn *als solche* „dunkle Dinge" oder inkommensurabel zu den Operationen des Verstandes sind. Die Denkart (modus cogitandi) des Imaginierens unterscheidet sich nur soweit vom reinen Verstehen, als der Geist, wenn er versteht (intelligit), sich auf sich selbst richtet und irgendeine der Vorstellungen betrachtet, die in ihm sind. In der Imagination richtet er sich nach Descartes auf Körper. Das aber heißt: Er schaut in ihnen bildlich etwas an, das entweder der von ihm selbst verstandenen oder der sinnlich wahrgenommenen Vorstellung (idea) entspricht. Der Körper ist sozusagen die Vergegenständlichung der Tatsache, daß der Geist nicht immer *unmittelbar* bei sich ist. Das ist der Fall, wenn er sich vorstellend, z. B. als Gedächtnis, auf sich *als* auf ein *anderes* (idea a se intellecta) oder auf ein für ihn als Geist überhaupt nicht verfügbares Moment der Andersheit in ihm (idea sensu percepta) ohne die ihm eigene, innere Notwendigkeit oder arbiträr bezieht (VI, 3), um von hier aus, unter Umständen bereits gedachte Gedanken und neue sinnliche Irritation vermittelnd, methodisch weiterzukommen und über Zwischenglieder, die die Einbildungskraft in geeigneter Weise fest- und auseinanderhält, zu *vermittelten* Einsichten zu gelangen. Keine Behandlung *komplexer* metaphysischer Sachverhalte wird ohne ordnendes Gedächtnis, und d. h. nach Descartes schon: ohne Imagination und Zeichen möglich sein. Ob die Einbildungskraft benötigt wird oder nicht, hängt nicht davon ab, ob Physisches oder Metaphysisches behandelt wird, sondern davon, ob etwas ein Problem (als res complexa, composita bzw. obscura) oder ob es einen unmittelbar evidenten Sachverhalt (als res simplex) darstellt[15]. Der komplexe Sachverhalt muß von

[15] Vgl. Regulae IX, 3: sed tota diversitas est in via, quae certe longior esse debet, si ducat ad veritatem a primis et maxime absolutis principiis magis remotam. Vgl. auch ebd. XII, 25.

der Einbildungskraft *so* eingeteilt und dadurch finitisiert werden, daß der endliche, diskursive Verstand in endlich vielen Schritten mit seiner Bestimmung dieser Sache zu Ende kommen kann. Der komplexe Sachverhalt muß für den Verstand als einteilbar, d.h. als Körper *vorgestellt* werden.

Die Imagination ist dasselbe wie das Vorstellen von Körperlichem aus der Individualität oder Körperlichkeit meiner selbst heraus. Sie ist aus dem Begriff meiner selbst, wie ich ihn problemlos habe, als etwas anderes ausgeschlossen, aber dennoch *vorhanden*. Ich benötige sie nicht, weil ich mich einem besonderen ontischen Bereich körperlicher Dinge zuwende; solch ein Zuwenden bliebe mir äußerlich; es bliebe ein willkürlicher subjektiver Akt. Aber weil ich selbst mich als noch etwas anderes denn als das *vorfinde*, als was ich mir selbst ganz leicht gewiß bin, ergeben sich mir Probleme und ich bleibe auf die Stütze des auseinanderhaltenden figürlichen Vorstellens angewiesen. Die „Objekte" der Einbildungskraft, die Descartes „Körper" nennt, können ja nicht als solche schon körperliche Dinge sein, denen in gnoseologisch gesicherter Weise reale Existenz zugesprochen wird. Von solchen real *existierenden* Körpern können wir gerade Descartes zufolge erst als von objektiven Korrelaten unseres klar und deutlich erkennenden *Verstandes* (und eben nicht der Einbildungskraft) sprechen. Das rein vom Verstand erfaßte Wesensmerkmal solcher körperlichen Substanzen ist der selbst unausgedehnte, unkörperliche, reine *Begriff* der Ausdehnung (res extensa) im *begrifflichen* Unterschied zur res cogitans. Was wir uns dagegen noch bildlich vorstellen und auseinanderlegen, ist das (noch) nicht in Begriffe des Verstandes Aufgelöste, folglich (noch) *nicht* (über den Beweis eines deus benignus) als wahrhaft seiend zu vergewissernde Korrelat des jeweils verbleibenden Problembewußtseins. Von diesem Korrelat kann folglich auch noch nicht als von einem besonderen Seinsbereich gesprochen werden[16].

Die Einbildungskraft – so wird man Descartes konsequenterweise auch dort interpretieren können, wo er nicht mehr in dieser Weise terminologisch von ihr spricht, eben weil er nicht mehr auf die *Methode* endlicher Wesen *reflektiert* wie in den „Regulae", sondern sie individuell auf vorkommende Probleme anwendet, um sie im Interesse der Überwindung solcher „körperlichen" Individualität und Befindlichkeit aufzuheben – ist für uns überall dort unentbehrlich, wo sich uns trotz der Fähigkeit unseres Verstandes Probleme stellen, die wir uns erst einfallsreich so *vorstellen* (imaginieren) müssen, daß sich *dadurch* dann eine rein verstandesgemäße und deshalb von jedermann leicht nachzuvollziehende

[16] Die Einbildungskraft bei Descartes als „contentio animi" deutet bereits in die Richtung der Hegelschen „Anstrengung des Begriffs" und damit des als individuell zu begreifenden „Begriffs" (s. u. S. 225, Anm. 9).

Lösung abzeichnet. Sie ist das individuelle (körperliche) Vermögen hierzu. So ist sie sozusagen als ein individuelles Vermögen zur Überwindung der individuellen Befindlichkeit mit dem Ziel der verstandesmäßigen Auflösung unserer Probleme verstanden. Mit ihr allein blieben wir in *jedem* Erkenntnisbereich – auch in dem der Geometrie und Physik und nicht nur in dem der Metaphysik – im individuellen Vorstellen befangen. Es ist ja gerade Descartes' mathematische Grundidee, daß auch in der Geometrie das (körperliche, imaginative) Vorstellen von Körpern als unwesentlich hinter der Auflösung in absolut leichte Verstandesschritte verschwinden soll[17]. Es geht Descartes um einheitliche Prinzipien *aller* Wissenschaften, um eine „bona mens" menschlicher Weltorientierung überhaupt (scientia generalis).

Wenn der hier skizzierte Interpretationsansatz auch über das bei Descartes deutlich Ausgeführte hinausgeht und sich von gewissen philosophiehistorisch späteren Überlegungen leiten läßt, so erscheint er mir doch als mit den Texten verträglich und als philosophische Interpretation berechtigt, da er geeignet ist, systematische Zusammenhänge zu sehen, wo sonst Brüche festgestellt werden. – Das Problem der Erreichbarkeit des *Zieles* einer sich selbst aufhebenden Funktion der Einbildungskraft ist bei Descartes allerdings vor allem in den metaphysischen Fragestellungen der „klassischen" Schriften verdrängt. Daß solch ein Ziel philosophisch selbst problematisch bleibt, muß ein kritisches Licht auf den philosophischen Stellenwert der Cartesianischen „einfachen" Ideen werfen. Es ist zu fragen, ob deren Vollzug sich überhaupt von der (endlichen) Befindlichkeit in historischen semantischen Zusammenhängen und damit von einem individuell-historischen, d.h. in der Sprache Descartes': körperlichen Vermögen menschlichen Geistes ablösen läßt. Leibniz setzt hier wieder an.

3. Das Problem der Begründung von Wahrheit im „cogito"

In den „Regulae" ist der Zusammenhang der Propositionen „ich denke" und „ich bin" *eine* der notwendigen Verbindungen, die Descartes als Beispiele für solche notwendigen Verbindungen nennt. Andere Beispiele sind „ich denke, Gott ist" oder auch „3 + 4 = 7". Es kommt hier natürlich nicht auf die Inhalte der Beispiele an, sondern allein darauf, wofür sie Beispiele sein sollen, und man hat sie verstanden, wenn man ohne weiteres nun weitere Beispiele bilden kann. Eine Ableitung (Deduktion) bildet man dann, wenn man Beispiele für notwendige Verbindungen so aneinanderreiht, daß das letzte Glied einer solchen Verbindung zugleich erstes Glied in

[17] Vgl. das Beispiel vom Fünfeck und Tausendeck, Meditationes, VI, 3.

einer weiteren notwendigen Verbindung ist: „a:b, b:c, c:d, . . .“. Man *kann* eine solche Reihe ganz leicht bilden, wenn man das Beispiel hat, und dabei kommt es darauf an, daß man den Inhalt *zugleich als Beispiel* versteht. Es gehört also zum Wesen der notwendigen Verbindungen, daß es nicht nur *ein* Beispiel für sie gibt. Auch „ich denke, ich bin“ ist wesentlich nur ein Beispiel. Ebenso ist es in den „Meditationes“, denn von dem „ich bin“ aus wird hier weiter deduziert, und es ergibt sich die Reihe „ich denke, ich bin, Gott ist, Gott ist vollkommen. Als Vollkommener täuscht er mich nicht, ich erkenne die Außenwelt“. Das „cogito, sum“ ist also nicht seinem Inhalt nach, sondern wegen der notwendigen Verbindung, als die es sich ergibt, die Grundlage. *Was* diese Verbindung aber ist, stellt sich wesentlich nur im Beispiel dar, das ihr zufolge gebildet bzw. verstanden wird. Sie ist die Tatsache dieses Bilden- und Verstehenkönnens der Beispiele. Nur im Beispiel läßt sie sich aufweisen, und zwar so, daß einer ein Beispiel bildet und ein anderer es versteht und eventuell weitere Beispiele bilden kann. Das Können notwendiger Verbindungen, das der Verstand ist, bestätigt sich also nicht in der Wiederholung desselben, sondern in der Bildung *anderer* Beispiele *für* dasselbe. So stellt auch Descartes das dar, was er mit den notwendigen Verbindungen meint. Sie lassen sich nicht unmittelbar darstellen, sondern, wie jedes Können, nur im Produkt dieses Könnens aufweisen, analog zu der Bestätigung einer bestimmten Fertigkeit durch ein hervorgebrachtes Werk.

In ausführlicher Schreibart lautet das Beispiel „cogito, sum“: „ich kann nicht denken, ohne zu sein.“ In der Bedeutung von „denken“ ist impliziert, daß es das Denken eines Seienden ist, d. h. in der Sprache der Metaphysik: daß es Modus einer Substanz ist. „Denken“ ist semantisch als Modusbezeichnung kategorisiert, d. h. syntaktisch verlangt es notwendig ein Subjekt, mit dem es als Prädikat, als Bezeichnung von dessen „Zustand“ (Modus) verbunden wird. Die notwendige Verbindung stellt sich als in der Semantik eines Wortes einbeschlossene Anweisung für seinen syntaktischen Gebrauch heraus. In diesem Beispiel handelt es sich um ein Wort, das wegen seiner Bedeutung die Verbindung mit einem Wort verlangt, das als substantiell (seiend) kategorisiert ist, d.h. in dessen Bedeutung Existenz impliziert ist[1], und zwar in der näher bestimmten Weise, daß es auch dann existiert, wenn es nicht mit dieser anderen, eine modale Kategorisierung tragenden Bedeutung verbunden ist. Mehr kann also mit dem „sum“ nicht gemeint sein, das sich in dieser notwendigen Verbindung ergibt. „Denken“ *bedeutet* die Verweisung auf *etwas*, das

[1] Die Sprache kennt viele solcher Bedeutungen, z. B. „Anschauungsgegenstand“, „Gegebenes“, usw. Man kann in diesen Bedeutungen nichts meinen, ohne dessen Existenz mitzumeinen (vgl. o. S. 51).

denkt und das *ist,* nicht nur, insofern es denkt, wenn sich die Gewißheit dieser Voraussetzung natürlich auch nur im Denken, d. h. solange es stattfindet, herstellt. Die notwendige Verbindung expliziert die Semantik des Wortes „denken“. Alle notwendigen Verbindungen explizieren die Semantik. Dem muß die Vorstellung zugrunde liegen, daß die Semantik wesentlich auch Syntaxanweisungen impliziert.

Das so gewonnene Existierende existiert als Substanz oder als Selbständiges dann notwendig nur in Relation zu dem Modus, von dem her es notwendig als solches erschlossen ist. Es ist nur respektive der Kategorisierung dieser anderen Bedeutung als Modus Substanz. Es ist die Verneinung, nur Modus zu sein, gegenüber einem bestimmten Modus, hier dem des Denkens. Damit ist es also nicht notwendig als absolute Substanz kategorisiert. Im Gegenteil: insofern das Denken schon als defizientes Denken (Zweifel, Möglichkeit des Irrtums) bestimmt war, überträgt sich die Defizienz auf die notwendig dazugedachte Substanz als deren Grund. Es ist nicht notwendig Substanz, sondern nur in *dieser* Verbindung, die notwendig eine Substanz setzt, ist es *als* Substanz gesetzt. Diese Verbindung nimmt ihren Ausgang von einem schon *seiner Bedeutung nach* Zufälligen, nämlich als Modus Charakterisierten, also von einem notwendigerweise Zufälligen. Das erschlossene Seiende ist so wesentlich bestimmtes und nicht absolutes Seiendes. Die es erschließende notwendige Verbindung ist 1. *Negation,* weil Modus und Substanz ihren Bedeutungen nach eine vollständige Disjunktion bilden, so daß die Negation von „Modus“ dasselbe bedeutet wie „Substanz“, und sie ist 2. *bestimmte Negation,* weil sie ein schon Bestimmtes negiert, nämlich „Modus“, d.h. ein der Bedeutung dieses Begriffs nach eingeschränktes, bedingtes Sein. So ist sie als bestimmte Negation eigentlich Negation der Negation.

Die eigentliche Grundlage ist also auch in den „Meditationes“ die notwendige Verbindung auf der Grundlage der mens als Freiheit. Der Geist setzt, „indem er seine ihm eigentümliche Freiheit gebraucht“, voraus, daß alles das, woran er zweifelt, nicht existiert[2]. *Auf der Grundlage dieser Freiheit* vollzieht er die notwendige Verbindung „cogito, sum“. Sie ist identisch mit einer Entschränkung des Blickes, der sich nur ein Moment der Bedeutung eines Begriffs vorstellt, ohne sich die Momente mit vorzustellen, die in dieser Bedeutung ebensogut impliziert sind. Im Beispiel „ich denke, ich bin“ geschieht solch eine Entschränkung (Negation der Negation) durch das Hinzudenken der denkenden Substanz zum Denkakt. Das Ausgezeichnete dieses Beispiels besteht nun darin, daß es sich immer dann ergibt, wenn überhaupt gedacht wird. Es ist zwar so zufällig wie Beispiele überhaupt, aber es ist allem Denken mit dessen eigener Zufälligkeit

[2] Descartes, Meditationes, Synopsis der 2. Meditation.

zugleich zur Hand, so daß für alles Denken, was es inhaltlich auch denken mag und ob es irrt oder nicht, *indem* es denkt, feststeht, daß ihm selbst eine Substanz zugrunde liegt. Das Denken sucht hier nicht nach einem Beispiel, es ist selbst sein Beispiel.

Dabei ist die Verbindung zwischen „Denken" und „Sein" nicht unmittelbar, d. h. dem positiven Gehalt dieser Begriffe nach, notwendig. Positive Gehalte von Bedeutungen sind *für den Verstand* nicht unmittelbar definit, sondern unausschöpflich. Sie ist vermittelt über die notwendige Verbindung der vollständig gegeneinander bestimmten Kategorien „Modus" und „Substanz". Die notwendige Verbindung ergibt sich dadurch, daß in der Bedeutung „denken" die Bedeutung „Modus" impliziert ist und daß *für den Verstand* die definite Bedeutung Modus die indefinite Bedeutung Denken substituiert. Erst auf dem Boden dieser Leistung der die Bedeutungsmomente abstrakt herausstellenden *und* zusammenhaltenden Einbildungskraft *kann* der Verstand denken. Es ergibt sich folgender Zusammenhang:

Denken
↓
Modus → Substanz (Sein)

Oder: Denken : Modus = Modus : Substanz (Sein).

Was hier stattfindet, sind im Grunde Bedeutungsanalysen. Dabei ist wichtig, daß „Bedeutung" eben so konzipiert ist, daß die Bedeutungen jeweils auch eine Kategorisierung für die syntaktische Verwendbarkeit implizieren, die Bedeutung „denken" z. B. die des Modusseins. Eine Wortbedeutung ist mit syntaktischen Leerstellen umgeben: „Denken" z.B. *verlangt* ein Subjekt. „Gott" dagegen verlangt kein Subjekt, weil es selbst *seiner Bedeutung nach* notwendig immer Subjekt ist. Man hätte diese Bedeutung nicht verstanden, wenn dies nicht mitverstanden sein sollte. Man verwendete das Wort „Gott" nicht „richtig", wenn man seine Existenz bestreiten wollte. Der Satz „Gott existiert nicht" drückt einen vormethodischen Sprachgebrauch aus. Aber man muß natürlich das Wort nicht notwendig so verwenden. Denn man muß die Idee des notwendig Existierenden nicht „Gott" nennen – der Name tut nichts zur Sache –, und man muß überhaupt nicht notwendig von einem notwendig Existierenden sprechen, d. h. man muß die Denkschritte „ich denke, ich bin, Gott ist" nicht vollziehen, man kann die Reihe überall abbrechen, auch wenn man sie begonnen haben sollte. Der menschliche Verstand kann die volle Aufmerksamkeit nach Descartes ja ohnehin immer nur auf zwei benachbarte Glieder einer Reihe und deren notwendige Verbindung richten. Das *Ganze* ist für ihn nicht auf einmal ein möglicher Gegenstand.

Auf das Ganze ist der Mensch vermöge der Einbildungskraft, d. h. auch: *undeutlich* bezogen. Er *denkt* dieses Ganze nicht als Ganzes, sondern nur diskursiv. Der Verstand muß also immer Momente der Bedeutung abblenden. Da eine Bedeutung damit immer für den Verstand unbestimmt viele Momente impliziert, ist der Verstand auch frei darin, welches von diesen Momenten er als nächstes in seine Aufmerksamkeit nimmt, d. h. er kann eine Reihe immer in verschiedene Richtungen (Dimensionen) fortsetzen, z. B. so: (in Pfeilrichtung)

$$\begin{array}{ccccc} a & \rightarrow b & \rightarrow c & \rightarrow \\ \downarrow & \downarrow & \downarrow & \\ A & \rightarrow B & \rightarrow C & \rightarrow \\ \downarrow & \downarrow & \downarrow & \end{array}$$

Jedes Vollziehen einer notwendigen Verbindung bedeutet das Unbeachtetlassen anderer notwendiger Verbindungen, die ebensogut hätten vollzogen werden können. Eine notwendige Verbindung bedeutet wesentlich ein Können (Freiheit) als unmittelbare Einsicht in sie, aber keinen Zwang ihres Vollzugs.

An dieser Stelle ergibt sich die Frage, inwiefern denn Bedeutungen, verstanden als Komplex aus inhaltlich-semantischen und formal-semantischen (syntaktischen) Momenten, überhaupt vom inneren Bau einer *besonderen* Sprache gelöst werden können. Nietzsche machte darauf aufmerksam, daß es der Bau der indogermanischen Sprachen sei, der zu jedem Vorgang, indem er ihn als „Modus" kategorisiere, einen „Täter", eine Substanz verlange. Er versteht diesen Hinweis auch als Kritik an Descartes[3]. Diese Kritik ist zum Teil berechtigt. Sie ist berechtigt, weil sie darauf verweist, daß der Zusammenhang „ich denke, ich bin" nicht unmittelbar in den positiven Bedeutungsinhalten, mit denen der Verstand so nichts anfangen könnte, sondern nur vermittelst des mittleren Gliedes „Modus" ein notwendiger Zusammenhang ist und somit eigentlich (wenn man die Vorarbeit der Einbildungskraft, die Bedeutungen erst einmal verstandesgemäß zu explizieren, hinzunimmt) zu den „indirekten" Deduktionen im Sinne von Descartes gehört[4]. Man müßte dann sagen: „Ich bewege mich in der Struktur einer Sprache S, *in der* die Bedeutung ‚denken' als Bedeutungsmoment die auf eine Substanz (ein zugrundeliegendes Seiendes) verweisende Kategorisierung des Modusseins enthält." Dann wäre im Sinne Descartes' der lückenlose Zusammenhang hergestellt. Gott wäre aber dann auch, im Sinne Nietzsches, der Gott unserer Gram-

[3] Nietzsche, Werke, ed. K. Schlechta, Bd. III, S. 577.
[4] Vgl. Descartes, Regulae, VI, 9.

matik, also nur im Vergessen der *sprachlichen* Bedingtheit des Denkens ein Absolutes.

Die Kritik ist aber in einem anderen Punkt nicht berechtigt. Bei Descartes ist natürlich der Denkakt, insofern von ihm *die Rede* ist, immer unmittelbar schon sprachlich unter einen Begriff subsumiert (unter „Denken", „Zweifeln" usw.). Denken denkt sich unmittelbar als etwas, d. h. in einer bestimmten Bedeutung. Nicht in welcher Bedeutung, sondern daß es sich überhaupt in einer Bedeutung denkt, ist notwendig. Es muß also die besondere Bedeutung *annehmen*. Eine besondere Sprache ist als besondere der Inbegriff der Besonderheit der Bedeutungen, die sie *anbietet* und die, um den Terminus von Descartes beizubehalten, die Einbildungskraft als das Vermögen der (vom Verstand) nicht endgültig auszuschöpfenden Bedeutungen *auslegt*. Sie ist ein System der lautlich-diakritischen Unterscheidung von (besonderen) Bedeutungen, und die verschiedenen Bedeutungen ergeben sich mit dem Unterschied zwischen notwendigen Verbindungen von Bedeutungsmomenten und zufälligen Verbindungen von Bedeutungen. Die Idee der notwendigen Verbindungen selbst ist also nicht sprachgebunden, sondern sprachenverbindend, eben weil sich der Unterschied zwischen notwendigen und zufälligen Verbindungen in jeder Sprache finden muß, damit man in ihr überhaupt sinnvolle Sätze bilden kann. Er verbindet sich notwendig mit der Bedeutung „Sprache". Sonst würden wir dieses Wort nicht richtig verwenden, d. h. wir hätten überhaupt keinen Begriff von (durch notwendige Implikate definierter) Bedeutung. Es hätte dann gar keinen *Sinn*, sich denkend unter einen Begriff zu subsumieren. Alle Begriffe würden zerfließen, weil sie keine Negation gegen andere mehr enthielten.

4. *Übersetzbarkeit*

So hat sich, im Anschluß an eine Rekonstruktion des Wahrheitsbegriffs bei Descartes, ergeben, daß die Frage des Verhältnisses verschiedener Sprachen und das Problem der Übersetzbarkeit unmittelbar zum Wahrheitsproblem gehören. Das erkenntnistheoretische Wahrheitsproblem ist im Ansatz Descartes' ein nur indirekt lösbares Problem. Seiner Lösung muß schon der Wahrheitsbegriff der notwendigen Verbindungen zugrunde liegen, wenn es bei der Behandlung dieses Problems einsichtig zugehen soll. Wenn aber die Reihe von einfachen Denkschritten, in denen sich nach Descartes' Meditationen die erkenntnistheoretische Lösung darstellt („ich denke, ich bin, Gott ist, Gott ist vollkommen, der vollkommene Gott täuscht mich nicht, ich erkenne die Wahrheit"), selbst eine (sprach-) bedingte Reihe ist, d.h. wenn es eine bestimmte Sprache ist, die sozusagen von ihrer inneren Semantik her als Institution die Freiheit und absolute

Leichtigkeit, die Reihe zu durchlaufen, gewährt, dann fragt sich, ob sie sich auf *anders* sprachbedingtes Denken abbilden läßt, und es geht dabei nicht nur um das Problem der Übersetzung von einer „Sprache“ im Sinne einer bestimmten Nationalsprache in eine andere Sprache dieser Art, sondern auch um die Übersetzung aus der „Sprache“ eines Individuums in die eines anderen Individuums, denn Individuen können in dem, was Bedeutungen für sie je implizieren, durchaus voneinander abweichen. Der Verstand hält sich ja nur an die Zeichen, die bestimmte Momente hervorkehren (quod verbo designatur. XIV, 13), und es ist die Einbildungskraft (imaginatio), die dahinter doch irgendwie die Idee (als Gesamtheit aller Bedeutungsmomente) „erzeugen“ (fingere) soll, „damit sich der Verstand, wenn es einmal nötig sein sollte, ebenso deren anderen, in dem Worte nicht ausgedrückten Momenten zuwenden kann und niemals unklugerweise urteilt, sie seien ausgeschlossen“ (ebd.). Die Einbildungskraft „hat“ die Idee. Sie gewährt den Einfall. Welche anderen Momente die Einbildungskraft bereithält bzw. vorgibt, das muß sozusagen eine Sache des Einfalls sein, das soll heißen: des produktiven Daraufkommens. Das muß nicht bei allen das Gleiche sein, und niemals kann es für einen endlichen Verstand alles sein, da ein endlicher Verstand immer nur im diskursiven Aneinanderreihen von nur zweien dieser Momente eine klare und deutliche Intuition einer notwendigen Verbindung zwischen ihnen vollziehen kann. Ein endlicher Verstand gewinnt keinen Überblick über den ganzen Zusammenhang von Bedeutungsimplikaten. Er muß wesentlich immer dann, wenn er eine Richtung einschlägt, unbestimmt viele andere Richtungen, die er an Stelle der einen auch hätte gehen können, liegen lassen. Er abstrahiert notwendig. Man könnte sagen, daß selbst dann, wenn er eine unendlich lange Reihe linear durchlaufen könnte, er immer noch unbestimmt viele Richtungen nicht durchlaufen hätte. Insofern hat er immer eine *bestimmte* Vorstellung von dem in einer Bedeutung Implizierten und aus ihr analytisch zu Folgernden. Jeder Punkt in der Reihe seiner Deduktionen ist ein möglicher Knotenpunkt, und deshalb ist die bestimmte Vorstellung, die ein individueller, d. h. wirklich denkender Verstand von dem in einer Bedeutung Implizierten hat, immer *seine* bestimmte Vorstellung (als Produkt seiner Freiheit). Sie ist eine bestimmte Figur, die er durchläuft und aus einer Punktmenge herausgreift.

Denken ist somit ein Zusammenspiel von Einbildungskraft und Verstand. Das Produkt ist ein Produkt der Freiheit. Man könnte eine bestimmte Sprache nun eine Bahnung nennen, bzw. ein System von Bahnungen, die von den sie Sprechenden „gewohnheitsmäßig“ durchlaufen zu werden pflegen. Das Abweichen von diesen Bahnen wäre dann der produktive Sprachgebrauch. Das Übersetzen von einer Sprache in die andere wäre ein Wechsel in die Bahnen der anderen Sprachen an den

Knotenpunkten, an denen zu verschiedenen Systemen gehörende Bahnen sich kreuzen. Zum Übersetzen gehörte dann immer ein produktiver Einfall, die Einsicht in eine „gewöhnlich" nicht nachvollzogene notwendige Verbindung. In ihrem Vollzug entschränkte sich dann das Denken von seiner Bestimmtheit durch die sprachimmanente Bahn. Es aktivierte darin sein Können. Man könnte auch sagen, es reaktivierte es in der Besinnung auf die Idee, wie sie ihm vor seiner sprachlichen Bahnung „eingeboren" (innata) war. Die Frage der Sprachbedingtheit des Denkens wäre dann so zu entscheiden, daß die Beschränkung des Denkens in gewohnheitsmäßigen Bahnen sprachbedingt sei, aus der es als Denken aber prinzipiell hinauskönne, indem es in die Bahnen einer anderen Sprache hinüberwechsele oder durch produktive Spracherweiterung sich eine gegenüber der bisherigen Sprachbahn veränderte, andere Sprache selbst schaffe. Die „Individualsprache" könnte sich in ihrem Unterschied zur Nationalsprache dann aus solchen individuell erworbenen Bahnen des Abweichens von der durchschnittlichen Norm der Nationalsprache, aber auch aus einer weiteren Beschränkung durch das Nichtausnutzen der Bahnen dieser Sprache zusammensetzen. Sie wäre darin wohl von anderen Individuen zu verstehen, ohne daß diese anderen sie deshalb auch übernehmen müßten. Sie könnten sie aber übernehmen.

Übersetzen ist dann jeweils an den Punkten möglich, die auf Bahnen beider Sprachen liegen, die ineinander übersetzt werden sollen. Es ist demnach wesentlich beschränkt möglich, denn die Bahnen definieren sich ja dadurch, daß sie *nicht alle* Punkte (Bedeutungsmomente) durchlaufen, so daß jedes Bahnensystem Punkte ausläßt, die aber durchaus von anderen Bahnensystemen nicht ausgelassen werden.

Die „Ideen", die die Einbildungskraft „hat" und dem Verstand anbietet, sind „produktiv" in dem Sinne, daß sie die Negation von Bahnungen, d. h. von individuell oder traditionell Erworbenem bedeuten. Sie haben dann nur diese negative Bedeutung eines Vermögens der Entschränkung. Das entspricht auch der Cartesianischen Kritik des durch Tradition Erworbenen. Wenn die Kritik Descartes selbst das Gebundensein an eine bestimmte „Grammatik" vorwirft, trifft das nicht die Idee der notwendigen Verbindungen überhaupt, sondern nur *Beispiele* solcher Verbindungen. Auch der Konnex von „Denken" und „Modus" ist solch ein Beispiel, freilich dann auch der nächste Schritt zu einer denkenden Substanz. Mit der Kritik ist nur gesagt, daß man nicht unbedingt *diesen* Weg über *diese* notwendigen Verbindungen hätte gehen müssen, nicht aber, daß es nicht ein Weg über notwendige Verbindungen sei. Das Resultat dieses Weges bleibt im Sinne des *primitiven,* also eigentlichen Cartesianischen Wahrheitsbegriffs wahr, der erkenntnistheoretische, davon abgeleitete Wahrheitsbegriff ist begründet, wenngleich die Art der Begründung zufällig und an eine bestimmte (indogermanische) Grammatik gebunden sein mag.

Es könnte dann aber immerhin sein, daß ein anderer, der sich nicht aus seinen gewohnten Bahnen lösen kann, diesen Weg nicht nachzuvollziehen in der Lage ist. Nach Descartes geschähe das aber nicht aus Gründen des Verstandes, sondern wegen der die Einbildungskraft niederhaltenden sprachbedingten oder individuellen Vorurteile und einer entsprechenden Trägheit des Denkens. Der Konsens kann also kein absolutes Kriterium der Wahrheit sein. Man wird es darauf ankommen lassen müssen, ob ein bestimmter Denkweg, den ein Individuum vermöge seiner Einbildungskraft hat gehen können, auch die Einbildungskraft anderer beflügelt und auch diesen anderen etwas bedeutet.

Das heißt dann auch, daß man es darauf ankommen lassen muß, ob Übersetzung möglich ist. Unabhängig davon kann aber das Denken innerhalb einer jeden Sprache wahres Denken sein, wenn es nur notwendige Verbindungen vollzieht, auch dann also, wenn es dabei den Bahnen einer bestimmten Sprache folgt, die so nicht in die Bahnen einer bestimmten anderen Sprache übersetzbar sind. Die andere Sprache ist ja gerade, weil sie anders gebahnt ist, eine andere Sprache. Auch nach Descartes ist es durchaus sinnvoll, mitunter traditionellen Bahnen des Denkens zu folgen. Man nimmt dann „doch immerhin einen Weg", „der wenigstens deswegen sicherer ist, weil er schon von Klügeren erprobt wurde" (II, 3). Die Tradition als solche und auch das Verweilen in historisch vorgezeichneten Sprachbahnen sind gegenüber der Frage wahren Denkens weder a priori förderlich noch hinderlich. Der Vorwurf, Descartes folge (in den Meditationen) den Bahnen der indogermanischen Grammatik, mag berechtigt sein, weil es absolut sprachunabhängiges Denken nicht gibt. Er betrifft damit aber noch nicht die Wahrheitsmöglichkeit dieses Denkens, gemessen an dem auch hier eigentlich zugrundeliegenden, hier „primitiv" genannten Wahrheitsbegriff. Auch „neue" Gedanken, um die es Descartes in seiner kritischen Abhebung gegen die formale Logik wesentlich geht, sind nur über solche Bahnen zu konzipieren, die das Denken in seiner Aufmerksamkeit für das Neue institutionell entlasten. Das „Neue" ergibt sich nur von sicherem Boden aus als unmittelbar nächster, aber deshalb nicht auch schon vorgezeichneter Schritt. Wer Einfälle haben will, muß seine Sprache besonders gut beherrschen. Er muß ihrer besonders sicher sein.

Der „Einfall" als Zurückkommen auf die „Idee" vollzieht sich, wenn man es formal an der Proportion „a:b = b:x" darstellen will, eigentlich im Schritt von dem „b" links vom Gleichheitszeichen zu dem „b" rechts vom Gleichheitszeichen. Deshalb ist auch die Gleichung „a:x = x:b" „schwieriger" zu lösen. Das Unbekannte erscheint hier in zwei verschiedenen „Momenten", *in denen* es als „dasselbe" *zu erfassen* ist. Wenn dagegen die mittlere Proportionale bekannt und nur ein Außenglied unbekannt ist, ist genau diese Identität von Momenten als „Drehpunkt" der Methode, an dem sie sich von dem einen Moment zu dem anderen in der „Idee" bewegt, schon als bekannt gesetzt. Man könnte diesen Sachverhalt mit einer aus zwei (oder mehreren) Bedeutungen der Ausgangssprache bestehenden Bedeutungsangabe in einem Lexikon vergleichen, der *ein* Wort der Zielsprache gegenübersteht: A = a, b . . . Die eine Bedeutung von „A" wird durch die verschiedenen Beziehungen „A = a" und „A = b" usw. ausgedrückt, und dies dann verstehen zu können, gehört zu den „eingeborenen Ideen" des Geistes. Sie betreffen dessen Fähigkeit, nichtstrukturgleiche Sprachen zu beherrschen, also letztlich das Operieren mit nichtkommensurablen Beziehungen, von denen die mathematischen Beziehungen nichtkommensurabler Größen nur einen Spezialfall, also ein Beispiel darstellen. Ein anderes wäre die bei Descartes so wichtige Folge „ich: Gott = Gott: Außenwelt".

5. *Konsequenzen für den Wahrheitsbegriff*

Descartes bemüht sich in den „Regulae" um einen Wahrheitsbegriff, der der Konstruktion eines Begriffs von Wahrheit als Übereinstimmung des Denkens mit der Sache *zugrunde liegt*, also als ursprünglicher betrachtet werden muß. In diesem Wahrheitsbegriff deckt sich das Wahre mit den „notwendigen Verbindungen" (coniunctiones necessariae), die das Denken in absoluter Leichtigkeit (facilitas) klar und deutlich (clare et distincte) erfaßt, im Zusammenspiel mit einer produktiven Einbildungskraft (imaginatio). Das „cogito, sum" ist ein Beispiel für den Vollzug solch einer notwendigen Verbindung. Voll ausgeschrieben lautete es eigentlich: cogito, qua *modus*, sum *substantia* cogitans. Es ist das Beispiel, das das Denken, insofern es nur denkt, immer zur Hand hat. Wenn es um die Konstruktion des klassischen Wahrheitsbegriffs der adaequatio des Denkens mit der Außenwelt geht, kann es daher unmittelbar Anfangsglied einer Kette von einfachen Gedanken (intuitiones) sein, die zu einem Begriff der Erkenntnis der Außenwelt hin vermitteln soll.

Dieser ursprüngliche Wahrheitsbegriff ist, wohl weil die Beispiele Descartes' meist mathematisch sind, weitgehend mißverstanden worden. Man sah darin den Begriff der Wahrheit herabgesetzt, vor allem, weil sie mit dem *für uns* Klaren und Deutlichen identifiziert sei, im Gegensatz zu der Vorstellung der Wahrheit als eines Transzendenten, um dessen Begriff man sich bemühen müsse, und die nicht das Leichteste und Einfachste sein könne. Der Cartesianische Wahrheitsbegriff wurde als rein methodischer

Wahrheitsbegriff diffamiert, aus dem gerade die inhaltliche Seite ausgeschlossen sei.

Dabei bleibt unbeachtet, daß das, was Descartes unter Methode versteht, keineswegs etwas rein Formales ist. Er unterscheidet seinen Methodenbegriff entschieden von rein formallogischen Operationen, in denen ihrem Begriff nach nichts „Neues“ herauskommen darf. Unter „Methode“ versteht Descartes einen Weg, auf dem sich „Neues“ ergibt, das zuvor im gewissen Sinne transzendent, weil undeutlich „gewesen“ war, also den Weg der Erkenntnis. Wäre die Wahrheit *schlechthin* transzendent, so bliebe sie es auch, und selbst solch eine Aussage über sie wäre widersprüchlich. Sie muß, um es in Anlehnung an Hegel zu sagen, auch „bei uns sein wollen“. Das Absolute würde, „wenn es nicht an und für sich schon bei uns wäre und sein wollte“, wenn es also rein transzendent wäre, jeder „List spotten“, mit der man es einfangen wollte[1]. Als solch eine List versteht sich Descartes' Methode nicht. Sie ist keine vom Absoluten verschiedene List, sondern selbst absolut, indem sie davon ausgeht, daß die Wahrheit schon „bei uns ist“ und das Bemühen darstellt, sie nicht zu verlassen. Diese Methode soll aber an und für sich das Leichteste sein, das überhaupt denkbar ist. Sie soll das Einfachste im Denken sein, das Fortgehen in den kleinsten Schritten, die das Denken überhaupt ausmachen. Sie ist absolut, weil sie darin besteht, daß nichts außer der Wahrheit selbst in ihr bestimmend sein soll. Sie ist das, was das Denken als es selbst ist und als Denken also auch *kann,* nämlich die Wahrheit erkennen.

Die Frage, woher das Denken denn weiß, daß es die Wahrheit kennen kann, fragt selbst nach der Wahrheit. Zumindest „undeutlich“ ist sie da, als Gegenstand einer ernsthaften, um Wahrheit bemühten Frage. Es wäre zurückzufragen, wieso denn so gefragt werden kann. Der Begriff der Wahrheit ist darin vorausgesetzt, aber mit der Vorstellung verbunden, dies sei doch eben *nur der Begriff.* Dieser Begriff läge in einer bestimmten Nominaldefinition vor, und so sei es sinnvoll zu fragen, ob er sich erfülle. Aber auch die skeptische Antwort, er erfülle sich nicht, sieht doch selbst immerhin einen Weg zu einer solchen Einsicht vor, auf dem man folgen solle. Sie hält sich für das Vernünftige (wenn man nicht sagen will, für das „Wahre“) und drückt darin einen Anspruch aus, der sich rechtfertigen will. Außerdem ist gerade mit dem Rückzug auf eine Nominaldefinition im Falle des Wahrheitsbegriffs nichts gewonnen. Bei Kant soll sie „geschenkt“ sein. Aber sie hat doch, wenn sie geschenkt wird, methodische Bedeutung für den Weg zu ihrer Ersetzung durch eine wie auch immer zu konstruierende Realdefinition, indem sie diesem Weg ein Ziel vorstellt. Daß Kant sie aber als „Übereinstimmung“ schenkt, ist ein Rückfall gegen-

[1] Vgl. Hegel, Phänomenologie des Geistes, ed. Hoffmeister, S. 64.

über dem moderneren Wahrheitsbegriff Descartes', den auch der Gedankengang der „Kritik der reinen Vernunft" als *Nachvollziehbarkeit und den Aufweis neuer Einsichten* beanspruchender Gedankengang de facto zugrunde legt.

Der Wahrheitsbegriff Descartes' wurde, indem man im „cogito" seine eigentliche Wurzel sah, „subjektivistisch" gedeutet. Es wurde übersehen, daß das „cogito, sum" nur ein *Beispiel* ist, wenn auch ein ausgezeichnetes. So schien im „Ich" der Anfang gesetzt zu sein. Das Ich Descartes' ist aber ein Ich, das sich nicht selbst als absolut versteht, sondern im Gegenteil als kontingent. Aus diesem Grunde kann es dann auch von sich aus zum Sein kommen, als der Substanz des temporären Modus „ich denke". Wir können hinzufügen, daß es auch in der Selbstkategorisierung als kontingent oder als Modus seine Kontingenz bestätigt, indem es hier einen traditionell-metaphysischen Topos der Orientierung des Denkens benutzt, der wohl mit dem Bau der indogermanischen Sprache zusammenhängt. Das Entscheidende aber ist nicht, daß es gerade *diesen* Topos verwendet, sondern daß es dies überhaupt *kann.* Es *versteht* sich auf die Verwendung solcher Topoi. Es kann subsumieren. Dieses Können wird so, als Gegensatz zu einem unbedingten Müssen, gerade besonders deutlich. Es zeigt sich dann nach Descartes vor allem darin der Weg zur Wahrheit, daß es solche vorgezeichneten Bahnen im Zusammenspiel mit der Einbildungskraft verlassen und sich neue Wege suchen kann, so wie es irgendwann auch einmal zu diesen bestimmten, durch die Grammatik historischer Sprachen vorgezeichneten Topoi gekommen ist. Das Denken als Können ist nicht nur an Sprachen gehalten. Das ist es auch. Aber zugleich verändert es sie, insofern es über die dazu erforderliche Imagination verfügt. Die Imagination (Einbildungskraft) ist hierbei das Gegenteil eines gewissen subjektiven Vermögens, wie Descartes' Beispiele zeigen. Sie bringt genau das zur Geltung, wovon der Verstand um der Konzentration auf einfache Schritte willen als endlicher Verstand wesentlich abstrahieren muß: das *demgegenüber* Unendliche. Daß Einbildungskraft den Verstand begleitet, macht erst die Absolutheit der Methode aus und bewahrt den Verstand davor, sich in subjektiven Spielereien und abstrakten Zeichensystemen zu verlieren. Ohne Einbildungskraft ist der Verstand abstrakt, in Verbindung mit ihr bleibt er an das Wahre gebunden. Der Verstand bleibt auf sie angewiesen. Sie arbeitet ihm vor, aber er kann sie nicht einholen und unter seine Begriffe bringen. Die Schritte des Verstandes sind in Verbindung mit ihr Momente von *Bedeutung,* auch wenn er niemals alle Momente durchlaufen kann, weil er selbst endlich ist. So gesehen ist sie das Negative zu ihm. Sie bedeutet dem Verstand, daß er für sich abstrakt ist und nicht *alle* Momente durchläuft. So „ist sie gerade das, was man Gedächtnis nennt", in dem das aufbewahrt ist, auf das der Verstand sich je um der Klarheit und Deutlichkeit willen gerade *nicht* bezieht, wenn er sich auf etwas Bestimmtes bezieht[2]. Die Einbildungskraft ist Gedächtnis, insofern sie dem Verstand vorstellt, was er als endlicher wesentlich „vergessen" *mußte*, um sich klar und deutlich auf Bestimmtes konzentrieren zu können und zwischen zwei bestimmten Momenten eine notwendige Verbindung zu sehen. So ist sie Negation der Negation. Sie macht aus, daß er, solange er mit ihr verbunden bleibt, *ohne Verlust von Bedeutung* in seinen Operationen alles andere als das, worauf er sich bezieht, vergessen darf. So ist sie der wahre Grund seines Könnens, wenn die Operationen, die er als notwendige Verbindungen vollzieht, zugleich Operationen von (darüber hinausweisender, weiterer) *Bedeutung* sein sollen.

Im Zusammenspiel mit der Einbildungskraft ist der menschliche Verstand der Wahrheit fähig. Ein endlicher Verstand findet über sie die Wahrheit. Über sie kommt er „auf Ideen". Auch wenn es sich um „eingeborene" handeln soll, muß er, als „endlicher", sich auf sie hin bewegen (imaginationis motu. VII, 1). Er hat sie nicht alle intuitiv auf einmal. Er ist der Wahrheit fähig, insofern „phantasia vel imaginatio" zu ihm gehören. Dieser Aspekt im Cartesianischen „Rationalismus" darf nicht unterschlagen werden. Durch ihn schlägt er aber keineswegs in einen Irrationalismus um, wie die wichtigsten Beispiele zeigen. Die Einbildungskraft ist nichts anderes als das Vermögen, Bedeutungsmomente *in ihrem Zusammenhang* aufzufinden und daran zu denken, bzw. es sich (wieder) einfallen zu lassen, daß etwas, wenn es in dieser Bestimmung ist, dann auch in jener ist. Sie ist das „Gedächtnis" der Ideen und „erinnert" z.B. daran, daß ich, wenn ich mir bewußt bin, daß ich jetzt gerade denke und also nicht nicht denke, auch mir meiner als Modus (Zustand) bewußt bin und daß ich mir meiner dann auch als einer (dem zugrundeliegenden) Substanz bewußt bin, die die Modi (Zustände) zu denken oder nicht zu denken umfaßt. Dieses Vermögen zeigt sich natürlich immer nur in Beispielen dafür, *daß* ich in solchen Verbindungen denke und sie mir tatsächlich einfallen. In solchen Entschränkungen der Subjektivität des Verstandes ist das Wahre *da*, auch wenn die Übersetzung in andere Bahnen von Subjektivität faktisch nicht bzw. noch nicht möglich sein sollte. Übersetzung wäre, *wenn* sie gelingt, selbst wieder solch ein Beispiel.

Zur Einbildungskraft gehört auch die Erfindung von *Hypothesen*, die „die Wahrheit nicht beeinträchtigen, sondern alles nur weit klarer machen" (XII, 4). Ihre Aufstellung entspringt dem Vermögen der Wahrheit, insofern sie etwas „weit klarer machen". Allein in der Eignung zu dieser Klärung liegt der Grund ihrer Akzeptation. Etwas wird mit ihrer Hilfe

[2] Vgl. Descartes, Regulae, XII, 8.

erklärt. Sie sind *Erklärungen*, d.h. Sätze, um deren Wahrheit im Sinne einer Übereinstimmung mit „objektiven Sachverhalten" es in einem solchen Zusammenhang gar nicht geht. Sie haben nur Hilfsfunktion, um etwas zu erklären, was unmittelbar nicht klar ist. So könnten z. B. schon bei der Konstruktion des Wahrheitsbegriffs der Übereinstimmung mit objektiven Sachverhalten Hypothesen aufgestellt werden als Sätze, die man annehmen muß, *damit* begreiflich wird, wie das Urteilen mit einer objektiven Realität übereinstimmen könnte. Niemand kann genötigt werden, solche Hypothesen zu „glauben" (ebd.). Ausdrücklich wird gesagt, daß der Weg über sie nicht notwendig ist (so wie es ja nicht einmal notwendig ist, eine notwendige Verbindung nachzuvollziehen. Es kann dem immer etwas im individuellen Subjekt, z. B. ein Vorurteil, im Weg stehen). Es handelt sich bei den Hypothesen um Notbrücken, die über subjektive Lücken in einer Kette von notwendigen Verbindungen führen, wenn man sie einmal zu diesem Zweck gelten lassen will. Als solche sind sie wesentlich provisorischer Natur, aber dennoch zeigt sich in der Aufstellung sinnvoller Hypothesen ein *Weg* zur Wahrheit. In der Fähigkeit zu ihrer sinnvollen Findung, nicht in ihrer Vorstellung als selbst inhaltlich wahr ist das Absolute „bei uns", und auch hier zeigt es sich in einem freien, „erfindungsreichen" Vermögen des Geistes. Insofern über die Hypothesen etwas wirklich klarer wird, haben sie quasi als (selbst weiter nicht zu diskutierende) Katalysatoren der Einbildungskraft gedient, über die sich nun die klare Einsicht in einen notwendigen Zusammenhang für den Verstand ergeben hat. Sie hatten dann eine die Einbildungskraft stimulierende Wirkung. Bildlich gesprochen: Es wird vorgeschlagen, zwischen zwei Bedeutungsmomente, zwischen denen unmittelbar kein notwendiger Zusammenhang gesehen wird, eine Proportion einzuschieben, die nicht notwendig hierhin gehört, über die aber das Subjekt in seiner besonderen Bewußtseinslage zu der Einsicht oder auf die „Idee" kommt, daß diese fraglichen Bedeutungsmomente sich unmittelbar auseinander ergeben. In dieser Funktion gehören sie zu der Wahrheit des endlichen Bewußtseins. Die Beispiele, die Descartes gibt, sind Hypothesen, von denen er sagt, daß man sie annehmen muß, um zu einer einsichtigen Theorie über den Zusammenhang von Verstand, Einbildungskraft, Gedächtnis und Sinne zu gelangen (XII, 5ff.). Diese Theorie wird also in einer hypothetischen Geschichte vorgestellt, der man (subjektiv) folgen kann, und dabei werden zu diesem Zweck durchaus traditionelle Topoi benutzt, aber doch nicht im Sinne der Tradition, die darin „substantielle Formen" und ontologische Kategorien sah, sondern eben als Brücken für die Einbildungskraft eines einer bestimmten Tradition verhafteten Denkens, nicht als etwas Absolutes, sondern als etwas *in dieser Lage* Hilfreiches. Descartes fordert den Leser auf, diesen Weg mit ihm, René Descartes, zusammen zu gehen. Er drängt nichts auf, sondern beschreibt seinen Zeitgenossen, wie er mehrmals betont, nur *einen* Weg, so, wie er ihn persönlich gegangen ist.

Die Einbildungskraft ist bei Descartes der Ort, über den der endliche Verstand der Wahrheit verbunden ist. Ihr Begriff steht für die Negation seiner wesentlichen Beschränkung als diskursiver Verstand. In ihrem Begriff liegt damit auch die eigentliche Problematik dieser Philosophie. Denn in ihr soll das Absolute auf das endliche Subjekt treffen. Sie steht für dessen Wahrheitsfähigkeit, als Aufhebung seiner Beschränktheit. Es wäre also zu fragen, ob die Verbindung zwischen dem *Begriff* des endlichen Subjekts und einem *Begriff* seiner Einbildungskraft selbst notwendig ist.

6. *Die Dialektik von Wahrheit und Gewißheit*

Da Descartes überwiegend als Philosoph des neuzeitlichen wissenschaftlichen Methodenbegriffs verstanden worden ist, scheint er gerade das Gegenteil eines dialektischen Denkers darzustellen. Es ergibt sich aber durchaus eine Berechtigung, von einer Dialektik in seiner Philosophie von ihrem Ansatz her zu sprechen, wenn gesagt werden kann, zwischen den Begriffen eines endlichen Subjekts und der Einbildungskraft bestehe eine *notwendige* Verbindung. Denn dann muß ja das endliche Subjekt zugleich die Negation seiner Endlichkeit sein. Eine Analyse des Gedankengangs der „Regulae“ in seinen Grundzügen macht dies deutlicher.

Der Verstand als endlicher erkennt das Wahre in kleinsten und einfachsten, unbeschränkt leicht zu vollziehenden Schritten, den sogenannten „notwendigen Verbindungen“. In ihnen vergleicht er einfache Relationen, $a:b = b:x$, und kommt auf diese Weise zu einer *neuen* Einsicht. Die Relata dieser Relationen sind *abstrakte* Momente eines realen Zusammenhangs, die nur in der Abstraktion, nicht aber an sich existieren, wie z. B. Linien als Flächen ohne Breite oder Flächen als Körper ohne Tiefe. Die Abstraktion als solch eine Negation ist eine Leistung der Einbildungskraft, so daß man sagen kann, diese Momente existierten nur in ihr. Der Verstand operiert mit solchen Vorstellungen, die (nur) in der Einbildungskraft existieren, und nur im Bezug auf solche abstrakten Vorstellungen kann er Klarheit und Deutlichkeit erlangen, also als endlicher Verstand tätig werden. Dabei ist die Deutlichkeit zunächst dadurch erreicht, daß *bewußt* bleibt, daß diese Vorstellungen nur in meiner Einbildung existieren und daß ihnen nicht darum schon etwas in der Außenwelt korrespondieren muß. Eine solche Folgerung wäre unmittelbar nämlich überhaupt nicht als *notwendige* Verbindung einzusehen, denn was in meiner Vorstellung ist, muß deshalb nicht eine Korrespondenz zur

Außenwelt haben. Der Begriff einer Außenwelt ist hier überhaupt zunächst *negativ* zu dem meiner Einbildung gefaßt.

Der endliche Verstand ist eo ipso notwendig auf die Einbildungskraft bezogen, *weil* er nicht unmittelbar auf Dinge in einer Außenwelt bezogen sein kann. Als endlicher ist er unmittelbar auf die Einbildung, und d. h. nicht unmittelbar auf die Außenwelt bezogen. Daß der Verstand dies *weiß*, d. h. daß er um die Abstraktheit der Relata seiner Operationen weiß, wirft überhaupt erst die Wahrheitsfrage auf. In diesem Bewußtsein der Endlichkeit weiß er sich unmittelbar auf die Einbildung verwiesen, deren Abstraktionsleistung er sein Material verdankt, und er weiß, weil er von dessen Abstraktheit weiß, daß es von etwas anderem, nämlich der Negation des Abstrakten, also dem Konkreten, abstrahiert worden ist und so diesem verbunden geblieben ist. Über die Einbildungskraft, die es vom Konkreten getrennt hat, bleibt es zugleich Moment des Konkreten. Die Einbildungskraft *garantiert* dem Verstand diesen, für den Verstand selbst als Ganzes unmöglich vorzustellenden Zusammenhang. Sie kann, über die Vorstellung neuer Abstraktionen, abstrakte *Ergänzungen* zu den Abstraktionen, mit denen der Verstand wesentlich umgeht, dazugeben. Solche Ergänzungen sind, wenngleich selbst Abstraktionen, als Wege zum Ganzen verstanden.

Über die Hinzufügung (Synthesis) von abstrakten Ergänzungen gewinnen bzw. behalten die Verstandesoperationen *Bedeutung*, d.h. Beziehung auf ein dem Verstand selbst verschlossenes Ganzes. So ist der Verstand zugleich methodisch-diskursiv *und* wahr. Wahrheit und Methode hängen zusammen. Indem für den Verstand das ihm Klare nicht das Ganze ist, ist es ihm auch das für ihn Mögliche *in bezug* auf das wahre Ganze. Er ist in der Wahrheit als Bewußtsein der Differenz zwischen Gewißheit und Wahrheit.

Diese Differenz ist *für das Subjekt*. Es unterscheidet zwischen dem, was ihm gewiß ist, und dem Wahren, und indem es so unterscheidet, geht es ihm zugleich um die Aufhebung dieser Differenz. Es geht ihm um die Aufhebung der Differenz zwischen dem, was *für es* als endlicher Verstand das Wahre, weil für es Klare und Distinkte ist, und dem *an sich* Wahren, mit dem es über die Einbildungskraft verbunden bleibt. Indem es ihm um die Aufhebung dieser Differenz *für es* geht, ist ihm der Weg der Aufhebung der Differenz vorgezeichnet. Sie muß sich für es in der ihm einzig möglichen Weise, d. h. auf dem Weg über notwendige Verbindungen vollziehen. Sonst wäre es nicht eine Aufhebung für es. Die Wahrheit an sich bliebe ihm transzendent. Auf dem Wege über methodische, notwendige Verbindungen, wie sie in den „Regulae" behandelt werden, muß sich für es ein Begriff objektiver Wahrheit ergeben. Die Wahrheit im Sinne notwendiger Verbindungen ist und bleibt also auch für den in den

„Meditationes" beschriebenen Weg zu einem objektivistischen Wahrheitsbegriff grundlegend. Sie kann gar nicht von einem objektivistischen Wahrheitsbegriff abgelöst werden, weil auch der Weg zu diesem ein wahrer Weg sein muß. Weil der Weg aber zu einem objektivistischen Wahrheitsbegriff führt, erweist sich, daß das Subjekt, indem es der methodischen Wahrheit fähig ist, auch einen Begriff von sich als Vermögen zur objektiven Erkenntnis erlangen kann. Es erweist sich die Identität beider Vermögen.

Aber diese Identität ergab sich nicht unmittelbar oder intuitiv. Sie ergibt sich, wie die „Meditationes" zeigen, über eine Reihe von Vermittlungen, die sich ihrerseits aus unmittelbar einsichtigen und absolut leicht zu vollziehenden Schritten als notwendigen Verbindungen zusammensetzt. In dem Durchdenken dieser Reihe ist ständig die Einbildungskraft im Spiel. Indem sie die ganze Reihe begleitet, gibt sie den die Reihe diskursiv durchlaufenden Verstandesoperationen die Richtung auf das Ziel. Sie verleiht ihnen die *Bedeutung*, Glieder der Reihe in bezug auf das Ziel eines Begriffs objektiver Erkenntnismöglichkeit eines endlichen Subjekts zu sein, und vom erreichten Ziel her erhalten alle diese Schritte selbst rückwirkend die Bedeutung solch einer Erkenntnis. Sie erhalten die Bedeutung, nicht *nur* subjektive Operation eines eben so eingerichteten, endlichen Verstandes zu sein. Das Abstrakte erhält von diesem Ziel her die Bedeutung, Teil eines wirklichen Ganzen zu sein, für den Verstand selbst. Denn auf dem Weg zu diesem Ziel hat die Einbildungskraft den Verstand zu diesem Begriff geführt. Nun weiß der Verstand (mit Hilfe des Gedächtnisses, also der Einbildungskraft), daß z. B. seine mathematischen Operationen nicht nur Beispiele für *seine* Operationen sind; sie sind zwar Beispiele für das ihm eigene und einzig mögliche diskursive Verfahren, aber doch sein Weg zur absoluten Wahrheit. Er weiß es nun auf seine Weise.

Damit gelangt das Subjekt frei und auf seine besondere, also endliche oder relative Weise zu einem Begriff absoluter Wahrheit. Anders könnte es ihn, als ein Subjekt, das diesen Begriff nicht unmittelbar schon hat (genauer: das er nicht *ist*), sondern aus dem Zweifel heraus *sucht*, auch nicht finden. Es muß den Begriff einer objektiven Wahrheit auf seine eigene Weise finden können, also, wenn man will, auf eine subjektive Weise. Erst dann kann von einem *Begriff* absoluter Wahrheit die Rede sein. Es kann ihn nur finden, indem es zugleich seine eigene Gewißheit behält und gemäß seinem eigenen Vermögen *dabei* bleibt.

So gesehen behält die Theorie Descartes' einen rationalistischen Zug, der, als Rückbezug auf die *menschliche* Ratio, zugleich ein relativistischer Zug ist. Auch die „Meditationes" vollziehen nicht das sacrificium intellectus, den Wahrheitsbegriff vom von uns rational Einsehbaren abzulösen, wenngleich sie, auch hierin den Regeln der „Regulae" folgend, der Einbildungskraft über die semantische Analyse des Begriffs „Gott" eine Schlüsselstellung einräumen. Diese Analyse ist uns nicht vollständig möglich, aber sie wird dennoch als Herausstellen einiger Implikate von allen verstanden, die *alle* eine uns verborgene Einheit bilden sollen – genauer gesagt: eine dem *Verstand* verborgen bleibende Einheit, aus der heraus die *Einbildungskraft* dem Verstand Momente *so* vorgibt, daß der *Verstand* sie verarbeiten kann. Die Einbildungskraft soll hier also die eigentliche Vermittlung zur Wahrheit leisten, indem sie solche Implikate verstandesgemäß aus der Bedeutung „Gott" herauslegt. Dieser (verstandesgemäßen) Analyse zufolge impliziert „Gott" für uns zwei Bedeutungsmomente, das Moment seiner Existenz, gedacht als Ursache unseres Begriffs eines vollkommenen Wesens (Dritte Meditation), und das Moment seiner Güte, das notwendig mit dem der Vollkommenheit verbunden ist und dessentwegen er uns nicht täuschen will, weil er sonst Ungutes wollte. Er ist ja ohnehin bei uns, da wir mit dem Begriff eigener Unvollkommenheit zugleich den seiner Vollkommenheit haben und also um die Wahrheit wissen. Er will bei uns sein, und wenn er das will und für gut befindet, wird er als vollkommenes Wesen es auch vollkommen wollen und uns nicht so täuschen wollen, daß das, was uns auf unsere Weise gewiß erscheint, in einem absoluten Sinn nicht wahr ist.

Es fragt sich dann aber, inwiefern *dieselbe* Einbildungskraft, die uns angesichts unmittelbar komplexer und dunkler Fragen zur Wahrheit leiten soll, uns doch gelegentlich in die Irre führt und wir uns dann doch täuschen können, d. h. es entsteht das Problem der Theodizee.

7. *Leibnizens Unterscheidung deutlicher und undeutlicher Wahrheit*

Die Theorie des Unterschieds zwischen klaren und unklaren Begriffen ist Gegenstand der Philosophie Leibniz'. Sie ist damit eine Weiterführung der in den „Regulae" ausgeführten Wahrheitstheorie als Theorie des menschlichen Bewußtseins. Sie ist Theorie der Wahrheit für ein *als* Bewußtsein existierendes Sein, dem seinem Selbstbegriff nach nicht alles in gleicher Weise klar oder bewußt ist.

Erkenntnis der Wahrheit ist bei Descartes als Erkenntnis des für den Verstand Notwendigen (der coniunctiones necessariae) verstanden. Die Frage ist, wie das vor dem Verstand Notwendige als ein der Sache selbst nach Notwendiges, in der Einheit der Sache Begründetes gedacht werden kann. Die „Meditationes" leisten den Begriff der Notwendigkeit dieser „Übereinstimmung" zwischen Verstand und Sache aber wieder im Sinne einer Verstandesnotwendigkeit – allerdings, wie dargelegt, mittels der unter

Umständen auch in die Irre leitenden individuellen Einbildungskraft, in diesem Fall der Einbildungskraft René Descartes'; auch wenn Descartes dies natürlich nicht reflektiert. Wie kann dieser „dunkle" Punkt weiter geklärt werden?

Die „Monadologie" von Leibniz hat diese Klärung zum Thema. Sie handelt von einem Entwurf zur Explikation des Verhältnisses zwischen menschlicher Vorstellung und absoluter Wahrheit als einem Bild des göttlichen Denkens.

Erkenntnis notwendiger Beziehungen kann nur als Erkenntnis *analytischer* Beziehungen verstanden werden. Ein Prädikat, das einem Subjekt notwendig zukommt, muß bereits als im Begriff des Subjekts enthalten gedacht werden. Der Begriff des Enthaltenseins hat hierbei die klare Bedeutung, daß das Prädikat Bestandteil eines Ausdrucks ist, der ohne Veränderung der Bedeutung für den Ausdruck des Subjekts eingesetzt werden kann. Notwendigkeit hängt von der Geltung solcher Einsetzungsregeln ab.

Die „Monadologie" von Leibniz beansprucht, insgesamt einen notwendigen Zusammenhang von Sätzen darzustellen. Das wird durch viele Stellen belegt (z. B.: „Et il faut qu'il y ait des substances simples . . ."[1]; „Cependant il faut . . ." (§ 8); „Il faut même que . . ." (§ 9); „Il s'ensuit de ce que nous venons de dire. . . ." (§ 11) usw.), und auch dort, wo nicht ausdrücklich von Notwendigkeit die Rede ist, ist sie doch beansprucht. Folglich müssen dem Gedankengang der „Monadologie" Einsetzungsregeln (Definitionen) zugrunde liegen, die diese Notwendigkeitsaussagen rechtfertigen. Ein Beispiel hierfür findet sich bereits im § 1. „Einfach ist, was ohne Teile ist". Im französischen Text steht es noch deutlicher: „Simple, c'est à dire, sans parties". Darin ist präsupponiert, daß es auch Zusammensetzung aus Teilen gibt (§ 2). Die eigentliche Voraussetzung besteht also darin, daß es Teilbarkeit gibt, und daß dieses Teilen eine Operation ist, die – und dies ist schon ein grundsätzlicher Unterschied zu Descartes – nicht willkürlich verfährt, weil sie das teilt, was an sich ein so Zusammengesetztes ist. Alles Teilen bezieht sich auf etwas, das an ihm selbst teilbar, weil zusammengesetzt ist. Die Elemente der Zusammensetzung sind dann definiert als das an ihm selbst Nichtteilbare, d. h. als das Unausgedehnte, denn alles Ausgedehnte ist teilbar, also zusammengesetzt, also nicht einfach.

Das Teilen, Einteilen ist von diesem Ansatz her eo ipso als nicht nur subjektives Verfahren verstanden. Wo es überhaupt möglich (denkbar) ist, da ist es auch ontologisch gerechtfertigt. Umgekehrt ist der Ansatz der

[1] Leibniz, Monadologie, § 2.

Leibnizschen Ontologie nichts anderes als diese Rechtfertigung der Operation des Teilens, wo immer sie überhaupt möglich ist. Teilen als solches teilt niemals etwas, was ontologisch eins ist. An den einfachen Substanzen *kann* das Teilen gar nicht ansetzen, bzw. das Einfache ist definiert als das (für uns) Unteilbare. Es entzieht sich dem Können bzw. der *Freiheit* unseres Verstandes. So kann das Problem einer von der Sache her nicht gerechtfertigten, nur subjektiven Teilung erst gar nicht entstehen.

Damit ist der Sinn der Präsupposition des Einfachen aufgedeckt. Es ist ein *an sich* notwendiger Zusammenhang, nicht ein von uns Zusammengesetztes. Die Cartesianischen „notwendigen Verbindungen" waren ja auch als ein das Können des Verstandes begründendes Nichtkönnen begriffen. Sie bestanden darin, „daß die Verbindung des einen mit dem anderen in jeder Beziehung notwendig ist"[2]. Aber das hieß hier noch: der *Verstand* kann es nicht anders denken. Bei Leibniz ist das Nichtkönnen des Verstandes als dessen Grenze gegen eine bestehende ontische Einheit gesetzt. Diese ontische Einheit heißt „Monade". So ergibt sich die Differenz zwischen der Monade als der einfachen Substanz und dem aus Monaden zusammengesetzten Aggregat[3]. Die Monade hat, da sie unteilbar ist, weder Ausdehnung noch Figur (§ 3). Sie ist somit kein möglicher Gegenstand sinnlicher Vorstellung. Sie hat dann auch keine zeitlichen Teile und somit nicht die Möglichkeit, zeitlich eingeteilt zu werden, so daß es nicht möglich ist, zu begreifen, wie sie entstehen oder vergehen könnte (§ 4). So ergibt sich aus dem Prinzip ontischer Einfachheit „notwendig" die Negation räumlicher und zeitlicher Extension der Monade. Es ergibt sich auch, daß sie mit anderen Zusammensetzungen eingehen oder mit anderen zusammengefaßt werden kann. Aber Aussagen über solche Aggregate sind dann wesentlich nicht notwendige Aussagen oder Aussagen über nicht Notwendiges. – Aussagen über Notwendiges sind aus demselben Grund wesentlich Aussagen über Nichtausgedehntes.

Der Gegenstand notwendiger Aussagen ist demnach zunächst negativ bestimmt. Leibniz fährt in dieser negativen Bestimmung fort, wenn er nun auch noch die berühmte Fensterlosigkeit der Monaden (§ 7) hinzunimmt, die besagt, daß die Monaden nicht von anderen Monaden abhängig sein können, weder in ihrem Sein (d. h. ob sie sind oder nicht), noch in ihrem Sosein. Sie können nicht abhängig sein, da sie sich überhaupt nicht durch Einwirkung von außen verändern können, denn sie haben keine Teile, die sich im Unterschied zueinander verändern könnten. Und wieder wird diese negative Wesensbestimmung damit begründet, daß es „kein Mittel zu erklären" gebe, daß es sich anders verhalte (§ 7). Es gibt keine an sich

[2] Descartes, Regulae, XII, 21.
[3] Leibniz, Monadologie, § 2.

notwendigen Sätze, von denen man solche Aussagen ableiten könnte. Die Monaden haben also keine Akzidentien (Eigenschaften), die sie nicht notwendig haben müßten. Dennoch sollen sie Qualitäten haben, die sie voneinander unterscheiden. Wären sie *nur* negativ bestimmt, so wäre die Bestimmung aller Monaden dieselbe, durch diese Negation zustandegekommene. Sie waren aber als Teile des Zusammengesetzten bestimmt, d. h. sie *müssen* (nach der Definition) im Plural existieren. Im Plural kann aber nur existieren, was von ihm selbst her verschieden voneinander ist, und zwar qualitativ, da der quantitative Gesichtspunkt der Unterscheidung schon ausgeschlossen war (principium identitatis indiscernibilium).

Das bisher Entfaltete kann demnach so zusammengefaßt werden: Es ist eine Vielzahl von Monaden angenommen, die sich notwendig voneinander unterscheiden, d. h. in ihrer qualitativen Bestimmtheit gegeneinander notwendig sind und die zufällig zu Aggregaten zusammengesetzt werden können.

Im § 10 wird dann zum erstenmal eine weitere Voraussetzung gemacht: „Auch nehme ich als vereinbar an, daß jedes geschaffene Wesen Subjekt von Veränderung ist, und konsequenterweise auch die geschaffene Monade, und darüber hinaus, daß diese Veränderung in jeder kontinuierlich ist". – Der Begriff der geschaffenen Monade fand sich schon im § 6, im Zusammenhang mit der Unmöglichkeit des zeitlichen Entstehens aus anderem oder des Vergehens als Veränderung in anderes. Diese Veränderung muß dann eine nur von innen heraus bewirkte sein, sie geschieht durch ein „inneres Prinzip" (§ 11). Diese weitere Voraussetzung der Veränderung ist also *nur so* mit dem bisher Gesagten vereinbar. Es fragt sich nur, warum sie überhaupt gemacht wird. Sie muß gemacht werden, damit Veränderung überhaupt als etwas Notwendiges gedacht werden kann. Notwendige Veränderung kann nicht als akzidentelle begriffen werden. Das, was sich in den Monaden verändert, muß gleich bleiben, als das Substrat jener notwendigen Veränderung. Bliebe es nicht gleich, dann entstünde ein Riß im Kontinuum der jeweils in einer Monade notwendigen Veränderungen, d. h. sie zerfiele in Teile, was aber ihrem Begriff widerspricht. Sie ist in sich ein einziger Notwendigkeitszusammenhang (une multitude dans l'unité. § 13). Die Monade ist bis hierhin also als Gegenstand des Gedankens einer bestimmten (besonderen) notwendigen Veränderung von etwas *aus sich selbst heraus* konzipiert. Das *Moment* einer solchen Veränderung wird „Perzeption" genannt. Wir erkennen hier die bei Descartes von der subjektiven Einbildungskraft herausgelegten *Momente* wieder. Bei Leibniz wird diese Auslegung als Bewegung der Sache selbst verstanden. Dabei ist festzuhalten, daß der Unterschied der Perzeptionen in einer Monade weder räumlich noch zeitlich vorgestellt werden darf, trotz der mitunter räumlich-zeitlichen Metaphorik, in der Leibniz sich ausdrückt. Die Tätigkeit des „inneren Prinzips", die die Veränderung zwischen den Perzeptionen ausmacht, heißt „Appetition" (§ 15).

Aussagen über Notwendiges oder notwendige Aussagen sind demnach Aussagen über die Beziehung zwischen Appetition und Perzeption. Fast beiläufig enthält § 15 aber noch eine weitere wichtige Voraussetzung: „Es ist wahr, daß die Appetition nicht immer ganz zu der Perzeption gelangt, zu der sie strebt, aber sie erreicht doch immer etwas und kommt zu neuen Perzeptionen". Das kann nur heißen, daß hier etwas der Erfüllung des Gesetzes der Einzelmonade bzw. ihrer Selbstauslegung im Wege steht. Die Monade ist zwar Veränderung nach diesem inneren Gesetz (Entelechie. § 18), aber zugleich ist sie an der Entfaltung ihres Wesens gehindert. Dies ist ein Mangel. Über das Wesen dieses Mangels sagt § 20 mehr. Wir selbst sind Monaden, die Perzeptionen haben, aber mancher unserer Perzeptionen oder Zustände sind wir uns bewußt, anderer nicht. Letztere nennt Leibniz „kleine Perzeptionen" (§ 21). Wenn es nun solche Lücken im Bewußtsein gibt (tiefer Schlaf, Ohnmacht), dann steht fest, daß wir uns selbst des notwendigen Zusammenhangs aller unserer Perzeptionen nicht *bewußt* sein können. Wir können dann nur abstrakt wissen, daß wir als Monade solch ein Zusammenhang *sein* müssen. Aber wir können ihn nicht durchschauen. So erscheint dann manches als zufällig oder als von außen zugefügt. Hier haben wir es bei uns selbst mit einem Beispiel dafür zu tun, daß Monaden als Entelechien etwas erreichen *sollten*, nämlich das Selbstbewußtsein ihres inneren Gesetzes, daß sie darin aber „unvollkommen" bleiben.

Der Begriff des (endlichen) Bewußtseins gegenüber dem des (unendlichen) Seins wird also in Anlehnung an eine Art Selbstanalyse eingeführt, die ergibt, daß wir nur eine lückenhafte Vorstellung eines Zusammenhangs unserer Perzeptionen haben, obwohl wir nach der Analyse der Prämissen der „Monadologie" ein vollständiger Zusammenhang von Perzeptionen nach einem inneren Gesetz sein müßten. Die theoretisch geforderte Notwendigkeit im Begriff seiender Wesen erfüllt sich nicht in der „empirischen" Selbstreflexion. Jeweils für uns selbst erlangen wir von uns nicht den geforderten Begriff unserer selbst. Der positive Rest des Vermögens der Selbstreflexion heißt „Gedächtnis" (§ 26). Daß es unvollständig ist, ist nach dem entfalteten Begriff der Monade das Gegenteil von Notwendigkeit. Es ist nur (empirisch) zu konstatieren. Notwendigkeit stellt sich für uns also nicht in dieser Selbstreflexion dar, sondern in der „Kenntnis der notwendigen und ewigen Wahrheiten" (§ 29). Wir erlangen vermittelst dieser Wahrheiten auch erst einen Begriff von „Ich" (§ 30). „So denken wir, wenn wir an uns denken, an das Sein, die Substanz, das Einfache und das Zusammengesetzte, das Immaterielle und an Gott selbst" (§ 30). Nicht über das lückenhafte, empirische Gedächtnis, sondern auf dem Weg über diese allgemeinere, sich in diesen „Abstraktionen" vollziehende *Reflexion* oder in diesem Spiegel haben wir einen Begriff von uns selbst als in ihrer Selbstentfaltung notwendigen Monaden, die nach außen hin aber autark sind. Die unmittelbare Selbstreflexion, die sich des Gedächtnisses bedient, kommt nur zu dem Unterschied der „kleinen" und der bewußten Perzeptionen, d. h. zu einem Begriff der Unmöglichkeit der Gewinnung eines Begriffes des notwendigen, kontinuierlichen Zusammenhangs des je eigenen Seins der reflektierenden Monade. Mit anderen Worten: Die Monade gewinnt den Begriff der Notwendigkeit nur von dem Wesen der Monaden *überhaupt*, ohne daß er sich am Beispiel ihrer eigenen Vorfindlichkeit erfüllen könnte. Sie gewinnt ihn im *Gegensatz* zu ihrer eigenen Vorfindlichkeit.

So klafft eine Differenz zwischen theoretischer Monadologie und einer Selbsterkenntnis, die dem theoretischen Begriff entsprechen könnte. Im Bewußtsein dieser Differenz unterscheidet sich die Monade von ihrem Ideal und versteht sich als endliche Monade, d. h. als Monade, die sich selbst in ihrer Vorfindlichkeit von ihrem Begriff unterscheidet. Sie ist sich selbst nicht so *deutlich*, wie der *Begriff* es voraussetzt.

Es entsteht somit die Frage nach dem Grund dieses (nicht notwendigen, weil der Notwendigkeit im Wege stehenden) *Mangels*. Es ist ein Mangel an Einsicht in die Notwendigkeit, die die Monade ihrem Begriff nach je *ist*. Da die Notwendigkeit selbst dem Prinzip des Widerspruchs (§ 31) folgt, wird für die Reflexion dieser Nichtnotwendigkeit ein weiteres Prinzip erforderlich: das Prinzip des zureichenden Grundes (§ 32). Es korrespondiert der Frage, warum etwas so und nicht anders sei, „obgleich uns diese Gründe meistens nicht bekannt sein können". Dies leuchtet ein. Denn wir fragen hier ja nach dem Grund der unvollständigen Durchsichtigkeit unserer selbst für uns selbst. Wir fragen, warum wir uns nicht selbst als notwendige Entfaltung unserer selbst verstehen können und folglich nicht wissen, was *alles* in uns selbst, d. h. in der Bedeutung des uns je selbst meinenden Wortes „ich" enthalten ist. Diesen Grund können wir natürlich dann auch nicht wissen. Der *Begriff* verlangt aber nach einem solchen Grund als dem Grund unseres Unwissens. Von diesem Begriff her ergibt sich hier überhaupt nur das Wissen eines Nichtwissens.

Entsprechend ergibt sich der Unterschied zwischen Verstandes- und Tatsachenwahrheiten. Unser Nichtwissen ist eine dem Begriff entgegenstehende Tatsache, ein pures Faktum, dem wir selbst begriffslos gegenüberstehen. Leibniz wendet sich gegen die Vorstellung (die bei Hume in dessen Kritik des Kausalitätsbegriffs noch zugrunde liegt), daß man die Gründe für solche Tatsachen in anderen Tatsachen zu suchen habe (§ 37). Auf diesem Wege muß man sich notwendig im Grenzenlosen verlieren, weil eine Tatsache als solche ja etwas ist, das einer Begründung bedarf.

Deshalb muß der Grund der Tatsachen außerhalb des Seinszusammenhangs liegen, wie er sich für sich selbst undurchsichtige Monaden darstellt. Er kann nur in einem Notwendigkeitszusammenhang liegen, wie er sich für eine sich selbst vollkommen durchsichtige Monade darstellt, also in der Idealmonade, deren Existenz somit gefordert ist. Diese Monade ist dann der „zureichende Grund für alle Besonderheit" (§ 38–39).

Der Grund aller Besonderheit der Monaden gegeneinander besteht also, abstrakt gesprochen, in der mangelnden Bewußtheit dieser Monaden von dem notwendigen Zusammenhang, der sie je selbst sind. Die Monaden unterscheiden sich von der Idealmonade durch mangelhaftes Selbstbewußtsein und voneinander durch die Verschiedenheit in diesem Mangel. Die Idealmonade weiß den Grund für all diese Mängel, d. h. für die jeweilige Seinsbestimmtheit jeder einzelnen Monade. Sie selbst ist ohne solche Schranke (§ 41). Mit anderen Worten: Sie weiß alles, denn sie weiß den Grund, warum jede einzelne Monade den Grund all ihrer Zustände nicht weiß. Sie weiß damit auch, warum die einzelne Monade ihrem eigenen Bewußtsein nach den Grund ihrer Zustände nicht in sich selbst sieht, sondern außerhalb ihrer (etwa in der Umgebung) sucht und sich demnach nicht als autark begreifen kann.

In Gott oder im göttlichen Bewußtsein sind alle Monaden vollkommen. Sie existieren als Einheit *aller* ihrer Zustände. Daß sie sich aber je selbst, im Unterschied zu dem allgemeinen *Begriff* der Monaden, den sie von sich haben, nicht wirklich vollkommen begreifen können und so nicht zum *Bewußtsein* ihrer Einheit gelangen, macht zugleich ihre Unvollkommenheit aus, so daß man sagen kann, sie hätten sie „von ihrer eigenen Natur, die ohne Schranken nicht zu sein vermag". Sie können nicht ohne Schranken sein, weil sie sonst nicht von Gott unterschieden wären (§ 42). Es ist wichtig festzuhalten, daß sie demnach den Grund ihrer Verschiedenheit von Gott (und voneinander) in sich selbst haben. Nur ist dieser Grund für sie selbst nicht einsehbar, und *dadurch* sind sie unvollkommen und von Gott verschieden[4]. Leibniz hat zur Erklärung hinzugefügt, die „ursprüngliche Unvollkommenheit der Geschöpfe" mache sich „in der natürlichen Trägheit der Körper bemerkbar". „Trägheit" ist der Gegensatz zur absoluten Leichtigkeit des Begreifens.

Unvollkommenheit war mangelndes Selbstbewußtsein. Mangelndes Selbstbewußtsein ist mangelnde Aktivität, also Trägheit, derentwegen die Monaden nicht zu dem vollen Bewußtsein ihres notwendigen Seins gelangen. Diese negative Energie ist dasselbe wie Körperhaftigkeit oder Materialität. Im Bewußtsein selbst drückt sie sich als *Leiden* aus. Leiden

[4] Hier deutet sich die Reflexionsproblematik an, wie sie sich der Philosophie im Anschluß an Kant ergeben hat. Vgl. den vierten Teil.

ist die unverstandene Ergänzung zum Selbstbegriff. Es gehört somit zur Wahrheit. Es ist die Wahrheit, insofern sie auf Grund der Besonderheit der einzelnen Monade gegenüber dem allgemeinen *Begriff* nicht gewußt ist, sondern *erfahren* werden muß, so als käme sie von außen auf sie zu.

Die Notwendigkeit des Leidens ist im Grunde also das, was die Monaden nicht begreifen. Daß sie sie nicht begreifen, ist aber zugleich der Grund des Leidens. Dies kommt im § 47 zum Ausdruck: Die Monaden „entstehen sozusagen durch kontinuierliche Fulgurationen der Gottheit von Moment zu Moment, beschränkt durch die Aufnahmefähigkeit des Geschöpfes, dem es wesentlich ist, begrenzt zu sein", d. h. sie entstehen in ihrer Besonderheit dadurch, daß sie die Ausstrahlungen (Auslegungen) der Gottheit nur in einer begrenzten Weise aufnehmen können. Ihr (besonderes) Sein ist ihre (beschränkte) Perzeptionskraft. Es ist ihr Leiden. Daß überhaupt etwas in einem materiellen Sinne *ist*, ist identisch mit einem vorhandenen (faktischen) Mangel an Begriff. Faktizität ist Begriffsmangel.

Diese wichtige Stelle verdeutlicht, wie es zu verstehen ist, wenn Leibniz die Monaden als Produktionen Gottes bestimmt. Es sind, von Gott aus gesehen, keine materiellen Produktionen, sondern die Produktionen von Begriffen, die dadurch von ihrem Ursprung verschieden geraten, daß sie *anders* rezipiert werden, als sie im klaren Bewußtsein des Urhebers sind. Die Rezeptoren haben in ihrer je eigenen Rezeption des Begriffs zugleich ihre Jeweiligkeit und ihre eigene, individuelle Sicht des Begriffs. Im Bewußtsein dieser, wie Humboldt es ausdrückt, „umgestaltenden" Rezeption – man kann genauso gut auch sagen: dieser beschränkten Produktivität – verstehen die Monaden sich als abhängig und setzen damit zugleich ein materielles „Etwas" voraus, an dem sich solch ein Unterschied des Begreifens ergibt, quasi als gemeinsames „Objekt" der somit ins Bewußtsein gekommenen verschiedenen Perspektiven.

Die eigentliche Voraussetzung, die Leibniz hier macht, ist die des *verschieden* rezipierten Begriffs. In diesem Begriff vom Begriff liegt wesentlich der (individuelle) Unterschied als Moment des Begriffs selbst, und damit auch ein Moment von Begriffslosigkeit. Von der Einzelmonade, d. h. aus unserer Perspektive gesehen, ist das unser Mangel, aber dies so zu sehen ist eben selbst der Mangel. – Vom absoluten Begriff, der Idealmonade aus gesehen, ist diese Begriffslosigkeit die Tatsache der Produktion solcher mangelhaften Monaden, die selbst aber von der Idealmonade her als gut begriffen werden kann. Denn diese Produktion ist ja dasselbe wie das Zulassen eines anderen, d. h. freien Begreifens des Begriffs. Die Produktion ist dasselbe wie das sich selbst Begreifen des Begriffs als eines wesentlich auf verschiedene Weise zu rezipierenden Begriffs.

So versteht sich dann der § 49: Dieses Sich-selbst-Begreifen des Begriffs ist *Aktion*, sein Mangel, d. h. das Begreifen in einem demgegenüber defizienten Begriff vom Begriff, ist *Passion*. Im wahren Begriff vom Begriff ist das „eingeschränkte" Auffassen als freies, produktives Auffassen zu begreifen. Damit ist der Wahrheitsbegriff als *nachvollziehende* Übereinstimmung unseres Verstandes mit einem archetypischen, *alle* Bestimmungen wissenden Verstandes aufgegeben. *Das absolute Wissen will selbst den Unterschied im Begreifen.* Es will die Individualität, und indem dies begriffen ist, besteht erst Übereinstimmung mit ihm.

Ganz entsprechend sind auch die Unterschiede der Monaden voneinander als Verschiedenheit in der Vollkommenheit zu verstehen, und zwar so, daß die jeweils vollkommenere den Grund dafür begreift, „was in einem anderen geschieht"[5], d. h. von einer anderen Monade als Leiden aufgefaßt wird. Die eine hat den höheren Begriff von der anderen, verglichen mit dem Begriff, den die andere von sich selbst hat. Sie versteht als eigene Tätigkeit dieser Monade, was diese selbst nur als Erleiden verstehen kann. Nur so kann man sagen, daß eine auf die andere „einwirke" (§ 50). Der kausale Gesichtspunkt ist jeweils der aus der relativ niederen Perspektive. Aus der höheren erscheint das Erleiden als freie Tätigkeit. Die vollkommenere Monade weiß, daß sie nicht auf die andere einwirkt, und daß auch die andere frei ist. Das Bewußtsein der Unfreiheit ist der inferiore Gesichtspunkt, den eine Monade von sich selbst hat.

Die Monaden hängen also nicht voneinander ab, sondern sie sind nur voneinander verschieden. Ihre Verschiedenheit besteht in dem Unterschied der Vollkommenheit des Selbstbewußtseins, das sie je von sich haben, d. h. im Unterschied des Bewußtseins dieser Unabhängigkeit. Positiv formuliert: ihre Verschiedenheit besteht in ihrem unterschiedlichen Bewußtsein ihrer Abhängigkeit voneinander (§ 51). Die Monaden sind darin voneinander verschieden und unabhängig, daß sie das Verhältnis zwischen Tun und Leiden jeweils anders bestimmen (§ 52). So sind sie in ihrer Vielheit aufeinander abgestimmt, und nur so kann es überhaupt viele (mehr als eine) Monade geben. Monaden sind individuelle Substanzen. Nur so kann es mehr als nur eine Substanz, d. h. Freiheit geben.

Es muß den Mangel an Bewußtheit, *d. h.* (sich als solches nur unvollkommen durchsichtiges) *Bewußtsein* geben, damit es Freiheit geben kann. Es muß Perspektivität geben. „Dies ist das Mittel, soviel Vielfalt wie möglich", d. h. soviel Freiheit wie möglich „zu erreichen, aber zusammen mit der größten Ordnung". Deshalb ist dies das Mittel, „soviel Vollkommenheit wie möglich zu erlangen" (§ 58). Der hier hinzukommende Begriff der Ordnung könnte als Ordnung eines Leidenszusammenhangs der Monaden begriffen werden, der darin besteht, daß keine Monade *mehr* leidet, als um der Existenz einer möglichst großen Vielfalt oder Freiheit

[5] Leibniz, Monadologie, § 50.

willen nötig ist. Leiden ist Einschränkung der eigenen Freiheit um der Existenz anderer freier Wesen willen. (Einschränkung um der Freiheit der anderen willen ist ein zu blasser Ausdruck.) Wäre die Abstufung der Vollkommenheit nicht kontinuierlich, d. h. wäre etwas unvollkommener als es sein muß, damit jedes sich von jedem unterscheiden kann, dann wäre mehr Unvollkommenheit als dem Begriff der Freiheit nach nötig in der Welt. Sie wäre kein Kosmos, d. h. auch für Gott wären Sprünge oder Lücken in diesem Zusammenhang. Gott hätte dann ebenfalls kleine Perzeptionen, d. h. er wäre nicht Gott, weil man dann ein noch höheres Wesen als ihn postulieren müßte, in dessen Bewußtsein diese Perzeptionen mit den anderen in *einem* Zusammenhang stünden. Als Teil eines systematischen, lückenlosen Zusammenhangs hat jede Monade in ihm ihren wohlbestimmten Platz, so daß sie dieses ganze Universum in sich, d. h. in ihrem Leiden *und* Wirken spiegelt, auch in ihrem Leiden, insofern dies für sie selbst nur auf unvollkommene Weise deutlich ist. Für sie selbst ist dies aber eben nur in dem Maße ein klarer Spiegel, als ihr Platz in dieser Ordnung es zuläßt (§ 56). Freiheit ist gegenüber der Vollkommenheit der vorrangige Begriff geworden.

Die jeweilige Unvollkommenheit besteht darin, den ganzen Zusammenhang nicht als solchen zu erkennen. Für sich selbst kann die einzelne Monade ja nicht nachvollziehen, daß sie einen in sich notwendigen Zusammenhang darstellt. Einige ihrer Perzeptionen, d. h. Glieder oder Momente dieses Zusammenhangs bleiben ihr, als „kleine Perzeptionen", unbewußt, so daß sie sich selbst nur lückenhaft nachkonstruieren kann. So hat die Monade wohl den *Begriff* des Kosmos, ihrem empirischen Wissen nach aber gelingt ihr die Verifikation dieses Begriffs *wesentlich nicht*. Sie ist immer auch Nicht-Begreifen-Können. Ihr empirisches Wissen ist fragmentarisch, nicht auf einen an sich selbst einsseienden Gegenstand bezogen. Die Gegenstände empirischen Wissens sind deshalb wesentlich nur „zusammengesetzte" Einheiten. Die Monade *macht* sich von sich und der Welt ein *Bild*. Daß sie das machen muß und daß sie auch leidende Monade ist, ist dasselbe.

„Die Zusammensetzungen stehen dabei mit den Einfachen in symbolischer Beziehung" (§ 61). Die Monade ist so Symbol ihrer selbst und der Welt. Das Bewußtsein in seiner Lückenhaftigkeit ist ja selbst Spiegel des Ganzen, und zwar ein Spiegel, dessen Differenz zum Urbild gerade wieder ihn selbst zum Moment dieses Ganzen bestimmt, die Differenz, ohne die das Ganze nicht dieses bestimmte Ganze wäre. Daß das Verhältnis des Bewußtseinsinhaltes zum Sein ein unvollkommenes Bild ist, gehört zur Vollkommenheit des Seins, nämlich zur Welt, die, insofern sie nicht *unnötig* schlecht ist, die beste aller möglichen ist. Das *Symbol* ist also die *bestmögliche* Weise des Wissens, *wenn überhaupt Freiheit, d. h.*

Individualität möglich sein soll. Das schließt ein, daß kein Symbol in der Vollkommenheit oder Unvollkommenheit der Widerspiegelung dem anderen gleicht. Es folgt hieraus auch, daß es zum symbolischen als dem einzig möglichen Wissen gehört, daß es sich jeweils teils als produktiv und teils als rezeptiv, als handelnd und leidend versteht, wobei das Leiden immer *auch* Erkenntnis ist, soweit überhaupt eine Monade noch bewußte und nicht *nur* kleine Perzeptionen hat. Es ist die Erkenntnis, die vom Erkennenden aus seiner Perspektive nicht als solche begriffen werden kann.

Das Zusammengesetzte ist hergestellte, „poetische" Objektivität, die die Wahrheit auf je eine bestimmte monadische Weise symbolisiert, auf eine bestimmte Weise, die als dieses bestimmte Sein selbst Moment der absoluten Wahrheit ist. Die jeweilige Ordnung des Symbols, seine „innere Form" als die besondere Art, in der es das Ganze vorstellt, ist selbst zugleich Moment des Ganzen. Die einzelne Monade ist durch die individuelle Art und Weise (Perspektive), in der sie sich Vorstellungen macht und machen muß, weil sie nicht unmittelbar einen Begriff vom Ganzen hat, gerade Spiegel des Ganzen. Die Individualität ihres Stils ist ihre Stelle in der Wohlbestimmtheit des Ganzen. Sie drückt die Güte dieses Ganzen aus. Man kann auch sagen: In der Freiheit ihrer inneren Form, in der sie sich auf ihre Weise ein Ganzes als „Weltbild" zusammensetzt und sich, wie Kant sagt, etwas „objektiv *macht*", hat sie ihr Sein im Sinne eines Glieds im Zusammenhang eines bestmöglichen Ganzen, das gut ist, insofern es kein mögliches Individuum ausschließt und in dem keines *mehr* leidet, als es um dieser Absicht willen nötig ist.

Das Maß des Leidens ist das Maß der Symbolhaftigkeit des Wissens. Es ist zugleich das Maß der Leiblichkeit. Die jeweilige individuelle symbolische Vorstellung entspricht der jeweiligen Leiblichkeit der Monade (§ 63). Sie ist die vergegenständlichte Form ihres endlichen (empirischen) Zugriffs und der entsprechenden Kompositionen. Der Leib ist als Sinn, Gedächtnis, Phantasie im Maße der jeweils erlangten Bewußtheit der Inbegriff der Grenze zwischen Bewußtheit und Unbewußtheit. Er ist selbst Symbol für die Symbolhaftigkeit allen Wissens. (Die sich so ausdrückende „Monadologie" von *Leibniz* ist natürlich ebenfalls ein symbolischer Ausdruck der Wahrheit.) Alles Wissen ist so sinnlich, körperlich, wie es um einer größtmöglichen Vielfalt der Perspektiven willen nötig ist; es ist aber auch nicht unnötig undeutlich, und in der Exaktheit dieser Ausgewogenheit ist es gut.

Die individuelle Monade ist also in ihrer Leiblichkeit nicht einem Stück Materie zugeordnet (§ 71). Sie ist das gestaltende individuelle Prinzip von Materie. Sie erzeugt quasi in ihren freien Kompositionen erst die zusammengesetzte Materie. Die individuelle Form ist das erzeugende, materialisierende Prinzip. Sie materialisiert sich, weil sie, wegen der Möglichkeit von möglichst viel Individualität oder wegen des Prinzips der Güte, nicht reine Form oder Energie ist. Materialisation, Symbolisierung und Individuation sind dasselbe.

Aus endlicher Perspektive mangelt es faktisch an der Möglichkeit, alles als Individualität zu begreifen. Insofern werden aus endlicher, also symbolisch auffassender Perspektive verschiedene Organismen zu Arten zusammengefaßt oder generalisiert. Das bedeutet, daß es, aus dieser Perspektive, von diesen Wesen heißt, sie könnten ihre Art nicht verlassen und seien durch ihre Artgemäßheit determiniert. So kann und muß dann von einem der Menschen*art* gemäßen Verstand die Rede sein. Der Begriff der Metamorphose bedeutet demgegenüber die symbolische Vorstellung der Überwindung der Beurteilung von Individuen von einem allgemeinen („zusammensetzenden") Artbegriff her. Er bedeutet, daß vom Urteilenden ein Standpunkt erreicht worden ist, von dem aus eine Monade als Tätigkeit statt als passives Bestimmtsein von der Art her begriffen werden kann. Insofern ist bei Leibniz der „Relativismus" im Sinne einer Gebundenheit des Wissens an die menschliche Art, also an die idola tribus im Sinne Bacons, überwunden, und zwar nicht wieder, wie bei Descartes, nur auf eine *unserem* Verstand einsichtige Art. Was bei Descartes die Einbildungskraft leisten muß, die dem Verstand auf eine für ihn selbst undeutliche Weise vorarbeitet, das wird bei Leibniz durch die Rechtfertigung des *symbolischen* Wissens um der Freiheit willen ersetzt. Der Wissensbegriff ist von der Voraussetzung der Freiheit her gewonnen. Nicht wird umgekehrt die Freiheit von einem vorausgesetzten Wissensbegriff her zum Problem. Sie ist im Wahrheitsbegriff jetzt das Absolute, und zwar als individuelle Freiheit. Der Begriff der Individualität bestimmt den des Wissens. Er schlägt auf den Wissensbegriff durch. Nach Leibniz ist es „so eingerichtet", daß die Monaden sich die Welt *nicht* so vorstellen, wie sie in einem archetypischen Intellekt vorgestellt wird, bzw. wie sie „an sich" ist, vorausgesetzt diese archetypische Vorstellung wäre die der Welt, wie sie „an sich" ist. Gott will nicht, daß wir seine, sondern er will, daß wir *unsere* Vorstellungen haben. Er ist deshalb nicht, wie Descartes noch folgern würde, böse, sondern gut. Denn er will uns nicht täuschen, sondern er will damit uns selbst. Er will Freiheit als Bedingung der *Existenz* von Individualität.

Die berühmte „prästabilierte Harmonie" (§ 78) zwischen Seele und Körper ist so zu verstehen, daß zwar beide Seiten „eigenen Gesetzen" folgen, daß aber die Gesetze der Körper (Naturgesetze) symbolische Rekonstruktionsentwürfe der den endlichen Monaden unmittelbar nicht durchsichtigen Zusammenhänge sind. So konstituiert sich erst eine Körperwelt mit „eigenen" Gesetzen. Leibniz verankert diese Entsprechung also nicht in einem theologischen Jenseits, wie es oft gelesen wird. Er nennt das in § 78 Ausgeführte eine Erklärung „auf natürliche Weise". Da die Monaden nach einem Begriff ihrer selbst streben, ist ihr Gesetz *final-ursächlich*, das der Körperwelt ist als Folge der Unvollkommenheit im empirischen Selbstbegriff der Monaden von der Vorstellung des Einwirkens von etwas auf anderes, der determinierenden *Kausalität* bestimmt (§ 79). Aus dem wahren Begriff der Einsicht in die Notwendigkeit der Unvollkommenheit im Selbstbewußtsein als der Bedingung von Individualität erscheinen beide Seiten, Aktion und Passion, als Sehweisen desselben. – Seele und Körper können einander also deshalb nicht beeinflussen (§ 81), weil es Körper eigentlich nicht so gibt, wie es Seelen gibt. Das Sein der Seelen ist ontologisch, das der Körper phänomenologisch.

Der § 83 handelt noch einmal vom Leibnizschen Begriff der Freiheit: „. . . jeder Geist existiert wie eine kleine Gottheit in seinem Bereich", d. h. er handelt, im Unterschied zu den geistlosen Monaden, *bewußt* frei. Er *ist* auch dort frei, wo dies ihm nicht bewußt ist, z. B. im Erkennen, das er sich somit als Erleiden im Sinne von Affiziertwerden durch zu erkennende Dinge symbolisiert. Er hat ein (beschränktes) Bewußtsein seiner, also einer individuellen, d. h. begrenzten Freiheit. Hierbei ist das Wissen um die Begrenztheit oder Bestimmtheit, d. h. um die *Individualität* der Freiheit der höhere Grad des Selbstbewußtseins gegenüber der Vorstellung einer unbegrenzten, d. h. nichtindividuellen Freiheit, die an sich einen Widerspruch bedeutet, da es dann nur *ein* freies Wesen geben könnte. Leibniz deutet in der Konsequenz seiner Gedanken darauf hin, daß zum Begriff der individuellen Freiheit das Begriffsmoment der eingeschränkten Freiheit gehöre. Dies begreifend erkennt eine individuelle geistige Monade „das System des Universums" (§ 83), und auf diese Weise, d. h. in diesem Begriff von sich selbst befinden sich die Geistmonaden in einer „Gemeinschaft mit Gott" (§ 84). Der Begriff von Freiheit als dem Prinzip des Universums ist zugleich der des „vollkommensten Staates" (§ 85), der überhaupt möglich ist[6]. So wie kausale Relationen Symbol der finalen Strukturen der Monaden sind, so ist die Natur in der ihr eigentümlichen Ordnung der Naturgesetze Symbol dieses moralischen Reiches freier und sich anerkennender, sich je *ihrer* (bestimmten) Freiheit bewußter Individuen[7]. Denn alles Leiden ist ja Symbol für freie Tätigkeit. Es ist, als Leiden, die Art, in der sich der freie Zusammenhang der Monaden in den endlichen Monaden unvollkommen repräsentiert, und, und das bleibt der Hauptgedanke, diese Unvollkommenheit ist notwendig,

[6] Vgl. die Ausführungen über den Zusammenhang zwischen Reflexion und Recht im vierten Teil.

[7] Leibniz, Monadologie, § 87.

damit Individuen auf ihre besondere Weise, d. h. *überhaupt* frei sein können. Um der Freiheit, d. h. substantiellen Existenz von mehr als einem und von möglichst vielen willen gibt es Leiden in der besten aller möglichen Welten. Dieses Leiden ist das Unbegriffensein der Freiheit als Prinzips der eigenen Existenz. Es ist dasselbe wie die Meinung, die eine Wahrheit müßte auch für alle dasselbe, d. h. etwas Allgemeines sein, in dem man mit anderen oder anderem positiv übereinstimmte, so daß man ausgerechnet in der Wahrheit nicht Individuum wäre.

8. Zwischensumme und Überleitung zu Kant

Es hat sich ergeben, daß der Wahrheitsbegriff der Neuzeit sich in immer stärkerem Maße von dem Begriff einer Adäquation an einen archetypischen Verstand ablöst, der die Dinge wisse, wie sie in der Gesamtheit ihrer Bestimmungen an ihnen selbst betrachtet existierten. Bei Descartes ist Wahrheit zunächst als Klarheit und Deutlichkeit für den *menschlichen* Verstand definiert, und der Wahrheitsbegriff der Adäquation wird nur noch in sekundärer Weise, unter Zugrundelegung des Begriffs der Wahrheit als Klarheit und Deutlichkeit, konstruiert. Dabei ist festzuhalten, daß dieser Wahrheitsbegriff keineswegs rein „rationalistisch“ zu verstehen ist. Ohne Vorarbeit der Einbildungskraft vermag der menschliche Verstand kein *Problem* zu lösen. Sie übersetzt in körperlicher Mühe die Probleme in eine dem Verstand gemäße Gestalt. Erst auf dem dadurch zustandegekommenen Boden des Imaginierten kann der Verstand zu klaren und deutlichen Einsichten gelangen und frei und ohne Mühe seine Operationen vollziehen. Die Einbildungskraft ist also Bedingung der Freiheit bzw. der Ablösung vom Wahrheitsbegriff der Adäquation als des grundlegenden Wahrheitsbegriffs. Die wahre Sicht ist die des freien Subjekts.

Diese Freiheit ist bei Leibniz der eigentliche Ausgangspunkt. Sie ist vorweg als das Wahre vorausgesetzt. Von dieser Voraussetzung der Freiheit her modifiziert sich der Begriff der Erkenntnis zum Begriff einer *symbolischen* Erkenntnis. Erkennnis ist jetzt wesentlich individuelle Perspektive. Der Standpunkt des freien Subjekts, d. h. seine Selbstbestimmung, ist in den Begriff der Erkenntnis aufgenommen. Sie kann um der Freiheit willen überhaupt nicht mehr als bloß nachahmende Übereinstimmung mit einem archetypischen Verstand verstanden werden, sondern nur noch als je eigene, der jeweils eigenen Stellung des erkennenden Individuums im Kosmos der Freiheit entsprechende Art und Weise, die Sachverhalte zu imaginieren, bzw. sich ein Bild von ihnen *zusammenzusetzen*. Dieses Bild unterscheidet sich schon in den Grundbegriffen der Komposition solcher Bilder, z. B. dem Begriff der Kausalität, von Grund auf,

d. h. vom subjektiven Erkenntnisgrund her, von Dingen, wie sie sich für einen wesentlich anderen, sich selbst vollkommen durchsichtigen Verstand darstellen. Unsere Erkenntnis hat ihre eigene Wahrheit in dieser Unterschiedenheit vom Urbild. Sie ist ihrer eigenen Wahrheit nach Konstruktion von Bildern oder Modellen. Sie ist Zusammensetzen oder Komposition von Bildern, also produktives Machen. Nur im direkten Verhältnis zu der Unklarheit des erkennenden Subjekts über sich selbst wird sie als Rezeptivität, als Nachbilden verstanden. In dem Maße, in dem das Subjekt sich über sich selbst klar wird, löst es sich von diesem unangemessenen Erkenntnisbegriff ab. Es selbst wird demnach zum eigentlichen Ort der Wahrheit sowohl über sich selbst wie dann auch, in der Folge davon, über das Wesen des gegenständlichen Erkennens einer von einem zu überholenden Erkenntnisbegriff her so genannten „Außenwelt". Die Wahrheit ist aber im Selbstbegriff des Subjekts als Freiheit zu suchen, in der Bestimmung seines Ortes in einem Reich der Freiheit, d. h. in der Bestimmung seines Ortes im Verhältnis zu der Freiheit der anderen Subjekte.

Diese Sicht der sogenannten rationalistischen Philosophie ist allerdings dadurch weitgehend verdeckt worden, daß man sie als Vorstufe zu Kant interpretiert hat. Kants Hauptaufgabe lautet wieder: Wie sind synthetische Urteile a priori in objektiver Gültigkeit möglich? Und selbst im Verständnis dieser Frage haben sich Mißverständnisse eingeschlichen. Kant setzt bekanntlich voraus, daß synthetische Urteile a priori *wirklich* seien. Er verweist auf ihren Gebrauch in der Mathematik und in der reinen Naturwissenschaft. Ein Beispiel aus der Mathematik ist nach Kant das Urteil „7 + 5 = 12", ein Beispiel aus der Naturwissenschaft der Satz, daß alle Veränderungen nach dem Gesetz der Verknüpfung von Ursache und Wirkung erfolgten. Aus dieser Wirklichkeit im *Gebrauch* folgt natürlich, da alles, was wirklich ist, auch möglich sein muß, die Möglichkeit, aber eben nur als Möglichkeit des Gebrauchs. Danach fragt die Hauptfrage Kants aber nicht. Sie würde sonst ja auch nur nach einer Trivialität fragen. Sie fragt, wie darüberhinaus eine objektive Gültigkeit dieser gebrauchten synthetischen Sätze a priori möglich sei oder ob sie *Bedeutung* haben können, wenn man, wie Kant, unter „Bedeutung" „Beziehung aufs Objekt" versteht. Sie fragt, wie gedacht werden kann, daß der wirkliche Gebrauch *zurecht* wirklich ist, nicht, ob er als Gebrauch möglich ist. Es wird also nach etwas gefragt, was dem Gebrauch überhaupt nicht abzulesen ist und einer solchen Wirklichkeit einer wissenschaftlichen Praxis niemals entnommen werden kann.

Diese Frage hat mit der wissenschaftlichen Praxis, wie sie zu einer bestimmten Zeit gewesen sein mag, nichts zu tun. Sie wird – und dies ist der eigentliche Ausgangspunkt Kants und nicht etwa die Praxis oder das

Selbstverständnis der Mathematik und Physik seiner Zeit – als sinnvolle und wichtige Frage erachtet. Der Anlaß für sie war Hume. Hume hatte nämlich die objektive Gültigkeit der Form der Verknüpfung nach Ursache und Wirkung bezweifelt. Er hatte damit die objektive Gültigkeit unserer Formen des Urteilens, wie Kant scharfsinnig bemerkte, überhaupt in Frage gestellt. Und wenn der Zweifel sich der Wahrheitsmöglichkeit der *Formen* unseres Urteilens bemächtigen könnte, dann brauchte man nach der Wahrheit des *Inhalts* aller unserer Urteile überhaupt nicht mehr zu fragen. Sie wären insgesamt schon a priori zweifelhaft, wenn dies für die Formen, d. h. für das Urteil als solches gelten sollte. Deshalb war die Frage nach der Möglichkeit von synthetischen Urteilen a priori in objektiver Gültigkeit für Kant eine so wichtige Frage.

Die Behandlung dieser Frage muß sich nun allerdings auch ihrerseits in *Sätzen* formulieren. Auch im Bezug auf diese Sätze muß dann gefragt werden, wie sie Formen der Wahrheit zu sein vermögen. Diese Frage erhebt sich, ehe nach der inhaltlichen Wahrheit bestimmter Sätze zu fragen ist. Die grammatische Form der Bildung dieser Sätze könnte ja schon „nur subjektiv" sein. Sie könnte z. B., wie Nietzsche es unterstellt, durch die indogermanische Grammatik bedingt sein. Sie könnte aber auch in einer undurchschauten Weise eine bedingte Form sein, ein „Schema", das wir, weil wir uns nicht von ihm distanzieren können, auch nicht abzulegen vermögen. Jede Beurteilung dieses „Schemas" müßte sich wieder in seinen Formen vollziehen.

Bei Kant finden sich diese Fragen nicht. Die Frage nach der objektiven Gültigkeit der Urteilsformen wird bei ihm im *Gebrauch* eben dieser Urteilsformen behandelt, und es stellt sich bei ihm nicht die Frage nach der objektiven Gültigkeit etwa der Sätze der „Kritik der reinen Vernunft". Da sein theoretischer Wahrheitsbegriff sich mit dem der objektiven Gültigkeit deckt, stellt sich auch nicht die Frage nach dem Wahrheitsbegriff, der dem Anspruch, das in der „Kritik" Ausgeführte sei wahr, zugrunde liegt. Dieser Anspruch besteht aber doch ohne Zweifel. So gesehen findet sich bei Kant nur ein objektsprachlicher, aber kein metasprachlicher Wahrheitsbegriff. Der kritisch begründete Wahrheitsbegriff gilt nur für die „Wissenschaft", insofern sie kategoriale Bestimmung von Anschauungsgegenständen ist, nicht aber auch für die kritische Begründung selbst. In ihr werden die kritischen Formen ohne die für die Begründung ihrer objektiven Gültigkeit wesentliche Bedingung, auf Anschauungsgegenstände in Raum und Zeit bezogen zu werden, also unkritisch gebraucht. Im Sinne des kritischen Bedeutungsbegriffs (d. i. „Beziehung aufs Objekt") fällt hier „alle Bedeutung"[1] weg.

[1] Kant, Kritik der reinen Vernunft, B 300.

Es muß also auch hier stillschweigend ein fundamentalerer Begriff der Bedeutung von Sätzen und von deren Wahrheit zugrunde liegen. Die Sätze der „Kritik" z. B. sind doch so gemeint, daß sie für den Leser von einer gewissen Evidenz sein sollen. Man kann zwar nicht sagen – um Kant auf ihn selbst anzuwenden – „was unter dergleichen Begriffen denn eigentlich für ein Ding gemeint sei" (ebd.), wenn darunter räumlich-zeitlich Gegebenes verstanden wird. Aber, wenn mit ihnen auch nicht ein Etwas im Sinne von Dingen gemeint ist, so wird darunter doch etwas *gemeint* sein. Der Autor wird dem Leser etwas bedeuten wollen. Was er schreibt, soll von Bedeutung für den Leser sein und von ihm verstanden werden. Wenn der Leser der Argumentation folgt, wird er dem Text auch Wahrheit zusprechen. Gemeint ist eine Begründung der objektiven Gültigkeit der Urteilsformen in ihrem Bezug auf Anschauungsgegenstände. In diesem Zusammenhang sollen die einzelnen Sätze des Textes der „Kritik" Bedeutung haben. Sie werden als wahr akzeptiert werden, insofern sie in dieser Funktion einsichtig sind. Man kann hier nicht schon fragen, ob sie denn auch selbst objektiv gültig seien. Sie dienen ja erst der Begründung der Möglichkeit der objektiven Gültigkeit der Formen der Satzbildung im Bezug auf einen bestimmten Inhalt, nämlich im Bezug auf Anschauungsgegenstände. An ihrer Wahrheit hängt also der *Begriff* der Wahrheit im Sinne von objektiver Gültigkeit. Ihre eigene Wahrheit haben sie unter einem vorausgesetzten Interesse an der Lösung der Hauptfrage der „Kritik der reinen Vernunft" als der Frage nach der Wahrheit, bestimmt als objektive Gültigkeit. Dieses Interesse gibt ihnen *Bedeutung* und stellt damit die Frage nach ihrer Wahrheit allererst zur Diskussion. Es muß ein (kommunikatives) Interesse bei Autor *und* Lesern sein. Sonst verliert die Art und Weise (Form), in der hier die Sätze inhaltliche Begriffe verbinden, alle Bedeutung.

Hier geht es nicht um die kategoriale Bestimmung von Anschauungsgegenständen, angeschaut in den Formen von Raum und Zeit. Hier kann also auch nicht vorausgesetzt werden, „daß die Art, wie wir etwas *anschauen*, . . . bei allen als einerlei angenommen werden kann". Die Form der Anschauung kann hier nicht das Gemeinsame sein, worauf sich die von *verschiedenen* Subjekten gebrauchten Begriffe über diese Verschiedenheit hinweg beziehen könnten. Somit ist hier auch gar nichts vorhanden, was dawider wäre, daß diese Verschiedenheit die Bedeutung der Sätze bestimmt. Es bleibt nur, *daß* verschiedene Subjekte, aus einem offenbaren Interesse an der Lösung einer Frage heraus, sich voneinander etwas gesagt sein lassen und daß die Art der Begriffsverbindung des einen Subjekts auch anderen Subjekten etwas bedeutet, ohne *Kriterium* dafür, daß dies intersubjektiv „dasselbe" sei. Ein solcher „kritischer" dingbezogener Bedeutungsbegriff kann hier nicht vorausgesetzt werden. Wäre dies der einzig mögliche Begriff von Bedeutung, so fiele in der Tat „alle Bedeutung“ weg. Der Bedeutungsbegriff kann hier also nicht vom Objektbegriff her bestimmt werden. Er liegt diesem vielmehr zugrunde. Die Subjekte heben ihre Subjektivität nicht durch einen Bezug auf ein gemeinschaftliches Objekt auf. Sie bemühen sich vielmehr erst um einen Begriff dieser Möglichkeit und sind schon darin aufeinander bezogen. Sie sind darin aufeinander bezogen, daß ihnen dieser Begriff fraglich geworden ist. Unmittelbar finden sie sich als je individuelle Subjekte vor, ohne daß eines irgendeine Gewähr vor den anderen haben könnte, von einer allen vorausliegenden „Sache“ her zu argumentieren, eine „allgemeinere“ Perspektive einzunehmen und für sich schon Wahrheit im Sinne objektiver Gültigkeit seiner Urteile beanspruchen zu können. Um zu diesem Begriff von Wahrheit zu kommen, müssen sie sich zuvor schon „etwas“ als wahr sagen lassen. Die Notwendigkeit der jeweiligen Verbindungen der Begriffe zu Sätzen kann also nicht als im Objekt begründet gedacht werden. Sie kann allein darin bestehen, daß sie eingesehen wird. Diese Einsicht muß nach Descartes ganz leicht, ganz von selbst und ohne Zwang vollzogen werden können. Der Verstand vollzieht sie, indem er nur sich selbst folgt, also frei von allem Äußeren ist. Auch bei Descartes stehen die „notwendigen Verbindungen“ im Zusammenhang der Lösung von Problemen, und auch bei ihm ist die Frage nach der objektiven Gültigkeit, als Frage nach der Korrespondenz mit einer Außenwelt, ein solches Problem. Nur ist dies, im Unterschied zu Kant, nicht das Hauptproblem. Es ist nur ein Beispiel. Erst in den „Meditationes“ wird es das Hauptproblem der Abhandlung, die aber dann doch insofern auch nur ein Beispiel bleibt, als sie das Kriterium der Wahrheit ihrer eigenen Gedankengänge in der Wahrheit der in ihr vollzogenen und ihren Text ausmachenden „notwendigen Verbindungen“ hat. Deren Wahrheit bleibt die eigentliche Grundlage. Die in ihnen verbundenen Relata sind nicht ihrer Verbindung vorgegeben. Sie sind nicht im Kantischen Sinne *angeschaut*. Sie sind kein Äußeres für das Subjekt, auch nicht in dem Sinne, daß sie bei allen Subjekten wenigstens der „Art“ („Form“) ihrer Anschauung nach einerlei seien, sondern sie sind auch materiell subjektiv, d. h. imaginiert *im Hinblick* auf ihre Verbindung. Somit sind sie gnoseologisch nur negativ bestimmbar, als nicht „von außen“ vorgegeben. Ihre Verbindung, in der sie in ihrem Imaginiertsein Bedeutung erlangen, geschieht ja vor der Gewinnung eines Begriffs von Bedeutung im Sinne des Bezuges auf vom Subjekt unabhängige Objektivität.

9. *Der Weg Kants*

Die Kantische Kritik kann also nicht eine Kritik an der Wahrheit der notwendigen Verbindungen sein. Sie ist Kritik an der Cartesianischen Vermittlung zu einem Begriff objektiver Wahrheit. Die Wahrheit der notwendigen Verbindungen beansprucht Kant ebensogut wie Descartes, denn auch die Kantische Kritik beansprucht, ein einsehbarer und nachvollziehbarer, diskursiver Gedankengang zu sein. Sie beansprucht die Wahrheit ihrer selbst. Kritisch wendet sich Kant lediglich gegen eine *bestimmte*, von Descartes *als notwendig* hingestellte Verbindung von Begriffen, gegen die Notwendigkeit des Begriffs eines deus benignus, der es so „eingerichtet" habe, daß der menschliche Verstand der objektiven Wahrheit fähig sei. Wenn Kant argumentiert, es könne doch auch anders „eingerichtet" sein, so setzt das eine Kritik am Cartesianischen Gottesbeweis voraus, über den Descartes zu dem Begriff der Existenz eines gütigen und also nicht täuschenden Gottes gekommen war. Kant kritisiert bekanntlich die Notwendigkeit des Schrittes vom *Begriff* eines solchen gütigen, weil vollkommenen Gottes zu dessen *Existenz*. „Existenz" ist für Kant kein „reales" Prädikat. D. h., die Existenz ist nicht *ein Moment* aus einem Ganzen der möglichen Prädikate eines Realen. Somit hat nach Kant die Einbildungskraft es überhaupt nicht mit der Existenz zu tun. Sie ist das Vermögen, einen Gegenstand „auch *ohne dessen Gegenwart* in der Anschauung vorzustellen". Bei Kant ist sie vom „wirklichen" Anschauen eines „wirklichen" Objekts her negativ definiert. Der mögliche Bezug auf „äußere" Objekte ist schon vorausgesetzt, während sie bei Descartes die Funktion hatte, den Gegenstand in seiner Totalität dem Verstand gegenwärtig zu halten, der, als diskursiver, sich wesentlich zwischen Abstraktionen bewegt. Der objektive Gegenstand war bei Descartes für das endliche Subjekt nur als Idee eines Ganzen gegenwärtig, die wesentlich über die jeweilige Abstraktion der Verstandesbestimmung hinausweist und dieser dadurch konkrete Bedeutung verleiht. Bei Kant wird nun gerade „Gegenstand" genannt, was Produkt einer vom Verstand aktual vollziehbaren Synthesis ist. Der Gegenstand ist bei Kant in dieser Synthesis ganz gegenwärtig. Denn sie ist Synthesis gegebener Anschauung und produziert als solche erst einen Gegenstand. Der Raum, der bei Descartes in seiner geometrischen Struktur ein Produkt von Operationen des Verstandes innerhalb des Imaginären war, ist nun *Form der Anschauung* von „wirklich" Gegebenem. Als solche gewährt er den Bezug zum Gegenstand, wie er angeschaut, d. h. gegenwärtig ist. Da der Raum darüberhinaus Form der *äußeren* Anschauung sein soll, hat es der Verstand, als Synthesis eines räumlichen Auseinander, nicht mit Abstraktionen von Gegenständen, sondern mit apriorischen Anschauungsformen für Gegenstände zu tun. Die objektive Bedeutung dieser Operationen ist damit über diesen Raumbegriff sichergestellt. Der Verstand *kann* sich, sofern er auf den Raum bezogen bleibt, nicht in imaginären, abstrakten Operationen verlieren. Seine Kategorien bleiben, unter dieser „ästhetischen“ Bedingung, sachhaltig. Insofern ist das Glied eines deus benignus in der Kette notwendiger Verbindungen, die zu einem objektiven Wahrheitsbegriff führen sollen, bei Kant entbehrlich, wenn auch nur für die Wahrheit der Klasse von Aussagen, die sich auf Anschauungsgegenstände beziehen, nicht aber für die diese Entbehrlichkeit begründenden Aussagen. Ebenso entbehrlich ist dann aber auch in diesem Bereich die Funktion einer Einbildungskraft für die Verstandesoperationen. Sie ist quasi in die Begründung „verdrängt“. Im begründeten Bereich, der Wissenschaft, ist „Einbildungskraft“ als produktive Einbildungskraft nur mehr „eine Wirkung des Verstandes auf die Sinnlichkeit“[1]. Der Rationalismus ist bei Kant, ganz deutlich in der zweiten Auflage der „Kritik der reinen Vernunft“, zugespitzt. Das ist möglich, weil das Material des Verstandes in der Form der Anschauung eo ipso die Gegenwart des Gegenstandes als eines äußeren verbürgen soll[2].

Die Kantische Argumentation beansprucht gegenüber der Cartesianischen Argumentation die Notwendigkeit ihrer Schritte, die sie der Cartesianischen bestreitet. Notwendigkeit bleibt auf dieser Ebene, auf der ihr Begriff noch nicht an dem des Objekts festgemacht werden kann, weil sie diesen Begriff erst begründen soll, etwas intersubjektiv Diskutierbares. Bei Descartes ist *Gott*, bei Kant der *Raum* das entscheidende Verbindungsglied. Descartes kommt zu Gott durch eine Verbindung, die er als notwendig ansieht: „Ich bin, Gott ist“, nachdem er zu „ich bin“ über die Verbindung „ich denke, ich bin“ gekommen war. „Ich denke“, so soll im Gedächtnis behalten werden, *bedeutete* das gelegentliche, je eigene Denken („quamdiu“) eines zweifelnden, sich seiner Unvollkommenheit bewußten Denkens, das seinen Selbstbegriff nur von einem vollkommenen Denken her haben können sollte, das deshalb existieren müsse. Wenn das Unvollkommene ist, muß auch erst recht das Vollkommene sein, denn jenes existiert nur als Mangel von diesem. Es hat in diesem seine „Ursache“. – Dagegen wendet Kant ein, ein Schluß von einem existierenden endlichen Denken auf ein göttliches mit Hilfe der Kategorie des Zu-

[1] Kant, Kritik der reinen Vernunft, B 152. Bei Descartes war auch noch von einer umgekehrten Wirkung der Einbildungskraft auf den Verstand die Rede (vgl. z. B. Regulae, XII, 11). Man könnte sagen, dadurch sei hier freie Beweglichkeit und Individualität im Denken gedacht.

[2] Zu diesem Problem der Transzendenz des Gegenstandes bei Kant vgl. J. Simon, Sprache und Raum, Philosophische Untersuchungen über das Verhältnis zwischen Wahrheit und Bestimmtheit von Sätzen, Berlin 1969, insbesondere S. 27 ff.

sammenhangs von Ursache und Wirkung sei ein überfliegender Verstandesgebrauch, weil hier nicht in der Anschauung Gegebenes kategorial verknüpft, sondern eine nichtgegebene Ursache erschlossen werde. Er setzt so den Erkenntniswert von solchen kategorialen Verbindungen außer Kraft, wenn sie sich nicht auf Gegenstände möglicher Anschauung beziehen. Die *Notwendigkeit*, zu einem Gegebenen eine Ursache seiner Beschaffenheit anzunehmen, soll wohl für das vernünftige Denken bestehen, aber ohne zugleich eine *Erkenntnis* zu bedeuten.

Mit dieser Einschränkung der Verläßlichkeit notwendiger Verbindungen zerstört Kant den Wahrheitsbegriff, auf dem seine Konstruktion des Begriffs einer objektiven Wahrheit selbst beruht. Er läßt post festum nur diesen „objektiven" Wahrheitsbegriff gelten, den er konstruiert, also nur das Resultat und nicht den Weg. So kritisiert er nicht nur den Cartesianischen Gottesbeweis, sondern, allerdings ohne darauf zu reflektieren, auch die Gültigkeit der Schritte seiner eigenen Kritik, und nur scheinbar kann er auf den Begriff einer Einbildungskraft verzichten, die den Verstandesoperationen Bedeutung verleiht, d. h. sie semantisch interpretiert. Er faßt all diese bedeutungsverleihenden Interpretationen zunächst in der Interpretation des Raumes als formale *Anschauung* zusammen. In dieser Interpretation des Raumes (als semantischer Interpretation eines syntaktischen geometrischen Gefüges) haben dann alle sich auf räumliche Figurationen beziehenden Operationen des Verstandes per se, d. h. unter der Bedingung dieser Beziehung, Bedeutung. Und diese Interpretation setzt voraus, daß der Raum selbst als Form der Anschauung überhaupt eine bestimmte, von der Einbildungskraft nicht zu verändernde Struktur hat. Er hat dann notwendig eine bestimmte Anzahl von Dimensionen, eine bestimmte „Krümmung" usw., kurz, er ist zwar kein Ding, aber soll doch, als Anschauungsform, feststehende Eigenschaften von sich aus haben und darin nicht ein Produkt der Einbildungskraft sein[3]. Er als *Form* übernimmt ja in der Kantischen Argumentation die Gewähr für die objektive Bedeutung der Verstandesoperation in ihm. Weil oder insofern der Raum eine solche *Form* der Anschauung a priori „ist", bedarf es nicht des Schrittes über den Gottesbegriff, und, wenn der Begriff der Erkenntnis erst einmal mit Hilfe des Schrittes über die von diesem Raumbegriff her verstandene äußere Anschauung konstruiert ist, ist der Schritt über den Gottesbegriff auch kein möglicher Weg mehr.

Vergleicht man den Cartesianischen und den Kantischen Weg, so ergibt sich, daß der Kantische wohl im Cartesianischen, nicht aber der

[3] Die Einbildungskraft ist nach Kant zwar das Vermögen der *reinen* Anschauung (vgl. Kritik der Urteilskraft, XLIV), insofern sie *als* reine vorgestellt und in ihr nichts wirklich *Gegebenes* „angeschaut" sein soll; aber die bestimmte *Form* der (wirklichen) Anschauung selbst ist bei Kant natürlich kein Produkt der Einbildungskraft.

Cartesianische im Kantischen als möglich enthalten ist[4]. Bei Descartes vollzieht sich jeder Weg des (endlichen) Verstandes mittels der Einbildungskraft. Sie ist bei allen notwendigen Verbindungsschritten dabei, indem sie das dem Verstand nicht übersichtliche Ganze in Erinnerung behält, auf das sich die Operationen des Verstandes beziehen. In dieser semantischen (bedeutungsverleihenden) Funktion beflügelt sie den Verstand auf seinem diskursiven Weg. Daß das auch bei Kant so ist, ist leicht nachzuvollziehen. Man *muß* ja nicht *sagen,* der Raum sei zugleich eine formale Anschauung mit einer bestimmten Struktur und als diese Struktur dann

[4] Das wird besonders deutlich, wenn man Descartes' „notwendige Verbindungen" als vom Vermögen des Sprachgebrauchs her evidente Schritte, mithin als „semantische Analyse" versteht. Vgl. hierzu D. Henrich, Identität und Objektivität. Eine Untersuchung über Kants transzendentale Deduktion, Heidelberg 1976, S. 110: „Steht einmal fest, daß die semantische Analyse die Methode der prima philosophia sein muß, so folgt daraus, daß die Argumente einer Theorie, welche sich auf das Prinzip Selbstbewußtsein gründet, immer dann schwach werden müssen, wenn sie aus Charakteren des Bewußtseins logische Charaktere von Regeln oder gar Einsicht in die Notwendigkeit der Geltung von Regeln gewinnen wollen." Henrich sieht in Kants Theorie keinen „Gegenentwurf" zur semantischen Theorie, sondern „ihr notwendiges Korrektiv". „Selbstbewußtsein" und „Regelbegriff" werden „in einem unabweisbaren, wenngleich nicht logisch herleitbaren wechselseitigen Abhängigkeitsverhältnis" gesehen (111), so daß „die Theorie der Erkenntnis und die Theorie vom erkennenden Wesen nur in einem einzigen Gang zu entwickeln" seien (112). Für Kant ist hinsichtlich der „Theorie vom erkennenden Wesen" die Voraussetzung „wesentlich", daß wir alle auf die gleiche Art anschauen. Diese Voraussetzung bezüglich des „erkennenden Wesens" ist nicht in dem Sinn „Erkenntnis", wie sie mit Hilfe eben dieser Voraussetzung theoretisch begründet werden soll. Insofern ist sie im Sinne der „Regulae" Descartes' Produkt der Imagination, das zu akzeptieren vorgeschlagen wird, damit eine „Theorie der Erkenntnis" gelingt. Der philosophisch interessante Punkt ist somit gerade die Art und Weise der Entwicklung einer „Theorie der Erkenntnis" und einer „Theorie vom erkennenden Wesen" „in einem einzigen Gang", in dem Imagination und semantische Analyse zusammenwirken. Der entwickelte Begriff vom „Selbstbewußtsein" wird hierbei durchaus von den subjektiven Einfällen bei der Aufstellung einer „Theorie der Erkenntnis" abhängen, so wie das Gelingen dieser Theorie eben davon abhängt, daß akzeptable Vorschläge hinsichtlich einer „Theorie vom erkennenden Wesen", d. h. von uns selbst, gemacht werden können. Da „wir" als „endliche Wesen" nicht alle semantischen Implikate der zu analysierenden Begriffe „kennen", oder, um es weniger traditionell auszudrücken: da wir in natürlichen Sprachen über keine *Gewißheit* von intersubjektiver Bedeutungsidentität verfügen, ist „semantische Analyse" „für uns" immer ein Versuch. Er hat insoweit Aussicht, glücklich zu verlaufen, als er sich innerhalb eingespielter Sprachverwendungsweisen, d. h. auch: eingeübter Interaktionsformen bewegt. Diese Aussicht nimmt ab, wenn wir uns an die Grenze des Gewohnten wagen, aber auch dann doch zugleich wieder zu, wenn dies im Interesse der Lösung von Problemen, etwa gnoseologischer Fragen mittels einer „Theorie der Erkenntnis" geschieht, an deren Lösung auch die ein Interesse haben, denen ungewöhnliche „semantische Analysen" zugemutet werden. Daß wir alle auf einerlei Art anschauen, wäre solch eine semantische, lediglich vom Widerspruchsprinzip her „zulässige" Analyse des Begriffs „wir" oder „unserer selbst", denn die Art der Anschauung anderer ist eben nicht von uns selbst anzuschauen und somit unmöglich ein Gegenstand der Erfahrung.

auch Form der Anschauung äußerer Gegenstände, und *anschauen* kann man das erst recht nicht. Das Argument, wir könnten uns wohl den Raum ohne Gegenstände, nicht aber Gegenstände außerhalb des Raumes vorstellen[5], und deshalb sei der Raum nicht von Gegenständen abstrahiert, sondern umgekehrt seien diese im Raum angeschaut, kann akzeptiert werden, aber muß im Sinne einer analytischen Notwendigkeit nicht akzeptiert werden; und um ein synthetisches Urteil a priori mit objektiver Gültigkeit kann es sich nach Kant nur bei einem Urteil über angeschaute Gegenstände handeln, aber nicht bei einem Urteil wie diesem über die *Form* der Anschauung von Gegenständen. Man muß die transzendentale Ästhetik Kants nur akzeptieren, *wenn man mit Hilfe ihrer Voraussetzung* die Frage nach der Möglichkeit synthetischer Urteile a priori positiv beantworten will. Sonst kann man auch sagen, wenn man sich einen leeren Raum als Raum ohne Gegenstände vorstelle, dann habe man den Raum ja gerade von den Gegenständen abstrahiert. Und auch Kant abstrahiert den Raum von dem reinen Material der Empfindungen, wenn er ihn unserer *Art* der Anschauung zurechnet. Die ganze Schwierigkeit liegt hier in der Entscheidung der Frage, ob man sich etwas ohne das, wovon es abstrahiert ist, vorstellt oder ob man die Abstraktion reflektiert, d. h. das Abstrahierte auf das, wovon es abstrahiert worden ist, zurückbezieht. Der Cartesianische Begriff der Deutlichkeit meint zunächst die separate klare Vorstellung, während solche separaten Vorstellungen doch nur im Rückbezug auf das Ganze, wenngleich dieses selbst für den diskursiven, endlichen Verstand auch keine deutliche Vorstellung ist, *Bedeutung* behalten. Die Deutlichkeit dient zunächst der einfachen Verstandesoperation. Sobald diese vollzogen ist, ist aber wieder die Einbildungskraft am Zug, als Rückbesinnung auf die *Bedeutung* dieser Operation innerhalb eines größeren Ganzen. Von hier aus wäre an Kant die Frage zu stellen, in welchem Zusammenhang denn sein bestimmter Raumbegriff stehe. Denn so wird die in ihm liegende Abstraktion in ihrer argumentativen Bedeutung erfaßt und nachvollziehbar. Der *Sinn* der Abstraktion wird selbst deutlich. Auch wenn es bei Kant heißt, der Raum sei kein diskursiver Begriff[6], wird er in diesem Satz zunächst als diskursiver Begriff vorausgesetzt, nur daß er ein Prädikat erhält, das diese Voraussetzung inhaltlich negiert. „Raum" muß zunächst als diskursiver Begriff verwendet werden, damit man sagen kann, er sei dies nicht, sondern eine Anschauungsform. Sonst könnte überhaupt nicht in notwendigen Verbindungen von ihm die Rede sein. Auch die Negation gehört ja, nach Descartes, zu den notwendigen Verbindungen. Die Negation ist die sich von einer Voraussetzung abstoßende Bewegung,

[5] Kant, Kritik der reinen Vernunft, B 39.
[6] Ebd.

die den menschlichen Geist auf seine ihm eigenste (freie) Weise weiterführt. Wenn, wie bei Kant, die Begriffe des diskursiven Denkens und der intuitiven Anschauung in bezug auf die menschlichen Erkenntniskräfte eine vollständige Disjunktion bilden, dann bedeutet die Negation der Diskursivität schon positiv die Zugehörigkeit zur Anschauung als jenem anderen Vermögen. D. h. nun: Wenn man überhaupt einem Satzsubjekt „Raum" ein Prädikat zusprechen, d. h. etwas Weiteres „über" den Begriff des Satzsubjektes hinaus sagen will und dazusagt, er sei nicht das, als was er im Satz notwendig vorausgesetzt war, nämlich ein diskursiver, zu einem anderen diskursiven Begriff übergehender Begriff, dann muß dieser andere Begriff, nämlich das Prädikat, das nun positiv sagen soll, was der Raum ist, etwas anderes als einen Begriff, d. h. dann: Anschauungsform bedeuten. *Innerhalb dieser (begrifflichen) Disjunktion* ist die Verbindung notwendig. Überhaupt ergeben sich notwendige Verbindungen nur zwischen Produkten der Abstraktionen produzierenden Einbildungskraft, die ihre eigenen Produkte *als* reale Teile von objektiven Ganzheiten vorstellt.

Besteht nun unser Erkenntnisvermögen „wirklich" aus den beiden Vermögen des diskursiven Denkens und der intuitiven Anschauung? Ob der bei einer solchen *Auslegung* ansetzende Kantische Weg in einem objektiven Sinne wahr ist, kann sich nur zeigen, wenn sich über ihn ein Begriff der objektiven Wahrheit überhaupt, einschließlich der dieses Weges, gewinnen läßt, d. h. wenn sich mit Hilfe der Einbildungskraft zeigen läßt, daß er zur Wahrheit führt. Der Kantische Weg führt aber zu einem Resultat, das den Weg selbst aus dem Bereich möglicher Wahrheit ausschließt, während der Weg des klassischen Descartes die Subjektivität des Weges oder der Methode als Gegensatz zu einem intendierten objektiven Wahrheitsbegriff aufhebt. Der Weg rechtfertigt sich im Resultat und erweist sich dadurch als mit allen anderen subjektiven Wegen verträglich, die sich ebenfalls in ihrem Resultat rechtfertigen, indem sie ihren Gegensatz zu einem objektiven Wahrheitsbegriff durch sich selbst negieren können.

Nach der Darstellung der Grundgedanken der Leibnizschen Theorie wahren Seins kann nun auch gezeigt werden, inwiefern Kants Weg in einem bestimmten Sinn eine Regression hinter die Weiterentwicklung bedeutet, die der neuzeitliche, cartesianische Ansatz durch Leibniz erfahren hat. Leibniz ging davon aus, daß jeder wahre Satz „im Grunde" ein analytischer Satz und daß Satzwahrheit letztlich analytische Wahrheit sein müsse. Der Begriff des Prädikats müsse als in dem des Subjekts enthalten gedacht sein, wenn er ihm nicht willkürlich angeheftet sein solle, und der des Subjekts aller dieser Prädikate könne nicht selbst prädiziert werden. Er stehe für eine *individuelle* Substanz. Nun *kennt* nach Leibniz ein endliches Wesen aber nicht alle Implikate eines solchen Begriffs. Ein endliches

Wesen kann nach Leibniz deshalb nur insofern Sätze bilden, als es damit, der ihm möglichen Perspektive gemäß, *beansprucht*, das ausgesagte Prädikat *sei* eines der Prädikate, die in dem Subjekt enthalten seien. Es stehe *für* deren Gesamtheit oder sei „symbolisch". Der Anspruch solch einer symbolischen Vertretung des Ganzen durch einen Teil ist nun aber nur dann zu *rechtfertigen*, wenn es sich um einen Teil aus einer *vollständigen Disjunktion* handelt. Nur dann ist die ausgesagte Beziehung von Teil und Ganzem eine notwendige Beziehung. Man hat dann mit dem Teil auch schon das Ganze. Z. B. könnte ein Kreissektor auf diese Weise symbolisch für den ganzen Kreis stehen. Das reine Bild solcher Möglichkeiten überhaupt ist der Raum, insofern er „als unendliche *gegebene* Größe vorgestellt" ist (vgl. B 39): Was in bezug auf einen beliebigen Teil dieses Raumes gesagt wird, gilt dann für jede Stelle, also für den ganzen Raum. Die Beliebigkeit oder Subjektivität der Teilung hebt sich damit auf. Es ist nun deutlich zu sehen, daß Kant sich diesen Leibnizschen Begriff der symbolischen Erkenntnis zu eigen macht, ohne allerdings das Symbolische daran als Produkt der Einbildungskraft zu reflektieren[7]. Kant wendet sich vielmehr gegen Leibniz, wenn er sich im Zusammenhang der Begründung seines Begriffs objektiver Wahrheit auf Raum und Zeit als Formen der Anschauung als einer besonderen, vom Verstand völlig verschiedenen zweiten Erkenntnisquelle beruft und dementsprechend der („cartesianischen") „Deutlichkeit der Begriffe", über die schon nach Leibniz ein endliches Wesen wegen seiner individuellen Beschränktheit oder Perspektivität nur unvollkommen verfügt, eine ursprüngliche „*Deutlichkeit* in der Anschauung"[8] entgegengesetzt. Da „Anschauung" bei Kant die Bedeutung einer

[7] „Symbolisch" nennt Kant dagegen eine „Versinnlichung", in der „einem Begriffe, den nur die Vernunft denken, und dem keine sinnliche Anschauung angemessen sein kann, eine solche untergelegt wird". Diese Art von Versinnlichung ist dem Schematismus, der den Bezug eines Begriffs auf die ihm *entsprechende* Anschauung ausmacht, „bloß analogisch". Die „symbolische" Versinnlichung kommt mit dem Schematismus „bloß der Regel dieses Verfahrens, nicht der Anschauung selbst" nach überein (Kritik der Urteilskraft, § 59). Sie bezieht sich auf Begriffe, die in keinem empirischen Gebrauch Bedeutung erlangen, sondern deren vorweg vermeinte, aber nicht als Beziehung auf ein Objekt zu begründende Bedeutung nur nachträglich „versinnlicht" werden soll, so daß eigentlich nur vorgetäuscht wird, es seien Begriffe von „ästhetischer", d. h. uns unmittelbar möglicher Deutlichkeit. – Die Einbildungskraft als Verfahren des *Schematismus*, „einem Begriff sein Bild zu verschaffen" (Kritik der reinen Vernunft, B 179f.), ist dementsprechend das Verfahren, eine Deutlichkeit von Begriffen in *Analogie* zu einer (unmittelbaren) Deutlichkeit aus der Anschauung *herzustellen*. Die „symbolische" Versinnlichung ist dagegen nur eine dem Schematismus *verfahrensmäßig* abgesehene, „indirekte Darstellung" nach einer „Analogie", von deren Art, wie Kant in sprachkritischer Absicht bemerkt, unsere Sprache voll sei (Kritik der Urteilskraft, § 59).

[8] Kant, Über eine Entdeckung . . . , Akademie-Ausgabe, Bd. VIII, S. 217, Anm. – Daß die ästhetische Deutlichkeit im Gegensatz zur logischen *unmittelbar* oder ursprünglich sei,

Anschauung des wirklich Gegebenen hat, ist sie auch die eines wirklichen, also individuellen Subjekts, im Unterschied zu dessen transzendentalem Begriff. Ihre Deutlichkeit ist eine dem endlichen Subjekt unmittelbar mögliche. Es braucht sie sich, im Unterschied zur „logischen" Deutlichkeit einer vollständigen Analyse der Allgemeinbegriffe, nicht erst als das Vermögen eines von ihm verschiedenen, unendlichen oder göttlichen Verstandes bzw. in Vermittlung über die „Güte" eines solchen unendlichen Verstandes (eines „deus benignus") vorzustellen. Nur im Hinblick auf die „ästhetische" Deutlichkeit, in dieser Hinsicht aber uneingeschränkt, kann ein endliches Wesen von sich selbst her unmittelbar deutliche Vorstellungen haben. Nur in der „ästhetischen" Deutlichkeit erfüllt sich für es der abstrakte *Begriff* der Deutlichkeit[9]. In der Analyse der *Bedeutung* von Begriffen bleibt er für es eine unendliche Aufgabe. Die Anschauung des Raumes als einer „unendlichen *gegebenen*" Größe soll das endliche Subjekt also aus seiner semantischen Verstrickung in für es selbst nicht durchschaubare Bedeutungszusammenhänge seiner Sprache, wie sie von den verschiedenen Subjekten auf die verschiedensten Weisen in Gebrauch genommen ist, befreien. Dieser Raum ist als unbegrenztes Feld der Wahrheit für Wesen vorgestellt, denen sprachliche Deutlichkeit aus ihrer eigenen Subjektivität heraus nicht a priori gewährleistet ist.

Den Begriff einer „ästhetischen" Deutlichkeit gilt es also näher zu bestimmen, wenn Kants Position innerhalb des hier diskutierten Zusammenhangs, besonders seine Auseinandersetzung mit Leibniz, geklärt werden soll. Die „ästhetische" Deutlichkeit ist die des unmittelbaren Auseinanderliegens der Dinge als Einzeldinge. Die Einzeldinge sollen aber zugleich für etwas Allgemeines stehen, das seinerseits erst dadurch deutlich wird, daß man es im Übergang von dem einen zu dem anderen einzelnen als einem *begrifflich* nicht verschiedenen, sondern gleichen anderen erfaßt. Es handelt sich um eine Deutlichkeit, wie sie sich durch das Aufzählen von „Beispielen" ergibt, die man als solche in ihrer Bewandtnis erfaßt hat, wenn man die Reihe von Beispielen für „dasselbe" von sich aus fortsetzen *kann*, ohne daß das „Allgemeine" dieser Beispiele schon *als Begriff* (bzw.

entspricht der Kantischen Doktrin von Raum und Zeit als reinen Formen der *Anschauung a priori*, also dem systematischen Stellenwert der „transzendentalen Ästhetik". In deren Zusammenhang findet der Begriff „ästhetische Deutlichkeit" allerdings expressis verbis keine Verwendung. Er wird in unserem Zusammenhang dennoch aufgegriffen, um den systematischen und argumentativen Bezug Kants im Kontext der bisherigen Untersuchung genauer bestimmen zu können. – Vgl. auch Kant, Anthropologie, Akademie-Ausgabe Bd. VII, S. 140, Anm. Zur Vorgeschichte vgl. Lewis W. Beck, Early German Philosophy, Kant and His Predecessors, Cambridge Mass., 1969, bes. S. 285f.

[9] Als „Evidenz" in „Beweisen" definiert Kant dementsprechend schon in der Dissertation „De mundi sensibilis atque intelligibilis forma et principiis" die „claritas certae cognitionis, quatenus assimilatur sensuali" (§ 15c).

Regel) deutlich (formuliert) sein müßte. Kant spricht in diesem Zusammenhang auch von einer „synthetischen" Deutlichkeit[10].

Das Leibnizsche principium identitatis indiscernibilium entfällt, insofern dieses Vermögen besteht. Die reine Form der „ästhetischen" Deutlichkeit ist die Form der Anschauung auseinanderliegender Dinge im Raum, in ihrer *unmittelbaren* Verschiedenheit, ohne bereits vorausgesetzte *begriffliche* Unterscheidbarkeit des Empirischen, die endlichen Subjekten ohnehin nicht in objektiver Relevanz möglich ist. Diese Unmittelbarkeit von Deutlichkeit soll den Anfang des Bestimmens ohne einen (empirischen) *Vorbegriff* ermöglichen, von dem man in bezug auf die Begriffsbildung endlicher Wesen ja nicht wissen könnte, daß er nicht nur ein subjektiv gebildeter Vorbegriff sei. Für die Bedeutung unserer urteilsbildenden und darin Wahrheit beanspruchenden Kategorien ist es nach Kant daher unerläßlich, daß es „Beispiele" ihrer Anwendung auf solch ein noch nicht begrifflich bestimmtes Außereinander gibt, an dem die Kategorien ansetzen können.

Diese Deutlichkeit beruht also nicht auf Begriffen; aus ihr heraus *macht* das Subjekt vielmehr erst Begriffe, indem es einzelnes als Beispiel versteht und von daher selbständig weitere Beispiele bilden kann. Man ist an gewisse Theorien des Spracherwerbs erinnert: Das Vermögen der „ästhetischen" Deutlichkeit ist das Vermögen, „blind"[11], d. h. ohne bewußte Leitung eines Begriffs, einer „Regel" zu folgen. Die ästhetische Deutlichkeit ersetzt quasi die Deutlichkeit der Begriffe, die endlichen Wesen nie in einer auch ontologisch relevanten Weise (etwa durch Sprachanalyse in einem Rekurs auf „Sachverhalten" zugeordnete „Elementarsätze" im Sinne des „Tractatus" Wittgensteins) wirklich, sondern nur als *„Idee"* eines solchen Rekurses möglich ist, so daß sie sich in einer Reduktion der Dinge auf ihre reinen Raum-Zeit-Verhältnisse dennoch und ohne Rückgriff auf einen leitenden göttlichen Verstand, also von sich selbst her als Erkenntnissubjekte verstehen können. Solch eine Reduktion leistet aber bei Descartes gerade die Einbildungskraft. Sie reduziert die Komplexheit der Dinge auf Möglichkeiten eines endlichen Verstandes. Dieser Charakter des Imaginativen entfällt bei der Anschauungsform Kants, weil sie als unmittelbare Form der Anschauung begriffen ist. Es entfällt damit zunächst auch das Leibnizsche Argument, daß räumliche Anschauung als solche einer Undeutlichkeit des Subjekts in bezug auf sein Verhältnis zu den Dingen entspreche und daß sie eben die Art sei, in der es sich die Verhältnisse von sich aus deutlich *mache*, insofern es zu bestimmten Zwecken darauf angewiesen sei. Die These von der Unmittelbarkeit einer „ästhe-

[10] Kant, Logik, ed. Jäsche, Akademie-Ausgabe, Bd. IX, Einleitung, Abschnitt VIII.
[11] Vgl. L. Wittgenstein, Philosophische Untersuchungen, Nr. 219.

tischen" Deutlichkeit löst den Begriff möglicher Deutlichkeit von der traditionellen Problematik der Deutlichkeit der *Begriffe* für endliche Wesen ab.

Dennoch kann Kant, wie ausgeführt, für die Philosophie nicht auf eine – bei ihm aber philosophisch nicht legitimierte – Deutlichkeit allein aus Begriffen verzichten. Der alle uns mögliche Deutlichkeit (und damit auch alle Bedeutsamkeit) auf „ästhetische" Deutlichkeit zurückführende Gedankengang der „Kritik" selbst muß für sich selbst im Prinzip auf die ästhetische Deutlichkeit durch „Beispiele" verzichten können. Hier können Beispiele nicht zu Begriffen hinführen. Sie könnten nur bereits *als* deutlich vorausgesetzte Begriffe nachträglich und zusätzlich, „in *populärer* Absicht", illustrieren. Da sie hier ohnehin keine synthetische Funktion für das *Machen* von Begriffen haben könnten, sind sie auch „nicht so nötig". Die „*diskursive* (logische) *Deutlichkeit, durch Begriffe*" soll genügen[12]; sie *muß* hier eigentlich genügen, denn der Philosoph „macht" nicht, wie der Mathematiker und der reine Naturwissenschaftler, auf ästhetisch-synthetische Weise „deutliche Begriffe". Er macht nur auf analytische Weise „Begriffe deutlich"[13], indem er ihnen Prädikate zulegt, die „an sich" schon in ihnen enthalten sein müßten.

Eigentlich weiß ein endliches Wesen aber nicht, ob eine solche Analyse überhaupt „ontologisch" von Bedeutung für Sachverhalte ist, die doch auch in der Sprache der Philosophie den Begriffen zugrunde liegen sollen. Auch die Philosophie soll doch von *etwas* handeln und nicht reines Begriffsspiel sein. So handelt die „Kritik der reinen Vernunft" z. B. ihrem Anspruch nach sachlich von unserem Erkenntnisvermögen. An die Stelle einer transzendentalen Theorie der Möglichkeit der objektiven Relevanz von Begriffen muß hier deshalb die Kennerschaft in dieser Disziplin treten. Für die „Kenner der Wissenschaft" ist die in anderen Wissenschaften so fundamentale „ästhetische" Deutlichkeit „nicht so nötig", denn es muß hier mangels des Anschauungsbezuges philosophischer Begriffe ohnehin genügen, daß die Subjekte in die „Sache", die abgehandelt werden soll, eingeweiht, daß sie in dieses „Sprachspiel" bereits eingespielt sind. Man könnte sagen, daß Kants Trennung zwischen der für die Mathematik und reine Naturwissenschaft geforderten Deutlichkeit aus der Anschauung und der für die Sprache der Philosophie allein möglichen, endlichen Wesen aber nicht unmittelbar verfügbaren „logischen" Deutlichkeit dasselbe bedeute wie die Tatsache, daß bei ihm ein fraglicher semantischer Konsensus (bzw. „Gemeinsinn") *der Philosophen* die sonst in bezug auf das erkennende Subjekt wesentlich konstatierte Endlichkeit

[12] Kant, Kritik der reinen Vernunft, A XVIII.
[13] Kant, Logik, Einleitung, VIII.

überspielen muß. Der Sachbezug philosophischer Rede, also auch der Rede, die den notwendigen Anschauungsbezug in den (übrigen) Wissenschaften begründen soll, kann sich allein davon ableiten, daß vorauszusetzen ist, daß in der Philosophie die „Kenner der Wissenschaft" schon wüßten, *wovon* sie reden. An dieser Voraussetzung hängt also auch der in dieser „Metasprache" konstruierte Objektivitätsbegriff der Wissenschaften.

Das zeigt sich deutlicher, wenn man diese Konstruktion näher verfolgt. Es zeigt sich, daß auch bei Kant nur vordergründig von der Unmittelbarkeit einer Deutlichkeit aus der Anschauung die Rede sein kann. Zwar ist der Raum als reine Anschauungsform für Kant etwas Unmittelbares. Der Raum als reine Anschauungsform ist aber ein noch unerfüllter Raum. Mit seiner Unmittelbarkeit ist man noch nicht bei verschiedenen, deutlich gegeneinander abgegrenzten Substanzen, die in Gemeinschaft oder zugleich in ihm sind. Aber „ohne Gemeinschaft ist jede Wahrnehmung . . . von der andern abgebrochen"[14]. Ohne sie kommt nicht der Begriff eines objektiven Verhältnisses zustande, der über einen subjektiven Wahrnehmungszusammenhang hinausdeutet. Eine solche objektive *Gleichzeitigkeit*, von der in der Anschauungslehre, wenn sie von einem Zugleichsein Verschiedener im Raum spricht, scheinbar ausgegangen wird, ist aber nun nach Kant selbst „nicht anders . . . als unter Voraussetzung einer Wechselwirkung derselben untereinander" zu erkennen, und, da man die „Zeit selbst", sozusagen als einen absoluten Hintergrund der subjektiven Wahrnehmungsbewegungen, „nicht wahrnehmen" kann, wird „ein Verstandesbegriff von der wechselseitigen Folge der Bestimmungen dieser außereinander zugleich existierenden Dinge erfordert, um zu sagen, daß die wechselseitige Folge der Wahrnehmungen im Objekte gegründet sei, und das Zugleichsein dadurch als objektiv vorzustellen". „Die Synthesis der Einbildungskraft in der Apprehension" würde immer nur „jede dieser Wahrnehmungen als eine solche angeben, die im Subjekte da ist, wenn die andere nicht ist", und umgekehrt, ohne daß man daraus schließen könnte, sie seien objektiv zugleich da (B 257f.)[15].

Die Einbildungskraft muß, damit überhaupt von einem Zugleichsein der Gegenstände die Rede sein kann und sich ein *Raum* ihres Zugleich-

[14] Kant, Kritik der reinen Vernunft, B 260.

[15] Dieser Begriff der Wechselwirkung hat nichts mit dem physikalischen Problem der Möglichkeit der *empirischen* Feststellung von Wechselwirkung zu tun. Die Kantische Überlegung geht von der Notwendigkeit einer apriorischen *Voraussetzung* von Wechselwirkung aus, um überhaupt von da aus den *Begriff* eines objektiven Zugleichseins von Gegenständen im Raum, im Unterschied dazu, ob sie zugleich oder nicht zugleich subjektiv wahrgenommen werden, deutlich machen zu können. Vgl. dagegen z. B. A. N. Whitehead, Process and Reality, New York 1929 (1957), S. 95.

seins konstituiert, mindestens eine der Wahrnehmungen aus der Erinnerung, d. h. ohne deren wirkliches Gegebensein, vorstellen, um sie, gegen das Nacheinander ihres Angeschautseins, *als* mit einer anderen zugleich im Raume seiend vorzustellen. Das Problem ist ja nicht durch den Hinweis zu lösen, daß man doch Verschiedenes zugleich nebeneinander *wahrnehmen* könne, denn es geht um die fundamentalere Frage des Zugleichseins der Inhalte verschiedener, also aufeinander folgender Wahrnehmungen. Der Raum als reine Form des gleichzeitigen Außereinander von etwas in der Anschauung wird dadurch konstituiert, daß die Einbildungskraft, als das Vermögen der Vorstellung von etwas ohne dessen Gegebensein, wechselweise den Ort des einen zum Ort des anderen, d. h. jeweils den Ort des in dieser Wahrnehmung nicht Gegebenen zu dem Ort des in dieser Wahrnehmung Gegebenen hinzu imaginiert und erst dadurch ihr Zugleichsein in *einem* Raum *vorstellt.* Die Einbildungskraft ist das Vermögen der Anschauung dieses Raumes a priori. Ihre Leistung bliebe nach Kant aber subjektive Imagination, wenn nicht der Verstand mittels seiner *Kategorie* der Wechselwirkung eine wechselseitige Beziehung der so als zugleichseiend Imaginierten auch *untereinander* voraussetzte und dadurch eine *objektive Einheit* zwischen einem jeweils wirklich Angeschauten (Gegebenen) und einem Imaginierten konstituierte, das folglich mit dem wirklich Gegebenen objektiv zugleich da oder „im" Raume sei. Die Leistung der Einbildungskraft tritt hinter die des Verstandes zurück. Die Ablösung der Einbildungskraft als Quelle der Erkenntnis endlicher Wesen durch den Hinweis auf eine auch endlichen Wesen unmittelbar mögliche, nämlich ästhetische Deutlichkeit geschieht bei Kant in Wahrheit durch die *Verstandeskategorie* der Wechselwirkung.

Die Kategorie der Wechselwirkung ist aber nun, wie alle reinen Verstandesbegriffe, nur dadurch Kategorie, daß die Anschauung von einem Gegenstande in Ansehung „einer der " überhaupt möglichen Urteilsfunktionen *als* bestimmt angesehen wird (B 128). Im Falle der Wechselwirkung muß dies die disjunktive Urteilsform sein. Der angeschaute Gegenstand muß so *beurteilt* werden, als sei er, so wie die Einbildungskraft ihn durch „Erinnerung" aus Teilen zu einem Ganzen imaginiert, in einer *der Sache nach vollständigen* Disjunktion bestimmt. Die subjektiv aus der Erinnerung zusammengesetzten Teile müssen so *angesehen* werden, als seien es einige von *allen* Teilen eines Ganzen von der „Natur" dieses Ganzen her und nicht nur durch subjektive Einteilung. Dies ist bei Kant der letztlich genannte Grund dafür, daß überhaupt etwas als mit etwas anderem zugleich im Raume seiend ausgesagt werden kann, also der Grund für die „ästhetische" Deutlichkeit, mit der etwas, insofern es im Raume angeschaut ist, von etwas anderem, das dazu „zugleich" im Raum sein müßte, deutlich unterschieden werden können soll.

Nach Leibniz sind die Gegenstände unserer Erfahrung wenigstens für uns nicht in allen ihren Bestimmungen gegeben. Wir können also auch nicht im Sinne einer vollständigen Disjunktion über sie urteilen. Unsere „Einteilungen", die wir in bezug auf die Natur machen, folgen Gesichtspunkten bedingter Zweckmäßigkeit. Vollständige Disjunktionen gelingen nur bei konstruierten mathematischen Gegenständen, nicht aber in bezug auf Erfahrungsgegenstände. Bei Kant steht im Gesamtzusammenhang seiner Argumentation also auch nichts anderes als bei Leibniz. Nach Kant können wir unmittelbar, d. h. ohne Vermittlung über die Vorstellung eines von uns verschiedenen, göttlichen Subjekts, nur „ästhetische" Deutlichkeit gewinnen. Diese „ästhetische" Deutlichkeit ist aber auch bei Kant letztlich in der disjunktiven Urteilsform begründet, d. h. in deren „logisch" deutlicher Unterschiedenheit gegen die „Bedeutung" anderer Urteilsformen. Sie ist letztlich logisch, genauer: *semantisch* darin begründet, daß davon ausgegangen wird, die disjunktive Urteilsform sei eine *von allen* überhaupt möglichen Urteilsformen.

Die disjunktive Urteilsform ist in ihrer logischen Bestimmtheit gegen andere Urteilsformen die Form, die eine endliche Anzahl von empirischen Begriffen dadurch zu einem „System" zusammenfaßt, daß durch sie eine Sache als vollständig eingeteilt angesehen wird. Das disjunktive Urteil, das diese bestimmte Zahl von Begriffen in dieser Weise synthetisiert, erfüllte seinen Anspruch auf Objektivität in einem absoluten Sinn dann, wenn diese Einteilung ein objektives Gegliedertsein einer Sache selbst wiedergäbe. Da wir als endliche Wesen von solchen Einteilungen der „Naturen" von ihnen selbst her aber wesentlich keinen Begriff haben, läßt sich Objektivität für uns nur dadurch denken, daß die Einteilung nach endlich vielen Begriffen, die mittels der disjunktiven Urteilsform jeweils auf die Sache projiziert wird, *als* die der Sache selbst angesehen bzw. daß die Sache selbst in Ansehung des in *dieser Form* über sie gebildeten Urteils als bestimmt angesehen wird[16]. Auf diese Weise wird die für uns endliche

[16] Das Einteilen wird nach Kant selbst wieder eingeteilt in „Dichotomie und Polytomie" (Logik, Akademie-Ausgabe, IX, § 113). Die einzige „*primitive* Einteilung" oder Einteilung aus Prinzipien a priori ist nach Kant die Dichotomie als Einteilung in „A" und „non A". (Von daher ergibt sich auch eine Erklärung dafür, daß Kant unter dem Begriff des disjunktiven Urteils nur von einer Verbindung *zweier* Urteile zu einem neuen Urteil handelt, vgl. die Ausführungen zur „Textbildung", u. S. 246ff. Das ist darin begründet, daß nur eine dichotomische disjunktive Urteilsform eine Form a priori sein kann.) Nur ihr gemäß ist ausgeschlossen, daß die einteilenden Begriffe sich in ihren für das Einteilen relevanten Implikaten oder Merkmalen überschneiden, denn der zweite ist dadurch definiert (non A), daß er in keinem seiner unterscheidenden Implikate mit einem Implikat von A gleichbedeutend sein soll. Dies ist dadurch gewährleistet, daß er eben nur als Negation von A und nicht in eigener positiver Bedeutung „gebraucht" ist. Es entstehen keine Fragen hinsichtlich seines Gebrauchs bzw. seiner Auslegung, weil an seiner

Wesen „an sich" unbestimmt bleibende Bestimmtheit der Sache finitisiert. Die Leistung solcher Finitisierungen wurde aber bei Descartes und indirekt bei Leibniz (im Zusammenhang mit dem Begriff symbolischer Erkenntnis) der Einbildungskraft zugeschrieben. Sie war in diesem Sinn die vermittelnde Instanz zwischen den Dingen in ihrer infiniten Anschauungsmannigfaltigkeit und einem diskursiven Verstand, der in endlich vielen Bestimmungsschritten mit seiner Bestimmung der Sache *zum Schluß* kommen muß, wenn er überhaupt Bestimmtheit erreichen will. Sie war als die Kraft gedacht, die die Übersetzungsarbeit aus der an sich gegenüber unseren jeweiligen Bestimmungsmöglichkeiten bestehenden Unendlichkeit der Sache in die Möglichkeiten eines endlichen Verstandes zu leisten hatte. Wenn die Einbildungskraft bei Kant auch, vor allem in der zweiten Auflage der „Kritik der reinen Vernunft", oberflächlich zugunsten des Verstandes zurücktritt, so spielt sie systematisch für sein Denken doch immer noch die entscheidende Rolle. Das erweist sich vor allem, wie hier zu zeigen versucht wurde, darin, daß die vordergründig als unmittelbar vorgestellte „ästhetische" Deutlichkeit letztlich doch davon abhängt bzw. dadurch vermittelt ist, daß eine endliche Weise des Bestimmens in empirischen, für uns also unmittelbar gar nicht deutlichen Begriffen dadurch *als* eine Bestimmung in deutlichen Begriffen *angesehen* wird, daß davon ausgegangen wird, es seien im Sinne einer vollständigen Disjunktion alle möglichen Begriffe der Einteilung der Sache selbst, so daß sie sich, als solch ein „System" von Begriffen, wechselseitig vollständig bestimmten. Auch bei Kant entsteht für uns Objektivität also schließlich durch einen freien Akt der Einbildungskraft, die in freier Übersetzungsarbeit dem Verstand so vorarbeitet, daß dieser daraufhin erst als Verstehen von Sachen möglich wird.

Die Kategorie der Wechselwirkung verweist somit in ihrer Funktion innerhalb der kritischen Theorie Kants auf den systematischen Zusammen-

Stelle nur eine *Vorschrift* steht, die besagt, der zweite einteilende Begriff *solle* keine Merkmale haben, die auch der erste habe. – Es handelt sich hier also nicht um eine echte Einteilung, sondern nur um die Vorschrift einer (widerspruchsfreien) Einteilung. Das so „einteilende" Subjekt versteht sich als „Vermögen" der Einteilung nur insofern, als es sich damit als ein Subjekt *voraussetzt,* das widerspruchsfrei einteilen und auf diese Weise zu einer Bestimmung der Sache gelangen könne. Dieser Selbstbegriff des Subjekts wird hinfällig, sobald es wirklich einteilt, d. h. *verschiedene* einteilende Begriffe benutzt (A, B, . . .), von denen nicht gewiß sein kann, ob sie in all ihren Verwendungsweisen „deutlich" voneinander verschieden und damit für eine Einteilung geeignet bleiben. Das auf der Basis solcher „empirischen" Begriffe Wissenschaft betreibende Subjekt, d. h. das Subjekt aller empirischen Wissenschaft, bleibt mithin wie das Subjekt der „Alltagssprache" darauf angewiesen, daß es in seinen Versuchen, (einteilend) mit der Bestimmung der Sache zu Ende zu kommen, anerkannt ist und *bleibt.* Seine Subjektidentität (als diesbezügliches „Vermögen") hängt davon ab, daß alternative Vorschläge zur finitisierenden Bestimmung der Sache ausbleiben, bzw. nicht akzeptiert werden.

hang von Objektkonstitution und Freiheit. „Die Notwendigkeit wird", so legt Hegel diesen Tatbestand im Abschnitt über „Die Wechselwirkung" in der „Wissenschaft der Logik" auseinander (ohne allerdings an dieser Stelle explizit den Begriff „Einbildungskraft" zu verwenden), „nicht dadurch zur *Freiheit*, daß sie verschwindet, sondern daß nur ihre noch *innre* Identität *manifestiert* wird"[17]. Diese „Identität" aller den Erscheinungen Notwendigkeit vermittelnden Kategorien ist bei Kant das transzendentale Subjekt. Sie wird nun manifest als die Freiheit der subjektiven Einbildungskraft, sich von sich aus von den unendlichen Anschauungsaspekten der Gegenstände abzulösen und durch ihre Vereinfachungsleistung die Tätigkeit eines diskursiven Verstandes überhaupt erst möglich zu machen. Sie ist „frei" in der Bedeutung einer bestimmten Negation der erst aufgrund dieser ihrer Leistung vom Verstand zu denkenden Notwendigkeit, da sie, als aller möglichen Verstandestätigkeit vorausliegende Tätigkeit, ihrerseits nicht auf einen der „Notwendigkeit" denkenden Begriffe des Verstandes zu bringen ist. Sie ist also, im Gegensatz zum Begriff eines transzendentalen Subjekts, *individuell*, da sie gerade so zu „denken" ist, daß sie nicht (in einer der Urteilsformen) mit einem Allgemeinbegriff verbunden werden kann. Das stimmt damit überein, daß sie als die Kraft zu denken ist, die an dem Material der Sinne, so wie es wirklich, also einem empirischen, individuellen Subjekt, *gegeben* ist, ansetzt, um diese faktisch gegebene, für die Möglichkeiten eines diskursiven Verstandes aber unendliche Mannigfaltigkeit in eine dem Verstand gemäße Gestalt zu transformieren, so daß er dennoch als Vermögen begriffen werden kann, in einem diskursiven Verfahren mit der Bestimmung des Gegebenen zum *Schluß* zu kommen.

Als bestimmte Negation der vom Verstand her konstituierten Gesetzmäßigkeit ist die Modalität der Einbildungskraft aber auch nicht Zufälligkeit, da das Zufällige ja gerade in der durch sie vorbereiteten Verstandesleistung der Synthesis des unendlichen Materials der Anschauung zusammengefaßt ist zu „Seiten der Notwendigkeit" (ebd.) oder zu Relata der Relationskategorien. Ihre freie Tätigkeit ist die Wahrheit gegenüber der Notwendigkeit *und* dem Zufall. Die Verdeckung der wirklichen Begründungszusammenhänge geht bei Kant aber noch weiter. Es entsteht die Frage, aus welchem Grund denn überhaupt jeweils eine besondere Urteilsform (hier die des disjunktiven Urteils, deren *bestimmte Besonderheit* gegen die anderen des gleichen „Titels" erst den Begriff eines objektiven Zugleichseins verschiedener Gegenstände ermöglicht) angewandt wird, so daß damit die Anschauung in Ansehung „einer" der logischen Funktionen zu urteilen „als *bestimmt* angesehen" und so erst überhaupt *Gegenstand*

[17] Hegel, Wissenschaft der Logik, II, S. 204.

ist. Vom Material der Empfindung her kann diese Wahl ja sowenig bedingt sein wie durch eine Objektivität der „Zeitbestimmung" des Zugleichseins. Die Empfindung ist als ein unbestimmtes Material zu denken, und die Zeit selbst ist nicht wahrzunehmen. Also allein die Kategorie, als diese besondere, in ihrer Besonderheit gegen die anderen Kategorien gleichen „Titels" (Substantialität und Kausalität) kann die Objektivität des Zugleich begründen. Aber was begründet dann, daß in bezug auf ein gegebenes Material der Sinne gerade *diese* besondere Urteilsform angewandt wird, bzw. daß von diesem Material als von einem Zugleichsein von Verschiedenem im Raum die Rede ist? Der Grund muß im bestimmenden Subjekt liegen, das so und nicht anders ***handelt***. Das ist bei Kant natürlich, wenn er auch von „Verstandes***handlungen***" spricht, so nicht dargelegt[18]. Aber

[18] Kant spricht aber von der „transzendentalen Freiheit" als einer „notwendigen Hypothesis aller Regeln, mithin alles Gebrauchs des Verstandes. Man soll so und so denken usw. Folglich muß diese Handlung frei sein, d. i. nicht von selbst schon (subjektiv) bestimmt sein, sondern nur objektiven Grund der Bestimmung haben" (Nachlaßreflexion 4904). „Das Bewußtsein einer Regel" muß der Grund der Handlung sein, d. h. das Subjekt muß frei sein, das Gegebene „in Ansehung" einer ihm nicht von außen und auch nicht durch das zu Bestimmende *vorgeschriebenen* Regel, sondern *von sich aus in Ansehung „einer der"* Urteilsfunktionen bestimmen zu können. „Bewußtsein" der Regel ist gleichbedeutend mit einem freien Verhältnis zu ihr. Um „Objektivität" als deutlichen Gegensatz zu einer subjektiven Bestimmtheit der Verstandeshandlung überhaupt denken zu können, ist die „Hypothesis" der Freiheit im Gebrauch der Regeln des Verstandes notwendig. „Bewußtsein" erscheint aufgrund dieser Bemerkungen Kants geradezu als identisch mit dem Akt dieser „Hypothesis". Es geht also bei Kant auch in diesem Zusammenhang nicht um eine objektive Feststellung mit dem Inhalt, das menschliche Subjekt *sei* frei, sondern um die Denknotwendigkeit dieser Freiheit im Zusammenhang der *Begründung* eines deutlichen Begriffs von Objektivität als des Korrelats der Bestimmung von etwas im Urteil. Um dieses *Begriffs* von Objektivität willen ist Erkenntnis als freie Handlung zu denken, d. h. das erkennende Subjekt muß sich, wie um eines Begriffs der Möglichkeit von Handlung überhaupt willen (als des Vermögens, von sich aus etwas anfangen zu können), „als" frei voraussetzen oder „auslegen". Im *tatsächlichen Vermögen* zu solch einer *Selbstauslegung* „als ob" liegt also die wirkliche Freiheit: „Der Mensch handelt nach der Idee von einer Freiheit, *als ob er frei wäre, und eo ipso ist er frei*" (Kant, Vorlesungen über die philosophische Religionslehre, ed. K. H. L. Pölitz, Leipzig 1830, S. 132). Die daseiende Freiheit der Imagination als eines (anerkannten) Auslegens als . . . (nicht: die Freiheit als Imagination) ist schließlich auch bei Kant die ursprüngliche Freiheit, die wirklich schon da sein muß, damit die Freiheit der Handlung „Idee" sein kann, aber auch, damit der Begriff der „Objektivität" der Naturgesetze, d. h. unserer Bestimmung der Natur nach Regeln des Verstandes als deutlicher Gegensatz zur Subjektivität konzipiert werden kann (vgl. das Kapitel „Wahrheit als Theorie oder Praxis", u. S. 273 ff.). – D. Henrich unterscheidet dagegen im Hinblick auf Kant eine „logische Freiheit" des Denkens, deren Begriff bei Kant vorkommt, von der „transzendentalen Freiheit" (D. Henrich, Die Deduktion des Sittengesetzes, in: Denken im Schatten des Nihilismus, Festschrift für Wilhelm Weischedel, Darmstadt 1975, S. 64 ff.). „Denn im Denken rein als solchem bin ich auch dann frei, wenn ich über die Gelegenheiten, zu denen ich denke, nicht frei verfüge und wenn ich weder imstande bin, mich selber zum Denken hinreichend zu motivieren, noch gar

eben deswegen war Leibniz doch schon weiter, wenn er den Grund dafür, daß ein Subjekt sich die Beziehungen der Substanzen in einer bestimmten Weise räumlich vorstellt (imaginiert), in das individuelle Sein dieses Subjekts legte. Bei Leibniz ist die räumliche „Gemeinschaft" eine *Folge* des Miteinanderseins freier Individuen, die in der Möglichkeit, sich selbst als freie zu wissen, nur um der Freiheit der anderen willen beschränkt sind und die sich also aus diesem Grund als räumlich-körperliches Zusammensein mit anderen Körpern verstehen. Der Grund ist hier schon, wie dann

dazu, meiner Einsicht Einfluß auf meine Handlungen zu verschaffen" (66). Eine so verstandene „logische Freiheit" allein würde in der Tat, wie Henrich ausführt, zum Fatalismus führen, wenn ich denken und zugleich ohne Widerspruch diesem Denken den Inhalt geben könnte, ich sei nicht frei, d.h. wenn das „logische" Denkenkönnen von einer „transzendentalen Freiheit" deutlich zu unterscheiden wäre. Es wäre dann als reines Regelnfolgen ohne Willen verstanden. Die Freiheit zu denken *bedeutete* dann lediglich die Freiheit dieses Aktes im Sinne der Reinheit von allem anderen, z. B. sinnlichen Irritationen, aber auch von willentlich gesetzten Absichten usw. Es fragt sich aber, ob diese traditionelle Trennung von Verstand und Wille sich im Hinblick auf Kant aufrechterhalten läßt, so wenig aufschlußreich direkte Äußerungen Kants in dieser Beziehung auch sein mögen. „Bewußtsein einer Regel" impliziert die „Hypothesis" der Freiheit ihres Gebrauchs, d. h. doch auch: der Freiheit ihres Nichtgebrauchs, also, wie Kant in der oben zitierten Reflexion auch sagt, der „transzendentalen Freiheit" hierin. Ich muß schon *wirklich* die Freiheit haben, mich *als* frei zu denken (ich möchte hinzusetzen: ich muß darin anerkannt sein), wenn ich mich überhaupt selbst als Denken verstehen will, denn „Denken" impliziert seiner Bedeutung nach die Freiheit des Vollzugs. In *dieser* Handlung muß ich frei sein, wenn ich sie überhaupt ausführen soll, d. h. sie muß allein aus Vernunft erfolgen oder sie erfolgt überhaupt nicht, während es im Hinblick auf andere Handlungen fraglich ist, ob ich sie aus Freiheit, d. h. bei Kant: allein aus Vernunft tue oder nicht. (Man könnte wohl als Verdeutlichung des *Kantischen* Begriffs vom Denken sagen, „Denken" sei eine Handlung, die, *wenn überhaupt, nur* aus Vernunft und folglich nur aus moralischer Pflicht ausgeführt werden könne.) Das „Motiv" zum Denken muß, wenn überhaupt Denken „stattfinden" soll, allein der Denkende rein als solcher selbst („von sich aus") sein; er motiviert sich selbst, insofern er überhaupt denkt. *Daß* er denkt, zeigt an, daß er über die „Gelegenheiten", d. h. die Freiheit dazu tatsächlich frei verfügt. Daß er sich „selbst" motiviert, dürfte dann über die negative Paraphrase hinaus, daß er im Denken nicht „von außen" oder fremd motiviert sein könne, nicht weiter „bestimmt" oder „ausgelegt" werden können. Es müßte als einfache Wahrheit der „notwendigen Verbindung" zwischen „Denken" und „Freiheit" im transzendentalen Sinne stehen gelassen werden. Man könnte dies als die Kantische Transformation der Cartesianischen transzendentalsemantischen „notwendigen Verbindung" zwischen „Denken" und „Sein" bestimmen. – Von hier aus versteht sich auch Kants eigentümliches Schwanken in der Definition von „Kategorie". Henrich weist an anderer Stelle (Identität und Objektivität, a. a. O., S. 53, Anm.) auf „zwei miteinander unvereinbare Deutungen dieser Definition" hin. Nach „Prolegomena", §20, wird „die Form des Urteilens überhaupt in Ansehung der Anschauung bestimmt", nach „Kritik der reinen Vernunft", B 128, aber die „Anschauung in Ansehung einer der *logischen Funktionen* zu Urteilen als *bestimmt* angesehen". Einmal scheint das über die Formen des Urteils verfügende Subjekt der Erkenntnis das Bestimmende zu sein, einmal die Anschauung. Die Schwierigkeit dürfte daher stammen, daß das Subjekt, als „transzendentales" Subjekt verstanden, insofern nicht das Bestimmende sein später im Übergang von der „Wechselwirkung" in den freien „Begriff" in Hegels „Logik", die Freiheit[19].

Kant und Leibniz stimmen „im Grunde" also auch darin überein, daß dieser Grund selbst nicht mittels eines allgemeinen Begriffs bestimmbar ist. Sie stimmen damit auch darin überein, daß es in bezug auf ihn für uns keine Deutlichkeit geben kann, ferner darin, daß es für uns Deutlichkeit nur in bezug auf räumliche Anschauung geben kann. Nur scheint dies nach Kant eine unmittelbare, „ästhetische" Deutlichkeit zu sein, und erst die Interpretation ergibt, daß diese dann doch letztlich auf eine „logische" zurückgeführt wird, nämlich auf die der deutlichen Bestimmtheit der Urteilsformen gegeneinander, von denen das urteilende Subjekt eine *wählen* muß, ohne äußeren, objektiven, mithin aus einem subjektiven Grund, um sich dadurch überhaupt erst den Begriff eines Objekts und einen Begriff objektiver Notwendigkeit vermitteln zu können. Die Begründung des Begriffs der Deutlichkeit ist also bei Leibniz ihrerseits deutlicher aufgedeckt als bei Kant. Es handelt sich bei Leibniz von vornherein um eine vom Subjekt selbst *bewirkte* Deutlichkeit im Felde der Imagina-

kann, als von dessen Begriff her eben offen ist, in Ansehung welcher der (einander ausschließenden Momente eines Titels der) Kategorien es die Anschauung als bestimmt ansieht. So gesehen muß, dem vorausgesetzten Begriff des „transzendentalen" Subjekts gegenüber, also noch eine nähere Bestimmung des Subjekts im Sinne einer „Wahl" der bestimmenden Kategorie „in Ansehung der Anschauung" (Prolegomena) erfolgen, und die „Anschauung", als das Vermögen, daß „uns" *einzelnes* gegeben ist, ist ihrem Begriff nach die eines einzelnen, empirischen Subjekts. Erst das gegenüber dem Begriff des „transzendentalen" Subjekts bestimmtere, aber eben nicht mehr *begrifflich* bestimmtere, sondern als *individuelles* Subjekt in seinem individuellen Anschauen „besonderte" Subjekt *kann* die Anschauung „in Ansehung einer der Funktionen zu Urteilen" „als bestimmt ansehen", d.h. sich von ihrer („übergroßen") Faktizität ablösen und das Wesen des Gegenstandes von einer ihn bestimmenden „Regel" her verstehen. Das Schwanken Kants in der „Deutung" der Definition der Kategorie zeigt an, daß in der Tat die „Theorie des erkennenden Wesens" sich erst „in einem einzigen Gang" mit dem „Regelbegriff" ergibt, genauer gesagt: daß sie in eigenartiger Weise insofern als Theorie unfertig bleibt, als ihr Gegenstand, das Subjekt als „erkennendes Wesen" eben nicht begrifflich *identifiziert* werden kann, ohne daß an der wesentlichen Stelle der „Theorie der Erkenntnis" auf das individuelle, empirische Subjekt, also auf das wirkliche Subjekt „unterhalb" seines theoretischen Begriffs als „transzendentales" Subjekt „überhaupt", zurückgegangen werden muß, wenn überhaupt eine akzeptable „Theorie der Erkenntnis" gelingen soll. Diese ist das Ziel, *und um ihretwillen* legt das Subjekt sich selbst „theoretisch" aus, ohne dabei zu einem „endgültigen" *Begriff* von sich selbst zu gelangen. So gesehen muß es also auch hinsichtlich des Selbstbewußtseins letzten Endes bei einer „semantischen Analyse" als einer freien *Auslegung* von Begriffen bleiben (vgl. oben, S. 187, Anm. 4). – Zu der Problematik der konstitutiven Bestimmung des Gegenstandes „in Ansehung" „einer der" Urteilsfunktionen als der Problematik der Wahl der besonderen Kategorie, vgl. J. Simon, Freiheit und Urteil bei Kant, in: Akten des 4. Internationalen Kantkongresses, Teil II, 1, Berlin 1974, S. 141 ff.

[19] Nähere Ausführungen hierzu unten, S. 290ff.

tion. Bei Kant macht erst die über sein Selbstverständnis hinausgehende Interpretation des Textes deutlich, daß die Unterscheidung zwischen Produkten subjektiver Einbildungskraft und Objektivität ihrerseits dem subjektiven Handeln eines endlichen, für sich selbst darin gar nicht durchsichtigen Subjekts entspringt. Der innere Zusammenhang des Textes führt philosophisch über die vorgetragenen Inhalte, wie die Doktrin von einer *unmittelbaren* Deutlichkeit eines besonderen ästhetischen Vermögens, von deren Unmittelbarkeit her sich für uns ein Begriff objektiver Wahrheit ergeben sollte, hinaus.

In einem späteren Zusammenhang soll dargelegt werden, daß Kant in bezug auf den Begriff einer Gemeinschaft, die nicht nur das äußere, erscheinende Verhältnis der in ihr Stehenden betrifft[20], sondern auch die für sich seiende Verschiedenheit der Relata reflektiert, in einem noch deutlicheren Maße der Philosophie von Leibniz verpflichtet bleibt[21]. Hier sollte nur vorläufig gezeigt werden, daß Kant den Versuch, den Begriff der Wahrheit als „Übereinstimmung mit dem Objekt" auseinanderzulegen, selbst an das subjektive Verfahren einer Auseinanderlegung in Begriffen binden muß, selbst dann, wenn „nur nach den formalen Bedingungen der empirischen Wahrheit"[22] gefragt wird. Solch ein Wahrheitsbegriff ist also eigentlich auch bei Kant, wenn auch über Kants Selbstverständnis hinweg, als *Versuch* eines Subjekts zu verstehen, sich als Vermögen der Wahrheit *auszulegen* und sich in einer solchen textlich dargebotenen Imagination als Selbstbewußtsein des Vermögens der Wahrheit zu stabilisieren.

Kants Versuch läßt, um zusammenzufassen, im wesentlichen drei Punkte offen, die allerdings eng zusammenhängen. Der erste besteht in der Frage, ob die Tafel der Kategorien wirklich „alle" erdenklichen Formen, in der Beurteilung von „etwas" als objektiv gültig formal zum Schluß zu kommen, aufzählt. Der zweite setzt bereits voraus, dies sei der Fall, und fragt von dieser Voraussetzung aus nach dem Grund der Wahl der besonderen Kategorie. Der dritte fragt nach der (allerdings nach Kant selbst notwendig offenbleibenden) Seite der objektiven Gültigkeit der empirischen Begriffe, die notwendig gebraucht werden, wenn Urteile in dieser oder jener Form, d. h. überhaupt gebildet werden sollen. Es bleiben die Punkte offen, die nach einer Determination der *Textbildung*, der *Satzbildung* und der *Wortwahl* innerhalb des Anspruchs auf objektive Gültigkeit fragen, und d. h., wenn „Bedeutung" „Beziehung aufs Objekt" heißen soll, die Begründung der *Text-*, *Satz- und Wortbedeutung*.

[20] Vgl. Kant, Kritik der reinen Vernunft, B 67: „Nun wird durch bloße Verhältnisse doch nicht eine Sache an sich erkannt . . . ".

[21] Zu dem Problem einer Philosophie der Gemeinschaft, vgl. unten S. 347ff.

[22] Kant, Kritik der reinen Vernunft, B 236.

Zu 1): Es geht hier nicht nur um die Frage der Vollständigkeit der Urteilstafel, sondern vor allem um den Aspekt, aus *wievielen* Sätzen sich je ein Urteil als Form, innerhalb derer es als objektiv gültig beansprucht wird, zusammensetzen soll. So wird im kategorischen Urteil der Zusammenhang zwischen dem Subjekt und dem Prädikat des einzelnen Satzes als objektiv gültig beansprucht, im hypothetischen Urteil aber nicht der Inhalt solcher einzelnen Sätze, sondern nur der Zusammenhang zwischen einem bedingenden und einem bedingten Satz. Ebenso ist es im disjunktiven Urteil. Es beansprucht nicht, daß „p" wahr sei, und auch nicht, daß „q" wahr sei, sondern daß „entweder p oder q" wahr sei. Es werden jeweils mehrere Sätze so zusammengefaßt, daß nur deren auf eine bestimmte Weise formierter Zusammenhang wahr sein soll. Das Formale des Urteils signalisiert, daß der Urteilende erst in diesem Zusammenhang mit seinem Anspruch auf Wahrheit zum Schluß kommen will, ohne schon für die einzelnen Sätze einen solchen Anspruch zu erheben. Man kann die Urteilsform deshalb auch im Grunde schon als Textform bezeichnen, und es läßt sich *denken*, daß jemand auch noch nicht innerhalb solcher „transzendentalgrammatischen" Urteilsformen wie dem hypothetischen oder disjunktiven Urteil, sondern erst in noch weitaus längeren textlichen Zusammenhängen mit seinem Anspruch auf Wahrheit zum Schluß zu kommen gedenkt. Es wird sogar oft der Fall sein, aber in einer transzendentalen Logik, in der die Urteilsformen gegeneinander als je eine von allen möglichen ihre Bestimmtheit haben sollen, die sie dem von ihnen her konstituierten Objekt mitteilen sollen, kommt es nur auf die Denkmöglichkeit an. Es fragt sich also, ob sich überhaupt *alle* diese Möglichkeiten in einem abschließenden Sinn a priori denken lassen. Z. B. erhebt Kants „Kritik der reinen Vernunft", wie gesagt, natürlich als dieser ganze zusammenhängende Text einen Anspruch auf Wahrheit, und den Zusammenhang als solchen bewirken hier nicht die Kategorien in ihrer Kantischen Bedeutung, sondern die von Descartes sogenannten „notwendigen Verbindungen", die allein darin ihre (unmittelbare) Notwendigkeit haben, *daß* sie faktisch ganz leicht vollzogen werden können, und ob das der Fall ist, zeigt sich immer nur am faktischen Nachvollzug des einzelnen Beispiels, in dem es um die Verbindung bestimmter semantischer Inhalte geht. Es zeigt sich nicht unabhängig vom Inhalt der Begriffe. So zeigt die Analyse des Kantischen Textes sehr deutlich, daß die Kategorien den Anspruch auf objektive Gültigkeit, den die durch sie synthetisierten Urteile erheben, zwar nur in bezug auf „Anschauungen" sollen einlösen können, daß aber die den „Anschauungen" als solchen zugesprochene unmittelbare „ästhetische Deutlichkeit", kraft derer sie den Kategorien Bedeutung vermitteln sollen, ihrerseits wieder nur unter der Voraussetzung des Gebrauchs einer *besonderen* Kategorie, nämlich der Kategorie „Wechselwirkung", verständlich wird. Was „Anschauung" und „Kategorie" je leisten sollen, bzw. wie sich die konkrete *Bedeutung* dieser Begriffe näher bestimmt, die Kant ihnen in seiner Absicht, bestimmte Probleme zu lösen, zuspricht, das hängt damit zusammen, ob der ganze Textzusammenhang in der Absicht der Lösung der thematisierten Probleme bestehen kann, also davon, ob der ganze Text, innerhalb dessen der Autor gerade so, wie er es persönlich tut, zum Schluß zu kommen gedenkt, auch anderen Personen eine befriedigende Lösung darbietet.

Zu 2): Der zweite Punkt setzt voraus, es lägen, wie Kants Kategorientafel es unterstellt, alle erdenklichen Urteilsformen als Formen des Anspruchs auf Wahrheit *vor* und sie wären a priori gegeneinander bestimmt. Das Problem ist dann aber nur verschoben, denn es wiederholt sich in der Gestalt der Frage nach dem Grund für die Anwendung der so bestimmten, *besonderen* Kategorie, z. B. als die Frage, welche der sich gegenseitig ausschließenden Relationskategorien denn jeweils für die den Gegenstand erst konstituierende Gegenstandsbestimmung angewendet wird. Der „Gegenstand" muß innerhalb der Kantischen Lehre als Material angesehen werden, das *vor* der Anwendung der seine Gegenständlichkeit konstituierenden Kategorie noch gänzlich unbestimmt ist. Von ihm kann also auch keine Bestimmung des Subjekts in dieser Hinsicht ausgehen. Man kann nur sagen, daß das Material der Sinne das Subjekt affiziere. In bezug auf die Anwendung der Relationskategorien kann man auch sagen, daß sie einen Gegenstand konstituieren, nachdem zuvor schon in der Wahrnehmung voneinander verschiedene Gegenstände p, q usw. vorhanden sind. Der durch die jeweilige Relationskategorie konstituierte objektive Gegenstand kann aber nicht als durch diese begriffliche Verschiedenheit der durch sie in Relation gesetzten Inhalte bestimmt gedacht werden, sondern, und das wird bei Kant in jedem Beweis des entsprechenden Grundsatzes ja auch ausdrücklich betont und als Hauptargument benutzt, nur durch die Kategorie in ihrer besonderen Bestimmtheit gegen andere Kategorien. Sie sind jeweils, damit man überhaupt von einem *objektiven* Nacheinander *oder* einem *objektiven* Zugleichsein begründet *sprechen* kann („um zu sagen . . ."), „erfordert"[23]. D. h. das Subjekt, das so sprechen *will*, muß diese Kategorie in der negativen Abgrenzung gegen die anderen Kategorien unter dem gleichen „Titel" zur Hand haben, als geeignetes *Mittel* zu dieser *Absicht* („Damit dieses nun als bestimmt erkannt werde" (B 234)).

Zu 3): Schließlich läßt, wie Kant ausdrücklich selbst feststellt, die Anwendung einer besonderen Kategorie offen, welche inhaltlichen, empirischen Begriffe durch diese kategoriale Form verknüpft werden, d. h.

[23] Vgl. z. B. Kant, Kritik der reinen Vernunft, B 257.

zur Formulierung welcher bestimmten empirischen Naturgesetze die Kategorien angewandt werden. Diese Frage ist überhaupt nicht das Thema, das sich Kant in der „Kritik der reinen Vernunft" stellt. Hier stellt er sich lediglich die historische Aufgabe, das historisch von Hume aufgeworfene Problem der objektiven Gültigkeit unserer Urteilsformen zu lösen, und aus dieser Absicht allein sind die Lösungsvorschläge zu verstehen. Darin sah Kant ein vordringliches Problem: Wenn der Skeptizismus sich der objektiven Bedeutung der Urteils*formen* sollte bemächtigen können, brauchte nach der Möglichkeit der Wahrheit der Inhalte einzelner Urteile überhaupt nicht erst gefragt zu werden. Es stellt sich aber die weitere Frage, ob die Konstruktion einer positiven Antwort auf die Frage nach der objektiven Bedeutung der Urteilsformen, in denen wir Wahrheit beanspruchen, denn überhaupt befriedigen kann, wenn die Frage nach der objektiven Bedeutung der inhaltlichen Begriffe in diesem Zusammenhang notwendig offen bleiben muß, wie es ja nach Kant ausdrücklich der Fall ist. Erst Form und Inhalt zusammen machen eine Aussage aus.

Durch die Voranstellung der Interpretation der „Regulae" von Descartes und der „Monadologie" von Leibniz war es möglich, den Weg, auf dem Kant den Wahrheitsbegriff der „Übereinstimmung mit dem Objekt" neu zu begründen versucht, in seinen bei ihm selbst unreflektierten Voraussetzungen nachzuzeichnen. Dieser Weg mußte den Begriff der Bedeutung, verstanden als Möglichkeit der Beziehung auf Objekte, in dreifacher Weise offen lassen, in der Beziehung auf den *Text*, auf das *Urteil* und auf die *Wörter*. Innerhalb der Kantischen Theorie läßt sich nur einer dieser Aspekte von Bedeutung, der des formalen Urteils, und auch er nur auf Kosten der anderen befriedigend beantworten. Kants Weg zeigt, daß die Konstruktion solch eines punktualen Bedeutungsbegriffs nur insofern gelingen kann, als sie zugleich den Begriff einer auch in anderen Punkten ihres Gebrauchs im gleichen Sinn von „Bedeutung" bedeutenden Sprache ausschließt. „Bedeutung" als „Beziehung auf Objekte" wird im Zusammenhang eines zur Lösung eines bestimmten Problems vorgeschlagenen, selbst aber hinsichtlich *seiner* „Bedeutung" nicht semantisch abgesicherten Textes konstruiert. Diese Konstruktion ist somit, an dem in ihr konstruierten Bedeutungsbegriff gemessen, selbst „nur" eine historische, d. h. individuelle Art und Weise der Stabilisierung des Bewußtseins in seinem Selbstbewußtsein als Vermögen der Wahrheit. Die „Kritik der reinen Vernunft" wird ihrerseits in einer „Kritik der Kultur" aufgehoben[24],

[24] Vgl. E. Cassirer, Philosophie der symbolischen Formen, Darmstadt 1956, Bd. I, S. 11. – Hierzu W. Marx, Cassirers Symboltheorie als Entwicklung und Kritik der Neukantianischen Grundlagen einer Theorie des Denkens und Erkennens, in: Archiv für Geschichte der Philosophie, 1975, Heft 2 und Heft 3, S. 188–207 und S. 304–340.

indem sie selbst als einer der besonderen, historischen *Versuche* der subjektiven Methode gedeutet wird, sich in den ihr eigentümlichen Schritten vom *Gegensatz des Bewußtseins* zu einer objektiven Wahrheit zu befreien. Kants Werk ist *einer* dieser Versuche. Die daran anknüpfende Philosophie, in einer selbst wieder historisch bedeutsam gewordenen Weise zunächst die Fichtesche, hat die Fragen aufgegriffen, die sich durch den Kantischen Lösungsvorschlag gerade neu ergeben hatten. Dazu gehört vor allem die *Reflexion* auf das wesentlich Individuelle auch eines solchen Versuchs, den Gegensatz zu einem Begriff einer objektiven und allgemeingültigen Wahrheit zu überwinden.

10. Das Schöne als „Gegenstand" der Erfahrung problematischer Gewißheit

Die „Kritik der reinen Vernunft" kann als Versuch bezeichnet werden, einen Begriff einer auf dem *Objekt* beruhenden intersubjektiven Übereinstimmung in Urteilen zu begründen. Wenn nun der Gedankengang dieses Versuches selbst nicht unter diesen Begriff fällt, sondern in seiner eigenen Bedeutsamkeit auf einen „sensus communis" der „Kenner der Wissenschaft" zurückgeführt werden muß, so hat es den Anschein, als ob der in der „Kritik" begründete „korrespondenztheoretische" Wahrheitsbegriff auf einen ihn begründenden „konsensustheoretischen" zurückzubeziehen sei. Es hat aber nur den Anschein. Denn man kann von Kants kritischem Ansatz her, wie noch ausführlicher dargelegt werden soll, den Begriff einer „Gemeinschaft" nicht anders als in seinem Bezug auf ein Zugleichsein von *Körpern im Raum,* nicht aber in einem Bezug auf eine Gemeinschaft von *Subjekten* Bedeutung so zusprechen, daß damit auch nur gemeint sein sollte, es sei für alle mit Gewißheit „dieselbe" Bedeutung. Es geht eigentlich gar nicht um die Alternative, ob man „Bedeutung" entweder „referenztheoretisch" oder „konsensustheoretisch" zu verstehen habe, sondern um die Möglichkeit, überhaupt ein Kriterium für die Identität von Bedeutung, also für bestimmte Bedeutung schlechthin darzulegen, ob sie nun auf dem Objekt oder nur auf dem Konsensus der Subjekte beruhen soll. Diese Möglichkeit besteht nach Kant nur, insofern man sie als auf dem Objekt begründet denkt. Eine Gemeinschaft von Subjekten ist aber, nach dem Objektbegriff der „Kritik der reinen Vernunft", kein mögliches Objekt. Ihr Begriff bleibt schon als Begriff undeutlich.

Es lohnt sich daher, noch näher zuzusehen, wie der Begriff solch einer „Kennerschaft" mit Mitteln der Kantischen Philosophie näher bestimmt werden könnte. Zunächst ist davon auszugehen, daß das Vermögen einer „ästhetischen Deutlichkeit" vorausgesetzt ist. Für die Konzeption eines

Begriffs vom Objekt, die zugleich die Objektivität unserer Urteile denkbar macht, muß es als das Vermögen, „Anschauungen auf Begriffe“[1] zu bringen, vorausgesetzt werden. Es ist das *vorausgesetzte* Vermögen, von den Anschauungsgegenständen des anschauenden, also als einzelnes mit einzelnem konfrontierten Subjekts aus zu allgemeinen Begriffen von diesem einzelnen zu kommen. Die Anschauung ist das Vermögen, es mit einzelnem zu tun zu haben. Sie kann von sich aus dann nur von einem einzelnen zu einem anderen einzelnen übergehen. Insofern sie es aber mit dem jeweiligen einzelnen als einzelnem, d. h. von anderem einzelnen („deutlich“) Abgegrenzten zu tun hat, hat sie es doch schon, wenn ihrer eigenen Definition nach auch noch ohne herangetragenen Begriff, als „etwas“ erfaßt, im Unterschied zu den anderen einzelnen, zu denen sie anschauend übergehen könnte und von denen sie es schon in „ästhetischer“, begriffsloser Deutlichkeit unterscheidet. Da dies ohne Begriff vor sich gehen soll, „weiß“ man im Sinne eines konzeptualen Wissens von dem Vermögen hierzu natürlich nichts. Man kann nicht darüber reflektieren; man kann es nur ausüben.

Es stellt sich aber die Frage, inwiefern man es dann mit dem Namen einer „ästhetischen Deutlichkeit“ benennen, es voraussetzen und in einer Theorie der Erkenntnis darüber reden kann. Dieses explizite Voraussetzen ist ja nicht dasselbe wie die unreflektierte Ausübung eines Vermögens. Kant hält es nicht für möglich, ein „Prinzip a priori“ für dieses Vermögen anzugeben. Das müßte eine ihm selbst wiederum vorauszusetzende, begrifflich formulierbare *Regel* seiner Ausübung sein. Es müßte paradoxerweise ein Begriff davon sein, wie man ohne vorauszusetzende Begriffe von den Anschauungen aus zu Begriffen käme oder wie das anschauende, einzelne Subjekt sich von sich aus allgemein *machen,* sich in einen „sensus communis“ hineinbilden könne. In bezug auf solch ein Vermögen ist nach Kant deshalb nur „nach der Analogie zu vermuten“, daß es ein „allenfalls bloß subjektives“ „Prinzip“ „a priori“, „nach Gesetzen zu suchen“, „in sich enthalten dürfte“ (XXI). Es selbst muß, als Vermögen, das ja Grundlage aller *begrifflichen* Deutlichkeit für endliche Wesen sein soll, begrifflich „dunkel“ bleiben. Es kann keinen *allgemeinen Begriff* von ihm geben. Es kann allenfalls, in „Analogie“ zu solch einem allgemeinverbindlichen Begriff, als ein „subjektives Prinzip“ vorausgesetzt werden, das als „subjektives“ natürlich noch gar kein eigentliches „Prinzip“ ist, sondern erst ein „Prinzip“ des Subjekts, „nach Gesetzen“ als nach etwas allgemein Verbindlichem „zu suchen“.

Die Frage stellt sich also näher als Frage nach einem *Bewußtsein* von einem begrifflich gar nicht zu bestimmenden, sondern als zwar „unent-

[1] Kant, Kritik der Urteilskraft, XLIV.

behrlich", aber als begrifflich „dunkel" vorauszusetzenden Vermögen zu einer „ästhetischen Deutlichkeit", aufgrund dessen endliche Subjekte überhaupt erst zu deutlichen Begriffen kommen könnten. Es steht nach der Kantischen Einteilung subjektiver Vermögen fest, daß man, wenn man schon nicht einen deutlichen Begriff von diesem Vermögen haben kann, nur auf dem Wege der Anschauung zu einem Bewußtsein davon kommen kann. Dieses Vermögen müßte daher an einem einzelnen Gegenstand erscheinen. In der Tat erscheint genau dieses Vermögen nach Kant auch an einem einzelnen Gegenstand, d. h. an einem Gegenstand, insofern er angeschaut und nicht unter einen „vorhandenen" Begriff subsumiert ist, wenn Kant auch selbst nicht explizit eine Verbindung zwischen dieser Erscheinung und dem als allgemein vorauszusetzenden (transzendentalen) Vermögen einer Deutlichkeit aus der Anschauung herstellt. Dieser einzelne Gegenstand, an dem etwas Allgemeines „exemplarisch" *erscheint*, ist nach Kant der „schöne" Gegenstand (vgl. 62).

Es soll in diesem Zusammenhang nicht um Kants Theorie des Schönen und schon gar nicht um seine Philosophie der Kunst im besonderen gehen, sondern allein um die besondere Art der „Gegenständlichkeit" der Gegenstände, auf die sich nach Kant „ästhetische Urteile" in ihrer Benennung von „etwas" als „schön" beziehen. Der im „ästhetischen Urteil" als „schön" beurteilte Gegenstand ist nach Kant, als Gegenstand betrachtet, natürlich eine Einheit, die diesem Urteil zugrunde liegen soll. Diese Einheit muß als in sich bestehende, objektive Einheit angesehen werden, insofern dieses Urteil mit seinem Anspruch auf Wahrheit gefällt wird. Aber im besonderen Fall des „ästhetischen" Urteils kann nicht gesagt werden, in Ansehung welchen *Begriffs* eine gegebene Mannigfaltigkeit zu dieser Einheit zusammengefaßt wird, so daß es von diesem (allgemeinen) Begriff her notwendig wäre, daß auch andere ebenso urteilten. Es gibt kein darlegbares Kriterium dafür, daß der *Anspruch* der Gültigkeit, der natürlich auch mit dem ästhetischen Urteil, insofern es ein Urteil ist, so gut wie mit einem jeden Urteil als einer abschließend sein *sollenden* Aussage über etwas erhoben wird, sich in einer notwendigen Zustimmung anderer *erfüllte*. Insofern bleibt das Prinzip dieses Urteils subjektiv. Es kann anderen seine Allgemeingültigkeit nur „ansinnen". D. h. es kann sich anderen nur als (einzelnes) Beispiel eines Urteils bzw. einer subjektiven Urteilsbildung rein aus der Anschauung, d. h. aus dem Gegenüber zu einem einzelnen „Gegenstand" heraus präsentieren, ohne sich auf einen („schon" oder a priori) verbindlichen Begriff beziehen zu können, nach dem sich diese Urteilsbildung vollzogen habe. Diese Urteilshandlung bleibt mithin „Beispiel einer allgemeinen Regel, die man nicht angeben kann" (63). Ihr Subjekt kann, indem es sie vollzieht, nur als einzeln bleibendes Subjekt von sich aus beanspruchen, daß auch andere den „Gegenstand" als „schön" beurteilen oder zugeben, daß diesem Urteil als Urteil überhaupt ein Gegenstand zugrunde liege, d. h. auch, daß es überhaupt ein Urteil und nicht *nur* eine subjektive Handlung in der äußerlichen Figur eines Urteils sei[2]. Es ist also nur „exemplarisch"[3] ein Urteil, ein präsentiertes *Beispiel* eines Urteils ohne es als solches ausweisenden *Begriff.* Das es bildende Subjekt kann vernünftigerweise nicht in weiteren (Meta-) Urteilen in einer verbindlichen Weise damit zum Schluß kommen wollen, daß es diskursiv auseinanderlegte, warum es den Gegenstand als „schön" beurteilt. Es tut dies, eben weil dessen Anschauung seine Erkenntnisvermögen „ins Spiel" gesetzt hat, ohne daß sich damit auch schon ein deutlicher Begriff von dessen Einheit als Gegenstand ergeben hätte, den man, als Allgemeinbegriff, dann auch auf andere Gegenstände übertragen könnte. Der „Gegenstand" bleibt einzeln, wenngleich er deutlich von anderem, darin ebenso einzelnem, abgegrenzt erscheint, und dementsprechend bleibt auch das Subjekt, dem er in dieser „ästhetisch" deutlichen Weise gegeben ist, vereinzelt. Vom ihm erscheinenden „Gegenstand" her hat es die Zuversicht, sein Urteil über ihn auch anderen „ansinnen" zu können. Es „wirbt um jedes anderen Beistimmung", und es hat „Grund" dazu (63), nur hat es von diesem „Grund" keinen Begriff. Es findet den Gegenstand immer nur von sich aus im einzelnen Hinsehen und ohne das eigene Urteil auch nur für es selbst verallgemeinern zu können „schön", und es findet sich darin bestätigt, daß auch andere, aber ebenfalls *von sich aus,* diesen Gegenstand in einem einzelnen (exemplarischen) „Urteil" als „schön" bezeichnen. D. h. in unserem Zusammenhang, daß er auch bei anderen auf eine weiter nicht zu bestimmende und zu umschreibende Weise deren Erkenntnisvermögen ins Spiel setzt, indem sie von ihrer aktualen, einzelnen Anschauung und also ganz von sich als einzelnen aus dazu bewegt werden, das Angeschaute überhaupt „ästhetisch" und ohne „vorhandenen" Begriff (XLIV) als rein „in sich" stimmige Einheit aufzunehmen.

Auch wenn die Verbindung zwischen „ästhetischer Deutlichkeit" als transzendentalem Vermögen der Anschauung und „ästhetischem Urteil" bei Kant in dieser Weise nicht explizit hergestellt ist, kann man also sagen, daß die Verbindlichkeit, mit der in einer transzendentalen Überlegung von einem Vermögen zur „ästhetischen Deutlichkeit" *die Rede sein kann*, eben dieselbe Verbindlichkeit ist wie die, die Kant expressis verbis dem „ästhetischen Urteil" zubilligt. In der als solche problematischen Gegenständlichkeit des „Gegenstandes" „ästhetischer Urteile", also in der Schönheit von etwas, *erscheint* dem endlichen Subjekt sein ihm *begrifflich*

[2] Dieser Urteils*anspruch* an andere hat insofern den Charakter eines „Affekts". Vgl. u. S. 360ff.

[3] Kant, Kritik der Urteilskraft, S. 62.

dunkles Vermögen zu einer ästhetischen Deutlichkeit, von der es *reden* muß, wenn es sich eine Grundlage seiner Rechtfertigung als Vermögen, diskursiv und zugleich abschließend zu einer begrifflichen Deutlichkeit über etwas zu gelangen, voraussetzen will.

Damit ist auch gesagt, daß eine Gemeinschaft der „Kenner" der philosophischen Wissenschaft nicht als „Objekt" verstanden werden darf, von dem man „deutlich" in einem verbindlichen Sinn reden könnte. Die Grundlage, die Kant mit seiner Doktrin von der Anschauung (als einem Vermögen, das nicht nur mit dem diskursiv-begrifflichen Vermögen des Verstandes gleich ursprünglich, sondern in bezug auf die *Deutlichkeit* dem Verstand gegenüber sogar grundlegend sein soll) voraussetzt, hat ihrerseits dieselbe Gewißheit bzw. Ungewißheit, in der sich ein Subjekt befindet, das einem (einzelnen) Angeschauten das (allgemeine) Prädikat der Schönheit zuschreibt. Die Kantische Lehre vom Schönen bezeichnet somit den eigentlichen Nerv seiner Philosophie. Sie handelt von dem selbst noch nicht von einem schon „vorhandenen" Begriff gesteuerten Übergang von der einzelnen Anschauung zum prädikativen Begriff. In ihr spricht Kant ausdrücklich von einer Verbindlichkeit, deren Art von Gewißheit er seiner Philosophie im ganzen zuschreiben müßte. Es ist die Verbindlichkeit, die sich in ihrem Anspruch erst mit dem sich verbal vollziehenden Beitritt anderer erfüllt: Die *Erfüllung* des *Urteilsanspruches* ist „ohne Begriff", d. h. das Urteil löst sich seinem Begriff nach auf in ein Moment des Anspruches, ein (wahres) Urteil zu sein, und in ein begriffsloses Moment der wirklichen Einlösung dieses Anspruches durch die Akzeptation der Synthesis des Prädikats mit einer Anschauung durch *andere*. Im Begriff des Urteils selbst kommt ein Moment der Begriffslosigkeit zum Vorschein. Seine subjektive Bildung aus der Anschauung heraus und die Konstitution eines begrifflich bestimmten Objekts der Übereinstimmung in ihm fallen auseinander, so daß dem einzelnen Subjekt in diesem „Hiatus" sein „reines", noch nicht erfülltes Vermögen zur Allgemeinheit, d. h. zu einer Deutlichkeit in ringsum gleichbedeutenden Begriffen *erscheinen* kann. In diesem „Hiatus" ist es sich als einzelnes seines reinen Vermögens bewußt, zu (allgemeinen) Begriffen aus der Anschauung heraus kommen zu können, eines Vermögens, von dem es natürlich einen (*schon* allgemeinen) Begriff nicht geben kann und das deshalb in dem Versuch, darüber zu reden, „dunkel", verborgen bleiben muß[4]. Von diesem Moment der „Dunkelheit" in den Versuchen, reflexiv über den Begriff des Subjekts („transzendentalidealistisch") zu einem Begriff der Wahrheit zu gelangen, wird an anderer Stelle weiter die Rede sein müssen.

[4] Vgl. Kant, Kritik der reinen Vernunft, B 180/181.

Hier ist zunächst nur festzuhalten, daß eben die Begriffslosigkeit, von der bei Kant die Rede ist, damit zusammenhängt, daß das Subjekt in der *wirklichen Erfüllung* seines *vorausgesetzten* Subjektseins auf die *Freiheit* anderer angewiesen ist, seinem Urteil beizutreten. Alles hängt davon ab, ob dieser einzelne Gegenstand da auch anderen als Beispiel ihres reinen Vermögens zu Begriffen erscheint oder nicht. Die reine Möglichkeit des Erscheinens dieses Vermögens besteht bei *jedem* Gegenstand. „Schön" ist der Möglichkeit nach ein universales, im alten Sinn von „transzendental" transzendentales Prädikat. (Es gibt kein notwendiges Urteil, das besagt, etwas sei nicht „schön".) Die Wirklichkeit seiner Verbindlichkeit steht dagegen ebenso grundsätzlich aus, ohne daß man sagen könnte, dies läge am Gegenstand *oder* an seinem Betrachter. Es besteht nicht die Möglichkeit der Unterscheidung von Subjektivität und Objektivität und in diesem negativen Sinn besteht deren Einheit. Aber *wenn* andere zugestimmt haben, dann muß das für die *Reflexion* darauf am (angeschauten, einzelnen) „Objekt" gelegen haben, da ja ein den Subjekten gemeinsamer Vorbegriff hierfür, unter den die (einzelnen) Anschauungen vom „Objekt" zu fassen gewesen wären, nicht als schon „vorhanden" angesehen werden konnte. Die faktisch zustandegekommene Übereinstimmung oder der „Gemeinsinn" erscheint post festum als sachlich begründet und in diesem Sinne als wahr.

Diese Reflexion kann immer nur post festum stattfinden und nicht von einem apriorischen Begriff der Wahrheit ausgehen. Sie ergibt sich als Möglichkeit erst zugleich mit dem sich bildenden „Gemeinsinn". Mangels der Unterscheidungsmöglichkeit zwischen einem subjektiven und einem objektiven Grund seiner Bildung kann man weder sagen, das Subjekt habe sich in die „Tradition" eines schon bestehenden Gemeinsinns hineingebildet, noch, dieser sei durch die Subjekte gebildet worden. Der „Gegensatz des Bewußtseins" zur Wahrheit hebt sich *für es* jeweils dadurch auf, daß es sich, ohne selbst einen Begriff von einer Notwendigkeit dafür zu haben, *tatsächlich* in einem Gemeinsinn dadurch aufgehoben *erfährt*, daß andere seiner Erwartung beitreten. Er hebt sich in solch einer („schönen") Erfahrung ohne Begriff auf[5]. Die Überwindung des Gegensatzes des

[5] Im Umkreis dieser Kantischen Problematik sieht Schiller in den einzelnen ästhetischen Gegenständen, den „Mustern" der „schönen Kunst", ein „Werkzeug" einer *ästhetischen Erziehung* des Menschen zu einem Gemeinsinn, in dem gleichwohl „der persönliche Wert eines Menschen oder seine Würde, insofern diese nur von ihm selbst abhängen kann, noch völlig unbestimmt" bleibt. „Es ist weiter nichts erreicht, als daß es ihm nunmehr *von Natur wegen* möglich gemacht ist, aus sich selbst zu machen, was er will – daß ihm die Freiheit, zu sein, was er sein soll, vollkommen zurückgegeben ist." In diesem Negativen sieht Schiller aber „die höchste aller Schenkungen", „die Schenkung der Menschheit" (Über die ästhetische Erziehung des Menschen, in einer Reihe von Briefen, neunter bzw.

Bewußtseins vollzieht sich demnach wesentlich *historisch*. Die Philosophie gibt nicht einen apriorischen *Begriff* der Wahrheit *vor*, in dem der Gegensatz des Bewußtseins überwunden wäre oder gar zu überwinden *gesollt* sei. Sie zeichnet vielmehr die *Geschichte nach*, in der er sich jeweils für ein Bewußtsein in seiner historischen Gestalt *als* überwunden dargestellt hat. Die Philosophie, in der sich der (transzendentale) Begriff der Überwindung des Gegensatzes des Bewußtseins als *in eine Reihe von historischen Gestalten* aufgelöst darstellt, in denen *für das jeweilige historische* Bewußtsein dieser Gegensatz überwunden scheint, heißt seit Hegel „Phänomenologie des Geistes". Die Geschichte dieser Gestalten, in denen sich jeweils Bewußtsein als Vermögen der Wahrheit „erfährt", heißt „Bildung des Bewußtseins selbst zur Wissenschaft". Der Kantische Lösungsvorschlag ist, insofern er als solcher akzeptiert war (bzw. noch akzeptiert ist), darin als eine dieser historischen Gestalten begriffen. Die „Wissenschaft", zu der das Bewußtsein sich in der Erfahrung der Historizität solcher Gestalten „bildet", ist der (absolute) „Begriff", daß *jede mögliche* Gestalt dieser Art nur eine „historische" ist. Sie ist also selbst keine dieser Gestalten, sondern ein philosophisches Wissen über das Wesen aller möglichen Gestalten, wie immer sie auch historisch erschienen sind oder noch erscheinen mögen. Sie ist das Wissen ihrer „erscheinenden" Historizität überhaupt.

Indem die „Phänomenologie des Geistes" sich nicht nur unmittelbar historisch vollzieht, sondern ihrerseits als solche philosophisch thematisiert wird, wird das, was zuvor als Philosophie erschien, als Weg zur Philosophie begriffen. Es wird mit dieser „Phänomenologie" ein neuer Begriff von Philosophie gewonnen: In diesem Begriff ist nicht mehr das Wissen der Wahrheit aus einem *Vermögen* dazu das Absolute. Es ist vielmehr der Weg der fortschreitenden „*Entfremdung*" des Bewußtseins von seinem Selbstverständnis als ein solches Vermögen in der bisherigen *Geschichte* der Philosophie („phänomenologisch") zu erkennen. Gegenüber dem vormaligen Selbstverständnis des Bewußtseins, sich von sich aus als *Vermögen* der Wahrheit zu wissen, ist das Begreifen der Faktizität ihres Verlaufs der entsagungsvolle Weg der „Bildung des Bewußtseins selbst zur Wissenschaft". – Im ersten Teil war das Thema einer „Phänomenologie des Geistes" im Zusammenhang einer philosophischen Bedeutungslehre

einundzwanzigster Brief). Die „Erziehung" muß demnach in einer „Ausbildung des Empfindungsvermögens" (achter Brief) für dieses *erscheinende* Gegenständliche, in seinem Gegensatz zum Verstandesbegriff *Zufällige* („Schenkung") bestehen, und dieses Empfindungsvermögen kann nur in der (begriffslosen) *Erfahrung* des Schönen ausgebildet werden, insofern sie zugleich die („schöne") Erfahrung bedeutet, daß andere von sich aus zustimmen, *ebenfalls* „völlig unbestimmt" von einem vorgängigen (normativen) Allgemeinbegriff davon, *was* der einzelne „sein" und *weshalb* er zustimmen „soll".

aufgegriffen worden. Im folgenden soll es von der Seite des sich in geltende Bedeutungszusammenhänge hinein bildenden Bewußtseins aus erörtert werden.

11. Die Bildung des Bewußtseins

Die letzten Ausführungen im Anschluß an Kant sollten verdeutlichen, daß der Weg des Bewußtseins zur Wahrheit sich – in einem Zuendedenken der „Logik der Wahrheit" Kants – als *Bildung* des Bewußtseins darstellt. In dieser Bildung stellt es sich – gegen seinen vorgefaßten Selbstbegriff, Vermögen zur Wahrheit von sich aus zu sein, den es jedem seiner Urteile zugrunde legt – als ein Bewußtsein davon her, daß es diesen Anspruch erst als erfüllt *erfahren* kann, wenn *andere* von sich aus seine einzelnen Urteile wirklich akzeptieren, ohne daß es vorweg schon einen (transzendentalen) Begriff hätte, nach dem sie dies müßten. Es bildet sich in seiner Vorstellung, Vermögen der Wahrheit zu sein, zu einem Bewußtsein der Zusammengehörigkeit seiner selbst mit der Freiheit anderer (oder auch umgekehrt seiner eigenen Freiheit mit dem entsprechenden Wahrheitsbegriff anderer). Damit *bildet* es sich zu dem (philosophischen) Wissen, daß es sich *von sich aus* auch nicht in dem Selbstbewußtsein bewahren kann, wenigstens in einer erreichten Übereinstimmung mit anderen („konsensustheoretisch") Vermögen der Wahrheit zu sein. *Jede mögliche* Form, in der es sich in Übereinstimmung mit anderen als solch ein Vermögen wissen könnte, ist in diesem (philosophischen) Wissen als besondere Form gewußt. Jede dieser Formen der Stabilisierung des Gegensatzes des Bewußtseins in einem *geltenden* Begriff bzw. in einem allgemeinen Selbstbewußtsein, also auch die jeweilige und „letztgewordene", ist als eine „ohne Begriff" für ihre absolute Notwendigkeit *gewordene* Form erfahren. Aufgrund dieser das Bewußtsein (gegen dessen Vorbegriff von sich) *bildenden*, negativen Erfahrung ist sie „a priori" als „zufällige" Form einer historischen Weltansicht, als dem Bewußtsein „fremde" Wirklichkeit gewußt. Das Bewußtsein stabilisiert sich in der jeweils (zufällig) erfahrenen Lust, die es dadurch gewonnen hat, daß es ihm (zufällig) gelang, zu einer für es seienden, an sich aber scheinbaren Einheit in den Verbindungen seiner abstrakten Vorstellungen fortzuschreiten. Es befindet sich darin jeweils in dem sein Bedürfnis befriedigenden Gefühl der Partizipation an einem göttlichen Intellekt, und in diesem Gefühl möchte es beharren, wenngleich die gleiche Einbildungskraft, die diese Lust gewährt, doch auch über sie hinaus auf ein überschüssiges, jeweils „noch nicht" objektiviertes Ganzes weist und den Gegensatz des Bewußtseins als nicht überwunden vorstellt. Der Gegenstand bleibt doch immer noch Imagination, und darin ist er als von der Wahrheit verschiedener Gegenstand einer subjektiv gebliebenen Einheitsbildung bewußt. Das gewonnene Glücksgefühl bleibt vom Bewußtsein der Entfremdung begleitet. Die „Lebenswelt" bleibt von der unbestimmten Vorstellung einer anderen, „wahren Welt" unterschieden. „Diese Welt" ist *nicht* die „wahre Welt". „Diese Welt" ist die Welt, in der das Subjekt sich operierend zurechtfindet, in der seine Erfahrungen sich bewähren. Aber *für das Denken* bewähren sich die Erfahrungen dennoch notwendigerweise nur zufällig. Es ist darüber hinaus und vermag sein Glück, das sich eingestellt hat, nicht mit der Wahrheit zu identifizieren.

„Diese Welt" bleibt die Welt subjektiver Imagination zum Zwecke der verstandesmäßigen Überschaubarkeit. Der drohende Verlust dieser Welt, also das Denken, erzeugt Angst vor dem Verlust der Orientierungsfähigkeit, zumal „diese Welt" zugleich als „nicht wahre Welt", als Welt des positiv Vorhandenen begriffen ist. Dieser Gegensatz des Bewußtseins zu dem in „dieser Welt" Geltenden ist also hinwegzuarbeiten. Dies geschieht dadurch, daß das Bewußtsein, wie Hegel es beschreibt, „seiner Persönlichkeit sich entäußert"[1]. Es ist bemüht, sich als Bewußtsein dem in „dieser Welt" Geltenden *gemäß* zu machen. Damit ist das wichtige neuzeitliche Thema der *Bildung* angeschlagen. Es tritt an die Stelle des *Wissens*, insofern darunter das Wissen der uneingeschränkten, absoluten Wahrheit der Dinge in der Sicht eines absoluten, d. h. selbst nicht bedingten Subjekts verstanden war. Das Subjekt bekennt sich zur Bedingtheit, zum von ihm selbst entworfenen *Bild* der Welt. Die Bildung wird der absolute Begriff anstelle der reinen theoria. Es findet eine „Umkehrung" statt, in der das Bewußtsein sich in „diese Welt", ins Diesseits transzendiert. Es „verhält sich gegen sie als eine fremde so . . ., daß es sich ihrer nunmehr zu bemächtigen hat". „Die Entsagung seines Fürsichseins" gegenüber „dieser Welt" „ist selbst die Erzeugung der Wirklichkeit, und durch sie bemächtigt es sich also unmittelbar derselben. – Oder das Selbstbewußtsein ist nur *Etwas*, es hat nur *Realität*, insofern es sich selbst entfremdet"[2]. Das für die „wahre Welt" gehaltene Jenseits „dieser Welt" ist, im Gegensatz zu der positiven Bestimmtheit „dieser Welt", ein unbe-

[1] Hegel, Phänomenologie des Geistes, S. 350f. – In der Bildung bildet sich das Subjekt, unter Entäußerung seiner *Persönlichkeit*, die es im „Begriff" als „undurchdringliche, atome Subjektivität" hat (vgl. Wissenschaft der Logik, II, S. 484; hierzu u. S. 290ff.). Es *macht* sich in dieser „Entäußerung" zu einem Allgemeinen, das mit anderen in *positiven* Bestimmtheiten von Subjektivität, wie sie z. B. von N. Luhmann als „Sinnstruktur" reflektiert werden (vgl. o. S. 80, Anm. 1), *übereinstimmt*, während es als *Begriff* darin Allgemeinheit hat, daß es „in seinem Andern *seine eigene* Objektivität zum Gegenstand hat" (ebd.), d. h. es wie sich selbst als diese „undurchdringliche, atome Subjektivität" anerkennt, bzw. begreift.

[2] Hegel, Phänomenologie des Geistes, S. 351.

stimmtes Wahres. Indem das Bewußtsein sich auf es bezieht, ist es selbst kein bestimmtes Sein, kein Etwas, es hat *in dieser Beziehung* keine Realität. Die (bestimmte) Realität findet es nur in dem, was für es das Fremde, bloß Diesseitige, Vorhandene ist, d. h. in der Verstandesbestimmtheit, an der es nicht als es selbst, als „wahres Individuum", sondern nur als „Allgemeinheit" und „*Gleichheit* mit allen" partizipieren kann. Um in dieser Welt anerkannt zu sein, muß es sich *selbst* entsagen. Es ist in „dieser Welt" nicht schon, wie in der Welt des Rechts, anerkannt, nur „weil es *ist*; sondern daß es gelte, ist durch die entfremdende Vermittlung, sich dem Allgemeinen gemäß gemacht zu haben". Die Eigenart des Natürlichen, der Charakter, die psychische Besonderheit, die soziale Herkunft usw. müssen hinweggearbeitet werden, und „wodurch also das Individuum hier Gelten und Wirklichkeit hat, ist die *Bildung*" (ebd.).

Während es bei Descartes noch um die Frage ging, inwiefern das endliche, bestimmte Subjekt zugleich als auf dem Weg zur Wahrheit schreitend begriffen werden könne, obwohl es doch nur im Operieren mit imaginären Abstraktionen Sicherheit finden kann, soll in der Bildung umgekehrt der Gegensatz des Bewußtseins dadurch hinweggearbeitet werden, daß das Bewußtsein, das die Wahrheit seiner selbst in einer *anderen* als dieser Welt des positivierten Imaginären weiß, sich dieser Welt gleichmacht und sie gerade dadurch produziert. Indem es sich bildet, erzeugt es die Bildungswelt in ihrem positivierten Bestand. In seiner „Entsagung" macht es sich zur tragenden Substanz „dieser Welt". Soviel die Individualität „Bildung hat, soviel Wirklichkeit und Macht" hat sie (ebd.). Doch „die Macht des Individuums besteht darin, daß es sich ihr gemäß macht, d. h. daß es sich seines Selbsts entäußert. . . . Seine Bildung und seine eigene Wirklichkeit ist daher die Verwirklichung der Substanz selbst" (353).

Das Wort Descartes', daß der Mensch sich über die Wissenschaft zum „maître et possesseur de la nature" machen könne[3], erhält hier, so wie die Identifikation von „Wissen" und „Macht" bei Bacon, seine genauere Bestimmtheit. „Wissen" meint hier schon gar nicht mehr eine Adäquation an ein „absolutes" Wissen, das dann außer dem, daß es theoretisches Wissen sei, auch noch Macht verleihe, sondern ein Bildungswissen, das *sich* Bilden des Subjekts zu „paradigmatisch" geltenden *Auslegungen* des Seienden. Es ist schon gemeint, daß dies durch eine gewisse Selbstüberwindung zum Heil der Menschheit zu geschehen habe. Es geht um eine Verschmelzung des eigenen Selbstbewußtseins mit dem allgemeinen Wohl, und so ist das vornehmste Beispiel bei Descartes die medizinische Wissenschaft. Die Hegelstellen machen noch deutlicher, daß solch eine Macht nur dadurch erreicht wird, daß das einzelne Individuum sich selbst

[3] Descartes, Discours de la méthode, VI, 2.

einer allgemein geltenden Wissenschaft gemäß *macht*. „Wissenschaft" wäre in diesem Zusammenhang die vom Geist in bestimmter Weise durch Operation in imaginären Abstraktionen positivierte Wirklichkeit, zu deren Bestimmung und Geltung der einzelne durch seine Bildung, d. h. dadurch, daß er sich ihr gemäß macht, seinen Beitrag leistet, indem er soziopsychisch von seiner Individualität abstrahiert. „Nur diese Entfremdung ist das Wesen und Erhaltung des Ganzen".[4]

Dies ist eine Verdiesseitigung der Wahrheit, aber auch ein Vorbegriff davon, daß das Absolute schon „bei uns" ist, d. h. daß die Methode sich als Weg zur Wahrheit erweisen wird und das endliche Wissen sich als das Wahre wird begreifen können. Zunächst erscheint die Bildung noch als *entfremdete* Gestalt des Geistes, als Aufhebung der Differenz des Bewußtseins in die „falsche" Richtung. Das Individuum findet nur um den Preis einer solchen Verkehrung der Richtung, in der es die Wahrheit sucht, Anerkennung. Nur in ihr weiß es sich im Konsens mit anderen, denn nur in ihr besteht bestimmtes Wissen. Dem Bestimmten wird der Vorrang vor dem Wahren eingeräumt. Es allein hat Realität, der gegenüber die transzendente Wahrheit verschwimmt, und nur im Bezug auf es gewinnt das Bewußtsein selbst Realität. Nur als von sich selbst entfremdetes, verkehrtes Bewußtsein findet es Anerkennung und damit, verkehrterweise, Wirklichkeit als Selbstbewußtsein. Es findet nur in der Verkehrung seiner zu sich selbst, in der entsagungsvollen Bildung zur Wissenschaft.

Wenn Hegel die Bildung in diesem Sinne als Vorstufe des „absoluten Geistes" oder der Wahrheit reflektiert, nimmt er in einem sehr bestimmten Sinn gewisse Einsichten der Kantischen *Metaphysik* wieder auf. Kant konnte in der „Kritik der reinen Vernunft" lediglich einen Begriff objektiver Wahrheit im Bezug auf einen Begriff von einem „Gegenstand überhaupt" begründen. Die *Kritik* legt dar, wie gedacht werden kann, daß die transzendentalen Verstandesbegriffe (Kategorien) sich überhaupt auf Objektivität beziehen und unter welcher Bedingung sie in diesem Sinn *Bedeutung* haben. Die so aufgezeigte Bedeutung ist die der *Formen*, in denen empirische Begriffe zu Urteilen verknüpft werden können. Die Bedeutung der empirischen Begriffe selbst erscheint dagegen nur insofern als begründet, *als* sie in diesen Formen zu Urteilen verknüpft werden. Der transzendental begründete Gegenstand entspricht dem so gebildeten Urteil, als dem objektiven Korrelat zur reinen Synthesis empirischer Begriffe als der Urteils*handlung*, nicht aber diesen empirischen Begriffen selbst, insofern sie je für sich eigene materiale Bedeutung haben sollen. Von der Bedeutung einzelner empirischer Begriffe, wie sie in den inhaltlichen

[4] Hegel, Phänomenologie des Geistes, S. 353.

Wörtern einer Sprache bezeichnet werden, kann in einer *transzendentalen* Überlegung natürlich eo ipso keine Rede sein. Denn es ist zufällig, welche Wörter eine Sprache überhaupt besitzt und wie sie die Wirklichkeit artikuliert. Es ist ein „historisches" Faktum. Eine transzendentale Überlegung kann nur von der allgemeinen „Grammatik" einer „jeden Sprache" handeln, insofern sie als in einem „reinen" Verstand begründet gedacht ist. Diese Allgemeinheit (Transzendentalität) der Reflexion kann nun in bezug auf die Anwendung dieser Grammatik nur gewahrt bleiben, wenn das Material der Synthesis, von deren reinen Formen sie handelt, ein gleichförmiges Mannigfaltiges ist und nicht schon durch empirische Begriffe mit unterschiedlicher Bedeutungsqualität bestimmt ist. Das ist der Fall, wenn es als ein in den (ebenfalls als transzendental gedachten) Formen der Anschauung (Raum und Zeit) *Gegebenes überhaupt* beurteilt wird.

Es war nun natürlich auch Kant bewußt, daß die so begründete Wahrheitsmöglichkeit der reinen Urteilshandlung nicht das wirkliche Gebiet der Wissenschaften abdeckt. Auf diese Weise ist nur die reine Semantik der syntaktischen *Formen* zur Beurteilung von Anschauungsgegenständen überhaupt begründet. Wenn dies aber die allein mögliche Begründung wissenschaftlicher Wahrheit ist, muß konsequenterweise auch gesagt werden, in einer Wissenschaft sei „nur so viel *eigentliche* Wissenschaft . . ., als darin *Mathematik* anzutreffen ist"[5]. Denn nur die reine Syntax des Verstandes in bezug auf reine Raum-Zeitverhältnisse als ihr transzendentales Material ist als objektiv gültig begründet, nicht aber die inhaltlichen (empirischen) Begriffe, die das Besondere einer spezielleren Wissenschaft ausmachen, wie z. B. der Physik als der Wissenschaft von der bewegten *Materie*, z. B. im *qualitativen* Unterschied zur Psychologie als der Wissenschaft vom *Denken*. So heißt es denn auch bei Kant: „So konnten also jene mathematische Physiker metaphysischer Prinzipien gar nicht entbehren und unter diesen auch nicht solcher, welche den Begriff ihres eigentlichen Gegenstandes, nämlich der Materie, a priori zur Anwendung auf äußere Erfahrung tauglich machen, als des Begriffs der Bewegung, der Erfüllung des Raumes, der Trägheit usw. Darüber aber bloß empirische Grundsätze gelten zu lassen, hielten sie mit Recht der apodiktischen Gewißheit, die sie ihren Naturgesetzen geben wollten, gar nicht gemäß, daher sie solche lieber postulierten, ohne nach ihren Quellen a priori zu forschen." (472) Solche Grundsätze oder spezialwissenschaftliche Axiome werden nun nach Kant dadurch gewonnen, daß vor aller

5 Kant, Metaphysische Anfangsgründe der Naturwissenschaft, Akademie-Ausgabe, Bd. IV, S. 470.

Erfahrung untersucht wird, was in den eigentümlichen Grundbegriffen der *besonderen* Wissenschaften, in der Physik z. B. im Begriff der Materie, als einem „abgesonderten (obzwar an sich empirischen) Begriffe" angetroffen wird (ebd.). Der reine oder metaphysische Teil einer besonderen Wissenschaft analysiert also die Bedeutung solcher „an sich empirischen" Begriffe, die somit in dieser besonderen Wissenschaft in ihrer Besonderheit vorausgesetzt wird. „Materie" ist so z. B. als „das *Bewegliche* im Raume" ausgelegt (480), und so kann dieser Begriff dann über den in ihm enthaltenen Begriff des Raumes „auf die reinen Anschauungen im Raume und der Zeit" „in Beziehung" gesetzt (472), d. h. auf eine mathematische Struktur abgebildet werden. Das Entscheidende und über eine rein transzendentale Begründung Hinausgehende ist hier aber, daß in einem bestimmten Sinne auslegend bei einem „an sich empirischen" Begriff angesetzt wird. Er wird mithin in einer transzendental nicht zu rechtfertigenden *Bedeutung* aufgenommen. Deshalb wird er „an sich empirisch" genannt. Er wird genommen, wie er im Gebrauch ist, ohne daß der gemeinschaftliche Gebrauch schon bedeuten könnte, damit bezöge man sich auch auf ein gemeinschaftliches Objekt. Bedeutung im Sinne der „Beziehung aufs Objekt" kann ja gerade für solche empirischen Begriffe nicht begründet werden. Deren Begründung ist nur für transzendentale Begriffe möglich, und das sind Kategorien oder Formen der Synthesis empirischer Begriffe zu Urteilen, also syntaktische Formen.

Dieser knappe Hinweis Kants auf das Angewiesensein des Wissens auf die Partizipation an der Auslegung empirischer Begriffe in einer bestimmten Bedeutung ist wenig in das philosophische Bewußtsein gedrungen, weil man, wenn man sich auf Kant bezieht, meist an die einer ganz anderen Frage gewidmete „Kritik der reinen Vernunft" denkt. In der Tat geht Kant auch der Frage nicht weiter nach, inwiefern denn das, was die Philosophie in solchen „abgesonderten (obzwar an sich empirischen) Begriffen" „antrifft", irgendwie als Erkenntnis ausgewiesen werden kann. Diese Auslegung eines Begriffs kann zumindest im Kantischen Sinne nicht Erkenntnis sein, da sie ja im rein metaphysischen Teil einer besonderen Naturwissenschaft vor aller Hinwendung zur Erfahrung zu geschehen hat, um zu Grundsätzen zu führen, die erst den thematischen Rahmen dieser Wissenschaft abstecken. Die Auslegung der Bedeutung solcher Begriffe führt zu Sätzen, die insgesamt eine Theorie vorgeben, damit man sich überhaupt erst sinnvoll der Empirie zuwenden kann. Das erkennende Subjekt drückt in diesen Sätzen aus, inwiefern es sich wesentlich an einer gemeinschaftlichen Auslegung der verwendeten Grundbegriffe beteiligt, bzw. eine solche vorschlägt. Der Gebrauch derselben Wörter muß hierbei als Ausweis, daß man diese Begriffe in derselben Bedeutung nehme, genug sein. Wie man ein Wort verstehe, d. h. inwiefern es für jemanden

Begriff sei, kann nur auslegend, d. h. durch andere Wörter bestimmt werden, und damit letztlich nur dann, wenn das Fragen nach der Bedeutung sich nicht auch noch auf diese auslegenden Wörter erstreckt, sondern *faktisch* zum Stand kommt.

Diese Reflexion des Begriffs möglichen Wissens im Sinne eines Wissens „objektiver" Sachverhalte muß als philosophische Einsicht festgehalten werden, damit man überhaupt verstehen kann, inwiefern bei Hegel nun eine „Phänomenologie des Geistes" als notwendiger Weg zu einem über sich selbst aufgeklärten (absoluten) Wissen erscheint. Sie handelt von Formen, in denen sich das Bewußtsein jeweils im Gegensatz des Bewußtseins stabilisiert und sich die Gewißheit gibt, die ihm *erscheinende* Wahrheit sei die absolute. Für den philosophischen Leser aber sind diese Formen selbst jeweils nur die eines „erscheinenden Wissens" in seiner jeweiligen Bedingtheit. Es ist begriffen, daß diesem Wissen eine „Bildung des Bewußtseins selbst zur Wissenschaft" je zugrunde liegt, und in dem Kapitel der „Phänomenologie", das „Der sich entfremdete Geist; die Bildung" überschrieben ist, besteht diese Form darin, daß das Bewußtsein nun selbst dazu gekommen ist, seine Bildung als die Substanz des objektiv erscheinenden Wissens zu begreifen und sein Selbstbewußtsein nicht mehr *unmittelbar* im Wissen, sondern in seiner Bildung zu einem „Bedeutungswissen" zu suchen, das dem auf Objekte bezogenen Wissen vorgelagert ist. Das Motiv im Streben nach Wissen hat sich gegenüber dem Verständnis des Wissens als Partizipation an einer absoluten Erkenntnis der Dinge selbst grundlegend verändert. Es liegt im Streben nach einem Wissen, das in seinem eigenen Grund Anerkennung und Macht, also eine soziale Struktur beschließt.

Insofern ist die Bildung der zu sich selbst gekommene, ins Bewußtsein gehobene Zug der Stabilisierung des Bewußtseins in einer sicheren „Wissenschaft", verstanden als Inbegriff positivierten Wissens, gegenüber der Zumutung der Wahrheit, die die historische Gewordenheit und damit dann auch den möglichen Verlust solcher Sicherheit einer vorgängigen Orientierung andeutet. Indem aber dieser Stabilisierungsprozeß als solcher in seinem Gegensatz zur Wahrheit *bewußt* geworden ist, kann keine Empfindung einer Partizipation des Endlichen am Absoluten, also keine individuelle Lust entstehen, sondern nur noch das schlechte Gewissen der Abkehr von einer im Jenseits vermuteten Wahrheit. Die Bildung ist, als Reflexion der Lust, nur als Entsagung gegenüber der eigenen qualitativen Natur verstanden. Sie ist ein schmerzhafter Prozeß der Einübung in geltende Auslegungen, als ein allgemeines Bildungsgut, und der Entindividualisierung, der dann ein ganz anderes Glück, nämlich das des Anerkanntseins und der darin liegenden Macht der Realisierung des Selbst in bewußt diesseitiger Ausrichtung mit sich bringt. „Das Selbst ist sich nur als *aufgehobnes* wirklich."[6] Der Gegensatz des Bewußtseins ist hier nur dadurch überwunden, daß er in das Bewußtsein hineingenommen ist. Es hat ihn in sich verarbeitet und hat seine Macht dadurch, daß es ihn aushält, d. h. diese Entfremdung von sich selbst in ihrer Spannung erträgt. So erhält es „Achtung vor sich selbst und bei den Andern" (360), doch ein ungetrübtes Selbstgefühl kann diese Achtung nicht mehr sein. Sie ist insofern verdächtig, als das Bewußtsein von seiner Entsagung in der Bildung wesentlich auch für sich profitiert. Es gibt sich der Allgemeinheit nicht „so vollkommen als im Tode" hin (362), sondern ihm geht es in der Entsagung um die eigene Anerkennung und Geltung. Es wollte „etwas" *werden* in dieser Gesellschaft. – Bei Hegel ist das Moment des verdiesseitigten Jenseits, dem das Individuum sich aufopfernd Bestand gibt, die *Staatsmacht*, das Moment des Fürsichseins ist der *Reichtum*. Der allgemeine Reichtum wird durch die Entsagung des einzelnen hervorgebracht, und gleichzeitig partizipiert es selbst an ihm. Die Staatsmacht ist dasjenige, das ihm in diesem Prozeß dennoch als ein anderes erscheint, in dessen Dienst und Gehorsam es dabei zu stehen scheint und das, wenngleich durch denselben Prozeß realisiert, dennoch als fremdes, noch nicht „begeistetes" Ansichsein ihm gegenüberbleibt, der *fremde* Wille, dem es sich unterwirft, aber eben doch nur scheinbar, weil es ihm darin wesentlich um sich selbst und um seine eigene Verwirklichung zu tun ist. Seine Aufopferung für die Allgemeinheit ist zugleich Machtstreben und stabilisiert das eigene Selbstbewußtsein.

Der metaphysische Begriff der Wahrheit gewinnt in dieser Konstellation seinen neuzeitlichen Ort. Der Gegensatz des Bewußtseins, der sich zunächst zu Beginn der Neuzeit bei Descartes als Zweifel der Endlichkeit an der Wahrheit ihres Wissens artikuliert, ist nicht mehr der einfache, schlichte Subjekt-Objekt-Gegensatz. Von der zunächst vom Wissen unterschiedenen und somit ins Unbestimmte projizierten objektiven, ansichseienden Wahrheit hat sich das Bewußtsein abgewandt, indem es sich dem methodisch gesicherten Wissen als einem allgemeinen, menschlichen Besitz zuwandte. Der Gegenstand des Wissens erlangt seine Wahrheit als Bildungsgut. Dadurch, daß es der *ansichseienden* Wahrheit entsagt und *sich* bildet, verleiht es diesem Bildungsgut allgemeinen Bestand. Insofern es dies also auch für die Allgemeinheit tut und nicht für sich, d. h. unter dem Aspekt einer absoluten Aufopferung „als im Tode", ist dieses Allgemeine die geistlos Gehorsam und Opferung gebietende Macht über es. Insofern es darin aber zugleich sich selbst realisiert, ist dieses Allgemeine der von allen gemeinsam produzierte allgemeine, gesellschaftliche Reichtum, der allen zugute kommt (und wenn nicht allen gleichmäßig, so gilt das in

[6] Hegel, Phänomenologie des Geistes, S. 353.

diesem Bewußtsein als „zufällig") (357). Nur durch die Zerlegung des Allgemeinen in die Momente der Staatsmacht und des gesellschaftlichen Reichtums gewinnt das Bewußtsein, das sich durch Entsagung realisiert, Bestand in diesem Widerspruch. Der Gegensatz des Bewußtseins ist in dem Unterschied zwischen Staatsmacht und bürgerlichem Reichtum verdeckt. Der auf diese Form gebrachte Gegensatz verdeckt, daß die Aufopferung doch nicht absolut ist. Der Staat ist nur für die abstrakte Seite, die Aufopferung *genannt* wird, das Absolute; für die andere Seite der Selbstrealisation ist der Reichtum das Absolute, in dem sich die einzelnen je *selbst* realisieren. Was dem allgemeinen Besten dienen soll, dient zugleich auch dem eigenen Besten. Das Absolute zerlegt sich, wie das Urteil (vgl. 359) in Subjekt (Fürsichsein) und Prädikat (Ansichsein), in zwei *so genannte*, aus einem Ganzen abstrahierte Absolute, denen aber in Wahrheit in einem gedient wird.

An diesem Beispiel wird die Struktur einer solchen Scheinstabilisierung des Gegensatzes des Bewußtseins besonders deutlich. Das Bewußtsein projiziert seinen Gegensatz in die Vorstellung der Unterschiedenheit von Staatsmacht und Reichtum. Daß dieser Unterschied als ein seiender angesehen wird, verleiht ihm das Selbstbewußtsein, im Fürsichsein und der reinen Bezogenheit auf sich selbst zugleich allem Fürsichsein zu entsagen, so daß die Subjektivität von sich die *Meinung* haben kann, sich völlig („als im Tode") in einem ansichseienden Allgemeinen aufzuheben, das ihr somit als ihre Wahrheit gilt. Denn von der Unterschiedenheit von Staatsmacht und Reichtum her kann der sich im Dienst des Allgemeinen zugleich einstellende persönliche Reichtum als etwas Unwesentliches, eben Zufälliges angesehen werden. Es wird hier um der Stabilisierung des Gegensatzes des Bewußtseins, d. h. um eines Begriffs von Wahrheit willen ein Unterschied *gemacht*, der zugleich keiner ist. Im Ergebnis ist es nämlich kein Unterschied, ob nun de facto die Aufopferung oder der persönliche Gewinn als das Wesentliche bzw. Zufällige angesehen wird. Beides läuft, wie das einzelne Bewußtsein auch motiviert sein mag und worein es zufällig sein Selbstbewußtsein auch setzt, auf dasselbe hinaus. Der Unterschied ist nur imaginiert (Schein), aber *daß* er imaginiert ist, bewirkt die Stabilisierung auf dieser Stufe. An sich oder für uns, d. h. für die Reflexion einer solchen Struktur, ist damit aber auch diese Stabilisierung im ganzen, in der dem Bewußtsein jeweils eine Seite des Unterschieds als das Wahre gilt, Schein. Die Wahrheit muß hier philosophisch in dem gesucht werden, was solche Imaginationen trägt, und das ist nach Hegel die *Sprache*.

Für uns, d. h. für die philosophische Reflexion, ist der Unterschied, den sich das betrachtete Bewußtsein einbildet, kein Unterschied. Das Bewußtsein legt *wie im Urteil* hier etwas auseinander, was in Wahrheit eines ist. In dieser „Auslegung“ erlangt es sein Selbstbewußtsein. Von ihr her kann es sich als in der Wahrheit seiend verstehen, Lust empfinden und überhaupt leben. Das Denken dagegen weiß, daß dies nur eine Auslegung ist, die bloß von dem Bewußtsein selbst nicht als solche reflektiert wird, so wie ja überhaupt eine bestimmte sprachliche Artikulation der Welt nur solange Bedeutung hat, wie sie nicht „nominalistisch“ als solche durchschaut und als „Gestalt des Lebens“ noch nicht „alt“ geworden ist[7]. Das Denken weiß dies selbst auch von der je eigenen „Gestalt des Lebens“ *prinzipiell*, wenngleich es selbst als Leben seine eigene konkrete Gestalt in ihrer Besonderheit *nicht* zu reflektieren vermag. Es weiß somit um seine eigene Undurchsichtigkeit für es selbst. Daß solch ein negatives Wissen für es zugleich positive Bedeutung hat, ist der Kern des Hegelschen Wahrheitsbegriffs.

Philosophisch gesehen ist das Tun des Bewußtseins, wenn es sich in der Unterschiedenheit von Reichtum und Staatsmacht „realistisch“ orientiert, ein sprachliches Tun. Darin besteht „für uns“ seine Wahrheit. Weil es sich in der Orientierung an einem „realistischen“ Unterschied von Reichtum und Staatsmacht nur zum Schein für das, was ihm als das Wahre gilt, „aufopfert“ – und das Tun müßte doch die Probe darauf sein, was ihm als das absolut Wahre erscheint – ist auf sein wirkliches Tun hinzusehen. Dabei kann erfahren werden, was ihm nicht nur zufolge des eigenen imaginierten Selbstverständnisses, sondern in seinem wirklichen Tun das Wahre ist. Für diese Wahrheit müßte es sich ohne Reservation „aufopfern“. Für sie müßte es das, was *ihm* als das Wahre gilt und woran es sich hält, preisgeben, also als *Bewußtsein* sterben, um zu seiner Wahrheit zu kommen. „Die wahre Aufopferung des *Fürsichseins* ist daher allein die, worin es sich so vollkommen als im Tode hingibt, aber in dieser Entäußerung sich ebensosehr erhält; es wird dadurch als das wirklich, was es an sich ist, als die identische Einheit seiner selbst und seiner als des Entgegengesetzten.“[8] Diese Einheit wäre die von (subjektiver) Methode und (objektiver) Wahrheit oder die Wahrheit des Weges. Sie wäre eine Entfremdung, in der das Bewußtsein gerade seine Wahrheit, d. h. auf *seine* subjektive Art dennoch die *absolute* Wahrheit und damit zu sich selbst fände, also eine sich selbst entfremdende Entfremdung (vgl. 353). „Diese Entfremdung aber geschieht“ nun nach Hegel „allein in der *Sprache*“. „Es ist die Kraft des Sprechens als eines solchen, welche das ausführt, was auszuführen ist.“ (362) Die Sprache als solche ist der Ort der absoluten Wahrheit. Vor einer weiteren Interpretation dieser Stelle, an der die Verdrehung des Wahrheitsbegriffs durch die Bildung wieder verdreht

[7] Vgl. Hegel, Grundlinien der Philosophie des Rechts, Vorrede.
[8] Hegel, Phänomenologie des Geistes, S. 362.

wird, muß an das Gewicht ihrer Bedeutung noch einmal erinnert werden: In der Bildung wurde der Gegensatz des Bewußtseins durch die Verdiesseitigung des Wahren aufgehoben. Diese Wendung des Bewußtseins wäre als Zuwendung zu dem, was ihm als das Absolute gilt, glaubhaft, wenn es in dieser Selbstentfremdung sich *in der Tat* bis zur eigenen Vernichtung, also bis zum Tode hingeben würde. So ernst versteht sich die Bildung jedoch wieder nicht. Dem sich bildenden Bewußtsein geht es immer um sich selbst, wenn es sich aufopfert und sich seiner individuellen Herkunft einschließlich ihrer Bewußtseinsgehalte entfremdet. Die Macht, an die es sich entfremdete, war also doch nicht die absolute Macht. Es war ein („niederträchtiger") Hintersinn, nämlich die Selbststabilisierung im allgemein Geltenden im Spiel. Nun soll die Sprache als Sprache zugleich die „Aufopferung als im Tode" und die Selbstgewinnung sein, Hingabe an die diesseitige Welt und Gewinnung des Selbstbewußtseins als Individuum im Unterschied zu „dieser Welt" des allgemeinen, entleerten Konsenses in positiviertem Bildungsgut. In der Sprache soll die Kraft zur Wahrheit liegen. Sie soll Weg und Ziel, Methode und Wahrheit zugleich sein. Der Gegensatz zwischen Methode und Wahrheit soll in der Sprache aufgehoben sein. Wie das gemeint ist, sagen die folgenden Sätze:

„In ihr tritt die *für sich seiende Einzelheit* des Selbstbewußtseins als solche in die Existenz, so daß sie *für Andre* ist. *Ich* als dieses *reine* Ich ist sonst nicht *da*; in *jeder* andern Äußerung ist es in eine Wirklichkeit versenkt, und in einer Gestalt, aus welcher es sich zurückziehen kann; es ist aus seiner Handlung wie aus seinem physiognomischen Ausdrucke in sich reflektiert und läßt solches unvollständiges Dasein, worin immer ebensosehr zu viel als zu wenig ist, entseelt liegen. Die Sprache aber enthält es in seiner Reinheit, sie allein spricht *Ich* aus, es selbst. Dies sein *Dasein* ist als *Dasein* eine Gegenständlichkeit, welche seine wahre Natur an ihr hat. *Ich* ist *dieses* Ich – aber ebenso *allgemeines*; sein Erscheinen ist ebenso unmittelbar die Entäußerung und das Verschwinden *dieses* Ichs, und dadurch sein Bleiben in seiner Allgemeinheit. *Ich*, das sich ausspricht, ist *vernommen*; es ist eine Ansteckung, worin es unmittelbar in die Einheit mit denen, für welche es da ist, übergegangen und allgemeines Selbstbewußtsein ist. – Daß es *vernommen* wird, darin ist sein *Dasein* selbst unmittelbar *verhallt*; dies sein Anderssein ist in sich zurückgenommen; und eben dies ist sein Dasein, als selbstbewußtes *Jetzt*, wie es da ist, nicht da zu sein, und durch dies Verschwinden da zu sein. Dies Verschwinden ist also selbst unmittelbar sein Bleiben; es ist sein eignes Wissen von sich, und sein Wissen von sich als einem, das in anderes Selbst übergegangen, das vernommen worden und allgemeines ist" (362f.).

Da Menschen bewußt existieren, stellt sich das Wahrheitsproblem für sie als Gegensatz des Bewußtseins dar. Im Bewußtsein unterscheidet sich wesentlich das jeweilige Wissen von Wahrheit, und Wahrheit erscheint somit als etwas Jenseitiges, das das Individuum in seiner Endlichkeit nicht erlebt. Es weiß, daß es tot sein wird, ehe es der Wahrheit teilhaftig ist. Aus diesem Bewußtsein resultiert die persönliche Entsagung und die Zuwendung zum allgemeinen Besten, die Bescheidung ins Engagement seiner Bildung zu einem Glied in der Produktion des gesellschaftlichen Reichtums. Ohne diese Reflexion der Endlichkeit ist der Hegelsche Wahrheitsbegriff nicht zu verstehen. Aus ihr resultiert die Umdrehung des Bewußtseins in die Bildung, in der sich der Gegensatz des Bewußtseins nun mittels der Auseinanderlegung des Absoluten in die Momente der Staatsmacht und des Reichtums zu einer Lebensform stabilisiert. Ohne solche Stabilisierungsformen des Gegensatzes des Bewußtseins können bewußte Lebewesen nicht überleben. – Doch zugleich steckt in dieser Form der Stabilisierung eine Unehrlichkeit. Hegel spricht von „Niederträchtigkeit". Die Entsagung ist egoistisch. Das Individuum findet in ihr unter Verdrängung der Wahrheit des Todes seinen Unterhalt.

Die Bildung als solche ist eine Form der Verdrängung der Wahrheit des Gegensatzes des Bewußtseins, und zwar *die* Form der Verdrängung, in der die Verdrängung selbst in unbestimmter Weise bewußt ist. Wie soll nun aber im Gegensatz zu dieser steckengebliebenen Entfremdung „allein" die *Sprache* die wahre Form der Entfremdung sein können?

Die Sprache ist der Ort, in dem die Entfremdung *geschieht*. In der Bildung als einer Verdiesseitigung der Wissenschaft *erhält* sich die Individualität. Sie macht den Vorbehalt des Eigennutzes gegenüber der Wahrheit. Die Entäußerung *soll* hier nicht bis zum Tode gehen, denn sie resultiert aus der Abwendung vom Begriff einer nicht erlebbaren Wahrheit. Erlebbarkeit war ihr wirkliches Motiv. Die absolute Wahrheit muß aber zugleich absolut, d. h. ohne Vorbehalt für das Bewußtsein *und* für es erlebbar sein. Um die Einheit dieser beiden Momente ist es um der Wahrheit willen zu tun. Diese Einheit geschieht nach Hegel „allein in der *Sprache*". In der Bildung geschah sie nur verzerrt. – Der entscheidende Satz lautet: „*Ich*, das sich ausspricht, ist *vernommen*; . . . Daß es *vernommen* wird, darin ist sein *Dasein* selbst unmittelbar *verhallt*" (362f.). Im Sprechen stellt „Ich" sich auf eine bestimmte Weise dar. „Reines" „Ich" ist nur die leere Subjektstelle zu den Prädikaten, in denen es sich je für sich und andere als dieses oder jenes auslegt. Es bringt seine Meinung in eine allgemeine, aber besondere sprachliche Form, d. h. es entfremdet sich darin von seiner Meinung. Das „Sprechen" hat die „göttliche Natur . . ., die Meinung unmittelbar zu verkehren, zu etwas anderem zu machen und sie so gar nicht *zum Worte kommen* zu lassen" (88f.). Im Sprechen macht das Ich sich allgemein. Aber diese Allgemeinheit ist nun, im Unterschied zur Bildung, gerade nicht eine Allgemeinheit, an der es selbst mit Gewißheit partizipiert. „Daß es vernommen wird, darin ist sein Dasein selbst unmittelbar *verhallt*". Es bleibt nicht selbst dabei, wenn es vernommen wird, denn die anderen, die es vernehmen, verstehen es in *ihrem* Sinne. Sie verstehen sein Sprechen von ihren individuellen Voraussetzungen her, in der Bedeutung, in denen die Worte *ihnen* etwas bedeuten. Insofern sie *ihnen* etwas bedeuten, erkennen sie den Sprechenden an, und nicht, weil sie ihnen, wie der gesellschaftliche Reichtum eines produktiven Wissensgutes, „im allgemeinen" *dasselbe* bedeuteten. Das Individuum wird also hier anerkannt, insofern es sich ohne Vorbehalt entäußert und sich ganz dem Verstehen durch *andere*, d. h. durch andere Individualität überläßt, ohne daß ein allgemeiner Reichtum an gängigen Bedeutungen, eine objektive „copia verborum" dabei die Bewahrung der von ihm intendierten Bedeutung sicherstellte[9].

Es ist demnach entscheidend, die „Kraft des Sprechens" von einer Vorstellung der Sprache als Bildungsschatz oder Gemeinbesitz zu unterscheiden. Den Bildungsaspekt hat die Sprache natürlich auch. Ein Individuum bildet sich, indem es sich eine Sprache aneignet. Aber es muß als philosophische Einsicht festgehalten werden, daß dieser objektive Sprach- und Bedeutungsbegriff sich als Schein konstituiert. Auch das gebildete Sprechen, das scheinbar einen objektiven Sprachschatz reproduziert, wird in Wahrheit von der „Kraft des Sprechens" getragen. Sie ist der wahre Grund der Scheinstabilisierung des Gegensatzes des Bewußtseins. Die Worte werden so gebraucht, daß der Schein besteht, sie bedeuteten „im allgemeinen" dasselbe, eben das, was „man", d. h. die die Bildung Reproduzierenden, darunter verstehe. Es entsteht die Imagination eines solchen „man" als einer intersubjektiven Verbindlichkeit, der gegenüber das einzelne Bewußtsein sich scheinbar zu einem bloß daran Partizipierenden herabsetzt. Diese „Kraft des Sprechens" war auch in der Auseinanderlegung des Absoluten in die Momente der Staatsmacht und des Reichtums am Werk. Sie macht es wirklich, daß das Bewußtsein jeweils Formen der Stabilisierung seines Gegensatzes *findet*, in denen es leben kann. Sie legt das Absolute in solche Formen des Geistes auseinander, als Selbstauslegung des Absoluten zur Gewährung von Lebensformen für bewußte

[9] Hegel spricht hier nicht von der Sprache als „objektivem Geist", sondern, auch wenn das Substantiv „Sprache" benutzt wird, vom „Sprechen" als dem sich Einlassen des Individuums auf das Vernommenwerden durch andere in *deren* Verständnis, über die Gewißheit verbürgenden Bahnen eines verdinglichten „intersubjektiven" „Kommunikationsmediums" hinaus. Von „der" Sprache ist hier die Rede, insofern sie in der Vorstellung eines solchen Mediums gerade nicht aufgeht. Von daher enthält der „Begriff" bei Hegel *als Begriff* das Moment der „Anstrengung" gegen die „Gewohnheit, an Vorstellungen fortzulaufen" (Phänomenologie des Geistes, S. 48). Er ist individueller Begriff, der erst in der Vermittlung zu *anderer* Individualität hin als wahrer Begriff begriffen ist.

Lebewesen. „Wahrheit" ist je die Anwesenheit des absoluten Geistes in solch einer Form der Auslegung.

Die Bildung ist nicht irgendeine dieser Formen, sondern die letzte, nicht mehr naive Form der Stabilisierung des Gegensatzes des Bewußtseins zum Selbstbewußtsein. Sie weiß in der Stabilität des Selbstbewußtseins, die sie vermittelt, zugleich um deren Scheincharakter. Die Bildung ist somit, wie sie historisch auch aufgefunden werden mag, jeweils die Späterscheinung einer Kultur. Auf ihrer sich selbst unsicher gewordenen Grundlage, bei „einbrechender Dämmerung", die anzeigt, daß „eine Gestalt des Lebens alt geworden" ist, kann dann die Philosophie ansetzen, um die Wahrheit solcher Gestalten zu begreifen und „die Zeit in Gedanken" zu fassen[10]. Erst dann lebt das Bewußtsein nicht mehr nur *in einer* dieser gebildeten Gestalten, in denen sich das Absolute auseinanderlegt, sondern begreift die Kraft und Logik dieser Auseinanderlegungen selbst. Es bildet sich durch die Bildung hindurch „selbst zur Wissenschaft" als der *Logik* der Wissenschaften im Sinne von positivierten, temporären Formen des Wissens zum Zweck der methodischen Orientierung des endlichen Verstandes. Gerade in ihrer Äußerlichkeit zur Wahrheit ist die Bildung zugleich deren notwendige Vorform.

Sprechend *reproduziert* das Bewußtsein nicht nur Bedeutung, sondern *erzeugt* Bedeutung für andere, wie sie diesen *anderen* etwas bedeutet. Es bleibt bei dieser anderen Realisierung der Bedeutung seiner Sprache nicht, wie der Bildungsaspekt der Sprache es vortäuscht, selbst dabei. Es hält sich nicht selbst als Bewußtsein durch, wenn es sich *allgemein* macht. Da es keine Gewißheit haben kann, in welcher Bedeutung sich sein eigener Ausdruck im Vernehmen durch andere realisiert, gibt es sich in dieser Zuwendung zu anderen restlos hin. Es ist hier ja nicht mehr möglich, ein wie auch immer ontologisch gefaßtes objektives „Selbes" zu denken, auf das sich die Realisierungen von Bedeutung bei ihm wie bei anderen gleichermaßen bezögen. „Bedeutung" ist in diesem Sprachbegriff also nicht ein Teil eines objektiv bestehenden Reichtums einer Sprachgemeinschaft, wie er etwa in einem „Thesaurus" oder Lexikon aufgezeichnet sein könnte. „Bedeutung" ist jeweils absolut individuelles Moment, in das sich das Absolute auseinanderlegt. Sie ist Moment eines lebensorientierenden Bedeutungswissens, wie es der Bildung beispielhaft im Mythos geläufig ist. Nur ist es der Bildung insofern geläufig, als es ihr selbst nichts bedeutet, d. h. als Paradigma abgestorbenen Wissens. Sie begreift die bestimmten Formen des Geistes als tot; aber indem sie es mit dem Geist unter dem Aspekt seiner Vergänglichkeit, als Reliquie zu tun hat, ist sie zugleich darüber hinaus, sich nur an bestehende Momente oder „Überbauaspekte" des

[10] Hegel, Grundlinien der Philosophie des Rechts, Vorrede.

Geistes zu halten. Sie vollzieht selbst die „Kraft des Sprechens“ und zieht sie ins Bewußtsein hinein als ihre eigene Kraft, indem sie selbst aus einem Geist des „Zusprechens“, Interpretierens und Auslegens lebt, der ihre Gegenstände „begeistet“. Dieses Auslegen ist „wissenschaftlich“ nicht mehr zu legitimieren, wenn darunter der Ausweis einer objektiven Orientierung verstanden ist. Unter welchen beschränkten Bedingungen aber „Wissenschaft“ überhaupt so verstanden werden kann, wenn kritische Maßstäbe angelegt werden, hatte schon Kant dargelegt. Und dabei waren seine Bemühungen im Grunde schon Rekonstruktionsversuche, Wahrheit überhaupt als „im Objekt“ begründet und „Bedeutung“ als Beziehung auf ein Objekt zu denken.

Dritter Teil

Der hermeneutisch-geisteswissenschaftliche und der philosophische Wahrheitsbegriff

1. *Vorbemerkung*

Die Interpretation maßgeblicher Texte von Descartes, Leibniz, Kant und Hegel hat das Ergebnis des ersten Teils bestätigt: Die neuere Philosophie stellt im Laufe ihrer Entwicklung immer stärker heraus, daß „Bedeutung" nicht ohne weiteres als Beziehung auf ein Objekt zu denken ist, sondern als dasjenige, *als was* das endliche, aus einem besonderen Gesichtspunkt heraus verstehende Subjekt „etwas" *auslegt* oder wie es sich „etwas" *auseinanderlegt*. „Bedeutung" ist von der Endlichkeit des Subjekts, die sich letztlich als dessen selbst nicht auseinanderzulegende Individualität ergibt, nicht zu trennen. Ein nicht endliches, von anderer Subjektivität nicht individuell verschiedenes Subjekt hätte gar keine „Bedeutungen" (und somit auch keine Sprache).

Sätze, verstanden als Verknüpfung von „Bedeutungen", sind insofern wesentlich solche Auslegungen. Die Frage nach ihrer „Übereinstimmung" mit dem „Objekt" (res) verweist auf einen diese „Übereinstimmung" garantierenden gütigen Gott, und das heißt nach dem Voranstehenden, paradoxerweise auf ein Wesen, demgegenüber die Frage nach „Bedeutung" überhaupt keinen Sinn ergibt, weil es nicht als endlich gedacht ist. Das Problem der „Übereinstimmung" soll dadurch gelöst werden, daß auf die Vorstellung eines unendlichen Subjekts verwiesen wird, für das sich dieses Problem unmöglich stellt, so daß gerade dieser Topos im Grunde nichts weiter besagt, als daß das endliche Subjekt „Bedeutungen" von sich aus realisiere, bzw. daß „Bedeutung" dasjenige sei, als „was" es *sich* „etwas" auslege, und „etwas" ist hierbei nur das Satzsubjekt, das es, als immanenten (grammatischen) Bestandteil dieser Auslegung, seiner Auslegung voraussetzt. „Etwas" oder „res" ist in dieser Reflexion als das unbestimmte Korrelat zum Satzsubjekt gedacht, an das sich die (prädikativen) Auslegungen eines wesentlich endlichen Seienden heften. Sie werden damit in der Bedeutung verstanden, einige von den Prädikaten zu sein, die diesem „etwas" in der Sicht eines unendlichen Seienden *alle* zukämen, *wenn solch ein unendliches Seiendes überhaupt auslegen würde*. Mit anderen Worten: es ist reflektiert, daß Prädikate ihrem (sie vom Satzsubjekt unterscheidenden) Begriff nach nicht *alle* Prädikate sind, die „etwas“ von diesem „etwas“ her zukommen, und daß es also auch keinen apriorischen Begriff davon geben kann, daß es dann wenigstens „einige *von* allen“, also „objektiv gültige“ Prädikate seien. Es ist reflektiert, daß alle Prädikationen Auslegungen endlicher Subjekte und damit „imaginär“ sind und bleiben, auch wenn sich das „Werben“ um die Zustimmung anderer temporär erfüllen sollte. Diese Reflexion geht über die intendierte Objektivität des Urteils hinaus. Sie reflektiert dessen Stärke als Urteils-*kraft*[1] des einzelnen, *historischen Subjekts*, und damit hebt sich auch die Kunst als ausgezeichneter Bereich auf, nach dessen besonderen Regeln das Absolute in eine finite Form oder Gestalt zu bringen und dadurch in einem „Gemeinsinn“ zu vergegenwärtigen wäre. Sowohl die systematische (Teil 1) wie die historische Reflexion (Teil 2) hatten dieses Resultat.

Wenn für alle Prädikationen gilt, daß sie als subjektive Auslegungen reflektiert sind, gilt es auch für die „Wissenschaft“. Der „deutliche“ Begriff der Wissenschaft als von der *Kunst* der Imagination deutlich verschiedener, „objektiver“ Erkenntnis hebt sich auf, indem reflektiert ist, daß die Frage nach der Wahrheit, verstanden als objektive Gültigkeit und damit als feststellbarer Gegensatz zum Irrtum, nur innerhalb solcher Auslegungsrahmen einen Sinn ergibt. Innerhalb dieser bestimmten, selbst aber historischen Auslegungsrahmen lassen sich institutionalisierte, anerkannte *Verfahren* zur Unterscheidung zwischen Wahrheit und Irrtum angeben, d. h. hier gewinnt der als Gegensatz zu „Irrtum“ ausgelegte Begriff „Wahrheit“ seinen Sinn[2]. Es ist aber zugleich reflektiert, daß die

[1] Vgl. Kants Definition der Urteilskraft als Vermögen, die Einbildungskraft „dem Verstande anzupassen“, Kritik der Urteilskraft, § 50.

[2] Es soll also keineswegs gesagt werden, daß es unmöglich sei, zwischen „Wahrheit“ und „Irrtum“ zu *unterscheiden*. Die entgegengesetzten, gegeneinander *negativen* (vgl. die Ausführungen über „Wortbedeutung“, o. S. 37ff.) *Bedeutungen* dieser Wörter können natürlich nicht in Frage gestellt werden. Hier geht es nur um die Frage nach einem Kriterium für einen intersubjektiv übereinstimmenden *Gebrauch*, in dem etwas *als* Wahrheit bzw. *als* Irrtum bezeichnet wird, und solch ein Kriterium ist nicht als *absolutes*, von bestimmten, eingespielten *Verfahren* der Entscheidung hierüber abgelöstes, begründbar. – Vgl. hierzu den Wissenschaftsbegriff und das Verhältnis zwischen „Staatsbürger“ und „Wissenschaftler“ bei P. Feyerabend, Against Method, London 1974, zusammengefaßt in: W. Zimmerli (ed.), Wissenschaftskrise und Wissenschaftskritik, Basel 1974, S. 116f.: „Ein reifer Staatsbürger . . . ist ein Mensch, der seine Umgebung relativ gut kennt, der weiß, was um ihn herum vorgeht, . . . der seine Individualität entwickelt hat und der also fähig ist, *bewußt* das ihm am meisten zusagende Gewerbe, die ihm am meisten zusagende Ideologie zu wählen. . . . In den Schulen lernt er die Wissenschaft als ein *historisches Phänomen* kennen, *nicht* als die einzig richtige Methode der Bewältigung der Umwelt . . . . Erst *nachher* wählt er seine Spezialideologie, die unter Umständen die

Verabsolutierung dieses Wahrheitsbegriffs den Boden des Sinnvollen verläßt. Denn nennt man solch ein Verfahren „Experiment" im weitesten Sinne, so bedeutete die Verabsolutierung das Postulat eines göttlichen Experimentators, der die Wahrheit experimentell herausfinden solle. Das ist natürlich in sich widersprüchlich.

Indem die Philosophie an dieser Einsicht festhält, fragt sie, wenn sie die philosophische Wahrheitsfrage stellt, wesentlich nicht mehr nach „objektiver Wahrheit" als Gegensatz zum feststellbaren „subjektiven Irrtum", schon gar nicht nach der „Wahrheit" solcher Auslegungsrahmen selbst, verstanden als feststellbarer Gegensatz zu „Irrtum", sondern nach der Notwendigkeit solchen Auslegens unter historischen Bedingungen. Sie fragt nach der Wahrheit des Auslegens nicht, indem sie es von einem irrtümlichen Auslegen zu unterscheiden sucht, sondern indem sie es in seiner Wahrheit als Weltzugang endlicher Wesen begreift. Die Beurteilung eines Auslegens als irrtümliches Auslegen bedürfte nach der Einsicht der Philosophie wiederum eines Auslegungsrahmens, innerhalb dessen Verfahren zur abschließenden Entscheidung dieser Frage unter endlichen Bedingungen institutionalisiert bzw. anerkannt wären. Das Beurteilen eines Auslegens (als „falsches" oder „richtiges" Auslegen) überläßt die Philosophie deshalb den dafür *historisch* institutionalisierten Wissenschaften, indem sie den „hermeneutischen Zirkel", in dem sich diese Wissenschaften bewegen, als notwendig begreift. Diese Wissenschaften heißen „Geisteswissenschaften", nicht, weil sie unter philosophischem Aspekt andere „Gegenstände" hätten als die Naturwissenschaften, sondern weil sie sich ihrem Begriff nach dem Anerkanntsein ihrer Verfahren aus der Einsicht in die Notwendigkeit solchen bedingten Verfahrens und in die eigene Geschichtlichkeit verdanken. Sie stehen damit mit ihrem Verfahren dem philosophisch reflektierten Begriff der Unterscheidbarkeit von „Wahrheit" und „Irrtum" unmittelbar als „Gegenstand" gegenüber. Ihr Verfahren ist das den *Menschen* als endlichen Wesen entsprechende, in diesem Sinn wahre Verfahren[3]. Die Vorstellung „objektiver", von einem historischen Rahmen der Objektivierung abgelöster Verfahren zu „abso-

Wissenschaft sein kann." – Eine rein „methodologisch" ausgerichtete „Wissenschaftstheorie" provoziert in ihrer Unkenntnis gegenüber Einsichten der Philosophiegeschichte solche einseitigen Entgegnungen.

[3] Insofern ist „das hermeneutische Phänomen . . . ursprünglich überhaupt kein Methodenproblem" im Sinne einer Spezialmethode (H. G. Gadamer, Wahrheit und Methode, Tübingen 1965, S. XXV). Die „Geisteswissenschaften" sind als Wissenschaften dennoch dadurch konstituiert, daß in ihnen bestimmte *Verfahren* (Methoden) faktisch (historisch) gelten, nach denen in einer *als* abschließend ansehbaren Weise über die Richtigkeit von Aussagen entschieden werden kann, wenn auch diese Verfahren selbst Gegenstand der Diskussion werden können. Wären überhaupt nicht solche Verfahren anerkannt, so wäre in diesen Wissenschaften überhaupt keine Auslegung mit dem Anspruch der

luter" Wahrheit ist philosophisch als Irrtum begriffen. Sie gehört einem *philosophisch* überwundenen Reflexionsstand an, weil sie in der Entwicklung der Philosophie als widersprüchliche Konstruktion erkannt worden ist. Sie versucht die Wahrheit für endliche Wesen als defizienten Modus einer diesen endlichen Wesen unmöglichen „absoluten Sicht" der Dinge zu begreifen, die doch schon rein semantisch überhaupt keine „Sicht" mehr wäre und deshalb mit dem *Ansprechen von „etwas" in einer Bedeutung*, wie endliche Wesen es vornehmen und nach dessen Wahrheit sie dann fragen, nichts mehr zu tun haben kann.

Es soll auch noch vermerkt werden, daß die Philosophie sich keineswegs einer „Kohärenztheorie" der Wahrheit verschrieben hat, wenn sie dieses Ideal als unhaltbar bestimmt. Der konstatierte Widerspruch des Ideals einer objektiven *und* absoluten Wahrheit spricht nur negativ gegen solch ein Ideal. Seine positive Feststellung verdankt sich aber dem philosophischen Fragen, aus dem heraus es auch schon zu der Formulierung dieses Ideals gekommen war, und in der sich das Fragen von vornherein als zu überwindender „Gegensatz des Bewußtseins", in seinem Gegensatz zu einem archetypischen Intellekt, verstanden hatte. Das fragliche Wahrheitsideal wird in der Entwicklung der Philosophie als eine Stufe der imaginären Überwindung dieses Gegensatzes begriffen, als ein Topos, in dem das Bewußtsein sich auf dem Wege der Vorstellung eines es nicht täuschen wollenden archetypischen Intellekts zu stabilisieren versucht. Der erreichte Reflexionsstandpunkt ist nicht eine andere, nun den *aufgedeckten* Widerspruch dieses Ideals vermeidende und insofern bessere Gestalt der Stabilisierung, sondern die Einsicht in das Imaginäre und Temporäre einer jeden solchen Stabilisierung überhaupt. Daß in einer bestimmten ein Widerspruch entdeckt wird, bedeutet ja schon, daß sie nicht mehr besteht und daß sie nicht mehr so *interpretiert* wird, *daß* der Widerspruch dadurch verschwindet. Die an einer Gestalt der Stabilisierung des Gegensatzes des Bewußtseins jeweils Partizipierenden drücken ihr Partizipieren dadurch aus, daß sie die Widersprüche, die *andere* sehen, in scharfsinnigen Immunisierungsstrategien gegen die Anerkennung *anderer* Gestalten des Sich-Wissens oder der eigenen Endlichkeit „fortinterpretieren" und umgekehrt gerade nur in den Alternativen zum eigenen Weltbild Widersprüche festhalten. Die Frage nach dem Gegensatz zwischen „Wahrheit" und „Irrtum" schlägt in der philosophischen Dimension der Wahrheitsfrage um in die Frage nach einer „Wahrhaftigkeit" in diesem „außermoralischen" Sinn.

Wissenschaftlichkeit möglich, und es hätte keinen *Sinn*, über die Richtigkeit einer Auslegung, z. B. eines Textes, zu streiten. Das Auslegen in einem universalen Sinn ist also von den speziellen Verfahren der Geisteswissenschaften *auch zu unterscheiden*.

2. *Zum Wahrheitsbegriff der Geisteswissenschaft. Die Angst*

Vom Ansatz des frühen Descartes her erscheint die methodische Operation im Imaginären als das mögliche Feld endlichen Geistes. Nur im Rahmen dieses methodischen Operierens innerhalb imaginärer „Modelle", über die allein konsequenterweise auch ein Wissen von den Fähigkeiten des Menschen möglich ist, kann sich ein Begriff von der Möglichkeit objektiven Wissens konstruieren lassen. Diese Konstruktion vollzieht Descartes in den „Meditationes", aber auch hier folgt er in der *Methode* den „Regulae". Die Konstruktion kommt zu dem Ergebnis, daß eben im Vollzug der Methode, also in der methodischen Operation im Imaginären, das Absolute oder Gott bei uns sei. Intendiert ist mit der Imagination natürlich *die Natur*. Es ist ausschlaggebend für das Selbstverständnis der frühen neuzeitlichen Naturwissenschaft, daß *die Natur als die Wahrheit* gemeint ist, und zwar in einem transzendenten Sinn. Die Imagination oder modellhafte Vorstellung ist hierbei als etwas zu Überwindendes betrachtet, als bloßes Hilfsmittel des endlichen Verstandes. Aber der Verstand *bleibt* wesentlich endlich. In der Reflexion darauf, daß er „in the long run" tot sein wird[1],

[1] Vgl. W. Hogrebe, Kant und das Problem einer transzendentalen Semantik, Freiburg 1974, S. 164. – Die Vorstellung, „in the long run" in der Erkenntnis oder in der Praxis zu einem „wahren" Ziel zu gelangen, wie sie bei Peirce, im Anschluß daran bei K. O. Apel und in praktischer Hinsicht vor allem in dem Begriff einer „kontrafaktisch" vorauszusetzenden „idealen" Kommunikationsgemeinschaft bei J. Habermas zum Ausdruck kommt, beruht auf der Substitution eines endlichen und *deshalb* wesentlich *nicht abschließbaren* Prozesses gegenüber einem für das endliche Subjekt „übergroßen", aber deshalb nicht notwendig selbst als „unendlich" zu bestimmenden Ziel durch die Vorstellung eines Fortschreitens „*ins Unendliche*". Die Verdinglichung des Charakters eines operativen Prozesses zu einem „unendlichen" Ziel steht im Gegensatz zu dem Wahrheitsbegriff der neueren Philosophie, wie er hier im Ausgang von Descartes zu entwickeln versucht wurde. Dieser Wahrheitsbegriff zeigt sich besonders ausgeprägt in Hegels Kritik des Kantischen Begriffes einer „regulativen" Idee, unter dem die Wahrheit „nur als ein *Ziel* zu betrachten" sei und „selbst immer eine Art von *Jenseits* bleibe" (Logik, II, 409). Der Hegelsche Begriff des Fortschritts versteht sich, im Gegensatz zu solch einer Vorstellung der Annäherung an ein Unendliches und wesentlich Jenseitiges, als Fortschritt im *Bewußtsein* der Freiheit, also als dem Menschen als Bewußtsein *wirklich möglicher* Fortschritt auf ein „Sein" hin, das, als das einzig wahre Sein, auch das des endlichen Bewußtseins selbst, schon *da ist*, und das es mithin bestimmen kann. Es ist gerade in der *Kritik* der Vorstellung einer transzendenten und als solche wesentlich unerlebbaren Wahrheit zu begreifen und in diesem *negativen Begriff* zu „erreichen". Wenn auch ohne direkte Anknüpfung an die Tradition setzt sich auch Wittgenstein gegen die Vorstellung einer unendlichen Annäherung an ein wahres Ziel ab. Er bemerkt, ebenfalls ganz im Sinne dieses „menschlichen" Wahrheitsbegriffs, daß es „keinen Weg zur Unendlichkeit, *auch nicht den endlosen*" gibt (Philosophische Bemerkungen 123, Schriften, Bd. II, S. 146). Von der Kritik einer mathematischen Voraussetzung „des Unendlichen", dem man sich „nähere", ausgehend, legt er diese Einsicht seinem Philosophieren überhaupt zugrunde und spricht, dem Wortlaut nach eine Stelle Freges aus

wendet er sich dem Leben als seinem bestimmten Allgemeinen zu. Das Subjekt transzendiert sich ins Diesseits und versteht sich als entsagungsvoller Dienst an diesem erlebbaren Leben. Die Wissenschaft ist dann nicht mehr in vollem Ernst und letzter Motivation Erforschung einer transzendenten Wahrheit, sondern, über Medizin und Technik, Reproduktionsmittel des Lebens, und der Wissenschaftler macht sich in diesem Bewußtsein, indem er sich „bildet", selbst zu einem solchen Mittel, nur eben nicht ohne Eigensinn. In jener Verdiesseitigung ist die Wissenschaft im Grunde schon als durch keine Naturwährung abgedeckter geistiger Reichtum aller verstanden, der erhalten und vermehrt wird, indem sich der einzelne in ihr bildet. Eher in dieser Bildung als in ihren Objekten wird ihre Substanz gesehen. Damit ist, unabhängig von „Objektbereichen", eigentlich der Begriff einer Natur-Wissenschaft schon in den einer Geist-Wissenschaft umgeschlagen. Gerade die Reflexion der Einteilung der Wissenschaft in spezielle Bereiche führte ja auf diesen Punkt. Beide Begriffe unterscheiden sich im Grunde nicht nach dem Stoff, den diese Wissenschaften behandeln, auch nicht nach der Methode, mit der sie ihn behandeln, sondern danach, ob Wissenschaft so verstanden wird, daß sie die Natur erforschen soll, wie sie an sich ist, oder ob sie demgegenüber als Wissensform verstanden wird, in der und für die der Mensch sich, zum allgemeinen Besten, bildet. Schon bei Descartes kommt das letztere Verständnis zum Vorschein. Er entschließt sich zur Publikation seiner Überlegungen nicht, weil er glaubt, darin „Naturerkenntnis" mitteilen zu können, sondern weil er seinen Bildungsweg mitteilen möchte, um „das Wohl der anderen zu fördern"[2]. Die Geisteswissenschaft ist die Wissenschaft von den Wissens*formen*, vom Moment des „Fürsichseins" im Gegensatz des Bewußtseins, die Naturwissenschaft ist die Wissenschaft vom „Ansichsein" in diesem Gegensatz. Die Geisteswissenschaften befassen sich mit den historischen Formen, insbesondere in Religion, Kunst und Wissenschaft, in denen sich das Absolute je auf besondere Weise so auslegt, daß Selbstbewußtsein bewußter Wesen in ihnen möglich ist. Die Naturwissenschaften befassen sich mit einer Natur in der Vorstellung, wie sie auch dann wäre, wenn kein Bewußtsein von ihr existierte. Die besonderen geistigen Lebensformen der Menschheit sind für sie im Grunde gleichgültige Durchgangsstadien des Wissens gegenüber dem wissenschaftlichen Forstchritt. Für die Geisteswissenschaften sind dagegen all diese

den „Grundgesetzen der Arithmetik" (Darmstadt 1962, II, S. 69) aufgreifend, von einer Wissenschaft „für uns Menschen". Auch schon im „Tractatus" heißt es entsprechend: „Die Anschauung der Welt sub specie aeterni ist ihre Anschauung als – begrenztes – Ganzes" (6.45).

2 Descartes, Discours de la méthode, VI, 4.

Formen, wie Mythen, Religionen, Wissenschaften und überhaupt die Geschichte, *gleich* „unmittelbar zu Gott".

Insofern kann es die Geisteswissenschaft eigentlich auch nicht stören, daß ihre Methode „Auslegung" ist, in der sie sich selbst zugleich mit ihrem Gegenstand beständig neu reproduziert. Sie kennt nur, insofern sie sich am Ideal der Naturwissenschaften orientiert, d. h. ihr eigenes Wesen vergißt, das Ideal eines ansichseienden Gegenstandes. Die Wahrheit ist für sie nicht der transzendente, objektive Gegenstand, sondern die Bildung der Persönlichkeit zum Reproduzenten ihres Reichtums. Sie ist nicht transzendierend-objektivistisch, sondern *verdiesseitigend humanistisch* orientiert. Im Grunde ihres Wesens ist sie *pädagogisch*. Sie lebt von den sie tragenden, gebildeten Persönlichkeiten, und sie ist Bildung von Persönlichkeit. Der ihr wesentliche Wahrheitsbegriff ist der eigentlich neuzeitliche Wahrheitsbegriff. Über ihn führt der Weg zu einer gegenwärtigen Philosophie. Denn der geisteswissenschaftliche Wahrheitsbegriff ist nicht ein abstrakt anderer gegenüber dem der Naturwissenschaft, sondern dessen Reflexion und Kritik. Sie verdiesseitigt in dieser Reflexion das wissenschaftliche *Ideal*. In diesem Sinne ist auch das Selbstbewußtsein der meisten modernen Naturwissenschaftler geisteswissenschaftlich orientiert. Es ist die Orientierung der „Moderne" schlechthin, in der das Wissen auf sich als bestimmte Form seiner *historischen Erscheinung* reflektiert. Das „Verstehen" dieser historischen Erscheinungsformen kann dann auch sich selbst nicht mehr als ein Erkennen dieser Formen in ihrem Ansichsein verstehen. In seinem Gegenstand ist konstitutiv schon reflektiert, daß Wissen sich wesentlich innerhalb solcher Formen vollzieht und daß Mythen, Religionen (nicht als absolute Religion, sondern in ihrer Bestimmtheit gegeneinander betrachtet) und Wissenschaften, also auch die Geisteswissenschaften, solche historischen Formen sind, in denen sich je der Gegensatz des Bewußtseins stabilisiert. Es ist reflektiert, daß Wissenschaft wesentlich Auslegung ist. Der Einwand, daß hier ein „hermeneutischer Zirkel" vorläge, ist selbst eine solche Auslegung, die darin eine Befangenheit sieht und das Auslegen als pejorativ gegenüber dem Ideal einer objektiven Erkenntnis ansichseiender Sachverhalte versteht.

Heidegger hat, im Anschluß an das Vordringen eines geisteswissenschaftlichen Wissens- und Wahrheitsbegriffs im neunzehnten Jahrhundert und dessen philosophische Reflexion, darauf hingewiesen, daß das Auslegen nicht eine Spezialmethode der Geisteswissenschaften ist. Auslegung ist kein subjektiver Zugriff. Ihr Begriff entspringt vielmehr der Reflexion bzw. der Verdiesseitigung des Wahrheitsbegriffs gegenüber dem Begriff der Wahrheit, demgemäß es um eine objektiv-transzendente, also letztlich unerlebbare Wahrheit zu tun sein soll. In der Auslegung hat das „Dasein", wie Heidegger das endliche Subjekt nennt – und „Dasein" ist schon bei

Hegel das Wort für endliches, bestimmtes Sein[3] – es mit der Wahrheit zu tun. Es *ist* Auslegung und nicht ein Subjekt, das unter anderen Erkenntnisformen auch „auslegt". Es existiert als Auslegung, durch die sich ihm der Gegensatz des Bewußtseins je stabilisiert, z. B. in der Auseinanderlegung des Absoluten in die Momente der Staatsmacht und des Reichtums, der Aufopferung und der Sorge für sich selbst, so daß keines der Momente absolute Macht über es gewinnt und es als Selbst bestehen kann. Doch wenn „Dasein" schlechterdings in seiner Weltbegegnung auslegend sein soll wie bei Heidegger, kann die historische Veränderung des „Sinnes", aus dem heraus das „in der Auslegung Gegliederte" als die „jeweilige Möglichkeit", in der Dasein existieren kann, vorgezeichnet ist[4], doch nur als Geschehen ausgelegt werden. Es muß bei der bloßen Feststellung bleiben, daß das „Dasein" je geschichtlich existiert, in „jeweiligen faktischen Möglichkeiten" seiner selbst, in die es schlechterdings jeweils „geworfen" ist und in denen es als Miteinandersein mit anderen in einem gemeinsamen „Geschick" existiert (383f.). Damit hängt auch zusammen, daß Rede und Sprache aus der „befindlichen Verständlichkeit des In-der-Welt-seins" erwachsen sollen, aus der heraus für das „Dasein" ein „Bedeutungsganzes" bestehen soll, und daß „den Bedeutungen" eines solchen Ganzen „Worte" zuwachsen sollen, nicht aber den „Wörterdingen" „Bedeutungen" (161). Die Aussage soll ein „abkünftiger Modus der Auslegung" aus einem solchen jeweiligen Bedeutungsganzen heraus sein, in dem „Dasein" sich jeweils *befindet* (vgl. 153). Ein solches Geschehen erscheint, samt der in ihm vorgegebenen Bedeutungen, hier doch wieder, wenn es auch nicht so genannt wird, wie eine objektive, umgreifende Macht. Hegel würde sie noch nicht „begeistet" nennen[5].

Bei Hegel verhält es sich fast umgekehrt. Das Verstehen ist hier, wie auch bei Humboldt, wesentlich nicht vorgegeben. Es ist individuell, so daß gewissermaßen wohl Wörter (wenn auch nicht „Wörterdinge"), die einer in *seiner* Bedeutungsintention ausspricht, *von anderen anders,* also in anderer Bedeutung, verstanden werden können. Sie nehmen ihre Bedeutung nicht mit hinüber, sondern lassen das Verstehen frei. Indem Heidegger von einem gemeinsamen „Geschick" spricht, in dem die Subjekte sich miteinander befänden, wird „Bedeutung" gerade als das Primäre und Allgemeine vor jedem Verstehen aufgefaßt. Sein Denken gehört, von Hegel her gesehen, also noch der Bildung an, wenn die Vorstellung eines

[3] Hegel, Wissenschaft der Logik, I, 95.

[4] Heidegger, Sein und Zeit, S. 153. – Zum Wahrheitsbegriff Heideggers vgl. E. Tugendhat, Der Wahrheitsbegriff bei Husserl und Heidegger, Berlin 1970.

[5] Vgl. Hegel, Phänomenologie des Geistes, S. 360, bzw. 364. – Hier ist von der „Staatsmacht" als dem Allgemeinen die Rede. Die Sprache hat „noch nicht zwei als *Selbst* vorhandene Selbst" „zu ihren Seiten".

gemeinschaftlichen Volksschicksals auch dunklere Töne gegenüber der Vorstellung hineinmischt, die gewöhnlich mit dem Bildungsbegriff des neunzehnten Jahrhunderts verbunden wird. Das Moment der *Sorge* für sich selbst als das Gegenmoment zur gelasseneren Entsagungsseite der Bildung tritt hier hervor. Das „Dasein" Heideggers ist dominant an das „besorgte Zuhandene" „verfallen"[6]. „Das verfallend gestimmte Verstehen artikuliert sich bezüglich seiner Verständlichkeit in der Rede" (335). Indem nach Hegel aber umgekehrt die „Kraft des Sprechens" die Bedeutungen *bewegt,* kann Wahrheit als Anwesenheit des Absoluten nicht nur „hinter" dem endlichen Subjekt, als Grund seines „Geschicks", sondern als dessen eigene konkrete Freiheit verstanden werden. Es kann sich in seiner Tätigkeit und Existenz, wenngleich sie „Dasein", d. h. „bestimmtes Sein" und endlich ist, in Identität mit dem Absoluten wissen, so daß das Absolute für es nicht mehr den *Tod* des individuellen Bewußtseins bedeuten muß. Im Sprechen als einer „Aufopferung als im Tode" gewinnt es Anerkennung als *es selbst.* Die als von geltenden Bedeutungen her verstandene Rede, das „Man" usw., sind demgegenüber defiziente Modi. Sie gehören der allgemein geltenden Bildungswelt an, in der das „Ich" sich nur zum Schein dem allgemeinen Besten opfert, aber in Wahrheit sich eine reservatio mentis vorbehält und sich das Seine dabei denkt, so daß man sagen kann, daß sie für es doch nicht das absolute Wahre ist. Im Leben des Geistes über seine besonderen Gestalten hinweg, in der vollkommenen und rückhaltlosen „Entfremdung" des Sprechens zu anderen *als anderen* hin, ist das Absolute „bei ihm". Das Bewußtsein muß sich bis zu der Erfahrung dieses *Lebens* des Geistes von sich entfremdet oder gebildet und *so* den Gegensatz des Bewußtseins *absolut* überwunden haben, um in der *Logik* des absoluten Geistes als der Logik *aller* Gestalten des Lebens denken zu können[7]. Dann hat es sich zur „Wissenschaft" gebildet. Die größte Schwierigkeit auf diesem Wege bietet die Überwindung der Bildungsansicht von der Sprache, die sie von einem jeweiligen „Bedeutungsganzen" her ableitet, statt sie als Bewegung des Begriffs zu begreifen.

Um den für die Neuzeit bezeichnenden Wahrheitsbegriff gegen einen „naturwissenschaftlichen", an der Erkenntnis einer objektiven absoluten Wahrheit orientierten Wahrheitsbegriff abzugrenzen, war von einem Wahrheitsbegriff der Geisteswissenschaften die Rede. Damit war nicht die „analoge" Übertragung des naturwissenschaftlichen Wahrheitsbegriffs auf andere Wissensgebiete wie Philologie und Historie gemeint; solch eine Übertragung verkennt das Wesen der Geisteswissenschaft. Vielmehr ging es um die Bezeichnung einer für die Neuzeit charakteristischen Änderung

[6] Heidegger, Sein und Zeit, S. 328.

[7] Vgl. u. S. 290ff.

im Begriff der Wahrheit selbst. Der hier „naturwissenschaftlich" genannte Begriff der Wahrheit orientiert sich an der Erkenntnis der Natur, die als gleichgültig gegen die geschichtliche Existenz von Menschen „an sich" vorausgesetzt ist. Die Erkenntnis der Natur ist, wie es z. B. in der hierin noch vorneuzeitlichen Naturphilosophie Newtons verstanden wird, dann zugleich absolute Erkenntnis oder Erkenntnis des Absoluten. So gesehen ist sie eine unbedingte Aufgabe der Menschheit über die Individuen und Generationen hinweg. Erkenntnis der Wahrheit wird als möglich, wenn auch in ihrem endgültigen Resultat als für den einzelnen nicht erlebbar vorausgesetzt. – Schon früh in der Neuzeit, bei Descartes, meldet sich eine von dieser seit der Antike geläufigen Voraussetzung unterschiedene Orientierung zu Wort, die von der Endlichkeit des menschlichen Daseins und von der Begrenztheit menschlicher Möglichkeiten ausgeht. Sie ist genuin humanistisch orientiert und sucht die Wahrheit des erlebbaren Diesseits. Ausgesprochen oder unausgesprochen spielt das Todesbewußtsein in den Wahrheitsbegriff hinein. Der Tod ist zunächst *die* Wahrheit, an der sich das Wahrheitsstreben wie an einer Mauer reflektiert und damit ins Diesseits zurückorientiert. In der Philosophie Heideggers wird dies dann schließlich entschieden ausgesprochen. Im besorgten „Man" drückt sich der Bezug auf den eigenen Tod nach Heidegger in der Gestalt seiner Verdrängung aus, als besorgte Sicherstellung der Daseinsfristung, in der das „eigentliche Sein" verstellt ist. Demgegenüber spricht Heidegger von einer „Befindlichkeit . . ., welche die ständige und schlechthinnige, aus dem eigensten vereinzelten Sein des Daseins aufsteigende Bedrohung seiner selbst offen zu halten vermag"[8]. Er nennt diese „Befindlichkeit" „Angst". In ihr enthüllt sich „dem Dasein die Verlorenheit in das Man-selbst". Sie „bringt es vor die Möglichkeit", es „selbst zu sein, selbst aber in der leidenschaftlichen, von den Illusionen des Man gelösten, faktischen, ihrer selbst gewissen und sich ängstenden *Freiheit zum Tode*" (266). Vom Tode her ist das Leben, in dem sich das endliche Subjekt „besorgend" orientiert und stabilisiert, „Illusion". Es ist bezeichnend, wenn das erste Beispiel Descartes' für eine dem allgemeinen Wohl dienende Wissenschaft die Medizin ist. Sie *sorgt* sich um die „Gesundheit, die ohne Zweifel das erste Gut und die Grundlage aller anderen Güter dieses Lebens ist; denn sogar der Geist ist so sehr von der Leibesbeschaffenheit und der Einrichtung der Organe abhängig, daß ich, wäre es möglich ein Mittel zu finden, das die Menschen ganz allgemein weiser und geschickter machte, als sie bisher gewesen sind, glaube, daß man es in der Medizin suchen muß"[9]. Wissenschaft ist hier

[8] Heidegger, Sein und Zeit, S. 265 (Dort kursiv).
[9] Descartes, Discours de la méthode, VI, 2.

weniger direkt als absolute Erkenntnis verstanden, sondern aus der *Sorge* um die *menschlichen Voraussetzungen* geistiger Tätigkeit motiviert, die ihrerseits wieder in den Dienst der Sorge um die Reproduktion dieser Voraussetzungen gestellt wird. Mit „geisteswissenschaftlichem" Wahrheitsbegriff ist hier also nicht der eines anderen Bereichs als des Bereichs der Natur gemeint – die Natur ist ja selbst gemeint als der ganze Bereich des Seienden –, sondern die Reflexion auf die Wahrheit menschlicher Befindlichkeit, aus deren Bedingtheit heraus die Erkenntnis einer wahren Natur grundsätzlich fraglich bleibt. Es kann also auch nicht eine objektive Erkenntnis dieser Bedingtheit selbst an die Stelle treten. Vielmehr wird die Sorge um die Lebensfristung in temporär sicherstellenden, wenn auch illusionären Orientierungen das Grundmotiv anstelle der Erkenntnis einer objektiven Wahrheit. Der Mensch als er selbst und nicht als Teil der Ordnung der Natur wird „Gegenstand" der Wissenschaft, nicht im Licht einer transzendenten Wahrheit, sondern in bezug auf die Erlebbarkeit, als *Erleben* befragt. Motiv ist das Sicherstellen des Erlebens. Die Medizin ist damit neben den anderen, das Überleben technisch sicherstellenden „Naturwissenschaften" die prototypische Naturwissenschaft geworden. In irgendeiner Vermitteltheit stehen alle Wissenschaften in ihrem Dienst. Sie steht prototypisch für das den Tod verdrängende Besorgen der Erlebbarkeit oder des geistigen Dabeiseins. Insofern ist sie Geisteswissenschaft. Der Unterschied zwischen Natur- und Geisteswissenschaft ist ein Unterschied des Motivs, nicht des Gegenstandes. Es ist ein Unterschied vom vorausliegenden Wahrheitsbegriff her.

Die Motivstruktur der Geisteswissenschaft beschreibt Hegel unter dem Begriff der Bildung. Er kehrt das Moment der Halbheit und des Verdrängens in dieser Gestalt des Geistes heraus. Sie ist nicht „Aufopferung bis zum Tode". Somit bleibt in ihr zugleich eine allgemein verdrängte, eigene Befindlichkeit als *Angst*, als Gegenmoment dazu, daß der Tod nur als Reflexionsmauer für die Verdiesseitigung dessen da ist, um das es dem Menschen letztlich geht. Als Angst vor der Wahrheit und der Aufdeckung des Scheincharakters der humanistischen Sorge um die Bildung des Menschen im Sinne seines Erlebens bleibt der Tod gegenwärtig. In dieser Angst erhält dann alles eine *andere* Bedeutung als innerhalb des methodisch besorgten Umgangs. Jene andere (unbestimmte) Bedeutung erscheint als die Wahrheit, diese (bestimmte) als Illusion. Illusion ist die Wahrheit des allgemeinen Konsensus, d. h. der als mitteilbar gefaßten Bedeutung, während deren Wahrheit nur als Angst erfahren wird, d. h. ohne Bedeutung in irgendeinem angebbaren Sinn bleibt. Sie hat nur die Bedeutung, daß alle gängigen Bedeutungen *letztlich nichts* bedeuten. „Bedeutung" im Sinne der Semantik und „Wahrheit" treten in der Angst völlig auseinander. Daß „Wahrheit" *nur* als Angst da ist, das ist die Wirklichkeit der

Angst. Sie erscheint als unüberwindbar, weil sie die Negation *aller* bestimmten Wahrheit bedeutet, d. h. sie erscheint als Ausweglosigkeit.

3. *Individualität*

Das gebildete Bewußtsein hat das schlechte Gewissen, daß es nicht in seinem wirklichen individuellen Selbst anerkannt ist und auch andere so nicht anerkennt und nicht erreicht, sondern nur in dem, zu dem es und sie sich um der Reproduktion des humanistischen Wissens und des *allgemeinen* Besten willen gemacht haben. Seine Entäußerung geschah unter dem Vorbehalt der Partizipation an diesem Besten, also auch zum *eigenen* Besten. Dies Bewußtsein ist, indem es sich dem Bedeutungswissen „gemäß" macht, Mittel der Partizipation daran. Es lernt eine Sprache in den geltenden und anerkannten Bedeutungen des in ihr Sagbaren, aber es schickt sich auch in die Formen gängiger Orientierungen und illusionärer Besorgungen, von deren „Sinn" her den Wörtern dieser Sprache „Bedeutungen zuwachsen". So erwirbt es sich eine den Gegensatz seines Bewußtseins stabilisierende „Weltansicht", in der es sich „geschickt" zu orientieren vermag. Im Sprechen *geschieht* aber nach Hegel etwas anderes. In der bildungsmäßigen *Betrachtung* der Sprache ist verdrängt, daß im Sprechen sich die Bedeutungen verändern und damit dem Gängigen entgleiten können, insofern Individuen miteinander, als je füreinander andere, sprechen. Sie unterscheiden sich füreinander nach Herkunft, Alter, Rolle, Geschlecht usw., aber in unberechenbarer Weise, in bestimmter Negation solcher Besonderheiten, immer noch darüberhinaus[1]. Sprechend geht das Individuum in der Tat das Risiko der Angst ein, daß alles eine andere als die gemeinte Bedeutung erhält. Es überwindet *wirklich* die Angst, und es *ist* darin in der Wahrheit. Was „gewöhnlich" verdrängt ist, ist in dieser Sicht also nicht Angst, sondern deren wirkliche Überwindung, vor der die Angst bestand. Das Bewußtsein richtet sich, gegen seine eigene Wirklichkeit, in der Angst, d. h. in der Enge seines Selbstverständnisses ein und will nicht wahrhaben, daß es als es selbst und nicht nur als Teilnehmer an allgemein orientierendem Bedeutungswissen spricht und daß es als es selbst mit anderen, d. h. *anderem* Selbst spricht. Im gemeinsamen Handeln muß es sich nach allgemeinen Zielen, die mit dem vermeintlichen „Besten" zusammenhängen, ausrichten. Aber im Sprechen, und Hegel

[1] Eine phänomenologische Betrachtung der „Lebensalter" „in ihrer sinnstiftenden Rolle für das sprachliche Bewußtsein" hat G. Schmidt unternommen. G. Schmidt, Zur Phänomenologie der Lebensalter, in: Sprache und Begriff, Festschrift für Bruno Liebrucks, Meisenheim/Glan, 1974, S. 3.

sagt, „allein in der *Sprache*", als Kraft des *Sprechens* verstanden, ist es als „Ich" oder „Selbst" *da*. Im Sprechen besteht keine Gewißheit der Identität der Bedeutungen. Sprechend läßt das Individuum sich darauf ein, daß es anders kommt, als es sogenannte bedeutungsverleihende Akte wahr haben möchten. Es verläßt sich auf die Wahrheit als das seine Meinung oder „Intention" Transzendierende, doch diese Wahrheit ist kein schlechthin Transzendentes gegenüber dem Subjektiven. Die Reflexion eines kritischen Begriffs einer dem Subjektiven transzendenten, für es im Grunde unerlebbaren (ansichseienden) Wahrheit hatte es ja gerade auf seine diesseitige Wahrheit der Sicherstellung von Erlebbarkeit zurückverwiesen. Die Wahrheit des Sprechens ist vielmehr unmittelbar seine eigene, für es zumeist vom Bildungsbegriff von Sprache und Bedeutung überdeckte Wahrheit, in der es *für andere* „absolut in sich seiende *Einzelheit*" und *darin anerkannt* ist. Dieses nicht mehr im Schein einer Objektivität allgemeiner umgreifender Bedeutung vermittelte Verhältnis von Individuen als füreinander andere und freie nennt Hegel „*absoluten Geist*"[2].

In diesem Verhältnis ist das Individuum nicht in der Bedeutung von etwas oder *als* dies oder das anerkannt, zu dem es sich zum allgemeinen und eigenen Besten *gemacht* oder *gebildet* hat. Das allgemeine und zugleich eigene Beste resultierte in seinem Wert aus der Verzweiflung an einer absoluten und zugleich für es erlebbaren Wahrheit. Die Anerkennung gilt auch nicht der *Moral*, nach der sich ein Individuum unter der Vorstellung und Macht eines solchen allgemeinen und eigenen Besten so benimmt, daß es als gehorsam gegenüber der Staatsmacht als dem Repräsentanten des Allgemeinen anerkannt ist und dabei zugleich reich und gebildet wird. Sie gilt nicht dem insoweit *geachteten Glied*, sondern dem einzelnen in seiner „absolut in sich seienden *Einzelheit*", in Anlehnung an Heideggers Sprache könnte man sagen: sie gilt dem Individuum, insoweit es in all solcher Anerkennung *als* . . . in einer geltenden Bedeutung oder in „dieser Welt" Angst hat und enthebt es dieser Angst, so daß es sich zum Sprechen entschließt. Der verdiesseitigte, geisteswissenschaftliche Begriff der Wahrheit ist damit seinerseits „nach innen" transzendiert. Das Selbst ist dabei aber nicht mehr als das in der Bildung angereicherte Innere verstanden, das sich als gebildete Persönlichkeit an seinen inneren Bedeutungsschatz hält. Es sind auch nicht die „Werte" der Bildung, der Moral usw. „umgewertet". Vielmehr ist „Wert" überhaupt in seiner Relativität begriffen, und allein so geschieht Anerkennung über gesetzte und verletzte Werte und verschiedene Wertvorstellung hinweg. Insofern verbindet Hegel diesen Begriff des absoluten Geistes mit dem Begriff der *Verzeihung*. Die Anerkennung ist keine moralische Kategorie, sie meint nicht

[2] Hegel, Phänomenologie des Geistes, S. 471.

etwas, was geschehen *sollte*, sondern etwas, was in Wahrheit im Sprechen *wirklich* geschieht und nur geschehen kann, wenn es verziehen *ist*. Denn im Sprechen gesteht ein Individuum den anderen notwendigerweise deren eigene Individualität und Bedeutungsverleihung einschließlich der auf eigene Art bestimmten Wertorientierung wirklich zu, so wie ihm auch umgekehrt seine Welt geschenkt ist, indem auch es für die anderen ein anderes, d. h. ein Individuelles ist. Diese „Kraft des Sprechens" zerstört die Absolutheit der besonderen Sphären der Sicherstellung identischen Bedeutungswissens, identischer „bedeutungsverleihender Akte" im Sinne transzendentaler Intersubjektivität oder anerkannten wertorientierten Verhaltens und bestimmt das besorgte Nichtverstehenkönnen anders orientierten Verhaltens als geistlose Illusion.

4. Absolute Wahrheit und die Kontingenz der Formen der Wahrheit

Wahrheit bestimmt sich somit als das Wirkliche. Sie ist das Wirkliche gegenüber den bestimmten Gestalten der Imagination zur Stabilisierung des Gegensatzes des Bewußtseins, insofern sie sich absolut nehmen, weil sie die Kraft ist, die diese Gestalten auslegt und bewegt. Dieser Begriff der Wahrheit reflektiert damit zugleich die Notwendigkeit der Imagination in der Weltorientierung endlicher Vernunft. Er „entmythologisiert" nicht auf einen Begriff objektiver Wahrheit im Sinne des naturwissenschaftlichen Wahrheitsbegriffs hin, vielmehr reflektiert er diesen Begriff als ebenfalls mythologischen. Er hebt die vermeintliche Unmittelbarkeit objektivistischer Einstellung auf und begreift diesen Erkenntnisbegriff zunächst geisteswissenschaftlich. Er begreift, daß Imagination notwendiges Mittel und folglich auch nicht zu transzendieren ist, daß sie aber wesentlich nicht transzendentale Form und nicht die allgemeine Sicht ist, sondern *besondere* Imagination. Somit ist dieser Erkenntnisbegriff die Selbstreflexion der sich in ihrer Besonderheit jeweils verabsolutierenden Imagination. Das ist kein Weg zu einem Relativismus, in dem dem Subjekt alle Gestalten des Lebens gleich gültig erscheinen könnten. Denn mit dieser Selbstreflexion hebt sich die jeweilige, das eigene Bewußtsein tragende Imagination nicht auf. Das Individuum verliert in ihr nicht seine es je orientierende, bestimmte Überzeugung, derzufolge es sich am Leben erhält. Es lebt mit ihr in dieser Welt und Weltansicht, spricht eine bestimmte Sprache, deren Bahnen *für es* bis in die Artikulation seiner einfachsten Wahrnehmungen und Für-wahr-Nehmungen bedeutend sind. Aber es weiß um die mögliche Andersheit bedeutungsverleihender Akte anderer und damit auch, daß es „seine Welt" der Anerkennung durch andere verdankt. Dieses Anerkanntsein ist das Absolute gegenüber dieser *seiner* Welt. Daß es (Bestimmtes) erlebt, ist in dieser Reflexion nicht das Absolute, sondern als gewährte Möglichkeit verstanden, die es in seinem Verhältnis zu anderen ebenfalls gewährt. Die *wirklich gegebene* Möglichkeit der Imagination ist seine Wahrheit. Ihr verdankt es das Individuum, daß es sich überhaupt Bestimmtes auf seine Weise vorstellen und somit erleben kann. Das gegenseitige Anerkanntsein der *jeweiligen* Realisierung von Bedeutung („als der absolut in sich seienden *Einzelheit*") ist das *Absolute* der in diesen jeweiligen Realisierungen beschlossenen Möglichkeiten, mit denen sich auch erst die Möglichkeit zu einem Begriff einer „objektiven" und deshalb intersubjektiven Erkenntnis ergibt.

Wenn der *Begriff* der Imagination gegen den *Begriff* der Wahrheit abgegrenzt wird, wird er gewöhnlich gegen den einer objektiven Wahrheit abgegrenzt. Die Imagination gilt als defizient gegenüber der Erkenntnis einer ansichseienden Wirklichkeit. Insoweit aber Imagination konstitutiv ist für den *Begriff* der objektiven Wahrheit, weil sie deren Begriff erst vorgibt, kann sie diesem Begriff nicht entgegengesetzt werden. Sie ist als besondere, wirklich gegebene Möglichkeit konstitutiv für den begrifflichen Gegensatz zwischen dem Begriff der Imagination und dem Begriff der objektiven Wahrheit, also für den Begriff des Bewußtseins von sich selbst als Gegensatz des Bewußtseins. Sie stellt diesen Gegensatz als einen bestimmten, in jeweils bestimmter Auslegung vor, und das in ihm Entgegengesetzte erhält durch die bestimmte Weise dieses Vorstellens je eine bestimmte Bedeutung. Der abstrakte Gegensatz des Bewußtseins ist jeweils schon auf eine bestimmte Weise interpretiert. So verstehen die Individuen unter dem Begriff einer objektiven Realität je etwas Bestimmtes, Besonderes, nämlich je die bestimmte Negation ihrer eigenen Imagination.

Worin sie nach dem objektivistischen Erkenntnisbegriff untereinander übereinstimmen *sollten*, wenn sie die bestimmte Sphäre ihrer jeweiligen Imagination transzendierten, ist positiv nicht anzugeben. Es ist auch nicht angebbar, in welcher Bedeutung die anderen verstehen, d. h. *wie* sie anders verstehen. Es ist nur einzuräumen, daß sie auf eine von mir *nicht* zu antizipierende Weise verstehen. Ich bringe den anderen nicht auf einen von den *mir verfügbaren* Begriffen. Ich kann nicht *sagen*, worin seine Andersheit bestünde. Ich kann wohl *mit* ihm, aber nicht *über* ihn sprechen, er entzieht sich meiner Imagination und ist in dieser Negativität das Wirkliche ihr gegenüber. Darin ist er selbst Subjekt (und nicht mein Objekt), und als wirkliches Subjekt ist er *Substanz*. Zwar mache ich mir, wenn ich mit ihm spreche, ein Bild von seiner Art des Verstehens. Ich richte mich in der Wortwahl usw. nach dieser Projektion, um von ihm verstanden zu werden. Dieses Bild ist aber wesentlich vorläufig gegenüber dem Recht des anderen zum Widerspruch dagegen, so berechtigt es als Bild auch ist. Es nimmt seine Elemente aus meiner mir zugestandenen

Imagination. Insofern ist es immer auch ein Bild von mir selbst. Im Akt des Miteinandersprechens ist *an sich* begriffen, daß dieses Anerkennungsverhältnis jeweiliger subjektiver Freiheit als wahre Substanz des Lebens und der Erkenntnis *besteht*, so daß Menschen leben können, ob dies nun auch noch reflektiert ist oder nicht[1].

Selbstverständlich ändert sich von diesem philosophischen Resultat her auch der Sprachbegriff. Sprache kann nicht mehr unmittelbar als Bezeichnung von Sachverhalten verstanden werden, auch nicht als Schatz intersubjektiv vorgegebener Bedeutungen. Jedem an andere gerichteten Satz liegt ein Bild zugrunde, das *ich* mir von diesen anderen als anderen Subjekten des Verstehens mache. Der Satzbau und die Wahl der Wörter zeigen an, wie versucht worden ist, sich von dem *eigenen* Sprachverständnis her ein Bild von dem des anderen zu machen, und im Verstehen versucht der andere umgekehrt von *seinen* Voraussetzungen her das Bild seiner selbst im Satz zu rekonstruieren und aus der Art dieser Konstruktion zugleich das des Sprechers herauszulesen, um so weiter mit ihm ins Gespräch kommen zu können. Der Satz informiert also nicht schlicht über einen Sachverhalt. Das Sprechen ist unmittelbar Kommunikation verschiedener Subjekte, aus der sich in wesentlich provisorischer Weise eine Vorstellung der Partner herausbildet, die jedem auf seine Weise zu verstehen gibt, *was* der andere gesagt hat. Der „objektive Gehalt" ist in dieser Weise nur als *Idee* gegenwärtig. Deren Wirklichkeit liegt im *Prozeß* der Kommunikation. In ihm erhält das Bild eines „objektiven Gehalts" seine Artikulation, deren einfachste Form in der Zerlegung in zwei Teile besteht. Insofern besteht der Satz aus Elementen oder Wörtern.

„Satz" ist in diesem einfachen Begriff noch nicht als etwas verstanden, was den Anforderungen einer bestimmten Grammatik entspricht. Es ist zunächst nur der Teil der Rede, in dem ein Sprecher in seiner Absicht, sich anderen mitzuteilen, so zu einem vorläufigen Ende kommt, daß nun der andere das Wort hat. Die Wörter dieses Satzes haben ihre Bedeutung dann zunächst aus dem Fundus des Sprechenden, aber in der Funktion, diesem bzw. diesen bestimmten anderen gegenüber sich auszudrücken. So gesehen haben sie sie vom Ganzen des Satzes her. Nur unter dem Aspekt der Vorläufigkeit der Satzgrenze haben sie eine endgültige Bedeutung. Sie haben ihre bestimmte Bedeutung unter der fraglichen Voraussetzung, der Satz *sei* fertig, d. h. der andere werde ihn nun in dieser Form so verstehen,

[1] Die für andere „undurchdringliche" Subjektivität oder Freiheit des Individuums *ist*. Dieses Sein ist hier nicht mehr als Existenzaussage innerhalb eines bestimmten Geltungsrahmens oder im Sinne eines „ontological commitment", sondern in dem Sinne *absolut* zu nehmen, daß es als dem Denken und allen seinen positiven Bestimmungen vorausliegend, als dessen eigene Substanz zu denken ist. Von hier aus versteht sich auch, daß Geschichte dann nur noch als Fortschritt im *Bewußtsein* der Freiheit zu denken ist.

wie der Sprecher ihn verstanden haben möchte. D.h. auch, er sei als anderes Subjekt in *mein* Bild gebracht. Nur unter dieser Voraussetzung fertiger Sätze haben Wörter überhaupt „ihre" Bedeutungen. Nur unter dieser Voraussetzung kann die Vorstellung aufkommen, Wörter seien mit einer Bedeutung verschmolzene Lautgebilde. Diese Voraussetzung ist aber nur als Voraussetzung wirklich. Sie wird wirklich gemacht, wenn gesprochen wird. Aber sie wird im Sprechen auch immer wieder aufgehoben. Insofern „bewegt" sich die Bedeutung auch der Elemente der Sätze.

Von diesen Überlegungen aus kann nicht mehr ohne weiteres gesagt werden, „Wahrheit" sei ein Attribut von Sätzen. Es kann nicht ein bestimmter Begriff der Sprache oder des Satzes vorausgesetzt werden, wenn der Begriff der Wahrheit bestimmt werden soll. Der Begriff der Wahrheit ist zwar mit dem des Satzes verbunden, insofern ein Satz beansprucht, wahr zu sein. Ihr Begriff hängt aber nicht attributiv an einem vorgegebenen Satzbegriff. Er ist ebensogut von dem des Satzes abgelöst und insofern *absolut*, als die Absicht eines Sprechenden, mit seiner Rede im Satz zum Schluß zu kommen, sich innerhalb der Grenzen eines finiten sprachlichen Gebildes nur provisorisch erfüllt. Die Meinung, in der intendierten Bedeutung mit anderen übereinzustimmen, die den Satz vernehmen, erfüllt sich nicht mit absoluter Gewißheit, und dies macht die Absolutheit der Wahrheit gegenüber den Formen ihrer Äußerung aus.

Man könnte stattdessen nun annehmen, „Wahrheit" sei, wenn sie schon kein Attribut von Sätzen sei, doch ein Attribut bestimmter *Sprechakte*, die mit Sätzen vollzogen werden, d. h. von Behauptungen. Die Sprechhandlung des Behauptens ist aber gerade nur unter der Voraussetzung möglich, in der Form des geäußerten Gebildes (Satzes) werde ein *Sachverhalt* behauptet, d. h. die Wörter hätten zumindest in dieser pragmatischen Situation zwischen den Sprechpartnern identische Bedeutung. Von dieser Voraussetzung, die in der Sprechsituation wirklich gemacht wird, geht auch die sogenannte „Idee einer transzendentalen Sprachpragmatik"[2] aus. Diese Idee stellt den Versuch der Restauration eines transzendentalphilosophischen Ansatzes unter Berücksichtigung der Einsicht dar, daß die Bedeutungen vom Gebrauch in einer bestimmten Sprechsituation abhingen. Doch in der Sprechsituation wird nur die Voraussetzung gemacht, daß wenigstens in ihr Bedeutungsidentität bestünde. Sie ist für das Sprechen wesentlich, aber doch nur als Voraussetzung. Daß sie gemacht werden muß, heißt nicht, daß sie sich erfüllte. Daß sie sich erfüllte, kann niemals in einem absoluten Sinn beurteilt werden, weil ein

[2] Vgl. die Arbeiten von K. O. Apel, in: ders., Transformation der Philosophie, Frankfurt/M. 1973.

solches Urteil selbst wieder unter der gleichen Voraussetzung als einer bloßen Voraussetzung stünde. Insofern ist „Wahrheit" auch vom Sprechakt abgelöst und absolut gegenüber der Bestimmung, dessen Attribut zu sein. Sätze und Sprechakte sind vielmehr in der Vorstellung, sie identifizierten die bedeutungsverleihenden Akte der miteinander Sprechenden, Attribute der Wahrheit. Denn im Sprechen hebt sich diese Voraussetzung ebensogut auf, wie sie wirklich gemacht wird. Daß sie wirklich gemacht wird, ist *Moment* in der Bewegung des Sprechens.

Daß sie wirklich gemacht wird, bedeutet den Aktcharakter im Sprechen. In ihm drückt sich eine momenthafte Verabsolutierung der je eigenen Imagination des aktiv Sprechenden aus, ohne die es überhaupt nicht zum Sprechen käme. Insofern wird er in dieser Aktivität von anderen, die sich im Machen solcher Voraussetzung selbst erkennen, anerkannt. Die dem Handeln zugrundeliegende Verabsolutierung der eigenen Gewißheit zur Wahrheit wird „verziehen". Es besteht Einsicht in ihre Notwendigkeit. Diese Einsicht besagt jedoch nicht, daß der andere in seiner Meinung *so* verstanden würde, wie *er* sie meint, und daß das Gesagte ihm und den anderen dasselbe bedeutete. Anerkannt ist der andere nicht in bezug auf den Inhalt seiner Meinung, sondern darin, daß es seine Meinung ist, die er *als* allgemein, d. h. als überzeugend, ansieht und demnach *äußert*. Er ist als Subjekt dieses Aktes anerkannt. Gerade deshalb wird er nicht darauf festgelegt, bei der *in dieser Form* geäußerten Meinung zu bleiben. Es wird ihm zugestanden, daß er den Entschluß, mit der Äußerung in einer bestimmten Form zum Schluß gekommen zu sein, wieder aufhebt und weiterspricht, ad infinitum. Insofern diese Anerkennung (ohne andere Grenze und ohne andere Bedingung als die der Rücksicht auf ein gleiches *Recht* anderer) besteht, ist er Person.

Im Interesse gemeinsamen Handelns auf „gemeinsame" (*als* gemeinsame vorgestellte) Ziele hin kann diese Anerkennung nicht unbedingt sein. In diesem Interesse muß ein einzelner sich allgemein *machen*, d. h. an das halten, was sich in finiten Formen sagen läßt. Von solchen Formen her wird dann der Inhalt definiert. Diese Formen sind Urteile, und die Bestimmung des Inhalts solcher Formen von den angebbaren Formen her als eines in sich identischen Gegenstands ist der oberste Gesichtspunkt des transzendentalen Gegenstandsbegriffs. Objektiver Gegenstand ist unter diesem Begriff das, was in diese finiten Formen gebracht werden kann, d. h. die in „Ansehung einer der logischen Formen zu Urteilen" *als bestimmt* angesehene Anschauung. Der Inhalt selbst als das, was in diesen Formen nach der jeweiligen Vorstellung der empirischen Subjekte inhaltlich bedeutet sein soll, ist nicht von seinem jeweiligen subjektiven Vorgestelltsein zu lösen. Er kann deshalb nur über die Form als intersubjektiv identischer identifiziert werden. Die sogenannte „pragmatische" Transformation der Transzendentalphilosophie[3] fügt lediglich hinzu, ein solches transzendentallogisches Ansehen *als* bestimmt müsse auf die pragmatische Sprechsituation bezogen werden. Sie übersieht, daß es auch in einer pragmatischen Situation nur ein Ansehen „als" ist, über das die wirkliche Bewegung des Sprechens hinweggeht und auf das der Sprecher als Person nicht festgelegt werden kann. Allerdings ist die Kantische „Wendung", den Gegenstand „als" Objekt von der Form des Urteils her zu verstehen, der Ausdruck einer Einsicht in diese Zusammenhänge. Denn der *Form* der Äußerung ist zu entnehmen, *daß* der Sprechende das in ihr Gesagte, wie er es meint, *für objektiv ansieht* und deshalb mit seiner Rede momentan so, in dieser, und d. h., in einer Form überhaupt zum Schluß kommt, obwohl der Inhalt, d. h. die Meinung, subjektiv bleibt. Der Formcharakter der Rede stellt den Entschluß des Sprechenden dar, seine Meinung zu äußern, d. h. in dieser Form als mitteilbar oder als allgemein „etwas" bedeutend *anzusehen*. Daß andere es auch in dieser, schon auf das vermutete anders Verstehen der anderen hin gewählten Form noch einmal anders verstehen können und daß keine Form letztlich eine Garantie für Bedeutungsidentität geben kann, macht aus, daß dann, wenn zuvor der Inhalt Funktion der Form zu sein schien, doch auch die Form eine Funktion des Inhalts ist[4].

5. Sprachtheoretischer Exkurs: Semantik und Syntax. Die Schriftform

Es erwies sich als unmöglich, einen auf historische Einsichten der Philosophie zurückgreifenden Wahrheitsbegriff zu gewinnen, ohne sprachtheoretische Stand- und Ausgangspunkte in die Reflexion einzubeziehen. Die sprachtheoretischen Ausführungen des ersten Teils können nun umgekehrt durch Ergebnisse einer Reflexion auf historische philosophische Einsichten ergänzt werden.

Die Sprachwissenschaft unterscheidet zwischen Syntax und Semantik. Dabei ist davon ausgegangen, daß Syntax die Lehre von der einer bestimmten Sprache eigentümlichen Art und Weise der Verbindung bedeutender Zeichen, Semantik die Lehre von der Bedeutung dieser Zeichen sei, d. h. von der Art und Weise ihres Bezuges auf Gegenstände, Sachverhalte usw. Diese Interpretation der Sprache versteht sie ganz aus der Sicht *eines* Sprechenden, der *voraussetzt,* daß das von ihm Gesagte inner-

[3] Vgl. K. O. Apel, a. a. O.

[4] Vgl. J. Simon, Satz, Text und Diskurs in transzendentalphilosophischer und sprachlogischer Reflexion, in: Sprache und Begriff, Festschrift für Bruno Liebrucks, a.a.O., S. 212ff.

halb der Form, in der er mit seiner Rede zum Schluß kommt, von Bedeutung sei. Er setzt die Formulierung als abgeschlossen voraus. Damit setzt er zugleich voraus, daß innerhalb dieser Form für sich bedeutende Elemente verbunden seien. Die Elemente bzw. Wörter werden als etwas angesehen, dem als diesem bestimmten Tongebilde eine bestimmte Bedeutung anhafte. Dieses Ansehen geschieht in einem mit dem Ansehen der Form als abgeschlossen. Beides geschieht in *einem* Akt. Denn das Ansehen der Form als abgeschlossen *bedeutet,* daß die Elemente der Form in dieser Form *bedeutende,* sich auf Objektivität beziehende Elemente seien. Die Abgeschlossenheit der Form bedeutet die Bedeutsamkeit ihres Inhalts. Im Aussagesatz z. B. bedeutet die Abgeschlossenheit des Satzes gemäß den Regeln der Sprache, in der er „formuliert" ist, daß es in der objektiven Realität so *sei,* wie der Satz es sagt. Sie bedeutet den Behauptungscharakter. Eine Einzelsprache markiert die Abgeschlossenheit eines Aussagesatzes je auf ihre bestimmte Weise, so daß ein „kompetenter" Zuhörer weiß, daß der Sprechende in dieser Form seine Rede, zumindest vorläufig, im Sinne der vollendeten Vorstellung eines objektiven Sachverhaltes beschließt und so verstanden werden will. Der Partner versteht dies, auch wenn er nicht der Meinung ist, daß es objektiv so *sei,* wie der Sprechende es soeben beurteilt, d. h. von ihm aus gesehen abschließend formuliert hat. Er versteht dies, d. h. er versteht auch, daß es dessen *Meinung* ist, die sich darin ausdrückt, und daß er nun seinerseits das Wort hat. Er versteht die Perspektivität und damit die Vorläufigkeit der Formulierung, und aufgrund dessen kann er sich am Gespräch beteiligen. Er kann sich aber doch auch wieder nur insofern beteiligen, als der Sprechende bei aller Gewißheit und Überzeugung von der Wahrheit seiner eigenen Behauptung ihn sich beteiligen *läßt,* d. h. zugleich mit seiner Überzeugung *auch* deren Perspektivität versteht, andere Meinung sich äußern läßt und sie als andere anerkennt.

Nur so versteht er auch sich selbst, d. h. sich als einen anderen für andere. Der Geist dieses Verstehens ist Voraussetzung dafür, daß überhaupt etwas als seiend in einer vorläufig als abgeschlossen geltenden Form ausgesagt werden kann, d. h. dafür, daß es sprachliche Gebilde in diesen Formen geben kann, denen man das „Attribut" der Wahrheit zuspricht. Von einer Aufzählung solcher Formen her kann man dann die *Kategorien* angeben, in denen „Sein" überhaupt ausgesagt werden kann. Kant spricht von einer Tafel der Formen „zu urteilen". „Sein" wird in verschiedenen Formen ausgesagt. Individuen erhalten die Möglichkeit, von sich aus zu bestimmen, wie sie mit ihrer Rede zum Schluß kommen wollen. Die Auswahl von Möglichkeiten hierfür ist in der Einzelsprache vorgezeichnet, doch steht es dem Individuum gleichwohl frei, ob es z. B. wie im „kategorischen Urteil" (dessen „objektive Korrelate" die einfachen „Dinge" sind) in einem oder wie z. B. im „hypothetischen Urteil" (das „Gesetze" als Gegenstand intendiert) in zwei oder in noch mehr Sätzen zum Schluß zu kommen gedenkt und diese so gewählte Form als synthetische Einheit bedeutungsverleihend „aufs Objekt" bezieht und damit zu verstehen gibt, ihr entspreche „etwas" in der objektiven Realität, oder ob es überhaupt keine *Behauptung* aufstellt und stattdessen etwa *fragt,* wie es sich verhalte. Vor allem aber wird vom individuellen Subjekt als „existierendem" Begriff in jedem Sprechakt neu gesetzt, welche Form das sprachliche Gebilde hat, von dem man sagen könnte, es sei wahr oder falsch. Ein einzelnes Subjekt ist aber nur insofern Subjekt dieser Setzung von Synthesis, als zugleich andere es darin anerkennen und „ausreden lassen". Die Formen der Wahrheit sind Formen, in denen Individuen ausreden und man sie ausreden läßt. Das Ausredenlassen gehört ebensogut zur kommunikativen Kompetenz wie das Reden. Wird unter einem Satz die Form verstanden, in der jemand zum Schluß zu kommen gedenkt, so kann in diesem Sinne z. B. ein ganzes Buch als Satz verstanden werden. Die formale Einheit dieses Werkes ist dann, freilich in einem über den transzendentallogischen Kategoriebegriff hinausweisenden Sinn, Kategorie. In diesem Begriff von Kategorie ist z. B. impliziert, daß Kategorien wesentlich als „Aufhebung" von Kategorialität früherer Kategorien funktionieren: Die Synthesis von mehreren Sätzen zu *einem* gegenstandsbezogenen (bedeutenden) Urteil bedeutet die Negation der Kategorialität der synthetischen Form der Einzelsätze. Sie wird unter der höheren Synthesis zum „Moment".

Damit liegt auch schon nahe, daß sehr komplexe Gedanken der Schriftform bedürfen. Die Erfindung der Schrift hat konstitutiven Charakter für komplexere Formen, in denen etwas als seiend ausgesagt werden kann. Die Freiheit der literarischen Äußerung ist demnach nicht nur eine neue Dimension der Anerkennung von Individualität, sondern auch der Konstitution von Gegenständen. Bestimmte wissenschaftliche Gegenstände wären z. B. ohne die Übersichtlichkeit des Schriftlichen nicht zu konstituieren. Voneinander in ihrer Wahrheit als abhängig gemeinte Redeteile bilden insgesamt *ein* Urteil, auch wenn dieses Urteil im grammatischen Sinne aus sehr vielen Sätzen besteht. Sie bilden eine Struktur. Vor allem die Mathematik beschäftigt sich mit der reinen Möglichkeit der Komposition solcher Strukturen, d. h. Abhängigkeitsbeziehungen, ohne sie wirklich als Strukturen einer objektiven Realität zu meinen. Sie entwickelt insbesondere geeignete schriftliche Zeichensysteme für die Notation solcher Strukturen. Die einzelnen, gegenstandsbezogenen Wissenschaften können solche Strukturen übernehmen, unter denen sich dann die Gegenstände dieser Wissenschaften als „objektive" Einheiten konstituieren. An diesem Beispiel wird besonders deutlich, daß die Freiheit der Komposition konstitutiv ist für die Struktur der sogenannten realen Außenwelt. Sie ist deren Substanz. Denn die mathematische Struktur wird oft vorentworfen, ohne daß an eine „Anwendung", z. B. in der Physik, schon zu denken wäre. Gerade weil in ihr nicht unmittelbar „etwas" als seiend behauptet werden soll, wird der Mathematik diese Freiheit gelassen, die sonst nicht immer eingeräumt würde, und später kann dann etwa der Physiker sich in dieser Form artikulieren, ohne sich zugleich erst noch um die Form seiner Artikulation bemühen zu müssen, so wie auch die Syntax einer Einzelsprache Formen dieser Art anbietet. Diese grammatischen Formen erscheinen allerdings meist als weniger komplex, so daß vom *Inhalt her* ein Verständnis für die innere Struktur der Rede gewonnen werden muß, wenn dennoch komplexe Sachverhalte sich in ihnen konstituieren können sollen. Die Aufmerksamkeit des Hörers oder Lesers muß sich dann zugleich auch auf den Inhalt richten, und zwar so, daß der Inhalt der untergeordneten Redeteile immer so zur Disposition gehalten wird, daß er jederzeit in einem umfassenderen Inhalt aufgehoben werden kann. Nicht der einzelne grammatische Satz für sich, sondern die ganze Rede soll erst zusammengenommen „etwas" bedeuten und also wahr sein. Die ganze Rede als Einheit ist mit dem Entschluß des Autors hergestellt, gerade *so* zum Schluß kommen und „etwas" sagen zu wollen.

Die *Syntax* einer Rede ist eine wesentliche Form sowohl individueller Freiheit wie der Konstitution objektiver Gegenstände. Sie bildet die Formen, in denen jeweils Redeteile zu *bedeutenden* Redeteilen zusammengeschlossen werden. Wenn nach Kant die Kategorien solche Formen („zu urteilen") sind, in denen sich „transzendentale", d. h. überhaupt auf einen Gegenstand bezogene Bedeutung ergibt, dann ist ein Teil dieses Zusammenhangs gesehen. Es ist aber gerade die Freiheit in der Handhabung der Syntax nicht gesehen, wenn solche Kategorien in einer Tafel mit dem Anspruch auf Vollständigkeit aufgezählt werden. Solche etwa in der Orientierung an der Idee einer „transzendentalen Grammatik" einer jeden denkbaren Sprache oder auch mit dem Blick auf eine einzelsprachliche Grammatik aufgezählten Formen sind noch nicht die Formen, in denen Subjekte sich auf Gegenstände wirklich beziehen, sondern nur Elemente zur freien Bildung solcher Formen, und zu ihrer wirklichen Bildung ist Freiheit oder Anerkennung von Individualität vorausgesetzt. Freiheit ist mithin Konstituens von Objektivität, wenngleich sie sich auf Elemente dieser Art, wie Sprachen sie vorgeben, um ihrer Möglichkeit willen muß beziehen können. Um sich anerkennen und ausreden lassen zu können, müssen Individuen sich gegenseitig in sprachkompetenter Weise über Formelemente zu verstehen geben können, *wie* sie mit ihrer Rede je zum Schluß zu kommen gedenken; die Sprechpartner müssen sich auf institutionelle Formen hierzu verstehen, wenn sie sich gegenseitig als Individuen verstehen wollen. Sie müssen z. B. auch die einzelnen Wörter *so* verstehen können, daß sie sie in ihrem Stellenwert innerhalb solcher Formen verstehen, wenn sie auch insgesamt für sich je noch nichts, sondern erst in einem größeren Verbund „etwas" bedeuten sollen. Zu diesem Zweck ist es aber ebenso wichtig, daß ein Hörer oder Leser sich in den besonderen Sprachgebrauch (Idiolekt) seines jeweiligen Partners, in seinen Gebrauch der Semantik und Syntax, der Periodenbildung usw. einhört oder einliest, wie daß er die abstrakten Wortbedeutungen oder Syntaxmöglichkeiten der gesprochenen Sprache beherrscht. Diese individuelle Einlassung ist nur dann obsolet, wenn oder soweit es sich um eine mathematisierte Sprache handelt. Eine Sprache, die sich auf objektive Gegenstände beziehen soll, ist allerdings niemals restlos eine mathematisierte Sprache, da sie immer noch (in „empirischen" Begriffen) dazusagen muß, *wie* etwa eine mathematische Struktur sich auf *etwas* beziehen soll. Denn in allem Sprechen muß an ein Vorverständnis der anderen angeknüpft werden. Somit enthält es wesentlich Möglichkeiten des Andersverstehens.

Die Form verbindet die Elemente der Rede so zu einer Einheit, daß sie sich nur in ihr, wie sie hier und jetzt individuell gebildet worden ist, auf „etwas" beziehen und Bedeutung haben sollen. Der Inhalt ist das, worüber in dieser Form gesprochen werden soll. – Insofern erst die bestimmte Form den objektiven Bezug herstellt, wird der Inhalt in sie eingeschmolzen. Grammatisch zeigt sich dies darin, daß der Satz über das Subjekt des Satzes hinausgeht. Er sagt, indem er es formal mit dem Prädikat zu einer („höheren") Einheit verknüpft, „was" das Subjekt ist. Das im Subjekt für sich Bedeutete wird damit als Gegenstand wieder aufgehoben, entgegenständlicht. Ebenso gehen die weiteren Sätze über alle Sätze hinaus, die von ihnen aus gesehen am Anfang standen. Sie entgegenständlichen deren zuvor gesetzte Bedeutung und heben sie damit als eigene Bedeutung auf, bis die Rede zum Schluß kommt. Alle Redeteile sind also, bis es wirklich zum Schluß kommt, quasi der Inhalt, *über* den in dieser Rede etwas gesagt wird. Es sind „logisch" aufzuhebende Anfänge, und jede geschehende Aufhebung eines solchen Anfangs ist, bis zum „logischen" Schluß, selbst wieder ein Anfang und damit ein Inhalt, „über" den die Rede hinausgeht, indem sie etwas darüber sagen will. Insofern aber Individuen miteinander reden und deshalb ihr jeweiliges Zum-Schluß-Kommen provisorisch ist, weil wesentlich auch der andere zu Wort kommen kann, bleibt der Inhalt doch auch selbständig gegenüber *jeder* ihn einbeziehenden Form. Die Welt bleibt als Außenwelt vorausgesetzt. Diejenige Bedeutung, die die Redeteile von der umfassenden Form her erlangen, in der sich der Sprechende auf diese Außenwelt zu beziehen gedenkt, ist nicht *alle* Bedeutung. Sie wird ihrerseits in einem nur durch äußere Anlässe *faktisch* zu beendenden Gespräch aufgehoben. Zu solchen äußeren Anlässen kann auch ein praktisch befriedigtes Erkenntnisinteresse der Partner der Rede gehören, das sich damit eo ipso als *bedingtes* Interesse zu verstehen gibt. (Als unbedingt wäre es nur zu verstehen, wenn gedacht werden könnte, daß es erst mit der beendeten Erkenntnis einer „Sache selbst“ befriedigt wäre, d. h. wenn eine finite Form des Urteils überhaupt als die des ansichseienden Gegenstandes selbst zu begreifen wäre.) D. h., daß eine definite Bedeutung wesentlich durch Umstände, aber nicht von der Sprache her ihre Definitheit hat. Sie resultiert aus dem Umstand, der das Gespräch faktisch beendet, entweder weil es institutionell auf einen bestimmten Zweck hin angelegt war, der praktisch befriedigend erreicht worden ist, oder weil etwas anderes, Unvorhergesehenes „dazwischen“ kommt, im extremen Fall der Tod, im allgemeinen die fehlende *Zeit*, mit allen akzeptablen Begründungen dieser Art.

Die unter diesem Druck entstehenden definiten Bedeutungen werden dann, von der Vorstellung ihrer Inadäquatheit zu einem Objekt her, als „nicht die wahren“ Bedeutungen angesehen. Die Bedeutungen, die sich aus der Verwendung von Sprache in Handlungszusammenhängen *definieren,* in denen es um dieses oder jenes im Zusammenhang der besorgenden Lebensfristung geht, erhalten so den Charakter des Scheins. Die wahre, gegenüber solchen Zwecken „absolute“ Bedeutung wird „dahinter“ vermutet. In der Vorstellung einer solchen Hinterwelt wird sie als ebenso definit angesehen, wenn man auch nicht soll sagen können, worin sie denn konkret bestehe. Die sich anerkennenden Individuen gestehen sich diese definiten Scheinbedeutungen gegenseitig zu, insofern sie sich selbst an ebensolchen Bedeutungen orientieren. Da es aber auch hier keine Gewißheit geben kann, ob dies bei diesem und bei jenem Individuum „dieselben“ seien, stehen sie grundsätzlich zur Disposition eines Gespräches „darüber“, d. h. über den Scheincharakter dieser Bedeutungen bzw. über deren Bedeutungs*wert*. Darin setzt sich das Individuum in einen Gegensatz zu „dieser Welt“, in der sich die Definitheit ergeben hatte. Die sich in jenen Bedeutungen formulierende Wahrheit verschwimmt zum Schein.

Bedeutungen sind in Sprachen endlicher Wesen wesentlich in ihrer Definitheit zur Disposition gestellt. Sprechen in diesen Sprachen ist nur insofern Sprechen über äußere Gegenstände, als es zugleich über die Bedeutungen, d. h. über die vorausgesetzte Definitheit von Bedeutungen hinausgehendes Sprechen ist. Eine strenge Trennung von Objekt- und Metasprache läßt sich somit immer nur vorläufig, d. h. in Ansehung eines begrenzten Zweckes, aufrechterhalten. Insofern sind Antinomien nicht grundsätzlich zu vermeiden. Wenn Antinomien auftreten, *bedeutet* dies die Aufhebung eines gesetzten ontologischen Rahmens, innerhalb dessen ein Ansehen von etwas „als bestimmt“ erfolgen konnte, so daß man etwas als „Tatsache" bezeichnete, wenn ein bestimmter Satz, der „es" *formulierte,* als wahrer Satz galt[1], d. h. wenn eine Rede mit solch einer bestimmten Formulierung zum Abschluß gekommen war. Die Antinomie entsteht, weil solch ein Abschluß keinen „logischen", sondern wesentlich einen „äußeren" Grund hat, der immer selbst wieder zur Diskussion gestellt werden kann und nur „Grund" ist, solange dies *faktisch* nicht geschieht. Auf diese Weise ist die Logik mit der Wirklichkeit verbunden. Sie ist mit ihr verbunden, indem sie nicht nur ihrem eigenen Gesetz folgt, sondern eingeschränkt ist. Die Wirklichkeit erscheint so als Negation der Logik des Geistes sich anerkennender Individualität, als endliche Bedingtheit dieses Geistes aus „äußeren" Gründen, aus denen der Logos so zu einem Ende gekommen war, daß die Korrelatvorstellung zu solch einer letzten Formulierung „Objekt" heißen konnte. Die Struktur dieser Formulierung gilt dann als die der objektiven Realität, und zwar gilt dies aus den jeweiligen „äußeren" Gründen, aus denen es sich um eine *vorläufig* letztgültige gehandelt hatte. Die „formale" Logik untersucht nur die Strukturen solcher möglichen Formulierungen überhaupt. Die „transzendentale" Logik definiert das in Ansehung solcher möglichen Strukturen als bestimmt Angesehene *in dieser Bestimmung* als „die" objektive Realität. Sie definiert somit die Antinomie fort. Bei Kant geschieht dies dadurch, daß das Ansehen einer „Anschauung" als bestimmt als Bedingung für die Wahrheit dieses Ansehens als bestimmt hinzukommt. „Anschauung" ist das jeweils einem anschauenden Subjekt Vorgegebene, und in ihrem Kantischen Begriff ist gesetzt, „daß die *Art,* wie wir etwas anschauen, . . . bei allen als einerlei angenommen werden kann". Es kann also deshalb kein Einwand von einem anderen Subjekt, das anders anschaute, erwartet werden.

Bei Kant ist damit gesetzt, daß die Form der Vorstellung der Wahrheit in einer der möglichen Formen überhaupt eine wesentlich und nicht nur faktisch abgeschlossene ist, weil mit seinem Begriff formaler Anschauung zugleich ausgeschlossen ist, daß von *anderer* Anschauung her Einrede geschieht. Die transzendentale Anschauungsform steht zwischen der logischen Form, in der etwas als bestimmt angesehen wird, und dem Unterschied der anschauenden Subjekte, so daß dieser Unterschied nicht zur Geltung kommen kann. Über den Begriff einer transzendentalen *Form* der Anschauung ist Subjektivität vereinheitlicht, und nur so kann die logische Form der Bestimmung des Gegenstandes als eine Form angesehen werden, die nicht nur faktisch, sondern objektiv zu dem „Schluß" gekommen ist, als der sie Begriffe synthetisch auf eine Einheit bezieht.

[1] Vgl. hierzu G. Patzig, Satz und Tatsache, in: Argumentationen, Festschrift für J. König, Göttingen 1964, S. 191.

Die Lehre von der transzendentalen Anschauungsform hat die kritische Funktion, die Bedingung zu nennen, unter der Bedeutungen, denen von einem naiven Sprachbegriff her per se Definitheit zugeschrieben wird, als definit erscheinen können. Sie ist insofern Bestandteil einer philosophischen Semantik. Sie vermittelt einen Begriff davon, daß der subjektive Gebrauch der Sprache in der jeweiligen subjektiven Weise des Gebrauchs zugleich Beziehung aufs Objekt, d. h. *Bedeutung* sei. Sie vermittelt somit überhaupt erst eine kritische Theorie des Begriffs. Damit vermittelt sie auch eine Theorie der Wahrheit, von der her begriffen werden können soll, inwiefern der Gegensatz des Bewußtseins zwischen subjektivem Wissen und objektiver Wahrheit sich *überhaupt* im Begriff einer Identität beider Seiten stabilisieren kann. Dieser Begriff der Stabilisierung des Gegensatzes des Bewußtseins will über die Beschränkung auf die Notwendigkeit jeweiliger, *faktisch* erreichter Stabilisierung hinausweisen. Er will die Geschichte solcher faktischen Formen oder Gestalten des Geistes und der Weltorientierung beenden[2], indem er einen Begriff von Wahrheit vorstellen möchte, nach dem Wahrheit nicht nur die jeweilige, den Einreden anderer ausgesetzte Wahrheit ist. Deshalb muß die Andersheit aus dem Begriff der Subjektivität eliminiert werden.

Dies gelingt nur, insofern gegen diese Theorie der Wahrheit selbst keine Einwände erhoben werden. Das kann diese Theorie aber selbst nicht a priori ausschließen. Denn der sie tragende Begriff der formalen Anschauung bezieht sich wohl auf eine Art der Anschauung, die bei allen einerlei sein soll. Er beruht aber selbst natürlich nicht auf Anschauung einer solchen Tatsache, von der es selbstverständlich nicht auch wiederum eine Anschauung geben kann. Man kann nicht anschauen, *wie* andere anschauen. Vielmehr ist dieser Begriff (in der „transzendentalen Ästhetik") argumentativ entwickelt. Diese Argumentation („Erörterung") ist nicht a priori mit dem Begriff ihres notwendigen Beendigtseins verbunden, sondern auf faktische Akzeptation angewiesen. Insofern stellt die Kantische Philosophie doch auch selbst eine historische Gestalt in der Reihe der faktischen Stabilisierungen des Gegensatzes des Bewußtseins dar.

6. *Die Frage der Geschichtlichkeit der Wahrheit und die Wahrheit als Evidenz*

Diese kurze Rückbesinnung auf den Kantischen Begriff der Wahrheit ermöglicht es, die Vorstellung von der Geschichtlichkeit der Wahrheit mit dem Begriff ihrer Absolutheit zu vergleichen. Es ist ein Begriff von der

[2] Vgl. Kant, Kritik der reinen Vernunft, Vorrede zur ersten Auflage, XX.

wesentlichen Vorläufigkeit der Stabilisierungen des Gegensatzes des Bewußtseins erreicht. D. h. nicht nur dann, wenn faktisch Widersprüche den Scheincharakter der Stabilisierung in einer bestimmten Gestalt der Weltorientierung hervorkehren, muß von einer solchen Vorläufigkeit die Rede sein. Es ist damit innerhalb der Geschichte der Stabilisierungsversuche eine Reflexionsstufe erreicht, derzufolge sich nicht erst dann eine vermeintlich absolute Wahrheit als imaginäre Stabilisierung erweist, wenn sie schon brüchig geworden ist. Es ist nun möglich und, nachdem dieses Bewußtsein im Denken erst einmal erreicht ist, auch unvermeidlich, eine „Wahrheit" auch schon dann als bloße Gestalt historischer Weltorientierung zu wissen, wenn sie noch in diesem Sinne gilt. Am Anfang dieser Ausführungen wurde dargelegt, daß die Möglichkeit der Widersprüchlichkeit einer Theorie geradezu identisch ist mit der Möglichkeit ihres Bezuges zur Realität. D. h. daß *jede* Theorie, auch wenn *noch* kein Widerspruch in ihr entdeckt worden ist, doch schon als vorläufig (latent widersprüchlich) gewußt werden muß, wenn es sich hierbei überhaupt um eine Theorie handeln soll, in der sich Menschen in ihrem Bezug zur Realität orientieren und sich in der Wahrheit wissen können.

Mit dieser Reflexion ist eine Wende in dem Verhältnis von Wissen und Glauben eingetreten. Ohne sie war es möglich zu sagen, daß *für* den wirklich Glaubenden sein Glaube ein Wissen sei und eben nicht nur ein bloßer Glaube. Erst für die nachkommende historische Reflexion, *für uns* also als das „überlegene" philosophische Bewußtsein, sei dieses Wissen nur Glaube. Das sogenannte aufgeklärte Bewußtsein konnte sich als überlegen und als *kritisches* Reflexionssubjekt gegenüber dem Glauben in einer jeweils besonderen Gestalt verstehen, schon im Hinblick auf die historische Abfolge und das Nebeneinander solcher Besonderheiten der Gestalten. Es konnte sich darin, seines empirischen Seins ungeachtet, als „transzendental" verstehen. Mit dieser Reflexion ist dagegen jedes Wissen *für es selbst* schon als vorläufig gewußt. Das beschriebene und das beschreibende Bewußtsein fallen nicht mehr auseinander. Wir wissen, daß die Art und Weise unserer Weltorientierung von der *Art* des Mythos, des Glaubens usw., also von derselben geschichtlichen Art wie die vergangenen geschichtlichen Gestaltungen des Geistes ist. Wir wissen dies auch von der Wissenschaft, ob wir dies wahrhaben wollen oder nicht. Wir *leben* in einer Überzeugung, von der wir *wissen*, daß es nur eine Überzeugung ist, und dennoch bleibt es unsere Überzeugung, die wir nicht einfach damit auch schon ablegen können. Dies kommt im Wahrheitsbegriff Nietzsches zum Vorschein, wenn er Wahrheit als „Art" von Irrtum bezeichnet, ohne den nicht überlebt werden kann. Diese Kritik Nietzsches an einem bestimmten Wahrheitsbegriff ist in die philosophische Reflexion aufzunehmen. Das Wissen um das Faktum der Imagination hebt sie nicht auf. Die

Imagination ist ja gerade in diesem Wissen als notwendig reflektiert. Unsere Art der Stabilisierung des Gegensatzes des Bewußtseins besteht darin, diese Reflexion mit dem Leben zu vereinen, den Widerspruch zwischen ihr und dem Überzeugtsein von dem, was uns das Wahre ist, zu verarbeiten. Es ist der Widerspruch zwischen der eigenen Überzeugung und der Antizipation ihres *wesentlichen* geschichtlichen Überholtseins.

Wir wissen um die historische Subjektivität unserer festen Überzeugung. Ihre Festigkeit (Evidenz) besagt nur, daß es zu *uns* gehört, daß *wir* sie nicht bezweifeln und daß *wir* auch keinen „vernünftigen", d. h. *uns* irgend etwas bedeutenden (besagenden) Grund dafür sehen. Indem wir dies wissen, sind wir, die wir eine bestimmte positive Überzeugung haben, zugleich von ihr gelöst. Wir verhalten uns zugleich positiv und negativ zu ihr. In dem negativen Verhältnis ist das Wissen absolut, in dem positiven Verhältnis ist es bedingt. Das absolute Wissen ist also nicht mehr als Gegensatz zu einem bedingten Wissen zu verstehen. In einem solchen Gegensatz wäre es nur das negative gegen es und als diese bestimmte Negation selbst von ihm her bedingt, d. h. nicht absolut. Das absolute Wissen ist das Wissen, das um die Bedingtheit eines jeden positiven Wissens, auch des eigenen positiven Wissens, a priori weiß.

Gegen die Position des Skeptizismus, daß an allem zu zweifeln sei, wird eingewendet, sie müsse auch die eigene Position, nämlich diese Aussage selbst, *daß* an allem zu zweifeln sei, einbeziehen. Dies aber führe zu einem Widerspruch. Hierbei ist übersehen, daß im Leben *de facto* ein universaler Zweifel nicht möglich ist. Er würde jede Orientierungsmöglichkeit aufheben und zu einer tödlichen Verzweiflung führen. Um des Lebens willen bedarf es bestimmter Grundannahmen, deren Geltung faktisch nicht bezweifelt werden kann, und die somit für den, der sie hat, dadurch den Charakter der Evidenz besitzen. Natürlich „könnten", im Konjunktiv gesprochen, an und für sich auch diese Grundannahmen bezweifelt werden. Dies gilt für den, der sie nicht hat, und von ihm aus gesehen auch für den, der sie hat. Für die jeweilig gelungene Stabilisierung des Gegensatzes des Bewußtseins aber ist entscheidend, daß dies faktisch nicht geschieht. Es kann kein menschliches Leben und in ihm auch keine „objektive" Erkenntnis geben, ohne daß jeweils bestimmte Inhalte für wahr gelten. Die skeptische Position übersieht dies, oder sie ist anders zu verstehen, als sie gemeinhin verstanden wird. Insofern sie diesen Umstand übersieht, wäre ihr nicht so sehr vorzuwerfen, daß sie nicht auch an der eigenen Aussage, daß man an allem zweifeln müsse, zweifelt. Vielmehr wäre ihr vorzuhalten, woran sie dennoch im Ernst *faktisch* nicht zweifelt, und dies wäre sicherlich je nach historischer Situation verschieden. Oder sie ist als ein „sich vollbringender Skeptizismus" zu verstehen, der durchaus auch die eigene Überzeugung mit einbezieht, und zwar so, daß sie nicht gegen ihr faktisches Bestehen weggedacht wird. Er implizierte dann das Zugeständnis der eigenen Überzeugung *als der je eigenen* in ihrer Notwendigkeit, aber zugleich damit dann auch das einer möglichen anderen Überzeugung anderer. Insofern hätte er reflektiert, was wirklich geschieht, wenn Individuen miteinander sprechen, aber als Individuen, nicht nur als „Mitglieder" von objektivierten, bei allen als gleich geltenden Grundanschauungen. Als sich so „vollbringender Skeptizismus" wäre er, im *Wissen* der Notwendigkeit des notwendig bedingten eigenen positiven Wissens, zugleich davon absolutes, gelöstes Wissen. D. h. es wäre die Voraussetzung ins Bewußtsein aufgenommen, die besteht, bzw. *da ist*, wenn Menschen miteinander sprechen. Im Sprechen haben sie ein positives Wissen, sie haben die Identität ihrer Person im Zusammenhang der Geltung solchen Wissens gewonnen, das sie sich erworben und an dem sie sich gebildet haben, indem sie sich in dessen Tradition eingebildet haben. Aber sie haben es so, daß sie zugleich davon gelöst sind. Sie sind zugleich anderen als anderen zugewandt, ohne Gewißheit, ihnen die eigenen Vorstellungen, so, wie sie gemeint sind, vermitteln oder deren Vorstellungen in der Reduktion auf eigene antizipieren zu können. So sehr auch die Gewißheit der Wahrheit des eigenen Wissens besteht, so sehr ist der Sprechende als solcher, auch wenn er dies nicht reflektiert, von dieser Gewißheit gelöst. Sie besteht wesentlich nicht in bezug auf die Identität seiner Meinung mit der des Partners. Er kann nicht *wissen*, ob er die von ihm *gemeinten* (intendierten) Bedeutungen so realisiert, wie sie gemeint sind. Dieser Geist ist im Sprechen *da*, auch wenn er nicht im Bewußtsein ist. Als dieser *daseiende* Geist ist er *absoluter* Geist[1].

Die absolute Wahrheit ist das Wissen um die absolute Geschichtlichkeit der jeweils geltenden Wahrheit. Die Frage, ob man denn wirklich an diesen oder jenen Wahrheiten, die als „evident" gelten, zweifle, betrifft diese Einsicht nicht. Wenn man an etwas nicht zweifelt und auch sonst niemanden findet, der sagt, daß er daran zweifle, bedeutet das, daß es als wahr gilt. Es hat *in der Tat* Geltung. Es gilt „jetzt". Wäre dies „jetzt" ein eingeschränktes „jetzt", dann wäre schon gesagt, daß diese Wahrheit nur in einem gewissen Zeitraum gelte. Sie wäre relativiert und damit eigentlich nicht Wahrheit. Zur absoluten Wahrheit gehört, daß gewußt ist, daß die *geltende*, also nicht relativierte Wahrheit, das, was „als" Wahrheit gewußt ist, bedingtes Wissen ist. Die *Bildung* bewegt sich in Gestalten des Geistes, die ihr selbst nicht das Wahre, sondern nur *geltendes* Bildungsgut bedeuten, das sie als solches, aber nur als solches anerkennt und durch dessen Einbildung sie sich innerhalb dieses Geltens Anerkennung und Macht erwirbt. Das absolute *Wissen* bewegt sich dagegen in der eigenen,

[1] Vgl. Hegel, Phänomenologie des Geistes, S. 471.

für es selbst geltenden und bedeutenden Wahrheit *als* in einer vergangenen. Insofern ist es bestimmt und offen zugleich. Es kann niemals ungebildeter als die Bildung sein. Es hat sie zur Voraussetzung. Denn es bedarf des Wissens um andere Wissensformen. Es geht aber über deren Kenntnis hinaus, indem es diese anderen Formen *wie die eigene* anerkennt, d. h. sie nicht als gegeneinander gleichgültige oder tote betrachtet, sondern als wirkliche Lebensformen, weil es von der eigenen entfremdeten *Form* des Lebens ebenso abgelöst ist wie von fremden. „Die Entfremdung wird sich selbst entfremden" (353). Insofern ist es kein Wissen von etwas anderem als dem Wissen der Bildung, sondern das Wissen dessen, was in Wahrheit als „daseiender Geist" ist (da ist), wenn überhaupt miteinander gesprochen wird, und aufgrund dessen sich überhaupt bestimmte Wissensformen herausbilden, bzw. bewußte Wesen im Gegensatz des Bewußtseins *leben* können.

Nur die selbst in bestimmter Weise gebildete, d. h. an einer bestimmten Form des Wissens orientierte Person kann andere *wie sich selbst* anerkennen. Anerkennung kann nicht durch oberflächliche „Relativierung" der eigenen Position geschehen. Man kann aber ebensogut sagen, sie geschehe dadurch, daß der Anerkennende sich zur eigenen Position so fremd verhält wie zu anderen, d. h. nicht ihre Geltung für sich selbst, wohl aber ihren ausschließenden Geltungsanspruch absterben läßt. Erst durch solches Absterben des allgemeinen Anspruchs seiner selbst begreift er sich selbst als Individuum in seinem Verhältnis zu anderen Individuen. Er begreift die eigene „Kraft des Sprechens", die über den Umkreis eigener Gewißheit hinausführt, ohne ins Nichts zu führen. Der Begriff des absoluten Wissens bedeutet das Gegenteil eines absoluten Anspruchs des eigenen positiven Wissens. Er bedeutet ein davon abgelöstes Wissen, in dem das eigene sowohl wie anderes Wissen ihr Recht behalten.

Der Begriff des Wahren als des *Evidenten* ist in diesem Begriff absoluter Wahrheit aufgehoben: Er ist zugleich bewahrt und eingeschränkt. Das Evidente ist das für mich Wahre, an dem *ich* vernünftigerweise nicht zweifeln kann. Ich kann es vernünftigerweise nicht, d. h. nicht im Einklang mit der Identität meiner selbst, zu der ich mich im Geltenden gebildet habe. Im absoluten Wissen bin ich von dieser eigenen Gewißheit entfremdet. Obwohl ich das Evidente nicht bezweifeln kann, weiß ich, daß es deshalb noch nicht das absolut Wahre, d. h. von dem Faktum, daß es *mir* evident ist, abgelöste Wahre ist. Der Begriff des Wahren dirimiert sich in das Evidente und die in ihrem Begriff von aller Evidenz abgelöste Wahrheit, die nicht relativ zur Evidenz für irgend jemanden ist. Die Wahrheit kann ihrem Begriff nach auch nicht relativ zur Evidenz für Subjekte überhaupt sein. Sie bliebe auch dann subjektiv, ganz abgesehen davon, daß der Begriff einer „Evidenz für alle", sozusagen ein konsensustheoretischer Evidenzbegriff, ein Unbegriff ist. Evidenz besteht jeweils für den, der faktisch keine Gründe zum Zweifel hat. Andere können mir in bezug auf das, was mir evident ist, *sagen*, ob es auch ihnen evident sei. Aber meine Evidenz hängt nicht mit ihrer Evidenz der Sache nach notwendigerweise zusammen. Ein solche Notwendigkeit der Sache nach müßte sich in einer Begründung ergeben. Evident ist aber das ohne Gründe *unmittelbar* für wahr Genommene, bei dem Begründungen als bei ihren vorausgesetzten Prämissen anfangen müssen. Wenn jemand die Evidenz eines mir evidenten Sachverhalts bestreitet, hilft alles Argumentieren nichts. Allenfalls kann man jemanden dahin führen, eine Evidenz zu vollziehen, und sie besteht dann für ihn darin, daß er sie selbst vollzieht. Man kann allerdings mit Husserl sagen: „Erlebt jemand die Evidenz *A*, so ist es *evident*, daß kein zweiter die Absurdität desselben *A* erleben kann; denn, daß *A* evident ist, heißt: *A* ist nicht bloß gemeint, sondern genau als das, als was es gemeint ist, auch wahrhaft gegeben; es ist im strengsten Sinne selbst gegenwärtig. Wie soll nun für eine zweite Person dieses selbe *A* gemeint, aber die Meinung, es sei *A*, durch ein wahrhaft Gegebenes non-*A* wahrhaft ausgeschlossen sein?" Nach Husserl handelt es sich um dieselbe „Wesenslage" wie beim Satz vom Widerspruch[2]. Doch diese „Wesenslage" gehört zur Evidenz, d. h. es ist dem, dem etwas evident ist, zugleich evident, daß einem anderen nicht das Gegenteil davon evident sein kann. Äußert sich aber ein anderer in dem Sinne, es sei *ihm* nicht evident, so kann der erste, solange die Evidenz besteht und eben weil sie besteht, dies nicht einsehen. Er wird das, was der andere äußert, nicht für möglich halten können und Gründe eines „Mißverständnisses" über das, was *gemeint* sei, vermuten. Husserl bestimmt die „Wesenslage" aus der Sicht des Subjekts heraus, für das die Evidenz besteht, und anders läßt sie sich auch vom Begriff der Evidenz her nicht bestimmen. Nur folgt daraus keineswegs, daß die Materie von Evidenz als solche notwendig jedermann evident sein müsse. Die Materie ist gerade, indem sie evident ist und nicht losgelöst davon als Ansichseiendes, wahr und in diesem Sinne als Sein bestimmt. Erst in dem davon abgelösten (absoluten) Wissen löst sich das Subjekt zugleich von seiner Evidenz als der absoluten Wahrheit, die es gleichwohl als solche dabei behält. Es begreift, daß *es* es ist, das sie nicht preisgeben kann, so daß es auch nicht wahrhaben kann, daß andere sie bezweifeln könnten, und daß es eher an der Sprache verzweifeln müßte, als daß es an der Evidenz zweifeln könnte. Es begreift, daß die Sprache kein Organ ist, das die Meinung oder das unmittelbar als wahr Erfaßte vermitteln könnte. Indem ein Subjekt dennoch wirklich spricht, hat es sich zugleich von seiner Evidenz als dem absolut Wahren gelöst. Das wirkliche

[2] Husserl, Logische Untersuchungen, Halle 1922, Zweiter Band, Zweiter Teil, S. 127.

Sprechen überwindet auch die Meinung von der Sprache, sie sei verfügbares Organ zur Vermittlung und Verallgemeinerung der eigenen Meinung. Sie steht anderer Meinung ebensosehr zur Verfügung, d. h. sie ist ebensowenig Organ zu *deren* Verallgemeinerung. Vor allem steht das wirkliche Sprechen gegen den Schein, Individualität könnte sich selbst mittels der Sprache wahrhaft als ein verschiedene Individualitäten umgreifendes Allgemeines setzen. In Wirklichkeit hat jede die Grenze ihrer Verallgemeinerung gegen die Verallgemeinerung anderer. Der Unterschied der Individualitäten wird, und hier ist wieder an den Humboldtschen Begriff des Sprechens zu erinnern, in der Intention der Verallgemeinerung deutlicher. Er wird für alle Seiten bewußter. Die individuellen Substanzen gewinnen deutlichere Perzeptionen von sich selbst. Dies geschieht, indem sie sich zugleich affirmativ auf den Gegenstand ihres Bewußtseins als auf ihr Wahres beziehen und ihn von dem Gegenstand anderen Bewußtseins unterscheiden.

Die Wirklichkeit des Sprechens steht kritisch gegen den traditionellen Begriff des Allgemeinen. Wahrheit kann von dieser Wirklichkeit her nicht mehr diesem Begriff subsumiert werden. Der Satz, sie sei das Allgemeine, ist vor allem nicht in der Bedeutung aufrechtzuhalten, sie umgreife die individuelle, zeitliche Existenz. Die Frage, ob sie überzeitlich sei, ist differenzierter zu stellen. Natürlich umgreift das, was der Individualität als das Wahre gilt – vor allem unter dem Begriff der Evidenz – die Zeit. *So* ist es im Bewußtsein. Insofern die Zeit aber nicht nur Anschauungsform des Subjekts ist, sondern vom einzelnen Subjekt in der Reflexion seiner Endlichkeit als eigene Begrenztheit und Befristung gewußt ist, ist auch gewußt, daß dieses Wahre von der endlichen Individualität aus so, wie es in ihr gewußt ist, nicht verallgemeinert werden kann. Mit der Endlichkeit ist die wesentliche Machtlosigkeit in dieser Beziehung, und d. h. zugleich: die Freiheit anderer Individualität sowie die eigene Freiheit gegen den *Anspruch* anderer reflektiert. Das von der Individualität gewußte Allgemeine kann nicht davon abgelöst werden, daß es von ihr gewußt und also wesentlich ein bedingtes Allgemeines ist. Insofern ist es zugleich für sie das Wahre *und* auf sie reflektiert, zurückbezogen. Es erscheint als unmittelbar evidente, also auch allgemeine und zugleich als reflektierte Wahrheit.

7. *Zweckmäßigkeit*

„Absolute Wahrheit" bedeutet nach diesen Ausführungen eine Relativierung aller positiven Vorstellungen. Sie bedeutet die *Reflexion* des je positiv für wahr Gehaltenen auf das individuelle, selbst nicht positiv bestimmbare Bewußtsein. Die „absolute" Methode ist die der „bestimmten Negation": Das Bewußtsein setzt sich in dieser Reflexion in einen Gegensatz zu dem, als was es sich je selbst bewußt ist, d. h. zu seinem positiven Selbstbewußtsein. Es unterscheidet sich als unbestimmtes „Subjekt" von jedem dieser positiven „Prädikate", indem es weiß, daß auch *die* „Wahrheit", mit der es sich jeweils selbst identifiziert, nur seine Auslegung ist, und damit versteht es das „ist" solcher Auslegungen zugleich als ein „ist nicht". Es unterscheidet sich von jeder Vorstellung, die es von sich hat, weil es reflektiert, daß es sich diese Vorstellungen immer nur *macht, damit* es überhaupt einen positiven Begriff von sich hat, mit dem es sich in einem „deutlichen" Begriff seiner selbst von anderem Seienden unterscheiden und sich so in ein bestimmtes *Verhältnis* zu anderem Seienden setzen kann. Es reflektiert die positive Vorstellung, mit der es sich selbst identifiziert, als *Mittel*, und es reflektiert sich, insofern es sich *selbst* in diesem „absoluten Wissen" weiß, als dessen nur in dieser *bestimmten Negation* gegen das Mittel bestimmbaren *Zweck*.

Alle möglichen positiven Vorstellungen sind damit unter den Begriff eines *zweckmäßigen* Mittels subsumiert. Deren Zweck ist in einer positiv unbestimmbaren Weise das Bewußtsein, das sie sich macht, aber eben nicht als das, als was es sich selbst je *bewußt* ist, sondern in seinem von jeder möglichen bewußten *Vorstellung von sich* verschiedenen *Sein*. Um dieses Sein geht es ihm in allen Vorstellungen, die es sich je von sich *macht*. – Heidegger hat diese „ontologische" Differenz – wenn auch in einem vermeintlichen Gegensatz zur Entwicklung der neueren Philosophie – entschieden herausgestellt. Er interpretiert die neuere Philosophie als sich zuspitzende Entwicklung der abendländischen Philosophie zur „Subjektität". Ihr vorherrschendes Seinsverständnis sei das Verständnis von Seiendem als Vorgestelltsein. Im Gegenzug dazu will Heidegger mit dem Sein des Seienden, das wir je selbst sind, aufweisen, „daß es diesem Seienden in seinem Sein *um* dieses Sein selbst geht"[1]. Heidegger vermeidet es zwar, in diesem Zusammenhang den traditionellen Begriff des Zweckes in seiner Differenz zu Mitteln zu verwenden. Der Terminus „Zweckmäßigkeit" hat wohl auch die Konnotation an sich, einen verläßlichen, technisch sichergestellten Zusammenhang zwischen gewählten Mitteln und einem zu erreichenden, vorgestellten Zweck zu bedeuten, so daß er

[1] Heidegger, Sein und Zeit, S. 12.

deshalb nicht die Komponenten des Besorgtseins und der Angst umfassen könnte, die bei Heidegger bekanntlich eine existenzielle Bedeutung erlangen. Der Terminus „Teleologie" entstammt ja sogar der „optimistischen" Aufklärungsphilosophie des 18. Jahrhunderts. Es soll aber versucht werden zu zeigen, daß der wesentliche Zug der neueren Philosophie verfehlt ist, wenn man davon ausgeht, daß sich in ihr das „Subjekt" primär als Subjekt wahrer *Vorstellungen* reflektiere und dann auch einen dementsprechenden Begriff der Wahrheit voraussetze.

Heidegger sieht eine solche Vorstellungsmetaphysik besonders deutlich bei Descartes ausgeprägt, in dessen Abhängigkeit von der „mittelalterlichen Scholastik" und damit von der Tradition der griechischen Philosophie, in der Seiendes „in seinem Sein als ‚Anwesenheit' gefaßt, d. h. . . . mit Rücksicht auf einen bestimmten Zeitmodus, die ‚*Gegenwart*', verstanden" sei (25). „Durch die Übernahme der ontologischen Position *Descartes*'" mache dann „auch *Kant* ein wesentliches Versäumnis mit: das einer Ontologie des Daseins" (24), dem es in seinem Sein um dieses Sein selbst gehe. – Hier ist, wie oft in der Interpretation Descartes', die wichtige Rolle der Einbildungskraft übersehen. Sie meint eine aller Bestimmtheit von etwas für das vorstellende Denken vorausliegende Kraft, die die „Probleme", die sich *ergeben*, insofern sie das Seiende, das wir je selbst sind, *angehen*, erst in eine dem Verstand und dessen Lösungsmöglichkeiten zugängliche Form bringt. Die Vorstellbarkeit in einer klaren und deutlichen Form *dient* der Lösung solcher Probleme durch den endlichen Verstand, der in einer von ihm selbst nicht vorstellbaren Weise in seinem Sein bedingt ist. Die Einbildungskraft ist insofern durchaus Mittel, als es diesem Seienden in der ihm eigenen Weise um es selbst geht. Keineswegs ist sie Selbstzweck einer „reinen" Theorie. Zweck ist vielmehr das Sein dieses Seienden, das sich die „geeigneten" oder für die Lösungen der Probleme, die es angehen, „zweckmäßigen" Vorstellungen mittels der Einbildungskraft macht. Ganz entsprechend verhält es sich bei Leibniz, ja, wie zu zeigen sein wird, auch bei Kant, in dessen Philosophie der Zweckbegriff sowohl in theoretischer wie in praktischer Hinsicht zwar nicht vordergründig – vor allem nicht in der „Kritik der reinen Vernunft" –, aber doch systematisch eine oder gar die tragende Rolle spielt. Und hier wird der Zweckbegriff keineswegs nur „in Analogie" zu einer handlungsbezogenen, bewußt geplanten Zwecktätigkeit gedacht, nach der er immer schon auf Vorgestelltes bezogen wäre. Nach Kant kann er vielmehr nur in einer solchen Analogie positiv *bestimmt* werden, ohne dadurch wirklich in eine angemessene (wahre) Vorstellung gebracht werden zu können. Die Analogie ist ein ganz unzulängliches Hilfsmittel dazu, sich überhaupt eine Vorstellung von dem zu machen, was für uns in unserem Weltverhalten unentbehrlich, aber eben nicht unter einem Begriff *vorstellbar* ist. – Der in der neueren Philosophie wichtige Begriff des Zweckes ist allerdings weithin als etwas „Unwissenschaftliches" aus dem Gesichtskreis verdrängt worden, da man ihn im Gegensatz zu dem „wissenschaftlichen" Begriff der Kausalität sah. Man meint, sich dabei auf Kant berufen zu können, nach dem doch das Kausalgesetz allgemein gültig sei und keinen Platz für „teleologisches Denken" lasse. Es gibt aber bei Kant keinen Gegensatz zwischen einem „kausalgesetzlichen" und einem „teleologischen" Denken und folglich auch keine Parteinahme für das erstere. Solch eine Entgegensetzung folgt rein weltanschaulichen Gesichtspunkten und ist überhaupt kein Denken. Die Verhältnisse zwischen Zweck- und Kausalbegriff liegen *philosophisch* betrachtet (auch bei Kant) komplizierter.

Um dies wenigstens in bezug auf die Entwicklung des Wahrheitsbegriffs in der neueren Philosophie andeutungsweise zu vergegenwärtigen, möchte ich lediglich zwei Positionen in aller Kürze skizzieren, die des Thomas von Aquin, also eines Philosophen der „mittelalterlichen Scholastik", und die Position Kants. – Thomas geht an einer bekannten Stelle der „Summa theologiae" zunächst von der sinnlichen Wahrnehmung aus, man könnte sagen, von den „Phänomenen": „Videmus enim quod aliqua quae cognitione carent, scilicet corpora naturalia, operantur propter finem"[2]. So geht er zwar von Seiendem aus, insofern es für uns unter anderem Seienden „vorkommt", aber doch ebenso unmittelbar davon, daß es sich auf ein Ziel hin bewege. Er sagt, wir *sähen* dies. Die Feststellung, daß wir dies sähen, bedarf einer näheren Ausführung: „quod apparet ex hoc quod semper, aut frequentius eodem modo operantur". Die Körper verhalten sich immer oder öfters auf die gleiche Weise. Sie *wiederholen* ihre Bewegungen, so daß man sie als immer wieder dieselben oder als Bewegungen in bestimmter *Art* identifizieren kann. Man kann sagen, wann eine Bewegung *zu Ende* ist und wann sie sich als dieselbe *Art* von Bewegung zu wiederholen beginnt. Nur als sich in bestimmter Weise wiederholende Bewegung ist sie überhaupt bestimmbar, und als bestimmte hat sie ihre Bestimmung, ihr „Ende" oder ihr „Ziel" in sich selbst. Indem sie sich wiederholt, verfolgt sie, was für ihr Sein das „Beste" ist (ut consequantur id quod est optimum). Solange sie die Bewegung ihrer Art optimal wiederholen kann, solange *ist* sie, *was* sie ist. Das Abweichen vom Optimum in dieser Hinsicht bedeutet die Auflösung ihres Seins als dieses besondere Seiende. Insofern die Seienden aber selbst kein Bewußtsein haben und keine Erkenntnis besitzen (non habent cognitionem), insofern können sie nicht selbst dafür *sorgen*, daß ihre Bewegungen immer wieder optimal an ihr Ziel gelangen und sich von daher auf die gleiche Art wiederholen. Deshalb, so folgert Thomas, ist eine Intelligenz erfordert, durch die alle

[2] Thomas von Aquin, Summa theologiae, I, qu. 2, 3.

Naturdinge auf ihr Ziel hin ausgerichtet werden, „a quo omnes res naturales ordinantur ad finem, et hoc dicimus Deum" (ebd.). Gott ist hier dasjenige, was für die Zweckmäßigkeit der Bewegungen und Regungen des Seienden sorgt, insofern es sich in bewußt zwecktätiger Weise, die ja als solche noch nicht unbedingt auch schon objektiv zweckmäßig ist, *nicht selbst* darum sorgt und dennoch existiert.

Insofern ist dem Seienden dieses Sein, in dem es ihm um es selbst geht, natürlich nicht „erschlossen"[3], und nur insofern ist eine von unserer Intelligenz und ihren *Vorstellungen* von dem, was das Beste sei, verschiedene Intelligenz gefordert. Die positive Bestimmung der „Intelligenz" ist dabei von der Erkenntnis her (in ihrer ratio cognoscendi) in Analogie zu unserer Intelligenz gebildet. Das von uns dermaßen positiv Bestimmte ist aber doch als Seinsgrund (ratio essendi) auch unserer Intelligenz gedacht, insofern diese sich nicht durch ihre eigenen „intelligenten", als zweckmäßig vorgestellten Handlungen in ihrem Sein erhält. Der Begriff „Gott" steht hier also für das Sein des Seienden, insofern es als ein solches begriffen ist, dem es nicht nach seinen bewußten *Vorstellungen* und nicht in einer als zweckmäßig vorgestellten Weise, sondern in seinem *Sein* um dieses Sein selbst geht. Er steht für dieses Sein auch *des* Seienden, das *ist,* auch wenn es sich auf eine dafür unzweckmäßige und nur nach seiner eigenen *Vorstellung* von dem, *was* es sei, zweckmäßigen Weise zwecktätig verhält. Diese philosophische Struktur des Zweckbegriffs ist festzuhalten. Es ist vor allem festzuhalten, daß in der philosophischen Tradition der Zweckbegriff gerade nicht – wie es oft in vermeintlicher Anlehnung an Kant verstanden wird – ein bloßer Analogiebegriff zu einer bewußten Zweck*tätigkeit* ist. Die Analogiebildung erstreckt sich nur auf die *positive Bestimmung* und Benennung eines Begriffs, der gerade in *bestimmter Negation* zu dem Begriff eines *vorgestellten* Besten gedacht ist, als eine Seinsstruktur, die man als Bedingung der Möglichkeit alles Seienden, also auch des Seienden denken muß, dem es in bewußter Weise um sein Sein zu tun ist. Es läßt sich nämlich nicht denken, daß die Handlungen dieses Seienden, also der Menschen, mit Gewißheit *dafür zweckmäßige* Handlungen seien. Sie könnten es auch, als einzelnes wie als Gattungswesen, zugrunde richten. Auch und gerade bei Kant ist diese philosophische Dimension des Zweckbegriffs zu erkennen, die über einen technisch-praktischen Zweckbegriff hinausweist[4].

[3] Heidegger, Sein und Zeit, S. 12.

[4] Wenn wir eine Seinsstruktur klären wollen, müssen wir dies natürlich „exemplarisch" an *dem* Seienden vornehmen, das wir selbst sind. Diese Aufgabe stellt sich Heidegger in seiner „Daseinsanalyse" in „Sein und Zeit". Die Tradition hatte sich diese Aufgabe so nicht gestellt. Sie hat aber, wie nun am Beispiel Kants gezeigt werden soll, auch nicht versucht, sie an *anderem* Seienden aufzuzeigen und sie damit dann doch wieder in die

Es geht bei der „Teleologie“, wie diese Reflexionsstruktur seit der Aufklärungsphilosophie genannt wird, philosophisch nicht nur vordergründig um die Frage, ob etwa *lebende* Wesen, z. B. die Tiere, sich „zweckmäßig“ verhalten, sondern um eine grundsätzlichere Angelegenheit, nämlich um die Frage, mit welchem Recht wir überhaupt davon ausgehen, daß unseren besonderen „empirischen“ Begriffen, mit denen wir *Einteilungen* der Natur vornehmen, d. h. Bewegungen bestimmter *Art* voneinander unterscheiden, Wahrheit zukomme. In dieser Hinsicht ist der Cartesianische Weg über den Begriff eines „deus benignus“ durch Kants „Kopernikanische Wendung“ nicht positiv abgelöst. Er ist (in der Kritik der Gottesbeweise) als ungangbar kritisiert. Die Frage nach der Gültigkeit solcher Einteilungen, die wir machen müssen, bleibt offen, und in diesem Zusammenhang ist der die Naturen spezifizierende Begriff *lebender* Wesen nur ein *Beispiel*[5] für einen Begriff, der gegenüber dem allgemeinen Naturbegriff weiter spezifiziert, also durch die transzendentale Argumentation Kants nicht als objektiv gültig abgedeckt und gleichwohl in seiner Art unverzichtbar ist. Für die Wahrheit der *Formen*, in denen wir unsere Urteile über etwas bilden, hatte Kant eine Antwort vorgeschlagen. Eine dieser Formen war die hypothetische Urteilsform, in der wir Sätze formulieren, die ein objektives Nacheinander verschiedener Erscheinungen in der Natur im Unterschied zu einem bloßen Nacheinander unserer subjektiven Wahrnehmungen dieser Erscheinungen aussagen. Es bleibt bei Kant ausdrücklich offen, worin der Rechtsgrund für die Annahme der Objektivität der *empirischen* Begriffe über die „formalen Bedingungen der empirischen Wahrheit“ hinaus[6] bestehe. Das könnte nur gesagt werden, „wenn nicht die Kausalität einer (wirklichen) Veränderung überhaupt ganz außerhalb der Grenzen einer Transzendental-Philosophie läge, und (wenn sie nicht) empirische Prinzipien voraussetzte“ (B 213. Klammerzusätze v. Vf.). In

uns mögliche *Vorstellung* davon hineinzuziehen. Das läßt sich auch dann nicht vermeiden, wenn die Analyse am Beispiel unseres eigenen Seins durchgeführt wird, mit dem Argument, daß wir *das* Seiende seien, das in seiner „Existenz“ „erschlossen“ und dessen Sein „*je meines*“ (41) sei. Selbstauslegung ist hier die Methode der Ontologie, und es entsteht der berühmte „hermeneutische Zirkel“, weil dabei beständig eine *Sprache* verwendet werden muß, die die gängige Sprache ist, in der dieses je *Meinige* auf *allgemeine* Begriffe gebracht werden muß, es sei denn, das „allgemein“ Formulierte sei so gemeint, daß sich jeder das je Seinige dabei denken solle. Der Sprachgestus Heideggers will offenbar vor einem Verstehen „im Allgemeinen“ oder in traditionell vorgeformten Bahnen bewahren. So soll „das Seiende, dem es in seinem Sein um dieses Sein selbst geht“, z. B. nicht in herkömmlicher Weise als „Substanz“ verstanden werden, weil Heidegger, wie seine Interpretation Descartes' zeigt, darunter einen Begriff für *vorweg in ihrer Unterschiedenheit gegeneinander vorkommende* „Substanzen“ versteht.

[5] Vgl. Kant, Kritik der Urteilskraft, LII: „z. B. ein organisierter Körper“.

[6] Kant, Kritik der reinen Vernunft, B 236.

den einzelnen Wissenschaften müssen natürlich solche „empirischen Prinzipien“ vorausgesetzt werden. Sie handeln nicht von Bewegung schlechthin, sondern von Bewegung bestimmter Art, wie z. B. die Physik von der Bewegung *äußerer* Gegenstände im Raum. Die an sich verschiedenen empirischen Begriffe, die mittels der Urteilsform „Wenn . . . dann . . .“ *als* Ursache und *als* Wirkung verknüpft werden, müssen im Interesse der Anwendungsmöglichkeit dieser Form bereits vorweg als in ihrer Bedeutung (als Beziehung auf Objekte) wohlunterschiedene Begriffe angesehen werden. Erst am konkreten Beispiel einer solchen *Anwendung* der Form wird dann deren Bedeutung gerechtfertigt. Man kann sich also in einem Streit darüber, ob in der Natur überall Kausalität gelte oder ob auch finale Zusammenhänge anzunehmen seien, nicht für eine dieser beiden Seiten entscheiden. Das wäre ein ganz unvernünftiger Standpunkt. Er könnte nur rein weltanschauliche Gründe haben. Die Philosophie lehrt, daß sich diese beiden Prinzipien wie Form und Inhalt zueinander verhalten, oder wie die Bedeutung der Satzform zu der der Wörter des Satzes. Gerade ein kritischer Begriff von Kausalität läßt völlig offen, was inhaltlich in einer kausalen Erklärung als Ursache kategorisiert wird, wenn wir eine Erscheinung der Natur kausal bestimmen, d. h. ein objektives Nacheinander von dem subjektiven Nacheinander unserer Wahrnehmungen verschiedener Erscheinungen unterscheiden wollen.

Auch Kant geht also vom Beispiel, vom Sehen aus. Wir beobachten eine Veränderung: Dieser Körper da dehnt sich aus, und fragen daraufhin nach einer (objektiven) Ursache dieses uns unerklärlichen Ereignisses. Damit antizipieren wir schon formal eine abschließende Antwort (Erklärung) überhaupt, die wir aus der Logik dieses Fragens heraus akzeptieren wollen, wenn sie uns von ihrem Inhalt her befriedigt. D. h. wir akzeptieren formal (als transzendentales Subjekt) die Nennung einer Ursache für dieses Ereignis. Denn, so argumentiert Kant, nur dadurch ist uns *prinzipiell* die Unterscheidung eines objektiven Nacheinander von der subjektiven Reihenfolge der Wahrnehmungen möglich. Es bleibt aber dabei noch völlig offen, *welche* Antwort unser Fragen auf dem Hintergrund unseres sonstigen Weltbildes, unserer „Vorurteile“ usw. wirklich (empirisch-subjektiv) zum Abschluß bringen wird, indem wir sie als „Erklärung“ akzeptieren. Auf die Frage, warum sich dieser Körper da ausgedehnt habe, kann z. B. geantwortet werden, er sei erwärmt worden. Wir akzeptieren das als Ursache, insofern wir als dermaßen „Gebildete“ und im Unterschied etwa zu *anders* gebildeten Angehörigen z. B. animistischer Weltansichten bereits eine allgemeine empirische Regel akzeptiert haben, die besagt, daß Körper sich ausdehnen, wenn sie erwärmt werden.

Das reine Kausalgesetz wird nur „für die Natur . . . überhaupt (als Gegenstand möglicher Erfahrung)“ „als schlechterdings notwendig erkannt"[7]. Es ist „transzendental, wenn dadurch gesagt wird", daß die Veränderung von Substanzen überhaupt „eine Ursache haben müsse". Denn nur, wenn wir dies *sagen*, unterscheiden wir überhaupt eine objektive Folge von der subjektiven Wahrnehmungsfolge. Es ist damit aber noch gar nichts darüber gesagt, *was* wir als Ursache ansprechen. Deshalb muß es auch nach Kant „metaphysisch" bleiben, wenn wir etwas, wie z. B. in physikalischer Betrachtung, in einer näheren Bestimmtheit gegenüber dem reinen *Begriff* der Ursache als Ursache ansprechen und auch nur voraussetzen, eine Veränderung habe eine „*äußere* Ursache". Denn hier ist schon „der empirische Begriff eines Körpers (als eines beweglichen Dinges im Raum) diesem Satze zum Grunde gelegt" (XXIX). Es ist hier von einer spezifisch bestimmten Bewegung als von der so bestimmten „Materie" dieser besonderen Wissenschaft die Rede, und von diesem empirischen Zusatz her handelt es sich nicht mehr um eine transzendentale, sondern um eine empirische Regel. Als solche dient sie zwar (als Mittel) dazu, daß wir unsere Wahrnehmungen „objektiv machen" können[8], indem wir uns in einem Schluß (Wenn a, so b; nun ist a; also ist b) auf sie als auf eine erste Prämisse beziehen. Eine solche Regel selbst ist aber von ihrem Inhalt her zufällig. Eine körperliche Bewegung ist in einem anderen Sinne Bewegung als z. B. ein psychischer Prozeß, und um auch nur die „metaphysischen Anfangsgründe" einer besonderen Wissenschaft von den sich im Raum bewegenden Körpern, also der Physik, gewinnen zu können, muß von entsprechenden „spezifisch-verschiedenen Naturen" oder *Arten* von Bewegung die *Rede* sein[9]. Der Verstand kann in dieser Hinsicht „a priori nichts bestimmen". Aber er muß doch von solchen „empirischen sogenannten Gesetzen" *annehmen*, „daß . . . nach ihnen eine erkennbare Ordnung der Natur möglich sei" und daß es in der Natur „eine für uns faßliche Unterordnung von Gattungen und Arten gebe"[10]. „Anfänglich", d. h. von den Phänomenen her, muß er „für die spezifische Verschiedenheit der Naturwirkungen eben so viel verschiedene Arten der Kausalität" annehmen, wenn er auch zugleich annimmt, daß „sie dennoch unter einer geringen Zahl von Prinzipien stehen mögen, mit deren Aufsuchung wir uns zu beschäftigen haben"[11]. Wir versuchen, diese Zahl zu *reduzieren*, wenn wir die Natur *beurteilen*, z. B. mittels der hypothetischen Urteilsform „wenn a, so b", in der wir den in der Beschreibung der *Wahrnehmung* als bedeutend vorausgesetzten Unterschied von „b" gegen „a"

[7] Kant, Kritik der Urteilskraft, XXXII.

[8] Kant, Kritik der reinen Vernunft, B 240.

[9] Kant, Kritik der Urteilskraft, XXXII.

[10] Vgl. das Leibnizsche Prinzip eines *zureichenden Grundes* „für alle Besonderheit", Monadologie § 39; dazu o. S. 171.

[11] Kant, Kritik der Urteilskraft, XXXVf.

asymmetrisch aufheben[12]. Aber die „Zusammenstimmung der Natur zu unserem Erkenntnisvermögen wird von der Urteilskraft, zum Behuf ihrer Reflexion über dieselbe nach ihren empirischen Gesetzen, a priori vorausgesetzt"[13]. Es *bleibt* eine Voraussetzung, über deren Richtigkeit wir nicht selbst wiederum ein Urteil haben können. Der Verstand erkennt sie „zugleich objektiv als zufällig" an. Die Reduktion der Zahl der verschiedenen Kausalitäten bleibt ein reines Sollen, einen Begriff von einer nach durchgehenden Gesetzen bestimmten Einheit der Natur zu gewinnen. Die völlige Auflösung der verschiedenen *Arten* von Naturen in einem solchen einheitlichen Naturbegriff ist unmöglich, denn sie löste zugleich jede *inhaltliche* Bestimmtheit (einer „Materie" der Betrachtung) im Begriff der Natur auf. Die Urteilskraft muß in ihrer Richtung von diesen verschiedenen Arten auf einen einheitlichen Naturbegriff hin „reflektierend" bleiben. Sie bleibt damit auch teleologisch. Das teleologische Urteilen ist „kein besonderes Vermögen, sondern nur die reflektierende Urteilskraft überhaupt" (LII). Alles reflektierende, einen umfassenden Begriff *suchende* Urteilen ist teleologisch. *Bestimmend* kann nur das Urteilen sein, das um des transzendentalen Begriffs eines Gegenstandes überhaupt willen das inhaltlich Verschiedene allein in Ansehung der synthetischen *Form* des Urteils als bestimmt ansieht und die Inhalte unter den so gewonnenen Begriff eines Gegenstandes überhaupt subsumiert.

Der Begriff der „in sich" bestimmten „Art" wird von Kant expressis verbis wieder aufgegriffen. Die reflektierende Urteilskraft setzt voraus, „daß das für die menschliche Einsicht Zufällige . . . dennoch eine für uns zwar nicht zu ergründende, aber doch denkbare gesetzliche Einheit . . . enthalte" (XXXIV). Wir sind berechtigt, von Bewegungen bestimmter Art, also von sich auf ein Ziel hin abschließenden und von da her sich wiederholenden Bewegungen zu sprechen, *weil wir anders überhaupt nicht über die Natur sprechen könnten.* Wir hätten sonst keine Inhalte für die Formen unserer Sätze. Aber wir wissen auch, daß wir niemals einen Begriff davon haben werden, ob die besondere Art, in der wir über die Natur sprechen, wirklich einer Einteilung der Natur durch sie selbst entspricht. Wir können unsere „zufällige" Art, uns Vorstellungen von der Natur zu machen, nicht mit dem gleichsetzen, dem es in der Natur je in seinem Sein um dieses Sein selbst geht. Wir setzen zwar immer solche Seienden voraus, denen es in ihrem Sein um dieses Sein selbst geht oder die eine finale Seinsstruktur haben, und das müssen wir tun, aber wir müssen es tun, ohne je wissen zu können, ob die jeweilige Art unserer Einteilung der Natur in solche Naturen der Natur dieser Naturen selbst entspricht.

[12] Vgl. o. S. 87ff.
[13] Kant, Kritik der Urteilskraft, XXXVI.

Wir setzen auch voraus, daß unsere Art der Zusammenfassung der anfänglich vorausgesetzten verschiedenen Prinzipien in eine geringere Zahl von Prinzipien mit einem Übergang der Natur „zu einer höheren Gattung" (XXXV) übereinstimme. Auch dieser Anspruch löst sich *wesentlich nicht* ein, so daß diese Art der Reduktion als Werk unserer subjektiven, unserem endlichen Verstand zuarbeitenden Einbildungskraft reflektiert bleiben muß. Die Natur bleibt als etwas vorausgesetzt, von dem wir uns auf *unsere Art* Vorstellungen machen müssen, insofern es uns dabei um *unser* jeweiliges Sein selbst geht. Wir können diese Art nicht einmal, wenngleich Kant sich so ausdrückt, als Art der „menschlichen" Gattung reflektieren. Denn wir haben ja nur je *unseren* Begriff von solchen an sich seienden Naturgattungen. Was „unser" hier *bedeuten* soll, muß ebenfalls objektiv unbestimmt bleiben, d. h. es bleibt nicht auf einen Begriff beziehbar, unreflektierbar oder individuell. Schon als Plural formuliert, ist es die Erschleichung eines objektiven Gattungsbegriffs. Wir können es nur in begrifflich ganz unbestimmter (deiktischer) Weise auf „uns" als den je selbst Reflektierenden beziehen. Wir haben in dieser Reflexion alle möglichen Begriffe, unter denen wir „etwas als etwas" bestimmen können, als je „unsere" individuelle Weise des Bestimmens reflektiert, und damit haben wir das je Reflektierte auch schon als etwas gegenüber jeder Art unserer Reflexion *auf* es *in* sich Reflektiertes, d. h. als etwas ebenfalls Individuelles reflektiert.

Bei Leibniz war auch dieser Punkt schon deutlicher als bei Kant. Bei Kant ist von verschiedenen „Arten" von Kausalität die Rede. Das rührt daher, daß Kant von zweien dieser Arten glaubt ausdrücklich sprechen zu können, weil er zweierlei Arten von Prinzipien zu ihrer Bestimmung unterscheidet: die Kausalität im geläufigen mechanistischen Sinne und die „Kausalität aus Freiheit". Entsprechend wird Natur als „Dasein unter Gesetzen" von einer „intelligiblen Welt" unterschieden. Diese Einteilung und die ihr entsprechenden Reflexionskategorien des „Äußeren" und „Inneren" werden von Kant als ganz zu „recht" bestehend hingenommen[14], ohne daß dies anders als durch die bekannte, in sich aber problematische Unterscheidung legitimiert wäre, derzufolge „wir" als endliche Wesen im erkennenden Vernunftgebrauch, im Unterschied zum praktischen, auf Anschauung angewiesen seien. Diese Einteilung hängt wiederum am Begriff der Unmittelbarkeit einer ästhetischen Deutlichkeit der Anschauung, die in Wahrheit aber ebenfalls begrifflich vermittelt ist[15]. Wenn Kant nun ausführt, daß die Zweckmäßigkeit „genau zu reden" „nichts Analogisches mit irgendeiner Kausalität" hat, „die wir kennen",

[14] Vgl. u. S. 276f.
[15] Vgl. o. S. 184ff.

dann sagt er zugleich, daß die Einteilung in die beiden als bekannt vorausgesetzten Arten von Kausalität nicht vollständig sei und deshalb auch keine Wohlbestimmtheit auch nur dieser zwei Arten gewähren könne. Die Dunkelheit der dazwischengelassenen Mitte, in der die Zweckmäßigkeit lokalisiert wird, verdunkelt auch die beiden „angrenzenden" Extreme: Die Naturkausalität läßt sich nicht als objektiv begründen, ohne daß die Objektivität der durch sie jeweils synthetisierten empirischen Begriffe in unbegründeter Weise *als* begründet vorausgesetzt würde, und die Kausalität aus Freiheit läßt sich nur begründen unter der *Voraussetzung*, daß empirische Subjekte sich je schon *als* reine Vernunftswesen vorausgesetzt oder reflektiert haben, d. h. daß sie imaginär von *den* Bestimmungsgründen ihres Handelns absehen, in denen es ihnen je individuell um sich *selbst* geht. Beide „Arten" von Kausalität erhalten ihre Kantische diskrete Bestimmtheit unter Absicht davon, daß sie eine unbestimmbare Anzahl weiterer „Arten" von Kausalität zwischen sich haben, die nur in ihrem reinen Daß oder nur in ihrer Existenz vorausgesetzt bleiben, ohne daß wir begrifflich etwas von ihnen wissen könnten. Der gemeinsame Oberbegriff aller Arten von Kausalität besagt also, daß sie reflektiertermaßen *frei von Bestimmung* bleiben müssen, d. h. daß sie nicht als (unter Prinzipien zu fassende) Arten zu verstehen, sondern als Individuen zu begreifen sind. Mit Leibniz könnte man sagen: Ihr Oberbegriff ist ihr kontinuierlicher Zusammenhang. Alle diskrete Einteilung in Arten bleibt demgegenüber imaginär. Sie hat den Zweck, daß sich Individuen auf diese Weise einen Begriff von ihrem Verhältnis zur Natur *machen*, um sich dadurch im Gegensatz des Bewußtseins zu stabilisieren, und diese Art der Stabilisierung ist wesentlich als eine selbst zufällige reflektiert. Sie hat auf eine von dem Individuum, das sich ihrer bedient, selbst unreflektierbare Weise ihren Grund in diesem Individuum selbst (in dessen Freiheit), das sich von sich aus dieser bestimmten, historischen Art, sich selbst zu verstehen, gemäß gemacht oder *gebildet* hat.

Der Begriff des Zweckes erweist sich damit als die übergeordnete Kategorie gegenüber der der Naturkausalität auf der einen und einer in *Abgrenzung* gegen diese Art von Kausalität verstandenen Freiheit auf der anderen Seite. Vom Zweckbegriff her löst sich die Möglichkeit auf, in solch einer direkten Abgrenzung von Naturkausalität und Freiheit überhaupt in einer *absolut* abschließenden Weise deutliche Begriffe zu bekommen[16]. Der Zweckbegriff ist aber selbst kein deutlicher Begriff, wenn wir die „Naturen" in ihrem Sein, in dem es ihnen je eben um dieses Sein geht, nicht in einer von Kant schon als eigentlich gar nicht möglich kriti-

[16] Vgl. hierzu die Differenz zwischen „dichotomischer" und „polytomischer" Einteilung, o. S. 196, Anm. 16.

sierten *Analogie* zu unserer (zweck*tätigen*) Art denken, in der es uns um unser Sein geht, denn auch von „unserer“ Art fehlt uns der feste, von der jeweiligen Sprache, in der wir darüber reden, gelöste Begriff. Wenn wir in unserer Sprache darüber reden, ist es uns auch in diesem Reden in einer von uns für dazu zweckmäßig *gehaltenen,* also *bedingt* zweckmäßigen Weise um uns selbst zu tun. Wir wissen nicht abschließend, ob die Art, in der es uns unserer eigenen *Vorstellung* nach je um unser Sein zu tun ist, *dafür* überhaupt zweckmäßig ist. Dazu müßten wir ein objektives Kriterium haben, aber wir wissen (absolut), daß wir ein solches Kriterium *nicht* haben. Kants Kritik wird hier auch durch die „Daseinsanalyse“ Heideggers nicht obsolet. Sie weist im Negativen noch stärker auf die Differenz zwischen der jeweiligen historischen Vorstellung vom Sein und diesem Sein selbst hin. Der Zweckbegriff ist kein „deutlicher“ Begriff, mit dem wir auch nur unser Sein „daseinsanalytisch“ bestimmen könnten. Er deutet lediglich auf die Freiheit unseres Seins gegenüber *allen* Versuchen, die für das „Dasein“ *überhaupt* zu gelten beanspruchen, d. h. er deutet auf die Individualität unseres jeweiligen Seins und der *Versuche*, uns selbst zu verstehen. Auch die „Daseinsanalyse“ ist *einer* dieser Versuche, und die von Heidegger kritisierte „Metaphysik“ kann ebensogut zu diesen Versuchen gehören wie die „Daseinsanalyse“ Heideggers selbst. Ob sie dazugehört, hängt davon ab, ob Individuen sich von sich aus solche Vorschläge aneignen, d. h. ob sie sich zu solch einer Art und Weise der Selbstreflexion bilden oder nicht und ob sie für sie in diesem Zusammenhang als *Mittel* von *Bedeutung* wird.

So ist es, wenn das „Dasein“ als das Seiende bestimmt wird, dem es „in seinem Sein *um* dieses Sein selbst geht“, zwar von Bedeutung, das „Zuhandensein“ von etwas „in dem für das jeweilige Zeug konstitutiven Um-zu“ als das Näherliegende anzusehen und seine „Aufdringlichkeit“ oder „auffallende“ „Vorhandenheit“[17] nur als „defizienten Modus“ zu verstehen. Schon die Frage nach der kausalen Ursache von etwas muß als Frage aufgrund eines unerklärlichen Ereignisses oder aufgrund eines Bruches „der in der Umsicht entdeckten Verweisungszusammenhänge“ (75) reflektiert werden. Die ganze „Welt“ der so konstituierten „vorhandenen“ „Gegenstände“ und das ihr korrelierende Seinsverständnis, das Heidegger mit dem der „Metaphysik“ gleichsetzt, kann von hier aus als bloßer abkünftiger *Modus* des „wahren“ Seins des Menschen in seinem Sein verstanden werden. Es stellt sich aber sofort die Frage nach der Zuhandenheit der *Sprache,* die diese Rang- und Reihenfolge zwischen „Zuhandenem“ und „Vorhandenem“, traditionell gesprochen, zwischen

[17] Heidegger, Sein und Zeit, S. 73.

Mittel und Gegenstand, zu artikulieren erlaubt[18]. Diese Frage stellt sich nur dann nicht, wenn diese „Einteilung" *unmittelbar* evident erscheint oder jemandem etwas besagt, d. h. wenn die Reflexion nicht zur Geltung bringt, daß sie gelernt hat, hellhörig oder kritisch gegenüber dem ontologischen Anspruch solcher einteilenden Unterscheidungen zu sein. Sie hat diese kritische Hellhörigkeit aber mindestens seit Descartes, für den solche Einteilungen wesentlich aus dem Gesichtspunkt ihrer Zweckmäßigkeit im Zusammenhang mit zu lösenden *Problemen* zu betrachten sind. In seiner Abgrenzung gegen Descartes[19] spricht Heidegger von einer „Ontologie der Welt" bei Descartes. Hier setze in einer „vielleicht extremsten Durchführung" die Interpretation der Welt „bei einem innerweltlich Seienden" an, „um dann das Phänomen der Welt überhaupt nicht mehr in den Blick zu bekommen". Descartes unterscheide anfänglich das „ego cogito" von der „res corporea", und diese Unterscheidung bestimme „künftig ontologisch die von ‚Natur und Geist'" (89). Heidegger übersieht, daß Descartes in Wirklichkeit nicht von dieser Unterscheidung als einer „vorhandenen" Unterscheidung von „Vorhandenem" ausgeht, sondern von „notwendigen Verbindungen", die zu ihr hinführen, und die auch *nur in dem Zusammenhang* zu ihr hinführen, in dem es einem bestimmten Seienden, nämlich dem nach sich selbst Fragenden, in einem dazu als zweckmäßig angesehenen Entwurf einer Einteilung um *sein* Verstehen geht[20]. Hier „gründet" keine Ontologie auf der „radikalen Scheidung von Gott, Ich, ‚Welt'" (95), so daß eine solche selbst grundlos vollzogene Scheidung der absolute Grund wäre. Der Grund dieser Scheidung liegt vielmehr darin, *daß* das fragende Seiende *sich, als Vollzug dieses Fragens,* von einer gegenüber seiner Selbstbenennung als „Denken" negativ abgehobenen zweiten Substanz, die es „Ausdehnung" nennt, unterscheidet, indem es auf sich als diesen Vollzug im Unterschied zu dem reflektiert, was ihm fraglich ist. Dieses Fragliche ist zunächst alles andere in einer ganz unbestimmten Weise, denn alle Bestimmungen davon sind ja in Frage gestellt. „Ausdehnung" ist das Wort für dieses Ungewisse in seiner für das Denken zunächst *infiniten* Mannigfaltigkeit. Das Denken unterscheidet damit die „res extensa" aber auch von sich als dem *bestimmten Bestimmen* dieses Ausgedehnten, das in einer *endlichen* Zahl von Bestimmungsschritten (Di-

[18] Diese veränderte Fragestellung dokumentiert sich in der sogenannten „Kehre" im Denken Heideggers.

[19] Heidegger, Sein und Zeit, S. 89ff.

[20] Nach A. Buchenau hätte „manches falsche oder wenigstens schiefe Urteil über die ‚Prinzipien' vermieden werden können, wenn man sich stets die Ausführungen Descartes' in den ‚Regeln' gegenwärtig gehalten hätte" (Vorrede zu den „Prinzipien der Philosophie", übersetzt und erläutert von A. Buchenau, Hamburg 1955, S. V).

mensionen) mit der Bestimmung der Extension *zu Ende* zu kommen gedenkt. Der in solchen Bestimmungsschritten „zustande“ gekommene, geometrisch bestimmte Gegenstand ist ihm anfänglich ebenfalls zweifelhaft, und ebenso zweifelhaft muß es sich als dieses Bestimmen sein. Es denkt sich als vom „Körper“ verschieden, den es sich als durch sich, als ein *endliches* Seiendes, als in einer endlichen Anzahl von Bestimmungsschritten abschließend bestimmbar vorstellt, und unterscheidet sich als unendlich gebliebenes Vermögen des Bestimmens von diesem „zufälligen“ Zuendegekommensein seines Bestimmens. „Länge, Breite und Höhe“ sind solche benannten Bestimmungsschritte (Dimensionen) einer „zustande“ gekommenen Bestimmung, ohne daß man sagen könnte, es seien *die* oder *alle* möglichen Bestimmungsschritte, in denen das Denken abschließend überhaupt zu Gegenständen, d. h. von den *Zwecken her genügend* bestimmten Gegenständen kommen könnte. Wieviele Schritte (Dimensionen) den Gegenstand konstituieren, hängt ganz davon ab, zu welchem Zweck der Gegenstand bestimmt werden sollte, und wenn auch noch die Bewegung („nicht minder die Bewegung“. 91) bestimmt werden soll, dann ist es nach Descartes erforderlich, einen weiteren „Parameter“ anzulegen und z. B. eine Zeitbestimmung als „vierte“ Dimension hinzuzunehmen. Ähnliches gilt für die Dichte usw. Alle Qualitäten des Gegenstandes, die als objektiv bestimmt gelten sollen, müssen sich in solchen „Dimensionen“ darstellen lassen. Heidegger geht in seiner Interpretation Descartes' offensichtlich von einem ontologisierten Kantischen Raumbegriff aus, statt zu sehen, daß der räumliche Gegenstand sich nach Descartes je in der Weise (imaginär) *als* ein abschließend (d. h. objektiv) bestimmter Gegenstand seiner Bestimmung darstellt, in der es dem Bestimmenden um dessen (zweckmäßige) Bestimmung zu tun war. Der räumliche Gegenstand ist damit gerade nicht in der Weise als vom Denken verschiedenes Seiendes aufgefaßt, daß neben diesem Seienden das Denken als Seiendes „unter anderem Seienden“ *vorkomme* (vgl. 12). Erst insofern sich dem Denken das *weitere* Problem der objektiven Wahrheit seiner zweckbezogenen Problemlösungen stellt, wird bei Descartes mittels des Beweises eines gütigen, nicht täuschenden Gottes eine transzendente Bedeutung der jeweiligen Art der Beendigung des Bestimmens sichergestellt. Aber auch bei diesem weiteren Problem geht es dem Denkenden um sich selbst, nur daß er sich darin *„selbst“ nicht nur* als Subjekt der Auflösung technisch-praktischer Probleme versteht, sondern als Seiendes, dem es im Sinne der demgegenüber absoluten Wahrheitssuche „optimal“ (vgl. Thomas: „consequantur id quod est optimum“) um sein Sein (oder sein „Heil“) geht. Und diese Sicherstellung muß wiederum, wenn sie überhaupt für ein endliches Seiendes möglich sein soll, in gleicher Weise (Methode) in einer endlichen Anzahl von Bestimmungsschritten notwendiger Verbindungen zwischen aneinandergrenzenden *Bedeutungen* geschehen.

Der eigentliche Grundzug der neueren Philosophie wird in Heideggers Interpretation Descartes' vor allem dadurch verdeckt, daß versucht wird, „phänomenologisch" allgemeine Grundzüge einer *Ontologie* des „Daseins" gegen die Einsichten der neueren Philosophie herauszuarbeiten. Es wird nicht nach einem Grund gefragt, aus dem überhaupt eine Sprache dieser Beschreibung zuhanden ist. Später fragt Heidegger zwar nach der Sprache, aber doch eigentlich nicht nach einem Grund für ihr Zuhandensein in der Kommunikation zwischen *Individuen*. Sprache bleibt als das Umfassende vorausgesetzt. „Der Mensch spricht, insofern er der Sprache entspricht."[21] Im vierten Teil wird in einer weiteren Rekonstruktion der Entwicklung des Wahrheitsbegriffs, die an die Fragestellungen der „Kritik der Urteilskraft" anschließt, darzulegen sein, daß der reflektierbare Grund dafür, daß je eine Selbstauslegung in einer bestimmten Weise möglich ist, in Rechtsverhältnissen besteht, in denen ein Individuum sich jeweils als solch eine Möglichkeit freier Selbstauslegung finden kann.

8. Wahrheit als Theorie oder Praxis

Der Wahrheitsbegriff der neueren Philosophie konnte nicht dargestellt werden, ohne noch einmal zusammenfassend auf den zentralen Begriff des Zweckes einzugehen. Kants „Kritik der Urteilskraft" stellt ihn in Ergänzung zu dem Wahrheitsbegriff vor, den die „transzendentale Logik" der „Kritik der reinen Vernunft" als reine „Logik der Wahrheit" oder als Begriff von der objektiven Gültigkeit unserer Formen, Urteile zu bilden, entwickelt. Der Begriff des Zweckes ist der Inbegriff von Inhalten, von deren Begriffen wir, *weil* es Begriffe von Inhalten (empirische Begriffe) sind, keinen transzendentalen Begriff der objektiven Gültigkeit haben können, die wir aber dennoch als die Inhalte gebrauchen müssen, ohne die die transzendentalen Formen unserer Urteile leer und sinnlos blieben. Der in der „Kritik der reinen Vernunft" entwickelte Begriff der Wahrheit im Sinne einer objektiven Gültigkeit der Formen bleibt also wesentlich mit dem Mangel eines solchen Begriffs für die Inhalte verbunden.

Bezüglich der Inhalte bleibt nur der Gesichtspunkt einer *vorausgesetzten* Zweckmäßigkeit der Begriffe, die wir gebrauchen, wenn wir über die Natur reden und sie z. B. nach bestimmten „Arten" oder „Naturen" einteilen und einzelnes *als* das oder das aussagen. Schon die Einteilung in

[21] Heidegger, Unterwegs zur Sprache, Pfullingen 1959, S. 33.

verschiedene Naturwissenschaften untersteht diesem Prinzip einer nur vorausgesetzten und als Voraussetzung eventuell auch durch den praktischen Erfolg gerechtfertigten Zweckmäßigkeit. Die besondere Art, in der die Natur jeweils unter der Voraussetzung der objektiven Gültigkeit besonderer einteilender Begriffe faktisch betrachtet wird, kann dann nur ein *Mittel* sein, dessen Zweckmäßigkeit um nichts gewisser ist als die bedingte Zweckmäßigkeit von Mitteln in Handlungszusammenhängen überhaupt. Erkenntnis stellt sich unter diesem Aspekt der in ihr verwendeten empirischen oder inhaltlichen Begriffe als *Zwecktätigkeit* endlicher Wesen dar, deren Endlichkeit sich gerade darin ausweist, daß sie ihre Mittel wesentlich *ohne Begriff* oder probeweise auswählen. Sie wählen sie wesentlich unter idealisierten Vorstellungen (Plänen) vom Ablauf der wirklichen Ereignisse aus, d. h. sie müssen gewärtig sein, daß etwas „dazwischen" kommt, κατὰ συμβεβηκός, und daß der Plan sich deshalb nicht erfüllt. Ihre Mittel beziehen sich somit auch niemals auf einen absoluten, sondern immer auf einen selbst nur *als* zweckmäßig gesetzten Zweck, der damit selbst wieder nur Mittel sein kann, und die Reihe der Mittel bleibt insgesamt wesentlich fragwürdig. Der absolute Zweck, zu dem die Reihe der Mittel letztlich hinführen *soll*, ist nur als Idee oder nur dem reinen, von seinem Inhalt her unbestimmten Begriff eines solchen absoluten Zweckes nach vorhanden. Somit wird zwar eine „Zweckmäßigkeit der Natur für unser Erkenntnisvermögen" vorausgesetzt, zugleich bleiben jedoch die jeweiligen besonderen Begriffe, in denen wir die Natur zu erkennen versuchen, subsidiär. Es bleibt damit auch offen, ob sie im Interesse der Erkenntnis „letzten Endes" überhaupt zweckmäßig gewesen sind.

Die Erkenntnis der Natur ist wesentlich von Zwecken geleitet, die ihrerseits wieder Mittel, d. h. nur gesetzte Zwecke sind. Solche Zwecke können nicht aus der Sicht auf einen absoluten Zweck als Mittel vorausgesetzt sein. Denn ein solcher absoluter Zweck kann *in der Erkenntnis* nur formal antizipiert sein; er soll ja erst durch sie auch seinem Inhalt nach erkannt werden. Also müssen es andere Gründe als Erkenntnisgründe sein, aus denen diese Mittel gewählt worden sind. In die Erkenntnis spielt wesentlich etwas von ihrem reinen Begriff her gesehen Zufälliges hinein. *Das erkennende Subjekt verfolgt nicht nur Erkenntnisziele, wenn es erkennt.* Dies kann als weitere Definition seiner „Endlichkeit" gelten. In der Reflexion dieses Umstandes verliert es den Begriff einer reinen Erkenntnis. Genauer gesehen sind es Strukturen seiner Zwecktätigkeit, die auch die Strukturen seines Erkennens sind. Es verfolgt Zwecke, die es selbst (aus Freiheit) setzt, aber so, daß es nicht ausschließen kann, daß es sogar in bezug auf diese von ihm selbst gesetzten (endlichen) Zwecke sein Ziel nicht erreicht, d. h. daß es keine dazu geeigneten Mittel ausgewählt hat, und daß es auch dann, wenn es sie erreicht, nicht ausschließen kann, daß es ihrerseits fragwürdige Zielsetzungen waren. Es weiß also, daß es überhaupt Voraussetzungen machen muß, unter denen die Natur als etwas *in sich* Geregeltes oder Zweckmäßiges erscheint, aber ohne Begriff von der Zweckmäßigkeit der wirklich getroffenen Voraussetzungen, unter denen es antritt. Es hat sich ohne Begriff für sie *entschieden*. Es gebraucht sie aus anderen als reinen Erkenntnisgründen. Diese anderen Gründe spielen in die Zweckmäßigkeit seines Erkennens hinein. Nennt man den reinen Erkenntniszweck einen objektiven Zweck, so sind es subjektive Zwecke, die hineinspielen und den Begriff eines objektiven Zweckes unmöglich erscheinen lassen.

Das Erkennen endlicher Wesen ist somit ebensogut *Handeln* dieser Wesen. Es unterliegt den Strukturen des Handelns, das von problematischen Zweck-Mittel-Relationen bestimmt ist. Endliche Subjekte befinden sich nicht *entweder* in theoretischer *oder* in praktischer Einstellung. Die Struktur ihres Verhaltens ist dieselbe, ob das Verhalten nun *als* Erkennen oder *als* Handeln *interpretiert* wird. In jedem Fall werden durch Entschluß Setzungen vorgenommen, die unter gegebenen Umständen als zweckmäßig *erscheinen*, wenngleich es keine Gewißheit darüber geben kann, ob sie auch objektiv zweckmäßig *sind*. Nur rechnet man gewöhnlich das Setzen von Zwecken und die Auswahl zweckmäßiger Mittel dem „Handeln" zu, die Unterscheidung zwischen Erscheinung und Sein dagegen dem „Erkennen".

In der Unterscheidung von Erkennen und Handeln wird davon ausgegangen, daß das Erkennen den Gegenstand so erkennen möchte, wie er ist. Eine Veränderung des Gegenstandes durch das Erkennen ist dieser Idee nach eine Verfälschung der Wahrheit. So wird in der Physik eine Grenze der Erkennbarkeit, die hier auf Meßbarkeit beruht, dort gesehen, wo der Vorgang des Messens den Gegenstand selbst verändert. – Das Handeln dagegen wird genau umgekehrt als der den Gegenstand verändernde Vorgang verstanden. Für das Handeln gilt, daß der Gegenstand anders sein solle, als er jetzt ist, nämlich so, wie er in der Imagination des Handelnden *vorausgesetzt* ist. Entsprechend der Diremtion in Sosein und Anderssein des Gegenstandes verteilen sich Wahrheit und Imagination. Im Erkennen soll der Gegenstand erkannt werden, wie er „in Wahrheit" ist. Er ist hier vorausgesetzt als ein sich selbst Durchhaltender, als Gegenstand mit einer eigenen, immanenten Zweckmäßigkeit. Es wurde aber dargelegt, daß das Erkennen selbst, von sich aus zweck*tätig*, Begriffe anwenden muß, unter deren bloßer Voraussetzung *als* objektiv gültig es den gegenständlichen Bereich in solche in sich selbst zweckmäßige Einheiten („Arten") einteilt. Es muß dies, wie im Handeln, *tun*, also ohne einer adäquaten Zweckmäßigkeit dieser seiner Zwecktätigkeit gewiß sein zu können. Es muß in seiner Imagination setzen, wie die Natur an sich sein soll, obgleich es ihm hierbei, anders als dann, wenn es sich selbst als Handeln versteht, nicht um die Veränderung des Gegenstandes geht, sondern um dessen beständiges Sein. Und umgekehrt geht es dem Subjekt, wenn es sich selbst als Handeln versteht, um die Veränderung des seienden Gegenstandes in die Gestalt, in der er in seiner Imagination ist, obgleich es auch hierbei voraussetzen muß, daß der Gegenstand der Imagination ein „eigenes Sein" oder eine eigene, ihn erhaltende Zweckmäßigkeit entgegensetzt, auf die auch und gerade im Handeln Verlaß sein muß.

Man kann sagen, daß sich das Subjekt, sowohl wenn es sich selbst als Handeln wie auch wenn es sich selbst als Erkennen versteht, einseitig auslegt. „Erkennen" und „Handeln" sind als zweckmäßig angesehene Einteilungsbegriffe in der zwecktätigen Selbstdeutung des Subjekts. Es orientiert sich mit ihrer Hilfe in seinem Selbstverständnis. Man kann hier den Leibnizschen Topos wieder aufgreifen, daß die Monade um ihrer Individualität willen keine vollkommene Durchsichtigkeit ihrer selbst erlange. Was auch immer sie über sich selbst weiß, ist ein „Bild", das durch einteilende, auseinanderlegende oder auslegende Begriffe von der Einbildungskraft entworfen ist. Hierhin gehören vor allem die Unterscheidungen in Aktivität und Passivität, in Handeln und Leiden, in Praxis und Theorie. Und wenn ein vorausgesetzter Unterschied von Erkennen und Handeln durch die zusätzliche Annahme aufrechterhalten wird, daß es dem Subjekt im Erkennen, auch wenn Handlungs*momente* in ihm nicht zu leugnen seien, doch *letzten Endes* um den Gegenstand als diesen selbst gehe, so wie es dem Handeln, auch wenn natürlicherweise immer auch Erkenntnisse in ihm eine Rolle spielten, *letzten Endes* doch um die Veränderung des Bestehenden zu tun sei, bleibt die Frage, was hier unter „letzten Endes" zu verstehen sei. Der Begriff einer „endgültigen" Erkenntnis ist ebenso problematisch wie der einer „endgültig" als zweckmäßig einzustufenden Tätigkeit. Jede Erkenntnis bleibt problematisch und der weiteren Diskussion ausgesetzt, so daß ihr Ansehen *als* endgültig notwendig anderen Gründen als reinen Erkenntnisgründen folgt. Ebenso bleibt grundsätzlich problematisch, ob erreichte Handlungsziele denn überhaupt auf Dauer auch nur im Sinne des Handelnden selbst als „vernünftig" angesehen werden können, oder ob sich nicht neue Zielsetzungen ergeben, unter denen es sogar als höchst unzweckmäßig angesehen werden kann, daß die früheren verwirklicht oder auch nur angestrebt worden sind.

Der Begriff eines „letzten Endes" oder einer absoluten Zweckmäßigkeit ist also sowohl unter der Idee des Erkennens (des *seienden* Wahren) wie auch unter der Idee des Handelns (des *gesollten* Guten) ein problematischer Begriff. Auch nach Kant ist der Begriff des Zweckes weder ein Natur- noch ein Freiheitsbegriff. Er sieht es aber als „ganz recht" an, „wenn man die Philosophie, . . . wie gewöhnlich, in die *theoretische* und *praktische*" *einteilt*[1]. Diese Einteilung spart aber genau den Begriff des Zweckes aus, ohne den man letztlich dann doch weder in der einen noch in der anderen Disziplin der Philosophie auskommt. Es zeigt sich, daß auch die Einteilung der Philosophie in theoretische und praktische Philosophie und dann natürlich auch die davon ausgehenden weiteren Einteilungen nur herangetragene, zwecktätige Einteilungen von bedingter Zweckmäßigkeit sein können. *Ideen* des Wahren bzw. des Guten, die den in dieser Einteilung gewonnenen Disziplinen voranstehen, sind dementsprechend von nur bedingter Bestimmtheit gegeneinander[2].

Im Begriff des Zweckes bleiben beide Seiten miteinander verklammert. Er bedeutet, daß auch im Theoretischen (unter empirischen Begriffen) von Entitäten die *Rede* sein muß, die sich „selbst" nach besonderen Regeln steuern und erhalten, wie sie auch im einzelnen als gegeneinander abgegrenzt gedacht sein mögen. Das Erkennen muß seinen bedingten (hypothetischen) Zugriffen *objektive* Korrelate, d. h. *absolute* Zweckmäßigkeiten voraussetzen, denen gegenüber eine Korrektur der herangetragenen Einteilungsgesichtspunkte einen objektiven Sinn erhält. Es muß die Natur a priori als „etwas" ansehen, das von sich aus dawider ist, nur unter Gesichtspunkte der subjektiven Zwecktätigkeit der Erkenntnishandlung gefaßt zu werden. Der Natur kann nicht absolute Passivität zugesprochen werden, wenn sie überhaupt als Gegenstand der Erkenntnis verstanden werden soll. Die Erkenntnishandlung wäre sonst selbst nur Willkür. Die Natur muß also auch als „frei" gegenüber solcher Willkür verstanden werden, als etwas von eigener Bestimmtheit. So gesehen ist der Begriff des objektiven Zweckes der Begriff der *Freiheit des Objekts* gegenüber dem Subjekt. Er verdeckt sprachlich den Widerspruch einer „Freiheit des Objekts", der sich aus der *Einteilung* in „Natur" einerseits und „Freiheit" andererseits ergibt, und damit verdeckt er die Bedingtheit solch einer Einteilung der Philosophie.

Auf der anderen Seite verdeckt der Zweckbegriff die Widersprüchlichkeit eines Begriffs von der „Natur des Subjekts". In der vom Freiheitsbegriff geleiteten praktischen Philosophie ist das Subjekt als Handlungssubjekt, also als im Willen freies Subjekt vorausgesetzt. An dieser Voraussetzung hängt der Sinn aller praktischen Normen, die Subjekten ein

[1] Kant, Kritik der Urteilskraft, XI.

[2] Das ist auch der Fall, wenn die Idee der *Freiheit* (wie bei Kant) die das Praktische beherrschende Idee sein soll, das „Praktische nach Naturbegriffen" vom „Praktischen nach dem Freiheitsbegriffe" unterschieden wird und nur letzteres Thema der eigentlichen praktischen Philosophie sein soll. Vgl. Kritik der Urteilskraft, XII. – Die Einteilung in „Natur" und „Freiheit" ist keine Einteilung im Sinne einer vollständigen „Dichotomie" (vgl. o. S. 196, Anm. 16). Insofern beruht sie nicht auf dem logischen Widerspruchsprinzip, sondern auf „Einbildungskraft".

Sollen vorschreiben. Solch ein Sollen ist allerdings immer zugleich als etwas angesehen, dessen Anspruch das Subjekt wohl als für es sinnvoll vernehmen können soll (bei Kant ist dieses Vernehmenkönnen mit Vernunft schlechthin identisch), das es aber gleichwohl nicht wirklich erfüllen können soll, da es wohl als dieses Vernehmenkönnen, nicht aber als wirklich handelnder Mensch *nur* Vernunft, sondern als solcher *auch* Natur sei[3]. So wie in sein Erkennen andere als reine Erkenntnisziele wesentlich hineinspielen, so spielen unter dem Aspekt dieser vorausliegenden Einteilung auch in sein Handeln wesentlich andere Ziele als reine Vernunftsgründe hinein. Die Natur, die hier hineinspielt, ist nicht die Natur unter dem Begriff eines Gegenstandes *möglicher* Erkenntnis (transzendentaler Gegenstand), sondern das diesem allgemeinen Naturbegriff nicht zu subsumierende eigene Sein des Subjekts „an sich", insofern es ihm in diesem Sein *um sich selbst* geht. Diese Natur des Subjekts ist seine bedingt zweckmäßige, den Tod nicht aufhaltende Zwecktätigkeit der Lebensfristung. Dieser Bedingtheit seines natürlichen Seins wird der Anspruch der Vernunft *als* etwas Unbedingtes entgegengesetzt. Er soll gegenüber einer „letzten Endes" doch zum Tode führenden Zwecktätigkeit einer Praxis nach Naturbegriffen das Wahre sein, wenngleich sich das Subjekt gemäß der an es angelegten Einteilung in das bedingt „Praktische nach Naturbegriffen" und in das unbedingt „Praktische nach dem Freiheitsbegriffe" nicht adäquat eingeteilt und nicht adäquat begriffen sieht. Es „kann" nicht schon deshalb, weil es „soll", sondern es „kann" auch nicht, eben *weil es „soll"*. „Denn im Sollen liegt ebensosehr die Schranke."[4] Der Imperativ des Sollens behält nur Sinn, insofern diese Schranke (der eigenen Natur) gegenüber einem absoluten, uneingeschränkten Anspruch aus reiner praktischer Vernunft bestehen bleibt. Ohne diese Schranke wäre er als *Imperativ* überflüssig. Er wäre immer schon erfüllt. Es handelt sich um die Schranke des in eigener Sicht *bestehenden* Lebensinteresses des Individuums gegenüber der Subsumtion unter den Anspruch *reiner* Vernunft. Die Triebfeder dieser besonderen Interessen gegen ein allgemeines Vernunftsinteresse ist die *Lust*. Sie steht in Analogie dazu, daß innerhalb des Theoretischen die *Freude* das Motiv für ein Erkenntnisstreben nach einer Vorstellung der Natur unter einer „Natureinheit nach empirischen Gesetzen" war, für die es nach dem der Einteilung der Philosophie in Natur

[3] Die *Voraussetzung* der „Vernünftigkeit" ist hier als bedeutungsgleich mit der Voraussetzung angesehen, das Subjekt könne in einem Verhältnis zur Welt bzw. in einem „Weltbild" leben und handeln, das sich *mit Gewißheit* nicht als widersprüchlich erweise. Die apriorische Voraussetzung der Freiheit zur Vernünftigkeit ist dieselbe wie die dieser Widerspruchsfreiheit, die unmöglich *bewiesen* werden kann. Sie gründet somit auf einer nur „erscheinenden" Widerspruchsfreiheit geltender Maximen.

[4] Hegel, Wissenschaft der Logik, I, 121.

und Freiheit zugrundeliegenden *Begriff* der Natur ebenfalls keinen Begriff geben kann.

Die „Affekte" „Lust" bzw. „Freude" sind also zufolge der Einteilung der Philosophie, die nach Kant „mit Recht" vorgenommen wird, ausgeschlossen. Die Begriffe „Freude" und „Lust" stehen genau für das, was zufolge dieser disjunktiven Einteilung jeweils ohne Begriff bleiben muß. Wenn sie dennoch für die Menschen etwas bedeuten – und dies ist der Fall, insofern dennoch die Natur unter einer Natureinheit nach empirischen Gesetzen zu begreifen versucht wird oder insofern sich das wirkliche Handeln nicht nach einer Moral aus reiner Vernunft ausrichtet – *bedeuten* sie die Unwahrheit dieser Einteilung der Philosophie.

Nun wird auch außerhalb des Umkreises der Kantischen Philosophie „gewöhnlich" so eingeteilt, nur wird diese Einteilung „gewöhnlich" je nach Bedarf auch durchbrochen. Z. B. „soll" dem Utilitarismus zufolge das getan werden, was allen Beteiligten und Betroffenen den größten Nutzen bringt. Dieser Utilitarismus versteht sich also nicht schlicht egoistisch. Der Nutzen soll allen Beteiligten und Betroffenen zukommen. Es wird, ganz gemäß der von Kant als zu Recht bestehend beurteilten „gewöhnlichen" Einteilung, das handelnde Subjekt als freies Subjekt angesehen, das solch einen Imperativ vernehmen und ihm entsprechend handeln *kann*. Sonst hätte er ja keinen Sinn. Es wird aber auch angenommen, daß dieses Subjekt eigene, besondere Interessen verfolge, die es aber, so der Imperativ, mit den besonderen, möglicherweise anderen Interessen anderer Beteiligter oder Betroffener abstimmen soll. Das Subjekt ist somit sowohl als allgemeines Vernunftwesen wie auch als Wesen mit eigenen, natürlichen Interessen angesehen, und dieses Einerseits-Andererseits entspringt der vorausgesetzten Einteilung, die aber in ihm zugleich übersprungen wird. Warum *soll* denn ein Subjekt eigene Interessen einschränken, wenn es die Macht hat, sie gegen die Interessen anderer Beteiligter oder betroffener Personen durchzusetzen? Die Antwort kann doch nur lauten: weil es Vernunftwesen ist, d. h. aus *reiner* Vernunft. Für das *Vernehmen* des allgemeinen utilitaristischen Imperativs müssen zunächst *alle* eigenen Interessen zurückgestellt werden, und für das *Befolgen* des Imperativs können sie nur insoweit eine Rolle spielen, als es nicht schlicht die eigenen, sondern mit dem höchstmöglichen Glück aller Betroffenen zu *vereinbarende* eigene Interessen sind. Ob es aber solche Interessen sind, kann nur insoweit gesagt werden, als antizipiert werden kann, welche Folgen Handlungen einer bestimmten Art im allgemeinen zu haben pflegen, und darüberhinaus eine Theorie hier in Frage kommender *anzuerkennender* oder *berechtigter* Interessen sowie über deren Rangordnung *akzeptiert* ist. Was das Subjekt soll, ist dann wesentlich mit dem Akzeptiertsein solch einer *Theorie* über eine anerkannte Rangordnung anerkannter Interessen verbunden. Die Betroffenen *sollen* sich immer schon auf sie geeinigt haben, d. h. sie sollen den Gesichtspunkt des Eigenen oder Besonderen ihrer Interessen immer schon zugunsten einer *allgemeinen Theorie* der Interessen aufgegeben haben, obgleich ein Begriff von der Objektivität solch einer Theorie über (subjektive) Interessen unmöglich ist. Die Subjekte sollen also einerseits den utilitaristischen Imperativ als für sich sinnvoll *vernehmen* können; und darin sind sie als *frei* vorausgesetzt; andererseits sind sie aber zugleich als theoretisch bestimmte Objekte vorausgesetzt. Diesen Widerspruch sollte die rigorose Einteilung der Philosophie vermeiden, und darin wurde deren Berechtigung gesehen.

Die Einteilung in Theorie und Praxis dient der widerspruchsfreien Verständigung des Subjekts über sich selbst, aber sie erweist sich zugleich als dazu nur bedingt zweckmäßig, weil sie gerade den Begriff des Zweckes, der auf beiden Seiten der Einteilung eine Rolle spielt, nicht erfaßt. Es ist deshalb eine nur subjektive, nur bedingt gerechtfertigte Einteilung. Die unter ihr reflektierten Wahrheitsbegriffe sind eo ipso selbst von nur bedingter Wahrheit: Der theoretische Wahrheitsbegriff schließt den Gesichtspunkt einer objektiven Zweckmäßigkeit in der Natur vom apriorischen *Begriff* der Möglichkeit einer theoretischen Wahrheit her aus, obgleich die wirkliche Erkenntnishandlung nicht auf die dann begriffslos bleibende Voraussetzung einer solchen Zweckmäßigkeit verzichten kann, und der praktische Wahrheitsbegriff, der das moralische Sollen als das allein wahre Sollen bestimmt, muß es doch gegen die Schranke „natürlicher“ Interessen bestimmen, die das wirkliche Handeln motivieren. Das moralische Sollen ist nur als Zurückdrängung dieser Interessen des natürlich-zweckmäßigen Verhaltens verständlich. Das natürlich-zweckmäßige Verhalten bleibt so auch hier ohne den es als es selbst rechtfertigenden Begriff. Es bleibt aus der *Sprache* ausgeschlossen, die sich mit der anfänglichen Einteilung der Philosophie ergibt, und ist in dieser Sprache, die der Verständigung der Subjekte über sich selbst dienen soll, etwas eigentlich nicht Auszusprechendes. Diese Sprache ist damit eine Sprache von nur bedingter Zweckmäßigkeit, gemessen an dem Zweck, dem sich ihre einteilenden Begriffe verdanken. In ihr gelingt zwar eine philosophische Verständigung des Subjekts über sich selbst, aber sie gelingt nur um den Preis der Unsagbarkeit der das Subjekt in seiner besonderen biologischen Art *und* in seiner Individualität betreffenden Zweckmäßigkeit.

Die Philosophie, in der diese Einteilung und Sprache gilt, kann nichts über das *sagen*, was das Subjekt als es selbst angeht. Das Subjekt kann in dieser Sprache nur abstrakt von einer *Natur überhaupt* unterschieden werden, in der keine besonderen Zweckmäßigkeiten gelten sollen. Es kann sich in ihr nur als *reine* Vernunft, unter Ausschluß auch der *eigenen* Natürlichkeit, reflektieren. Reine Vernunft aber ist, wie Kant unwiderruflich dargestellt hat, rein formale Vernunft, letztlich reine Widerspruchsfreiheit. In dieser Sprache bleibt dem Subjekt als Wahrheit *für sich* nur die reine Widerspruchsfreiheit seiner *moralischen* Maximen, denn die Widerspruchsfreiheit kann *im theoretischen Erkennen* für sich allein nichts *bedeuten*. Hier muß die Wahrheit empirischer Begriffe außerdem immer schon *vorausgesetzt* sein, und von der Wahrheit solcher Voraussetzungen hat das Subjekt wesentlich keinen Begriff. Im Moralischen dagegen soll die Widerspruchsfreiheit unmittelbar die Wahrheit der Maximen erweisen. Sie macht deren Wahrheit aus. Das Subjekt vernimmt sie dennoch nur als *Sollen*. Als Sollen erhält das Moralische aber nur Sinn *gegen* einen von ihm *verdrängten* Sinn, der sich aus einer natürlichen Zweckmäßigkeit des Handelns ableiten könnte, als Verdrängung seiner in dieser Sprache nicht zu benennenden „Lust".

Eine der Formulierungen des „kategorischen Imperativs" bei Kant erweckt jedoch den Anschein, als könne unter der genannten Einteilung *innerhalb des Praktischen* doch etwas absolut Wahres gesagt werden. Sie lautet: „Handle so, daß du die Menschheit, sowohl in deiner Person, als in der Person eines jeden andern, jederzeit zugleich als Zweck, niemals bloß als Mittel brauchest."[5] Es scheint, als sei hier doch von einem objektiven natürlichen Zweck, nämlich der Menschheit als einem solchen obersten Zweck, die Rede. Aber es scheint nur so zu sein. „Menschheit" meint hier nicht die natürliche menschliche Gattung, sondern „die vernünftige Natur" (ebd.). Als solche „stellt sich" nach Kant „notwendig der Mensch sein eigenes Dasein vor". Das „eigene Dasein" des Menschen als eines vernünftigen Wesens ist hier im Gegensatz gegen die ganze Natur, gedacht nach dem „Naturbegriff" als Dasein unter Gesetzen, und unter Ausschluß von Sondernaturen vorgestellt. In dieser Selbstvorstellung stellt sich der Mensch aus aller möglichen Natur heraus und unter einen Begriff, unter dem sich „jedes vernünftige Wesen sein Dasein" vorstellt. Der einzelne Mensch subsumiert sich in dieser Vorstellung seiner selbst unmittelbar dem Begriff aller vernünftigen Wesen als dem Begriff aller Wesen von *reiner* Vernunft. Daß sich jeder einzelne sich so vorstellt, macht hier den Begriff der „Menschheit" aus. Nun stellen sich die Menschen sich aber nicht *nur* als Vernunftwesen, sondern *auch* als Naturwesen vor. D. h. von der abstrahierenden, imaginären Vorstellung *als* Vernunftwesen her, die „notwendig" ist, insofern überhaupt nach einer vernünftigen Begründung von Moral gefragt wird, ist ein oberster Zweck des Handelns vorgegeben, nämlich die Erfüllung des kategorischen Imperativs aus reiner Vernunft als eines Sollens, das sich als das Befolgensollen von *widerspruchsfrei* zu verallgemeinernden subjektiven Handlungs-

[5] Kant, Grundlegung zur Metaphysik der Sitten, 2. Originalausgabe, S. 66.

maximen legitimiert. „Die Menschheit" ist hier nur *insofern* der Inbegriff aller Menschen, *als* sich Menschen sich *als* reine Vernunftwesen vorstellen. Auch Aussagen wie die, daß der Mensch „keine Sache", die man „bloß als Mittel" gebrauchen dürfe, sondern „Person" sei, sind, so sehr sie nach einer Orientierung an einer besonderen, ausgezeichneten Natur des Menschen klingen, ausschließlich *so* zu verstehen. Die zitierte Formulierung des kategorischen Imperativs ist genauso formalistisch wie die anderen Formulierungen auch. Sie hält sich im Rahmen dessen, was in der nach theoretischem und praktischem Verhalten einteilenden Sprache sagbar ist, und spricht nicht vom Zweck der Menschheit als von einem ausgezeichneten Zweck, den es zu verwirklichen bzw. zu erhalten gelte. „Freiheit" ist dann, in dieser Sprache, auch nur das Vermögen, ein Sollen aus reiner Vernunft zu verstehen, ein „Können" in Entsprechung zu diesem Sollen. Sie hat nichts mit dem zu tun, was Menschen als Wesen dieser Art unter natürlichen oder sozialen Bedingungen können oder nicht können. Ihr Begriff verdankt sich dieser Einteilung oder der imaginären Abstraktion am Leitfaden *dieser* philosophischen Sprache, die sich selbst als Sprache von nur bedingter Zweckmäßigkeit erweist. Sie kann nur ein bedingtes Verständigtsein des Menschen über sich selbst gewähren. Die absolute Wahrheit über sich selbst kann der Mensch in dieser Sprache nicht formulieren. Deshalb ist prinzipiell eine andere philosophische Sprache denkbar, die, anders bedingt, solche Einteilungen nicht an den Anfang setzt, auch wenn sie für uns, in unserer philosophischen Tradition und in der Verflechtung unserer philosophischen mit unserer historischen Sprache, nicht zur Verfügung steht. Unsere philosophische Sprache, z. B. der *in ihr bildbare* Freiheitsbegriff, führt uns vor eine grundsätzliche Bedingtheit unserer selbst. Selbst wenn wir von Freiheit sprechen, folgen wir einer immer nur bedingt zweckmäßigen Sprache, d. h. einer Sprache, die zweckmäßig im Hinblick auf besondere Zwecke gebraucht werden kann, die in irgendeiner Absicht gesetzt worden sind, ohne daß dieses Setzen sich an einem „letzten Zweck" orientieren könnte, der die Unendlichkeit in einer Reihe bloßer Mittel beenden würde. Es fehlt uns die Sprache über einen „letzten Zweck" des menschlichen Handelns. Er kann also auch nicht „Freiheit" heißen, wenn damit eine klare und deutliche begriffliche Abgrenzung gegen „natürliche Bedingtheit" gemeint sein soll. Man kann auch sagen: Wenn wir von der Freiheit als dem obersten Zweck unseres Handelns sprechen, dann können wir nicht sagen, was denn unter „Freiheit", in klarer begrifflicher Abgrenzung gegen ihr Gegenteil, zu verstehen sein soll.

9. *Wahrheit und Moral*

Diese Kritik der philosophischen Sprache bedeutet eine Kritik aller Aussagen *in* ihr, insofern sie den Anspruch auf unbedingte Wahrheit erheben. Bei Kant war noch der unbedingte Wahrheitsanspruch des kategorischen Imperativs oder der praktischen Vernunft als begründeter Anspruch erhalten geblieben. Bis heute wird die Wahrheit der Moral als übergeordnete Wahrheit verstanden. Die Orientierung an moralischen Zielen soll letztlich den Ausschlag geben, vor Orientierungen an Nützlichkeits- oder Zweckmäßigkeitsgesichtspunkten, die aus wissenschaftlichen „Erkenntnissen" gewonnen sind. Vor einer ungeprüften praktischen Verwendung der „Erkenntnisse" soll die Moral Sicherheit bieten können. Ihre Wahrheit soll der jener „Erkenntnisse" übergeordnet sein. Man wird sich hierbei leicht auf den *Wortlaut* einigen können, daß das Wohl des Menschen oder der Menschheit oberstes Ziel sein solle, weniger aber auf inhaltliche Vorstellungen, worin dieses Wohl bestehe, und deshalb auch nicht auf Mittel, wie es zu verwirklichen sei. Aus den wissenschaftlichen Erkenntnissen heraus soll sich solch eine „Wertfrage" nicht entscheiden lassen, und wir haben auch keinen Begriff von einer wissenschaftlichen Erkenntnis, demzufolge dies möglich wäre. Der Weg der neuzeitlichen Philosophie hat einen solchen höchsten „Wahrheitswert" der *Wissenschaften* hinter sich gelassen. Sie hat darin eine ihrer bedeutendsten Einsichten gewonnen. Von einer demgegenüber unproblematischen moralischen Wahrheit fehlt allerdings ebenfalls jeder Begriff, es sei denn unter der Bedingung, daß sich alle Menschen sich abstrakt *als reine Vernunftwesen* vorstellten und ihre natürlichen Interessen aus der Betrachtung ließen. Insofern sie dies jedoch nicht tun, haben sie von dem so gewonnenen, bedingten Begriff der Moral her keine Moral, und ihr öffentliches Leben muß durch eine Staatsgewalt geregelt werden, die dann nur aus dieser Not heraus gerechtfertigt erscheint und so, diesem Ansatz folgend, in ihrem eigentlichen Legitimitätsgrund mit Moral nichts oder doch nur dadurch etwas zu tun hat, daß die Menschen nicht, wie sie es eigentlich „sollten", aus Moral, sondern in der Verfolgung natürlicher Interessen und *für* wahr genommener bedingter Zweckmäßigkeitsgesichtspunkte handeln[1]. Die

[1] Deshalb bedarf es außer der „Kritik der praktischen Vernunft" als der kritischen Begründung von Moral besonderer „Metaphysischer Anfangsgründe der Rechtslehre", in der eine „Einteilung" „auf die empirische Mannigfaltigkeit" der vorkommenden „Fälle" „Rücksicht nehmen müßte, um die Einteilung vollständig zu machen", die aber, da „Vollständigkeit der Einteilung des *Empirischen*" „unmöglich ist", nur als „Annäherung zum System . . . erwartet werden kann" (Metaphysik der Sitten, Rechtslehre, Vorrede). Vgl. hierzu die Ausführungen zum Begriff und zur Wahrheit von *Einteilungen* im Anschluß an die „Regulae" Descartes' und die parallelen Ausführungen zu Kants „Meta-

Staatsmacht regelt durch positives, gesetztes Recht die *wirklichen* Handlungen, denen ohnehin nicht anzusehen ist, ob der Handelnde sie unter der Voraussetzung seiner selbst als eines reinen Vernunftwesens oder aus der Verfolgung natürlicher Interessen vollzieht. Denn bei einer Entscheidung zwischen der Vernunft *oder* der Lust als der „Triebfeder" der Handlung ist ja davon abzusehen, wie sie letztlich wirklich verläuft und schließlich aussieht und mit welchen und wessen Interessen sie dabei kollidiert. Sonst müßte von *wahren* Einsichten in ihren wirklich erscheinenden Verlauf ausgegangen werden, über die aber gerade zufolge eines Primats des Moralischen und seiner dem theoretischen Wissen überlegenen Wahrheit nicht unbedingt verfügt werden kann. Selbst wenn also das Subjekt sich bei seiner Entscheidung rein als Vernunftwesen sollte *angesehen* haben, ist *für andere* im Resultat nur ein „Fall des Handelns vorhanden"[2] als Fall

physischen Anfangsgründen der Naturwissenschaft". – Auch in der Sicht der Religion ist eine „höhere" Gerechtigkeit als die des geltenden Rechts nicht in unseren subjektiven Moralvorstellungen begründet. Sie wird hier, als Gerechtigkeit über alle Vorstellung hinaus, in Gott begründet gedacht.

2 Hegel, Phänomenologie des Geistes, S. 447. Hegels Kritik wird allerdings der Kantischen Argumentation in ihrer Differenziertheit nicht gerecht. Auch nach Kant ist eine moralische Beurteilung eines einzelnen *Falles* von Handlung nicht möglich. Die Kantische Philosophie der Moral versteht Freiheit des Handelns als *Voraussetzung* für einen Begriff der Möglichkeit von Moralität. (Vgl. o. S. 199, Anm. 18). Da der Mensch endlich ist, kann er gar nicht alles tun, was ihm die Vernunft zu tun gebietet. Er muß im Rahmen seiner jeweiligen Möglichkeiten *wählen*, was davon er tun will, d. h. es müssen wesentlich andere als reine Vernunftgründe, z. B. „eigene Bedürfnisse" sein Handeln bestimmen (vgl. Kant, Vorlesungen über die philosophische Religionslehre, a. a. O., S. 146). Der einzelne „Fall" wäre mithin auch nach Kant schon von anderen Subjekten in seiner Einzelheit zu „verstehen". Es wäre zu „verzeihen", daß der Handelnde wesentlich aus seiner individuellen Sicht statt nur aus reiner Vernunft sich entscheiden muß, ohne diese Entscheidung *allgemein* überzeugend als die richtige ausweisen zu können. Es ist zu „verstehen", daß er sich auf *seine* Weise „als" frei vorstellen muß, um *überhaupt* handeln zu können. Kant verweist in der „Anthropologie" darüber hinaus darauf, daß die „Triebfedern" der einzelnen Handlung auch vom Handelnden selbst schwierig zu beurteilen seien. Es sei für den Menschen schwer zu beurteilen, „wofür er sich halten, vielmehr aber noch, was er aus dem Anderen, mit dem er im Verkehr ist, sich für einen Begriff machen soll". „Wenn die Triebfedern in Aktion sind", „beobachtet" „er sich" „nicht", „und wenn er sich beobachtet", „ruhen" „die Triebfedern". (Anthropologie, Akademie-Ausgabe, Bd. VII, S. 121). Er muß sich also von sich und anderen ohne Gewißheit der Objektivität dieses Urteils notwendigerweise ein Bild *machen*, um die Beweggründe des jeweiligen Handelns zu verstehen, und im Bewußtsein des Gemachtseins dieses Bildes den anderen zugleich davon (via negationis) unterscheiden. Dennoch insistiert Kant auf der Trennung zwischen einem positiven allgemeinen intelligiblen Charakter des Menschen und der jeweiligen individuellen Weise, in der er sich unter „Verdrängung" der ihm „unbewußten" oder „dunklen" Beweggründe seiner Entscheidungen „als" frei voraussetzt. Der somit „verdrängte", nicht einer allgemeinen Vernunft gemäße individuelle Bestimmungsgrund der Handlung muß als „unbedeutend" *angesehen* werden, wenn menschliches Handeln (wenn schon nicht im einzelnen Fall so doch „überhaupt") als moralisch

wie jeder andere Fall auch. Die Moral bleibt eine abstrakte, innerliche Voraussetzung, unter der sich das Subjekt selbst verstanden haben mag, als es handelte, ohne aber sagen zu können, inwiefern seine Handlung *dadurch* anders verlaufen wäre als bei der Verfolgung eigener Interessen. Daß das Subjekt *sich selbst* als moralisches Subjekt versteht, enthebt es *nach außen* nicht der Verantwortung für andere. Für andere ist es der Täter dieser konkreten „Erscheinung“ seiner, in *seinen* Augen möglicherweise aus „Freiheit“ (von allen natürlichen Beweggründen) gewollten Tat. Nur die *Erscheinung* kann beurteilt werden, und es ist offenkundig, daß dabei der innerlich bleibende Umstand, ob die Tat aus Vernunft (bzw. aus „Freiheit“) oder aus eigenem natürlichen Interesse *gewollt* war, unberücksichtigt bleiben muß. Was *ihm selbst* möglicherweise das moralische Selbstbewußtsein vermitteln konnte, demzufolge es sich zu der Tat entschloß, bleibt ein Umstand seines inneren Selbstverständnisses, so daß die Tat in ihrer Vollendung anderen dennoch als böse „erscheinen“ kann. Für andere erscheint sie dann, vom Täter aus gesehen, als entstellt. Der Täter sieht sich in seinen „wahren“ Absichten verkannt, und nun erscheinen ihm die *anderen* als böse, d. h. als Individuen, die in rein vernünftig „gemeinte“ Handlungen individuelle Absichten hineinsehen und damit überhaupt solche anderen Beurteilungsgesichtspunkte für diesen „Fall des Handelns“ ins Spiel bringen. Der Fall selbst schreibt aber nicht vor, von welcher der Seiten der Einteilung der Philosophie her er adäquat zu beurteilen ist. Er läßt offen, ob er von der Voraussetzung aller Menschen als reiner Vernunftwesen oder von der Voraussetzung der Menschen als Naturwesen zu beurteilen ist, und die anderen lassen sich nicht darauf ein, daß der Täter überhaupt keine Interessen außer dem reinen Vernunftinteresse verfolgt habe, wenn sie eigene Interessen durch die Folgen faktisch verletzt sehen. Man wird dem Täter zumindest die nach Wahrscheinlichkeitsgesichtspunkten *absehbaren* Folgen zur Last legen, und, etwa über wissenschaftliche Gutachten, doch theoretische Wahrheitswerte einbeziehen, die den *Schein* der Wahrheit haben. Man wird sagen, er habe dieses oder jenes wissen und vorhersehen können, weil es nach irgendeinem „Stand“ des Wissens von ihm zu wissen gewesen sei. Die

verpflichtetes aufgefaßt werden können soll. Die einzelne Handlung wird nicht von daher beurteilt, warum gerade sie getan wird, sondern nur von der widerspruchsfreien Verallgemeinerungsfähigkeit der ihr zugedachten „Maxime“ des Willens her, von der aus aber eben gerade nicht abzuleiten ist, warum gerade sie und nicht eine andere wirklich getan worden ist. Daraus, daß das Subjekt sein Handeln auf diese Maxime hin prädikativ *auslegt*, bzw. sich von der Verallgemeinerungsfähigkeit dieser Maxime her „als“ vernünftig und damit „als“ frei versteht, ist auch nicht abzuleiten, daß sie sich in ein widerspruchsfreies System aller wirklich getanen Handlungen fügt. Gerade diese „verdrängte“ Seite der „Undurchdringlichkeit“ von Subjektivität wird dagegen bei Hegel reflektiert, ihr ,,Begriff“ ist dort „absolute Idee“ des Erkennens und des Handelns.

Handlung wird als Teil eines naturhaften Kausalnexus beurteilt. Sie ist dann nicht mehr ohne Einschränkung als freie Handlung beurteilt, sondern als etwas, das sich dem Willen des Täters unmittelbar entzieht, sobald er auch nur das kleinste erste Mittel zu ihrer Ausführung wirklich in die Wege leitet. Die Handlung zieht „ungewollte" Nebenerscheinungen mannigfaltiger Art nach sich, die aber ebenfalls hinsichtlich ihrer Moralität zu beurteilen sind, und es muß Gegenstand einer prinzipiell offenen Diskussion bleiben, inwiefern solche Nebenerscheinungen vernachlässigt werden durften, *damit* sich der Täter überhaupt als ein frei wollender Täter begreifen konnte. Andere Personen werden es nicht ohne weiteres hinnehmen, daß er sich unter Vernachlässigung gerade *der* Nebenwirkungen als reines, freies Vernunftwesen und damit als moralisch gerechtfertigt verstanden haben will, die nun faktisch die eigenen Interessen tangieren. Sie werden sich nicht auf *seine* Art, sich als Vernunftwesen zu imaginieren, einlassen wollen, und es entsteht ein Disput von Be- und Entschuldigungen, je nachdem, wie das Wissen- und Nichtwissenkönnen jeweils beurteilt wird. Wäre gefordert, *alle* Umstände zu bedenken, dann hätte sich der Handelnde überhaupt nicht zu irgendeiner Tat (und schließlich auch nicht zu ihrer Unterlassung, die ja auch Folgen gehabt hätte) entschließen können, weil alle Umstände wesentlich nicht bedacht werden können. Auf irgendeine Art muß sich der Handelnde abschließend als freies Vernunftwesen verstehen, wenn es überhaupt zur Tat oder zu einer in ihren Folgen ebenfalls unabsehbaren Unterlassung kommen soll. Zur Tat oder zur Unterlassung muß es kommen. Dies werden auch die anderen eingestehen. Sie sind als Individuen von dieser allgemeinen Wahrheit ebensogut betroffen, wie sie von den etwaigen Folgen der Handlungen anderer betroffen sind. Aber sie werden als in Mitleidenschaft Gezogene gerade *die* Art verurteilen, die sie in Mitleidenschaft gezogen hat und beanstanden, daß gerade *diese* Folgen unbedacht geblieben sind.

Solch ein moralischer „Diskurs" von Be- und Entschuldigungen ist prinzipiell nicht aus reiner Vernunft zu beenden. *Wenn er beendet wird, wird er aus anderen als moralischen Gründen beendet*, insofern unter „moralischen Gründen" Gründe gemeint sind, die von jedem vernünftigen Wesen unbedingt einsehbar sein sollen. Die den „Diskurs" faktisch beendenden Gründe können z. B. darin bestehen, daß einer der Beteiligten es aus eigenem Interesse für besser hält, seine Position nicht länger zu vertreten, wenn er davon überzeugt werden kann, daß dies sein Interesse sei, oder wenn es der Gegenposition gelingt, ihre Position als logische Ableitung (Deduktion) aus einer Position darzulegen, die von beiden Positionen geteilt wird. Die zuvor gegnerischen Positionen werden auf diese Weise als eigentlich gemeinsame Position, als gemeinschaftliches Interesse dargestellt. Dies ist die einzige Methode, aus „allgemeinen" Gründen zu einer

Einigung zu kommen. Finden sich aber solche gemeinsamen Prämissen, auf die man sich einigen kann, nicht, so bleibt nur eine Schlichtung durch irgendeine Form der Gewalt, die sich in zivilisierten Gesellschaftsformen der Staat vorbehält, indem er bestimmte Personen legitimiert, eine Entscheidung auszusprechen, die dann die Staatsmacht hinter sich hat. Diese Personen haben den „Fall des Handelns", wie er *erscheint*, zu beurteilen (und nicht, ob der Handelnde sich bei seiner Entscheidung dazu als reines Vernunftwesen begriffen hatte oder ob er „nur" seinem Interesse, wie er es für zweckmäßig hielt, gefolgt ist), indem sie ihn zufolge ihrer persönlichen, auf ihrer Einbildungskraft beruhenden Urteilskraft unter Regeln des positiven *Rechts* subsumieren. Das juridische Urteil tritt an die Stelle des moralischen. Es ist die *erscheinende* Vernunft im Unterschied zu einer wesentlich „innerlichen" moralischen Vernunft, und auch wenn ein Richter etwa sich selbst bei seinen Entscheidungen *als* rein der Vernunft folgendes Wesen und sein Tun folglich *als* moralisches Tun *verstehen* sollte, so muß dieses Tun anderen doch als Gewalt *erscheinen*, wenn es nicht überzeugt, und auch dann muß es ausgeführt werden. Um einer Entscheidung willen ist dieses Tun legitimiert, so wünschenswert es wäre, wenn es ringsum außerdem überzeugen könnte. Das Recht hat seinen Grund ja gerade im Bedürfnis nach einer Entscheidung unter Umständen, die ein gegenseitiges Sich-überzeugen-können unter Berufung auf gemeinsame Interessen nicht absehen lassen. (Auch eine rechtlich legitimierte Abstimmung nach dem Mehrheitsprinzip bedeutet Gewalt gegen die Minderheit, die in einer vorangehenden Debatte *nicht* hat überzeugt werden können und die in der Entscheidung, gerade insofern sie sich in ihrer Absicht moralisch versteht, nur einen nun von Rechts wegen abgedeckten partikulären Interessenstandpunkt zu sehen vermag, der sich gegen die reine Vernunft zur Geltung zu bringen versucht.) Generell gesagt erscheint nach außen hin oder für andere jedes sich selbst als moralisch verstehende Urteilen als bloßer „Fall des Handelns" durch Worte, der wie jede andere Handlung auch seine Folgen hat, über deren Absehbarkeit bzw. Unabsehbarkeit jeweils der Handelnde selbst sich ein Bild zu machen hat, wenn er sich zu ihr entschließt, ohne ausschließen zu können, daß andere sich ein *anderes* Bild davon machen und sich eventuell deshalb nicht dazu entschließen würden. Es muß nach den Vorstellungen *des Subjekts selbst* gehandelt werden, wenn es überhaupt zur Handlung oder Unterlassung kommen soll, und zur Handlung oder zur Unterlassung muß es notwendig kommen. Die Finitisierung der unabsehbaren Reihe von Folgen in der Einbildungskraft des Handelnden ist die Freiheit, die er sich nimmt, insofern er denkend existiert.

Die Moralität muß deshalb nach außen hin als „Verstellung" erscheinen (vgl. 434ff.), die schon dadurch geschieht, daß sich das moralische Bewußtsein unter Abstraktion von seiner Natürlichkeit *als* reines Vernunftwesen auslegt. Es schließt aus, daß es ihm in dem, was es tut, um es selbst im Sinne der Erhaltung seiner selbst geht. Das moralische Bewußtsein *versteht sich* als reines Befolgen des Imperativs der Vernunft. Es konstituiert sich darin vor sich selbst gegen die Schranke der eigenen Natur. Insofern es sich als Sollen versteht, versteht es sich aber zugleich doch auch als Anderssein gegenüber der reinen Vernunft, als Vernunftsein*sollen*, also *nicht* als reine Vernunft. Unter der in der Sprache der Philosophie vorgezeichneten Einteilung in Natur und Freiheit kann es sich nur entweder *als* Natur oder *als* Freiheit verstehen. Durch diese Sprache verstellt es sich den Zugang zu sich selbst, d. h. zu sich selbst als *Zweck* oder zu seiner Individualität. Sie kommt nur als Schranke gegen die Vernunft zur Sprache, als die es sich rein vor sich versteht, ohne dieses Selbstverständnis etwa als Entschuldigung für sein erscheinendes Handeln, als das es sich für andere darstellt, zur Geltung bringen zu können. Diese Sprache der Philosophie *muß* damit, und darauf hat vor allem Nietzsche hingewiesen, als Verstellung *erscheinen*, auch wenn sie dem Bewußtsein selbst als Sprache einer gewissen „inneren" Verständigung über sich selbst dienen kann, indem es sich so zu einer moralischen Selbstgewißheit gegen den Lauf der Welt stabilisiert. Als Sprache der Verständigung mit anderen ist diese Sprache aber unzweckmäßig, insofern andere sich gerade durch sie in ihrem eigenen moralischen Selbstverständnis verletzt sehen, d. h. in der Art, in der *sie* nun glauben, von der Unendlichkeit der Folgen absehen und sich zur Tat entschließen zu sollen, weil sie sich in ihrer Imagination den Ablauf der Handlung *anders* vorstellen.

Nach dieser Einsicht in das Wesen der Moralität bleibt nur übrig, Handlung so zu verstehen, daß ihr Subjekt das Bewußtsein von seiner Pflicht, aus dem heraus es glaubt handeln zu sollen, nach seinem *eigenen* jeweiligen Wissen und nach eigener *Überzeugung* bildet. „Das *Wesen* der Handlung, die Pflicht, besteht in der *Überzeugung* des Gewissens von ihr" (450). Es ist begriffen, daß vom „Individuum *bestimmt* werden" muß, wenn überhaupt gehandelt werden soll (452). Indem dies *begriffen* ist, ist dies auch *anerkannt*. Damit sind die „Triebe und Neigungen" der Selbsterhaltung nicht nur der Art, sondern der Individualität anerkannt. Das für die Moral „Böse" *ist* verziehen, d. h. dieses Verzeihen erfolgt nicht mehr aus moralischen Gründen, sondern als Überwindung des moralischen Bewußtseins in einem Selbstbegriff, der auch die andere Individualität als deren eigenen Zweck anerkennt, weil er *auch sich selbst* als bloße Individualität begriffen hat, als Handeln aus *bestem Wissen und Gewissen*, d. h. aus *eigenem* bedingtem Wissen. Das eigene Wissen ist als die Wahrheit des Wissens und folglich als das *beste* Wissen begriffen, das überhaupt möglich ist, so daß das Bewußtsein sich in diesem Begriff der

Wahrheit auch schon zur Tat motiviert weiß[3]. Dieser Begriff ist unmittelbar praktisch. Die Wahrheit ist das individuelle *Bild*, das sich das Subjekt je nach bestem Wissen und Gewissen macht und aufgrund dessen es sich zur Handlung entschließt. Denn dieses Bild ist das wirkliche Wissen des Subjekts selbst, insofern begriffen ist, daß es sich nur auf sein Wissen, das es selbst wirklich hat, verlassen kann und sich den Folgen aussetzen muß, wenn es handeln will, was es ja um seiner (von seinem endlichen Wissen her immer möglicherweise unzweckmäßig angelegten) Zwecktätigkeit der Selbsterhaltung willen muß.

Dieser Begriff ist der Selbstbegriff des Subjekts als „*individuelle Persönlichkeit*"[4], die sich *in einem* die Freiheit ihres *Wissens* und der *Handlung* nimmt. Er ist „nicht nur *Seele*". „Seele" ist der philosophische Name für eine objektive Zweckmäßigkeit überhaupt, z. B. für die einer Art. Er ist „freier subjektiver Begriff, der für sich ist und daher die *Persönlichkeit* hat, – der praktische, an und für sich bestimmte objektive Begriff, der als Person undurchdringliche, atome Subjektivität ist, – der aber ebensosehr nicht ausschließende Einzelheit, sondern für sich *Allgemeinheit* und *Erkennen* ist und in seinem Andern *seine eigene* Objektivität zum Gegenstande hat. Alles übrige ist Irrtum, Trübheit, Meinung, Streben, Willkür und Vergänglichkeit; die absolute Idee allein ist *Sein*, unvergängliches *Leben, sich wissende Wahrheit,* und ist *alle Wahrheit*" (484).

In diesem sehr an Leibnizens Begriff der Monade erinnernden Zitat formuliert Hegel den Begriff der Wahrheit, wie er sich für ihn nach der Reflexion der Kantischen Philosophie und deren Sprache darstellt. Von „Übereinstimmung" ist keine Rede mehr, weder im korrespondenztheoretischen noch im konsensustheoretischen Sinn. Denn hier ist ein Begriff davon, wie man mit dem anderen Subjekt im Selben übereinstimmen könnte, kritisch ebenso ausgeschlossen wie ein gesichertes objektives Wissen von einem Gegenstand. Der andere ist „undurchdringliche, atome Subjektivität". Er kann nicht Objekt werden und steht damit als er selbst jedem Begriff entgegen, unter den er von mir aus zu subsumieren wäre. Ich kann nicht wissen, wie und was er weiß. Ich *erkenne* ihn in diesem Sinne nicht, und gerade darin *erkenne* ich ihn *an*. Er ist für mich „Wahrheit", gerade insofern ich ihn *von mir aus nicht* verstehe und sein Handeln, wie es sich *mir* darstellt, nach *meinen* moralischen Kriterien verurteilen müßte.

[3] Von hier aus wird auch leichter einsichtig, daß der Gedanke von der „besten" aller möglichen Welten bei Leibniz mißverstanden ist, wenn er als Urteil über einen *moralischen* Weltzustand verstanden wird, demgegenüber man sich einen besseren nicht vorstellen könne, statt als Idee eines Maximums sich verwirklichender Individualität.

[4] Hegel, Wissenschaft der Logik, II, 200. Vgl. auch ebd. 260f.

10. Anmerkung zu Hegels Logik der Wahrheit

Die Hegelsche Kritik der Moralität versteht sich als Kritik des absoluten Prinzips der Kantischen Philosophie. Sie wurde hier so darzustellen versucht, daß der Übergang von ihr zum Begriff der Wahrheit in Hegels „Wissenschaft der Logik" einsichtig erscheinen kann, ohne die „Logik" im ganzen bis zu diesem Punkt hin zu entwickeln. Das wäre in diesem Kontext nicht möglich gewesen. Den Zusammenhang zwischen dem aus der Moralitätskritik resultierenden *Geist* des „Verzeihens" der „bösen" Individualität, ihrer Anerkennung und dem Begriff des „existierenden Begriffs", der bei Hegel an die Stelle des Kantischen reinen Vernunftsubjekts tritt, als einen immanenten Zusammenhang des „Systems" Hegels darzustellen, wäre Aufgabe einer besonderen Arbeit über dieses „System" und die „Logik" als dessen Mitte[1].

An dieser Stelle soll im Hinblick auf das systematische Thema dieses Versuchs nur noch der Auffassung begegnet werden, die Hegelsche Redeweise vom Begriff als „individuelle Persönlichkeit" oder als Begriff, „der als Person undurchdringliche, atome Subjektivität" sei und „in seinem andern seine eigene Objektivität zum Gegenstande" habe, könnte nur „metaphorisch" zu verstehen sein, da doch in einer „Logik" nicht anders von „Person", von „Erkennen" usw. gesprochen werden könne. Daß ein Begriff von Logik, der dies ausschlösse, hier nicht mehr vorauszusetzen ist, ist aber gerade der entscheidende Gedanke der „Logik der Wahrheit" bei Hegel. Diesen Gedanken gilt es im Interesse der Vergegenwärtigung des hier erreichten philosophischen Begriffs von der Wahrheit festzuhalten.

Daß in einer formalen Logik solche Begriffe keinen Platz hätten, versteht sich von selbst. Auch in Kants „transzendentaler Logik" als der „Logik der Wahrheit" im Sinne des Kantischen theoretischen Wahrheitsbegriffs haben sie keinen Platz. Das transzendentale Subjekt Kants ist zwar nicht nur Subjekt reiner Verstandesbegriffe, sondern Subjekt dieser Begriffe, insofern sie auf Anschauung bezogen werden. Aber mit dem Begriff einer reinen Anschauung a priori ist es zugleich vom wirklichen Anschauen von einzelnem, dessen Subjekt notwendig als ebenfalls einzelnes Subjekt verstanden sein müßte, unterschieden. Einzelnes Subjekt (Person) muß das Subjekt dagegen auch schon bei Kant als *praktische* Vernunft sein, wenn das Vernehmen des kategorischen Imperativs für das wirkliche Handeln, das nur das Handeln eines einzelnen, empirischen Subjekts sein kann, von

[1] Die Aufgabe einer Interpretation des Hegelschen Sollensbegriffs und der Moralitätskritik von der „Logik" her stellt sich die Tübinger Dissertation von B. Bitsch, Sollensbegriff und Moralitätskritik bei G. W. F. Hegel, Bonn 1977.

Bedeutung sein soll, auch wenn man mit Mitteln der Kantischen Philosophie die Verbindung zwischen einer allgemeinen Vernunft und einem tätigen einzelnen Subjekt nicht *denken* kann.

Daß auch Hegels „Logik" keine formale Logik, sondern, wie die Kantische „transzendentale" Logik, „Logik der Wahrheit" sein will, liegt ebensosehr auf der Hand wie die Tatsache, daß sie an den offengebliebenen Fragen eben dieser Kantischen „Logik der Wahrheit" ansetzt. Das geschieht vor allem systematisch an dem Punkt, an dem das Kantische Kategoriensystem in seiner Statik als unzulänglich erscheinen muß, weil, z. B. in der bekannten Formulierung des Begriffs der Kategorie als „Begriff von einem Gegenstande überhaupt, dadurch dessen Anschauung in Ansehung *einer der* logischen Funktionen zu Urteilen als bestimmt angesehen wird"[2], offen bleibt, wie oder mit *welcher* der Kategorien das Bestimmen denn ansetzen soll. Der Schritt von einer formalen Logik der „Funktionen zu Urteilen" zu einer „Logik der Wahrheit" läßt somit deren Subjekt frei, insofern nicht irgend etwas Äußeres es nötigt, so oder so mit seinem Bestimmen *anzufangen*. Es bleibt von seinem Begriff her reine „Möglichkeit", Subjekt von etwas zu sein. Die Vorstellung einer Bestimmung des Subjekts durch etwas Äußeres hatte aber gerade die gnoseologischen Probleme aufgeworfen, die Kant zu dem Versuch seiner „kopernikanischen Wendung" und zur Konzeption des dementsprechenden „transzendentalidealistischen" Wahrheitsbegriffs veranlaßt hatten. Um also die kritische Voraussetzung eines durch Äußeres nicht bestimmten Subjekts aufrechterhalten zu können, ergab sich für Hegel, im Anschluß an Reflexionen Fichtes und Schellings zu diesem Problem, die Frage, womit der „Anfang der Wissenschaft gemacht werden" müsse, wenn es nicht ein schon *bestimmter* Anfang durch ein folglich schon „vorwissenschaftlich" bestimmtes Subjekt sein solle. Die Antwort, es sei um der Reinheit des Anfangens willen mit dem „reinen Sein" anzufangen, stellt diese „Kategorie" als die ursprüngliche Kategorie eines „reinen Wissens"[3] vor; jeder „Fortgang" von hier aus kann dann nur eine „weitere Bestimmung desselben" und nicht durch von außen Hinzugefügtes veranlaßt sein (56). Offensichtlich gegen Schelling gewendet, steht bei Hegel am Anfang nicht der „Grund". Das anfangende Denken kann, wenn es *rein* anfangen will, nicht einen „Grund" seiner selbst von sich unterscheiden. Es muß vielmehr die dieses Unterscheiden vorgebende *Kategorie* des Grundes erst im „Fortgang" von einem auch im Gebrauch der Kategorie *voraussetzungslosen* Anfang entwickeln, wie Hegel es dann im zweiten Teil der Logik ausführt, und erst am Ende der Logik kann es *sich selbst* als das

[2] Kant, Kritik der reinen Vernunft, B 128. Veränderte Hervorhebung.

[3] Vgl. Hegel, Wissenschaft der Logik, I, 54.

„Letzte" oder als der wirkliche, die „Kategorie" des Grundes *erfüllende* Grund, als „dasjenige, aus welchem das Erste hervorgeht", *begreifen, nachdem zuvor die dazu erforderlichen Kategorien entwickelt worden* und nicht mehr nur „von außen" herangetragen sind. „So wird das Bewußtsein auf seinem Wege" – der hier, wie gesagt, nicht im einzelnen dargestellt werden konnte – „von der Unmittelbarkeit aus, mit der es anfängt, zum absoluten Wissen als seiner innersten *Wahrheit* zurückgeführt" (55). Dieses „Letzte" ist nun der „Begriff", der sich im dritten Teil der Logik zunächst wieder als unmittelbarer Begriff darstellt und sich auf dem Wege seiner „Auseinanderlegung" in „Urteil" und „Schluß" als „absolute Idee" vollendet und der *als Begriff* nun „individuelle Persönlichkeit" genannt werden kann, die zugleich „Sein" (mit dem als reinem Sein der „Anfang" gemacht wurde), „unvergängliches Leben"[4] und schließlich „*sich wissende Wahrheit*" genannt wird. *Was* sich hier unter *all diesen Kategorien* schließlich als „alle Wahrheit" begreift, ist „das Bewußtsein", das erst unter *all diesen* Kategorien zu seinem wahren Begriff gekommen ist. „Alles übrige ist Irrtum". Dies ist der vollendete Hegelsche Wahrheitsbegriff und damit zugleich der vollendete Begriff des *Bewußtseins*, das sich in der „Phänomenologie des Geistes" wesentlich solange als „Gegensatz des Bewußtseins" zur Wahrheit verstehen mußte, bis es, wie es dort hieß, im „Wort der Versöhnung" oder im „gegenseitigen Anerkennen" als „*daseiender* Geist" dadurch zugleich „*absoluter* Geist" wurde, daß es „das reine Wissen seiner selbst als *allgemeinen* Wesens in seinem Gegenteile, in dem reinen Wissen seiner als der absolut in sich seienden *Einzelheit*" anschaute. In der „Logik" ist es nun, vollkommen entsprechend, dadurch „für sich *Allgemeinheit* und *Erkennen*", daß es „in seinem andern *seine eigene* Objektivität zum Gegenstande hat". Zu diesem voll entwickelten Begriff oder zur vollen, konkreten kategorialen Bestimmung dieser „Objektivität" gehört demnach die ganze Fülle der in der Logik entwickelten Kategorien. Aber sie gehören zu ihm als je *bestimmt* (nämlich die absolute Geltung der jeweils vorausliegenden Kategorie) *negierende* Kategorien. Das Bewußtsein, das ohne Voraussetzung eines schon bestehenden Bestimmtseins seines Bestimmens und deshalb, im Unterschied zum Bewußtsein in der „Phänomenologie", auch ohne *Voraussetzung* seiner selbst als eines vom „Gegenstand" verschiedenen, *an-*

4 „Leben" wird in Hegels „Logik" als „Unmittelbarkeit der Idee" verstanden, die sich vom „lebendigen Individuum" über den „Lebensprozeß" zur „Gattung" entwickelt, in der das einzelne in einer *unmittelbaren* Form allgemein ist, d. h. in einer Form, in der es sich noch nicht in der „Allgemeinheit" seiner *und des anderen* jeweils für sich bestehenden, „absolut in sich seienden *Einzelheit*" oder „undurchdringlichen, atomen Subjektivität" begreift und in der die „Gattung" noch als das „wesentliche" Sein gegenüber solcher vom Allgemeinbegriff her unbegreiflichen Individualität verstanden ist.

fangen will, bestimmt deshalb zunächst (sich) als „reines Sein". Da darin aber Negation enthalten ist, nämlich die Negation aller Bestimmtheit, bestimmt es (sich) als Sein, das durch Negation bestimmt ist, als „Dasein" oder „bestimmtes Sein". „Sich" ist hier jeweils in Klammern gesetzt, weil um der Reinheit des Anfangens willen anfänglich weder explizit „es selbst" noch explizit „etwas anderes" als „es selbst" „gemeint" sein kann. Die Kategorie des „anderen" wird erst im Laufe der „Logik des Seins" entwickelt, so wie „Reflexion" erst in der „Logik des Wesens" als verfügbare Kategorie entwickelt wird, auch als „äußere", aus einer beschränkten Perspektive die Begriffe, unter die das einzelne reflektierend subsumiert wird, an es herantragende Reflexion. (Auch der *Begriff* einer „äußeren Reflexion" muß erst kategorial entwickelt sein, wenn er überwunden werden soll, weil sonst diese bestimmte Negation der äußeren Reflexion selbst auf einem nur äußerlich an das Denken herangetragenen positiven Begriff beruhen würde.)

Am *Ende* der „Logik" erst haben sich alle Kategorien entwickelt, die den *absoluten Anfang* kategorialen Bestimmens wahrhaft bestimmen können, und es sind deshalb alle, weil die letzte nicht nur irgendeine wie alle vorhergehenden ist und einfach mit ihr in der Kette der bestimmten Negationen aufgehört würde, sondern weil sie von ihrer eigenen Bedeutung her als notwendigerweise oder logisch *letzte* Kategorie entwickelt worden ist: als die Kategorie der Bestimmung des Begriffs als „individuelle Persönlichkeit", als „atome, undurchdringliche" Subjektivität, d. h. als Kategorie des wesentlich nicht mehr in weiteren Kategorien zu bestimmenden Seins. Sie ist somit als sie selbst die letzte von allen und damit die wahre Kategorie, weil es mit ihr *notwendig alle* Kategorien zur Bestimmung des „wahren Grundes" und „Anfangs" dieser ganzen Entwicklung selbst sind. Das im Anfang als Anfang vorausgesetzte Sein ist mit ihr erst vollständig bestimmt. Das Bestimmen kommt mit ihr zum *Schluß*, ohne daß es darin seinem Gegenstand gegenüber noch „abstrakt" oder äußerlich bliebe. Es bleibt ihm, indem es mit *dieser Kategorie* zum Schluß kommt, nicht „gegenüber", denn mit der Kategorie „individuelle Persönlichkeit" hat es sich selbst als existierende individuelle Persönlichkeit, die als solche von sich aus bestimmt, zum „einzigen" Gegenstand. Diese letzte „Kategorie" ist nicht mehr im üblichen Sinne (allgemeine) Kategorie zur Bestimmung von etwas *anderem* als sie selbst, sondern nur noch ihr *existierender* und weiter nicht mehr auseinanderzulegender Vollzug selbst. Die in dem Zitat *genannten* Kategorien sind allerdings nur einige von allen: „Sein", „Leben", „sich wissende Wahrheit", und was *alle* diese Kategorien nun in der sie überhaupt erst als System abschließenden Kategorie als „Gegenstand" bestimmen, ist zugleich „alle Wahrheit". Es ist das „Bewußtsein", aber nun nicht mehr als das Bewußtsein, wie es sich in der „Phänomenologie“ selbst verstanden hat, sondern als Bewußtsein, zu dem es sich in der „Phänomenologie“ erfahrend *gebildet* hat und als das es sich nun in der „Logik“ auch *begreifen* kann, weil es Kategorien dafür gewonnen hat: *als* Sein, aber nicht *nur* als Sein, sondern auch *als* bestimmtes Sein, *als* anderes neben anderem, sich veränderndes Sein, aber auch *als* Reflexion, auch *als* Leben, sowohl als Individuum als auch als Gattungswesen, und darüberhinaus als Subjektivität, um den von Hegel zusammenfassend aufgezählten Kategorien nur einige weitere hinzuzufügen, jedenfalls *als* unter anderem Existierenden einzeln Existierendes und nur *als solches* auch Reflektierendes, d. h. als „undurchdringliche Subjektivität“. Auf es *selbst* und *nur* auf es selbst treffen diese Kategorien *alle* zu, so daß in *dieser* Beziehung keine Wahlmöglichkeit zwischen ihnen besteht. Eine abstrakt bleibende Bestimmung des Gegenstandes als Bestimmung, die sich der Willkür des Subjekts verdankte, ist ausgeschlossen und eine wahre ist möglich. So ist sie zugleich mit ihrer Möglichkeit auch wirklich, also notwendig. Dasselbe ist Subjekt und Objekt dieser Wahrheit, indem es als „undurchdringliche, atome Subjektivität“ und – wie Hegel hier wohl in Anlehnung an die Vorprägung des Begriffs der Persönlichkeit vor allem bei Schelling sagt – als „Person“ *seine eigene* undurchdringliche „Objektivität zum Gegenstand hat“. Die Hegelsche Logik entwickelt also nicht nur Kategorien für eine mögliche Anwendung. Sie ist, so gesehen, keine reine Kategorienlehre. Sie erfüllt den Anspruch, daß die Kategorien ein System oder daß es *alle* Kategorien seien dadurch, daß die Kategorien fortschreitend zugleich den Gegenstand konstituieren, auf den hin sie ein vollständiges System sein können, weil es sich bei *diesem* Gegenstand um einen dem Begriff nach vollständig bestimmten Gegenstand handelt. Das ist ein Gegenstand, an den sie nicht willkürlich als entweder zu allgemeine oder zu enge Kategorien[5] *von* einem Subjekt herangetragen sind, das in dieser *Tätigkeit* den Gegenstand kategorial überformte und der deshalb seiner Bestimmung äußerlich bleiben müßte. Dieser *wahr* bestimmte Gegenstand kann also kein anderer als das Subjekt des Bestimmens selbst sein, das, insofern es ihn doch bestimmt und darin von sich unterscheidet, ihn nur *als* das andere seiner selbst oder in ihm sich als ein für sich selbst anderes, „undurchdringliches“, *seiendes* Subjekt bestimmen kann. Vor allem die Bestimmung als „lebendiges Individuum“ ist als negative Bestimmung gegen einen Begriff des Bestimmens, der als das Durchsichtigmachen des Objekts verstanden werden könnte, unmittelbar einsichtig. Wichtiger als solche unmittelbaren Konnotationen und Assoziationen von einem anderen Sprachgebrauch her ist aber der logische Ort,

[5] Vgl. die je nach solchen Inadäquatheiten verschiedenen Urteilsformen in Hegels Logik des Urteils, Wissenschaft der Logik, II, 264ff.

an dem die einzelnen Kategorien je ihre Bestimmung erhalten, und der sie dem Verdacht, sie seien „nur metaphorisch“ zu nehmen oder Hegel habe sich hier in eine nicht so genau zu nehmende Sprache abgleiten lassen, enthebt. Der „Begriff“ am Ende der Logik Hegels muß dem immanenten Gang der Logik nach, wenn man sich überhaupt auf ihn einlassen will, als einzelnes, in seiner konkreten Freiheit existierendes Individuum verstanden werden, das sich in seinem *historischen* Verhältnis zu anderen einzelnen Individuen und damit auch erst sich selbst denkt und zu einem *Begriff* dieser seiner Wirklichkeit gekommen ist. Hegel meint einen als solche Persönlichkeit in ihrem bewußten Verhältnis zu anderen solchen Persönlichkeiten *existierenden* und sich zugleich als solche *begreifenden* Begriff, einen „Begriff, insofern er zu einer solchen Existenz gediehen ist, welche selbst frei ist“, und der „nichts anderes“ ist als „*Ich* oder das reine Selbstbewußtsein“. Er unterscheidet diesen „Begriff“ von dem traditionellen Begriff des Begriffs, der Begriffe meint, die man „hat“: „Ich *habe* wohl Begriffe, das heißt, bestimmte Begriffe; aber *Ich* ist der reine Begriff selbst, der als Begriff zum *Dasein* gekommen ist“[6], d. h. der selbst als „*bestimmtes* Sein“ (I, 95) unter anderem bestimmten Sein *da* ist. Er *ist* in seinem Verhältnis zu diesem anderen Sein *ohne herangetragenen begrifflichen Unterschied* zu diesem anderen *da*. Er ist „Individuum“.

Damit hat die Logik auch erst den Ansatz für die „realphilosophischen Disziplinen“ entwickelt, insofern es sich dabei um *philosophische* Disziplinen handeln soll. Sie hat einen Begriff vom Begriff und zugleich einen Begriff von einem Gegenstand entwickelt – deren Verhältnis zueinander kein äußerliches Verhältnis, sondern, so könnte man sagen, eine „notwendige Verbindung“ wie die Cartesianische von Denken und Sein ist – also einen Begriff, der dem Gegenstand nicht „von außen“ aufgelegt oder auf ihn angewandt wird. Es ist das (negative) Verhältnis eines Denkenden zu sich als einem bestimmten Seienden. Da das endliche Subjekt sich diesem Begriff nach auch in seinem Erkenntnisverhalten nicht durchsichtig sein kann, kann es sich nur um einen Begriff seiner selbst als eines Subjekts handeln, das trotz der Einsicht in seine Endlichkeit und Undurchsichtigkeit *handeln* und sich von sich aus bestimmte Vorstellungen von sich und der Welt *machen* muß. Auch die „realphilosophischen“ Disziplinen können dann nur noch dieses *so begriffene* (endliche) Handeln und Erkennen zum Gegenstand haben, soweit sie als philosophische Disziplinen verstanden sein wollen. Von diesem Gegenstand, dem sich selbst in den konkreten Bedingungen seiner Existenz in Freiheit begreifenden Begriff, heißt es in der Logik, daß er „*alle Wahrheit*“ und „der einzige Gegenstand und Inhalt der Philosophie“ sei (II, 484). Der Unterschied zur „Logik“

[6] Hegel, Wissenschaft der Logik, II, 220.

besteht aber darin, daß es sich in diesen Disziplinen immer schon *von ihrem* (disziplinspezifischen) *Anfang an* je um eine besondere Disziplin, um eine bestimmte Betrachtungsweise dieses einen (und „einzigen") Gegenstandes handelt. Die „absolute Idee" muß das Konkrete sein, insofern alle *Differenz* zu ihr als Abstraktion bestimmt wird. Sie muß Individuum sein, das in den realphilosophischen Disziplinen der in irgendeinem Punkt „äußerlichen" Betrachtung unterliegt. Die „absolute Idee" ist als Individuum das Wahre, allem *positiven* Bestimmen durch ein Urteil Vorausliegende und es *in diesem Sinne* „Umgreifende"[7]. In dieser „Logik der Wahrheit" liegt der Hauptpunkt der Hegelschen Dialektik.

Eine dieser möglichen Betrachtungsweisen ist die, das Moment der Andersheit, oder, noch abstrakter, das Moment des „unmittelbaren Seins" im „Begriff" zu verabsolutieren, so, *als* seien damit *alle* seine Prädikate erschöpft, bzw. als sei dies das „wesentliche" Prädikat. In dieser Betrachtung erscheint der Gegenstand dann als das *ganz andere* gegenüber dem Begriff in seiner vollen Bestimmung, als „Natur". Er ist „Natur", solange diese abstrakte Bestimmung (axiomatisch) als Rahmenbestimmung einer ganzen „Sphäre" festgehalten wird. Die „Natur" ist die „Totalität" des Begriffs, aber „in dieser Form"[8]. Oder es wird, in einer ebenso willkürlichen Abstraktion von *allen* Prädikaten des „Begriffs", die ihm als willkürliche gerade seinem vollen Begriff nach im Handeln und Erkennen wesentlich ist, mit einer *anderen „Sphäre und Wissenschaft"* ein Anfang gemacht (505). Die *Willkür* des Anfangs macht dabei geradezu jeweils die Bestimmtheit der besonderen „Sphäre" gegenüber dem Begriff als dem „einzigen Gegenstand und Inhalt der Philosophie" aus. Sie macht das ob-

[7] Vgl. den Terminus des „Umgreifenden" bei K. Jaspers (Von der Wahrheit, München 1947, insbes. S. 53ff.).

[8] Hegel, Wissenschaft der Logik, II, 505. – Die „Naturphilosophie" Hegels ist von ihrem Telos her als Philosophie der Individualität angelegt. Als das „Andere des Geistes" erweist sich die Natur in der Entfaltung ihres Begriffs wie der Geist selbst als Individualität gegenüber herangetragenen abstrakten Einteilungsbegriffen. Vgl. den Fortgang der „Naturphilosophie" von ihrem mechanischen Begriff als reines Raum-Zeit-Verhältnis unter Gesetzen des Verstandes über die „Physik der allgemeinen Individualität", die „Physik der besonderen Individualität", die „Physik der totalen Individualität" und die „Organik" zum Übergang in die „Philosophie des Geistes" als Übergang „in die Subjektivität des Begriffs" (Enzyklopädie der philosophischen Wissenschaften, 1830). *Deren „Objektivität"*, als die „aufgehobene Unmittelbarkeit der Einzelheit", d. h. als die Aufhebung und Aufbewahrung ihrer Begriffslosigkeit ist *„konkrete Allgemeinheit"*, „so daß der Begriff gesetzt ist, welcher die ihm entsprechende Realität, den Begriff" (statt einer ihm gegenüber unmittelbaren, begriffslosen Anschauung) „zu seinem *Dasein* hat, – der *Geist*" (a. a. O., § 376). In der Vollendung des philosophischen Begriffs von Natur ist Natur nicht an sich begriffsloses Dasein *unter* Begriffen, sondern selbst als Individualität begriffen. Individualität ist für Individualität. Dieses Verhältnis ist Hegels „Logik" gemäß *„alle Wahrheit"* (Logik II, 484), also auch die der „Natur".

jektive Gegenüberstehen der „Sphäre" im Verhältnis zum Begriff aus, der dementsprechend als bloß subjektiver Begriff erscheint. Da der Anfang bei der „Natur" der abstrakteste Anfang ist, der überhaupt möglich ist, kann jeder andere Anfang nicht mehr *nur ein anderer,* sondern er muß ein konkreterer, schon reicher bestimmter und näher an der abschließenden, wahren Bestimmung des Begriffs selbst liegender Anfang sein. In der „Rechtsphilosophie" wird er z. B. damit gemacht, daß von solchen bestimmten positiven Regelungen als dem „Gegenstand" dieser „Sphäre" ausgegangen wird, unter deren Geltung sich Personen immer schon in ihrem Verhältnis zu anderen Personen *vorfinden,* aber – und darin besteht hier die die „Sphäre" konstituierende Abstraktheit – *ohne den logischen Begriff* von der Notwendigkeit eines solchen sich Vorfindens in positiven Regelungen dieses Verhältnisses, so daß sie den Personen *unmittelbar* abstrakt, als das „abstrakte Recht" erscheinen müssen[9].

Solche „Entschlüsse" sind dem Begriff wesentlich, „weil die reine Idee des Erkennens" in die sich in ihrem Sein selbst undurchsichtige „Subjektivität" (einer individuellen Person) „eingeschlossen ist", und somit der „Trieb" (505) besteht, diese Subjektivität aufzuheben und von ihrer *Anerkennung* zu einem „objektiven" *Erkennen* zu gelangen: Der Geist *soll* (als Natur) *bestimmt* werden können. Auch „Trieb" ist hier keine „bloße" Metapher, sondern ein in ihrer Geschichte terminologisch gewordener Ausdruck der Philosophie im Anschluß an Kant und vor allem an Fichte, wie im vierten Teil noch näher ausgeführt werden soll. Der „Idee" sind „Entschlüsse" zur Aufhebung der Subjektivität in „objektivierenden" Vorstellungen wesentlich (z. B. als „Entschluß" zur „Natur" als dem Inbegriff aller Vergegenständlichung unter *dazu* „axiomatisch" *vorausgesetzten* Begriffen, zum „Recht" oder zu irgendwelchen anderen „Einteilungen" in besondere „Sphären" von Gegenständlichkeit), weil das Subjekt seinem logisch entwickelten Begriff nach, auch im Ansatz seiner Erkenntnishandlungen, von sich aus, d. h. ohne *weiteren,* es darin leitenden Begriff vom Gesolltsein gerade dieser Handlungen und Entwürfe, handeln *muß,* insofern es überhaupt *sein* will. In der Sprache Heideggers könnte man sagen, es ginge ihm in dem, was Hegel hier „Trieb" nennt, in einer für es selbst nicht ins *vorstellende* Denken hineinzuholenden Weise, also in seinem von seiner Selbstvorstellung als bestimmtes Seiendes unterschiedenen Weise „*um* dieses Sein selbst"[10]. Denn solch eine vollendete Aufhebung der Subjektivität in die Vorstellung ist vom philosophischen *Begriff* des Begriffs her als unmöglich begriffen. Die auf solch eine Aufhebung abzielenden „Entschlüsse" sind Ansätze des Begriffs zu

[9] S. u. S. 400.
[10] Heidegger, Sein und Zeit, S. 12.

„schlechten Unendlichkeiten“, in denen sich der Begriff verliert. Der Terminus „Subjektivität“ steht bei Hegel also gerade nicht für ein vorstellendes, alles in seine „Gewißheit“ hineinziehendes Denken, sondern im Gegenteil für das nicht ins vorstellende Denken hineinzuziehende, *freie* Sein des Denkenden, für dessen nicht weiter auszulegende, auslegende Individualität, als die es *in der ihm konkret gewährten Freiheit* existiert und die somit das „Sein“ dieses „Seienden“ genannt werden könnte. Der „Begriff“ ist das Begreifen dieses *negativen* Verhältnisses des Denkens zu seinem Sein.

Am Ende der „Logik“ ist, nach Erschöpfung *aller* besonderen Kategorien zur Bestimmung dessen, womit der „Anfang“ gemacht werden müsse, wenn er „unmittelbar“ und frei von unbedachter Subjektivität sein *solle,* endgültig der vollkommen bestimmte und deshalb *wahre* Begriff vorhanden, daß die Vorstellung eines *reinen* Anfangens aufgegeben werden muß, unter welcher besonderen Kategorie das Denken sich auch je als „Vermögen“ dazu verstehen sollte. Es ist begriffen, daß es der in seiner Individualität unaufschließbare, „atome“ Begriff selbst ist, der in seiner für ihn selbst unreflektierbaren, historischen Weise mit sich selbst (als „Trieb“) anfängt. Diese Wahrheit ist am Ende der „Logik“ als Wahrheit aller anderen kategorial bestimmend ansetzenden und dadurch Objektivität vorstellenden Handlungen „anerkannt“. „Anerkannt“ war dies schon im Geist des „Verzeihens“ der „Phänomenologie des Geistes“, in dem jedem Individuum dieses individuelle Sein, der von der Moralität als „böse“ *beurteilte* Trieb, zugedacht ist. Aber nun ist es, nach dem Durchgang durch *alle möglichen* Kategorien nach der Methode ihrer sukzessiven bestimmten Negation, auch *begriffen*[11]. Mit dem Begriff als „absolute Idee“ ist die *notwendigerweise letzte* Kategorie als Negation aller Objektivität konstituierenden Kategorialität erreicht, und damit ist begriffen, daß „alles andere“ „Irrtum“ ist. Das ist „alles“, was Kategorie zur Bestimmung von Objektivität *sein sollte,* weil das Bestimmen unter *einer* von diesen Kategorien im Bestimmen von etwas zum *Schluß* zu kommen beanspruchte und sich darin verabsolutierte. Das gilt dann auch für alles Gegenständliche, das unter *einer von* diesen Kategorien *als* bestimmt *angesehen* wird.

Das Neue im Hegelschen Wahrheitsbegriff besteht also in seiner Abhebung gegen den Kantischen Wahrheitsbegriff, der Wahrheit und Objektivität insofern gleichsetzt, als er die Wahrheitsmöglichkeit von Urteilen dadurch denkt, daß er den Gegenstand von seiner Bestimmung „in Ansehung einer der logischen Funktionen zu Urteilen“ her konstituiert denkt. Die Reduktion auf *eine* der Kategorien kann vom Hegelschen

[11] Zum Begriff der Methode bei Hegel vgl. H. Röttges, Der Begriff der Methode in der Philosophie Hegels, Meisenheim 1976.

philosophischen Wahrheitsbegriff aus zugleich als Schritt zu einem regionalen, einzelwissenschaftlichen Gegenstandsbegriff verstanden werden, bzw. als Schritt zu einer perspektivischen Bestimmung und Konstitution von Objektivität, die sich ihrem Begriff nach dann einer äußerlichen Hinsicht verdankt.

Der Schritt über den Begriff von Objektivität hinaus, die sich unter einer der Kantischen Kategorien ergeben soll, vollzieht sich nach Hegel im Übergang von der Kategorie der Kausalität zu der Kategorie der Wechselwirkung. Im kausalen Bestimmen sind Ursache und Wirkung als unumkehrbares Verhältnis bestimmt und so voneinander unterschieden. Die Ursache ist als Anfang, als das Aktive in diesem Verhältnis gedacht. Da das Bestimmen als endliches aber nicht an eine „erste" Ursache oder an einen absoluten Anfang heranreicht, ist etwas *als* Anfang *gesetzt*, etwas anderes *als dessen* Wirkung. Der Gegenstand wird in Ansehung dieses kategorialen Verhältnisses als bestimmt angesehen, d. h. die Bestimmung ist ihm äußerlich. Dieses „Äußerliche" liegt so im *Begriff* der von der Wirkung *unterschiedenen* Ursache. Es ist somit *„durch sie selbst* vermittelt"[12]. Dem kausalen Bestimmen haftet als solchem dieses Moment der Äußerlichkeit an. Was als Ursache bestimmt wird, ist daher nicht nur als etwas Bestimmendes gedacht. Es ist, insofern es als Ursache bestimmt ist, zwar als das Bestimmende gedacht, denn dies ist die unmittelbare Bedeutung von „Ursache". Es ist aber zugleich als Ursache *bestimmt* worden und damit das *„Passive"*.

Hier scheinen auf den ersten Blick verschiedene Ebenen verwechselt zu werden. Die „Ursache" soll doch „real" bestimmen. Was „als" Ursache bestimmt wird, wird aber „logisch-semantisch" „als" „Ursache" bestimmt. Das Außerachtlassen solcher Unterschiede bei Hegel hat in der Hegelrezeption die größten Schwierigkeiten verursacht[13]. Aber eben diese Unterscheidung hat auf dem Stand philosophischer Reflexion der Konstitutionsproblematik, wie Hegel sie im Anschluß an Kant durchführt, nicht mehr ein fundamentum in re. Die Unmöglichkeit dieser Unterscheidung ist, so könnte man sagen, gerade eine festzuhaltende philosophische Einsicht, die den eigentlichen Grundzug der Reflexion kategorialen Denkens in Hegels „Logik" ausmacht. Der Gedanke, daß etwas im Verhältnis zu einem anderen das real Bestimmende, dieses andere aber das real Bestimmte oder die „Wirkung" sei, ist selbst ein Bestimmen. Die „reale" Ursache ist „reale" Ursache, weil sie *als* solche bestimmt worden ist, Kantisch gesprochen: weil etwas Gegebenes *so* als bestimmt angesehen

[12] Hegel, Wissenschaft der Logik, II, 203.

[13] H. Röttges (s. Anm. 11) setzt sich mit Auffassungen, die hier kritisch ansetzen, an verschiedenen Stellen auseinander.

worden ist. „An sich“ oder rein gedanklich betrachtet ist dieses Etwas natürlich nicht vollständig bestimmt, wenn man es als „Ursache“ bestimmt, denn es muß ja ebensogut „Wirkung“ sein, weil anderes auf es einwirkt, und nur insofern es *auch* Wirkung ist, ist es *auch* Ursache. Dieser kosmologische Zusammenhang ist in der Bestimmung nach dem *Unterschied* von Ursache und Wirkung, also im kausalen Bestimmen von Anschauungsgegenständen, die endlichen Wesen als unendliche Bestimmungsmöglichkeit gegeben sind und mit deren Bestimmung sie im *Urteil dieser Form* dennoch zum Schluß zu kommen gedenken, aber gerade ausgeblendet. Etwas ist also nur insofern als real bestimmende Ursache zu denken, als es eben als solche *bestimmt* worden ist, d. h. insofern, als der Anschauungsgegenstand in der hypothetischen Urteilsform bestimmt werden soll. Das Ursachesein von etwas *ist* das Bestimmtsein von etwas. „Die *Wechselwirkung*“ ist daher nach Hegel nicht, wie nach Kant, einfach eine weitere, einer *anderen* (der disjunktiven) Urteilsform entsprechende Kategorie, zu der sich das subjektive (äußerliche) Bestimmen auch entschließen könnte, jetzt aber nicht entschließt, weil es sich ja in der Einstellung kausalen Bestimmens befindet, sondern „nur die Kausalität selbst“. „Hierdurch ist die Kausalität zu *ihrem absoluten Begriffe* zurückgekehrt und zugleich zum *Begriffe* selbst gekommen“ (ebd.). Es ist begriffen, daß etwas nur als „Ursache“ zu denken ist, insofern es unter dieser *Kategorie* als bestimmt *angesehen* ist. Dieses subjektive Ansehen von etwas als Ursache ist die reale Ursache von „Ursachen“ in objektiver Hinsicht. Es ist der einzige *wahre* Gegenstand der Bestimmung von etwas als „reale“ Ursache. D. h. nur *das* Bestimmen von etwas als „reale“ Ursache ist wahres Bestimmen, das sich als das Sichselbstbestimmen des Bestimmenden vollzieht, in dem es *sich* in einem realen Vollzug dazu bestimmt, ein in *dieser* Form Bestimmendes zu sein. Die „objektive“ Logik geht in die „subjektive“ über, denn der „Gegenstand“ ist nun identisch mit dem bestimmenden Subjekt. Es *unterscheidet* den Gegenstand nicht mehr von sich. Es macht ihn nicht mehr dadurch zu einem seiner Bestimmung gegenüber „äußerlichen“, daß es ihn „abstrakt“ in *einer* der möglichen Urteilsformen *als objektiv* bestimmt ansieht. Es hat sich selbst zum Gegenstand. Dieser Übergang in die „subjektive Logik“ vollzieht sich in der Reflexion der Kategorie der Kausalität, in der der Begriff einer „realen“ Ursache in dem *Begriff der etwas so bestimmenden logischen Bewegung* aufgehoben wird, so daß in dieser Bewegung die „Ursache“ dafür zu sehen ist, daß von realen Kausalitätsverhältnissen *die Rede* sein kann. „Wechselwirkung“ ist dann nicht mehr eine „andere“, in der logischen Deutlichkeit einer apriorischen Grammatik der Vernunft von der der „Kausalität“ unterschiedene Kategorie, bzw. „Kausalität“ ist nicht mehr eine andere als die der „Wechselwirkung“, und damit kann das bestimmende Subjekt sich nicht mehr als bloße „Anwendung" solcher verfügbaren Kategorien aus dem Zusammenhang des Gegenständlichen heraushalten. Das Subjekt wird durch diese Reflexion vielmehr in den Zusammenhang der Bestimmtheit der Kategorien gegeneinander und damit auch in den des Gegenständlichen hineingezogen. Was es als Ursache, also als ein rein *Bestimmendes* bestimmt, ist als *von ihm* dazu *Bestimmtes*, durch seinen Entschluß dazu Bewirktes reflektiert. Und dieser Entschluß ist das „Reale" des „realen" Bestimmens objektiver Ursachen. Er ist, wenn dieses Objektive das (Natur-) Notwendige sein sollte, das Zufällige. Da jene (Natur-) Notwendigkeit aber in dieser „Zufälligkeit" begründet gedacht ist, hebt sich dieser Gegensatz des Zufälligen zu solch einem positiven Begriff von Notwendigkeit auf. Das Zufällige ist nicht mehr als das Defiziente, sondern als das Positive zu denken. Es ist Freiheit (vgl. 204).

Nun kann sich aber das Zufällige nicht seinerseits als *reine* Ursache (im Sinne des Kantischen Begriffs einer „Kausalität aus Freiheit") denken. „Ursache" war ja schon als in der Reinheit bloßer Aktivität nicht mehr zu Denkendes gedacht. Es war schon gedacht, daß alle Ursachen *auch* als Passivität, als Bewirktes zu denken sind, *indem* sie als Ursachen gedacht werden. Auch das sich als „Ursache" des objektiven Bestimmtseins von etwas reflektierende Subjekt kann sich nun nicht als *reines* Subjekt, nicht als *reines*, absolut anfängliches Bestimmen denken; es muß sich aufgrund dieser eigenen Reflexion ebensosehr als dazu Bestimmtes denken, denn diese Reflexion hatte bereits das einseitige Ursache- (und Wirkung-) Denken in ein Wechselwirkung-Denken transformiert. Das Subjekt denkt so überhaupt nicht mehr in der Alternative von äußerer Kausalität und „Kausalität aus Freiheit" als dem Beginn einer neuen Kausalreihe aus sich selbst. Es denkt nicht mehr, wenn es die Wahrheit, die sich ihm ergeben hat, festhält, *unter* dieser Alternative eines *reinen* Kausal- und eines *reinen* Freiheitsbegriffs, sondern es denkt sich selbst als freies, aber, in seinem Verhältnis zu *anderen* freien Subjekten, zugleich in seiner Freiheit *bedingtes* Bestimmen. Es denkt dieses Verhältnis als „das *Allgemeine*", aber es denkt sich in ihm ebensogut als „das *Einzelne*" (204f.).

Im Umschlag der Kausalität in Wechselwirkung bleibt das Subjekt nicht mehr jenseits der Welt der Gegenstände, die es als bestimmt denkt. Es wird in die Wechselwirkung mit ihnen (mit ihrer Bestimmtheit oder Gegenständlichkeit) einbezogen und ist darin ebensogut (bestimmendes) Subjekt wie (bestimmter) Gegenstand. Es ist „*bestimmte Einfachheit*" und zugleich „*einfache Bestimmtheit*" in einem „*vollkommen durchsichtigen* Unterschied" (205). Es ist vollkommen durchsichtig oder begriffen, daß alles kategoriale Bestimmtsein von etwas einer „undurchsichtigen" „*Subjektivität* oder der *Freiheit*" entspringt, die mittels einer dieser Kategorien selbst nicht zu bestimmen und nicht zu „objektivieren" ist, einem freien Entschluß, der dann aber seinerseits in seiner Freiheit in einer *Wechselwirkung* bedingt ist, in der die existierenden, einzelnen Subjekte in ihrer konkreten Freiheit wirken und zugleich bewirkt werden und als diese jeweilige *besondere* Freiheit (historisch) ermöglicht sind. „Wechselwirkung" ist dann schon nicht mehr als Kategorie zur Konstituierung rein objektiver Sachverhalte, sondern als dieses Wechselverhältnis von Subjekten zu denken, in dem „das *Allgemeine* nur identisch mit sich ist, indem es die *Bestimmtheit* als *aufgehoben* in sich enthält, also das Negative als Negatives". Es ist damit *„dieselbe Negativität"*, welche die (gegenüber aller Bestimmtheit durch eine der Kategorien negative) *„Einzelheit* ist". Diese Einzelheit, als das gegenüber *aller* positiven Bestimmung negativ Bestimmte und darin mit der *wahren* Kategorie *Identische,* ist dasselbe wie diese (wahre) *„Allgemeinheit"* (204, 205). Die Kategorie kommt damit zu ihrem „Begriff" als Identität mit dem kategorial Begriffenen, also zu ihrer Wahrheit. Diese Allgemeinheit *besteht* als diese Wahrheit allein darin, *daß* einzelne voneinander gegenseitig so denken. Diese Gegenseitigkeit sich als Individualität Denkender *ist* die wirkliche Allgemeinheit. Darin hat sie *als solche* Realität, und darin ist erst der nominalistische Begriff vom Begriff, nach dem Begriffe etwas vom Subjekt „Angewandtes" seien, überwunden. „Wechselwirkung", die Kantische Kategorie der „Gemeinschaft" – die nach Kant in objektiver Gültigkeit aber nur den *äußerlichen* Aspekt einer Gemeinschaft von Subjekten betrifft und daher in dieser Bedeutung nur auf räumlich-zeitliche Erscheinungen beschränkte oder nur regionale Kategorie sein kann – leitet bei Hegel, wenn sie als nicht nur „äußerlich" auf etwas „angewandte", d. h. als notwendige Kategorie begriffen werden soll, geradezu in die Notwendigkeit über, sie als bestehende Gemeinschaft von *Subjekten,* die sich gegenseitig als frei gegenüber jeder Subsumtion unter positive Allgemeinbegriffe begreifen, als „Reich der *Subjektivität* oder der *Freiheit"* zu denken[14]. Es ist die Kategorie, die an ihr selbst zufolge ihrer eigenen Logik aus der „objektiven" in die „subjektive Logik" hinüberleitet und an der begriffen wird, daß „Objektivität" *als Kategorie* überhaupt erst noch aus der „subjektiven Logik" zu gewinnen ist[15], statt sie als bloße Korrelat-

[14] Hegel, Wissenschaft der Logik, II, 205.

[15] Vgl. den Übergang vom *disjunktiven* Schluß zur *Objektivität,* II, S. 349ff. Im disjunktiven Schluß („A ist entweder B oder C oder D; A ist aber B; also ist A nicht C noch D") ist die allgemeine Regel (die erste Prämisse) eine vollständige Einteilung, wie sie nur in konstruierten Sprachen durchgeführt sein kann. In nichtkonstruierten Sprachen ist eine solche Einteilung wesentlich *gesetzt.* Es ist (subjektiv) gesetzt, die genannten Prädikate zu A *seien alle* möglichen, d. h. sie seien *„logisch deutliche"* Begriffe (S. o. S. 41, Anm. 2). Deshalb schließt dieser Schluß, d. h. deshalb „vermittelt" die zweite Prämisse Objektivität, indem sie als dieses einzelne Urteil zugleich eine notwendige Aus-

vorstellung zu dem jeweiligen Bestimmen in Ansehung „einer der" Kantischen Kategorien, also als Korrelat eines wesentlich „äußerlichen" und darin „unwahren" Bestimmens als dessen „transzendentalen *Gegenstand*" vorauszusetzen[16]. Mit der Gewinnung einer Kategorie, die soziale Wirklichkeit nicht nur in kategorial-verdinglichter Weise, sondern als solche, d. h. als inter*individuelles* Verhältnis freier Subjektivität begreifen läßt, ist diese Wirklichkeit zugleich als die wahre Wirklichkeit begriffen, die aller *Konstitution* von Gegenständlichkeit in *Ansehung* einer der (Kantischen) Kategorien als *bestehend* vorausliegen muß.

Damit scheint die Differenz zwischen reiner „Logik" als einer Kategorienlehre und einer philosophischen Realdisziplin, der „Sozialphilosophie" als der Lehre von einer *besonderen* Wirklichkeit, preisgegeben zu sein. Aber das, was Hegel „Reich der *Subjektivität* oder der *Freiheit*" nennt, ist hier ja gerade nicht als besonderer Gegenstand zu verstehen, den Subjekte *vor* sich bringen könnten, sondern als Wirklichkeit, in die sie einbezogen bleiben, und die sich darin gerade von möglichen *Gegenständen* jeder Untersuchung, auch der philosophischen, unterscheidet. Sie ist *negativ* im Verhältnis zu jeder Gegenständlichkeit, die

sage (die Konklusion) in sich schließt. Als dieses einzelne (synthetische) Urteil über einen Sachverhalt bedeutet es, *unter der Voraussetzung* der vollständigen Disjunktion der ersten Prämisse als der Voraussetzung, sein Prädikat sei eines von *allen* oder es sei logisch deutlich, *zugleich* eine *notwendige* (analytische) Aussage, also notwendige Wahrheit. Der Kantische Begriff der Kategorie (als des Ansehens „als" bestimmt) ist damit durch einen Begriff von der Bedingung der Möglichkeit der Objektivität auch der verwendeten *empirischen* Begriffe ergänzt. Es ist auf ein *System* empirischer Begriffe reflektiert, die insgesamt eine vollständige Disjunktion ausmachen, als vorauszusetzender Bedingung der Möglichkeit eines Begriffs von der objektiven Gültigkeit *auch der empirischen Begriffe* und damit der Form *und* des Inhalts von Urteilen. Ein Begriff der Objektivität im vollen Sinn ist erst mit dem Begriff einer vollständigen Disjunktion einteilender Begriffe gewonnen. (Beim kausal „erklärenden" hypothetischen Schluß mit der ersten Prämisse „wenn A, dann B" sind die empirischen Begriffe „A" und „B" noch nicht als deutliche Begriffe vorausgesetzt, weil nicht *alle* Begriffe genannt sind, die ein geschlossenes System sich gegenseitig verdeutlichender Begriffe bilden sollen. – Erst indem es sich in Hegels Logik an der entscheidenden Stelle des Übergangs zur „Objektivität" um eine *Polytomie* statt um eine allein nach dem Widerspruchsprinzip gebildete Dichotomie handelt, ist deutlich, daß die Einteilung, die hier den Begriff von Objektivität ermöglicht, *selbst* eine empirische, d. h. in der Einbildungskraft des empirischen Subjekts entworfene und „als" vollständig angesehene Einteilung sein muß: Eine lediglich nach „A" und „non A" vorgenommene, dichotomische Einteilung wäre zwar logisch notwendig. Der einzige in ihr verwendete empirische Begriff „A" ist aber seiner *Bedeutung* nach nicht in einem *System* empirischer Begriffe abgegrenzt, so daß weder er noch sein logisches Gegenteil wirklich etwas einteilen können. Bei Hegel ist reflektiert, daß eine logische Notwendigkeit des Einteilens und wirkliches Einteilen sich ausschließen, d. h. daß wirkliche Orientierungsentwürfe (Weltbilder) ihrem Wesen nach potentiell widersprüchlich sind. (Vgl. o. S. 196, Anm. 16).

[16] Vgl. Hegel, Wissenschaft der Logik, I, 27.

unter *besonderen* Kategorien, z. B. unter Kategorien einer „Sozialphilosophie" in ihrem kategorialen Unterschied z. B. zur „Naturphilosophie" konstituiert wird. Die Vergegenständlichung des „Reichs der *Subjektivität* oder der *Freiheit*" (oder der Wahrheit) ist *Reflexion*, in der das Subjekt sich ein bestimmtes, objektives Bild von dieser substantiellen Wahrheit zu machen, d. h. seine Subjektivität in *ihrer* Bestimmtheit davon zu trennen versucht. Solche besonderen „Sphären" verdanken sich der absondernden, einteilenden *Reflexion*. Ihr logischer Ort ist die „Wesenslogik", die mit dem Übergang in die „subjektive Logik" überwunden sein sollte. „Subjektivität" ist in diesem Übergang ja gerade als das gegenüber der bestimmenden Reflexion Negative, als das Undurchdringliche bestimmt. Insofern ist die Reflexion, indem sie positive Sphären von Gegenständlichkeit konstituiert, logisch regressiv. Andererseits ermöglicht der mit diesem Übergang gewonnene Begriff das Begreifen der Konstitution von (besonderen) Gegenstandsgebieten aus dieser Logik als einer Ersten Philosophie heraus, indem er sie als *Entschluß* freier Subjektivität zu einem kategorial defizienten, vergegenständlichenden „Ansehen *als* bestimmt" zu begreifen gibt. Er begreift die wesentlich endliche Art und Weise der positiven Bestimmtheit von Gegenständen, indem er das selbst nicht wiederum positiv zu bestimmende Entschlußhafte, nicht in einem absoluten Sinn Notwendige, eben nicht mehr streng *Logische* darin begreift. Dazu mußte erst der Begriff solcher Subjektivität als des wahren Seins logisch entwickelt sein. Er mußte *logisch* entwickelt sein, weil dieses Sein seiner negativen Bestimmtheit wegen, also seinem Begriffe nach, *nicht selbst als Gegenstand der Erfahrung vorkommen* kann. Es ist ja nicht als „etwas" dem Subjekt Vorkommendes, sondern als dessen eigenes Sein gedacht[17].

[17] Insofern diese Wahrheit, wie im Zusammenhang der „Phänomenologie des Geistes", *erfahren* wird, leitet eben diese Erfahrung hin zum *Begriff* aller Erfahrung, indem sie diesen Geist der *Anerkennung* von Individualität als das Absolute des Bewußtseins zum Bewußtsein bringt. „Anerkennung" hat ihr anderes nicht mehr als Gegenstand der Erfahrung sich *gegenüber*. – Zu Hegels Wahrheitsbegriff vgl. auch M. Theunissen, Begriff und Realität. Hegels Aufhebung des metaphysischen Wahrheitsbegriffs, in: Denken im Schatten des Nihilismus, Festschrift für Wilhelm Weischedel, Darmstadt 1975, S. 164ff. In voller Deutlichkeit arbeitet dieser Aufsatz heraus, daß der „metaphysische" Wahrheitsbegriff der Übereinstimmung bei Hegel aufgehoben ist, und zwar in einem dialektischen Wahrheitsbegriff, den Theunissen zunächst auf sein „dialogisches Moment" hin befragt (183). Ausdruck dieses Moments soll die Redeweise von einer „Entsprechung" zwischen Begriff und Realität in Hegels Wahrheitsbegriff sein. Bei Hegel sieht Theunissen nun aber in dieser „Entsprechung" eine gewisse Einseitigkeit, die darin bestehe, daß „Wahrheit", „dialektisch betrachtet, . . . letztlich auf Selbstsein" hinauslaufe (185). Die Realität als das andere des Begriffs werde darin einseitig aufgehoben. Theunissen versteht hier unter „Realität" die des Menschen gegenüber „dem" Begriff, und so muß er die Logikstelle II, 484 als „Forderung" interpretieren: „Der Mensch wird zum subjektiven Begriff, soweit er

Das Begreifen der besonderen, positiven oder „realphilosophischen" Disziplinen von der Logik her, wie Hegel es selbst immer wieder fordert, bedeutete demnach die Einsicht, daß die Ansätze dieser besonderen „Sphären" wesentlich nicht als im Sinne der logischen Methode notwendig und damit nicht als im absoluten Sinne wahr zu begreifen sind. Das

die Realität des objektiven wird oder der ‚objektive Begriff, der als Person undurchdringliche, atome Subjektivität ist' (L II, 484, 13). Ist aber schon kaum vorstellbar, daß ein Individuum seinen Gattungsbegriff zur Existenz bringt, so scheint vollends ausgeschlossen, daß es sein kontingentes Dasein zur Realität *des* Begriffs emporzuläutern vermag" (187). – Nach der Hegelschen Moralitäts- und Sollenskritik kann m.E. diese zentrale Logikstelle nicht als Forderung aufgefaßt werden. Hegel spricht hier von dem, was „allein . . . *Sein*" und demgegenüber „alles übrige . . . Irrtum" ist. Mit der menschlichen Realität muß dann doch etwas anderes gemeint sein als etwas, was solch einer „Forderung" als einer „idealistischen" Überforderung nicht nachkommen könnte; es muß die Bedeutung dessen haben, was dieser „Forderung" schon nachgekommen *ist*, ihr also entspricht und nur existiert, insofern es diesem „Begriff" entspricht, so daß es unmöglich ihm auch nicht entsprechen könnte. Das Nichtentsprechen muß, wenn das Entsprechen das *Sein* ausmacht, *Schein* sein. Das „Sein", von dem an dieser Stelle die Rede ist, besteht darin, daß der „Begriff" zwar „als Person undurchdringliche, atome Subjektivität" ist, aber „ebensosehr nicht ausschließende Einzelheit, sondern für sich *Allgemeinheit* und *Erkennen* ist". Dies ist er nun aber nicht als „übergreifender" in dem Sinne einer das andere auf *sich* beziehenden Erkenntnis oder eines umgreifenden Allgemeinbegriffs, der sich über die Individualität des anderen hinwegsetzte, sondern ausschließlich dadurch, daß er „in seinem Andern *seine eigene* Objektivität zum Gegenstande hat". Nur dadurch ist er selbst „objektiver" Begriff. Er ist nicht von sich aus das Objektive oder auch nur das Prinzip der Objektivität gegenüber dem anderen, sondern nur darin, daß er dieses andere als seine *eigene* Objektivität anerkennt, das kann hier nur heißen, als ebenfalls „Person" und als ebenfalls „undurchdringliche, atome", also nicht auf den eigenen Begriff zu bringende „Subjektivität" (oder auch „sein kontingentes Dasein"). Davon, *daß es so ist*, soll nach Hegel „alles übrige", d. h. auch, alle Vorstellung, es sei anders, abhängen, und *daß* es so ist, soll nach dem Gang der Logik bis an diese Stelle via negationis aller anderen kategorialen Möglichkeiten der Konstitution von etwas „als" seiend erwiesen sein. Man könnte auch schlicht sagen, daß ohne Anerkennung Selbstsein keinen Halt habe. Da aber, in welchem Modus auch immer, Selbstsein bzw. Freiheit *sei*, müsse auch die notwendige Bedingung dafür sein. – „Übergriffen" im Sinne Theunissens wird von diesem „Begriff" dann konsequenterweise die „Realität" als Korrelat der durch ihn, also durch die existierende Freiheit, erst ermöglichten *Vorstellung* anderer Gegenständlichkeit. Das Subjekt hat diese Vorstellung, indem es selbst noch nicht begriffen hat, was sein eigener Begriff ist und in dem Selbstverständnis verharrt, es könne, ohne bestehende Anerkennung, von sich aus Subjekt sein. Da es aber trotzdem Subjekt *ist*, ist es, in seiner Meinung von sich, schon von diesem seinem wahren Sein „übergriffen", eben indem es Subjekt *ist*. Insofern hat der Begriff „Macht". Diese Macht ist nichts Bedrohliches, sondern die Macht des wahren *Seins* von Subjektivität selbst (deren Objektivität) gegenüber der vorstellenden *Meinung* von ihr, in der sie sich einbildet, von sich allein aus „unmittelbar alle Realität" zu sein. Es ist die Macht der Erfahrung dessen, was Selbstsein und Subjektivität bedingt. Es handelt sich bei Hegel, wie es bei Theunissen deutlich gegen Interpretationen herausgestellt wird, die in Hegel *nur* die Vollendung, aber nicht die Überwindung des „metaphysischen Wahrheitsbegriffs" sehen, um eine Aufhebung des Wahrheitsbegriffs der Übereinstimmung und um eine Verbindung der Begriffe kommt allerdings bei Hegel selbst nicht in voller Klarheit zum Ausdruck, wenigstens nicht außerhalb der Logik im jeweiligen „realphilosophischen" Zusammenhang selbst. (Die Frage, ob Hegel selbst immer im Bewußtsein seiner Forderung geschrieben oder vorgetragen habe oder ob er selbst dem Mißverständnis, die realphilosophischen Disziplinen, so vor allem

„Wahrheit" und „Macht". (Vgl. hierzu die näheren Ausführungen im vierten Teil, Abschnitt 11). Anlaß für reduktive Mißverständnisse mag Hegel damit gegeben haben. Aber „Wirklichkeit" wird doch bei Hegel nicht, wie etwa bei Marx oder Nietzsche, auf „Macht" *zurückgeführt*. Nur wird der Wirklichkeit Macht über die unwahre Vorstellung von ihr zugesprochen. Die Macht ist insofern die des vernünftigen Denkens, das die Erfahrung der Wirklichkeit seiner selbst nicht ignoriert. Ein „Umschlag des dialektischen ‚Idealismus' in ‚Materialismus'" kann bei Marx nicht dieselbe „Struktur" wie die des Hegelschen „Begriffs" behalten haben (vgl. Theunissen, 192), weil diese „Struktur" bei Hegel gerade die des Geistes (der gegenseitigen Anerkennnung von Subjektivität) ist, die nicht dogmatisch „idealistisch" an den Anfang der weiteren Überlegungen gesetzt worden ist, sondern, das ist zumindest der Anspruch Hegels, sich gerade dadurch als „alle Wahrheit" erwiesen hat, daß sich die Kategorien zur Konstitution *anderer* „Strukturen" von Objektivität, z. B. im Sinne der wissenschaftlich kategorialen Bestimmung von Materie, vor der logischen Konsequenz des Denkens sukzessiv als unhaltbar erwiesen haben, so daß gerade sie nur noch durch äußere Macht oder Interessen bestimmend bleiben könnten.

In den Begriffen „Person" und „Persönlichkeit", wie Hegel sie verwendet, ist die philosophische Überwindung der Subjektivität gedacht, sowohl im Personbegriff der „Wissenschaft der Logik" wie in dem sich von daher ergebenden Personbegriff der Rechtsphilosophie. Von der in der Logik entwickelten „*Idee*" geht die Rechtsphilosophie, als „*Teil der Philosophie*", aus (Grundlinien der Philosophie des Rechts § 2), also vom Begriff als „Persönlichkeit". Nur ist sie hier nicht Resultat einer logischen Entwicklung, sondern der abstrakte, unmittelbare Anfang: „In der Persönlichkeit ist . . . das Wissen *seiner* als *Gegenstandes*, aber als durch das Denken in die einfache Unendlichkeit erhobenen und dadurch mit sich rein-identischen Gegenstandes" (§ 35). Das Subjekt hat in der Person einen Gegenstand, eine Objektivität, die es *in der Weise*, in der es sie weiß (nämlich in der Weise der *Anerkennung* und nicht in der Weise eines den Gegenstand konstituierenden, aber als „Selbstbewußtsein" auf „sich" zurückbezogenen subjektiven Wissens), zugleich als sich selbst weiß. Es weiß in diesem „Wissen" als Anerkennung nicht nur sich, als Subjekt, reflexiv als die Wahrheit aller Objektivität und damit als die Wahrheit von allem anderen, sondern es hat in ihm die Wahrheit als von ihm verschiedenes Objekt. Es hat, ohne in einen vorkritischen Wissensbegriff zurückzufallen, ein wahres Objekt sich gegenüber. Der neuzeitliche Subjektivismus seit Descartes, der die Wahrheit vom Subjekt her denkt, und der ältere Begriff der Wahrheit als Sich-Richten des Subjekts nach einem vorgegebenen Gegenstand sind im Verhältnis von Personen zueinander, die sich als solche anerkennen, vereint. Der Gegenstand, zu dem sich das Subjekt verhält, indem es sich zu ihm als zu einer Person verhält, ist *selbst* als Subjekt gewußt, d. h. als *frei* gegen das Subjekt, „für" das er Gegenstand ist. Er ist als frei gegen die Bestimmtheit gewußt, in der er als Gegenstand dadurch konstituiert ist, daß ein Subjekt ihn von sich aus „als bestimmt" ansieht. Insofern ist er „unendlich" gegen die Bestimmtheit aus solcher Konstitution. Insofern er in dieser „Freiheit", „Unendlichkeit" oder (unbestimmbaren) Individualität als das Wahre gewußt ist, ist er auch das „*Allgemeine*". Denn insofern ist er frei gegenüber *aller* möglichen *Besonderheit*, in der er für ein Subjekt gegenständlich „als bestimmt" erscheinen kann. Zwar ist er auch in seiner Individualität „vollkommen nach allen Seiten die Rechts- und Geschichtsphilosophie, aber auch die Naturphilosophie *unmittelbar* zu nehmen, vorgearbeitet, bzw. es sogar in bestimmten Hinsichten geteilt habe, ist, bei aller historischen Wirksamkeit solcher Regressionen, eine mehr biographisch-historische Frage. Sie kann dahingestellt bleiben, wenn es um eine Vergegenwärtigung des philosophischen

(in innerlicher Willkür, Trieb und Begierde, sowie nach unmittelbarem äußerlichen Dasein)" bestimmt und darin endlich (ebd.). Aber diese *individuelle* Bestimmtheit, in der er *ist*, geht wesentlich nicht in der Bestimmtheit auf, in der er für ein anderes Subjekt oder auch für sich selbst bestimmbarer Gegenstand ist. Sie ist absolut *negativ* gegen solche besondere Bestimmtheit. „Die Persönlichkeit fängt erst da an, insofern das Subjekt nicht bloß ein Selbstbewußtsein überhaupt von sich hat als konkretem auf irgendeine Weise bestimmtem, sondern vielmehr ein Selbstbewußtsein von sich als vollkommen abstraktem Ich, in welchem alle konkrete Beschränktheit . . . negiert und ungültig ist" (ebd.). Der Gegenstand ist als Person zwar „Willkür, Trieb und Begierde", aber er ist dies als „undurchdringliche, atome Subjektivität", nicht als berechenbarer oder wissenschaftlich, etwa psychologisch bestimmbarer Gegenstand. Als (individuelle oder „absolute") Person ist das Ich auch negativ gegen den sittlichen Rahmen bestimmt, in dem es unter einer besonderen Bestimmung, in einer besonderen Rolle oder wegen besonderer Eigenschaften anerkannt ist. Es ist anerkannt, daß es seine Besonderheit *von sich aus* bestimmt. Im „absoluten Wissen", das das Personsein als „alle Wahrheit" und als „absolute Idee" allen Seins weiß, ist der Gegenstand *dadurch* „Gegenstand", daß er in seiner „undurchdringlichen, atomen Subjektivität" anerkannt, d. h. *als* (absolute) Person gewußt ist. Erst als Gegenstand *solchen* Wissens ist er in Hegels Ontologie „alle Wahrheit". Insofern sind die Personen in ihrem Verhältnis zueinander, wie Hegel es formuliert, „vollkommen abstraktes Ich" (ebd.). „Persönlichkeit" ist daher die unmittelbare „Rechtsfähigkeit". Das „Rechtsgebot" ist ein unmittelbarer Folgesatz des Wahrheitsbegriffs der „Logik": *„sei eine Person und respektiere die anderen als Personen"* (ebd. § 36). Es ist kein (moralisches) Sollensgebot, sondern nur die imperativische Fassung dessen, was in der „Logik" als Erkenntnis „aller Wahrheit" dargelegt ist. Die imperativische Formulierung versteht sich von daher, daß in der Rechtsphilosophie als einer besonderen „Sphäre" das Recht „abstrakt", d. h. ohne seinen „logischen" Begriff, dargestellt wird. In der Rechtsphilosophie Hegels, die mit dem „*abstrakten*" Recht, d. h. mit dem logisch unentwickelten Personbegriff unmittelbar beginnt, geht der Begriff der Person in den des moralischen, von Imperativen geforderten Bewußtseins und den des Sich-Aufgehobenwissens in sittlichen Besonderheiten über, weil das Subjekt als Rechtsperson sich in seiner Unmittelbarkeit nicht mit seinem Begriff vermittelt weiß. (Vgl. den vierten Teil dieser Untersuchung, S. 317ff.). Unter logischem Aspekt ist diese Anerkennung – im Unterschied zu ihrem Begriff in den realphilosophischen Disziplinen – nicht etwas Gesolltes oder Gewolltes, sondern das ontologische Wissen, in dem das Subjekt sein *Sein* und von daher alles Sein begreift.

Im Interesse einer Interpretation des Hegelschen Wahrheitsbegriffs in systematischer Absicht soll noch darauf hingewiesen werden, daß von einer Entwicklung Hegels von einer „Substanzphilosophie" zu einer Philosophie der „Subjektivität" aufs Ganze gesehen keine Rede sein kann (vgl. K. Düsing, Das Problem der Subjektivität in Hegels Logik, Bonn 1976). Hegel verwendet schon 1803 in Jena den Begriff der Person in der oben angeführten Bedeutung. Daraus, daß der Mensch „sich als ein isoliertes, für sich seiendes", d. h. als „absolute Person erkennt", wird hier der „Trieb" nach Philosophie erklärt. Mithin steht der Begriff philosophischer Wahrheit von diesem Ursprung des philosophischen Fragens her oder prinzipiell in diesem Zusammen-

Argumentationsganges gehen soll.) Die diesen Ansätzen als solchen *aus ihrer Logik heraus* zukommende historische Zufälligkeit und Traditionsgebundenheit bleibt soweit verdeckt, wie sie nicht wirklich von dem in der „Wissenschaft der Logik" entwickelten Begriff der Wahrheit her gelesen werden. Insofern sie von der Logik isoliert und unmittelbar für sich genommen werden, bedeuten sie in der Tat einen Regress hinter den in Hegels Logik der Wahrheit weiter entwickelten philosophischen Begriff.

Die Problematik der gegenstandskonstituierenden *Reflexion* wird im vierten Teil eingehender erörtert werden. Im nächsten Abschnitt soll, vor dem Versuch einer den dritten Teil abschließenden Zusammenfassung der bisherigen Ausführungen zu einem philosophischen Wahrheitsbegriff, auf den Einwand eingegangen werden, der sich in die Frage zusammenfassen

hang *menschlichen* Personseins, dessen Inbegriff, so kann man auch in bezug auf diese Stelle sagen, ein „undurchdringlicher" „Trieb" ist. Auch hier ist die Person „Einzelnheit" (Gesammelte Werke, Bd. V, Hamburg, Fragm. „Ist auf das Allgemeine", Ms. S. 7a/b). Als solche steht sie in einer existierenden, aber für sie selbst unbegreiflichen Weise der einen „Substanz" gegenüber, die, im Anschluß an die Kantische Kritik des traditionellen Substanzbegriffs und an Fichte in der Subjektivität gesehen werden muß. Gegenüber dieser *einen*, alles Seiende in seinem Sein ausmachenden „Substanz" im neuen, idealistischen Sinne entsteht für das konkrete Ich mithin ein neues „spinozistisches" Problem. Dessen Lösung wird zunächst im Aufgehen des Individuums im allgemeinen „Volksgeist" gesehen, der, als von anderen „Volksgeistern" verschiedener, aber selbst noch individueller Volksgeist ist. Die Vorstellung des Aufgehens in ihm kann dieses Problem also letztlich nicht lösen. Sie könnte dem einzelnen Ich nur ein *Gefühl* seiner Aufgehobenheit bedeuten. Es löst sich für Hegel philosophisch letztlich erst dadurch, daß das individuelle Ich sich mit dem Absoluten vermittelt *weiß*, d. h. im „absoluten Wissen", und diese Vermittlung sieht Hegel darin, daß sich das individuelle Ich in seiner *absoluten Einzelheit*, „als der absolut in sich seienden *Einzelheit* anschaut" (Phänomenologie des Geistes, S. 471). Diese „Anschauung" tritt an die Stelle der „intelligiblen Anschauung", die als Vermittlung zu einem Absoluten verstanden ist, das ein unendlich anderes als das endliche Ich sein soll, und deren Begriff das *Problem* einer solchen Vermittlung eines Endlichen zu einem Unendlichen verdeckt. („Anschauung" erhält so übrigens gegenüber dem paradoxen Begriff einer „intellektuellen Anschauung" wieder die Kantische Bedeutung der Anschauung eines gegebenen Einzelnen, nun aber „absolut" Einzelnen). Für Hegel bedeutet erst der Begriff des konkreten Ich als eines *selbst* absoluten das Denkenkönnen solch einer Vermittlung von Ich und absoluter Subjektivität als Substanz. Erst indem das konkrete Ich sich selbst als für sich und andere, d. h. als absolut „undurchdringlich" weiß und sich gerade darin anerkannt weiß, ist eine Allgemeinheit „da", in bezug auf die es Begriff auch *seiner* konkreten Existenz unter einem nachkantischen, kritischen Begriff von Existenz aus allgemeiner, transzendentaler Subjektivität sein kann. Es existiert, als anerkennende und anerkannte *absolute* Person, als sich (negativ) im anderen begreifender Begriff, und nicht mehr nur als das („spinozistische") Problem, das es für sich als individuelles sonst philosophisch darstellt. Insofern ist es als dieser Begriff individueller Persönlichkeit auch „*der*" Begriff im Sinne der „Wissenschaft der Logik". „Individuelle Persönlichkeit" als „*der*" Begriff meint hier also nicht mehr ein vom konkreten Menschen *verschiedenes* göttliches Absolutes, sondern eben die mit sich selbst begrifflich vermittelte Existenz des Menschen unter der Fragestellung kritischer Philosophie.

läßt, ob denn die „Verhältnisse" wirklich so „seien", wie sich der „logisch" oder „in Gedanken" entwickelte „Begriff" der Wahrheit es darstellt. Dieser „Begriff" soll zuvor noch einmal kurz skizziert werden.

11. Sind die Verhältnisse denn so?

Dem Hegelschen Begriff der Wahrheit zufolge, der die *Einteilung* der Philosophie nach einer Idee des Erkennens und einer Idee des Guten hinter sich läßt, sind Freude und Lust des Individuums nicht aus der Wahrheit ausgeschlossen. Ein bestehender, „daseiender" Geist der Anerkennung auch der unverständlichen, anderen Individualität umgreift diesem Begriff nach die Risse, die in einer „pluralistischen Gesellschaft" den Rückgriff eines praktischen Diskurses auf allseits anerkannte *Grundsätze* einer bestehenden Sittlichkeit ausschließen. Dieser Geist zeigt erst dann seine Wirklichkeit, wenn ein solcher „überzeugender" Rückgriff auf gemeinsame Prämissen nicht gelingt. In ihm sind nicht Grundsätze oder allgemeine Pflichten[1], sondern Personen anerkannt, sowie deren „Pflicht", handeln zu müssen, obgleich dies nur nach bestem *eigenen* Wissen und Gewissen erfolgen kann. Es kann dann nicht mehr *gewußt* werden wollen, ob der andere wirklich nach seinem *besten* Wissen gehandelt habe. Dies wird ihm zugestanden. Es muß zugestanden werden, weil sich die Unmöglichkeit eines allgemeinen Maßstabes für ein bestes Wissen erwiesen hat. Die anerkannte „Pflicht", handeln zu müssen, erscheint als identisch mit dem „Trieb", sich zu erhalten und sich hierzu ein *Bild* der Natur als Bild der Umstände machen zu müssen, aus denen heraus und in die hinein gehandelt wird. Die Umsichtigkeit der Handlung ist also nicht als zusätzliche *moralische* Komponente zu deren Zweckmäßigkeit für den Handelnden selbst gefordert; sie ist essentieller Bestandteil der Zweckmäßigkeit der Handlung selbst. Es wäre unzweckmäßig, mit anderen in Kollisionen zu geraten. Also ist dies zu vermeiden, soweit man sich ein Bild von den Interessen anderer machen kann. Es kann aber wesentlich immer zu solchen Kollisionen kommen. Diese Möglichkeit ist vom Wesen des Bildes her antizipiert. Sie kann also dem anderen nicht als Schuld zugerechnet werden, weil unterstellt wird, daß er sich ebenso wie man selbst im eigenen Interesse ein nach *seinen* Möglichkeiten *optimales* Bild gemacht hatte. Diese Möglichkeiten sind als wesentlich beschränkte Möglichkeiten gewußt, und danach muß sich auch die Beurteilung, ob ein

[1] Davon zu unterscheiden ist die Auffassung des „objektiv Sittlichen" als besondere „Pflichten" innerhalb der „Sittlichkeit" im Sinne der Hegelschen Rechtsphilosophie; hierzu u. S. 405f.

anderer sich „wirklich" ein optimales Bild der Lage gemacht habe, richten. Ich beurteile immer nur *mein Bild* des anderen. Wenn es nun tatsächlich zu Kollisionen kommt, so „soll" das damit zugefügte Leiden nicht verziehen werden. Das wäre wieder eine in ihrem Anspruch als letztlich unbegründbar erwiesene moralische Forderung. Es *ist* vielmehr in diesem Begriff der Verhältnisse, in dem sowohl die Idee des (objektiven) Erkennens als auch die des (moralisch) Guten, der Theorie als auch der Praxis aufgehoben sind, schon verziehen. Dieser Begriff ist die geistige Grundlage *des Lebens und des Zusammenlebens* bewußter Lebewesen, also des menschlichen Lebens. Er ist *da,* wo Menschen leben. Die Philosophie hätte diese *Wirklichkeit* des Begriffs zu begreifen.

Dieser Hegelsche Begriff der Wahrheit ist in der philosophischen Kritik als Rechtfertigung des Bestehenden, besonders des Leidens, und damit als neue Auflage einer philosophischen Theodizee verstanden worden, als Philosophie der Versöhnung über bestehendes Unrecht hinweg. Es sei dort von Verzeihung und Liebe die Rede[2], während in der Wirklichkeit ganz andere Verhältnisse herrschten, nämlich die Ausbeutung der Schwachen im Interesse der Mächtigen. Statt einer solchen versöhnlichen *Interpretation* der Wirklichkeit sei sie zu verändern[3]. Damit ist nicht etwa eine andere Philosophie gefordert, sondern der Ausbruch aus einer der Philosophie durchaus zugestandenen immanenten Konsequenz.

Es stellt sich damit für die Philosophie die Frage nach der Wahrheit der ihr eigentümlichen Konsequenz des Denkens. Ihr wird die Unerträglichkeit dieses Denkens im Angesicht bestehenden Leidens vorgehalten. Das Faktum des Leidens soll gegen das Denken sprechen, das dieses Faktum *in* seinem Begriff von Wahrheit als Moment enthalten weiß. Das Leiden wird als Indiz der Unwahrheit der Philosophie angesehen, gerade insofern die Philosophie dieses Faktum der von ihr zur begreifenden *Wirklichkeit* zurechnet.

Es wird also eine Theorie gefordert, derzufolge das Leiden, das *ist,* nicht sein *soll.* Diese Theorie hat notwendig den Charakter einer Utopie. Sie folgt, gerade indem sie aus der Philosophie ausbricht, noch deren *Einteilung* und ist rein *praktisch* gemeint, als Theorie der Veränderung

[2] Vgl. z. B. Wissenschaft der Logik, II, 242. Das „Allgemeine", das zuvor als Einheit „absoluter *Allgemeinheit*" und „absoluter *Vereinzelung*" bestimmt worden war (II, 220), wird hier in näherer Auslegung dieser „dialektischen" Bestimmung „freie Macht" genannt, das *in einer* Hinsicht „es selbst" ist und „über sein Anderes" übergreift, „aber nicht als ein *Gewaltsames*, sondern das vielmehr in demselben ruhig und *bei sich selbst* ist. Wie es die freie Macht genannt worden, so könnte es auch die *freie Liebe* und *schrankenlose Seligkeit* genannt werden, denn es ist ein Verhalten seiner zu dem *Unterschiedenen* nur als *zu sich selbst*; in demselben ist es zu sich selbst zurückgekehrt".

[3] K. Marx, 11. These über Feuerbach.

des Bestehenden, das als solches wegen des in ihm empfundenen Leidens das Unwahre sei. Das *Empfinden* des Leids soll das Wahre sein, das die Unwahrheit des *Systems* anzeigt, innerhalb dessen es zumindest von einigen empfunden wird. Der diesem Empfinden verbundene „Trieb" zur Handlung, d. h. zur Veränderung der Umstände, unter denen gelitten wird, ist als das Wahre gegenüber diesen Umständen angesehen. Der Unterschied zur Philosophie (in der angetroffenen historischen Gestalt der Hegelschen Philosophie) liegt darin, daß diese zwar auch den „Trieb" der Lust gegen den absoluten Anspruch der Moral gerechtfertigt und aus dem *Gegensatz* zur Pflicht gelöst hatte, daß nun aber Leid und Lust auf verschiedene Klassen von Personen verteilt werden, so daß die leidende Klasse als das tätige Subjekt geschichtlicher Bewegungen anzusehen sei. Erst *nach* der Aufhebung des Klassengegensatzes könne von individuellen Persönlichkeiten die Rede sein, die sich *gegenseitig* anerkennen könnten. Eine solche „Symmetrie" der Anerkennung könne also nur (kontrafaktisch) Merkmal der Utopie, nicht aber der wirklich bestehenden Verhältnisse sein. Das Novum hierbei ist, daß eine *Klasse* als Subjekt bestimmt ist. Das so bestimmte Subjekt hat etwas von der Allgemeinheit des Kantischen transzendentalen Subjekts und von der Konkretheit des Hegelschen Begriffs als Persönlichkeit an sich. Es ist in dieser Mittelstellung zwischen Allgemeinheit und Einzelheit etwas *Besonderes*, also eine *Art*, aber keine natürliche Art, die sich triebhaft selbst zu erhalten sucht, sondern eine Art, die sich erst dadurch *bilden soll*, daß sich ein Klassen*bewußtsein* einstellt, so daß dann aus diesem Bewußtsein heraus nach Gesichtspunkten der Zweckmäßigkeit für diese Klasse gehandelt werden *soll*. Die leidende Klasse muß sich durch die *Bildung* des Klassen*bewußtseins* erst noch zu einem tätigen Subjekt mutieren.

Der entscheidende Gegensatz zur Philosophie besteht demnach darin, daß der Unterschied von Leiden und Aktivität in der Analyse der bestehenden Verhältnisse auf verschiedene Klassen verteilt wird. Erst die Bildung des zunächst noch nicht bestehenden Klassenbewußtseins soll an dieser Verteilung etwas ändern. Die Verteilung der Momente des Leidens und der Aktivität auf verschiedene Klassen setzt voraus, daß zunächst ein Unterschied zwischen unvermeidbaren Leiden des *Lebens*, wie Krankheit und Tod der Individuen, und vermeidbaren Leiden des sozialen *Zusammenlebens* gemacht wird. Die Philosophie hatte diese Seiten als Einheit begriffen, indem sie, wie vor allem bei Leibniz, das Leiden als Preis einer möglichst reichhaltigen Individualisierung oder der Freiheit begriff. Diesem Begriff nach ist das Leiden überhaupt, auch das des Lebens, um der freien, individuellen Existenz anderer willen, also auch um der je eigenen Freiheit willen anzunehmen. Der Tod wird hierbei als Schranke um des möglichen Lebens willen angenommen, und seine Vorstellung als zeitliches Ende wird wie die Zeitvorstellung überhaupt dem nur Phänomenalen zugerechnet. Von dem so gesehenen Zusammenhang wird nun nach einer notwendig subjektiv bleibenden *Vorstellung* vom *Guten* bzw. optimalen Zusammenleben in einer „wahren" Gemeinschaft[4] ein Leiden des Zusammenlebens isoliert. Diese Abstraktion soll das gemeinschaftliche Bewußtsein der leidenden Klasse bilden. Das Individuum soll darüber belehrt werden, daß sein Leiden ein Leiden *dieser Art* und nicht Moment seiner Individualität sei, damit es aus dem dadurch gebildeten Bild von sich selbst heraus tätig werde. Dieser Wille zur belehrenden Bewußtseinsbildung kennzeichnet ein weiteres Unterscheidungsmerkmal gegenüber der Philosophie. Die Philosophie hat sich, deutlich in der Entwicklung der neuzeitlichen Philosophie, eigentlich nicht als Lehre, sondern als Nachdenken verstanden. Nach Kant kann nicht Philosophie, sondern nur das eigene Philosophieren gelehrt werden. Dabei war allerdings auch nicht die Rede davon, daß die Verhältnisse *so* seien, wie sie, nach welcher Vorstellung auch immer, sein „sollten", sondern allenfalls davon, daß es kein aus reiner Vernunft zu gewinnendes, allseitig *notwendig* überzeugendes Kriterium dafür gebe, wie sie denn sein sollten. Das ist eine der wichtigsten Einsichten der Philosophie. Sie bedeutet, daß die Vorstellungen von Verhältnissen, wie sie sein sollten, sehr (und letztlich individuell) verschieden bleiben müssen, insoweit nicht Gewalt im Spiel ist. Die Kollision eigener Vorstellungen dieser Art mit den Vorstellungen anderer läßt Leid empfinden, das als dieses Leid unmittelbar auch schon die Anerkennung anderer Vorstellungen bedeutet, die, vom eigenen Standpunkt aus, *in ihrer Erscheinungsweise* unverständlich sind, und da man selbst für andere ein anderer ist, bedeutet es an sich auch schon die Vorstellung der *eigenen* Freiheit. Insofern die Lehre von der klassenmäßigen Verteilung des Leidens und Handelns als *Bild* verstanden ist, das sich von einem bestimmten Standpunkt her ergibt, kann von der Philosophie aus nichts gegen sie eingewendet werden, denn daß sich dieses Bild ergibt für den, für den es sich ergibt, ist eine Tautologie. Die Philosophie weiß demgegenüber lediglich um die Unmöglichkeit der begründbaren Verallgemeinerungsfähigkeit solcher Bilder, die man sich notwendig machen muß. Durch Nachdenken läßt sich ihr Standpunktcharakter nicht aufheben, so daß das Ansinnen, solche Bilder seien allgemein zu übernehmen, allenfalls durch Gewalt Erfolg haben kann, und dann natürlich auch nur in der Weise, daß sich die Menschen unter der Gewalt so *verhalten, als* teilten sie dieses angesonnene Weltbild und *als* imaginierten sie sich die Wirklichkeit auf die gleiche Weise.

[4] Zur Idee der „Gemeinschaft" s. u. S. 347ff.

Der Einwand gegen die Philosophie, sie male ein idealistisches Bild der Verhältnisse, läßt sich also insofern nicht aufrechterhalten, als die Philosophie wohl reflektiert, daß eine Notwendigkeit besteht, sich ein Bild der bestehenden Verhältnisse zu machen, daß sie aber gerade wegen der Einsicht in den imaginären Charakter solcher Erkenntnisse – einschließlich des Modellcharakters der Theorien der exakten Wissenschaften – selbst *kein* positives Bild von den bestehenden Verhältnissen zeichnen kann. Sie hat nicht nur, wie in diesem Versuch nachgezeichnet werden sollte, historisch die Unmöglichkeit nachgewiesen, verbindlich zu sagen, wie die Verhältnisse denn sein *sollten*, sondern auch die Unmöglichkeit, mit gewisser Gültigkeit zu sagen, wie sie denn „objektiv" *seien*. Wie etwas sei, läßt sich nicht unabhängig davon beurteilen, wie es vom Standpunkt des Urteilenden her sein sollte. Merkwürdigerweise ist die letzte Seite der philosophischen Kritik durch die Entwicklungen der modernen kritischen Wissenschaftstheorie inzwischen mehr ins allgemeine Bewußtsein gedrungen als die erste Seite, die Kritik der Moral. Das moralische Bewußtsein ist tiefer verankert als der abbildtheoretische Wahrheitsbegriff. Im Moralischen erscheint eine Kritik an der Absolutsetzung der eigenen moralischen Überzeugung unmittelbar schon als unmoralisch. Das Moralische gilt als etwas, was sich, und dann natürlich so, wie es sich der eigenen Überzeugung darstellt, „von selbst" versteht. Es finden sich in theoretischen moralischen „Diskursen" immer auch noch irgendwelche Grundsätze, die niemand der Beteiligten bestreiten möchte, etwa daß man nicht töten solle usw., von Ausnahmen wie Notwehr und weiteren Ausnahmen natürlich abgesehen. Bei den *Ausnahmen*, d. h. bei der Anwendung der Grundsätze zur Beurteilung des wirklichen *Falles* als eines „Grenzfalles" fängt die Kontroverse wesentlich an[5]. Es werden weitere, d. h. andere Begründungen verlangt, und man wird davon ausgehen müssen, daß es sich, sobald Verhaltensweisen problematisiert und zur Diskussion gestellt sind, aus der Sicht der betroffenen Individuen jeweils um deren besondere, sie vom allgemeinen Schema unterscheidende „Grenzsituation" handelt, aus der heraus gerade sie sich zu einer „im allgemeinen" inkriminierten Tat entschließen[6]. Die „Selbstverständlichkeit" der Geltung ist dann auch im

[5] Auch die Frage nach der *Wahrheit* moralischer Normen stellt sich erst dann, wenn eine unbefragte Geltung gerade nicht besteht, also im Zusammenhang sogenannter „Grenzsituationen". Als philosophische Frage muß sie dort ansetzen, wo sie *ernsthaft* entsteht, und hierbei kann es kein *allgemeines* Kriterium dafür geben, *was* eine Grenzsituation sei. Es können nicht Zweifel an der Norm mit einem bloßen Hinweis auf ihre „allgemeine" Geltung erledigt werden, wenn „im besonderen" gerade an solch einer Geltung gezweifelt wird. Der Hinweis bleibt dann abstrakt, d. h. ohne Bedeutung im Sinne dieser Untersuchung.

[6] Vgl. den Begriff der „moralischen Genialität"; Hegel, Phänomenologie des Geistes, 456–460.

theoretischen moralischen Disput zu Ende. In der Praxis dagegen muß das Subjekt selbst bestimmen, *wie* es die Verhältnisse im Hinblick auf seine moralischen Grundsätze als bestimmt ansieht, welche Folgen mit einzubeziehen und welche nicht zu verantworten sind, so daß es unter Umständen nicht einmal sagen kann, ob ein Töten „gewollt" sei oder, als ganz „unwahrscheinliche" Folge, nicht verantwortet werden müsse. Andere Subjekte werden möglicherweise „dieselbe" Sachlage anders sehen und Schuld zurechnen, wo sonst Entschuldigungen vorgebracht werden[7]. So zeigt sich vor allem in sogenannten Grenzsituationen, wie wenig sich die Moral von selbst versteht. Es zeigt sich gerade in solchen Situationen, in denen sie als Orientierungsanhalt eigentlich gefragt wäre, und es herrscht dort keineswegs geringere Verzweiflung, als im theoretischen Erkennen Zweifel bestehen.

12. Philosophische Wahrheit

Wenn die Philosophie aber letztlich weder sagen kann, wie die Verhältnisse „objektiv" seien, noch, wie sie sein sollten, so muß sie sich fragen lassen, was sie denn überhaupt noch sagen könne. Die Resultate sind ja nur negativ. Sie sind aber nur insofern negativ, als sie besagen, daß das Positive, verstanden als das, was „allein . . . *Sein*" und *„alle Wahrheit"* ist, sich unter der *Voraussetzung einer Einteilung* in das, was (als Gegenstand der Erkenntnis) als *seiend* kategorisiert ist, und das, was (als Forderung der Moral) als *gesollt* kategorisiert ist, nicht sagen läßt. Diese Voraussetzung einer Einteilung ist das Falsche. Sie wird dem, was das Wahre sein soll, als Schema vorausgesetzt, so daß nur noch *unter* dieser Voraussetzung, als einem „Vorurteil" vor der eigentlichen Aussage, was denn das Wahre sein soll, philosophiert werden kann. Das Resultat ist die Erkenntnis der *Subjektivität* dieser Voraussetzung. Subjektivität ist so zunächst als die Wahrheit dessen erkannt, was *unter* dieser Voraussetzung entweder als objektiv seiend oder als unbedingt intersubjektiv geltend ausgesagt wird. Subjektivität ist die Wahrheit dieser Entgegensetzung, die damit als unmittelbarer Akt *ohne* allgemeines Prinzip, aus dem heraus er seinerseits als gesollt gerechtfertigt werden könnte, zu nehmen ist. Dieser Akt ist damit als *freier* Akt begriffen. In seiner unabgeleiteten oder unbegründeten „Weise" ist er nur im negativen Verstande allgemein. Er ist einzelner, vorhandener Akt, und als solcher ist er Akt und seiend in einem. Er ist nicht wieder seinerseits unter einen (allgemeinen) Begriff zu subsumieren, denn *alle* begriffliche Einteilung hat in ihm ihren Anfang. Insofern ist er, in der Sprache Hegels ausgedrückt, „absolute Idee", d. h.

[7] Die Diskussion über die Bestimmung des Anfangs und Endes menschlichen Lebens betrifft unmittelbar die *Bedeutung* von „töten" im moralischen Sinn.

„der einzige Gegenstand und Inhalt der Philosophie", d. h. auch: das einzig *wahrhaft* Positive. Alle andere Positivität ist aus ihm zu verstehen. Sie hat, im Theoretischen wie im Praktischen, ihr Prinzip darin, daß sich „undurchdringliche, atome" Subjektivitäten als solche *gegenseitig* darin anerkennen, wie *jede von sich aus* Einteilungen entwirft, um die Welt zu verstehen und um sich handelnd in ihr zu orientieren. Diese individuellen (atomen) Subjektivitäten *öffnen* sich insofern, als sie *wissen*, daß „individuelle Subjektivität" das einzig Wahre ist, so daß jede von ihnen in ihrem „anderen" die „*eigene* Objektivität zum Gegenstand hat". Denn in diesem (absoluten) Wissen ist die „undurchdringliche, atome Subjektivität", bzw., wie es in Hegels „Phänomenologie des Geistes" hieß, die „absolut in sich seiende *Einzelheit*" als das allein Seiende und Wahre begriffen. Das „Sein", *das* (als Subjekt) *begriffen* ist, und das allgemeine „Wesen", *unter* dem als seiner Wahrheit es (prädikativ) *begriffen* ist, fallen in ihm zusammen. Die Diremtion des Begriffs in die beiden Seiten des Urteils, in Subjekt und Prädikat, hebt sich auf. Die Einheit, die in jedem Urteil mit dem *Anspruch* auf Wahrheit *formal* antizipiert ist, erfüllt sich nur in *diesem* Inhalt. Von ihm gehen *alle* Urteile, die der formalen Einteilung in Subjekt und Prädikat folgen, aus. Er ist als ihr Subjekt deren Substanz. Das gilt sowohl für die Urteile der Erkenntnis, die als solche das Seiende einteilen in das, als was es bekannt war (Subjekt), und in das, als was es erkannt worden ist (Prädikat), wie auch für die Urteile der Praxis, die das Seiende einteilen in das, was es ist (Subjekt), und in das, was es sein soll (Prädikat).

Indem das Individuum der für es selbst „undurchsichtige" „Grund" und in diesem Sinne die Wahrheit der Wahrheit ist, die es als Attribut seiner feststellenden *Sätze* über die Wirklichkeit versteht, *ist* es, in einer für es allerdings „undeutlichen", weil eben von ihm nicht wieder in Sätzen auseinanderzulegenden Weise immer und unstillbar über das hinaus, was für es „die" oder auch „seine" Wirklichkeit ist. Es *ist* „mehr" als nur deren Subjekt, und aus diesem „Grund" äußert es sich noch in anderen als feststellenden Sätzen, nämlich in Sollenssätzen, *affektiv* gegenüber dem, was ihm in seiner bedingten Lage als das Wirkliche je erkennbar oder „deutlich" geworden sein kann. Es ist der „Grund" der Einteilung in das Seiende und Seinsollende, in Theorie und Praxis, in „Natur" und die Voraussetzung seiner selbst „als frei" gegenüber dieser Natur.

Die Philosophie hat so ein Positives als ihren wahren Anfang gewonnen. Von ihm her kann sie eigentlich erst beginnen. Alles weitere kann dann aber nur noch darin bestehen, alles *andere*, also alles Dasein „unter" Gesetzen, unter der Voraussetzung zu *erklären*, daß die so bestimmte „absolute Idee" das absolut Wahre und wahrhaft Seiende sei. *Was* (Subjekt) ist und *in welcher Weise* (Prädikat) etwas *als* Natur *beurteilt* wird, muß als freier Entschluß dieser sich in ihrer Undurchdringlichkeit für andere und deren Undurchdringlichkeit für sie begreifenden Individualität begriffen werden. Natur ist dann als Gegenstand eines Wissens (einer Wissenschaft) begriffen, das in der *Bildung* von *Theorien* über sie besteht, die ihrerseits als freie Entwürfe von bedingter Zweckmäßigkeit im Zusammenhang mit der bedingt zweckmäßigen Tätigkeit der Lebensfristung zusammenlebender Menschen in dieser Natur jeweils gebildet werden und die dadurch als wahr gelten, daß freie Individuen sich in ebenfalls nur *bedingter* Weise „bilden", indem sie, unter bedingter Einklammerung ihres individuellen Seins, sich dieses Gelten, z. B. in einem Studium der Naturwissenschaften, aneignen. Daß dies nur bedingt gilt, macht die bedingte Objektivität der Sätze über die Natur aus, die wesentlich etwas *unter einem allgemeinen Begriff bzw. Gesetz* als wahr vorstellen. Es ist die Bedingtheit des „Ansehens *als* bestimmt" von „etwas *als* etwas (Allgemeines)", d. h. der allgemeinen Satzform solcher Sätze.

Wahrheit ist nur im Sinne bedingter Wahrheit ein mögliches Attribut von *Sätzen*. Die Wahrheit solcher bedingten, im Satz *formulierten* Wahrheit ist das Individuum, das sie bildet bzw. *sich* in der Akzeptation ihres Inhaltes bildet, freilich immer unter dem Vorbehalt und der Bedingung, daß es sie *von sich aus*, d. h. ihre Akzeptation als zweckmäßig für die Erkenntnis *und* für sich versteht. Folglich sind auch alle „Wahrheitstheorien", die Wahrheit als solch ein Attribut, unter der Voraussetzung der Wahrheit der Satz*form*, verstehen, Theorien bedingter Wahrheit.

Natürlich muß sich auch die Philosophie in Sätzen ausdrücken[1], doch sie kann *ihre* Wahrheit nicht mehr als Attribut dieser Sätze verstehen. Sie reflektiert den Begriff der Wahrheit von Sätzen in seiner Bedingung. Ihr Wahrheitsbegriff ist sowohl der wahre Begriff der Wahrheit der theoretischen und praktischen Wissensformen bzw. Verhaltensweisen, die sich unter einer vorausgesetzten Einteilung ergeben und die damit von Voraussetzungen ausgehen, als auch der Wahrheitsbegriff ihrer selbst. Daß der philosophische Wahrheitsbegriff *reflexiv* ist und auf die ihn entwickelnde philosophische Theorie selbst angewendet werden können muß, unterscheidet eigentlich die Philosophie von allem anderen Wissen. Die Philosophie kann das Kriterium ihrer Wahrheit, d. h. in ihrem Fall zugleich: ihres Wahrheitsbegriffs, nur darin haben, daß er, wie er entwickelt wird, von anderen so verstanden werden kann, daß er ihnen, so, wie sie ihn individuell für sich verstehen, etwas bedeutet. Nur in diesem Verständnis kann er *unbedingter* Wahrheitsbegriff sein, der durch keine allgemeinen Voraussetzungen, wie z. B. auch die wesentlich ungewisse Voraussetzung, daß alle Beteiligten die Bedeutungen auf gleiche Weise realisierten, bedingt ist.

[1] Vgl. Hegel, Phänomenologie des Geistes, S. 53.

Vierter Teil

Reflektierte Wahrheit

1. Vorbemerkung

Wenn reflektiert ist, daß sich *auch die Philosophie* in Sätzen ausdrücken, d. h. hier: daß auch sie in der *Darstellung* ihrer Überlegungen mit ihrem Anspruch auf Wahrheit zum *Schluß* kommen muß, dann ist damit auch schon reflektiert, daß die jeweilige abgeschlossene Form, durch die das geschieht, von der besonderen Situation abhängt, in der dies geschieht. Es hängt von der Zeit ab, in die hinein der Autor formuliert, indem er das zeitbedingte Vorverständnis abschätzt, wie es sich für ihn darstellt, und da der Autor kein absolutes Kriterium dafür hat, daß er hier „richtig" schätzt, ist die Wahl der jeweiligen Form des Abschlusses der Darstellung durch die Subjektivität des Autors bedingt. Von daher ist dann auch der Inhalt dieser Form wesentlich als ein Inhalt reflektiert, der in einer Differenz zu dem „gemeinten" Inhalt steht, auf den sich der *Wahrheitsanspruch* bezieht. So, wie der Inhalt jeweils abschließend *formuliert* ist, ist er wesentlich nur *vorläufig* formuliert, und der Autor hat, seiner Intention nach, „eigentlich" noch gar nicht ausgesprochen. Er behält sich das Recht vor, die *Darstellung* zu variieren und sich eventuell noch „deutlicher" auszudrücken, als er es in der vorliegenden, einen Abschluß *vorstellenden Form* tun konnte. Ein philosophiehistorisches Beispiel in dieser Hinsicht sind die verschiedenen Ansätze der Fichteschen „Wissenschaftslehre" oder auch des „Systems der Sittenlehre". Ganz allgemein kann gesagt werden, daß die Reflexion sich gegen die Identifikation dessen, worauf sich der Wahrheitsanspruch bezieht, mit der vorliegenden Formulierung wendet. Dennoch ist in ihr zugleich reflektiert, daß das Subjekt nur, indem es sich in *irgendeiner bestimmten Form* abschließend ausspricht, überhaupt für andere *da* ist. Nur so gewinnt es überhaupt als Subjekt Identität, und seine Vorstellung wird nur dadurch „objektiv", daß sie „in Ansehung" einer der Formen, in denen ein Sachverhalt abschließend formuliert wird, „als bestimmt angesehen" wird.

Die Reflexion unterscheidet somit zwischen dem, worin das Subjekt überhaupt für andere (und von daher als anerkanntes auch für sich selbst) eine Identität als Subjekt bestimmter Vorstellungen erlangt, und seinem

„wahren“ Sein. Sie unterscheidet zwischen dem „bestimmten Sein“ oder dem „Dasein“, als das sich das Subjekt je manifestiert, und ihm „selbst“. Es „selbst“ ist dabei aber nur in bestimmter Negation gegen dieses positive Dasein zu begreifen. Es kann nur negativ gegen den positiven Gegenstand der Reflexion abgehoben werden. „Reflexion“ erscheint hier überhaupt als negatives, sich abhebendes Verhältnis zu ihrem Gegenstand. Da Philosophie wesentlich kein Verfahren zur Konstitution positiver Gegenstände etwa analog zu dem Verfahren der positiven Wissenschaften sein kann, steht sie a priori in diesem reflektierenden Verhältnis zu ihren „Gegenständen“. Wenn im folgenden erörtert werden soll, worin sich Individualität überhaupt *darstellt*, und als Ergebnis dieser Reflexion dargelegt werden wird, dies geschehe in Formen des *Rechts*, so ist dieser Unterschied der Philosophie zu den positiven Wissenschaften immer zugleich mitzureflektieren. Es ist zu reflektieren, daß nicht gesagt sein soll, das Individuum *sei* identisch mit dem, als was es sich je darstellt und womit es sich je von sich aus vor anderen und sich gegen andere abhebend positiv identifiziert. Seine Anerkennung durch andere, in der es auch sein eigenes Selbstbewußtsein findet, bezieht sich wohl zunächst auf dieses Positive. Sie bezieht sich aber zugleich darauf, daß es dies *nicht* ist und daß es das *Recht* behält, sich von sich aus *anders* darzustellen, als es sich bis dahin positiv dargestellt hat. „Recht“ ist hierbei sowohl das Recht auf positive Identifizierung in einer bestimmten, auf die jeweilige Situation und Umgebung des Individuums bezogene Selbstdarstellung als auch das Recht, sich aus dieser positiven Form zu lösen. Unter „Recht“ ist also nicht ein Gegenstand analog zu den Gegenständen positiver Wissenschaften zu verstehen, sondern ein *Reflexionsgegenstand* im ausgeführten Sinn. Dies ist zu bedenken, wenn gesagt werden wird, nur in einem Rechtsverhältnis sei Individualität überhaupt objektivierbar, bzw. für sich selbst und andere positiv bestimmbar. Im Zusammenhang mit der Problematik der Reflexion besteht grundsätzlich diese „reflektierte“ Bedeutung von Objektivität bzw. Gegenständlichkeit.

Es bedarf wieder einer Vergegenwärtigung historischer Überlegungen, wenn in diesem Sinne mit der erforderlichen Präzision gesagt werden soll, daß Wahrheit, als wie auch immer positiv in Sätzen (oder umfassenderen Kontexten) formulierte Wahrheit oder, allgemeiner gesagt, *als überhaupt in einer Form abschließend gestaltete* Wahrheit, ihrerseits bedingt sei, und zwar in Rechtsverhältnissen, die *bestehen* müssen, damit die jeweilige besondere Form überhaupt als Form der Wahrheit anerkannt oder möglich ist, bzw. damit sich ein Individuum als solches in dem genannten reflektierten Sinn in ihr im Selbstbewußtsein eines Wahrheitsanspruches äußern, aber dennoch auch sich ihrer entäußern *kann*. Das Recht ist als Bedingung dieser doppelten Freiheit verstanden, und wieder allein um angemessen zu einem solchen Begriff des Zusammenhangs zwischen Wahrheit und Freiheit hinführen zu können, werden zunächst einige historische Positionen zur Reflexionsproblematik interpretiert. Sie zu übergehen, bedeutete, wie die Durchführung selbst wieder zeigen muß, eine unstatthafte Verkürzung dieser Problematik gerade im Hinblick auf das Wahrheitsproblem. Andererseits mußte auch hier im gestellten Rahmen das Historische auf das notwendig erscheinende Maß beschränkt werden. Aber wie in dem Voranstehenden sollten doch die Kontexte, in denen die exemplarisch herangezogenen Autoren ihre Gedanken entwickelt haben, möglichst in ihrem argumentativen Zusammenhang bewahrt bleiben. Dies gilt besonders für die Bezüge auf die Reflexionsproblematik bei Fichte, die dem „System der Sittenlehre" von 1798 zu folgen versuchen, und für die Bezüge auf die Problematik der Reflexion von Individualität und Freiheit bei Schelling anhand der „Philosophischen Untersuchungen über das Wesen der menschlichen Freiheit und die damit zusammenhängenden Gegenstände". Bei der exemplarischen Auswahl der historischen Texte war wiederum allein die Absicht ausschlaggebend, soweit wie in diesem Rahmen möglich ohne Verkürzung und Verflachung der Problemlage zu dem systematischen Aspekt zu gelangen, unter dem sich der Philosophie das Wahrheitsproblem heute stellt: heute, d. h. unter Berücksichtigung der wesentlichen Argumente und Einsichten der Geschichte der Philosophie. Wie immer bei der Verfolgung einer Absicht mußte auch hier unter möglichen Mitteln ausgewählt werden. Es mußte reduktiv verfahren werden, und die Zweckmäßigkeit des gewählten Verfahrens muß sich erst noch in der Durchführung erweisen.

2. Zwei Ansätze zum Problem der Reflexivität: Wittgenstein und Fichte

Die Philosophie ist, wenn sie die Bedingtheit der Wahrheit von Sätzen und damit auch die Bedingtheit aller wissenschaftlichen Wahrheit reflektiert, selbst keine dieser Wissenschaften. Zu einer entsprechenden Aussage kommt Wittgenstein innerhalb seiner Philosophie des *Satzes*[1]. Ein Satz ist zunächst selbst irgendeine sinnliche Tatsache, die als Bild für einen Sachverhalt genommen wird (Vgl. 2. 141), und zwar so, daß diese Tatsache dabei immer *in einer bestimmten Weise* als Bild genommen wird. Nur einigen von den sinnlich unterschiedenen Bestandteilen der Tatsache sollen Bestandteile des gemeinten Sachverhaltes *so* entsprechen, daß die Anordnung der Bestandteile des Zeichens für die Struktur des gemeinten

[1] Wittgenstein, Tractatus logico-philosophicus, 4.111.

Sachverhaltes stehen soll. Dabei ist es dem Zeichen unmittelbar nicht anzusehen, welche seiner sinnlichen Bestandteile in diesem Sinne überhaupt von diakritischer zeichenhafter Bedeutung sein sollen, d. h. welche von ihnen untereinander eine bestimmte Anordnung bilden sollen, die man sich, indem man sie als Zeichen für etwas auffaßt, auch als die Anordnung der Teile des gemeinten Sachverhaltes vorstellt. Dieselbe Tatsache kann so in sehr verschiedenen Weisen als Zeichen und damit auch als Zeichen für Verschiedenes aufgefaßt werden. Das in einer bestimmten Weise „angewandte, gedachte Satzzeichen" nennt Wittgenstein „Gedanke" (3. 5), und einen „Gedanken" entsprechend den „sinnvollen Satz" (4). „Sinn" hat das Satzzeichen erst dadurch, daß seine Gliederung quasi in „abstraktiver Relevanz"[2], d. h. immer in einer bestimmten Auswahl diakritischer Merkmale aus seinen rein sinnlichen Merkmalen, aufgefaßt wird. Nennt man den Inbegriff der Regeln, Tatsachen als Zeichen für etwas zu verstehen, eine Sprache, so besteht der Sinn eines Satzes wesentlich nur innerhalb einer solchen Sprache, und nur von einer solchen Sprache her kann man Sätze bilden, die wahr oder falsch sein können, je nachdem, ob der als Entsprechung zu der Form der Sätze vorgestellte Sachverhalt besteht oder nicht besteht. Wahrheit oder Falschheit ist hier in der Tat nur als Attribut zu *den* Sätzen denkbar, die eine bestimmte Sprache zu bilden erlaubt, und auch „Sprache" ist dabei nicht etwas absolut Vorgegebenes, sondern etwas durchaus Variables, nämlich die jeweilige Art und Weise, Tatsachen, etwa akustische Gebilde, in *bestimmter Weise* als Zeichen zu gebrauchen. Es ist von diesem Sprachbegriff aus, auch wenn Wittgenstein im „Tractatus" im Unterschied zu den „Philosophischen Untersuchungen" noch nicht explizit davon handelt, nicht ausgeschlossen, daß dasselbe sprachliche Material, z. B. das der deutschen Sprache, von verschiedenen Gruppen oder Individuen auf *verschiedene* Art und Weise als Zeichen in Gebrauch genommen wird. Was äußerlich als derselbe Satz erscheint, kann in verschiedener Weise als „logische (mathematische) Mannigfaltigkeit"[3] diakritischer Merkmale aufgefaßt werden und deshalb auch unter verschiedenen Umständen wahr sein. Am Satz muß nur „gerade soviel zu unterscheiden sein, als an der Sachlage, die er darstellt", d. h. als man sich Unterschiede vorstellt, um von dieser so artikulierten Vorstellung aus dann erst danach zu fragen, ob etwas Dementsprechendes der Fall sei oder nicht. Nennt man „Sprache" dagegen ein feststehendes Regelsystem zum Gebrauch von Zeichen, so muß man von diesem Wortgebrauch her sogar sagen, daß Wahrheit nicht nur ein Attribut der Sätze einer bestimmten Sprache, sondern darüber hinaus relativ sei zu der *jeweiligen Art und*

[2] K. Bühler, Sprachtheorie, Jena 1934, S. 42ff.

[3] Wittgenstein, Tractatus logico-philosophicus, 4.04.

Weise, in der diese Sprache von denen, die sie gebrauchen, jeweils „neu" in Gebrauch genommen werden kann. Es liegt nach Wittgenstein, schon nach dem „Tractatus", „im Wesen des Satzes, daß er uns einen *neuen* Sinn mitteilen" (4. 027) und einen neuen Gedanken ausdrücken kann, indem man die Mannigfaltigkeit seiner sinnlichen Merkmale auf eine neue Weise auf eine Mannigfaltigkeit diakritischer Merkmale reduziert, um so „von endlichen Mitteln einen unendlichen Gebrauch" zu machen[4]. Eine Sprache gebrauchen heißt nicht nur, aus endlich vielen Wörtern „unendlich" viele Sätze zu bilden[5], sondern die verschiedenen Sätze selbst auf prinzipiell unendlich viele Weisen verstehen zu können. Jeder derselben wird dann zwar jeweils als Ausdruck eines bestimmten Gedankens genommen, aber so, daß man es dem Satz nicht *ansehen* kann, welchen Gedanken er ausdrückt. Derselbe Satz kann als dieses selbe Lautgebilde in einem anderen Gebrauch als Ausdruck eines anderen Gedankens gebraucht werden, ohne daß der frühere Gebrauch dem eine Grenze setzte. Der *jeweilige* Gebrauch und damit dann auch „die Bedeutung" dieses Zeichens verklingt, indem das Zeichen verklingt. Das ist auch der Grund, warum man nach Wittgenstein die diakritische Mannigfaltigkeit, als die ein Satz jeweils genommen ist und die er mit dem durch ihn „abgebildeten" Sachverhalt, wie wir ihn uns vorstellen, gemeinsam haben soll, „nicht selbst wieder abbilden" kann[6]. Sie ist ja nichts, was man sich in irgendeiner Weise als etwas Bestehendes vorstellen könnte, sondern resultiert daraus, *daß* wir ein gegliedertes sinnliches Material *so als Bild* nehmen, wie es für die *Vorstellung* des Sachverhalts, die wir zum Ausdruck bringen wollen, zweckmäßig ist[7]. Von diesem Zweck her „unterscheiden" wir „gerade soviel" am Satz, als wir Unterschiede des vorgestellten Sachverhaltes aktualiter meinen. Wahrheit, verstanden als Attribut von Sätzen, hängt demnach von solchen letztlich individuellen, weil selbst nicht wieder abzubildenden und damit auch nicht *allgemein* verbindlich zu formulierenden Weisen ab, Sätze zu *interpretieren*. Wenn Übereinstimmung des Sprachgebrauchs zwischen verschiedenen Individuen vorausgesetzt wird, wie z. B. innerhalb einer bestimmten wissenschaftlichen „Disziplin", dann muß man davon ausgehen, daß diese Übereinstimmung auf irgendeine Weise erreicht oder eingeübt worden sei. Man kann nicht wiederum *sagen, worin* sie denn bestehe, es sei denn man drückte sich tautologisch aus und sagte,

4 W. v. Humboldt, Akademie-Ausgabe, Bd. VII, 99.

5 So versteht N. Chomsky diesen Satz Humboldts; vgl. Cartesian Linguistics, New York 1966, deutsch: Cartesianische Linguistik, Tübingen 1971, S. 28.

6 Wittgenstein, Tractatus logico-philosophicus, 4.041.

7 Daß diese Vorstellung nicht als *dieselbe Vorstellung* aller, die die Sprache gebrauchen, reflektiert werden kann, führt zu dem gegenüber dem „Tractatus" veränderten Bedeutungsbegriff der „Philosophischen Untersuchungen" Wittgensteins. Vgl. o. S. 22ff.

sie bestünde eben darin, daß die Individuen einer Gruppe eine Sprache *eben so* gebrauchten, wie sie es tun. Was hier unter „so" zu verstehen ist, versteht man, insofern man es schon „weiß". Das kann nur noch heißen: insofern man nicht danach fragt und in diesem Sinne problemlos selbst an diesem Gebrauch partizipiert. *So* „weiß" z. B. ein Physiker, wie man in der Physik die Sprache zu gebrauchen pflegt, und er versteht sie entweder auch dann noch, wenn es einem Physiker notwendig erscheint, sie *neu* zu gebrauchen, oder er hört dann allmählich auf, etwas von der *so* fortschreitenden Physik zu verstehen. Sprachunterricht könnte ihm dann allein nicht helfen.

Eine solche, sich bei Wittgenstein wiederholende philosophische Einsicht in den Wert des Wahrheitswerts von *Sätzen* reflektiert die Bedingtheit von „wahr", *wenn* „wahr" als Attribut von Sätzen verstanden wird. Wenn wir uns etwas in Entsprechung zu der Sinngliederung von Sätzen vorstellen und fragen, ob es so, wie wir es uns vorstellen, sei oder nicht, dann geschieht dies sinnvollerweise im Zusammenhang mit der Vorstellung eines *Weges zur Entscheidung* dieser Frage, gleichgültig, ob ein solcher Weg in einer bestimmten Situation gangbar erscheint oder nicht. Nach Wittgenstein geschieht solch eine Prüfung als „Vergleich" der Wirklichkeit mit dem Satz[8] oder im Experiment. Wenn „Hypothesen" aufgestellt werden, sind die dazugehörenden Experimente zwar technisch nicht immer durchführbar, und zu manchen Hypothesen lassen sie sich überhaupt nur als reines „Gedankenexperiment" denken, etwa indem man sich einen allmächtigen Experimentator ganz ohne technische Probleme denkt. Aber auch solch ein Experimentator hätte doch die Methode einzuhalten, die zugleich mit der Vorstellung des Sachverhalts für die Entscheidung über die Wahrheit *dieser* Vorstellung als „zweckmäßig" vorgestellt ist. Die Frage ist ja immer, auch wenn wir *Gott* unsere Vorstellungen mit der Wirklichkeit „vergleichen" lassen wollen, ob *unsere* Vorstellungen, als das *unserem* Gebrauch *unserer* Sprache in seiner Struktur Entsprechende, wahr sind oder nicht. Man kommt aus solch einem bedingten „Abbilden nicht heraus" (4. 041), auch nicht über die Vorstellung eines gänzlich unbehinderten göttlichen Experimentators, der ihnen „die Wirklichkeit" entgegenhalten könnte.

Diese Reflexion des Wahrheitsproblems hat der Philosophie in ihrer Geschichte größte Probleme bereitet. Die Wittgensteinsche Lösung dieser Probleme erscheint als die eleganteste. Nach ihr ist philosophisch einzusehen, daß Sätze auf diese Weise *bedingt* sind und daß man keine (unbedingten) *philosophischen Sätze* bilden könne. Es können aus philosophischer Einsicht nur noch bedingte, z. B. einzelwissenschaftliche Sätze als

[8] Wittgenstein, Tractatus logico-philosophicus, 4.05.

sinnvoll erscheinen, deren Sinn sich lediglich auf die speziellen Methodenvorstellungen von dem erstreckt, was zum „Vergleich" der Sätze mit „der Wirklichkeit" zu *tun* sei. Ein solches in Handlungsanweisungen geregeltes, eingeübtes Tun höbe dann den problematischen Gedanken einer absoluten Wirklichkeit als des letztlich in Frage kommenden Korrelats wahrer Sätze in sich auf. Es tritt in diesem Verständnis als philosophisch unreflektiertes Tun an die Stelle eines Vergleichs mit der Wirklichkeit in einem unbedingten Sinn.

Das andere Extrem zu solch einer „eleganten" Lösung des Wahrheitsproblems im einzelwissenschaftlich disziplinierten *Tun* ist das philosophische Problembewußtsein Fichtes, wie es sich, noch in großer Nähe zu Kant, z. B. in der Sittenlehre von 1798 spiegelt. Es legt wesentliche Grundzüge der Reflexion des Wahrheitsproblems im „Deutschen Idealismus" fest[9]. Auf dem Reflexionsstandpunkt dieser Sittenlehre, um dessen Darstellung es in diesem Zusammenhang allein gehen soll, stellt sich die Dialektik von Bedingtheit und unbedingter Wahrheit als Aporie des Verhältnisses zwischen Individualität und deren Aufhebung in einem allgemeinen Gesetz der Pflicht dar, als dem Bewußtsein von dem, was *unbedingt zu tun* sei. Diese Pflicht ist dann die unbedingte Wahrheit. Das Ich ist der Ort der Aporie. Es ist sich einerseits seiner selbst als absolute Freiheit (Fähigkeit) zur Pflicht bewußt. Sie ist sein „höchster Zweck"[10]. Zugleich aber kann es sich „nur als Individuum" setzen (IV, 218). Es ist sich darin seiner Beschränktheit bewußt. Der Grund für diesen Zwiespalt

[9] Deshalb soll und kann es in diesem Zusammenhang bei einer Beschränkung auf die Darstellung dieser Fassung belassen werden, die Fichte aus dem gedanklichen Zusammenhang mit der „Wissenschaftslehre" von 1794 konzipiert. Es bleibt hier außer acht, daß in der „Sittenlehre" von 1812 die Beschränktheit des Standpunktes einer Sittenlehre überhaupt reflektiert wird. (Sämtliche Werke, ed. I. H. Fichte, Bd. XI, 3f.). Es bleibt also außer Betracht, daß auch Fichte später gegen Kant und damit auch gewissermaßen gegen seine frühere Philosophie den Einwand erhebt, die Lehre vom Primat der *praktischen* Philosophie bleibe einem bestimmten Reflexionsstandpunkt verhaftet. Sie stellt nach dieser Entwicklung nur eine bestimmte Form der Stabilisierung des Gegensatzes des Bewußtseins dar, in der ihm sein Selbstbegriff, unter dem es sich *reflektiert*, als das Absolute erscheint. – Fichtes „Grundlage des Naturrechts" (1796) ist im Zusammenhang einer Erörterung der wichtigsten Positionen in der Entwicklung des philosophischen Wahrheitsproblems deshalb weniger wichtig, weil das Recht hier noch wie bei Kant sich dem „willkürlichen Entschluß, mit anderen in Gesellschaft zu leben", verdanken soll (Sämtliche Werke, Bd. III, 11). Die mit dem Recht notwendige Macht ist in der Äußerlichkeit, in der sie notwendig erscheint, noch nicht reflektiert: „. . . und wenn jemand seine Willkür gar nicht beschränken will, so kann man ihm auf dem Gebiete des Naturrechts weiter nichts entgegenstellen, als das, daß er sodann aus aller menschlichen Gesellschaft sich entfernen müsse" (ebd.).

[10] Fichte, Das System der Sittenlehre (1798), J. G. Fichtes sämtliche Werke, ed. I. H. Fichte, Bd. IV, 217.

ist nun nach Fichte die *Reflexion*. „Alles, was Objekt der Reflexion ist, ist notwendig beschränkt, und wird es schon dadurch, daß es Objekt der Reflexion wird". Das Ich *soll* aber „Objekt einer Reflexion werden" (ebd.). Es soll nichts aus ihm ausgeschlossen werden, weil es *freie* Tätigkeit sein soll. Mit einem Wittgensteinschen Reflexions*verbot* läßt sich der Widerspruch also nicht vermeiden. Weil das Ich sich die Reflexion über sich selbst nicht verbieten kann, stellt es sich zufolge dieser Reflexion sich als *bedingte* Tätigkeit vor. Es denkt sich als bestimmtes dingliches Objekt. Diese Vorstellung seiner freien Tätigkeit in der Begrenztheit eines dinglichen Objekts nennt Fichte Individualität. In ihr unterscheidet sich das Ich von anderen Individuen, und es denkt seine freie Tätigkeit als Tätigkeit dieses bestimmten Seienden. Der Reflexion zufolge geht „alles Bewußtsein . . . aus von einem Wirklichen". In dieser Reflexion erscheint dem Ich die freie Tätigkeit als Tätigkeit dieses besonderen Individuums oder als „Naturtrieb, als Naturprodukt und Naturteil" (IV, 219). Daß die Reflexion, als freie Tätigkeit, diese Vorstellung bewirkt, kommt dabei „nicht zum Bewußtsein" (ebd.). Dennoch soll ich mir diesen Naturtrieb zuschreiben, so daß die Frage entsteht: „Welches ist denn das *Ich*, dem ich den Naturtrieb zueignen soll?" Das kann wieder nur das freitätige Ich sein (IV, 220). So gewiß das Ich sich also „als Naturprodukt" findet, so gewiß muß es sich, um *sich* in diesem Naturprodukt oder dieses als sich selbst, als ein selbständiges Selbst finden zu können, auch „als freitätig" finden (ebd.). Es findet sich als zur Selbsttätigkeit aufgefordert, insofern es sich als bestimmtes, bedingtes Naturprodukt findet. Es findet sich als etwas, das nicht Individuum, also nicht dieses Etwas sein soll, als das es sich vorfindet. Es findet sich als diesen Widerspruch zu seiner natürlichen Faktizität.

Daß es sich in diesem Widerspruch vorfindet, hat seinen Grund darin, daß „Reflexion" eine Selbstobjektivierung ist, bei der *nicht zum Bewußtsein* kommt, daß das Objektsein, als das es sich findet, Produkt der eigenen freien Tätigkeit ist. Der Begriff der Reflexion als Selbst*bewußtsein* ist somit gleichbedeutend mit einer wesentlichen *Undeutlichkeit* des Ich über sich selbst. Die Vorstellung des Ich als eines Individuums verdankt sich dieser Undeutlichkeit. Die Natürlichkeit als Trieb ist eine undeutliche Vorstellung des Ich von sich selbst. Daß das Ich sich getrieben *fühlt*, ist eine undeutliche Vorstellung der Freiheit.

Sie ist ebenso wesentlich mit der „Aufforderung" verbunden, sich als „Selbstbestimmung" zu verstehen. Aber insofern das Ich sich *als* Individuum reflektiert, kann es diese Aufforderung nicht als Aufforderung durch sich selbst begreifen. Als Individuum ist es Trieb. Es kann diese Aufforderung nicht begreifen, ohne sie einem wirklichen Wesen außer sich „zuzuschreiben" (IV, 220), das ihm etwas, nämlich die *Wahrheit* über es selbst, zu *sagen* vermag. Solch ein zur Pflicht aufforderndes Wesen kann nur als „ein vernünftiges, ein sich selbst als Ich setzendes Wesen, also ein Ich" verstanden werden, und darüberhinaus, als vom ersten Ich verschiedenes Ich, doch auch wieder nur als anderes Individuum. Ein Individuum kann, insofern es sich selbst als Trieb vorstellt und zugleich aber *auch* eine (vernünftige) Aufforderung zur Selbständigkeit gegen den Trieb vernimmt, nur denken, daß diese Aufforderung nicht aus ihm als diesem natürlichen Individuum, sondern von außen, von einem anderen, in dieser Voraussetzung also als vernünftiger als es selbst gesetzten Individuum herkommt, wenngleich dieses andere Individuum, da es als vom ersten Ich verschiedenes Ich, d. h. ebenfalls als ein Individuum gesetzt ist, als auch triebhaft gesetzt sein muß. Die Setzung von mehr als einem Individuum und damit auch die eines Verhältnisses von Individuen zueinander hat also, wie die Voraussetzung meiner selbst als Individuum, immer noch den Grund der wesentlichen Unbewußtheit der Reflexion. Die Reflexion bringt die Vorstellung eines Verhältnisses von Individuen hervor, das so gedacht ist, daß das eine das andere „zur Freiheit erhebe" (IV, 221) und daß das eine *als* Individuum, das auch selbst als Trieb gesetzt ist, dem anderen dennoch etwas (Vernünftiges) *zu sagen* vermag. Die Freiheit des einen ist somit „durch die Freiheit des anderen bedingt". Der Trieb des einen nach Selbständigkeit kann „nicht darauf ausgehen, die *Bedingung seiner eignen Möglichkeit*, d. i. die Freiheit des anderen", und dessen von seiner Vernünftigkeit *verschiedene* Vernünftigkeit „zu vernichten" (ebd.). Das Individuum wird somit vernünftigerweise seine eigene Freiheit so beschränken, daß die des anderen möglich bleibt. „Einiges von allen möglichen freien Handlungen" ist dadurch „unmöglich geworden" (IV, 222). Außerdem muß, „zufolge des Begriffs der Freiheit", auch von dem so noch Möglichen einiges individuell ausgewählt werden. Das negativ Ausgewählte wird dann möglicherweise von der Freiheit anderer „in Besitz genommen", so daß jede Handlung, die der Pflicht nach die Bedingtheit des Individuellen aufheben *sollte*, die Individualität des Handelnden nur noch „*weiter*" bestimmt, d. h. individueller macht (IV, 222).

Das Ich *macht* sich, indem es frei handelt, nur noch immer mehr zu dem, der es *ist*. Es bildet sich, indem es handelt. Das Produkt der Handlung ist, *indem* es Ausdruck der Freiheit ist, Ausdruck einer Individualität, die sich bei seiner Produktion gebildet hat. So kann man nach Fichte „aus der bloßen Weise der Einwirkung schließen auf das Dasein eines vernünftigen Wesens, *nachdem*" man „*nun einmal den Begriff*" von anderen vernünftigen Wesen oder von anderen Individuen hat (IV, 223). Daß ein Ding ein Kunstprodukt, d. h. etwas ist, an dem sich ein vernünftiger Wille ausdrückt und gebildet hat, ist dem Ding nicht *anzusehen*. Es ist nur zu *denken*. Es hängt an der Voraussetzung anderer vernünftiger Wesen; diese aber folgte aus der im Ich selbst vernommenen Aufforderung zur selbständigen Handlung. Das Kunstprodukt wird demnach als solches gedacht, indem solch eine vernünftige Aufforderung als Aufforderung von anderen *Vernunftswesen, die aber zugleich nur ihre Individualität ausdrücken und sogar weiter ausbilden,* vernommen wird. Das Kunstprodukt *bedeutet,* daß das individuell bedingte Ich, wie es diesem einzelnen Ding selbst als einzelnes gegenübersteht, zugleich frei tätig sein soll. Es ist die Vergegenständlichung dieser an sich paradoxen Aufforderung an ein bedingtes Individuum, als solches zugleich frei tätig zu sein und der *eigenen* Überzeugung von der *allgemeinen* Pflicht nach die eigene Individualität zu überwinden. „Kein Mensch in der Welt kann anders *handeln,* als er handelt, ob er gleich vielleicht schlecht handelt, da er einmal dieser Mensch *ist*". „Aber er sollte eben nicht dieser Mensch sein, und könnte auch ein ganz anderer sein; und es *sollte überhaupt kein solcher Mensch in der Welt sein*" (IV, 228).

In diesem Bewußtsein *findet* sich nach Fichte das Ich, insofern es auf sich *reflektiert.* Es findet sich, insofern es reflektiert, „a priori" in der Aufforderung, von sich aus die Differenzen von Bewußtsein zu Bewußtsein zu überwinden. Das findet es in sich als seinen „Endzweck" (IV, 235). Unter der Bedingung der Reflexion besteht das apriorische Wissen, daß „jeder . . . absolute Übereinstimmung mit sich selbst außer sich, in allen, die für ihn da sind, hervorbringen" *soll,* „denn nur unter Bedingung dieser Übereinstimmung ist er selbst frei und unabhängig" (IV, 234). Mit dieser Übereinstimmung aller wäre die Verstellung durch Reflexion wieder aufgehoben. Es besteht nach Fichte also *in* der Reflexion ein apriorisches Wissen davon, daß die Objektivierung des Ich durch die Reflexion wieder aufgehoben werden soll, und dieses Sollen stellt sich dar als die Pflicht, von sich, von der eigenen Überzeugung ausgehend mit anderen zu dieser Übereinstimmung zu kommen. Es stellt sich dar als Pflicht, andere von der eigenen Überzeugung zu überzeugen, um so zur „Hervorbringung gemeinschaftlicher praktischer Überzeugungen" zu gelangen, die nicht mehr individuell bedingt sind. Das einzelne Individuum soll sich als „tüchtiges Werkzeug" (IV, 236) zu diesem „Endzweck" bewähren.

Von einem solchen „Endzweck" hat der einzelne allerdings wesentlich nur eine Vorstellung nach seiner eigenen Überzeugung. Insofern er sich in einem „Staat" dennoch, gleichsam die gemeinsame Überzeugung aller formell vorwegnehmend, zugunsten der „Übereinstimmung" oder der „Einwilligung aller" (IV, 237) verhält, handelt er materiell „*gegen bessere Überzeugung*", aber doch formell auch wieder nach seiner „pflichtgemäßen Überzeugung", daß man „in gemeinschaftlichen Angelegenheiten" nur nach dem präsumtiven Willen aller handeln soll (IV, 239). Dieser formell antizipierte „gemeinsame" Wille stellt sich materiell zwar jedem Individuum auf seine eigene Weise dar. Jedes ist auf seine Weise davon überzeugt, was ihm zufolge zu tun sei. Aber jedes soll doch zugleich wissen, daß es nur „Werkzeug“ zur Verwirklichung des allgemeinen Willens sein soll. Die Reflexion *soll* rückgängig gemacht werden, aber zugleich verdunkelt sie das Ziel, auf das hin dies geschehen soll. Sie individualisiert die Vorstellungen von diesem Ziel, und zwar irreversibel. Das Sein bleibt „gebrochen in alle Ewigkeit“. „Es kann . . . kein . . . wirklich gewordenes Individuum jemals untergehen“ (V, 530).

Das Ziel, in dem die Reflexion aufgehoben werden soll, das absolute Wissen, stellt sich für die einzelnen Individuen, also im wirklichen Bewußtsein, rein formal dar: 1. Gegenseitiges Überzeugen soll sein. 2. „Gegenseitiges Überzeugen“ ist aber „nur unter der Bedingung möglich, daß von etwas, worüber beide Teile übereinstimmen, ausgegangen werde“. 3. Also „muß etwas vorausgesetzt werden können, das sich ansehen läßt als das Glaubensbekenntnis der Gemeine oder als ihr *Symbol*“ (IV, 241f.).

Das ist ein richtiger Syllogismus, der die Grundstruktur des Fichteschen Denkens in seiner Beispielhaftigkeit für eine bestimmte Form philosophischen Problembewußtseins darstellt. Es wird von dem Widerspruch ausgegangen, der sich im Begriff des Sollens darstellt, von einem „deontischen“ Satz. Was sein soll, ist nicht. Es steht im Widerspruch zum Sein. Die zweite Prämisse besagt nun, unter welcher Bedingung sich das Sollen allein erfüllen und der Widerspruch des sich reflektierenden Bewußtseins aufheben könnte: es könnte sich nur erfüllen, wenn die Parteien, die sich gegenseitig zu überzeugen suchen, um ihre Individualität aufzuheben, auf gemeinsame, nur bis dato noch nicht als solche aufgedeckten Grundsätze zurückgreifen könnten, die nicht strittig sind. Dann wäre *die* individuelle Überzeugung zu akzeptieren, die sich logisch von solchen Grundsätzen herleiten ließe. Es gäbe ein allgemeines rationales Verfahren zur Schlichtung, d. h. zur Aufdeckung der Scheinhaftigkeit der individuellen Überzeugungsgegensätze, die sonst nur durch Gewalt oder autoritative Überredung, als eine verdeckte Form von Gewalt, zu beheben gewesen wären. Damit das Sollen in seinem Widerspruch zum Sein, in dem von solchen überindividuellen Grundsätzen nichts zu sehen ist und in dem sich nur die individuellen Überzeugungen von der Wahrheit finden, Sinn behält, muß angenommen werden, daß es, wenngleich man sie nicht kennt, solche Grundsätze als schlechthin allgemein geltende und zu akzeptierende Normen gebe, die als die absolut wahren Sätze aufgedeckt werden sollen. Diese nur formell-logisch vorauszusetzenden, den Widerspruch des Bewußtseins auflösenden „Sätze“ sind als das „objektive“ Korrelat des Sollens gesetzt. Sie sind als inhaltlich wesentlich verborgene Sätze gesetzt, und deshalb bleibt ihre Auffindung eine *fortwährende* sittliche *Pflicht*. Der Primat des Praktischen bleibt gesichert, weil die in *Satzform*, also „theoretisch" geforderte Wahrheit sich wesentlich nicht erfüllt.

Die absolut wahren Sätze sind dieser Theorie zufolge wesentlich unbewußte Sätze. Das Wahre behält die *Form von Sätzen*, weil es vom Standpunkt der Reflexion aus erschlossen ist und man nur von Sätzen aus logisch schließen kann. Es muß also einerseits als Satz vorausgesetzt sein; um des Gegensatzes zum Inhalt der individuellen Überzeugung willen aber als unbekannter Satz, der nur formal antizipiert ist. Ein solches „etwas" nennt Fichte *Symbol*. In Anlehnung an die Sprache Wittgensteins könnte man sagen, unbedingt wahre Sätze oder philosophische Sätze ließen sich nur als unbekannte Sätze denken, im Gegensatz zu Sätzen, unter denen Individuen sich wirklich etwas vorstellen. So ist dann auch das Fichtesche Symbol etwas, das „nicht sehr bestimmt, sondern nur allgemein sei in seiner Darstellung; denn eben über die weiteren Bestimmungen sind die Individuen uneinig". Und wenn man weiter zusieht und nach Bestimmungen am Symbol fragt, in bezug auf die die Individuen sich einig seien, so muß es heißen, daß das „Wesentliche jedes möglichen Symbols" der Satz sei: „es gibt überhaupt etwas Übersinnliches und über alle Natur Erhabenes" (IV, 242). Einig sind sich die Individuen in dieser reinen Zuversicht (der Ausdruck der Einheit bleibt sozusagen interaktionell bzw. rituell oder vorsprachlich); in bezug auf die Interpretation des Symbols bleiben sie individuell. Jeder für seine Person bestimmt sich „das Übersinnliche anders" (IV, 244), und jeder ist „sogar im Gewissen verbunden", seine Überzeugung „so selbständig und so weit auszubilden", wie immer er kann (IV, 245). Das Symbol ist also das, was die Individuen gerade darin verbindet, daß sie es je auf ihre individuelle Weise *auslegen*, und im Bezug auf das sie sich gegenseitig diese Freiheit lassen. Es verbindet sie in der gemeinsamen Überzeugung von dieser Freiheit.

Der Begriff des Symbols steht für etwas, was von dem Begriff der Wahrheit als eines Attributes von *Sätzen* her widersprüchlich erscheint. Er steht für rein formal *als* Sätze antizipierte Sätze, deren Inhalt zugleich als wesentlich unbekannt antizipiert ist. Anstelle der Übereinstimmung über den Inhalt bleibt nur die individuelle Auslegung. Man könnte also sagen, das Symbol sei zwar (formell) ein Satz, aber ein Satz, in bezug auf dessen Bedeutung alle sich so verstehen, daß sie in ihr übereinstimmen *sollten*, ohne es aber wirklich zu *können*. Es ist ein als allgemeinverbindlich vorausgesetzter Satz zusammen mit seiner unaufhebbar individuellen Auslegung. Daß er für alle dasselbe bedeuten soll, läßt sich ebenso wesentlich, wie er dies soll, nicht wirklich erfüllen.

Fichte hat damit in dem, was er Symbol nennt, das Wesen des sprachlichen Satzes überhaupt beschrieben. Die wirkliche sprachliche Vermittlung zwischen Individuen geschieht nicht so, wie es nach Fichte letztlich sein sollte, sondern, was natürlich eine Tautologie ist, so, wie es wirklich ist. Sie geschieht „symbolisch" im Fichteschen Sinne. Es bleibt also zu fragen, was der Grund der Vorstellung einer dem Tatsächlichen entgegengesetzten, gesollten oder idealen Kommunikation ist. Denn diese Vorstellung beherrscht nicht nur das Denken Fichtes. Der Grund ist in dieser kurzen Zusammenfassung der Fichteschen Gedankengänge schon genannt worden. Er liegt in einem Sollen, das gebietet, die in der *Reflexion* zustande gekommene Bestimmung des Ich (als natürliche, bedingte Individualität im *Unterschied* zu einer unbedingten Bestimmung) rückgängig zu machen. Das ist natürlich nicht möglich, da Philosophie nun einmal nicht nur die Reflexion nicht verbieten, sondern selbst überhaupt nicht ohne Reflexion auskommen kann. Nicht anders als in einer Reflexion kann Ich Selbstbewußtsein sein[11]. Es kann die „Verfälschung" der Wahrheit

[11] D. Henrich bezeichnet es als „Fichtes ursprüngliche Einsicht", daß „Selbstbewußtsein" sich nicht der „Reflexion" verdanken könne (D. Henrich, Fichtes ursprüngliche Einsicht, Frankfurt/M. 1967). „Wissen von sich" müsse Ich schon sein, bevor die Reflexion darauf reflektieren könne. Aber es wird in systematischer Hinsicht schwierig, von diesem Ansatz aus, der sicherlich dem Selbstverständnis Fichtes gerecht wird und eine wichtige Position in der Entwicklung der Philosophie des „Deutschen Idealismus" markiert, die „Identität" zwischen dem „Ich als Subjekt" und dem „Ich als Objekt" näher zu bestimmen (19), d. h. zu sagen, beide *seien* identisch. Das sich „setzende" „ist" es erst als Produkt dieses Setzens. Aber es „ist", so bestimmt es die Reflexion auf es, nichts *anderes* als dieses Setzen. Es stellt sich hier die Frage, ob es nicht doch die *Reflexion* ist, die dem Ich als Produkt bzw. Resultat auf Grund ihrer eigenen Struktur eine es setzende Tat *voraus*setzt, bzw. Tat und Resultat überhaupt erst auseinanderlegt und das gewußte Produkt, das „Wissen", vom „Wissensgrund" unterscheidet (20). Wenn es bei Fichte seit 1797 zu der Formulierung kommt, das Ich setze „sich schlechthin *als* sich setzend", dann ist doch auch dies ein Ausdruck der (Fichteschen) philosophischen *Reflexion* auf Ich, freilich auf Ich als „Wissen" von sich und nicht auf irgend etwas anderes. In der Sprache der Reflexion wird gesagt, *als* was Ich sich setzt: es setzt sich *als* „sich Setzen". „Sich Setzen" wird ihm als Prädikat zugesprochen: es wird *als* „sich Setzen" ausgelegt. Die Bedeutung dieses Prädikats besteht nach Henrich darin, daß das Ich das Setzen „kennt" (23). Man könnte wohl sagen, es „verstünde" die Bedeutung dieses Prädikats, denn es wisse es als Bedeutung seiner selbst. Hier wird aber deutlich, daß dieses Sich-Identifizieren mit einem prädikativen Ausdruck nicht nur ursprüngliches „Wissen von sich" sein kann. Es setzt zugleich eine öffentliche Sprache voraus, in der die Reflexion sich ausdrückt, aber eben so, daß jedes Ich nicht irgend etwas, sondern je sich selbst in dieser Sprache bedeutet weiß. Dem „Wissen von sich" ist eine Bedingung der Möglichkeit hierzu „eingesetzt". In der Reflexion auf sie drückt es sich im „Passiv" aus (vgl. 26). Metaphorisch und ohne hier eine öffentliche Sprache in Betracht zu ziehen, spricht Fichte von einem eingesetzten „Auge". Dieses „Auge" hat das Ich aber auch nach Fichte nicht durch sich selbst. So entsteht die Frage, inwiefern das, „als" was es sich durch es sieht, bzw. als „was" es sich begrifflich bestimmt, mit dem identisch ist, was dadurch bestimmt wird, d. h. die Frage nach der Beziehung zwischen „Begriff" von „Ich" und „Anschauung" seiner selbst (29), und damit auch die Frage der Herstellung des Bezuges beider Seiten aufeinander, indem davon ausgegangen wird, daß der Begriff eine ganz bestimmte Anschauung erfaßt, nämlich das

durch Reflexion nicht vermeiden. Es muß sie individuell auslegen. Obwohl es dies sogar weiß, hat es merkwürdigerweise doch das „Gefühl" einer „Verfälschung". Es hat das Gefühl, daß es sich mit seiner Individualität im Wege stünde und die reine Wahrheit verdunkle. Es „weiß" auf diese Weise um die Reflexion, wenngleich es immer wesentlich Reflexion ist. Es will aus seiner wesentlichen Reflexivität hinaus, weil es sich in ihr gefangen fühlt. Das „unmittelbare" Gefühl scheint der Ort ohne Reflexion zu sein. Es wäre dann auch das Organ für die „eigentliche", unsagbare Wahrheit. In der Tat wird das Gefühl bei Schleiermacher im Gefolge Fichtes philosophisch zu solch einem Ort erhoben. Das der sprachlichen Wirklichkeit entgegenstehende Sollen einer Übereinstimmung im Selben, die Vorstellung intersubjektiver Bedeutungen sprachlicher Gebilde resultierte dann aus diesem Gefühl, aus einem die eigene Individualität überströmenden Gefühl der Unendlichkeit und des Auslöschens der Individualität.

Wenn es die Aufgabe der Philosophie ist zu begreifen, was wirklich ist, kann sie zwar dieses Gefühl nicht ignorieren. Es hat als ein der Sorge der Individualität um die Erhaltung ihrer selbst oder dem „Trieb" der

ihn verwendende Subjekt selbst. „Weiß das Ich nicht schon von sich, so kann es nie zu einem Wissen von sich gelangen" (31). Man kann hinzufügen: „Weiß" es schon von sich, so bedarf es keines Begriffs mehr, in dem es sich „als" etwas bestimmte, es sei denn, man hätte zwischen einem vorläufigen und einem definiten „Wissen von sich" zu unterscheiden. Dieser Unterschied ist doch aber gerade der, den die Reflexion macht, bzw. das Ich, wenn es reflektiert. Dann setzt es dem, *als* was es sich weiß, bei Fichte z. B. als „sich Setzen", ein davon verschiedenes Subjekt dieser Bestimmung (d. h. sich als „Individuum" „unterhalb" jedes denkbaren Begriffs) *voraus* und „setzt" dieses Subjekt zugleich „als" etwas. Das hat nur dann Sinn, wenn das Prädikat, in dem das Subjekt als *etwas* (Bestimmtes) gesetzt, d. h. überhaupt erst als es selbst *gesetzt* ist, nicht nur ihm selbst von sich selbst, sozusagen „innerlich" zugesprochen werden kann, sondern zugleich öffentlich als Allgemeinbegriff verstanden wird. Das Subjekt kann sich nur „als" etwas, hier als „Setzen", setzen, wenn es darin *anerkannt* ist, d. h. wenn ihm von anderen zugleich zugestanden ist, daß es „Setzen", d. h. freie Subjektivität sei. Anders hat das „als" keinen Sinn. Dieses Allgemeine kann mithin nicht nur aus dem Ich kommen, das sich, sich setzend, selbst „unter" ihm begreift. Es können demnach nicht „im" Ich Bedingungen liegen, „welche den inneren Zusammenhang alles Erkennens miteinander stiften" (34), wenn damit gemeint sein sollte, sie ließen sich allein „aus" ihm als seiner reinen Ichstruktur ableiten. „In" ihm können nicht einmal die Bedingungen liegen, denen zufolge es *sich selbst* „als" etwas, z. B. als „Setzen", setzen und als „es selbst" von diesem Prädikat, insofern es ein Allgemeinbegriff ist, zugleich unterscheiden, d. h. „sich" wissen kann. – Die philosophisch relevante Frage ist in diesem Zusammenhang, inwiefern dies den Begriff der Freiheit tangiert. Es wird auch bei Fichte von einem vom freien Ich unterschiedenen „Grund der Freiheit" die Rede sein müssen. Solch ein „Grund" ist schon thematisch, wenn Fichte von einem eingesetzten Auge spricht, durch das das Ich sich wissen könne. Nach Henrich bedeutet dies nicht, „Freiheit sei imaginär und alles Handeln sei nur von Trieben und Vorurteilen gesteuert" (37f.). Freiheit als Vermögen der Imagination müßte der imaginierten vorausliegen. Henrich spricht hier aber doch von einem „Grenzfall für

Selbsterhaltung entgegengesetzter „Trieb" die verschiedensten *Namen* erhalten. Aber die Philosophie reflektiert doch zugleich die Unwahrheit, die darin liegt, dieses entgegengesetzte Gefühl nun als Ort einer „eigentlichen" Wahrheit anzusehen. Fichte selbst hatte ja diese Seite nur als *Reflexionsgegensatz* zur Individualität bestimmt. Wenn die Individualität als solche nur Resultat der Reflexion sein soll, kann auch ihr Gegensatz nur Resultat der Reflexion sein. Das der Reflexionswahrheit entgegengesetzte „eigentliche" Wahre ist damit als ein die Reflexion begleitendes und ihr nicht absolut entgegenzusetzendes Gefühl bestimmt. Die Unbestimmtheit seines „Objekts" verbindet sich gerade innerhalb der Reflexion mit den *Bestimmungen* der Reflexion, und sobald versucht wird, es seinerseits zu bestimmen, wird es selbst Objekt der Reflexion, in der es dann zugleich wieder von einem unbestimmten Gefühl der Uneigentlichkeit der Bestimmungen begleitet wird. Man kann nicht sagen, nun sei ein „Teil" von ihm objektiviert. Ein unbestimmtes Gefühl bedeutet dem bestimmenden Subjekt, daß seine Bestimmungen, wie sie auch immer lauten mögen, nicht die Wahrheit sind, und es bedeutet ihm damit die Freiheit gegenüber allen Bestimmungen, in denen Objekte je „als bestimmt" angesehen werden.

die Auslegungskraft der Sprache unseres Erkennens" (38). „Einsichtig" soll der Begriff der Freiheit nach Fichte dadurch werden, daß „Selbstsein" als „Manifestation Gottes" verstanden wird, die man nicht als Kraft, sondern nur in ihrer Wirkung erkennen könne (39), also darin, *daß* Ich sich selbst *tatsächlich* „als" etwas, nämlich als (freies) „Setzen" wissen könne und in diesem Wissen dem Allgemeinbegriff „Setzen" die Bedeutung *seiner selbst* gebe, in einem identifizierenden Bezug zwischen dem Wissenden und dem prädikativ-begrifflich gefaßten Wissen, *als* das es sich selbst weiß. – Die Rede vom „Selbstsein" als „Manifestation Gottes" bleibt insofern metaphorisch, als der Widerspruch, der darin besteht, daß „Selbstsein" in diesem Kontext als Wirkung von einem anderen her ausgesagt ist, dadurch verdeckt wird, daß hier „Ursache" anders als sonst in der „Sprache unseres Erkennens" zu verstehen sei. Aber es ist doch auch ein Gebrauch dieser Sprache, der nur sinnvoll ist, insofern auch er etwas besagen kann. In ihm vermögen wir uns demnach Freiheit so begreiflich zu machen, daß sie für uns nicht etwas Imaginäres bleibt. Indem wir die Sprache so verwenden *können*, bleibt Freiheit für uns nicht nur etwas Imaginäres. Die Sprache bleibt also das Medium, *in* dem wir (wirkliche) Freiheit von deren Imagination unterscheiden können. „Imagination" und ihr Gegenteil sind *in ihr* zu unterscheiden; in ihr läßt sich diese Differenz *machen*. So könnte man sagen, daß das sich selbst „als" Setzen, also „als" freie Tat setzende Ich dieses Setzenkönnen als Sprachvermögen ist, und zwar als ein Sprachvermögen, das *über die Grenze gängiger Bedeutungen hinaus vermögend* ist und darin zugleich dennoch verstanden wird, d. h. anderen etwas zu sagen vermag, z. B. als Antwort auf ein philosophisches Problem, hier auf das Problem der Freiheit. Dem „Leben" läßt die Philosophie sich nur dann nicht vermitteln, wenn darunter ein sich an „identische", gängige Bedeutungen haltendes „Leben" (S. 32: „weltbezogene Auslegungsformen") gemeint ist, *von* dem (als Objekt) dann Wissenschaft möglich wäre, z. B. als „Semantik" „gebräuchlicher" Bedeutungen, das aber dann nicht das Leben des Ich sein könnte, aus dem heraus Wissenschaft in ihrer Freiheit als möglich zu begreifen wäre. Zu dieser Konsequenz seiner Philosophie ist Fichte aber nicht mehr gelangt.

Solches Bestimmen von Objekten kann wesentlich nur unter gewissen Voraussetzungen oder subjektiven Zielsetzungen „zum Schluß" gekommen sein, die selbst nur von bedingter oder vorläufiger Zweckmäßigkeit sein können. Das Gefühl bedeutet mithin nichts anderes als die bedingte Wahrheit bestimmter Wahrheit oder den begriffenen Zusammenhang von Bestimmtheit und Bedingtheit. Als Gefühl ist es die Anwesenheit dieses Begriffs der Wahrheit als Freiheit im Modus der Unbegriffenheit.

Die Redeweise von einer „gefühlten Wahrheit" entspricht zunächst durchaus dem Gedanken Descartes', daß der in distinkten und klaren Begriffen diskursiv operierende Verstand von einer demgegenüber umfassenderen Einbildungskraft begleitet sein müsse, die die einzelnen Verstandesschritte, die methodisch je klar und deutlich *zustande* gekommen sein konnten, zugleich in der Beziehung auf das demgegenüber undeutliche Ganze des eigentlichen *Ziels* solcher Verstandesoperationen hält. Sie entspricht ebenfalls dem Gegensatz zwischen den deutlichen und undeutlichen Begriffen bei Leibniz, der in seiner verschiedenen Verteilung von Monade zu Monade jeweils die individuelle Perspektive ausmachen soll, in der die einzelne Monade das Universum zu reflektieren (zu spiegeln) vermag. Dieses Gefühl ist das Gefühl der je eigenen Individualität des Subjekts; es bedeutet dem Subjekt auf unbestimmte Weise, daß die Objektivierungen in „klaren und distinkten" (Descartes), „deutlichen" (Leibniz) oder „bestimmenden" (Kant) Begriffen je an seine Subjektivität gebunden bleiben und daß die „allgemeingültige" Form der Formulierungen von ihm je auf seine eigene Weise ausgelegt bleibt. Insofern verweist das Gefühl auf eine „übersinnliche" Wahrheit gegenüber der Bestimmtheit der sinnlichen Form (der Zeichen), bzw. darauf, daß diese sinnliche Form rein als *sinnliche* noch ohne jede Bedeutung ist und erst von individuellen Subjekten belebt werden muß. Sie muß in einer jeweils bestimmten Weise als eine Mannigfaltigkeit diakritischer Merkmale aufgefaßt werden, wenn sie überhaupt als solche ausgelegt werden soll. Die Gliederung des sinnlichen Objekts bedeutet für sich noch nichts. Erst in einer *Interpretation* werden Objekte bedeutende Zeichen. Nur in einer (bestimmten) Lesart erlangen sie eine (bestimmte) Bedeutung. Das Gefühl verweist also in einem auf die Individualität und darauf, „daß es überhaupt etwas Übersinnliches und über alle Natur Erhabenes" (IV, 242), also bedeutende Zeichen und nicht nur Naturobjekte gibt. Es kritisiert die Vorstellung von einer an den sinnlichen Zeichen selbst *festgemachten*, „intersubjektiven" Bedeutung. Von dieser Vorstellung aus ist es ein Gefühl des Unbehagens und der Unzulänglichkeit, d. h. der Unzulänglichkeit dieser herrschenden Vorstellung. Es drückt in der Form des Unbehagens die Unzulänglichkeit der eigenen Vorstellung des Subjekts aus, die Wahrheit sei „objektiv" in

Zeichen bzw. Sätzen auszudrücken oder an Zeichen oder Sätzen dingfest zu machen. Insofern ist das Gefühl wahr. Es hat seine relative Wahrheit gegenüber dieser Vorstellung und ist somit selbst nur in einem bedingten Sinn die unmittelbare Wahrheit.

Die Reflexion besagt, daß es (bestimmte) Wahrheit nur in individueller Auslegung gibt. „Überindividuelle Wahrheit" bleibt ein unbestimmter Begriff, ein bloßes Sollen. Um ihrer Bestimmtheit willen muß die Wahrheit individuell sein. Die bestimmte Form, in der sie formuliert wird, ist wesentlich eine individuell begeistete Form. Man kann mit solchen Formen umgehen wie mit Dingen, wenn man sie nur abstrakt als *überhaupt* bedeutende Formen ansieht und von der Interpretation ganz absieht. Man kann, wie die Mathematik es tut, solche Formen *als* bedeutende Formen oder als Zeichen nehmen, ohne zu fragen, *was* sie denn *je* wirklich bedeuteten, und, etwa durch Definition, als mit anderen Zeichen gleichbedeutend *setzen*. Auf dieser Basis kann man dann Zeichen nach Regeln ineinander übersetzen, wie z. B. in einer mathematischen Deduktion, so daß die Zeichenreihe am Ende der Deduktion noch immer „dasselbe" bedeuten soll wie die Zeichenreihe, von der man ausgegangen war. In *welcher bestimmten* Bedeutung die Zeichen aber überhaupt aufgefaßt werden sollen, bleibt offen, und nur deshalb kann postuliert werden, sie seien durchgehend in „derselben" Bedeutung aufzufassen. Sonst könnte man die Mathematik auch nicht auf die verschiedensten, in empirischen Begriffen umrissenen empirischen Gegenstandsbereiche anwenden. Man kann sie, wie man ohne weiteres zugeben wird, auch auf „bloße" Vorstellungen anwenden, die als solche „nur innere" Vorstellungen eines Individuums sind[12].

Eine der Reflexion gegenübergesetzte Wahrheit, die durch die Reflexion verfälscht werde, ist selbst eine Vorstellung der Reflexion. Es ist deshalb, z. B. im Hinblick auf Fichte, die Frage zu stellen, inwiefern sich denn die Reflexion als Verstellung der Wahrheit begreifen und eine von der Individualität verschiedene Wahrheit voraussetzen müsse, die ihrem Begriff nach das Unbestimmte bleiben muß, so daß sie schon deshalb durch keine „Wahrheitstheorie" in ihrem Begriff bestimmt werden könnte. Vor der Beantwortung dieser Frage muß nach dem z. B. bei Fichte verwendeten *Begriff der Reflexion* gefragt werden. Bei Fichte ist die Individualität Resultat der Reflexion. Die Reflexion ist der Grund der Individualität, also nicht selbst individuell. Das Ich ist erst, indem es reflektiert, für sich selbst Individuum. In Wahrheit und seiner obersten Pflicht nach *soll* es dies *nicht* sein. Also soll eigentlich die Reflexion nicht

[12] Die Zeit als Form der Anschauungen *überhaupt* ist schon bei Kant zugleich Form des inneren Sinns und als solche Grundlage der Arithmetik.

sein, oder, da sie unvermeidlich *ist*, soll doch gegenüber dem Sein gelten, daß ihr Resultat aufzuheben sei. Sie ist der eigentliche Grund des Bösen, wenngleich sie doch eine ursprüngliche Tat des reinen Ich ist, das sich erst in ihr als Individuum setzt. Dieses Dilemma ist nur dadurch aufzulösen, daß man das Verständnis der Reflexion als vorindividueller Tat als Erschleichung eines „philosophischen", unbedingten Standpunktes versteht, den natürlich kein Individuum einnehmen und deshalb auch nicht „zurückgewinnen" kann. Alle Individualität, die einen *Standpunkt* einnehmen könnte, soll ja erst Resultat der Reflexion sein. Die Reflexion ist damit eigentlich als eine Reflexion von niemandem verstanden, wenn immer jemand ein Individuum ist. Sie ist eine Fiktion. Es ist dann auch eine Fiktion, daß sich das in seiner Individualität *vorfindende* Ich als Resultat einer (oder „seiner"?) Reflexion versteht. „Reflexion" ist selbst eine Auslegung der Individualität im Medium der Imagination. Was sich unter dem Begriff der Reflexion als *Resultat* versteht, also das *Individuum als solches*, ist der eigentliche Anfang oder das *Absolute*.

Es kann daher nicht um ein Reflexionsverbot gehen, sondern nur um den *Begriff*, daß „Reflexion" kein Verfahren ist, demzufolge die Individualität sich ihrer selbst entheben könnte. Man kommt aus dem wesentlich individuellen „Abbilden" nicht heraus. Dennoch *kann* man die „Form der Abbildung" abbilden. Aber man hat sich dann nur wieder ein mehr oder weniger zweckmäßiges, auf einen besonderen *Zweck* hin mehr oder weniger gutes, möglicherweise auch sehr gutes *Bild* davon gemacht, *wie* man sich ein Bild von der Welt macht, und man weiß, daß dies individuell ist, daß es auch anders sein könnte und vor allem bei anderen nicht ebenso sein muß. Individuen können sich auch reflektierend als solche verstehen. Sie können verstehen, daß sie selbst nicht nur Resultat, sondern auch Subjekt einer Reflexion sind. Die Reflexion ist selbst individuell, und deshalb erzeugt sie wesentlich individuelle Vorstellungen, also „Bilder", so daß man sagen muß, das individuelle Subjekt der Reflexion unterscheide sich, eben weil auch seine Reflexion individuell und somit kein „reiner" Spiegel ist, von dem „Bild", als das es sich „sich selbst" vorstellt. Es macht sich auf seine individuelle Weise ein Bild von sich selbst. Darin besteht die „Identität" zwischen ihm selbst als Subjekt und dem in diesem Bild vorgestellten Objekt. Das Bild ist für es sein eigenes Werk. Es kann sich also dabei nicht um eine gegenständliche Identität im Sinne von A = A handeln. Es muß sich um die Identität zwischen einem Subjekt und einem Gegenstand handeln, den es als sein Bild erzeugt, insofern es ihn *auf seine individuelle Weise* erzeugt. Diese Weise ist nur im Bild, nicht aber als Urbild *gegenständlich*.

Da das Subjekt sich sowohl von sich wie auch von anderem auf seine Weise Bilder oder Vorstellungen macht, verhält es sich zu diesem anderen ebenso wie zu sich selbst. Bei Kant war diese Einsicht durch die Formulierung ausgedrückt, daß das Subjekt theoretisch von sich selbst so gut wie von allem anderen nur als „Erscheinung" wisse. Es blieb die Frage, inwiefern es sich dann im Selbstbewußtsein mit einem bestimmten Gegenstand als mit sich selbst identifizieren und von allem anderen objektiv unterscheiden könne. Bei Kant ist diese Frage dadurch gelöst, daß der „inneren" Wahrnehmung nur eine zeitliche, der „äußeren" Wahrnehmung von allem anderen als es selbst aber eine zeitliche *und* räumliche Anschauung entspreche. Die Frage ist hier durch den bloßen Hinweis auf das *Faktum* einer nur „inneren" Wahrnehmung gelöst, in der sich das Subjekt wahrnehmend *finde*, im Unterschied zu dem reinen „ich denke", in dem es sich gerade nicht als dieses individuelle Subjekt, sondern als „Subjekt überhaupt" *denke*. Dieser Lösung muß entgegengehalten werden, daß nach Kant selbst das reine Subjekt nur das Subjekt des Denkens in „reinen Verstandesbegriffen", also nur das Subjekt eines (transzendentalen) Gegenstandes *überhaupt* ist. Bei aller Vorstellung eines demgegenüber spezifischen, hier in der speziellen Bedeutung der Gegenständlichkeit *seiner selbst* vorgestellten Gegenstandes ist auch das *Subjekt* dieser Vorstellung nicht mehr als „reines" Subjekt zu denken. Wenn zwischen nur „innerem Gegenstand" und „äußerem Gegenstand" unterschieden wird, ist auch das Subjekt, das so unterscheidet, nicht mehr als rein transzendentales Subjekt zu verstehen, denn dann wird mit spezifizierenden „empirischen Begriffen" operiert. Der Unterschied zwischen einer Vorstellung, die sich das Subjekt von sich selbst, und den Vorstellungen, die es sich von anderem macht, kann letztlich nur als ein empirisch-begrifflicher Unterschied gedacht werden. D. h., daß auch dieser „fundamentale" Unterschied auf Imagination in empirischen Begriffen beruht und daß er in einem absoluten Sinne nicht „notwendig" ist.

Nennen wir diesen Unterschied Ich-Bewußtsein, so wäre zu sagen, daß Ich-Bewußtsein nicht als notwendig zu denken, sondern nur empirisch vorzufinden ist. Das Denken kommt zu dem Ergebnis, daß es Ich-Bewußtsein zwar faktisch gibt, daß dies aber nicht so sein *müsse*. Das Ich findet sich vor, und zwar so, wie es sich faktisch ein Bild von sich macht, als dieses Ich mit diesen Vorstellungen und Überzeugungen; man kann auch sagen: als diese Vorstellungen und Überzeugungen, als diese Perspektive der Welt. Und es findet sich in dem Bewußtsein, daß es als dieses sich gerade *so* vorfindende Individuum, das sich so faktisch selbst von allem anderen unterscheidet, nicht sein *muß*. Es weiß um die „Faktizität" seiner selbst.

Die Begriffe der „Notwendigkeit" und der „Faktizität" erweisen sich als Begriffe, die die Funktion haben, sprachlich noch weiterzuhelfen, wo inhaltlich nicht mehr zwischen Imagination und Sein unterschieden werden kann. Die Reflexion ist bei einer („ursprünglichen") „Tat" des Ich angekommen, sich auf eine bestimmte Weise zu bestimmen. Diese Tat ist *als* Tat reflektiert, d. h. als etwas, das prinzipiell auch anders sein und so, wie es ist, auch unterlassen bleiben könnte. Sie ist aber zugleich als etwas reflektiert, was von dem bestimmten Subjekt, das sie wirklich tut, nicht unterlassen werden kann, weil dieses Subjekt nur in ihr, so wie es sie gerade tut, seine bestimmte Selbstidentität findet, so daß es sich nur im Rahmen der sich gerade so vollziehenden Selbstvorstellung als freies, zu Taten überhaupt befähigtes Subjekt wissen kann. Und es weiß, daß *es* es ist, das sich selbst gerade so weiß, wie es sich „faktisch" weiß, und daß „man" sich nicht „notwendig" gerade so wissen muß, wenn „man" sich selbst weiß. Andere sind dadurch andere, daß sie sich faktisch nicht gerade so wie man selbst, sondern anders „selbst" vorstellen. Die Faktizität, in der sie sich je als sie selbst, d. h. als freie Subjekte imaginieren, ist ihre *konkrete* Freiheit, in der gerade *sie* je sich als sich selbst imaginieren *können* und in der sie sich nicht *so* imaginieren *müssen*, wie andere dies tun. Insofern ist diese Art des Sich-selbst-Wissens unmittelbar zugleich die Anerkennung der konkreten Freiheit anderer. Sie kann sich selbst nur als in ihrer Individualität anerkannte Art des Sich-selbst-Wissens wissen. Es ist gewußt, daß Ich nur als anerkanntes *sein* kann.

Was immer als seiend ausgesagt wird, wird im Rahmen einer bestimmten, letztlich individuellen „Weltansicht" als seiend ausgesagt. Die „Weltansicht" ist letztlich individuell, weil sie sich nicht über „letztlich" allgemeine Bedeutungen mitteilen läßt. Man kann zwar auch „reflexiv" über Bedeutungen und deren Festsetzung in bestimmten Sprachverwendungen, z. B. innerhalb der Wissenschaften, sprechen. Aber man kann dies wesentlich nur „metasprachlich" in bezug auf die *Gleichsetzung* der Bedeutung verschiedener Zeichen, wie z. B. in „Definitionen" (Definiens = Definiendum), d. h. auf dem Weg einer Reduktion sprachlich verfügbarer Bedeutungsunterschiede, so daß in einem so geregelten „objektiven" bzw. „metasprachlich" geregelten „objektsprachlichen" Sprachgebrauch eine unterschiedliche Realisierung der Bedeutungen der gleichgesetzten Zeichen als „nur" individuell gilt, wenn sie schon durch die Regelung nicht ganz zum Verschwinden gebracht werden kann. Man kann „reflexiv" nur aus einer reicheren (Meta-)Sprache heraus, d. h. nicht „letztlich" über die Regelung von Bedeutung reden. Das gilt für alle wie auch immer „axiomatisch" ansetzenden Sprach*wissenschaften*. Wenn also die „Weltansicht" letztlich individuell ist, so ist alles, was als seiend ausgesagt ist, auf individuelle Weise als seiend intendiert. Das „wahre" Sein ist dann die Individualität, die *auf ihre Weise* etwas als seiend aussagt. Aber auch die einzelne Individualität kann sich nicht positiv als das wahre Sein „reflektieren". Die subjektiv-idealistische Philosophie geht von einer solchen Möglichkeit durch Reflexion aus und verstrickt sich deshalb in das Problem, „transzendental-subjektive" Bedingungen der Konstitution von Seiendem als solchem angeben zu müssen, ohne es, über rein formale Bedingungen zur Konstitution eines reinen „Gegenstandes überhaupt" hinaus, wirklich zu können. Erst eine weitere Reflexion auf das notwendige Anerkanntsein der jeweiligen, faktischen Formen der „Weltansicht" in ihrer letztlich nicht aufzuhebenden, nicht auf allgemeine (transzendentale) Begriffe zu bringenden und damit auch nicht „mitzuteilenden" Faktizität gewinnt in diesem *negativen* Resultat einen Begriff vom wahren Sein: Das Anerkanntsein der Individualität ist notwendiges Faktum.

3. *Reflexivität in „formalen Sprachen"*

Eine Theorie des Bewußtseins hat eine Theorie der Reflexion zur Voraussetzung. Es ist G. Frey zuzustimmen, wenn er als Bedingung hierfür „eine formalisierte Sprache" ansieht, „für die nicht zwischen objekt- und metasprachlichen Ausdrücken unterschieden zu werden braucht"[1]. Um eine formalisierte Sprache muß es sich handeln, wenn man überhaupt eine „Theorie" über etwas aufstellen will. Denn eine „Theorie" verlangt ein System von Zeichen, für das vorweg bestimmte Regeln gelten. An erster Stelle steht die Regel, daß ein Zeichen (A) stets „dasselbe" bedeuten soll (A = A). Von nichtformalisierten Sprachen her gesehen, ist diese Forderung keineswegs trivial. Denn hier können sinnliche Dinge, z. B. Laute, jeweils auf ganz verschiedene Weisen als diakritische Mannigfaltigkeiten in Gebrauch genommen werden. Sowohl von Person zu Person wie auch für dieselbe Person bei verschiedenen Gelegenheiten kann „dasselbe" sinnliche Gebilde Verschiedenes bedeuten. „A = A" bedeutet, daß das Zeichen, gleichgültig gegen das jeweilige Material, aus dem es besteht (z. B. die Druckerschwärze), und gleichgültig gegen die Stelle, an der es steht (z. B. ob rechts oder links vom Gleichheitszeichen), immer schon auf eine bestimmte, sich durchhaltende Weise in Gebrauch genommen sei. Ebenso wichtig ist die Forderung, daß die Hinzufügung eines diakritischen Elements zu einem Zeichen stets ein neues Zeichen erzeugt. Ist „I" ein Zeichen, so ist „II" ein weiteres Zeichen, „III" ein drittes usw. Ferner gehören zu einer formalisierten Sprache Regeln, die besagen, daß gewisse an sich verschiedene Zeichen dennoch entweder symmetrisch in beiden Richtungen (A = B) oder nur asymmetrisch in einer Richtung (wenn A, so B) keine verschiedene Bedeutung haben sollen, so daß sie

[1] Vgl. G. Frey, Die Mathematisierung unserer Welt, Stuttgart 1967, S. 131.

nach dieser Regelung miteinander zu „Sätzen" verbunden und durcheinander ersetzt werden können. So können immer weitere Zeichen erzeugt werden, und längere Ausdrücke können z. B. durch kürzere, „handlichere" Ausdrücke zum Zwecke der Übersichtlichkeit ersetzt werden (z. B. „IIIII = V").

Diese Forderungen müssen an die Sprache, in der eine „Theorie" verfaßt sein soll, gestellt werden, weil die Theorie sonst nicht eine bestimmte Theorie wäre. Sie wäre nicht in sich „konsistent" und könnte deshalb einmal so, einmal so, bzw. von dem einen so und von dem anderen anders aufgefaßt werden, d. h. sie würde als eine bestimmte Theorie überhaupt nicht objektiv bestehen. Es folgt, daß eine ideale Theorie nur in einer formalisierten Sprache verfaßt werden kann. *Soweit* das auch tatsächlich geschieht, *soweit* entspricht sie dem Begriff einer Theorie. Soviel „eigentliche" Wissenschaft ist in ihr darstellbar. Es ist ein Fortschritt der neueren Philosophie, daß dies erkannt worden ist.

Eine ganz andere Frage ist, ob und wie weit sich diese (idealen) Forderungen der „Formalisierung" für Theorien über *etwas* erfüllen lassen. Daß in einer Wissenschaft *soviel* „eigentliche Wissenschaft" enthalten sei, als „Mathematik in ihr angewandt werden kann", war schon von Kant in den „Metaphysischen Anfangsgründen der Naturwissenschaft" dargelegt worden, und besonders in der „Kritik der Urteilskraft" wird, wie ausgeführt, das Problem reflektiert, das für das Wissen dadurch entsteht, daß eine solche Mathematisierung in empirischen Wissenschaften wesentlich nur begrenzt möglich ist. An dieser Stelle will Fichte mit seiner „Wissenschaftslehre" einsetzen. Er geht davon aus, „daß kein menschlicher Verstand weiter als bis zu der Grenze vordringen könne, an der Kant, besonders in seiner Kritik der Urteilskraft, gestanden, die er uns aber nie bestimmt, und als die letzte Grenze des endlichen Wissens angegeben hat"[2]. Fichte geht davon aus, daß eine Wissenschaft auf (wenigstens) einem gewissen, innerhalb ihrer aber nicht zu erweisenden, sondern *als* gewiß vorauszusetzenden (I, 47) Grundsatz beruhen müsse, der mit anderen Sätzen *nur dadurch* verbunden sei, daß er ihnen die Gewißheit mitteile (I, 41), also nicht durch irgendeinen, als Inhalt wesentlich zufälligen *Inhalt*. Die *Wissenschaftslehre*, die diese Grundzüge einer möglichen Wissenschaft überhaupt bedenkt, ist nun nach Fichte, anders als nach Wittgenstein, „selbst *eine Wissenschaft*" (I, 47). Für sie gilt also dasselbe. Auch ihr oberster Grundsatz ist „gewiß, *weil* er gewiß ist". Man kann nicht in derselben Wissenschaft seine Gewißheit problematisieren. (Zusatz Fichtes: „Man kann ohne Widerspruch nach keinem Grunde

[2] Fichte, Über den Begriff der Wissenschaftslehre oder der sogenannten Philosophie (1794), Sämtliche Werke, ed. I. H. Fichte, Bd. I, 30.

seiner Gewißheit fragen". I, 48) Die Wissenschaftslehre unterscheidet sich von der formalen Logik nach Fichte dadurch, daß in der Logik ein Satz A = A in dem Sinne „*wenn* A ist, ist A" gelte, daß in der Wissenschaftslehre dagegen dieser Satz „ursprünglich *nur vom Ich*" gelte (I, 69). „Ich" gilt als das einzige, das den Grund dafür, daß es wirklich (und nicht nur hypothetisch wie in der formalen Logik) gesetzt sei, in sich selbst habe. Es ist das einzig Setzende (Subjekt). „Kein A also kann etwas Anderes sein, als ein *im Ich gesetztes*" (I, 70). Etwas kann nur mit sich identisch sein, insofern im Ich *gesetzt* ist, *daß ich* mich jederzeit auf die gleiche Weise zu ihm verhielte und es, unter Ausschluß faktischer Verschiedenheit von Ich zu Ich, also von Individualität, *als* dasselbe ansähe. Das sich *als identisch Setzen* von Ich ist bei Fichte als Grund aller objektiven Identität begriffen: Aufgrund einer *durchgeführten* Formalisierung (A = A) gewännen Anschauungsgegenstände erst ihre objektive Bestimmtheit. Sie gewinnen sie in dem Maße, in dem sie von solchen nach Regeln „gesollten" Formalisierungen her *als* bestimmt angesehen sind. Die *Grenze* der Möglichkeit solcher Formalisierungen ist das eigentliche Problem Fichtes. Wegen ihrer wesentlich begrenzten Möglichkeit bleibt sie in bezug auf die empirischen Gegenstände ein Sollen, eine wesentlich nur zu *fordernde* „Festigkeit" (I, 42) des Wissens. Diese Festigkeit des Wissens (Wissenschaftlichkeit) ist, soweit sie erreicht ist, von dem obersten Grundsatz A = A, d. h. „Ich = Ich" her bedingt, und dieser Grundsatz ist dadurch bedingt, daß nach seiner Gewißheit nicht gefragt wird, bzw. daß er *als* gewiß *gesetzt* ist. Würde (reflexiv) nach ihm gefragt, so wäre der Widerspruch schon im *Prinzip* allen möglichen Wissens, d. h. Wissen wäre nicht möglich. Wissen als wissenschaftliches, in einer konsistenten „Theorie" formulierbares Wissen ist also nur möglich, insofern diese Reflexion auf den obersten Grundsatz unterbleibt.

Für eine Theorie des *Bewußtseins* wäre aber Reflexivität gefordert. D. h. alle Regeln, die die Theorie-Sprache konstruieren, dürften nicht in einer *anderen* Sprache als der der Theorie formuliert sein. Sie müßten in *derselben* Sprache formuliert sein und also sich selbst gehorchen. Das Bewußtsein will ja eine Theorie über *sich selbst* aufstellen und damit auch über die Sprache, die es originär spricht. Es will nicht nur über eine von ihm gesetzte Sprachregelung sprechen. Die Unmöglichkeit einer adäquaten *Theorie* des Bewußtseins (und von daher auch der Wahrheit) ergibt sich demnach schon aus dem Umstand, daß es originär keine formalisierte Sprache spricht. Frey (a. a. O.) benutzt allerdings ein anderes Argument. Er beruft sich auf Gödel und andere Logiker der Mathematik, die gezeigt haben, „daß es nicht möglich ist, ein formales, widerspruchsfreies System anzugeben, in dem alle metatheoretischen Aussagen über dieses System in dem System selbst formulierbar sind". Dieses Argument geht offenbar davon aus, die originäre Sprache sei zumindest eine Sprache gleicher *Art* wie formale Systeme. Nur dadurch sollen sich formale Systeme von natürlichen Sprachen unterscheiden, daß sie keine Reflexivität besitzen und deshalb keine Theorie des Bewußtseins liefern können. Die Reflexivität der originären Sprache wird also stillschweigend angenommen[3]. Man kann nun aber keineswegs sagen, daß die „Umgangssprache" reflexiv sei. Diese Ansicht entspringt einem Verständnis der Grammatik, demzufolge man in der „Umgangssprache" über *die* grammatischen Regeln sprechen könne, nach denen sie selbst „erzeugt" sei. Eine solche Grammatik ist trotz aller Versuche einer „generativen" Grammatik ein Desiderat und wird es wohl auch bleiben müssen[4]. Denn kein Bewußtsein kennt *im voraus* Regeln, nach denen es Bedeutungen realisiert. Wie es sie realisiert, ist für es ein Faktum. Regeln darüber können erst retrospektiv aufgestellt werden. Sie können nicht den immer auch *produktiven* Sprachgebrauch regieren. Also können auch nicht solche „generativen" Regeln in „der" Sprache des Bewußtseins formuliert werden. *Daß* sie a posteriori formuliert werden, ist ein Faktum. Das Problem liegt aber in der Frage der Identität dieser *formulierten* Regeln mit Regeln der Sprache, die das Bewußtsein *spricht,* z. B. auch dann, wenn es solche Regeln formuliert. Die aufgestellten Regeln gehören zu der *Vorstellung,* die das Bewußtsein sich von seiner Sprache macht. Sie haben Modellcharakter. Es sind Regeln, die *als* geltend vorausgesetzt sind, damit auf sie zurückgegriffen werden kann, um die Sprache zu einem objektiven Gegenstand *zu machen.* In der Zweckmäßigkeit hierzu haben sie ihre Geltung. Dies ist seit Kant unwiderrufliche Einsicht in die Funktion von Regeln, und ebenso unwiderruflich ist, daß man nicht diesen Regeln selbst in irgendeinem Sinn Objektivität zusprechen kann (es sei denn, im Rückgriff auf *andere* „empirische" Regeln, usw.). Sprachregeln verdinglichen, *ehe* sie „die" Sprache „beschreiben". Sie leisten, insofern sie gelten, die Objektivierung eines Objekts der Beschreibung, sind aber selbst gesetzte Sätze mit dem einzigen Ziel, dies zu leisten.

Man kann nicht von der originären Sprache sagen, sie sei unmittelbar reflexiv. Man „hat" sie, wenn man auf sie reflektiert, nur in Modellen. Für die Philosophie der originären Sprache ist es also gleichgültig, ob formale Sprachen reflexiv sind oder nicht. Sie sind überhaupt nur in einem sehr entfernten Sinne „Sprachen". Es ist ihnen wesentlich, daß ihre Zeichen stets dieselbe Bedeutung haben *sollen* und daß verschiedene Zeichen auch

3 So auch bei D. Wandschneider, Zur Eliminierung des Gödelschen Unvollständigkeitsproblems im Zusammenhang mit dem Antinomienproblem, in: Zeitschrift für allgemeine Wissenschaftstheorie, VI/1, 1975, S. 65.

4 Vgl. J. Simon, Philosophie und linguistische Theorie, Berlin 1971, insbes. das Kapitel „Selbstbewußtsein", S. 70ff.

verschiedene Bedeutung haben *sollen,* es sei denn, dies wäre anders *geregelt.* Bei all diesen Postulaten ist nicht davon die Rede, *was* denn die Bedeutung eines bestimmten Zeichens sein soll. Nur deshalb können die genannten Postulate aufgestellt werden. Sie können sich also nur auf eine Sprache beziehen, über die mehr nicht gesagt ist, als in den Postulaten steht, und die Postulate sind in bezug auf die Bedeutung der Zeichen rein formal (syntaktisch). Sie beziehen sich nicht auf die konkreten Bedeutungen von Zeichen, sondern nur auf deren Identität oder Nichtidentität. Es sind also eigentlich keine Sprachen, sondern abstrakt-formale Systeme von *Postulaten* für Sprachen, deren Durchführbarkeit sich für die wirklichen Sprachen unmöglich a priori sicherstellen läßt. Das Moment, das der originären Sprache eigen ist, das Verstehen von etwas als etwas, das sich formal als Verbindung von Zeichen ausdrückt, soll den formalen Postulaten zufolge nur möglich sein, insofern es definitiv geregelt ist (A = B).

Es ist offensichtlich ein Überschreiten des rein formalen Gesichtspunktes, wenn irgendein Zeichen nicht nur als Zeichen für eine identisch sein sollende Bedeutung, welche es auch sei, sondern als Zeichen für eine bestimmte Bedeutung genommen wird, d. h. wenn es verstanden oder „interpretiert“ wird. Da aber Zeichen, die etwas *über* das System von Zeichen, zu dem sie gehören, aussagen sollen, *etwas* über *etwas* aussagen und demnach interpretierte Zeichen sein müssen, können *rein* formale Systeme gar nicht reflexiv sein. Z. B. sagt der Satz, der seine eigene Unbeweisbarkeit aussagt, etwas Bestimmtes aus. Er ist in diesem Sinne semantisch interpretiert. Genau genommen ist er nicht mehr ein Satz eines rein formalen (rein syntaktischen) Systems. Sätze rein formaler Systeme sagen überhaupt nicht etwas Bestimmtes und deshalb weder über anderes noch über sich selbst etwas Konkretes aus. Sie sind wesentlich uninterpretiert und deshalb beliebig interpretier*bar.* Ihre Logik ist rein und deshalb „anwendbar“. Sie verweilt im reinen, aber ebenso wesentlich nicht voll durchführbaren Postulat der Formalisierung, in einer vom reinen Sollen vorgestellten Möglichkeit.

In einer Theorie über *etwas*, z. B. das Bewußtsein, müßten also einerseits im Interesse der Bestimmtheit der Theorie Postulate formaler Sprachen gelten, andererseits müßten die Zeichen interpretiert sein, weil sie ja von etwas Bestimmtem handeln sollen. Die Sprache einer Theorie über etwas ist eine interpretierte formale Sprache. Wie eine formale Sprache interpretiert wird, ist vom rein formalen Standpunkt aus gleichgültig. Er besagt nur, *daß* demselben Zeichen, *wenn* es interpretiert werde, immer dieselbe Bedeutung zugeschrieben werden solle, aber nicht, welche konkrete Bedeutung dies sein solle, oder auch, *daß* zwei Zeichen *dasselbe* bedeuten sollen, aber nicht, *was* dieses Selbe denn sei. Soll ein Zeichen etwas über etwas, z. B. über „sich selbst“ aussagen, so wird es bereits angewandt, d. h. in einer konkreten Bedeutung aufgefaßt. Ebenso ist es eine Frage der Anwendung, also des konkreten Zweckes, ob die Regeln einer formalen Sprache, die z. B. die generelle (A = B) oder partielle (A→B) Identität der Bedeutung verschiedener Zeichen festsetzen, zweckmäßig sind. In der formalen Sprache selbst ist lediglich vorausgesetzt, daß solch eine Regelung überhaupt „für irgend einen Zweck brauchbar ist"[5]. Die „Reflexion" des Zeichens auf „sich selbst" wäre schon ein bestimmter Zweck, und es könnte sein, daß es für *diesen* Zweck nicht brauchbar ist, sondern daß dieser Gebrauch zum Gegenteil einer konsistenten Theorie, d. h. zum Widerspruch führen würde. Für das formale System entsteht die Frage nach seiner Wahrheit nicht. Es entsteht auch kein Widerspruch, wenn er nicht eigens konstruiert wird. Die Möglichkeit des Widerspruchs „entsteht" erst mit der Interpretation, die Zeichen die *Bedeutung* zuspricht, *sich selbst* zu bedeuten, und die sie damit schon anwendet.

Formale Systeme stellen, im Unterschied zu Theorien über bestimmte Gegenstandsbereiche, keine Behauptungen auf. Sie enthalten nur Regeln zur Erzeugung (Konstruktion) von Zeichen und Zeichenkombinationen, die man auch „Sätze" nennen kann. Es kann dann jemand diese Sätze benutzen, *um* damit etwas zu behaupten. Es kann aber nicht erwartet werden, daß sich diese (systemfremde) Behauptung dann rein systemimmanent „entscheiden" lasse. Die „Reflexion" eines formal konstruierten Satzes auf ihn selbst interpretiert ihn so gut wie sein Bezug auf irgendein anderes Objekt. „Reflexion" ist kein Begriff, der im Zusammenhang rein formaler Sprachen einen Sinn hätte. Er ist inhaltlich. Ein Satz, der z. B. behaupten soll, „er selbst" sei „falsch", hat zunächst ebenso eine Bedeutung oder eine Beziehung auf ein („außersprachliches", d. h. hier: von der Konstruktion der Zeichen in formalen Sprachen unabhängiges) Objekt wie der Satz, der behauptet, daß die Sonne scheine. Es hat ihn jemand interpretiert, d. h. in seinem Sinne (vom formalen Notwendigkeitsbegriff des Systems her zufällig, beliebig und letztlich individuell) *aufgefaßt*[6]. Ebensowenig kann man „rein formal" entscheiden, ob ein Kreter, der sagt, alle Kreter würden lügen, lügt oder nicht lügt, so wenig, wie man überhaupt formal entscheiden kann, ob irgend jemand lügt oder nicht. Die

[5] P. Lorenzen, Konstruktive Begründung der Mathematik, in: Mathematische Zeitschrift, Bd. 53, 1950, S. 162ff.

[6] „Wahr" und „falsch" erhalten bezüglich formaler Systeme erst im Zusammenhang mit der *Anwendung* dieser Systeme bzw. erst mit der semantischen Interpretation der in ihnen verwandten diakritischen Zeichen Bedeutung. – Zur Kritik des semantischen Wahrheitsbegriffs vgl. E. Tugendhat, Tarskis semantische Definition der Wahrheit und ihre Stellung innerhalb der Geschichte des Wahrheitsproblems im logischen Positivismus, Philosophische Rundschau, 8. Jg., 1960, S. 131ff.

sogenannten logischen Antinomien irritieren weder den Mathematiker noch den Sprecher einer originären Sprache, sondern nur diejenigen, die „formale" und originäre „Sprachen" so durcheinanderbringen, als hätte „Sprache" hier wie dort dieselbe Bedeutung, d. h. als sei in diesem Reden über formale *und* natürliche Sprachen die Bedeutung von „Sprache" formal geregelt. Der Gödelsche Satz besagt für eine „Theorie des Bewußtseins", daß eine *Anwendung* einer formalen Sprache auf das Bewußtsein, also eine Theorie des Bewußtseins nicht so möglich ist, daß die Wahrheit dieser Theorie rein formal zu entscheiden wäre. Er besagt, daß eine Theorie des Bewußtseins so gut wie andere Theorien wesentlich hypothetischen, d. h. provisorischen Charakter haben muß. Es kann keine Philosophie, sondern nur eine Phänomenologie des Bewußtseins geben, in der die Geschichte der Theorien nachgezeichnet ist, mit deren Hilfe Bewußtsein faktisch je *versucht* hat, sich selbst widerspruchsfrei zu begreifen. Daß es keine endgültige Theorie des Bewußtseins und damit keine Philosophie des Bewußtseins geben kann, ist aber eine philosophische, d. h. absolute Erkenntnis. Diese Erkenntnis impliziert die Erkenntnis von der wesentlichen Geschichtlichkeit der Formen des Bewußtseins, sich selbst zu verstehen. Diese Geschichtlichkeit ist wesentlich, weil sie sich unmöglich in einer endgültigen Selbsterkenntnis aufheben läßt.

4. Der Zweck der Reflexion

Wenn eine Theorie des Bewußtseins hinsichtlich ihrer Wahrheit nicht mit den Mitteln dieser Theorie selbst entscheidbar ist, weil der Begriff der Reflexion als Begriff einer Art der *Anwendung* eines formalen Systems diesem System selbst fremd ist, so wird der Sinn einer solchen Theorie ganz in den jeweiligen *Zweck* verlegt, zu dem sie ausgebildet worden ist. Dem Bewußtsein, das eine Theorie über sich selbst aufstellt, geht es nicht in erster Linie um eine konsistente Theorie über einen an sich gleichgültigen Gegenstand, sondern um sich selbst. Es verhält sich zu dieser Theorie als zu einer Theorie über sich selbst. Sie hat den konkreten Zweck, dem Bewußtsein zu sagen, was es selbst sei, d. h. den Zweck der Selbstobjektivierung. Die Theorie ist „brauchbar" oder gut, die diesen Zweck erfüllt, so wie andere Theorien, die den Zweck haben, dem Bewußtsein eine Objektivierung der Natur zu ermöglichen, dann gute Theorien sind, wenn und solange sie diesen Zweck erfüllen. Die Theorie des Bewußtseins soll dem Bewußtsein sagen, was es ist, damit es weiß, wie es sich zur Natur und zu anderem Bewußtsein zu verhalten hat, um sich zugleich selbst zu erhalten. Sie muß ihm also die *Grenzen* seiner selbst gegen die Natur und der Natur gegen es, seine Selbständigkeit gegen die

Dinge und die der Dinge ihm gegenüber, sowie seine Grenzen gegen anderes Bewußtsein bestimmen können. So gewinnt das Bewußtsein die Vorstellung von Grenzen, deren Bewahrung für es zugleich seine Selbsterhaltung und Selbstbewahrung bedeuten und innerhalb derer es sich einen *eigenen* Bereich des Natürlichen und, als Abgrenzung gegen anderes Bewußtsein, einen Bereich des Rechtlichen zuschreibt. Es definiert sich innerhalb dieser Grenzen ein eigenes gegenständliches Sein, als sein Eigentum, in dem es sich selbst objektiv ist. Die Theorie des Bewußtseins soll ihm *objektiv* sagen, als *was* es anerkannt sein muß, damit es freies *Subjekt* sein kann. Sie soll ihm einen seinem wirklichen Anerkanntsein korrespondierenden Gegenstand vorstellen. Dessen Umgrenzung soll zugleich mit der objektiven Konstitution des so bestimmten Gegenstandes seine natürliche und rechtliche Unverletzlichkeit als Person markieren. Dieser Gegenstand ist also schon in seiner Konstitution kein Ding, sondern ein *Symbol* für es selbst: Weil eine Theorie als solche und damit auch die diesen Gegenstand konstituierende Theorie des Bewußtseins wesentlich hypothetisch ist, ist dieser Gegenstand nicht schlicht es selbst. Aber er steht doch mit seiner Gegenständlichkeit (für es und für andere) *für* es selbst. Er ist als mit ihm identisch *gesetzt*. Der Zweck der Theorie des Bewußtseins ist also solange *gut* erfüllt, als der durch sie konstituierte Gegenstand symbolisch *für* das Bewußtsein stehen kann, d. h. solange andere und es selbst anerkennen, daß eine Verletzung dieses Gegenständlichen als Verletzung seiner selbst *gelten* soll. Eine solche Theorie setzt fest, was in diesem Sinne alles wesentlich zu dem Bewußtsein als vermeintlich unverzichtbar gehören oder ihm gehören soll, z. B. Unverletzlichkeit des Leibes, dinglichen Eigentums, der Ehre, allgemein gesprochen all das, was an *Nennbarem* das *Dasein* einer Person ausmachen soll, so daß man dann *sagen* kann, worin sie denn eigentlich bestehe und wodurch sie demzufolge verletzbar sei. Das Individuum wird effabile gemacht, indem es mittels einer Theorie objektiv gemacht wird. Es wird positiviert.

Es gehört zu einer Philosophie des Geistes, daß einmal zwar die Notwendigkeit solch einer Positivierung begriffen ist, denn ohne sie wäre Ich nicht *da*, daß zum anderen aber zugleich die Symbolhaftigkeit solcher Positivierung begriffen ist. Das in der Theorie Genannte *soll* nur für das Bewußtsein stehen. Es steht nicht von seiner eigenen Beschaffenheit her *notwendig* für es. Keine der faktisch im Verlauf der Geschichte vorgekommenen Selbstdeutungen des Menschen als das, *was* er sei, was „wesentlich" zu ihm gehöre oder was er brauche, kann von ihrem Zweck her in einem absoluten Sinne *gut* sein. Insofern stehen solche Theorien, die sagen wollen, *was* „der" Mensch sei und was ihm deshalb unverzichtbar zugesprochen werden solle, wie Theorien überhaupt grundsätzlich zur Disposition. Sie haben den Schein der Allgemeinheit aus dem Anspruch letztlich individueller Selbstauslegungen, in denen Individuen ihr je eigenes Selbstverständnis ins Allgemeine erheben. Dies gilt sowohl für sogenannte philosophische Anthropologien wie für aus solchen Ansichten vom „Wesen" des Menschen abgeleitete Menschenrechte. Aber das kann nicht bedeuten, daß der *Mensch* zur Disposition stehe. Er steht gerade *auch nicht mittels solcher jeweils geltenden Aussagen über ihn* zur Disposition. Denn solche „theoretischen" Aussagen, die seinem „Wesen" dies oder jenes prädikativ zurechnen, „bestehen" nur insofern und sind gerade soweit „konsistent", als sie sich aus einer Anwendung zumindest ansatzweise formalisierter „Sprachen" ergeben. Um der Konsistenz solcher theoretischen Aussagensysteme über den Menschen willen müssen a priori Regeln wie A = A und A = B als geltend angesehen werden. Es muß davon abgesehen werden, wie diese Aussagen individuell, also wirklich von Menschen verstanden werden und was sie für den einzelnen je bedeuten. Deshalb haben z. B. formulierte Menschenrechte auch nur dadurch für den einzelnen Menschen eine (in seinem eigenen Sinn gute oder schlechte) Auswirkung, daß eine Staatsmacht sie auf ihn hin *auslegt*, d. h. daß andere einzelne Menschen, Gesetzgeber, Richter, Regierende usw., hinter denen die Staatsmacht steht, sie praktisch machen, wie *sie* sie verstehen. Die auslegenden Subjekte sind dabei nur zufälligerweise auch selbst die Betroffenen oder die Objekte der Auslegung; und auch sie sind von einer Auslegung betroffen, die nicht ihre eigene sein *muß*. Die Reflexion kann diese Differenz von Subjekt und Objekt nicht aufheben. Die Reflexion der Reflexion ist der Begriff dieser Unaufhebbarkeit. Die formulierten Rechte bleiben Symbol (im Sinne Fichtes), d. h. Formen oder Formulierungen, die dem Status, daß sie für alle das gleiche bedeuten *sollen*, ohne daß es einen *Begriff* dafür gebe, daß es wirklich so *sei*, nicht enthoben werden können. Nur eine *mächtige* Interpretation kann sie, und d. h. letztlich *sich* im Sinne einer „Verfassungswirklichkeit", praktisch allgemein *machen*, indem sie ein dementsprechendes Verhalten garantiert.

Die Positivierung trifft auf den Menschen also zu und nicht zu[1]. Sie ist wesentlich geschichtliches und durch Macht garantiertes Symbol seiner Freiheit, eine Sphäre seiner *geltenden* Unverletzlichkeit, von der er sich gleichwohl unterscheidet. Er weiß um den Zweck und zugleich um die Unwahrheit der Positivierungen. Ihr Zweck ist keine absolute Wahrheit, sondern die Gewinnung eines Anhaltes als eines gegenständlichen, regelbaren Was der Anerkennung, in der es aber nicht um dies Gegenständliche als solches gehen soll, sondern um das in dieser Gegenständlichkeit

[1] Vgl. E. Heintel, „Herr aller Dinge, Knecht aller Dinge" – Zum Begriff der Freiheit in philosophischer und theologischer Hinsicht, in: Sprache und Begriff, Festschrift für Bruno Liebrucks, Meisenheim/Glan, 1974, S. 122ff.

anerkannte und als anerkanntes gerade nicht gegenständliche, nicht „theoretisch" unter einen es bestimmenden Begriff gefaßte freie Ich. Das Gegenständliche ist so nur Zweck, insofern es selbst Mittel ist, aber Mittel für einen nur durch dieses Mittel positiv angebbaren Zweck. Das Mittel vermittelt den Zweck, gerade indem es so begriffen ist, daß es „nur" Mittel sei, das als solches immer auch anders sein könne, als es faktisch ist, wenn es nur dem Zweck dienlich oder auf ihn hin „zweckmäßig" ist. Im Begriff des Mittels ist die eigene gegenständliche Seite, die ein Mittel in seiner „Vorhandenheit" immer auch hat, gleichgültig. Was es gegenständlich oder wie es für sich ist, ist ganz seiner Zweckmäßigkeit untergeordnet. Es ist nur für den Zweck da, und hier besteht der Zweck darin, Personen überhaupt in irgend etwas, was es auch sei, ein *Ansehen* zu vermitteln, das sie zwar nicht selbst *sind*, ohne das sie aber weder für sich noch für andere überhaupt *faßlich* wären. Um das so verstandene Ansehen der Person geht es also in der Reflexion des Bewußtseins auf sich selbst, in der das Bewußtsein sich ein (endliches) *Bild* von sich macht, auf das es vor sich und anderen „Wert legt" und in das es sein „Selbstbewußtsein" setzt. Die Güte dieses Bildes hängt allein davon ab, inwiefern es hierzu, d. h. zur Vermittlung einer Gegenständlichkeit und damit des *Bewußtseins* der (an sich immer wirklichen) Anerkennung *zweckmäßig* ist, nicht aber davon, was es selbst inhaltlich darstellt und ob es ein „wahres" Abbild ist. Ein Abbild in diesem Sinne kann es überhaupt nicht sein, weil die Reflexion ihr *Subjekt* nicht objektivieren kann[2].

Zweck der Reflexion ist die Gewinnung eines Gegenständlichen, in dessen Beachtung sich die Person symbolisch anerkannt weiß und mit dem sie sich insofern und nur in diesem Zusammenhang und nur zu diesem Zweck identifiziert. Gerade weil sie dies Gegenständliche nicht *unmittelbar ist* und es nur ist, insofern sie sich praktisch damit identifiziert, ist sie in dessen Beachtung als *freies* Individuum für sich von anderen anerkannt. Sie ist als freies Individuum erst anerkannt, insofern sie in einer Sphäre anerkannt ist, von der man gerade *nicht* sagen kann, daß sie notwendig so beschaffen sein müsse, wie sie faktisch vorgestellt ist. Das (Fichtesche) Problem, inwiefern das reflektierende Bewußtsein sich gerade mit *diesem* Gegenständlichen identifiziert, löst sich auf, wenn dies bedacht ist. Das Bewußtsein identifiziert sich mit etwas, was es in einem objektiven Sinne nicht ist; es identifiziert sich mit ihm *ohne Begriff* von der objektiven Gültigkeit dieser Identifizierung. Von einem Etwas, mit dem es sich als Subjekt objektiv identifizieren könnte, fehlt philosophisch jeder Begriff: es identifiziert sich vielmehr mit einem Produkt seiner Einbildungskraft, das

[2] Vgl. die Reflexion dieser Problematik bei *Schelling*; hierzu u. S. 369ff.

es selbst als Bild seiner selbst setzt oder als das es sich auslegt. Diese Freiheit der Selbstauslegung, nicht ihr Produkt, ist der eigentliche „Gegenstand" der Anerkennung; auf das Produkt dieser Auslegung können sich andere, da sie es inhaltlich verstehen, wie *sie* es verstehen, nur symbolisch beziehen. Aber gerade indem sie sich „nur" symbolisch und nicht gegenständlich identifizierend über das Produkt auf andere beziehen, beziehen sie sich eigentlich auf andere als auf individuelle Personen, die sich von sich aus *so* auslegen und als diese Freiheit existieren.

5. Zur Idee der Gemeinschaft

In seiner frühen Schrift „Träume eines Geistersehers, erläutert durch Träume der Metaphysik" zitiert Kant Aristoteles: „*Wenn wir wachen, so haben wir eine gemeinschaftliche Welt, träumen wir aber, so hat ein jeder seine eigene*", und er schlägt vor, diesen Satz umzukehren: „Wenn von verschiedenen Menschen ein jeglicher seine eigene Welt hat, so ist zu vermuten, daß sie träumen"[1]. In der „Kritik der reinen Vernunft" kommt Kant wieder auf diese Frage zurück. Nach deren kritischem Gedankengang ist die Kategorie „Gemeinschaft", wie sie in den „Träumen eines Geistersehers" noch unbesehen verwandt wird, „gar nicht durch die bloße Vernunft zu begreifen, und also die objektive Realität dieses Begriffs ohne Anschauung, und zwar äußere im Raum, nicht einzusehen möglich"[2]. Eine „gemeinschaftliche Welt" von *Subjekten*, die natürlich als solche nicht anschaulich-räumlich verstanden sein kann, bleibt demnach eine rein subjektive Vorstellung, ein bloßer Begriff ohne Realität. In der „Kritik" ist eingesehen, daß wie bei Leibniz „eine Gottheit zur Vermittlung" gebraucht wird, wenn „den Substanzen der Welt, nur, wie sie der Verstand allein denkt, eine Gemeinschaft" zugesprochen wird. „Denn aus ihrem Dasein allein schien sie ihm mit Recht unbegreiflich" (B 293). Begreiflich wird eine „Gemeinschaft" nach Kant nur als Gemeinschaft der Dinge im „äußeren Raum" (vgl. B 292). Auf eine Gemeinschaft von *Subjekten* angewandt, hat der Begriff der Gemeinschaft daher nur insofern objektive Gültigkeit, als er deren Körperlichkeit betrifft, und dann ist natürlich problematisch, wie die Gemeinschaft der Körper im Raum „für" eine Gemeinschaft der Geister, ja wie überhaupt Körper als Körper von Geistern verstanden werden können. Dieser Bezug ist problematisch.

[1] Kant, Akademie-Ausgabe Bd. II, S. 342.
[2] Kant, Kritik der reinen Vernunft, B 292.

Ihn gilt es zu verstehen, wenn von einer gemeinschaftlichen Welt verschiedener Subjekte die Rede sein soll.

Die Frage lautet also, wie ein Subjekt sich als mit anderen Subjekten in „intersubjektiver" Gemeinschaft befindlich reflektieren könne. Nach den Ergebnissen des vorigen Abschnittes kann gesagt werden, daß ein Subjekt ein anderes dann überhaupt als Subjekt versteht, wenn es anerkennt, daß gewisse körperliche Erscheinungen „symbolisch" als gegenständliche Erscheinung freier Subjektivität genommen werden sollen, als Gegenstand, mit dem eine Person sich selbst so identifiziert, daß sie in ihn ihr Ansehen setzt und darin überhaupt für sich und andere nicht nur als Körper, sondern als freie Person ein „Ansehen" gewinnt, so daß die Verletzung dieses Gegenstandes *als* Verletzung der Persönlichkeit gilt. Dieses Verhältnis von Gegenständen zu Personen wird dadurch begründet oder „gesetzt", daß sich Subjekte, als Resultat ihrer „Selbstreflexion", als mit diesen Objekten identisch setzen, um so zu einer (wesentlich provisorischen) Subjekt-Objekt-Identität zu gelangen und *sagen* zu können, *was* sie, die Subjekte, objektiv *seien*. Diese Gegenstände sollen von da her von anderen Subjekten „nicht nur als Mittel" im Zusammenhang mit deren eigener Tätigkeit genommen, sondern *geachtet* werden. Das soll so sein, obwohl es keinen apriorischen Begriff davon geben kann, daß sich ein Subjekt notwendig gerade *so* reflektiert und gerade mit dieser Gegenständlichkeit identifiziert. Diese Gegenstände gehören also nicht zu ihm als Naturwesen. Sie sind für es keine *natürlichen* Bedürfnisse. Sie *bedeuten* nur einen „äußerlichen" und in seiner natürlichen Beschaffenheit zufälligen „Anhalt" für anders überhaupt nicht erscheinende freie Subjektivität.

Man kann nun sagen, daß Subjekte insofern nicht nur als Körper im Raume, sondern als Subjekte miteinander in Gemeinschaft sind, als solche Sphären sich gegenständlich ausdrückender oder sich reflektierender Subjektivität gegenseitig respektiert sind. In ihnen grenzen sich Subjekte als frei tätige Wesen voneinander ab. Wie sich Körper im Raum voneinander abgrenzen und dadurch in diesem Raum miteinander so verbunden sind, daß jeder genau in diesem sich abgrenzenden Verhältnis zu anderen Körpern der Körper ist, der er ist, so sind Personen dadurch je die Person, die sie sind, daß solche gesetzten Abgrenzungen beachtet sind. Es ist geregelt, was im Sinne der Unverletzlichkeit der „Würde" der Person je zu den einzelnen Personen „gehören" soll. Das kann, wie gesagt, gerade nicht bedeuten, daß es mit dem identisch sein solle, was zu ihnen „notwendig", als Gegenstand eines natürlichen Bedürfnisses, gehört, sondern nur, daß es *vor der Inanspruchnahme durch andere Personen* zu ihnen gehört. Der Gegenstand eines natürlichen Bedürfnisses ist für alle Individuen einer *Art* der gleiche Gegenstand, weil die ganze Art die gleichen natürlichen Bedürfnisse hat. Der Gegenstand, der das „Ansehen" der Personen *in ihrer Individualität* bedeuten oder verkörpern soll, muß demgegenüber also ein Gegenstand sein, der zu einer Person so gehören soll, daß er durch die gleiche Setzung, die ihn dieser Person zurechnet, dem Zugriff anderer Personen derselben Art, also dem Zugriff anderer Menschen entzogen sein soll.

Es ist damit deutlich, daß eine Gemeinschaft von Subjekten nur als *Rechtsverhältnis* reflektiert werden kann. Nur so stehen individuelle Menschen miteinander in Gemeinschaft. Das Bestehen solch einer Gemeinschaft ist wesentlich unanschaulich, weil es unräumlich ist. Es besteht darin, daß an sich nur gesetzte (nicht „notwendig" aus einer vorausgesetzten Natur des Menschen als Gattungswesen abzuleitende) Regeln der Zuordnung von Gegenständen zu Personen beachtet sind. Der Inhalt dieser Regeln (Gesetze, Verträge usw.) ist nicht an sich, sondern erst durch ihr Gelten verbindlich. Personen können sich erst dadurch an sie halten, daß sie sie kennen, bzw. verinnerlicht haben, indem sie sich in die Welt ihrer Geltung hinein *gebildet* haben, d. h. daß sie „wissen", was je zu einer anderen Person gehört und damit dem eigenen Zugriff entzogen ist. Es kann dabei nicht um irgendwelche Gegenstände als solche gehen, sondern nur um ihre Bedeutung für Personen. Selbst der Körper einer Person ist ja nicht *als solcher* schon jeglichem Bezug auf andere Personen entzogen, sondern nur *insoweit*, als eine Person sich dadurch *als Person* in ihrer Sphäre verletzt sieht und darin anerkannt ist. Wann das der Fall ist, das kann weiten historischen und kulturellen Schwankungen unterworfen sein. Auch innerhalb einer Kultur kann es noch individuell verschieden sein. Es muß deshalb von Rechts wegen eine *Entscheidung* gefällt werden, wenn Personen sich voneinander in ihrer Sphäre verletzt sehen. Die Gemeinschaft als solche wird also erst in solchen *abgrenzenden* Entscheidungen faßbar. Das individuelle Nachgeben nur einer Seite ist zumindest in der Tendenz das Gegenteil einer Gemeinschaft im Sinne eines Zusammen*bestehens* der einzelnen in dem, was sie zufolge eines gemeinsamen Grundes dieses Bestehens je sind. (Die Verletzung des Rechts verletzt „im Grunde" auch den Grund des Bestehens der es verletzenden Person.)

„Intersubjektivität" ist daher ein Begriff, der sich nur im Sinne von Rechtsverhältnissen wirklich verstehen läßt. In anderer Verwendung hat er keine Bedeutung, wenn „Bedeutung" eine Beziehung auf einen faßbaren Gegenstand meint. In anderen Verwendungen drückt er allenfalls ein Sollen aus, etwas, was Subjekte, die sich in bestehenden Rechtsverhältnissen in ihrer Person verletzt sehen, herbeisehnen, was sich dann aber nur wieder in anderen Rechtsverhältnissen *möglicherweise* erfüllen könnte, aber in keinem Rechtsverhältnis *notwendigerweise* erfüllt. In jedem müßten die formulierten geltenden Gesetze auf die einzelne Person hin von *anderen* Personen und damit nur *zufälligerweise* im eigenen Sinn *ausgelegt* werden. Aber nur in Rechtsverhältnissen können Personen miteinander *sein*, als was sie sich je selbst *reflektieren*. Das reflektierte „Wesen" bleibt sonst bloßes subjektives „Gesetztsein", „nur" Reflexion ohne Realisierung des Bildes, in dem Menschen sich je als sich selbst wissen. Nur unter Rechtsverhältnissen können Individuen sich als das realisieren, als was sie sich individuell reflektieren.

Das Recht hält einen „Raum" hierfür offen. Es gehört zur Vollendung der Reflexion, also zur Wahrheit sich selbst denkender Wesen. Es ist die positive Vollendung des Begriffs der Wahrheit als Freiheit. Man kann auch sagen: Die sonst unkritische Idee eines „Konsensus", mit der ja eine Gemeinschaft von Subjekten gemeint sein muß, die in ihrer *Subjektivität* voneinander verschieden sind und nicht nur in ihrer Körperlichkeit, erhält im Recht ihre spezifische, von der des gleichzeitigen Bestehens von Körpern im Raum verschiedene, symbolische Objektivität.

Kant spricht dagegen dem Begriff der Gemeinschaft nur in seinem Bezug auf räumliche Verhältnisse objektive Gültigkeit zu, weil sie allein eine unmittelbare („ästhetische") Deutlichkeit bestehender Verhältnisse verbürgen. Eine semantische Deutlichkeit durch Begriffe soll wenigstens für endliche Wesen unmittelbar nicht möglich sein. Semantische Deutlichkeit ergibt sich nur relativ zu Definitionen (in ihrerseits letztlich nicht definierten Begriffen). Eine Gemeinschaft von Individuen, die als solche nicht definierbar sind, aber ebensowenig in ihrem räumlichen Verhältnis zueinander aufgehen, muß für Kant deshalb etwas rein Innerliches bleiben, das sich in keiner Weise objektivieren läßt. Der Begriff einer solchen Gemeinschaft bleibt dann notwendig undeutlich und kann für jedes „Glied" etwas anderes bedeuten, und es bleibt auch undeutlich, wer überhaupt ein solches „Glied" genannt werden kann und welche Kriterien dabei anzulegen sind.

Von da aus gesehen ist eine „juridische" Gemeinschaft, für die dennoch solche Kriterien gelten, etwas ganz Äußerliches. Auch sie ist unter der Kategorie der Wechselwirkung bestimmt, aber doch kein *Objekt* im Sinne Kants, da sie als solche unanschaulich ist. Sie besteht nicht als solche auf gegenständliche Weise. Da sie aber auch nicht der nach Kant vom Vernehmen des Sittengesetzes her gewußten Freiheit entspringen kann, von der man ja nicht wissen (erfahren) kann, ob sie und nicht etwas anderes, z. B. individuelle Interessen, das konkrete Handeln motiviert, muß das Bestehen einer Gemeinschaft von Subjekten sich noch einer anderen Kausalität als der der Natur oder der aus Freiheit verdanken. Die Regelungen einer „juridischen" Gemeinschaft betreffen deshalb nach Kant nicht die Gemeinschaft von Subjekten als solche, sondern sie resultieren aus einem „äußeren Zwang", „*die Freiheit eines jeden auf die Bedingungen einzuschränken, unter denen sie mit jedes anderen Freiheit nach einem allgemeinen Gesetz zusammen bestehen kann*"[3]. Nicht der volle „*Begriff* des Rechts", sondern allein „der Zwang" als solcher, der im Recht nur Moment ist, macht hier „die Darstellung" des „Begriffs" möglich[4], als „*Konstruktion* jenes Begriffs . . . in einer reinen Anschauung a priori, nach der Analogie der Möglichkeit freier Bewegungen der Körper unter dem Gesetze der *Gleichheit der Wirkung* und *Gegenwirkung*", so daß die Gegenständlichkeit einer „juridischen Gemeinschaft" nach Kant ganz der von Körpern im Raum entspricht. In ihrer Gegenständlichkeit ist es die Gemeinschaft von Körpern, die in Wechselwirkung stehen, nicht die von Personen. Sie bezieht sich nicht symbolisch auf den Freiheitsgrund von Handlungen, sondern nur auf deren rein körperliche Erscheinungsseite, d. h. auf deren „*Legalität*", „die in die Augen fällt"[5]. Kant geht davon aus, daß solch ein äußerer Zwang für die Individuen nicht in *absoluter* Weise verbindlich sein kann. Ein absoluter Zwang würde dem Begriff freier Individualität widersprechen, es sei denn, die Individuen wären doch im Grunde nicht als freie Wesen begriffen und damit nur dem Namen nach Individuen. Daß dies bei Kant schließlich auch so ist, zeigt sich in seiner Konzeption einer „ethischen" Gemeinschaft, die er der „juridischen" in ihrer Konzeption als einer „äußerlichen" abstrakt entgegensetzt und deren Begriff nach ihm eine absolute „innere" Verbindlichkeit impliziert. Kants Einteilung der Philosophie läßt nur die Alternative einer bloß äußerlichen und einer absolut verbindlichen Gemeinschaft und damit überhaupt nicht den Begriff einer Gemeinschaft gegeneinander freier, sich gegenseitig ihre Individualität zugestehender Individuen zu. Für eine „ethische" Gemeinschaft wäre nach Kant, und hier schließt er sich an Leibniz an, eine „Gottheit"[6], ein „Anderer als das Volk" als „moralischer Weltherrscher" gefordert, der die Gesetze gibt[7]. Sie ist postuliert, damit nun überhaupt Gesetze *als absolut verbindlich angesehen* werden können. Nur so ließe sich auch eine Gemeinschaft als in einer absolut verbindlichen Weise geregelte, absolute Gemeinschaft verstehen, die sich nicht mehr möglicherweise für jedes ihrer „Glieder" anders darstellte und somit eigentlich überhaupt nicht faßbar wäre. Ein von außen kommender Gesetzgeber ist also gefordert, um die Gemeinschaft als eine nicht nur äußerliche Scheingemeinschaft denken zu können. Da aber nach Kant diese Denknotwendigkeit noch keineswegs (wie etwa

[3] Kant, Die Religion innerhalb der Grenzen der bloßen Vernunft, Akademie-Ausgabe, Bd. VI, S. 98.

[4] Kant, Metaphysik der Sitten, Einleitung in die Rechtslehre, § E.

[5] Kant, Die Religion innerhalb . . ., S. 99.

[6] Vgl. Kant, Kritik der reinen Vernunft, B 293.

[7] Kant, Die Religion innerhalb . . ., S. 99.

bei Leibniz) bedeutet, daß solch ein Gesetzgeber existiert, ist eine sich selbst von einem solchen absoluten äußeren Gesetzgeber her verstehende („theokratische“) Gemeinschaft, insofern sie in einer bestimmten, gesetzlich geregelten Form existiert, in ihrem Selbstverständnis als *absolut* verbindliche Gemeinschaft nicht gedeckt. Sie existiert sozusagen gedankenlos, weil sie einen göttlichen Gesetzgeber, der für das Bestehen einer solchen absolut verbindlichen Gemeinschaft als Grund vorauszusetzen wäre, nun umgekehrt um der *absoluten* Sicherung ihres *historischen* Bestandes willen als *existierend* denkt und ihm entsprechende Gesetze in den Mund legt. Kant spricht in diesem Zusammenhang vom „*salto mortale* der menschlichen Vernunft“ (121). Ein solcher unkritischer „Kirchenglaube“ muß sich deshalb nach Kant zu einem rein „moralischen Glauben“ fortentwickeln. Damit müßte sich aber auch der Schein einer solchen Gemeinschaft aufheben, weil das Gesetz der *reinen* praktischen Vernunft nach Kant ja gerade von sich aus noch nichts über das *wirkliche Verhältnis* von Menschen untereinander, die nicht reine Vernunftwesen sind, besagen kann.

Ein moralischer Weltzustand läßt sich nur unter der Voraussetzung denken, daß sich alle Individuen unter Abstraktion von ihrer Endlichkeit, die sich für sie in ihrer Leiblichkeit darstellt, zuvor schon als reine Vernunftwesen *ausgelegt* haben. Er läßt sich nur denken, wenn die Individuen sich selbst unter Abstraktion von ihren Unterschieden gegeneinander *imaginieren*, d. h. sich anders sich vorstellen, als sie sich in der Anschauung gegeben sein können. Nur unter dieser Voraussetzung des Wegdenkens der Individualität läßt sich überhaupt eine Gemeinschaft von absoluter, d. h. in Kants Sprache: nicht „äußerlicher“ Verbindlichkeit denken[8]. Gerade von Kants Gedankengang her läßt sich also sagen: Eine Gemeinschaft von *Individuen* läßt sich überhaupt nur denken, insofern deren Gesetze für die Individuen *nicht* absolut verbindliche Vernunftgesetze sind, sondern für das jeweilige Individuum eine bestimmte Äußerlichkeit behalten. Es müssen besondere Gesetze sein, die die Individuen sich *im Prinzip* immer auch *anders*, von ihrem individuellen Standpunkt aus z. B. als bessere oder schlechtere Gesetze, denken könnten, die sie aber im Interesse der Freiheit dennoch von sich aus befolgen. Sie befolgen sie nicht nur wegen eines äußeren Zwanges, sondern als äußere zugleich im eigenen Interesse, in dem auch der Schutz vor den moralischen Ansprüchen anderer liegt, selbst wenn sich diese Ansprüche aus deren Selbstinterpretation *als* reine Vernunftwesen herleiten sollten. Selbst dann würde

[8] Vgl. die sich hieran anschließende Position der „Sittenlehre“ Fichtes von 1798; hierzu o. S. 323ff.

es sich um ein Selbstverständnis *anderer* handeln, dem nicht unbedingt gefolgt werden muß[9].

Bei Humboldt stellt sich eine Gemeinschaft zwischen Individuen als Sprachgemeinschaft dar. In einer Sprache soll die individuelle und deshalb „an sich" unbestimmbare und unerklärbare Freiheit der Individuen „ihre Grenzen innerhalb eines gewissen Spielraumes" finden, an ihr soll sie sich damit „auffinden" lassen[10]. Damit ist zwar erkannt, daß ein Individuum sich überhaupt nur in einer gewissen Veräußerlichung seiner Freiheit, in einer „Entfremdung" von sich „auffinden" und somit überhaupt seiner selbst als eines freien Wesens *bewußt* werden kann. Die Sprache besteht aber nach Humboldt selbst eigentlich nur in ihrem individuellen Gebrauch, in ihm hat sie erst Wirklichkeit. „Die Sprache ist gerade insofern Objekt und selbständig, als sie Subjekt und abhängig ist. Denn sie hat nirgends, auch in der Schrift nicht, eine bleibende Stätte, sondern muß immer im Denken aufs neue erzeugt werden . . ." (VI, 181). Ihre Objektivität bleibt ganz auf das sie gebrauchende und darin modifizierende Individuum bezogen. Erst in ihm erhält sie „ihre letzte Bestimmtheit" (182), und sie *verbindet* die Individuen nur so, daß „keiner bei dem Worte gerade das" denkt, „was der andere" denkt (183). Die Sprache ist in ihrer Verbindlichkeit zugleich ganz ohnmächtig. An ihren Gebilden wird keine Gemeinschaft objektiv, wenn nicht noch, wie bei der Sprache des Rechts, eine äußerliche Macht dazukommt, die ein bestimmtes (individuelles) Verständnis in rechtlich geregelter Weise verbindlich *macht*. Die Entfremdung in der Sprache geht im Grunde viel weiter als die im Recht, weil hier der Sprechende *sich* (in *absoluter* Ablösung von seiner eigenen Realisierung der Bedeutung, „als im Tode") ganz auf das Verständnis des anderen *verläßt*. Im Recht verläßt ein Individuum seine Vorstellung nur um eines gewissen „Raumes" seines gemeinschaftlichen Bestehens zugleich mit anderen willen. Es setzt sich in ein positives, positiv-rechtliches Verhältnis zu anderen und gewinnt so einen „Raum" für seine Handlungen, als deren bleibende Substanz es sich handelnd *voraussetzt*. Der Begriff des Rechts ist also der Begriff, in dem sich erst der Kantische Begriff der Wechselwirkung, als Begriff vom möglichen Zugleichsein von Substanzen über ihr

[9] Das im Interesse individueller (*existierender*, d. h. nicht erst „gesollter") Freiheit erforderliche Moment der Äußerlichkeit der Verhältnisse kann natürlich nicht schon in den räumlichen Verhältnissen bestehen, wenn auch diese Freiheit sich nur an zeitlich-räumlich bestimmbaren Gegenständen manifestieren kann. Das gilt auch für die rechtlichen Verhältnisse von Personen zueinander und nicht nur für das Sachenrecht. Es muß räumlich-zeitlich bestimmbar sein, zu *welchen* konkreten Personen jeweils ein bestimmtes Rechtsverhältnis besteht, d. h. das Verhältnis bezieht sich auf *auch* körperliche (leibliche) Wesen und nicht auf reine Noumena.

[10] W. v. Humboldt, Akademie-Ausgabe, Bd. VI, S. 184.

reines *Verhältnis* (im Raum) hinaus, nämlich als Begriff des Zugleichseins fürsichseiender, individueller Substanzen erfüllt. Das Recht erscheint somit als konstitutiv für ein objektives Zugleichsein von Individuen, als dessen ratio essendi über die jeweilige subjektive *Vorstellung* der einzelnen Individuen hinaus. Es ist die Wahrheit dieser Vorstellungen.

6. *Zur Idee einer „idealen Kommunikationsgemeinschaft"*

Die Vorstellung einer „ethischen Gemeinschaft" hat, trotz der dargestellten kritischen Einwände der Philosophie gegen die mögliche objektive Realität dieses Begriffs, etwas Faszinierendes behalten. Sie scheint sogar in der gegenwärtigen Weltsituation eine besonders aktuelle Gestalt der Stabilisierung des Bewußtseins gegenüber aktuellen Bedrohungen seiner Existenz zu sein. In ihr hält es sich an die Idee einer *zukünftigen* ethischen Gemeinschaft und erhält sich in dieser Haltung gegenüber dem, was *ist*, in der Vorstellung eines *gesollten* Zustandes sein Selbstbewußtsein. Das Dogmatische im *Begriff* einer ethischen Gemeinschaft ist dabei in der *Idee* einer zukünftigen ins „Unendliche" verdrängt.

So geht z. B. K. O. Apel davon aus, daß „das Bedürfnis nach einer universalen, für die menschliche Gesellschaft insgesamt verbindlichen Ethik noch nie so dringend" gewesen sei „wie in unserem Zeitalter einer durch die technologischen Konsequenzen der Wissenschaft hergestellten planetaren Einheitszivilisation". Es sei „nicht mehr möglich", „sich mit moralischen Normen zu begnügen, die das menschliche Zusammenleben in kleinen Gruppen regeln und die Beziehungen zwischen den Gruppen dem Kampf ums Dasein im Sinne Darwins überlassen"[1], denn die „Existenz der Menschheit im ganzen" sei bedroht. Die Menschen seien „zum ersten Mal in der menschlichen Gattungsgeschichte . . . praktisch vor die Aufgabe gestellt, die solidarische Verantwortung für die Auswirkungen ihrer Handlungen im planetarischen Maßstab zu übernehmen" (361). Die Frage sei demnach, wie die „Gewissensentscheidungen der einzelnen nach normativen Regeln zur Übereinstimmung gebracht werden" könnten, „so daß sie die solidarische Verantwortung für die gesellschaftliche Praxis übernehmen können" (374). Die Antwort, dies müsse politisch „durch Kompromißlösungen wie Abstimmungen" und „Beschlüsse" geschehen, lehnt Apel als unzureichend ab, weil damit noch nicht eine „Grundnorm" gerechtfertigt sei, „welche es für jeden Einzelnen zur Pflicht" mache, prinzipiell in allen praktischen Fragen eine bindende Übereinkunft mit den

[1] K. O. Apel, Das Apriori der Kommunikationsgemeinschaft und die Grundlagen der Ethik, in: ders., Transformation der Philosophie, Bd. II, Frankfurt/M. 1973, S. 359.

anderen Menschen anzustreben und sich hernach an die getroffene Übereinkunft zu halten oder, wenn dies nicht möglich sei, „wenigstens im Geiste einer antizipierten Übereinkunft zu handeln" (375).

Daß das Recht seinerseits von einem moralischen Verhalten, von einer „inneren" Zustimmung der einzelnen zum Recht als „äußerer" Institution getragen sein müsse, ist eine unmittelbar plausible Vorstellung, die aber, wie die Vergegenwärtigung historischer Positionen zeigt, philosophischer Reflexion nicht standhalten kann. Die Reflexionsbegriffe von einem eigentlichen „Inneren" und einem demgegenüber „bloßen Äußeren" hypostasieren ein selbständiges „inneres" Bewußtsein nach Maßgabe der je *eigenen Vorstellung* der einzelnen Individuen von dem, was sein solle, ohne nach der (rechtlich-institutionellen) *Bedingtheit* solcher Vorstellungen zu fragen.

Aktuelle Versuche wie der K. O. Apels, eine Ethik im nachkantischen Sinne als Gemeinschaftsethik nun sogar als „planetarische" „Makroethik" zu begründen, machen dies deutlich, und dieser Versuch soll hier exemplarisch für ähnliche Ansätze stehen[2]. Der Ansatz Apels ist in diesem Zusammenhang besonders interessant, weil er von der Idee einer „idealen Kommunikationsgemeinschaft" ausgeht, die jeder „realen" insofern regulativ zugrunde liege, als in der „realen" schon Vorstellungen von einer *besseren Qualität* des gegenseitigen Verstehens als der gegenwärtigen und damit „das *normative* Ideal der Verständigung" eine Rolle spielten[3]. Wenn von dieser zutreffenden Feststellung aus eine „ethische" Gemeinschaft als das Begründende gegenüber einer „juridischen" angesetzt wird, muß natürlich vorausgesetzt werden, daß Menschen unmittelbar als Subjekte moralischen Verhaltens anzusehen seien und daß das unmittelbare Selbstverständnis, Vermögen moralischen Verhaltens von sich aus und ohne institutionelle *Bedingungen* zu sein, auch der philosophischen Reflexion standhalte. Die Kantische Moralphilosophie ist der Versuch der philosophischen Begründung solch eines Selbstverständnisses. Dieser Versuch gelingt, *insofern* Menschen als reine Vernunftwesen vorausgesetzt werden können. Da das wirkliche soziale Zusammenleben davon aber nicht abhängen kann, bedarf es nach Kant des Rechts. Gewissermaßen auf dem Weg einer vernünftigen Berücksichtigung des Unvernünftigen im Menschen ist es dann aus Vernunftgründen geboten, das Recht zu beachten. Die Idee des Rechts stammt auch nach Kant zwar aus der Vernunft, aber in gleichzeitiger Rücksicht auf das empirische Zusammenleben. Und da eine „Vollständigkeit der Einteilung des *Empirischen* aber unmöglich ist" und

[2] Vgl. P. Lorenzen, Normative Logic and Ethics, Mannheim 1969; O. Schwemmer, Philosophie der Praxis, Frankfurt/M. 1971.

[3] K. O. Apel, Transformation der Philosophie, Bd. II, S. 390.

entsprechende Begriffe folglich nur als „Beispiele" in Frage kommen können, ist das Recht in seiner wirklichen Beschaffenheit nicht aus reiner Vernunft abzuleiten. Es ist dann auch nicht aus der Moral zu begründen, die ja nach Kant nur aus reiner und als solcher unmittelbar praktischer Vernunft abzuleiten ist. Dies ist selber eine vernünftige Einsicht, die es gebietet, sich an das positive (und darin historische) Recht zu halten.

Die Vorstellung einer Begründung der Ethik aus der Idee einer „idealen Kommunikationsgemeinschaft", die in einer „realen" schon impliziert sei, müßte sich philosophisch mit solchen Argumenten auseinandersetzen. Statt dessen ist von Normen die Rede, die in einer solchen „idealen" Gemeinschaft gelten müßten und also in einer empirischen Gemeinschaft gelten *sollen*.

In der Tat muß das Verhältnis zwischen Moral und Recht so gesehen werden, wenn das Recht zuvor schon undiskutiert als Produkt der Absprache einzelner, also „vertragstheoretisch" verstanden wird. Die einzelnen müßten diesem Verständnis nach das Recht dadurch „tragen", daß sie sich *moralisch* verpflichtet wüßten, sich an die Verträge zu halten. Es müßte zusammenbrechen, wenn diese moralischen Subjekte moralisch fehlten. Gerade wenn die Existenz der Menschheit auf dem Spiel steht, und ein solcher Hinweis ist in der gegenwärtigen Situation gewiß nicht unberechtigt, kann diese Möglichkeit nicht unbedacht bleiben. Bei der Konstruktion einer Theorie des Rechts, nach der das Recht von einer Ethik getragen sein soll, muß man sich fragen, wieso solche moralischen Subjekte denn überhaupt eines Vertrages bedürften, der doch, über die Moral hinaus, nur die Bedeutung haben kann, daß sie *rechtlich* bestimmt werden könnten, sich auch dann an ihn zu halten, wenn sie es gerade rein von sich und ihrer subjektiven *Vorstellung* vom richtigen Verhalten her *nicht wollten*. Der Sinn des Vertrages schließt ferner ein, den Partner vor einseitig subjektiven Vorstellungen von der Auslegung und der Erfüllung des Vertrages in der konkreten Situation seiner Anwendung zu schützen. Er richtet sich gegen Willkür in solchen Fragen im Fall des Dissenses, auch des moralischen, und setzt mithin keineswegs einen (moralischen) Konsens voraus.

Apel geht aber von einem vorauszusetzenden Konsensus aus. Er argumentiert, „*daß die Voraussetzung der Geltung moralischer Normen überhaupt eine ‚paradigmatische' Bedingung der Möglichkeit des zur Rechtfertigung von Normen gehörenden Sprachspiels*" sei (394). Wer nach der Rechtfertigung von moralischen Normen *frage*, setze sie damit schon als geltend voraus. Das scheint über Kant hinauszuführen, der ja nicht die wirkliche Geltung moralischer Normen im zwischenmenschlichen Verhalten glaubte begründen zu können und gerade deshalb außerdem das Recht in seiner Notwendigkeit als begründet ansah. Man könnte nun noch zwischen *Geltung* und einer, wie Habermas es formuliert, „kontrafaktischen" *Voraussetzung der Geltung* unterscheiden. Doch das ist bei näherem Zusehen für diesen Argumentationszusammenhang nicht möglich. Die Normen sollen ja schon für die „Möglichkeit" des (stattfindenden) „Sprachspiels" vorauszusetzen sein, das zur Rechtfertigung von Normen gehöre. Es muß sich deshalb um *wirkliche* Bedingungen dafür handeln, daß solch ein Sprachspiel möglich ist. Sie müssen erfüllt sein. Sie gelten aber nur, insofern *nicht zugleich* ein Diskurs über ihre Geltung stattfindet, in dem sie ja problematisiert sein müßten. Es muß also ein Verfahren institutionalisiert sein, dem die aktual Diskutierenden unterworfen *sind*, damit, eventuell auch gegen die *Vorstellung* der Beteiligten von besseren oder idealen Verfahren hierzu, der Diskurs überhaupt zum Abschluß kommt und die Parteien sich nicht immer wieder, in einem Diskurs über das Verstehen und seine Qualität, auf eine „inadäquate", weil die eigene subjektive Vorstellung vom adäquaten Verstandenwerden nicht befriedigende „Qualität" des Verstehens der anderen berufen können. Denn Bedeutungen, in denen eine Rede aufgefaßt wird, sind keine Dinge oder Waren, denen man einen objektiven Qualitätsstandard zusprechen könnte. Normen, über deren Geltung ein theoretischer Diskurs erfolgt, sind *insofern* keine *geltenden* Normen. Es können nicht die (geltenden) Normen sein, die *diesen* Diskurs, d. h. auch dessen Zuendekommen, wirklich ermöglichen.

Man kann daher mit Apel sagen, daß jeder, der die „Frage nach der Rechtfertigung des Moralprinzips stellt", schon an der Diskussion teilnimmt. Er will sich ja mit der Frage nach einer (rationalen) Rechtfertigung auf Argumente einlassen, so daß man ihm auch „einsichtig machen" können sollte, „was er ‚immer schon' als Grundprinzip akzeptiert hat". Daraus folgt aber gerade nicht, „daß er dieses Prinzip als Bedingung der Möglichkeit und Gültigkeit der Argumentation durch willentliche Bekräftigung akzeptieren *soll*" (421; veränderte Hervorhebung). Es folgt keine moralische Sollensnorm. Daraus, daß etwas *ist*, ist nicht zu folgern, daß es sein *solle*. Die faktische Teilnahme verweist nur darauf, daß jemand nicht wirklich teilnehmen könnte, hätte er die fraglichen Prinzipien nicht „schon" akzeptiert. Daß er Prinzipien akzeptieren *solle*, kann nur sinnvoll sein als hypothetischer Imperativ im Zusammenhang mit der Überlegung, ob er an einer bestimmten Diskussion, an der er noch *nicht* teilnimmt, *teilnehmen* solle. Diese fragliche Diskussion müßte also eine andere und durch andere, zusätzliche Regeln bestimmte Diskussion sein als die, an der er schon teilnimmt, um darüber zu diskutieren, *ob* er an einer bestimmten anderen Diskussion teilnehmen solle. *Gesollte* Prinzipien können gerade nicht die (allgemeinen) Prinzipien sein, die für die Teilnahme an *jeder beliebigen* Diskussion gelten müssen. Denn es ist nicht sinnvoll, etwas als

„gesollt“ zu fordern, von dem man sagt, daß es notwendig gelten müsse.

Apel nimmt dieses Argument zunächst auf. Er erkennt als „stichhaltig“ an, daß „aus einer *Tatsache*, nämlich dem *Faktum* des Akzeptierthabens, keine *Norm*“ (im Sinne einer ethischen Verpflichtung) „abgeleitet werden könne“ (415). Diesem Einwand versucht er aber dadurch zu begegnen, daß er die *Anerkennung als Faktum* darauf begründet denkt, daß sie moralisch gesollt sei. Sie könne nicht umgekehrt moralische Normen begründen. Dem liegt wieder die Vorstellung zugrunde, „Anerkennung“ sei in diesen Zusammenhängen „nach dem Muster eines Vertragsschlusses“ zu verstehen (416). Es war schon darauf hingewiesen worden, daß sich der Sinn von Verträgen erst dadurch verstehen läßt, daß sich die Vertragsparteien schon in Rechtsverhältnissen befinden und sich gegenseitig nicht als moralische, sondern als Rechtspersonen anerkennen, d. h. als voneinander verschiedene Individuen, von denen jedes weiß, daß es *nicht* wissen kann, wie sich das andere rein von sich aus, selbst wenn an seiner moralischen Gesinnung nicht zu zweifeln ist, *wirklich* in bezug auf entstehende konkrete Folgen für die andere Seite verhalten würde, wenn der Vertrag nicht „da“ wäre.

Vom *Faktum*, daß in bestimmten Verhaltensweisen in bezug auf andere, z. B. in „Diskussionen“, „immer schon“ gewisse Regeln akzeptiert sind, damit dieses Verhalten möglich ist, kann nicht darauf geschlossen werden, diese Regeln *sollten* befolgt werden. Man hat darüber auch keine expliziten „Verträge“ abgeschlossen, deren Substanz darin bestünde, daß sie befolgt werden „sollten“, sondern gerade in diesem Argumentationszusammenhang sind diese Regeln als *wirklich und wirksam geltende*, also institutionalisierte in Betracht gezogen, weil sie als Bedingungen der Möglichkeit eines wirklich stattfindenden Verhaltens, hier der Teilnahme an einer Diskussion, reflektiert worden sind. Daß sie über den Umstand hinaus, daß sie wirksam in Geltung sind, auch als gesollte, also moralische Regeln zu verstehen seien, ist für diesen Argumentationsgang, der vom „Teilnehmen“ an solch einem Verhalten ausgeht, nicht *notwendig* vorauszusetzen. Es kann auf diese Weise nicht *gefolgert* werden. Es ergibt sich danach auch keine Begründung einer moralischen Verpflichtung der Glieder einer solchen „Kommunikationsgemeinschaft“ untereinander, der zufolge auf eine von der realen unterschiedene ideale Gemeinschaft verwiesen wäre, in der moralisch gesollte Verhaltensweisen, über die für das reale Verhalten notwendigen hinaus, befolgt wären.

Es ist auf diese Weise also auch keine Verpflichtung zu begründen, „daß alle *Bedürfnisse* von Menschen – als virtuelle *Ansprüche* – zum Anliegen der Kommunikationsgemeinschaft zu machen“ seien, „die sich auf dem Wege der Argumentation mit den Bedürfnissen aller übrigen in

Einklang bringen lassen" (425). Aus der *Beteiligung* an einer Argumentation kann, wie dargelegt, keine *Verpflichtung* zur Argumentation abgeleitet werden. Wie sollte denn auch auszumachen sein, welche Bedürfnisse mit denen aller in Einklang gebracht werden könnten, *ehe* (selbst denen, die sie „haben" werden) bekannt ist, welche Bedürfnisse die einzelnen je von sich aus haben werden und mit welchen Bedürfnissen anderer sie dabei in Kollision geraten könnten (es sei denn, man setzte eine Gemeinschaft von sich selbst und allen anderen vollkommen „durchsichtigen" Wesen voraus)? Wie sollte vor allem ein Diskurs darüber, auf welche Bedürfnisse zugunsten welcher anderen zu verzichten sei, auf eine gerechte Weise *beendet* werden können, es sei denn durch ein schon institutionalisiertes Verfahren? Die fragliche Gemeinschaft müßte, unter „endlichen" Bedingungen, also notwendig eine „juridische" sein, d. h. über Institutionen bzw. institutionell geltende Verfahren als Bestandteil einer bestehenden Sittlichkeit verfügen, die solch einen Diskurs auch gegen die Vorstellung einzelner von einer „idealen" Regelung beenden könnten.

So kommt schließlich auch Apel zu der Feststellung, daß es nicht nur darauf ankomme, „die *Methode der moralischen Diskussion* . . . zu entwickeln", sondern auch darauf, sie „unter endlichen, politisch-juristischen Bedingungen wirksam zu institutionalisieren" (426). Die Institutionalisierung erscheint hier aber quasi als Zusatz, der „unter endlichen Bedingungen" notwendig und deshalb *herzustellen* sei. Sie ist als das sekundäre, die (moralische) „Methode der moralischen Diskussion" als das ideale Paradigma angesehen, das nun „unter endlichen Bedingungen" „durchgesetzt werden" (426) müßte, so, als kämen diese Bedingungen erst dazu, nachdem die „Methode der moralischen Diskussion" unter nicht-endlichen Bedingungen gefunden worden sei.

Eine „ideale" Kommunikationsgemeinschaft *soll* demnach verwirklicht werden (431), nachdem die Diskussion über ihre „Prinzipien" im Idealen schon stattgefunden und also auch (unter idealen, nichtwirklichen Bedingungen?) *beendet* (definiert) worden ist. So muß offen bleiben, nach wessen Vorstellung sie beendet worden und demgemäß nun zu „realisieren" sei. (Kant konnte deshalb eine ethische Gemeinschaft nur als theokratisch konzipierte Gemeinschaft denken!) Daraus ergibt sich nach Apel „ein äußerst delikates moralisches Problem": „In welchen Situationen und aufgrund welcher Kriterien darf ein Kommunikationspartner das emanzipierte Bewußtsein für sich beanspruchen und sich dergestalt als Sozialtherapeut für autorisiert halten?" (434) Diese Frage der „verantwortlichen *Situationseinschätzung* und *Situationsentscheidung*" kann „– auch unter der Voraussetzung unserer regulativen Prinzipien – niemandem abgenommen werden". „An dieser Stelle – und nicht bei der Parteiergreifung für die Emanzipation überhaupt" – muß auch nach Apel „jeder eine nicht

– oder nicht völlig – begründbare ‚moralische' Glaubensentscheidung auf sich nehmen" und „im eigenen reflexiven Selbstverständnis die mögliche Kritik der idealen Kommunikationsgemeinschaft zur Geltung bringen" (435). Es ist also schließlich nicht *mehr* gesagt, als daß eine „ideale Kommunikationsgemeinschaft" überhaupt *sein* und daß jeder sie letztlich aber nach eigenen Vorstellungen davon anstreben solle. Es ist eine Idee, die keinem Individuum etwas über die eigene Vorstellung hinaus wirklich *bedeuten* und für seine Entscheidungen etwas deutlich machen kann. Die Handlungen nach solchen Vorstellungen können dann schließlich um so mehr zu möglicherweise katastrophalen Kollisionen führen, als das einzelne Individuum in seinem eigenen Selbstbewußtsein, das Richtige im Sinne der Idee einer idealen Gemeinschaft zu tun, durch diese Idee stabilisiert ist und sich in seinen Handlungen, welche Folgen sich auch haben mögen, „moralisch" gerechtfertigt sieht.

Insofern ist nicht deutlich, inwiefern diese Idee im philosophischen Sinn einen„emanzipatorischen" Charakter haben sollte. Sie übergeht die kritische Einsicht, daß eine Gemeinschaft von Subjekten in einer konkreten Bestimmtheit entweder nur dogmatisch (Kant: theokratisch) oder nur als bestehendes Rechtsverhältnis reflektiert werden kann, das, so fragwürdig es als Mittel zur Ermöglichung von Freiheit auch erscheinen mag, doch den Vorzug hat, daß es *besteht* und die konkrete Freiheit des Subjekts wirklich gewährt, sich *so* verstehen zu können, wie es sich versteht (und sich z. B. eine ideale Gemeinschaft „im eigenen reflexiven Selbstverständnis" vorstellt), indem es dahin wirkt, daß das Subjekt mit seinen Handlungen nach *seinen* Vorstellungen mit anderen Subjekten und deren Handlungen nach *deren* Vorstellungen von dem, was zu „verwirklichen" sei, in einem interindividuellen Verhältnis zusammen *bestehen* kann.

7. Konkrete Freiheit und die Wahrheit des Affekts

Eine Gemeinschaft von *Subjekten,* wie sie in einer Konsensustheorie der Wahrheit hypostasiert wird, ist nur als Rechtszustand reflexiv bestimmbar. Nur als solcher wird eine menschliche Gemeinschaft, über das bloß körperliche Unterschieden- und Zusammensein im Raume hinaus, *gegenständlich*. Nach Heidegger konzipierte allerdings schon Aristoteles eine „erste systematische Hermeneutik der Alltäglichkeit des Miteinanderseins", und zwar als „systematisch ausgeführte Interpretation der Affekte". Sie sollen dasjenige sein, in dem ein Zusammensein von Menschen über das räumlich-körperliche Zusammensein hinaus sich repräsentiert[1].

[1] Heidegger, Sein und Zeit, Tübingen 1953, S. 138.

Die Affekte sind sicherlich bei Aristoteles so verstanden. Aber das Bestehen einer Gemeinschaft, die als eine abgegrenzte, konkrete Gemeinschaft in ihrer historischen Verfaßtheit als Gemeinschaft faßlich würde, kommt doch nicht schon in den Affekten zum Ausdruck. Gerade wenn die Affekte in der genannten Weise „ontologisch" verstanden werden, gehören sie nur zu dem Miteinandersein von Menschen *überhaupt* und verweisen nicht auf eine konkrete Gemeinschaft als einen wirklichen Bestand in ihrer besonderen historischen Verfassung. Die Interpretation der Affekte durch Aristoteles macht das deutlich. So hat z. B. der Affekt des Zornes bei Aristoteles seinen Grund in einer „sichtbaren Geringschätzung" des Zornigen oder „seiner Belange"[2], wie er *selbst* sie versteht. Er entspringt der sichtbar fehlenden „Achtung" oder offensichtlichen Verletzung der Anerkennung in dem, als was er sich von sich aus vorstellt und was er selbst sich von da her als unverzichtbar zurechnet. Der Affekt des Zornes entsteht also schon dadurch, daß jemand sich durch andere in dem verletzt sieht, mit dem er sich *von sich aus* identifiziert, so wie der Affekt der Empörung entstehen soll, wenn ein anderer *sich* etwas zurechnet und erhält, was ihm nach der Meinung des Empörten nicht zusteht. Bei den Affekten gibt jeweils die *individuelle* Sicht den Ausschlag, und es ist noch offen, ob die Ansprüche jeweils auch „objektiv" im Sinne einer Gemeinschaft und eines Einverständnisses hierüber „zu Recht" bestehen. Es kann deshalb auch jemand zornig und empört sein, ohne daß andere einen Grund dafür anerkennen können. Erst die Rechtsprechung setzt fest, wer „objektiv" im Recht *sei,* über die bloße affektgeladene *Überzeugung* des einzelnen von seinem Recht hinaus. Die Rechtsprechung „macht" es objektiv. Ihr Spruch gilt als das, was überhaupt erst ein gemeinschaftliches Objekt, als das, was den einzelnen je an Achtungsbezeugungen, Eigentum usw. „objektiv" zukomme, konstituiert. In Ansehung dieses Spruches allein wird dies, als Objekt ohne wirkliche Vorstellung, *als objektiv angesehen,* und von daher wird auf eine „gemeinschaftliche" Vorstellung zurückgeschlossen. Sie wird von dieser gesetzten (symbolischen) Objektivität her *erschlossen.* Obwohl es natürlich Vorstellungen nur als Vorstellungen von einzelnen gibt, begründet das Recht den *Anschein* einer gemeinschaftlichen Vorstellung, also einer Gemeinschaft von Subjekten, die sich in *gleicher Weise* ihr Subjektsein, d. h. etwas ihnen allen Gemeinsames und von daher allen Zukommendes (ein „Gemeinwohl") vorstellten. Solch eine gemeinsame Vorstellung ist nur vorausgesetzt, sie kann sich als solche mit keiner wirklichen, d. h. individuellen Vorstellung decken. Kein Individuum kann aus Gründen beanspruchen, daß seine Vorstellung sich mit ihr decke. Nur die hinter dem Rechtsspruch stehende Macht kann dem

[2] Aristoteles, Rhetorik, 1378 a 30.

Anschein eines Handelns aus gemeinschaftlichen Vorstellungen von dem, was im „allgemeinen" Interesse zu tun sei, dadurch Realität geben, daß sie die wirklichen, individuellen Vorstellungen, die wirklichen (affektvollen) Triebfedern der Handlungen, eindämmt, indem sie gewisse Handlungen als „von der Gemeinschaft" verbotene Handlungen kategorisiert und so mit Folgen belegt, daß sie auf den Handelnden als *Einschränkung* seiner Freiheit, wie *er* sie versteht und wie er sie seiner Vorstellung nach zu realisieren sucht, zurückwirken. Sie schützt so z. B. vor dem Zorn anderer, die zornig sind, weil sie das Recht ihrer Person, *wie sie es sehen*, verletzt sehen und sich aus dem daraus resultierenden Affekt heraus zur Tat anschicken. Man kann zwar sagen, es wäre „schöner", wenn auch ohne Zwang diese Rücksicht bestünde. Aber das wäre eben nur ein „schöner" Wunsch. Er hat die gleiche logische Struktur wie die „Werbung" des ästhetisch Urteilenden um den „Beitritt" anderer zu seinem Urteil. Er hat denselben Status wie der Wunsch nach einer unmittelbaren Verbindlichkeit des ästhetischen Urteils in einem „Gemeinsinn" aller, d. h. nach einer *unbedingt* als schön zu beurteilenden Welt, als Wunsch, ohne individuell bleibende *Vorstellung* von der Freiheit zu sein. Seine „Trübung" durch die Realität führt wiederum zu einem besonderen Affekt, für den noch kein Name gefunden zu sein scheint.

Die Affekte gehören also durchaus zum „Miteinandersein" als solchem, aber sie entstehen aus einer je individuellen *Auslegung* der Weise des Miteinanderseins. Die gegeneinander affektvollen Subjekte sind von den Affekten her gerade nicht in Übereinstimmung. Selbst wenn ein Subjekt sich zu anderen „milde" verhält und deren individuelles Sein anerkennt, erkennt es sie doch so an, wie es sie versteht. Daß es sich in dieser Weise anerkennend verhält und „milde" gestimmt ist, schließt nicht aus, daß die anderen sich dennoch in dem, wie sie sich selbst verstehen, durch es verletzt sehen. Ein Einklang der Affekte, z. B. als Liebe, muß „Zufall" bleiben, so sehr er auch intendiert sein mag. Das dürfte auch der Grund dafür sein, daß das Thema der „Affektenlehre" philosophisch im Hintergrund geblieben ist. Das Recht als Bedingung konkreter Freiheit schränkt den der individuellen Rechtsüberzeugung entspringenden Affekt ein. Es ist mit den Affekten verbunden, weil es wie sie zum „Miteinandersein" gehört, und die Affekte gehören ebenso konstitutiv zum Recht. Der Affekt *sucht* das Recht. Er ist das Organ der individuellen Empfindlichkeit für Gerechtigkeit und Ungerechtigkeit. Der Affekt reflektiert sich historisch am machtvoll Geltenden. Er ist nicht eine anthropologisch konstante Qualität. Jeder Affekt kann vom Recht her zu Recht oder auch zu Unrecht bestehen. Zorn und Empörung können gerecht und ungerecht sein, und sogar Liebe kann ein Affekt sein, vor dem das Recht um des Bestandes einer Gemeinschaft von Individuen willen schützen muß. Eine moralische

Einteilung der Affekte in gute und böse verkennt deshalb durchaus deren „ontologischen" Status für das „Miteinandersein" überhaupt. Aber erst das positive Recht „objektiviert" ein „Miteinander" in einer konkreten Gestalt, als besonderes und deshalb immer auch in anderer Gestalt *denkbares* Recht. Wenn es gegenüber seiner Positivität aber auch immer anders denkbar ist und sich die Frage nach besseren Gesetzen stellt, so ist es doch das wirklich geltende Recht, das, weil es gilt, das Miteinander von Individuen einschließlich ihrer Affekte und damit die konkrete Freiheit der einzelnen möglich macht, so wie das Nebeneinander im Raum die Körper zusammen *sein* läßt. Die Frage nach einem besseren Recht als dem geltenden kann nur als Frage nach einem *hierfür* besser geeigneten, zweckmäßigeren Recht Sinn haben.

Eine Affektenlehre hätte die Affekte aus ihrer moralischen Wertung herauszulösen, die die einzelnen Affekte, völlig getrennt von dem jeweiligen sozialen Bezug von Individuen, aus dem sie sich ergeben, „a priori" als gute, gesollte Affekte wertet und andere als böse, zu unterdrückende Affekte abwertet. Sie könnte sich darin Spinoza anschließen, für den die Affekte zur *Natur* gehören, der man nichts von dem, was in ihr geschieht, „als Fehler anrechnen" kann[3]. Nur wäre „Natur" bestimmter als der jeweilige individuelle Grund der Person in ihrem Verhältnis zu anderen Personen zu fassen. Dann erst erhalten die Affekte ihr Recht und können als etwas zum Miteinandersein als solchem Dazugehörendes gesehen werden. Sie können erst dann als etwas gesehen werden, was zum Sein des Menschen oder zu seiner Natur als Gemeinschaftswesen gehört, d. h. sie kommen in ihrem ontologischen Status in den Blick. Eine Philosophie der Kommunikation wäre erst auf dieser Voraussetzung möglich. Sie könnte bedenken, daß die Partner in der Kommunikation nicht abstrakte, gleiche Verstandeswesen sind, ohne Zeit, Alter, Geschlecht und soziale Rolle und ohne das, als was sie sich, von diesen besonderen Befindlichkeiten und Einschätzungen ausgehend, *darüber hinaus selbst* verstehen, sondern daß sie sich in ihrem Verhältnis zu anderen und damit auch zum möglichen Kommunikationspartner je schon auf ihre eigene, individuelle Weise ausgelegt haben. Sie haben sich schon mit dieser Sicht der Verhältnisse, in der sie sowohl sich wie anderen distributiv dieses oder jenes zurechnen, identifiziert, und sie sind je nachdem, ob sie hierin sichtlich Anerkennung erfahren oder nicht, auf eine bestimmte Weise affektbestimmt. Nicht nur der „Redner" im engeren Sinne spricht in solch eine Affektbestimmtheit „hinein und aus ihr heraus" und „bedarf des Verständnisses der Möglichkeiten der Stimmung, um sie in der rechten Weise

[3] Spinoza, Ethik, 3. Teil, Einleitung.

zu wecken und zu lenken"[4]. Jeder, der überhaupt mit anderen kommuniziert, bedarf eines solchen Verständnisses von Möglichkeiten. Denn die jeweilige „Stimmung" ist ausschlaggebend für mögliche „Übereinstimmung", damit dann, wenn jemand etwas sagt, ein anderer sich dem aufschließt und damit es ihm, wie er es dann von sich aus versteht, etwas zu bedeuten vermag. Das Daß und Was der Bedeutung und damit überhaupt der Begriff der Bedeutung sind sprachphilosophisch nicht ohne die Komponente der affektvollen Voraussetzungen im Verstehen zu begreifen.

„Affekt" in diesem Sinne ist kein emotionaler Ausnahmezustand, der einer „emotionsfreien" Gemütslage Platz machen sollte. In einer solchen Sicht wäre der Begriff der Kommunikation an einem realitätslosen „Ideal" orientiert. Er hätte keine Bedeutung für die menschliche Kommunikation oder für die Kommunikation freier Individuen in ihren jeweiligen, konkreten Verhältnissen zueinander. Der „emotionslose" Zustand wäre der Zustand eines isolierten und an dieser Isolation nicht leidenden, ganz beziehungslosen Solipsisten. In einem „ontologischen" Verständnis der Affekte ist jeweils die Negation eines bestimmten Affektes, z. B. des Zornes, selbst ein Affekt[5]. In irgendeiner „Stimmung" im Sinne einer Disposition zur Aufgeschlossenheit für das, was bestimmte andere sagen, und zur Akzeptation dessen, was sie sagen, befindet man sich immer. Man hat immer schon von daher, wie man sich im Verhältnis zu diesen anderen reflektiert, eine bestimmte Ausgangsüberzeugung von „der Wahrheit", mit der man sich im eigenen Selbstverständnis identifiziert, so daß das, was *andere* sagen, notwendigerweise eine affektvolle Einstellung dazu auslöst, die sowohl in einer unüberwindlichen Verschlossenheit dafür als auch in einer großen Zustimmungsbereitschaft bestehen kann. Das gilt, sobald die Affekte „ontologisch" gesehen werden können, natürlich auch für jede wissenschaftliche Kommunikation. Es greift in den wissenschaftlichen Begriff von Wahrheit so gut hinein wie in den außerwissenschaftlichen. Die Idee einer auf „symmetrischen" Voraussetzungen aufbauenden Kommunikation träfe nur auf eine Kommunikation von Wesen zu, die von sich aus noch keine Überzeugungen mitbrächten, d. h. für Wesen, die sich nicht als freie Wesen selbst schon *je auf ihre Art* ein Bild von sich und von der Wirklichkeit gemacht hätten. Solch eine Idee kann also um der Freiheit willen auch nicht als „kontrafaktisches" Ideal[6] angesehen werden. Sie verfehlt die Realität und die Freiheit, oder die Realität der Freiheit, d. i. die des Menschen. Fichte hatte schon darauf hingewiesen, daß der Affekt, er nennt es „Trieb", sich in der Reflexion als wesentlicher und unaufheb-

[4] Heidegger, Sein und Zeit, S. 138f.

[5] Vgl. Aristoteles, Rhetorik, 1380a.

[6] Vgl. J. Habermas, Vorbereitende Bemerkungen . . ., in: J. Habermas und N. Luhmann, Theorie der Gesellschaft oder Sozialtechnologie, Frankfurt/M. 1971, S. 128.

barer *individueller* Ausdruck der Verwirklichung der Freiheit als des „höchsten Zwecks“ darstellt. „Aufhebbar“ ist diese individuelle Seite nur in einem von der Macht des Rechts erzeugten Rechtszustand, der die je individuellen, d. h. affektvollen Rechtsverständnisse *miteinander sein* läßt und dessen Zweck in der Gewährung solch einer „konkreten Freiheit“ von Individuen besteht, die je schon auf ihre eigene, freie Weise und nach ihrem Bild gerechter Verhältnisse auf sichtbare Anerkennung und Gewährung dieser Freiheit bedacht sind. Allein an diesem Zweck kann das Recht gemessen werden, nicht aber unmittelbar an der „Übereinstimmung“ mit dem Rechtsverständnis von Individuen. Von ihm her hat es seine Wahrheit als Recht. Es hat sie, insofern es geeignetes *Mittel* für das konkrete Zusammenseinkönnen von gegeneinander freien Individuen ist. Darin ist es in seinem Begriff, Recht zu sein, begründet und begrenzt.

Das Bewußtsein identifiziert sich damit. Es weiß sich einerseits im Recht als in seinem *gemeinschaftlichen Sein* mit anderem Bewußtsein; es hat an ihm sein Selbstbewußtsein als allgemeines unter einem „conceptus communis“, unter den es sich zugleich mit anderen subsumiert. Andererseits identifiziert es sich nicht mit ihm und betrachtet es nur als *Mittel zum Zweck* seines „eigentlichen“ Seins. Es ist, wenngleich es sich als freies auch nur innerhalb eines besonderen Rechtszustandes gegenständlich anschaut oder findet, in seinem Selbstbewußtsein über jede *besondere* Gegenständlichkeit hinaus. Es ist sich darin seiner selbst (als frei) bewußt, daß es sich von dem Objekt, in dem allein es sich als es selbst in einer Reflexion auf sich finden oder mit dem es sich identifizieren kann, zugleich unterscheidet, d. h. darin, daß es den Begriff der Wahrheit seiner selbst nach dem Schema einer Subjekt-Objekt-Relation hinter sich läßt. Mit diesem Schema läßt es zugleich die Gegenständlichkeit hinter sich, in der allein es sich *als Subjekt* und zugleich als in einer wirklich bestimmbaren *Gemeinschaft* oder als in einem objektiv faßlichen Konsensus mit anderen Subjekten befindlich *vorstellen* kann. Es reflektiert sich als Selbstbewußtsein an der Positivität dieser Gegenständlichkeit des Rechts als der konkreten Verfaßtheit seines Miteinanderseins auf sein Sein in Freiheit hin, um das es ihm im Recht geht. Das Recht ist die (gegenständliche) Bedingung dieser Reflexion über das *gegenständliche* Bewußtsein von sich selbst *hinaus*. Es ist nicht der Gegenstand, aber die gegenständliche *Bedingung* des Selbstbewußtseins. Das so reflektierte Selbstbewußtsein als Freiheit ist der Inbegriff dessen, worum es dem Selbst *überhaupt*, also sowohl in seiner Selbstauslegung als theoretisches Bewußtsein wie auch in seiner Selbstauslegung als praktisches Handlungssubjekt und *überhaupt in allem*, als was es sich je positiv selbst versteht und reflektiert, letztlich zu tun ist.

Der Begriff der Wahrheit im Sinne eines Attributs zu sprachlichen Gebilden wird sowohl in seinem konsensus- wie in seinem korrespondenztheoretischen Verständnis erst auf diesem Hintergrund konkreter Freiheit bestimmbar, in der Individuen in einem Zustand füreinander sind, in dem sie sich sowohl in einem Anerkanntsein ihrer Affekte als ihrer *individuellen* Disposition als auch in einer Offenheit *füreinander* zueinander verhalten können. Die sich gegenseitig voraussetzenden konsensus- und korrespondenztheoretischen Wahrheitsbegriffe haben in solch einem bestimmten oder besonderen *Dasein* konkreter Freiheit ihre gemeinsame Voraussetzung.

8. *Die Reflexion auf Bedingungen der Freiheit*

Wahrheit kann im Anschluß an solche Reflexionen nicht mehr als Übereinstimmung mit irgendwelchen Gegenständen verstanden werden, insofern sie überhaupt nur *als Gegenstände* angesprochen sind. Gegenstände sind *als solche* seit Kant als vom Subjekt her konstituiert zu denken, und dieses gegenstandskonstituierende Subjekt ist in der Weiterentwicklung der transzendentalen Überlegungen Kants nicht mehr allgemein als „das" transzendentale Subjekt zu verstehen, sondern näher als zunächst empirisches, einzelnes Ich, das seinen Status der Allgemeinheit nicht von einem ihm übergeordneten transzendentalen Subjektbegriff her bezieht, sondern lediglich dadurch erhält, daß es andere wie sich selbst je als bedingt ansieht und von anderen auch umgekehrt als wie sie selbst bedingtes Individuum anerkannt ist. Die Allgemeinheit besteht darin, daß die Individuen sich gegenseitig ihre *nicht* in die Reflexion hineinzuziehende und *nicht* auf einen Allgemeinbegriff zu bringende Individualität zugestehen und sich darin gegenseitig *frei* lassen. Die Reflexion auf Wahrheit muß sich also auf dieses „interindividuelle" *Verhältnis* beziehen. Es ist ihr wahrer Gegenstand. Aber die Individualität ist ja gerade als etwas nicht zu Vergegenständlichendes bestimmt. Jedes Individuum ist nur insofern als Individuum in einem solchen Verhältnis gedacht, insofern von einem anderen Subjekt *nicht* versucht wird, es auf *seinen* selbst als notwendig individuell begriffenen *Begriff* von Subjektivität und Individualität zu bringen. Die Reflexion auf Wahrheit kann sich also nicht direkt auf Individualität beziehen. Sie ist selbst individuell bedingte Reflexion, und sie reflektiert sich auf dieser Stufe der Entwicklung des Wahrheitsbegriffs auch selbst als solche. Sie kann das „interindividuelle" Verhältnis nur indirekt reflektieren, indem sie auf positive *Bedingungen* reflektiert, die es unter konkreten Umständen jeweils ermöglichen. Solche Bedingungen sind auf dieser Stufe der Reflexion auf Wahrheit der einzig mögliche *Gegenstand* dieser Reflexion. Es geht in ihr nicht um Gegenstände in ihrer Gegenständlichkeit überhaupt, sondern nur noch um Gegenstände, insofern sie als Bedingungen der individuellen Freiheit reflektiert sind. Gegenstände sind als solche nur insofern zugleich auch Gegenstände einer Reflexion auf Wahrheit, als sie in ihrem gegenständlichen Bestehen Freiheit bewirken und *dadurch* Wirklichkeit haben. Ihre Wirklichkeit ist nicht mehr als die Realität eines gegenüber dem Subjekt gleichgültigen, transzendenten Gegenstandes zu denken, sondern nur noch als um der Freiheit willen *gemachte*, zunächst als solche überhaupt nicht als objektiv gültig zu reflektierende *Voraussetzung*. Der willkürliche Voraussetzungscharakter wird allein dadurch aufgehoben und in den Charakter einer wahren und zu Recht gemachten Voraussetzung transformiert, daß sie sich in ihrer Wirksamkeit als Bedingung der Freiheit *bewährt* und diesen *Zweck* erfüllt. Sie hat ihre Wahrheit in einem teleologischen Bezug auf individuelle Freiheit als die jetzt allein noch als Wahrheit zu denkende Wahrheit.

Der Begriff der Freiheit wird damit zugleich seines rein noumenalen Charakters enthoben, den er bei Kant, auch innerhalb der „Rechtslehre", noch hat, wenn dort abstrakt die Freiheit als das „einzige, ursprüngliche, jedem Menschen kraft seiner Menschheit zustehende Recht" bezeichnet wird. Auf dieser Reflexionsstufe weiß sich das Individuum nicht mehr nur „kraft seiner Menschheit" *überhaupt* und also in einem Gegensatz zu seiner wirklichen Befindlichkeit als frei, in die hinein der einzelne doch schon geboren wird und in der er also auch nur „angeborene" Rechte haben kann[1]. „Angeborene" Freiheit ist immer auch konkrete, bestimmte, d. h. beschränkte Freiheit. Das Individuum versteht sich, wenn es sich als frei versteht, in dieser Reflexion nicht als etwas, zu dem es sich erst noch machen *soll*, ohne absehen zu können, wie es dies unter gegebenen Bedingungen denn machen *könnte*. Freiheit ist ihm nicht mehr nur ein paradoxer Begriff und eine im Grunde unerfüllbare und darum ewige Pflicht, sondern ein in seinen wirklichen Bedingungen faßbarer „Gegenstand" der Erkenntnis. In diesen Bedingungen kann sich das Individuum nicht nur als frei *denken*, sondern sich auch selbst in seiner konkreten Freiheit *finden*. Es handelt sich bei diesen Bedingungen der Freiheit zwar nicht um Gegenstände, die als solche von einem transzendentalen Begriff eines Gegenstandes überhaupt her bestimmt werden könnten. Sie werden als wirklich gedacht, insofern sie als Bedingungen dieser konkreten Freiheit gedacht werden, als das Wirkliche, das genau *diese* Freiheit möglich macht.

Diese Stufe der Reflexion ist im Anschluß an Fichte und in der Weiterführung der Resultate seines Denkens nicht mehr preiszugeben, wenn die Philosophie nicht hinter ihre eigenen Resultate zurückfallen will. Es erweist sich auch historisch, daß sie bei Schelling und bei Hegel bestimmend

[1] Kant, Metaphysik der Sitten, Einteilung der Rechtslehre, B.

geblieben ist. Bei Schelling ist jedoch nicht auch darauf reflektiert, daß Bedingungen der Freiheit zwar als reale Bedingungen gedacht werden müssen, aber nur als Bedingungen der Freiheit *dieses* Denkenden gedacht sein können und damit nicht als „real" Existierendes, wenn darunter das Existieren aus einem „realen", vom darauf reflektierenden Denken schlechthin verschiedenen Grund verstanden ist[2]. Hier ist eine Kantische kritische Einsicht außer acht gelassen, aus der heraus etwas nur insofern als etwas real Existierendes gedacht werden kann, als es als Gegenstand *überhaupt*, ohne nähere Bestimmung, d. h. als Bestimmung der Anschauung eines Gegenstandes überhaupt in Ansehung einer reinen Verstandesfunktion angesehen ist. Dagegen kann die Urteilskraft, wenn sie umgekehrt von einem demgegenüber bestimmteren Begriff ausgeht, um zu dem allgemeinen Begriff objektiver Realität zu gelangen, nur *reflektierend* (d. h. letztlich: teleologisch) sein. So denkt Schelling zwar entschieden von der Freiheit aus. Von diesem Ausgangspunkt des „Systems" aus reflektiert er auf Bedingungen der Freiheit, die nach ihm aber dennoch gerade nicht Produkte dieser Reflexion sein sollen. Die Reflexion setzt sie sich um eines möglichen *Begriffs* der Freiheit willen voraus. So ist zwar Freiheit bei Schelling nicht mehr wie noch bei Fichte nur ein Gegenstand des *Sollens* als einer unerfüllbaren Pflicht, die ihren Ewigkeits- und Absolutheitscharakter gerade aus ihrer Unerfüllbarkeit unter den jeweiligen wirklichen Bedingungen erhielte. Freiheit wird als etwas gedacht, was als das Wesen der Individualität menschlicher Personen wirklich *ist* und deshalb zusammen mit wirklichen Bedingungen seiner Existenz zu denken ist. Aber die Bedingungen, auf deren „Realität" somit reflektiert wird, *sollen* nun ihrerseits aller Reflexion auf sie „real" vorausliegen. Sie sollen unabhängig von der Reflexion eines individuellen Subjekts auf sie bestehen. Daraus,

2 Insofern kann Heidegger, im Sinne seiner Lehre von einer „ontologischen Differenz" zwischen „Sein" und „Seiendem", im Schellingschen Freiheitsbegriff eine Entsprechung zu seinem Seinsbegriff sehen: „Das Wesen des Menschen gründet in der Freiheit. Die Freiheit selbst aber ist eine alles menschliche Seyn überragende Bestimmung des eigentlichen Seyns überhaupt. Sofern der Mensch als Mensch *ist*, muß er an dieser Bestimmung des Seyns teilhaben, und der Mensch *ist*, soweit er diese Teilhabe an der Freiheit vollzieht" (M. Heidegger, Schellings Abhandlung Über das Wesen der menschlichen Freiheit, Tübingen 1971, S. 11). Bei Hegel ist die Freiheit als konkrete, anerkannte Freiheit, die der einzelne wirklich hat, „alle Wahrheit". Sie ist „daseiende" und als solche wesentlich bestimmte, *eingeschränkte* Freiheit, *wenn* „metaphysisch" von einem gar nicht *als wahr* zu begreifenden „reinen" „Begriff" unbeschränkter Freiheit ausgegangen wird. Die „Wahrheit" solch eines bloßen „Begriffs" wird bei Hegel mit seiner *konkreten Bestimmung* zugleich *negiert*. Sie hebt sich im Fortgang des Denkens zu dieser konkreten Bestimmung auf. Die bei Heidegger wie bei Schelling konstatierte „Differenz" erscheint in der Konsequenz des Denkens als sich im *existierenden* Begriff des wirklichen „Daseins" *aufhebende* Differenz. Zu dieser Problematik vgl. B. Liebrucks, Idee und ontologische Differenz, in: ders., Erkenntnis und Dialektik, Den Haag 1972, bes. S. 96ff.

d. h. aus diesem in ein logisches Sollen verwandelten Sollen der Pflicht folgt nun, daß die Freiheit, wenn sie überhaupt schon als etwas Wirkliches und deshalb mit real sein sollenden Bedingungen zusammengedacht wird, nicht nur *eine* reale Bedingung haben kann, sondern *einander entgegengesetzte reale* Bedingungen haben muß, zwischen denen das als frei gedachte Individuum in seinem Tun sich entscheiden können soll. Um der Freiheit willen ist das Reale unter entgegengesetzten Bestimmungen zu denken. Nicht nur das Gute, sondern auch dessen Gegenteil, also das Böse, muß dann als real vorausgesetzt werden. Da die weitere Entwicklung nicht ohne die Stufe des Schellingschen Denkens über die menschliche Freiheit zu verstehen ist, soll im folgenden in der gebotenen Kürze auf den Gedankengang der Freiheitsschrift Schellings eingegangen werden, aber wieder nur soweit, wie es in diesem Zusammenhang erforderlich erscheint. Es geht also auch hier nicht um eine möglichst angemessene Darstellung des Gehaltes dieser bedeutenden Schrift in allen möglichen Hinsichten, sondern um die Darstellung einiger Grundzüge zum Zweck der Erörterung der weiteren philosophischen Entwicklung des Wahrheitsproblems.

9. Der „dunkle“ Grund der Persönlichkeit nach Schelling

Auch bei Schelling ist die Freiheit „der herrschende Mittelpunkt des Systems“[1]. Aber die Freiheit ist hier Freiheit zum Guten *und zum Bösen*. Das Böse ist nicht nur als Privation des Guten verstanden, es hat selbst Sein. Damit unterscheidet sich Schelling von der überwiegenden Tradition, auch des Deutschen Idealismus, die das Böse nur als Privation des Guten verstanden habe und damit im Grunde das Gute und das Sein gleichsetzte. Der Begriff einer Freiheit zum Guten und zum Bösen setzt das Böse als etwas selbst Seiendes voraus. Als Ziel von Handlungen, die das Böse wollen (und nicht nur das Gute verfehlen), muß es selbst etwas sein, was außer dem Guten *ist*. Da es aber nicht von Gott kommen kann, entsteht die Frage nach seinem Ursprung, also das alte Problem der Theodizee.

Bei Schelling wird dieses Problem in der Tat auf eine neue Weise behandelt. Schelling fragt nach dem *Grund* für Gottes *Existenz*, statt sie einfach mit der Formel „causa sui“ vorauszusetzen. Er setzt nicht die Existenz Gottes als Existenz dessen, was unter dem bloßen Begriff Gottes

[1] Schelling, Philosophische Untersuchungen über das Wesen der menschlichen Freiheit und die damit zusammenhängenden Gegenstände (1809), Sämtliche Werke, ed. F. K. A. Schelling, Bd. VII, S. 336.

gedacht ist, voraus, um dann von dieser Voraussetzung, also letztlich vom bloßen Begriff Gottes her nach dem Grund des Bösen zu fragen. Vielmehr wird radikaler gefragt, indem auch schon nach dem *Grund* der *Existenz Gottes,* im Unterschied zu seinem bloßen Begriff, gefragt wird. Die Frage nach dem Grund soll nicht dadurch beantwortet werden, daß der Grund nur rein *formal* vom Begründeten unterschieden wird und nur formal als Grund dessen bestimmt wird, was zuvor begrifflich als das Begründete gefaßt worden ist, so daß der Grund *inhaltlich* als *dasselbe* wie das Begründete zu begreifen wäre. Er soll etwas *anderes* gegenüber dem *Begriff* des Begründeten, also etwas anderes als etwas Begriffenes sein. Der Grund der Existenz von etwas kann dann nicht aus dem Begriff abgeleitet werden, unter dem dieses etwas jeweils gedacht ist. Das gilt zunächst für den Grund der Existenz Gottes. Nach diesem Grund will Schelling nicht als nach einem „bloßen Begriff" (358) fragen, wie es „alle Philosophen" getan haben (357), sondern als nach einem „Reellen und Wirklichen". Er will also, der Mahnung Kants gemäß, „Existenz" nicht aus einem bloßen Begriff herausklauben. Das gilt auch für die Existenz des Menschen. Auch sie hat nach Schelling ihren realen „Grund" im *Unterschied* zum Begriff, und es gilt nicht nur für den Menschen selbst, daß er seinen Grund nicht in einer Durchsichtigkeit seines Selbstbewußtseins erfassen kann. Der Mensch hat seinen „realen" Grund auch im Unterschied zu seinem „idealen" Begriff, wie er im Denken Gottes begriffen werden kann, also im Unterschied zum Begriff überhaupt. Er „hat dadurch, daß er aus dem Grunde entspringt (kreatürlich ist), ein relativ auf Gott unabhängiges Prinzip in sich" (363). Der Mensch ist zwar aus Gott, aber Gott ist nicht nur sein Denken, sondern auch dessen „dunkler" Grund, wenn auch bei Gott dieser Grund völlig beherrscht ist und „unten" bleibt. Daß er beherrscht ist, hebt ihn nicht auf, sondern bewahrt ihn gerade in seiner von seinem Gedachtsein unterschiedenen Realität. Das Beherrschen ist gerade das Gegenteil eines „Aufhebens" ins Denken. Das völlige Beherrschen ist das völlige Begriffenhaben, daß der Grund *nicht* ins Denken „aufgehoben" werden kann (und folglich auch nicht ins Denken „aufgehoben" werden *soll*). Der Grund Gottes *und* der des Menschen sind „dunkel" und bleiben „dunkel". Das ist, nach Schellings Selbstverständnis, der Hauptunterschied zum übrigen Idealismus.

Es ist aufschlußreich, mit welchen Vorgängen Schelling das Heraustreten von etwas aus dem Grund in die Existenz oder in das „Licht" vergleicht. Er vergleicht es mit dem Erzeugen der Gedanken in der Seele: „So werden die Gedanken wohl von der Seele erzeugt; aber der erzeugte Gedanke ist eine unabhängige Macht, für sich fortwirkend, ja, in der menschlichen Seele, so anwachsend, daß er seine eigene Mutter bezwingt und sich unterwirft" (347). Zwar ist es auch nach Schelling so, daß Gott „spricht", und die Geschöpfe „sind da" (ebd.), aber sie entwickeln sich frei auf *ihrem* Boden, auf ihrem Grund, ohne den sie überhaupt kein Dasein hätten und, was für Schelling das Entscheidende ist, nicht frei *leben* könnten. Sie werden nicht als mechanistische Folge aus Gott verstanden. Es ist auch nicht so, daß das göttliche Wort bloß eine passive Materie *formen* würde, so daß es das allein Aktive wäre. Das Sprachmodell der „Information" hilft hier gerade nicht weiter. Man muß sich den Schellingschen Grund eher wie einen fruchtbaren, treibenden Humus vorstellen, als eine eigene Kraft. Das Böse soll sich ja ebenfalls als eine zu überwindende *Kraft* herausstellen.

Gott als „causa sui" hat seinen Grund in sich selbst (375), im Unterschied zu allen anderen Wesen, die ihn außer sich selbst haben. Aber, „weil immer ein Grund sein" (364) und Gott einen „ewigen" Grund (361) seiner Existenz haben muß, fällt Gott als existierend dennoch nicht mit seinem Grund zusammen. Er geht ewig aus seinem Grund hervor und nicht etwa, als bloßer Begriff, aus dem Denken. Aus ihm als einem selbst nicht ins Denken hereinzuholenden, sondern vom Denken als real vorauszusetzenden, also ewig dunkel bleibenden Grund geht er in seiner Differenz zum Geschaffenen hervor. Diese Differenz besteht darin, daß er sich in einem *Akt*, und zwar in *einem* Akt mit diesem Hervorgehen, diesen Grund unterwirft, so daß der Grund „unten" bleibt. Er beherrscht seinen Grund, während die geschaffenen Wesen mit ihrem Grund nicht ebensogut fertig werden, so daß er nicht ganz „unten" bleibt und nach oben wuchert. Diese zunächst bildliche Figur ist näher zu bestimmen, so wie überhaupt bei Schelling der Gedanke hinter dem Bildlichen zu suchen ist.

Der Grund ist von der Existenz verschieden, als *deren* Grund. Sonst folgte aus der gedanklichen Wesensbestimmung die Existenz, d. h. sie wäre ebenfalls nur ein Gedanke. Man kann also auch sagen: Gott denkt *sich*. Er denkt das *Reale*, aus dem heraus er *ist*. So denkt er sich nicht nur so, wie er sich *denkt*. Er hat nicht erst eine imaginäre Vorstellung von sich, von der aus er dann folgern würde, daß er in „Entsprechung" zu dieser Vorstellung sei. Sein Denken denkt vielmehr die eigene, dem Denken *vorausliegende Realität*. Es ist mit ihr in negativer Übereinstimmung; es deckt sie ganz ab. So ist nach Schelling die absolute Subjekt-Objekt-Identität in einem Selbstbewußtsein zu sehen. Sie ist nicht nur „idealistisch" als Bewegung vom Denken zur Realität, sondern zugleich „realistisch" als Bewegung der Realität zum Denken zu verstehen. – Doch diese Identität ist *für uns*, sowohl in unserem Denken Gottes wie im Denken unserer selbst, nicht möglich. Man könnte auch sagen, daß wir lediglich formal über solch einen Begriff von Identität und einen dementsprechenden Wahrheitsbegriff verfügten. Der Inhalt oder die Anschauung davon geht uns ab. Es ist auf dieser Stufe der Reflexion aber noch nicht begreiflich, inwiefern es solche anderen Wesen wie uns außer Gott und damit die Realität solcher Unmöglichkeit überhaupt gibt. Gott ist doch Inbegriff *aller* Realität. Der reale Grund Gottes müßte sich darin erschöpfen, *sein* ewiger Grund zu sein. Aber von diesem dunklen Grund haben wir überhaupt keinen Begriff. Selbst das Denken Gottes schöpft ihn nicht aus, sondern hält ihn nur „unten". Es schöpft ihn schon deshalb nicht aus, weil es *als Denken* gegenüber seinem Grund *frei* ist. Es ist nicht einfach dessen Nachobenkommen, sondern Denken als etwas, was der Grund *nicht* ist. Die Folge dieses Grundes ist etwas anderes als der Grund. Das Denken Gottes hält seinen Grund ja gerade dadurch „unten", daß es ihn nicht ins Denken hinaufnimmt. Nur so treibt, bzw. motiviert der Grund das Denken und bleibt zugleich sein Grund, d. h. er bleibt vom Begründeten verschieden. Wenn Gott nun will, daß außer ihm noch etwas anderes sei, dann folgt dieser Wille aus seinem Denken und, als aus einem zweiten Prinzip, auch aus seinem bzw. seines Denkens Grund, weil dieser Grund ja der von seinem Denken wesentlich verschiedene *Grund* seines Denkens ist. Alles, was aus seinem Denken folgt, folgt in anderer Hinsicht deshalb auch nicht aus seinem Denken. Daß Gott aber will, daß etwas anderes außer ihm existiere, ergibt sich aus dem „Communicativum sui" (397). Es ist seine freie Entscheidung um der Liebe willen, als Entscheidung zur „Offenbarung" seines Wesens nicht nur für sich, sondern auch für andere. Dieses aus dem Willen zur Offenbarung von ihm frei gewollte *andere* seiner selbst hat also, wenn es schon als seiend gewollt ist, dann auch *seinen*, d. h. einen selbständigen Grund, der sich nicht mit seinem bloßen Gedachtsein durch Gott decken kann. Es hängt „im Grunde" nicht mit dem *Denken*, sondern mit dem davon verschiedenen *Grund* des Denkens Gottes zusammen. *Wenn* Gott dieses andere *will*, dann will er es so, daß auch dieses andere am „dunkel" bleibenden Grunde partizipiert. Das muß notwendig so sein, insofern Gottes Freiheit gerade darin besteht, *daß* der Grund von ihm ganz beherrscht ist und ganz „unten" bleibt. Das gewollte andere muß damit seinen eigenen, dunklen Grund haben, den Gott zwar, indem er *allen* Grund beherrscht und unten hält, ebenfalls beherrscht, den er aber gerade deshalb „unten" hält und dadurch von seinem Denken trennt. Dieses andere Wesen bleibt deshalb auch gegenüber dem *Gedanken* Gottes frei, aus dem es gewollt ist. Der helle Wille Gottes, sich anderen gegenüber mitzuteilen, erregt zugleich ein Dunkles, Verschlossenes, gegen diesen hellen Willen Selbständiges. Das ist nach Schelling der Ursprung der *menschlichen* Freiheit, aus der heraus der Mensch nicht nur das im hellen Willen Gottes gewollte Gute, sondern auch das dem entgegenstehende Böse frei wählen kann. Das Böse wird gewählt, wenn diese Selbständigkeit oder Partikularität des Menschen gegenüber Gott im Willen des Menschen bestimmend wird, statt beherrscht zu werden. Sie sollte ja nur „Organ" der Liebe sein und nicht Zweck. Sie *kann* aber, da der Mensch frei ist, immer auch zum Zweck umschlagen. Im Gegensatz zur ganzen Tradition strebt der Mensch nach Schelling gerade nicht im Guten, sondern im *Bösen* danach, die ihn treibende „dunkle" Kraft in seine eigene Gewalt zu bringen (399), d. h. seinen partikulären Zwecken statt dem Zweck Gottes unterzuordnen. Das gelingt ihm aber nie, denn diese Kraft ist ihm nur „geliehen" (ebd.). Er würde sich ja, indem er sie in seine Gewalt brächte, selbst zu einem Gott, aber zu einem sich nicht offenbarenden, unkommunikativen Gott machen. Er wäre dann so böse, wie Gott böse wäre, wenn er sich, nachdem er seinen Grund beherrscht, nicht offenbaren wollte.

Der böse Mensch strebt danach, seinen Grund voll zu beherrschen, d. h. seinem *eigenen* Denken unterzuordnen. Sein Denken ist in dieser Absicht, sich selbst (als Selbst-bewußt-sein) zu denken, aber unmittelbar das Falsche. Es *kann* seinen Grund nicht denken, d. h. es ist wesentlich nicht reines Selbstbewußtsein, sondern freie *Imagination*. Es muß, was es auch immer als wahr oder falsch denkt, nach einer *Vorstellung*, die es sich zuvor gemacht hat, als wahr oder falsch denken. Da es freie Imagination ist, ist es „falsche Imagination" (λογισμὸς νόθος) (390). Es ist vom Denken Gottes, das den realen Grund voll abdeckt, verschiedenes, dagegen selbständiges Denken. Das Denken des Menschen ist nicht als solches gut. Es ist gut, indem es sich in der *Differenz* zu Gott und damit auch zur Wahrheit seiner selbst denkt und akzeptiert, und es ist böse, indem es reflexiv seine eigene, individuelle Wahrheit, d. h. seinen für es in Wahrheit unreflektierbaren Grund zu denken intendiert. Es ist böse, insofern es sich ein Bild von Gott und von sich selbst macht *und dieses Bild absolut nimmt,* „um selbst schaffender Grund zu werden" (ebd.), d. h. um keinen von dieser Imagination, wie es sie von sich aus macht, verschiedenen, von ihm nicht ins Denken heraufzuholenden *Grund* dieser Imagination mehr *sein* zu lassen. Das Böse ist bei Schelling also das Nicht-wahr-haben-wollen des dunklen Grundes. Man kann auch sagen, es sei die Gleichsetzung von Bewußtsein und Sein durch den Willen. Es kann sich hierbei nur um eine gewollte Identität und nicht um eine Seinsidentität handeln. Diese Identität kann, dem Schellingschen Ansatz nach, nur erstrebt, gewollt, aber nicht wirklich erreicht werden, weil der Grund der eigenen Existenz ihr „ewig" vorausgesetzt sein muß. Der Mensch kam aber um der Offenbarung Gottes willen zur Existenz. Nur in ihr hat er es mit seinem wahren Sein zu tun, nicht aber in seinem synthetischen Denken. Denkend imaginiert er nur. Im Denken setzt er sich seine *Vorstellungen* von der Wirklichkeit zusammen, so wie er selbst es *von sich aus* vermag, und er kann dabei nicht auch alle Bedingungen dafür, daß er dies gerade so und nicht anders tut, d. h. dafür, daß er gerade so denkt, wie er faktisch denkt, in die Helle des Bewußtseins heben.

Der Mensch hat einen *anderen* Grund als den, den er selbst denken kann, und dieses andere ist auch Grund seines Denkens. Wenn das nach Schelling der Offenbarungswille Gottes ist, so ist aber zu bedenken, daß Schelling nicht etwa die Schrift, sondern die Natur als den eigentlichen Ort der Offenbarung ansieht (395). Das „Wort" ist „in die Natur ausgesprochen", und mit „Natur" ist hier nicht ein Gegenstand gemeint, wie er für den Verstand in dessen Kategorien in ihrer Anwendung auf unsere transzendentalen Formen der Anschauung konstituiert wird. „Natur" ist „keineswegs vermöge einer bloß geometrischen Notwendigkeit da" (ebd.). Sie hat ein „irrationales Verhältnis" zum Verstand (396), und gerade darin ist zu erkennen, daß alles Geschehene „nicht nach einer abstrakten Notwendigkeit", sondern „vermöge der Persönlichkeit Gottes" geschieht (ebd.). Die Natur, insofern der menschliche Verstand sie *nicht* erfaßt, offenbart Gott als eine freie Persönlichkeit, die zum Menschen spricht, aber so, daß der Mensch *als ebenfalls freier Zuhörer* sich seine Vorstellungen auf *Grund* des Gesagten macht und machen muß. „Der erzeugte Gedanke ist eine unabhängige Macht" (s. o.). Indem die eigene Art und Weise des Auffassens nicht verabsolutiert, sondern *als* freie, eigene, bedingte Auffassung reflektiert wird, ist Gott da, d. h. es steht nicht eine mechanistisch verstandene Natur entgegen, sondern es stehen sich freie Persönlichkeiten gegenüber. Das Verhältnis zu einer *Persönlichkeit* stellt sich her, indem gewußt ist, daß der *Grund* der eigenen Auffassung *wesentlich nicht* gewußt ist und er also auch nicht, um zu dem Begriff eines dinglich objektiven Gegenüber zu kommen, als der „subjektive" Anteil am Auffassen abgezogen werden kann.

Der Begriff der Persönlichkeit bedeutet bei Schelling die „Verbindung eines Selbständigen mit einer von ihm unabhängigen Basis" (394). Diese Verbindung muß so geschehen, daß die Basis oder der Grund, der das Selbständige trägt, „unten" bleibt, oder dadurch, daß das Selbständige kraft eigener Tat diese Basis beherrscht und als vom Grund Verschiedenes aus ihm hervorkommt. Das Irrationale, die Triebe und Leidenschaften, überhaupt das Leben ist zwar die tragende Kraft. In der Persönlichkeit ist diese Kraft oder dieser „dunkle" Wille aber ganz geformt und durch den freien Willen gerichtet. Wenn nun der freie Wille Gottes sich im „Communicativum sui" zeigt, so ist Gott dadurch Persönlichkeit, bzw. er „macht" „sich erst" dadurch persönlich (395), daß er die causa sui ganz auf dieses Ziel hin transformiert. Er formt seine Materie, aus der er sich dadurch formt, auf dieses „Communicativum" hin. Da dies bei Gott vollständig geschieht, ist Gott auch als vollständige „Liebe" zu verstehen. Das heißt nun, daß kein weiterer Zweck als der, sich mitzuteilen, also kein

„egoistischer“ Zweck, wie er in einer causa *sui* noch angesprochen ist, mehr „nach oben“ kommt. Gott ist der ewige Sieg des „Communicativum sui“ über die causa sui. Das heißt aber auch, daß die Natur insofern Offenbarung ist, als das reine *Daß* der Mitteilung jedes partikuläre inhaltliche *Was*, wie der Urheber es *bei sich* konzipierte, überformt, wenn die Mitteilung sich überhaupt (als Mitteilung an andere *Personen*) vollenden soll. Jedes Was wird vom Menschen freitätig oder produktiv, auf *seine* Weise, verstanden. Der Mensch kann nur gemäß dem Vermögen *seines* Verstandes die Natur verstehen, und er muß sie sich in Imaginationen *übersetzen*, um sie sich dadurch erst einmal *seinen* begrifflichen Möglichkeiten gemäß vorzustellen. Nur so kann er die Probleme lösen, die sich für ihn im Umgang mit der Natur ergeben. Insofern sich dabei aber wesentlich immer neue Probleme ergeben und das irrationale Verhältnis des Verstandes zur Natur deutlich wird, wird die „Persönlichkeit“ deutlich, die hinter diesen „Mitteilungen“ der Natur steht. Es wird etwas Unerschöpfliches deutlich, etwas *Individuelles*, das sich nicht von den gemachten Imaginationen oder Hypothesen her „erklären“ und nicht in eine dem Menschen mögliche Klarheit heben läßt.

Aber eben um dieser Mitteilung willen kann der Mensch nicht ebenso „Persönlichkeit“ sein wie Gott. Die Mitteilung bedarf eines anderen, dem gegenüber sie sich mitteilt. „Wäre nun im Geist des Menschen die Identität beider Prinzipien“, der „causa“ und des „Communicativum“, „ebenso unauflöslich als in Gott, so wäre kein Unterschied, d. h. Gott als Geist würde nicht offenbar. Diejenige Einheit, die in Gott unzertrennlich ist, muß also im Menschen zertrennlich sein, – und dieses ist die Möglichkeit des Guten und des Bösen“ (364). – In Gott ist die „causa sui“ ewig bewältigt und auf das „Communicativum“ als auf den finis sui hin ausgerichtet. Wenn *dies* nun mitgeteilt werden soll, d. h. wenn diese Ausrichtung einer unbestimmten Kraft auf dieses bestimmte Ziel hin, das ja das Sichmitteilen *als solches* ist, in sich stimmig sein soll, dann muß etwas sein, *dem* dieser Geist der Mitteilung überhaupt sinnvoll mitgeteilt werden kann.

Dieses andere ist also nicht nur als etwas anderes schlechthin, sondern als etwas *Mitteilungsbedürftiges* zu denken. Wäre es nur ein schlechthin anderes gegenüber dem ersten, so wäre dieses erste ebensogut ein anderes diesem anderen gegenüber. Es bestünde kein wesentlicher Unterschied. Daher muß im Menschen, im Unterschied zu Gott, der die causa sui oder das egoistische Prinzip in sich ganz beherrscht und ganz in das „Communicativum sui“ transformiert, noch ein „Kampf“ stattfinden. Es muß in ihm noch unentschieden sein, ob der Geist der Mitteilung über ein nach oben drängendes partikuläres Prinzip siegen wird. Nur dann ist er noch *offen* für die Mitteilung des *Geistes* der Mitteilung, d. h. nur dann kann dieser Geist überhaupt wirklich werden. Der Mensch muß also auch die Möglichkeit des Bösen haben, als die Möglichkeit, das Ganze auch von den *ihm* möglichen Vorstellungen und den eigenen Voraussetzungen zum Verständnis der Natur (Hypothesen) her ganz verstehen zu *wollen*, indem er das Prinzip einer ihm *mitgeteilten* „Weisheit" (vgl. Schellings Berufung auf diesen Leibnizschen Begriff, 396) aus seinem Begriff der Wahrheit ausschließt. Da er dies aber doch schließlich nicht kann, ist ein daran orientierter, „methodischer" Erkenntnisbegriff nach Schelling lediglich auf einen *Willen* gegründet, eben auf den bösen Willen von „gänzlicher Unrealität" (405). Aber als Wille muß er hier möglich sein, weil sonst, „damit . . . das Böse nicht wäre", „Gott selbst nicht sein" müßte (403). Das Böse ist, als Wille, ein Urprinzip in der Persönlichkeit des Menschen als des Partners des göttlichen Geistes der Mitteilung. Der Mensch muß, um freier Partner sein zu können, in sich selbst einen dunklen Grund haben, in den niemand, auch nicht Gottes Wille, eindringt. Dieser Grund ist an sich noch nicht böse, sondern der Grund auch des Guten, insofern er eben Grund *bleibt*. „Das Gefühl ist herrlich, wenn es im Grunde bleibt" (414). Er ist aber nur insofern wirklich als Grund, in den niemand eindringt, begriffen, als er nicht nur statisch als ein unteres Stockwerk vorgestellt ist, sondern als freitätiger Grund begriffen ist, der *auch* nach oben kommen kann, weil man ihn ja nicht allgemein, d. h. nach den verstandesgemäßen Bestimmungen der Natur, berechnen kann. Er ist „ineffabile". Man weiß nicht, wie ein Echo aus ihm zurückkommt und ob sich ihm der Geist der Mitteilung mitteilen kann. Er kann auch als Eigenwille erscheinen, als Wille, ausschließlich von sich aus die Dinge zu „er-klären", d. h. die eigene Auffassung oder Perspektive der Mitteilung absolut als Erklärungsgrund dafür, wie es wirklich sei, voranzusetzen.

Das Böse muß sein, weil die Mitteilung, ihrer eigenen Logik nach, sich an *andere* richtet und deshalb auch scheitern können muß. Sonst wäre sie nur Information: Versetzen des anderen als einer bloßen Materie in die forma mentis des Informierenden. Bei Schelling ist dies universalisiert. Es ist nicht davon die Rede, daß dies bei einer Mitteilung zwischen Menschen so sein muß, wenn sie als Individuen miteinander reden. Vielmehr ist ganz allgemein gesagt, daß sich der *Geist* der Mitteilung überhaupt noch nicht habe mitteilen lassen, wenn Mitteilung als Mitteilung „desselben" verstanden wird und von diesem Sprachbegriff aus *gewollt* ist, daß der andere ungeachtet seiner Individualität und seines eigenen Verstehensgrundes (Verstehenshintergrundes) dieselbe Vorstellung wie man selbst haben sollte. Der Geist der Mitteilung ist ja als Beherrschung des Grundes und damit auch als Beherrschung der Verabsolutierung des je eigenen Verständnisses begriffen. Das muß dann sowohl für das Verständnis des Sprechenden gelten, soweit es notwendig das unreflektierbar eigene Verständnis ist, wie auch für das, was sich der Angesprochene dabei von sich aus *vorstellt*. Ausschlaggebend ist allein die gelungene Kommunikation, bei der das Gesagte für jeden nur auf dem unausschöpflichen Grund seiner Individualität und nicht unter deren Negation etwas *bedeuten* kann.

Bei aller „Freude“[2] darüber, daß es individuell, d. h. auch: temporär zu gelingen *scheint*, subjektiv oder „intersubjektiv“ eine Einheit in die Mannigfaltigkeit der Naturerscheinungen zu bringen, indem sie vom eigenen bedingten Wissen her „erklärt“ werden zu können scheinen, bleibt doch auch ein Wissen darüber, daß solch eine Freude zufällig ist und nicht endgültig sein kann. „Der Mensch bekommt die Bedingung nie in seine Gewalt, ob er gleich im Bösen danach strebt“. Er kann nicht die Bedingungen, unter denen ihm jeweils etwas wahr zu sein *scheint*, zugleich reflektieren. Er kann deshalb auch „seine Persönlichkeit und Selbstheit nie zum vollkommenen Actus erheben“. Die gnoseologische Unmöglichkeit einer solchen transzendentalen Reflexion und die Unmöglichkeit der *Vollendung* als sittliche Persönlichkeit haben denselben Grund. Daraus resultiert „die allem endlichen Leben anklebende Traurigkeit. . . . Daher der Schleier der Schwermut, der über die ganze Natur ausgebreitet ist, die tiefe unzerstörliche Melancholie alles Lebens“[3]. Die Trauer kommt daher, daß das „Böse“ sich nicht vollenden kann, daher, daß die Menschen um des Geistes der Mitteilung willen nicht wie Gott ganz Persönlichkeit sein können. Sie kommt letztlich aus Gott selbst; bei ihm aber ist sie überwunden, und die Freude darüber ist der eigentliche „Gegenstand“ der Mitteilung. Sie möchte mitteilen, daß nichts daran liegt, die *Bedingung* seiner selbst, wie es das Böse möchte, *selbst* in die Gewalt zu bekommen, sondern daß es die Wahrheit für die Menschen sei, den Grund, aus dem sie leben, gelassen Grund *sein* zu lassen und seine vitale Kraft in die Mitteilung der Freude umzusetzen, statt andere über die eigene, in ihrer Verabsolutierung wesentlich „falsche Imagination“ so informieren zu wollen, daß sie sich aufgrund dieser Information ebenfalls „dasselbe“ vorzustellen und es zu imaginieren hätten, statt es, wie sie es notwendigerweise wirklich tun, aus *ihrem* Grund aufzunehmen, der für sie selbst und für andere undurchdringlich bleibt.

Nach Schelling ist das Böse nicht, wie in der Tradition und vor allem noch bei Leibniz, nur ein Nichtsein oder nur Mangel an Vollkommenheit. Sein Prinzip ist nicht die Negation, sondern die „Zertrennung“ (370), „Schwanken“ (366) zwischen Sein und Nichtsein. Während „Grund“ und

[2] Vgl. Kant, Kritik der Urteilskraft, XXXIV.

[3] Schelling, Philosophische Untersuchungen über das Wesen der menschlichen Freiheit, S. 399.

„Existenz“ bei Gott durch Unterordnung des Grundes unter die aus ihm hervorgehende, vom Grund verschiedene Existenz eine Einheit bilden, fallen sie beim Menschen auseinander und damit in Unordnung. Gott bewirkt von sich aus diese Einheit. Er *ist* sie nicht unmittelbar, sondern nur dadurch, daß er sie bewirkt, so daß der Gegensatz zu dieser *bewirkten* Einheit nicht die nichtseiende Einheit ist, sondern die unbewirkte, nicht bewältigte, nicht zustande gebrachte Einheit, als eine Einheit, die *nur gewollt* ist. Das Eigentümliche Schellings, das ihn von der ganzen Tradition unterscheidet, besteht in dem Gedanken, daß der böse Mensch dieses Sein in der Zerstreuung nicht akzeptiert, sondern von sich aus die bei ihm von Grund auf unmögliche Einheit *will*, wie Gott sie für sich von sich aus *erreicht*. Es ist bei Schelling also nicht so, daß die Einheit moralisch *gesollt* wäre. Es ist vielmehr das Böse, das sie als eine Einheit will, die unmöglich sein und deshalb auch nicht gesollt sein kann, weil sie als von der Einheit Gottes verschiedene Einheit eine partikuläre Einheit sein müßte. Das Böse besteht darin, daß ein partikulärer Wille von *sich aus gut sein will* wie Gott. Ein solcher Wille zur partikulären Einheit würde, wenn er an sein Ziel käme, *alle* vitalen Kräfte in einem Menschen sich unterordnen und sich damit gegen die Offenbarung verschließen, um derentwillen der Mensch gerade nicht ist wie Gott. Es wäre der Wille zur Autarkie. Der Mensch soll nicht vollkommen sein, sondern *so* sein und sich *so* wollen, wie er *ist*. Er hat den Grund seiner Existenz in dem göttlichen Offenbarungswillen. Damit hat er einen Grund, der als solcher nicht durch einen partikulären Willen, d. h. nicht durch den eigenen Willen beherrscht sein *kann*. Im Unterschied zur Moralphilosophie Kants und zur Sittenlehre Fichtes haben sich die Gewichte umgekehrt. Die Praevalenz eines von der Vernunft bestimmten Sollens gegenüber der realen Befindlichkeit ist dadurch aufgehoben, daß die menschliche Vernunft als solche als durch *reale*, nicht in die Reflexion heraufzuholenden *Bedingungen* bedingte Vernunft gedacht ist. Sie ist nicht „reine“ Vernunft.

In diesem Zusammenhang beruft sich Schelling auf Hamann (401). Die „Leidenschaften“ haben ihre *eigene* Wahrheit gegenüber ihrem Beherrschtsein durch den eigenen Willen. Sie sind *gut*, gerade insofern sie nicht dem eigenen Willen untergeordnet, sondern ihm entgegengesetzt sind und als Kräfte der Offenheit für die Mitteilung wirken. Wie bei Hamann kann somit von einer Wahrheit des Emotionalen gegen den „eigenen“ Verstand im Sinne der Aufklärung die Rede sein. Das Emotionale hat eine gegen den Verstand gerichtete Wahrheit, insofern das Ziel dieser Kraft das „Communicativum“ ist, das die auf der Imaginatio aufbauende jeweilige *Synthesis* des Verstandes auflöst, indem sie sie in dieser Form als das „Falsche“ „weiß“. Es zerstört die Form, in der sich das Subjekt *von sich aus* der Wahrheit zu vergewissern sucht[4]. Auch bei Schelling sind die Leidenschaften nicht als solche, in ihrem bloßen Durchbruch an die Oberfläche, schon gut, sondern nur, insofern sie diese Funktion des Einbrechens in das „falsche“ Bewußtsein haben, das sich „methodisch“ als autark versteht und sich von seinen bedingten Möglichkeiten aus systematisch gegen die Erfahrung des Individuellen oder Persönlichen abdichten will, indem es das eigene System oder Weltbild mit aller Wirklichkeit identifiziert.

Es soll noch einmal betont werden, daß dies eigentlich keine Polemik gegen den Cartesianischen Methodenbegriff sein kann, denn dieser Methodenbegriff ist keineswegs mit einer solchen Tendenz zur Identifizierung des jeweiligen Bildes von der Realität mit aller Realität gleichzusetzen. Er hängt wesentlich mit der Reflexion zusammen, daß der Mensch sich wegen seiner *Unvollkommenheit* die Wirklichkeit methodisch zurechtmachen muß, wenn es ihm überhaupt um für ihn mögliche und faßliche Lösungen von *Problemen* zu tun ist, wie sie sich *für ihn in seiner bedingten Lage* ergeben. Die Cartesianische Methode ist eine Methode zur Lösung menschlicher Probleme mit menschenmöglichen Mitteln. Darin hat sie wesentlich ihre bedingte Zweckmäßigkeit, die allein ihr Maß ist. Eher wäre schon an die Kantische Identifizierung von Objektivität (und als solche verstandener Wahrheit) mit dem von unserem Verstand kategorial bestimmten Anschauungsgegenstand zu denken. Aber auch Kant spricht von einem Ansehen „*als* bestimmt“, und vor allem die Kritik der („sogenannten“) empirischen Naturgesetze, wie sie in bezug auf die Zufälligkeit der Inhalte solcher Gesetze in der „Kritik der Urteilskraft“ vollzogen wird, verbietet es, Kant hierhin zu rechnen. Im „Deutschen Idealismus“ und näher bei Schelling kommt nur eine philosophische Entwicklung bestimmter zum Ausdruck, die schon im Grundansatz des modernen Denkens, das zuerst in Descartes' Begriff von Wahrheit und Wissenschaft deutlich greifbar wird, beschlossen war: Es zeigt sich, daß Wahrheit als die Wahrheit freier Persönlichkeit in ihrem *Einspruch* gegen geltende Systeme und deren durch die Verabsolutierung ihrer bedingten Zweckmäßigkeit entstehenden Zwänge gedacht werden muß. Insofern die logische Konsequenz, die immer deutlicher zu diesem Begriff der Wahrheit führt, als solche dargestellt wird, kann man hierin keinen Irrationalismus sehen, sondern nur die philosophische Kritik eines in seinem absoluten Anspruch unhaltbaren *Versuches* zur Rationalität.

Insofern die Wahrheit jeweils vollzogener Synthesis (auf dem Boden der Übersetzung der Probleme durch die produktive Einbildungskraft in

[4] Vgl. die „Zerstörung“ des Urteils durch den „spekulativen Satz“, Hegel, Phänomenologie des Geistes, S. 51.

eine Gestalt, in der solche Synthesis möglich wird) die Satzform hat, ist die bei Schelling bestimmte Wahrheit des Emotionalen die Wahrheit dessen, was diese Form in Bewegung setzt. Die Emotion für die Wahrheit bewegt den Begriff aus den Formen heraus, in denen er sich *als* wahr festzusetzen droht, weil die nur bedingte Zweckmäßigkeit des Begriffs innerhalb dieser Form in Vergessenheit gerät. Die Emotion bewegt den Begriff aus seiner Identifikation mit seiner vorübergehenden Form hinaus und verweist damit auf den Zusammenhang des Satzes im Ganzen der Kommunikation, d. h. auf den Schwebezustand „seiner" *Bedeutung* „zwischen" den individuellen Verständnissen als dem, was er individuellen Persönlichkeiten in deren je eigenem Verständnis bedeutet. Die Satzform täuscht eine „identische", von diesem „Zwischenzustand" zwischen Vorstellungen zu abstrahierende und in *eine („intersubjektive")* Vorstellung zu fassende Bedeutung vor. Die beteiligten Personen nehmen den Satz so auf, wie sie ihn von ihren individuellen, mit Schelling zu sprechen, „dunklen", unreflektierbaren Verstehens(hinter)gründen her aufnehmen. Darin sind sie, wie Hegel sich ausdrückt, „undurchdringliche, atome" Persönlichkeiten[5]. Das „Dunkle" der Persönlichkeit[6] ist nichts weiter als die Instanz gegen ihre Auflösung in einer *Ansicht* von ihr.

Der Kern dieser Schellingschen Reflexionen besteht aber darin, daß der „Grund" als „Anfang", wenn auch nicht als das Wahre, so doch auch nicht schlechterdings als „Nichts" bestimmt ist. Aus der Sicht der „Logik" Hegels ist das kein *voraussetzungsloser* Anfang des Philosophierens und folglich ein selbst bedingtes Philosophieren. Bei Hegel ist das unbestimmte Sein und das Nichts „dasselbe". Das Unbestimmte kann also nur zum Schein *sein*, weil es noch nicht „etwas" (bestimmtes Sein) ist. Die Logik des unbestimmten Seins zeigt, daß man mit ihm in Wahrheit nicht den Anfang machen kann, sondern daß der Anfang *etwas* (Bestimmtes), ein Seiendes sein muß, auch wenn man zunächst, gerade um nicht bei einem schon Bestimmten anfangen zu müssen bzw. um wirklich *anfangen* zu können, unmittelbar beim Unbestimmten den Anfang machen zu müssen glaubte[7]. Schelling fängt dagegen systematisch bei der Ungeschiedenheit von Grund und Existenz an, bei ihrer „Indifferenz" oder beim „Ungrund", wie er diese Indifferenz auch nennt[8]. Er fängt also, im Unterschied zu Hegel, nicht mit dem an, das man als absoluten Anfang *denken* kann, sondern mit einem allem Denken (von etwas Bestimmtem)

[5] Vgl. o. S. 290ff.

[6] Schelling, Philosophische Untersuchungen über das Wesen der menschlichen Freiheit, S. 413.

[7] Vgl. Hegel, Wissenschaft der Logik, I, S. 66ff.

[8] Schelling, Philosophische Untersuchungen über das Wesen der menschlichen Freiheit, S. 406.

unbestimmt Vorausliegenden, das man als solches *nicht* denken kann. Wenn immer das *Denken* anfängt, muß es dieses Undenkbare, den „Ungrund“, diesem Anfangen oder sich selbst *als* Undenkbares voraussetzen, und indem es als Denken anfängt, muß es zwei verschiedene Anfänge denken: Der „Ungrund“ kann nicht anders als Anfang *gedacht* werden, als daß er „in zwei gleich ewige Anfänge auseinandergeht“ (408). Im „Ungrund“ *ist* also auch der Grund, den das Denken, sobald es als solches anfängt, als Grund von der Existenz unterscheidet. Man kann dies zwar nicht „prädizieren“, wenn man damit sagen will, er sei als Gegensatz zur Existenz, bzw. im Gegensatz zu ihr *der* Anfang (407), und die Existenz sei dies also nicht. Aber man kann doch sagen, er *sei* als Grund (so gut wie die Existenz) im Anfang (ebd.). Der Grund *ist*, wenngleich er nicht die Existenz, sondern ihr Grund und damit von ihr verschieden ist. Nach Hegel wäre hier noch nicht ersichtlich, wie man von einem ganz unbestimmten „Ungrund“, der noch nicht als Grund gedacht ist, zu der bestimmten Kategorie des „Grundes“ und dessen Unterschied zu der aus ihm begründeten „Existenz“ mit allen Implikaten, die dieser Begriff bei Schelling annimmt, kommt. Es bleibt unklar, wieso dieser Unterschied, aus dem sich dann z. B. Schellings Theorie von der Realität des Bösen und der damit zusammenhängende Freiheitsbegriff ergeben, aus *logischen* Gründen gemacht werden *muß*. Hegels „Logik“ kommt dagegen erst in ihrem zweiten Teil, im Zusammenhang mit dem Wesen als *Reflexion*, zur Logik der Grundbeziehung. Hegel handelt in der Logik des Grundes zunächst von der reinen Form der Grundbeziehung und argumentiert, es sei „*nichts im Grunde*, was nicht im *Begründeten ist, so wie nichts im Begründeten*“ sei, „*was nicht im Grunde ist*. Wenn nach einem Grunde gefragt wird, will man *dieselbe* Bestimmung, die der *Inhalt* ist, *doppelt* sehen“[9]. Dies ist nach Hegel zunächst die „formelle“ Grundbeziehung. Weil in dieser Beziehung aber jede Seite „*in ihrer Bestimmtheit* die Identität des Ganzen mit sich“ ist, hat jede „einen gegen die andere *verschiedenen Inhalt*“ (82). Damit wäre man erst bei der Schellingschen Bestimmung des „realen“ Grundes. Der „reale“ Grund, wie Schelling ihn einfach voraussetzt, ergibt sich nach Hegel in seiner realen und nicht nur formellen *Verschiedenheit* gegen das Begründete dadurch, daß jede Seite nur so *zu denken* ist, daß sie zunächst *formell* von der anderen unterschieden ist. Sie hat, insofern sie gedacht ist, also logisch, die ganze *formelle* Grundbeziehung *an ihr selbst* und ist damit von der anderen Seite *real* zu unterscheiden. *Jede* Seite hat *an ihr selbst* schon die Bedeutung, auf die andere Seite der Grundbeziehung zu verweisen. Sie verweist damit formell auf die andere als auf etwas *nicht nur formell*, sondern *real* von ihr Verschiedenes.

[9] Hegel, Wissenschaft der Logik, II, S. 78.

Die Realität wird als „bestimmte Negation" der Idealität gedacht, sie hat ihre Bestimmtheit *als* real von einem zunächst nur formell gemachten oder von außen herangetragenen kategorialen Unterschied her. Mit Descartes könnte man sagen: sie ist ohne Bezug auf die andere als auf eine von ihr selbst real verschiedene Seite in ihrer *eigenen* Bestimmtheit nicht klar zu denken und stellt somit an ihr selbst eine *notwendige* Beziehung auf die jeweils andere Seite dar. Hegel nennt den auf diese Weise, d. h. nur als bestimmte Negation einer formellen Unterscheidung kategorial gefaßten „realen" Grund die *„äußerliche Reflexion* des Grundes" (90). Die logische Notwendigkeit, den Grund vom Begründeten real zu unterscheiden, *besteht,* aber sie besteht nur im Sinne einer äußerlichen Betrachtung. Die Reflexion ist *selbst*, d. h. durch etwas anderes als durch das Ansich des Reflektierten, begründet, nämlich durch die (unreflektierte) Bedingtheit der Reflexion selbst, die wegen dieser Bedingtheit sich der reflektierten Sache gegenüber, die bei Schelling Gott sein soll, *äußerlich* verhält. Sie trägt ihren von ihr nicht reflektierbaren, bedingten Standpunkt an das Reflektierte heran, und nur unter dieser *Bedingung* ergibt sich die *Notwendigkeit*, von der Existenz den realen Grund zu unterscheiden. Schelling gegenüber wird so die Unterscheidung zwischen Grund und Existenz im Absoluten als Angelegenheit einer *äußerlichen Hinsicht* auf die Sache bestimmt. An ihm selbst hätte das Absolute demnach diesen Unterschied, der die eigentliche Grundlage der Schellingschen Begründung der Freiheit als Freiheit zum Guten *und* zum Bösen ausmacht, nicht. Diese Unterscheidung ist nach Hegel nur vorausgesetzt und an das Absolute herangetragen, *damit das Bedingte sich sein Problem lösen kann*, wie es sich ihm in seiner bedingten Betrachtungsweise darstellt. Sie hat einen Sinn nur in diesem Zusammenhang, in dem es um die Lösung von Problemen geht, die einem bedingten Fragen entspringen. So hat sie auch nur diesen bedingten Sinn.

Wenn die Unterscheidung zwischen Grund und Existenz eine Unterscheidung ist, die nur unter einem herangetragenen, beschränkten Gesichtspunkt notwendig ist, betrifft sie keinen Unterschied im Absoluten selbst. Sie stellt sich dann nur *für uns* als notwendig dar. – Als Unterscheidung im Absoluten selbst ist sie nur zu verstehen, wenn man sagt, daß das Absolute sich selbst für uns und *unserer Bedingtheit gemäß* darstelle. In der Tat stellt Schelling es so dar. Gott selbst macht sich uns gleich. Er muß „Mensch werden". „Denn nur Persönliches kann Persönliches heilen"[10]. „Mensch werden" heißt: er muß sich von sich aus zu dem machen, als das wir ihn notwendig denken, wenn wir ihn denken. Die

[10] Schelling, Philosophische Untersuchungen über das Wesen der menschlichen Freiheit, S. 380.

äußere Reflexion muß zugleich als innere Bewegung Gottes verstanden werden können. Ihre Äußerlichkeit hat ihren *Grund* in der Bedingtheit der Reflexion, insoweit diese Bedingtheit in *derselben* Reflexion nicht selbst wieder reflektiert werden kann. Sie leitet sich davon ab, daß die Reflexion selbst einen ihr dunkel bleibenden Grund hat. – Wenn nun das Absolute sich selbst so manifestieren muß, daß solch eine bedingte Reflexion bei ihrer für sie selbst undurchsichtigen Bedingtheit doch nicht nur äußerlich bleiben, sondern Erkenntnis sein soll, dann muß die „entgegenkommende“ Bewegung des Absoluten als eine zu ihm selbst gehörige Bewegung gedacht werden. Es muß vorausgesetzt werden, daß diese Bewegung keine „bloß entgegenkommende“ *Verstellung* des Absoluten ist. Diese Bewegung kann, wenn die Reflexion überhaupt als Reflexion des Absoluten gedacht werden soll, also nicht so gemeint sein, daß sie nur dem bedingten Zweck diene, der Reflexion entgegenzukommen. Das Absolute ist entweder überhaupt nicht zu denken oder es muß als ein sich *von sich aus* der Reflexion auf es entgegenbewegendes Absolutes gedacht werden. Wenn überhaupt Wahrheit gedacht werden können soll, dann muß sie als solch eine *Bewegung* gedacht werden. D. h. nun aber auch, daß der Gegenstand der Reflexion notwendig so zu denken ist, daß er sich von sich aus aus der Unbedingtheit in die Bedingtheit hinüberbewegt. Der Gegenstand einer Reflexion, die sich als Reflexion auf Wahrheit versteht, muß also erstens als ein sich bewegender Gegenstand gedacht werden. Die Wahrheit kann um ihres reinen Begriffs willen, sozusagen aus „transzendentallogischen“ Gründen, schon gar nicht statisch gedacht werden. Zweitens muß sie darüber hinaus als Manifestation in einer endlichen, bedingten *Vorstellung* gedacht werden, in die sie sich jeweils hineinbewegt. Sie ist als Aufhebung ihres Unterschieds (ihrer „ontologischen Differenz“) zu bedingten, individuellen Vorstellungen zu denken.

Bei Schelling ist aber philosophisch an diesem Unterschied festgehalten. Nur dadurch kann die Realität des Bösen und Freiheit als Freiheit zum Guten *und* zum Bösen gedacht werden. Damit die philosophische Reflexion aber dennoch nicht als nur äußere Reflexion verstanden werden muß, bedarf es bei Schelling des in der Vorstellung bleibenden Bildes des Entgegenkommens ihres Gegenstandes. In der Philosophie Hegels wird demgegenüber ein weiterer philosophischer Schritt vollzogen. Die Reflexion vollendet ihre Voraussetzung, Reflexion der Wahrheit zu sein, die sie ja auch bei Schelling macht, dadurch, daß sie die Bewegung ihres Gegenstandes in eine der Reflexion gemäße Gestalt in den *Begriff* ihres Gegenstandes aufnimmt: Wenn überhaupt über Wahrheit reflektiert wird, dann muß sie als entgegenkommende *Bewegung* und nicht nur als davon im Grunde noch unterschiedener *Urheber* dieser Bewegung gedacht werden. Denn sonst müßte die Bewegung als „bloßes“ Entgegenkommen, also im Grunde als Verstellung der „eigentlichen“ Wahrheit verstanden werden. Die Reflexion würde getäuscht und bliebe nun erst recht „äußerlich“. Das Gegenüber der Reflexion muß daher, um eines möglichen *Begriffs* der Wahrheit willen, als ihr *wesentlich* entgegenkommende Bewegung gedacht werden. Dieses Entgegenkommen besteht darin, daß das Gegenüber in der gleichen, bedingten Weise wie die Reflexion *da* ist. Das Reflektierte ist um der Wahrheit willen als ebenfalls bedingte Reflexion zu denken, die ebenfalls auf einem ihr selbst undurchsichtig bleibenden, unbeherrschten Grunde beruht und die Wahrheit ebenfalls in ihrer bedingten, von ihr selbst in dieser Bedingtheit aber nicht wiederum reflektierbaren Weise reflektiert. Dieses Verhältnis sich *gegenseitig* als bedingte Reflexion auf Wahrheit reflektierender und voraussetzender Reflexionen *ist* die Wahrheit. Es ist das Verhältnis sich gegenseitig als („undurchdringliche“) Individuen anerkennender und sich *gegenseitig* in dieser ihrer Individualität *frei* lassender Individuen.

Während Schelling sich um der Bewahrung der *Vorstellung* einer der Reflexion gegenüber transzendenten Wahrheit willen an einem entscheidenden Punkte mit dem *Bilde* des Entgegenkommens der Wahrheit behelfen muß, vollzieht Hegel um eines möglichen *Begriffs* der Wahrheit willen den philosophischen Schritt, Wahrheit als Verhältnis von Individuen unter *gegenseitiger* Anerkennung ihres individuellen Verhältnisses zur Wahrheit zu begreifen. Wahrheit wird nun dem von der Vorstellung der Wahrheit als Transzendenz abgelösten (absoluten) Wissen zugesprochen, in dem gewußt ist, daß das *individuelle* Auffassen die Wahrheit über diese Vorstellung von der Wahrheit ist. Man kann demnach eigentlich nicht sagen, bei Schelling sei im Unterschied zu Hegel dem „Idealismus“ eine „realistische“ Komponente hinzugefügt. Die „realistische“ Komponente, die bei Schelling als unaufhebbarer „Grund“ angesetzt ist, ist vielmehr bei Hegel zu Ende gedacht, als „Grund“ der Individualität und ihrer Freiheit gegenüber ihrer Auflösung in einem allgemeinen Begriff. Damit ist auch die Schwierigkeit beseitigt, die im Ansatz von Schellings Freiheitsbegriff liegt. Schelling glaubte Freiheit nur denken zu können, wenn nicht nur das Gute, sondern auch das Böse als seiend gedacht sei. Wenn nur das Gute als Sein und das Böse nur als Mangel an Sein verstanden werde, habe das Gute das Übergewicht und Freiheit sei nicht möglich. Wenn aber dem Bösen Realität zugesprochen wird, steht der Mensch als solcher schwankend zwischen dem Guten und dem Bösen. Man kann dann wohl mit dem Blick auf das allgemeine *Wesen* des Menschen sagen, er habe die freie Wahl zwischen beiden Seiten. Der *einzelne* Mensch ist dann aber dadurch in seiner von diesem allgemeinen Wesen unterschiedenen Einzelheit bestimmt, daß er, ohne Einsicht in einen „Grund“ dafür, sich immer schon entschieden *hat*. Jeder einzelne ist, „was er ist, vor aller Ewigkeit schon gewesen und keineswegs in der Zeit erst geworden" (386). Er handelt nicht zufällig, er kann an dem, was er tut, nichts „ändern" und tut es nach Schelling „dennoch . . . nicht gezwungen, sondern willig und mit völliger Freiheit" (ebd.). Dieses Paradox läßt sich nur dadurch auflösen, daß „Freiheit" als Wirken aus dem Grund, aus dem der einzelne ist, verstanden wird, auf den er aber überhaupt keinen Einfluß hat. „Freiheit" ist dann dasselbe wie das principium individuationis als Vereinzelungsprinzip der *Gattung*, aber nicht ein Handlungsprinzip des *einzelnen* in bezug auf seine einzelnen Handlungen. Der Mensch ist hier als frei begriffen, insofern er überhaupt als einzelner *existieren kann* und nicht insofern, als er als einzelner *handeln kann*. (Das wird auch deutlich, wenn Schelling die organische, also gattungsbezogene „Auflösung" (377) der Lebewesen schon als „Vorzeichen" (376) des Bösen und damit dann auch der Freiheit in seinem Sinne deutet.) Bei Hegel hat dagegen der Geist der Anerkennung des einzelnen in seiner Einzelheit und der darin beschlossenen Möglichkeit des Bösen mit der Gegenseitigkeit der Anerkennung das Böse schon „verziehen". Die Freiheit vom Bösen liegt in dem *Begriff* der Freiheit, in dem dieses Anerkennen geschieht. Freiheit vom Bösen, d. h. Befreiung von einem Selbstbild des Menschen, das ihm das Böse als *untilgbare Realität* vorstellt, vollendet auch philosophisch den Begriff der Freiheit.

10. Vom „Grund" zum Recht als der reflektierbaren konkreten Bedingung der Freiheit

Im Anschluß an die Reflexion Kants, daß Vernunft unmittelbar nur für das Praktische gültig sei, ist bei Fichte und bei Schelling der Begriff der Freiheit entschieden zum zentralen philosophischen Begriff geworden. In der herangezogenen Sittenlehre Fichtes stellt sich die Freiheit jedoch für das individuelle Bewußtsein und damit für das wirkliche Denken uneinholbar als Gegenstand des *Sollens* dar, als etwas, was wesentlich nicht wirklich ist. Das Zentrum der Philosophie liegt außerhalb des wirklichen Denkens. Es ist Gegenstand der Reflexion, die ihre Äußerlichkeit gegenüber dem, was ihr als die Wahrheit gilt, nicht los wird. Dieses *Faktum* der Bedingtheit aller Reflexion selbst und damit das Verhältnis von Freiheit und ihrem realen Grund wird dagegen bei Schelling zum zentralen Gegenstand. Nach Schelling erfolgt alle Reflexion aus einem von ihr selbst nicht einsehbaren „Grund". Das Bild, das sich das reflektierende Bewußtsein in der Reflexion auf sich oder im „Selbstbewußtsein" je von sich selbst macht, bleibt eine nur notdürftige Verdeckung dieses „Grundes", ein notwendig mißglückender Versuch, sich „selbst" zu begreifen. Mit diesem „realistischen" Zug erscheint zwar der eigentliche Gegenstand der Philosophie, die Wahrheit, nicht mehr als etwas, auf das sich das einzelne Individuum nur im Modus des Sollens bezieht. Es „soll" nach Schelling seinen Grund, aus dem heraus es auf eine nicht in die Helligkeit des Denkens heraufzuholende Weise denkt, überhaupt nicht denken wollen, sondern wissen, daß es dies nicht kann. Das Sich-selbst-Denken-Wollen ist nach Schelling das Böse. Insofern ist die „idealistische" Fichtesche Sollensphilosophie durch eine „realistischere" Wendung abgelöst. Doch auch diese Einstellung, in der der ungedachte „Grund" etwas Absolutes bleibt und folglich auch im Begriff des Absoluten dem Denken *vorausgesetzt* bleiben muß, bleibt „äußere Reflexion". Denn das Verhältnis zwischen Grund und Begründetem wird, als inneres Verhältnis im Absoluten, als *etwas anderes* vorgestellt als deren Verhältnis im individuellen Denken. Dort soll das Begründete seinen Grund ganz beherrschen oder „unten" lassen, hier soll noch unentschieden sein, ob dies so ist. Das individuelle Denken stellt sich seinen Gegenstand, die Wahrheit, damit doch wieder als von ihm selbst unerreichbar *vor*. Es soll zwar gerade nicht selbst so sein wollen, wie es sich das Absolute denkt. So bestimmt es sich sein wahres Verhältnis zum Absoluten, also die eigene Wahrheit. Aber es kann doch von sich selbst nicht denken, daß es dieses negative Sollen wirklich erfüllte, d. h., daß es nicht böse wäre. Der Zusammenhang, aus dem heraus Schelling die Realität des Bösen und damit seinen Begriff der menschlichen Freiheit denkt, hat seinen Mittelpunkt in einem Absoluten, das allem wirklichen, von uns vollziehbaren Denken unerreichbar voraus liegt: Es zerlegt sich in der *Reflexion* auf das Absolute unmittelbar in *zwei* Absoluta, die das Denken unmöglich zusammenbringen, d. h. als Einheit *denken* kann und auch nicht so zu denken versuchen soll. Es soll sich nicht durch sich selbst zum Denken dieser absoluten Einheit *versuchen* lassen. *Für es* bleibt also dieses Nicht-Sollen das Absolute, aber es ist damit wesentlich ein Absolutes aus äußerlicher Reflexion.

Dieses Schellingsche Nicht-Sollen im Sinne eines Nicht-Denken-Sollens ist einerseits eine Antwort auf den reinen „Idealismus", besonders in seiner Fichteschen Gestalt. Es verweist auf ein wesentliches Nicht-Können im menschlichen Bewußtsein und hat darin diesem Idealismus gegenüber seine Wahrheit. Auf der anderen Seite drückt es doch eine philosophische Resignation aus, die dann für das neunzehnte Jahrhundert und auch noch für das zwanzigste bestimmend geworden ist, auch wenn das nicht in unmittelbarer Anknüpfung an Schelling geschah. Aus der philosophischen Resignation wurde zunehmend eine Resignation der Philosophie und schließlich Argwohn gegenüber der Philosophie. Dieser Argwohn vergißt insofern seine kritisch-philosophische Wurzel, als er in das Bewußtsein mündet, nicht in der Philosophie, sondern in den „positiven" Wissenschaften sei nach Wahrheit zu suchen. Die „positive“ Philosophie Schellings hat aber gerade ihren Gegenstand in dem, was Schelling das irrationale Verhältnis der Natur zum Verstand nennt, und nicht im Bereich der positiven Wissenschaften. Deren *Sätze* können das Attribut der Wahrheit in einem philosophisch reflektierten Sinne gerade insofern nicht erhalten, als sie sich jeweils systematisch zur *Einheit* einer Theorie zusammenschließen. Allenfalls insofern zeigt sich in ihnen Wahrheit, als sich solch eine Einheit als brüchig erweist, weil es nicht mehr möglich *erscheint*, daß die beteiligten Individuen sich mit Hilfe dieser Theorie über die Natur „intersubjektiv“ verständigt wissen könnten. Am Theorie*fragment* scheint Wahrheit auf, d. h. es zeigt sich die „intersubjektiv“ unvermittelte Individualität des Subjekts als Persönlichkeit, z. B. auch als hervorragende Forscherpersönlichkeit, deren *freier* Einfall auf dem „Grunde“ der Empfindung (als der noch nicht oder nicht mehr im System rationalisierten und insofern noch individuellen Erfahrung der Natur) das Geltende zerstört, auf dessen Boden „intersubjektive“ Übereinstimmung temporär (oder „paradigmatisch“, im Sinne Th. S. Kuhns[1]) gewährleistet *erscheinen* konnte.

Der Grund der Persönlichkeit bleibt bei Schelling „dunkel“. Er wird damit aus der Möglichkeit einer *philosophischen* Reflexion herausgesetzt. Die Persönlichkeit ist sozusagen nur die *Erscheinung* der Wahrheit gegenüber einem Wahrheitsbegriff, der Wahrheit als Attribut zu Sätzen einer Theorie definieren möchte. Mit dem Begriff der Persönlichkeit wird das Theoretische, wie es innerhalb der Neuzeit noch allein denkbar ist, nämlich als *System von Sätzen*, einerseits als unmöglich zu verabsolutierende und allenfalls bedingt zweckmäßige Einstellung kritisiert. Es ist somit, als Gegenstand ihrer Kritik, der eigentliche Gegenstand einer „negativen Philosophie“. Andererseits ist der Begriff der Persönlichkeit aber so konzipiert, daß ein von ihrer Erscheinung unterschiedener, aus der philosophischen Reflexion herauszusetzender *Grund* der Persönlichkeit abgesondert wird, der dann auch als der „dunkle“ Grund aller philosophischen Reflexion verstanden sein muß. Die Philosophie könnte demnach allenfalls bis an die Voraussetzung dieses Grundes *heran*, aber nichts über ihn selbst sagen. Diese Position ist offenkundig bis zum „Tractatus“[2] und bis in die „Philosophischen Untersuchungen“[3] Wittgensteins hinein maßgebend[4].

[1] Vgl. Th. S. Kuhn, The Structure of Scientific Revolutions, Chicago 1962.

[2] Vgl. L. Wittgenstein, Tractatus logico-philosophicus, 2.1511: „Das Bild ist *so* mit der Wirklichkeit verknüpft; es reicht bis zu ihr.“

[3] Vgl. L. Wittgenstein, Philosophische Untersuchungen, Nr. 219: „Ich folge der Regel *blind*.“

[4] Im „Tractatus“ bleibt die „Wirklichkeit“ unaufgeschlossen, in den „Philosophischen Unsuchungen“ die „Regel“. So bleibt beides verdeckt und *darin* verbunden, wie die beiden

Wir haben sie auch schon im Begriff der „Imagination" in Descartes' „Regulae", dem eigentlichen Grundbuch der neueren Philosophie, kennengelernt. Es handelt sich um eine Position, die vom Anfang bis zu einem vorläufigen Endpunkt der neueren Philosophie reicht. Zwar ist weder hier noch dort der Begriff der Persönlichkeit gebraucht. Aber auch bei Schelling ist „Persönlichkeit" ja eigentlich kein Begriff, sondern nur eine Erscheinung eines an sich dunkel bleibenden Grundes eines Individuums für sich und andere. Ebenso bleibt bei Descartes das Vermögen der Einbildungskraft, zu lösende Probleme so vorzustellen, daß in dieser Gestalt dann eine von jedermann, der daran interessiert ist, zu vollziehende Lösung möglich erscheint, selbst im Dunkeln, und ebenso bleibt bei Wittgenstein im Dunkeln, was eigentlich das Vermögen ausmacht, die Sprache von sich aus so gebrauchen, bzw. den Sprachgebrauch so innovieren zu können, daß dies auch anderen etwas bedeutet. Mit der „Vorstellung", die der eine oder der andere sich dabei machen mag, soll die „Bedeutung" eines Satzes nach Wittgenstein so wenig und so viel zu tun haben wie der Umstand, „daß man nach ihm eine Zeichnung entwerfe"[5].

Schelling scheint also einen unüberholten Grundzug der neueren Philosophie besonders markant reflektiert zu haben. Etwa Hegel gegenüber scheint er damit der modernere Philosoph zu sein[6]. Es scheint hier gezeigt zu sein, daß die Philosophie den Problemen und der sich je historisch „zeigenden" Möglichkeit einleuchtender Lösungsvorschläge unmöglich auf den Grund kommen kann, so daß nur „wissenschaftliche" Problemlösungen als möglich erscheinen, für die allerdings aus dem gleichen Grunde nur der Status einer bedingten, technisch-praktischen Zweckmäßigkeit anerkannt werden kann. Der Begriff der Persönlichkeit erfüllte sich dann am besten im Typus des „Ingenieurs" in einem weiteren Wortsinn, dem es vor allem im technisch-praktischen, gesellschaftlich-politischen, aber auch im wissenschaftlichen als einem darin integrierten Bereich gelingt, die Probleme einer Zeit so auf eine Formel zu bringen, daß damit zugleich eine Methode ihrer Lösung *so* vorgestellt wird, daß sie, wenn auch nicht notwendig allen, aber dann doch vielen oder wenigstens einigen, jedenfalls den Maßgebenden, auch in ihrer je eigenen Sicht einleuchtet. Die so bewirkten Vorstellungen müßten *als* Wahrheit *gelten* gelassen werden. Philosophie könnte keine kritische Instanz dagegen sein.

Seiten des Schellingschen „Absoluten". Vgl. auch die „Blindheit" der Einbildungskraft bei Kant, Kritik der reinen Vernunft, B 103.

5 L. Wittgenstein, Philosophische Untersuchungen, Nr. 396.

6 Die Schellingsche Philosophie des unbewußten „Grundes" kann z. B. als Vorwegnahme des Hauptgedankens S. Freuds gesehen werden.

Es war aber auch dargelegt worden, daß sich mit dieser Position das von der Philosophie historisch entwickelte kategoriale Instrumentarium des Denkens noch nicht erschöpft. In diesem Zusammenhang war auf Hegel verwiesen worden. Bei Hegel ist zunächst der dargelegte Sachverhalt voll akzeptiert. Es ist nicht nur akzeptiert, sondern philosophisch nachvollzogen, daß die Reflexion am Grunde der individuellen Persönlichkeit ihre Grenze findet. Hegel nennt die Persönlichkeit deshalb an entscheidenden Stellen, die zitiert worden sind, „absolut in sich seiende Einzelheit“ und „undurchdringliche, atome Subjektivität“. Sie ist als solche freier „Begriff“. Aber mit dem Begriff der *gegenseitigen* Anerkennung von Personen, die sich als solche, d. h. in dieser Undurchdringlichkeit ihres Seins für sie selbst und für andere anerkennen, findet Hegel wieder ein Allgemeines, das zwar die Undurchdringlichkeit der individuellen Person nicht auflöst und nicht in sie eindringt, aber als die allseitige Reflexion dieser Unmöglichkeit die Personen doch verbindet. Insofern diese Reflexion jeweils im anderen die *gleiche* Undurchdringlichkeit wie in sich voraussetzt, muß nicht, wie bei Schelling, von einem absolut *anderen* Verhältnis dieses anderen zu seinem Grund ausgegangen werden. Das andere ist nicht das *absolut* andere, sondern in der gleichen Weise wie das Reflektierende ein anderes: Es beherrscht *so wenig wie dieses* seinen Grund. So reflektiert sich das Reflektierende zwar als von ihm selbst nicht zu beherrschende Möglichkeit. Aber es braucht sich deshalb doch nicht im Unterschied zu einem anderen *als dem vollendet Guten*, also nicht als von ihm selbst nicht zu beherrschende Tendenz *zum Bösen* zu verstehen. Die Schellingsche „realistische“ Komponente wird so erst zu Ende gedacht, und damit entfällt auch endgültig die Begründbarkeit eines moralischen Machtanspruchs gegenüber der Individualität. Kein Individuum kann auf eine *philosophisch begründete*, d. h. notwendig allgemein zu akzeptierende Weise vom anderen sagen, dieses andere sei böse, und keines kann auch von sich aus auf philosophisch begründete Weise sagen, es sei gut. Dies ist als weitergehende Einsicht der Philosophie festzuhalten. Die Philosophie kommt zu der Einsicht der *philosophischen* Unbegründbarkeit moralischer Urteile. Man kann das auch positiv formulieren: Es ist begriffen, daß moralische Urteile einen individuellen Grund haben. Sie haben ihren Grund im „dunklen“ Grunde der jeweiligen urteilenden Person, über den man einzelwissenschaftliche, z. B. psychologische Hypothesen aufstellen, den man aber unmöglich letztgültig ausschöpfen kann. Was philosophisch, d. h. hier: philosophiehistorisch, faßbar ist, ist nur der jeweilige philosophische *Versuch* der Begründung der Allgemeingültigkeit moralischer Urteile[7].

[7] Es geht hier nicht darum, nun wieder Hegel gegen Schelling auszuspielen, nachdem die Schellingliteratur auf Weiterführendes bei Schelling gegenüber der „idealistischen“ Philo-

Auf dem Boden dieser weitergehenden philosophischen Reflexion des Wahrheitsproblems kommt Moralität als Regelung der wirklichen Verhältnisse nicht mehr in Betracht. Das moralische Empfinden wird vielmehr zu einem Ausdruck der Persönlichkeit von sich aus, d. h. aus einem ihr mit dieser weitergehenden Reflexionseinsicht *zugestandenen* individuellen Grund. Überhaupt wird nun alles, und nicht nur das Moralische,

sophie hingewiesen hat, sondern allein um die Frage, im Zusammenhang welcher Philosophie, d. h. wie der hier diskutierte Gedanke konsequent weitergedacht ist. Dabei ist es allerdings sehr wichtig, ob „die Idee" am Ende der „Logik" Hegels „wirklich" als ein „Existierendes erwiesen ist" (W. Schulz, Die Vollendung des deutschen Idealismus in der Spätphilosophie Schellings, Stuttgart 1955, S. 106), aber ebensosehr, was denn unter der „Idee", die existiert, zu verstehen ist. Der Terminus „absolute Idee" suggeriert die Vorstellung eines dem endlichen Subjekt Vorausliegenden, von ihm und seiner Endlichkeit Verschiedenen, zu dem dieses Subjekt als denkendes von sich aus dann in der Tat kein Verhältnis finden könnte. In dieser „Idee" müßte also auch schon die „Natur" enthalten sein, aber es wäre dann, wie Hegel oft kritisiert worden ist, in der Tat nicht zu verstehen, was das heißen sollte. Ist „Idee" aber das bestehende Verhältnis von sich als füreinander undurchdringlich begreifenden Subjekten, so wird begreiflich, inwiefern diese „Idee" sich ohne Notwendigkeit dazu „entschließen" kann, die „Natur" aus sich herauszusetzen. Um es ganz einfach zu sagen: Es ist begriffen, daß die Menschen die Natur aus ihren jeweiligen *historischen*, d. h. zufälligen, also *außerlogischen* Voraussetzungen heraus betrachten, ihr also im Prinzip *individuell* gegenüberstehen, so daß Natur jederzeit im Widerspruch zu an sie herangetragenen Systemen ihrer Betrachtung erscheinen kann, d. h. daß diese Systeme *ihre* Konsistenz verlieren, indem sie auf die Natur als auf ihr „anderes" *bezogen* werden. Insofern bleibt auch die Natur „atomes" Individuum für den Geist. Vor allem aber wird begreiflich, und das ist der philosophisch im Sinne des Freiheitsbegriffs weiterführende Gesichtspunkt, daß *die „Idee"* (als diese konkrete Freiheit von Individuen in ihrem Verhalten zu anderen Individuen) *begriffen* werden kann, und das heißt, daß das Subjekt sich nicht mehr als bloßen, notwendig scheiternden „Versuch" dieses Begriffs und also auch nicht mehr als dieser „Versuch" als „böse" zu verstehen hat. Daß am Ende der „Logik" Hegels wirklich dieses Verhältnis begriffen ist und der Begriff *dieses* Verhältnisses „Idee" heißt, wurde zu zeigen versucht. Das hängt in der Tat, wie Schulz es sieht, mit dem Anfang, also dem Prinzip dieser Logik zusammen. Der These, man könne nicht, wie Hegel es wolle, mit dem „reinen Sein" anfangen, weil man es „in gar keiner Weise denken" könne (vgl. Schulz, S. 107), bleibt doch die Frage Hegels gegenüber, womit man denn anders überhaupt, d. h. ohne schon *bestimmte* Voraussetzungen akzeptiert zu haben, *anfangen* könne. Daß man es nicht „denken" kann und daß man „Sein" immer als bestimmtes Sein *denken* muß, d. h. daß man von diesem „Anfang" aus *fortgehen muß*, ist dann gerade das, was bei Hegel die „Bewegung" des Logischen ausmacht, die *solange* weitergeht, bis dasjenige als der wahre Anfang *begriffen* (und nicht einfach als Anfang gesetzt) ist, das alleine „ist" und mit dem in *Wahrheit* angefangen ist, das konkrete Subjekt selbst in seiner „atomen Subjektivität", die sich in ihrem anderen, d. h. in anderer „atomer Subjektivität" zum Objekt hat und der nicht mehr ein „ganz anderes" *Sein vor allem Denken* gegenüberbleibt. Die Schellingsche Philosophie *beginnt* dagegen mit einer (absoluten) Voraussetzung und behält sie deshalb als etwas nicht ins Denken Hineinzuholendes. Die Hegelsche „absolute Idee" ist die vollkommen deutlichgewordene *Individualität* des Subjekts als *„alle"* Wahrheit, so daß es sich in seiner Individualität nicht mehr *im Gegensatz* zur Wahrheit und folglich auch nicht in einem „Versuch" der Aufhebung dieses Gegensatzes als böse *vorzustellen* braucht.

zunächst als Ausdruck aus einem als unreflektierbar begriffenen und deshalb dem Individuum als solchem zugestandenen Grund der Persönlichkeit bestimmt. Dabei ist dieser Grund als Grund einer endlichen, ihn also nicht ganz abdeckenden, nicht ganz beherrschenden Persönlichkeit zu verstehen. Die Personen können sich, insofern dies begriffen ist, nicht mehr auf der (moralischen) Basis verständigen, sie *sollten* ihn „unten" und nicht gegen andere zum Vorschein kommen lassen. Es können nur wirksame Vorkehrungen dagegen bestehen, daß die mit dem Begriff eines individuellen Grundes aller Äußerungen, einschließlich der emotionalen, zugestandene Freiheit der Person die Freiheit anderer nicht beeinträchtigt. Der Inbegriff solcher Vorkehrungen ist das Recht. Dessen Sätze sind nicht in dem Sinne moralisch zu begründen, daß sie aus *allgemein* begründbaren moralischen Vorstellungen abgeleitet werden könnten, sondern nur insofern, als sie individuelle Gründe moralischen Urteilens zugestehen und zugleich vor dessen Verabsolutierung schützen. Der entwickeltere philosophische Begriff ist somit der des Rechts, das sich von seiner Zweckmäßigkeit zur Garantie der individuellen Freiheit her versteht. Seine Sätze (Gesetze, Urteile) sind in ihrer Zweckmäßigkeit in dieser Hinsicht von *nicht nur bedingter* Zweckmäßigkeit, weil das Individuum Grund *aller* theoretischen und praktischen Äußerungen *und* der Akzeptation solcher Äußerungen und somit das Absolute gegenüber allem möglichen, jeweils *als* wahr genommenen Inhalt solcher Äußerungen ist. Das Recht ist als das Absolute reflektiert, aber – in der *Reflexion der Reflexion* als einer selbst bedingten – zugleich als das Absolute nur *für die Reflexion*. Sein Sein ist respektiv auf das Sein der reflektierenden Individualität, als die konkrete, „daseiende" oder „bestimmte" Bedingung der (individuellen) Freiheit reflektiert. Aber im Zwangscharakter des Rechts, mit dem es der *Vorstellung*, die das davon betroffene Individuum von seiner Zweckmäßigkeit für die Freiheit als den *absoluten* Zweck hat, entgegensteht, *erfährt* dieses Individuum im Maße seiner individuellen Begriffslosigkeit eben diese Bedingtheit (Undurchsichtigkeit) seiner selbst *auch in seiner Reflexion* auf sich und seine Bedingtheit. Es erfährt darin die Äußerlichkeit seiner *eigenen Vorstellung* von sich und seiner Freiheit als dem „Grund" seiner Existenz. Es erfährt sich in *dem* Maße in „entfremdeten Verhältnissen", in dem es sie nicht *begriffen* hat, und als endliches hat es sie *wesentlich* nicht begriffen. Insofern erfährt es die Bedingungen seiner Freiheit als ihm widerfahrenden Zwang, so daß es sich seine Freiheit *demgegenüber* als etwas anderes vorstellt, das, nach seiner Vorstellung, durch Veränderung „äußerer" Umstände und durch Aufhebung „äußerer" Zwänge *gesollt* und deshalb auch von ihm selbst aus *machbar* sei. („Du kannst, denn du sollst".) Insofern ist das Recht nicht nur „Idee" in dem Sinne, daß es etwas nach einer exemplarischen Vorstellung von einem „idealen" Recht erst noch zu „Realisierendes" sei, sondern zugleich Gegenstand einer diese Vorstellung und ihre „ideale" Realisierung beschränkenden *Erfahrung*. Es ist diese Einheit von Idee und Erfahrung.

Die Rekapitulation der historischen Entwicklung der philosophischen Reflexion des Wahrheitsproblems hat ergeben, daß die Philosophie zunächst die Wahrheit als möglichen Gegenstand der philosophischen Reflexion zu verlieren scheint, indem sie sich darauf verwiesen sieht, freie, nicht auf Begriffe zu bringende Individualität als „Grund" der Wahrheit vorauszusetzen. Sie scheint damit ihren eigentlichen Gegenstand und so auch den Begriff der Möglichkeit ihrer selbst zu verlieren. Hier stehenzubleiben, bedeutete in der Tat die agnostizistische Aufhebung der Philosophie durch sie selbst. Es bedeutet aber nur das Ende einer Philosophie, für die „Wahrheit" als *Übereinstimmung mit einer Vorstellung* vorausgesetzt ist. Denn da freie Individualität ihrerseits die reflektierbare Bedingung ihrer Existenz in bestehenden Rechtsverhältnissen hat, die *diese* Freiheit wirksam gewähren, gewinnt die Philosophie in der Reflexion dieses Verhältnisses der Freiheit zum Recht und damit zur Macht einen *Gegenstand* zurück. In der Reflexion auf diesen Gegenstand bezieht sie sich auf die Freiheit der Individualität, indem sie sich auf die *erfüllte* Bedingung dafür bezieht, daß freie Individualität überhaupt als sich in der *jeweiligen Weise der Bildung eines Selbstbewußtseins stabilisierende Individualität existieren* kann. Sie denkt die Freiheit in der positiven Bedingung ihrer Existenz, und nur so kann sie Freiheit, als etwas der äußeren Reflexion gegenüber Negatives und sich jedem herangetragenen Allgemeinbegriff Entziehendes, überhaupt denken. *Wahrheit ist als Freiheit bestimmt, Freiheit als Recht reflektiert.* Die negative Bestimmung der Wahrheit als Freiheit gewinnt in der Reflexion auf das Recht als Bedingung der Freiheit ihren positiven Inhalt.

Das positive Recht ist in seiner Positivität als selbst zufällig reflektiert. Seine Sätze (Gesetze, Urteile, Verträge) sind von ihrem Inhalt her auf die verschiedensten Weisen zustande gekommen. Sie sind auch nicht als diese *Sätze* von der *Vorstellung* her, die sie je bei einzelnen Individuen auslösen, das Wahre. Ihre Beziehung zur Wahrheit besteht vielmehr darin, daß sie durch ihre wirkliche Geltung die Freiheit dieser Individuen ermöglichen. Sie besteht in der Funktion, hierzu zweckmäßig zu sein. Man kann diese Funktion eine *formelle* Funktion nennen, da das Recht unabhängig von der jeweils „gebildeten" Vorstellung des einzelnen von dem, was Recht sein *solle*, Freiheit dadurch gewährt, daß es diese jeweiligen Vorstellungen (Affekte) zugleich beschränkt, d. h. die konkretere Freiheit gewährt, die das Subjekt solcher inhaltlichen Vorstellungen jeweils, auch gegenüber anderen Vorstellungen vom Recht, tatsächlich hat. Und wenn diese Sätze hierzu so, wie sie faktisch sind, auch immer nur als bedingt zweckmäßig zu reflektieren sind und man sich *wesentlich* immer bessere *vorstellen* könnte, so sind sie doch so, wie sie (z. B. im Unterschied zu moralischen Forderungen) wirklich in Geltung (und nicht nur Gegenstand der von Individuum zu Individuum in ihrer Identität problematischen Vorstellungen) sind, die *wirkliche* Bedingung der jeweiligen „daseienden“ Freiheit, die als „daseiende“ immer nur als auch beschränkte Freiheit reflektiert werden kann. Sie sind die Bedingung wirklicher Freiheit, einschließlich der Freiheit, sich nach *eigener Vorstellung*, zu der man sich „gebildet“ hat und in deren *Sinn* man sich je ein (vermeintlich abschließendes) *Urteil* „bildet“, für bessere Gesetze einsetzen zu können und sie dadurch in eine Bewegung zu setzen, die dann wieder nur bedingt von dieser Vorstellung zu steuern ist. Die Begriffe der Bedingtheit und der Wahrheit koinzidieren erst in diesem Gegenstand der Philosophie.

Der Versuch der *Reflexion* auf Wahrheit kehrt auch bei Hegel eine „realistische“, nicht in die Reflexion hineinzuholende Komponente hervor. Der „Begriff“, von dem her im Anschluß an Kants oberste Einheit der Apperzeption die Konstitution von Objektivität gedacht werden muß, ist wie bei Fichte *„individuelle Persönlichkeit“*, und darüberhinaus ist er wie bei Schelling „undurchdringliche, atome Subjektivität“. Wie in Schellings Begriff der Person wird das „Ich denke“ Kants bei Hegel zu einer *Person* mit einem „dunklen Grund“. „Der Begriff ist . . . freier, subjektiver Begriff, der für sich ist und daher die *Persönlichkeit* hat, – der praktische, an und für sich bestimmte, objektive Begriff, der als Person undurchdringliche, atome Subjektivität ist“. Im Unterschied zu Schelling bleibt Hegel aber nicht bei diesem Hinaussetzen des „Grundes“ aus dem uns möglichen Denken stehen. Der Hegelsche Begriff ist „ebensosehr nicht ausschließende Einzelheit, sondern für sich *Allgemeinheit* und *Erkennen*“. Und zwar ist er dies „für sich“, in der Reflexion auf *sich*, und nicht nur in einer äußerlichen, bedingt zweckmäßigen Objektivation oder Verdinglichung seiner selbst in einem modellhaften Bild von sich. Trotz der Bestimmung als „undurchdringliche“ Person ist der Begriff „für sich“. Er ist es dadurch, daß er „in seinem Andern *seine eigene* Objektivität zum Gegenstande hat“. Er reflektiert also nicht direkt auf sich. Das kann er, wie gesagt, auch nach Hegel nicht. Er bezieht sich auf sich nur dadurch, daß er sich auf einen *anderen* „Begriff“ als auf eine ebenfalls individuelle, „undurchdringliche“ Person bezieht. Nachdem der „Begriff“ als „Person“ gedacht werden muß, ist die Rede von einem sich auf einen anderen *Begriff* beziehenden Begriff sinnvoll. Wenn Hegel nun von diesem Verhältnis schreibt, es sei *„alle Wahrheit“* und „alles übrige“ sei „Irrtum“[8], so ist noch einmal zu fragen, worin denn dieses Verhältnis, im

[8] Hegel, Wissenschaft der Logik, II, 484.

Unterschied zu seinem bloßen Begriff, überhaupt wirklich *besteht.*

Zunächst ist zu fragen, wie sich eine Person überhaupt auf eine andere Person *beziehen* kann, wenn diese Person wesentlich „Einzelheit", „Individuum", „undurchdringlich" sein soll und der Bezug dennoch als „Erkennen" bestimmt ist. Die Lösung liegt offenbar darin, daß das „Erkennen" hier nicht als „Bestimmen" im Sinne einer Subsumtion unter einen Allgemeinbegriff gemeint sein kann. Solche Subsumtion war schon seit Descartes und Kant als nur bedingt zweckmäßige Erkenntnishandlung reflektiert. Der Wahrheitsbegriff der neueren Philosophie hatte längst schon Wahrheit nicht mehr so verstehen können. Wenn schon der Begriff sich in einem „idealistischen" Sinn als die *transzendentale* Wahrheitsbedingung und damit als „*alle* Wahrheit" begreift, dann kann er auch sein anderes, selbst wenn es ihm unmittelbar als sein „Gegenstand" *erscheinen* mag, nur als Begriff begreifen, und wenn er sich darüber hinaus auf dem Wege über Fichte und Schelling als „Person" begreift, dann kann er auch sein anderes nur noch als andere Person begreifen. Er kann nicht in es eindringen wollen, sondern muß es frei lassen und so lassen, wie es von sich aus ist. Er müßte ihm also zugestehen, daß es auch *sein* Verhältnis zu allem anderen *von sich aus* bestimmte, d. h. auch das Verhältnis zu ihm, dem ersten Begriff selbst. Dabei käme es aber mit dessen Selbstverständnis in Kollision, wenn es nicht seinerseits von sich aus darauf verzichtete, sich ebenfalls von sich aus zu bestimmen. Soweit eine Person ihr Verhältnis zu einer anderen Person aber *nur* von sich aus bestimmt und etwa dieser Person gegenüber um derentwillen eigene Ansprüche „altruistisch" zurücknimmt, bleibt das Verhältnis selbst nur subjektiv bestimmt. Es läge im letztlich „autoritären" Ermessen einer Person, inwieweit eine andere Person Person sein kann. Das Verhältnis zu anderen könnte dann nicht gut „Erkenntnis" genannt werden. „Erkenntnis" muß sich auf etwas Objektives beziehen, d. h. auf etwas, in dem *festgesetzt* ist, inwieweit die Personen sich in ihrem Verhältnis zu allem anderen *von sich aus* verstehen können, ohne das Personsein anderer dadurch zu verletzen. Diese Objektivität kann, da die Person als solche „undurchdringlich" und invidivuell ist und also nicht auf einen allgemeinen Gattungsbegriff oder einen Begriff vom „Wesen" des Menschen reduziert werden kann, insofern sie Person und nicht wissenschaftlicher Gegenstand sein soll, nicht aus solch einem „Wesen" deduziert werden. Sie muß festgesetzt sein[9]. An dem Punkt der Reflexion, an dem der Begriff als Person begriffen ist, kann Objektivität

[9] Die Kategorie der „Objektivität" findet daher als philosophisch entwickelte Kategorie bei Hegel ihren Ort nicht in der Logik des „Wesens", sondern erst in der Logik des „Begriffs" als der „Subjektivität" und „Objektivität" umfassenden „subjektiven Logik".

überhaupt nur noch als festgesetzte Objektivität des Verhältnisses von Personen begriffen werden, d. h. als Recht. Das Chthonische wird durch das Rechtliche umgrenzt, nicht abstrakt negiert. Es erhält erst dadurch Bestimmtheit. Nur so ist es „da". („Dasein" ist bei Hegel „bestimmtes Sein".) Es hat im Recht seinen „Horismos". Diesen Horismos seiner Bestimmtheit hat das Chthonisch-Individuelle im Recht, nicht in einer die individuelle Auslegung der Wahrheit „umgreifenden" oder unterdrückenden, sondern in einer sie *zugestehenden*, distributiven Allgemeinheit. Es erhält seine Bestimmtheit nicht aus dem bloßen Begriff einer allgemeinen, „überindividuellen", „höheren" Art von Vorstellung gegenüber der *uns* je möglichen Vorstellung. Als *Vorstellung* ist nur die jeweilige, beschränkte Vorstellung möglich. Sie erhält ihre Bestimmtheit auch nicht aus dem *Gegensatz* zu einer solchen „höheren" *Vorstellung*, sondern in der erlebten Bestimmtheit gegenüber *anderem individuellen* Vorstellen, in der sie zugleich mit *anderer* Individualität, also *als* Individualität, überhaupt erst besteht. Das Recht ist das Dasein des sich in seinem „absoluten" Zweck, der Wahrheit als Freiheit, gegenüber der *Vorstellung* eines Absoluten auflösenden Absoluten. Das platonisch-aristotelische Eidos, das seinem Begriff nach wesentlich als „Anblick" gedacht ist, ist in der *Idee* des Rechts zur Idee der je wirklich *geltenden Gewährung* des Individuellen als des wahrhaft Seienden geworden, das sich *von sich aus* die Welt artikuliert. Im Rechtsverhältnis existiert es auch als sprachliches Wesen: Es vernimmt, was andere ihm zu sagen haben, in der Bedeutung, die es *für es* hat, d. h. es kann sich *als* Individuum sprachlich zu anderen verhalten und ist dann in seiner Wahrheit als sprachliches Wesen, im Unterschied zu seinem von einer allgemeinen Definition seines Wesens her ausgesagten *Gattungswesen*. Erst indem das *Recht* als Horismos begriffen ist, ist der *Logos* als Horismos begriffen: als Definition und Definiertes zugleich. Erst dann ist die „Definition" nicht eine Definition aus *äußerer* Reflexion.

Während am Beginn der europäischen Philosophie Anaximander das Sein des Seienden, wie Werner Jaeger überzeugend ausgeführt hat, nach dem Paradigma des den einzelnen verpflichtenden politischen Rechts denkt[10], um so zum ersten Mal überhaupt den Begriff der *Gesetzlichkeit* allen Geschehens zu konzipieren, wird am Ende der Entwicklung dieses Denkens das Recht im Sinne des *wirklich geltenden* Rechts, das der einzelne *hat*, um von da aus (freies) *Subjekt sein* zu können, als die reflexiv bestimmbare Bedingung der Existenz freier Individualität gedacht. Die philosophische Relevanz dieses Sachverhalts wird erst deutlich, wenn bedacht bleibt, daß zuvor, vor allem bei Leibniz, das wahrhaft Seiende

[10] Diels-Kranz, Die Fragmente der Vorsokratiker, I, Berlin 1951, S. 89, Fragment B1: Hierzu W. Jaeger, Paideia, Bd. I, Berlin 1954, S. 217f.

überhaupt als freie Individualität gedacht worden war, die bezüglich ihres Seins mit allen anderen freien Individualitäten in Wechselwirkung stehe, d. h. deren Freiheit mit der Freiheitsmöglichkeit anderer Individualität abgestimmt sei und nur insofern bestehe, als sie damit abgestimmt sei. Nach der Unterbrechung des Argumentationsganges der neueren Philosophie durch das Kantische Argument von der „ästhetischen" Deutlichkeit oder unserer Anschauung als einer eigenen Quelle der Erkenntnis kam die Reflexion, gerade im Weiterdenken der durch die Kantische Philosophie aufgeworfenen Reflexionsproblematik, wieder darauf zurück, ein Verhältnis von Subjekten als das wahrhaft Seiende zu denken. Während aber bei Leibniz das Modell des politischen Rechts zur Reflexion des so bestimmten Verhältnisses des Seienden untereinander noch entbehrlich erschien, weil der Topos einer visio Dei als einer unbeschränkten Anschauung dieses Verhältnisses als Reflexionspunkt angenommen war, vollendet sich die Reflexion eingedenk der Kantischen Kritik darin, daß *die Endlichkeit auch der philosophischen Reflexion selbst* in Rechnung gestellt wird. Deren Möglichkeit ist gerade nicht die unbeschränkte Reflexion; „absolute Reflexion" ist nicht unbeschränkte Reflexion, sondern Reflexion der Reflexion als endlicher, und es bleibt ihr deshalb auch undenkbar, wie sich die Verhältnisse in einer von ihr verschiedenen, unbeschränkten Reflexion darstellten. Für die je mögliche, beschränkte und individuell bedingte, d. h. ihre Bedingtheit selbst nicht wiederum positiv reflektieren könnende Reflexion ist es nun wirklich (auf eine wirksame Weise) das Recht, das dawider ist, daß ein Individuum sein Verhältnis zu anderen Individuen lediglich nach seiner eigenen *Vorstellung* davon und nur aus seiner eigenen, beschränkten Sicht bestimmte. Im Recht wird eine der jeweiligen Subjektivität enthobene Gesetzlichkeit des Verhältnisses zwischen dem faßlich, was zuvor in der Konsequenz philosophischen Denkens als das wahrhaft Seiende gedacht worden war. Diese Gesetzlichkeit ist nun, aus einer sich selbst als bedingt reflektierenden Reflexion heraus, die wahre Gesetzlichkeit des wahrhaft Seienden, soweit sie bestimmbar (positiv reflektierbar) ist. Das Recht ist Gesetz der Freiheit.

Damit erhält es fundamental-philosophischen Rang. Es ist nicht mehr nur Gegenstand einer philosophischen Randdisziplin, die von der äußerlichen Regelung sozialer Beziehungen handelte, die notwendig sei, insofern sich das moralische Sollen „in dieser Welt" doch nicht erfülle. Es ist, insofern der Begriff als freie Person als „alle Wahrheit" begriffen ist, alle mögliche wahre Objektivität. Das Recht rückt an dieser Stelle mit seiner Macht in das Zentrum der philosophischen Reflexion. Es ist „das Dasein des absoluten Begriffs, der selbstbewußten Freiheit"[11]. Unterschiede des

[11] Hegel, Grundlinien der Philosophie des Rechts, § 30.

(geltenden) Rechts sind nur „Unterschiede der Entwicklung des Freiheitsbegriffs“ (ebd.), also des Bewußtseins davon, daß die Freiheit die Wahrheit ist. In *jeder* historischen Gestalt ist das Recht aber die gegenständliche Seite eines solchen, wenn auch noch so rudimentär entwickelten Selbstbewußtseins. Nur an ihm, so kärglich es auch entwickelt sein mag, hat das Selbstbewußtsein der Freiheit eine Objektivität. Denn nur im Bezug auf das Recht kann sich eine Person auf das andere als auf eine andere *Person* und damit in seinem Bezug auf das andere zugleich auf sich *selbst* beziehen. Im Recht bezieht sie sich als für sich selbst undurchdringliche Person auf ihr anderes als auf eine für sie selbst ebenso undurchdringliche Person. Der reflexionsphilosophische Begriff des Selbstbewußtseins, demzufolge es dem Bewußtsein, wenn es ihm schon nicht wirklich möglich ist, doch möglich sein sollte, in direkter Reflexion auf sich für sich selbst begrifflich und ganz durchsichtig zu werden, ist in den Begriff der Wirklichkeit von Rechtsverhältnissen transformiert, in denen sich Personen als solche, d. h. unter gegenseitigem Zugeständnis ihres Schellingschen „dunklen“ Personengrundes, zueinander verhalten, indem sie sich voreinander auf keine andere Objektivität als die des Rechts berufen, statt unter irgendwelchen herangetragenen Vorurteilen darüber, was der einen oder der anderen „objektiv“ zukomme, sich und die andere Person unter Begriffe zu subsumieren. Das Rechtsverhältnis ist eine Objektivität, in der Personen *für sich so gut wie für andere* gegenständlich sind, aus der sie sich aber ebensogut gegenseitig frei lassen, weil sie sie nur als Mittel der Freiheit betrachten, die der einzige Zweck dieser Vergegenständlichung ist, und in deren Interesse das Mittel nur insofern gut ist, als es seinen (absoluten) Zweck erfüllt.

Insofern ist das Recht aber auch wesentlich *Entwicklung*. Die politische Geschichte ist die Geschichte dieser Entwicklung. Das Recht ist zwar nach Hegel „Idee“, aber, da es Entwicklung ist, ist es auch „Prozeß“. Es wird hier deutlich, was in diesem Zusammenhang überhaupt mit dem Begriff einer prozeßhaften Wahrheit gemeint sein kann: Entwicklung des Rechts zu dem, als was es überhaupt „da“ ist, zum Selbstbewußtsein, das nur als Selbstbewußtsein der Freiheit (seiner im Verhältnis zum anderen) wirklich möglich ist. D. h. aber auch, daß auch diese Entwicklung nicht von herangetragenen *Vorstellungen* einer „idealen“ Gerechtigkeit her *beurteilt* werden kann. Es soll sich in ihr ja gerade entwickeln, daß die Individuen sich darin gegenseitig frei wissen, daß sie sich je von sich aus etwas als das Beste vorstellen. Daß die Entwicklung nach einer bestimmten Vorstellung, die als vorgestellter Inhalt wesentlich subjektiv ideologisch ist, auf ein Bestes hin verlaufen *solle*, soll in dieser Entwicklung des Rechts gerade überwunden werden. Ihr Ziel ist kein gegenständlich oder inhaltlich Gesolltes, es ist kein intentionaler Zweck, dessen

Intention immer auch subjektive Ab-sicht von der Individualität anderer, „Reduktion von Komplexität" sein müßte, sondern die Entwicklung dessen, was schon *ist*, nämlich des Rechts, zum *Bewußtsein*, daß es, im Gegensatz zum Sein als Vorgestelltsein durch ein Subjekt, die wahre Objektivität und die Wahrheit des vorgestellten Seins ist. Es soll den Personen, die als solche immer schon nur in Rechtsverhältnissen existieren, zum *Bewußtsein* kommen, *daß es so ist*. „Es soll" heißt hier: es muß ihnen zum Bewußtsein kommen und kommt ihnen zum Bewußtsein, insofern sie unter den Verhältnissen, in denen sie immer dichter beieinander leben, überhaupt überleben. Das Recht ist der „Grund" (d. h. das „Absolute" der *Reflexion*) dafür, daß Wesen, die aus einem realen „Grund" und *zugleich bewußt* leben, überhaupt *sind*.

Dies ist nicht nur als Ergebnis, sondern auch als *Bedingung* der *Reflexion* auf Warheit reflektiert. Als was Wahrheit sonst immer auch reflektiert und wie ihr Begriff immer auch in Definitionen oder Theorien *ausgelegt* werden mag, es unterliegt, um einen Ausdruck von Peirce aufzunehmen, einer „abstractive fallacy". Im Recht hat die Wahrheit es mit der reflektierbaren Bedingung *aller* Auslegungen, nämlich der Freiheit zu tun. Insoweit dieser Begriff des Rechtes konkret, d. h. im jeweils geltenden Recht entwickelt ist, insoweit ist auch die Bedingung der *wahren* Auslegung des Wahrheitsbegriffs erfüllt. In der Deutlichkeit des Rechts ist die Objektivität zwar nur als gesetzt erkannt, aber als durchgesetzte und darin „wahre", weil den Begriff der Objektivität allein erfüllende Objektivität. So werden sich in ihr Personen in ihrem Verhältnis zueinander zugleich über sich selbst als freie Personen deutlich. Sie reflektieren sich aus dieser nur gesetzten Objektivität ihrer selbst als Person zugleich in sich. Sie werden sich deutlich als Wesen, denen überhaupt um ihrer selbst willen an Wahrheit gelegen ist, auch wenn sie zuvor erst in einer „dunklen" Weise nach ihr gefragt haben. So könnte man schließlich, als Resultat der philosophischen Entwicklung des Wahrheitsbegriffs in der neueren Philosophie von Descartes bis Hegel, den gängigen Wahrheitsbegriffen einen weiteren hinzufügen und von einem „emanzipatorischen", oder besser: von einem philosophischen Wahrheitsbegriff sprechen. Die Philosophie kann es sich so wenig wie eine Einzelwissenschaft leisten, von ihrer historischen Entwicklung abzusehen und Wahrheit, so als wäre nichts gewesen und ungeachtet aller vorangegangenen Reflexion und Kritik, beharrlich wieder undifferenziert als Attribut von Sätzen, Aussagehandlungen oder auch ganz allgemein als „Geltungsanspruch, den wir mit Aussagen verbinden"[12], definieren, um dann von einer solchen, philosophisch überwun-

[12] J. Habermas, Wahrheitstheorien, in: Wirklichkeit und Reflexion, Festschrift für Walter Schulz, Pfullingen 1973, S. 212.

denen Festlegung aus zu fragen, ob dies nun näher „korrespondenztheoretisch" oder „konsensustheoretisch" zu verstehen sei. Sie kann bei ihrem zentralen Begriff auch nicht so abstrakt und entsprechend nichtssagend ansetzen, daß darunter dann auch die in funktionierenden „Sprachspielen" überhaupt nicht aufkommende, also künstlich gestellte Frage nach der „Wahrheit" von Feststellungen wie „es regnet" verstanden werden kann. Man fragt ja nicht nach der „Wahrheit", wenn man fragt, ob das „wahr" sei, sondern man möchte nur wissen, ob man etwa einen Schirm mitnehmen müsse. Der philosophische Wahrheitsbegriff läßt sich nicht an trivialen Beispielen belegen. Seine „Bedeutung" läßt sich auch nicht in Definitionen angeben, die mit den wirklichen Verhältnissen der Personen zueinander, die sie geben, nichts zu tun haben. Er hat vielmehr allein damit zu tun, daß diese sich als (gegeneinander freie) *Personen* zueinander verhalten und nicht als Informanten innerhalb eines „Sprachspiels", in dem sie sich „blind" in gängigen Bedeutungen verstehen und auf dieser Basis „Sprechakte" ausführen. Insofern könnte man den philosophischen Wahrheitsbegriff auch einen „kommunikativen" nennen. Um solch einen Satz, der den Wahrheitsbegriff mit dem wirklichen Verhältnis von Personen zusammenbringt, nun aber nicht wieder nur als isolierten Satz oder These, sondern als *Resultat der philosophischen Reflexion* auf den Wahrheitsbegriff *auch* in seinem Verständnis als Satz- oder Aussagewahrheit zu begreifen, bedurfte es des Umweges über die Geschichte dieser Reflexion. In deren Zusammenhang ist der Begriff der Person so zu verstehen, wie er hier begrifflich entwickelt wurde und Funktion hat, und nicht etwa in einer ihn subjektiv auslegenden, d. h. ideologischen Bedeutung. Wenn in der Philosophie nach Wahrheit gefragt worden ist, dann in der Bedeutung eines Gegensatzes zu solcher Subjektivität, auch einer „intersubjektiv" funktionierenden.

11. Wahrheit und Macht

Die Philosophie kann das Recht nicht als in moralischen Verstellungen begründet denken. Da sie das Recht als Voraussetzung der Existenz von Individuen in ihrem freien Verhältnis zueinander denken muß, läßt sich allenfalls Moral als verinnerlichtes Recht denken, als die *subjektive Vorstellung* von dem, was Recht sein solle, die sich als Affekt für oder gegen das wirklich geltende Recht äußert. Der Inhalt der moralischen Vorstellung orientiert sich positiv oder negativ an dem, was als Recht gilt oder einmal als Recht gegolten hat. – Wenn aber eine besondere philosophische *Disziplin* als „Rechtsphilosophie" mit dem Recht als ihrem unmittelbaren Gegenstand *anfängt*, kann im Anfang nicht deutlich sein, inwiefern das

Verhältnis zwischen Recht und Moral in dieser bestimmten Weise zu denken ist. Die Entwicklung der Philosophie hatte ja erst in ihrer gedanklichen Konsequenz zu einer Einsicht in dieses bestimmte Verhältnis geführt. Wenn mit dem Thema des Rechts unmittelbar begonnen wird, kann das Recht also nicht unmittelbar in seiner Bedeutung für die Existenz des einzelnen *begriffen* sein. Es erscheint ohne seine „Logik". Es wird deshalb so von ihm die Rede sein müssen, wie es einer Rechtsperson erscheint, die sich unmittelbar in bestimmten, überkommenen Rechtsverhältnissen *vorfindet*, ohne das Recht deshalb auch schon von sich aus oder *subjektiv* als Bedingung ihrer individuellen Existenz oder ihrer Freiheit gegenüber einem gattungsmäßig vorgegebenen Sein zu begreifen, als die es die Philosophie *objektiv* weiß. Das in dieser Weise von seinem Begriff getrennte Recht heißt in Hegels Rechtsphilosophie „das abstrakte Recht"[1].

[1] Das „abstrakte Recht" ist in Hegels Rechtsphilosophie zugleich das Recht, wie es überhaupt in einer Theorie behandelt werden kann, die positive Rechte zum Gegenstand hat, in denen Subjekte sich vorfinden. Nicht nur das „abstrakte" Recht, sondern das Recht schlechthin geht in „Moralität" über (§ 104), weil die Sphäre des Rechts, als eine besondere „Sphäre", sich nicht für sich in einer widerspruchsfreien Theorie darstellen läßt. In der „Sphäre der Unmittelbarkeit des Rechts" (§ 102), d. h. unter einem Gesichtspunkt, der beim Recht als einem Unmittelbaren, also unter Voraussetzungen und nicht logisch rein „anfängt", erscheint das Aufheben der Rechtsverletzung als „Rache" und nur dem Inhalt nach als gerecht. „Aber der *Form* nach ist sie die Handlung eines *subjektiven* Willens". Die Zufälligkeit der Geltung des positiven Rechts und der es verwirklichenden Macht drückt sich darin aus. Damit wird die Wiederherstellung des Rechts notwendigerweise „*eine neue Verletzung*" (ebd.), natürlich nicht dieses positiven Rechts, das sie vorschreibt, aber doch des Begriffs der Absolutheit des Rechts. Man könnte sich, vor allem als davon betroffene Person, ein *anderes*, vom *eigenen* subjektiven Standpunkt aus auch ein *besseres*, „gerechteres" Recht vorstellen, so daß die Wiederherstellung demgegenüber selbst als subjektive Handlung („Rache") erscheint, wenn auch andererseits solch eine Vorstellung selbst schon die Vorstellung der Absolutheit des Rechts gegenüber subjektiven Vorstellungen impliziert. Dieser Widerspruch der *Vorstellungen* vom Recht läßt sich in der Sphäre des Rechts wesentlich nicht tilgen. Es regelt daher „wesentlich" das Recht an *Sachen*, d. h. es bezieht sich auf das Verhältnis von Subjekten untereinander nur insofern, als dieses Verhältnis sich „als" Recht an Sachen regeln läßt und das Personsein der Subjekte, insbesondere das, was deren jeweilige subjektive Vorstellung von einem idealen Rechtszustand sein mag, zurückzutreten hat. Dieses Zurücktreten der darin zum *Affekt* werdenden Vorstellungen vom „idealen" Recht konstituiert geradezu diese „Sphäre", und insofern hat sie ihre immanente Grenze, wo Personen als solche, d. h. mit ihren subjektiven Empfindungen, Vorstellungen usw. als „für sich unendliche", nicht dermaßen zu vergegenständlichende „Subjektivität der Freiheit" in Betracht kommen (§ 104). Von dieser Freiheit kann es kein sie positivierendes Recht geben. Sie sprengt dessen wesentliche („wesenslogische") „Sphäre" und die Möglichkeit einer konsistenten Theorie vom Recht, die zugleich adäquate Theorie des Verhältnisses von Personen sein soll. In wirklichen Verhältnissen wird demnach die Subjektivität von Personen als bewegender Faktor im Spiel sein und Beachtung finden müssen (z. B. als Frage nach Vorsatz und Schuld). „Der moralische Standpunkt ist daher in seiner Gestalt das *Recht des subjektiven Willens*", der nur das als Recht anerkennt, womit er sich subjektiv identifizieren kann (§ 107). Es ist

Als abstraktes Recht ist es noch nicht als Mittel zur Freiheit als seinem „absoluten Zweck“ begriffen. Es erscheint notwendig als etwas Befremdliches, als Zwang. In seiner „zufälligen“ Positivität erscheint es als fremder Sinn gegenüber dem eigenen Sinn der Person, die es befolgen „soll“. Dem Subjekt, das es nicht als Bedingung seiner selbst zu begreifen vermag, muß es als auferlegtes Sollen erscheinen, so daß dieses Subjekt solch einem *auferlegten* Sollen ein anderes Sollen entgegensetzt, dem es sich *von sich aus*, d. h. gemäß der *für es* geltenden Selbstauslegung zu unterwerfen habe. Insofern es sich als reines Vernunftwesen interpretiert, unterwirft es sich *demgemäß* dem (inhaltlich damit natürlich noch völlig unbestimmten) Gebot der Vernunft. Von der Bedeutung, „Rechtsperson“ zu sein, in der es sich unmittelbar von seiner Geburt an vorfindet, wendet es sich „innerlich“ ab, und es wendet sich einem abstrakten Selbstverständnis seiner selbst als demgegenüber „freies Subjekt“ zu. Die Lösung von der Unmittelbarkeit des in dieser Unmittelbarkeit *abstrakten* Rechts vollzieht sich in einer „Reflexion des Willens in sich“[2].

Diese Reflexion resultiert aus einem Mangel des Begriffs der *wahren* Bedeutung gerade des geltenden, d. h. mit Macht versehenen Rechts. Ihr Resultat ist der Selbstbegriff als „Subjekt“ (vgl. ebd.), das sich als „in

offensichtlich, daß dieser Standpunkt nicht selbst zum Recht werden, sondern nur das bewegende „Moment“ in der Rechtssphäre sein kann, das den Automatismus des „abstrakten“ Rechts somit ebenfalls zu einem „Moment“ reduziert. Er bringt ein „Moment“ der „Unendlichkeit“ in die finitisierte Rechtssphäre hinein und hebt mit seiner Wirklichkeit die Möglichkeit auf, sie in einer konsistenten „Theorie“ philosophisch zu bewältigen, ohne sich allerdings in seiner „unendlichen“ und von sich her unaufhebbaren „Subjektivität“ nun statt dessen selbst als das Wahre rechtfertigen zu können. Er ist der Faktor der Verunmöglichung einer philosophischen, d. h. einen absoluten Anspruch des Geltenden ausweisenden Theorie des Rechts oder gesellschaftlicher Formen *überhaupt*, aber er erlangt positives „Dasein“ nur „an“ dem Geltenden, indem er es in seinem eigenen subjektiven Moment und damit als ebenfalls „zufällig“ begreift. Daß die beiden sich wechselseitig negierenden Momente des „abstrakten Rechts“ und der „Moralität“ überhaupt Bestand behalten, verdankt sich nach Hegel allein der *Macht* eines sie gegeneinander ausgleichenden Staates, aber eben keiner „sozialphilosophischen“ Theorie, die diesen Widerspruch „theoretisch“ beheben könnte. Die philosophische Wahrheit liegt nach Hegel nicht in solchen Theorien über Verhältnisse, sondern in der Freiheit von Individuen. Deren *Reflexion* setzt das Bestehen von Verhältnissen voraus, unter denen die jeweils bestehende, konkrete Freiheit dem Reflektierenden aus seiner (bedingten) Sicht in konsistenter Weise als gewährleistet *erscheint*. Die Rede von bestehenden Verhältnissen ist wesentlich Bestandteil der („wesenslogischen“) *Reflexion* auf Bedingungen bestehender Freiheit, und die Frage nach der Widerspruchsfreiheit kann sich nicht auf diese Freiheit als auf ein Bestehendes, sondern nur auf die zu ihrer reflektierenden *Erklärung* aufgestellte *Theorie ihrer Voraussetzungen* beziehen („Widerspruch“ ist eine „wesenslogische“ Bestimmung. Vgl. Hegel, Wissenschaft der Logik, II, 48ff.). Das *Dasein* der Freiheit ist das Absolute, die Reflexion auf Bedingungen dieses Daseins bleibt wesentlich *Versuch* von allenfalls *erscheinender* Widerspruchsfreiheit.

2 Hegel, Grundlinien der Philosophie des Rechts, § 104f.

sich" oder „innerlich" autonom gegenüber diesem Recht versteht. Das Subjekt begreift sich der Äußerlichkeit des „zufällig" geltenden Rechts gegenüber, wie man sagen könnte, „mit Recht" als dessen eigentlicher Grund und Zweck, nur daß gerade die Vorstellung von der Äußerlichkeit des Rechts für es seinem eigenen Unbegriff entspringt. Das Subjekt hat von da her, in einer Umkehrung des wirklichen Begründungsverhältnisses, die Vorstellung, bei ihm selbst, d. h. bei seiner eigenen *Vorstellung* von Recht und Gerechtigkeit sei der wahre Anfang der Begründung des Rechts zu machen. Aus seiner subjektiven Vorstellung vom Recht her *sollte* seiner Meinung nach Recht gesetzt und gesprochen werden. Dieses „Insichsein" des moralischen Subjekts ist aber, für sich genommen, ebenso abstrakt, da es aus der Abstraktheit des Anfangs resultiert, der gleichermaßen einer besonderen Disziplin „Rechtsphilosophie" wie auch der unmittelbaren Befindlichkeit des Subjekts als Rechtsperson innerhalb überkommener Rechtsverhältnisse eigen sein muß. „An sich" ist in der Entwicklung des Begriffs längst begriffen, wie die Verhältnisse zwischen Recht und Moral liegen. Es ist begriffen, daß das moralische Bewußtsein keineswegs aus sich selbst heraus das autonome „Subjekt" ist, als das es sich auslegt, sondern daß es rechtlich als ein sich auf seine Weise auslegendes Individuum *anerkannt* sein muß, um sich überhaupt so verstehen zu können. Es kann sich niemand ganz für sich allein oder rein „innerlich" als autonomes Subjekt verstehen, wenn nicht „äußerliche", d. h. hier: wirkliche und wirksame Bedingungen dafür bestehen. Auch schon für solch ein rein „innerliches" Selbstverständnis müssen „äußere" Bedingungen bestehen, und seien es auch nur die positiven Bedingungen für eine solche „Reflexion in sich" als die *bestimmte* Negation dessen, als was das Individuum „nach außen" gilt. Aber wenn dies auch „an sich" begriffen ist, so ist es deshalb noch nicht notwendig auch von jedem Individuum begriffen. Die Notwendigkeit des *begrifflichen* Zusammenhangs bedeutet noch nicht, daß er *individuell* nachvollzogen werde. Schon bei Descartes ließen die „notwendigen Verbindungen" das einzelne Individuum frei, sie zu vollziehen oder nicht zu vollziehen. Das einzelne Individuum vollzieht die wahren Zusammenhänge zwischen Recht und Moral nur insofern notwendig, als es gerade *nicht frei* ist, d. h. insofern, als es sich mit einer äußeren Macht *faktisch* (aus einem unreflektierten, für es selbst „dunkel" bleibenden, individuellen Grund) identifiziert, z. B. als Glied einer „bestehenden Sittlichkeit", letztlich als Bürger eines ihm „sein" Recht sicherstellenden Staates. Nur insofern ein solches „sittliches Verhältnis" zwischen dem Einzelnen und dem Allgemeinen faktisch *besteht*, erscheint das Recht *notwendig* nicht als „abstraktes Recht". Der Staat ist in diesem konkreten Sinn nach Hegel die „Wirklichkeit der konkreten Freiheit" (§ 260). Seine Macht bewirkt, daß ein bestimmter Wille wirklich auch als allgemeiner Wille gilt, während der moralische Standpunkt sich nur in seinem eigenen Selbstbewußtsein, in einer Einheit von Anmaßung und Ohnmacht, *als* der allgemeine Standpunkt verstehen konnte.

Individuelle Freiheit wird erst im Recht bestimmbar. Das gilt auch für die Freiheit, nach eigenen *moralischen* Anschauungen zu leben. Nur als anerkannte Freiheit kann sie *bestehen*. Der Gegensatz zwischen Moral und wirklichem Leben ist im Recht „aufgehoben". Das Recht muß in diesem Zusammenhang als das positiv geltende Recht verstanden werden, d. h. als Recht, das in bezug auf seinen Zweck, die Freiheit, wirklich wirksam ist, weil es die Macht hat, sich Geltung zu verschaffen. Die Rechtsphilosophie ist somit, aus der als Mittelpunkt der Philosophie begriffenen Einheit von Wahrheit und Freiheit heraus, als die *erste praktische Philosophie* abgeleitet. Der moralischen Weltanschauung widerstrebt es, dies anzuerkennen, weil sie von ihrem Standpunkt aus einen unaufhebbaren Widerspruch zwischen Macht und Wahrheit sehen muß. Sie widersetzt sich, man kann nun sagen: aus einem „Trieb" der Selbstbewahrung, dem philosophischen Denken, das den Anspruch der moralischen Weltanschauung auf absolute Geltung als unbegründbar aufweist. *Alle* Macht muß der Moral von ihrem Selbstverständnis und ihrem eigenen absoluten, aber ohnmächtigen Anspruch her als nur individueller Trieb und folglich als böse erscheinen und, da sie sich selbst als reine Vernunft versteht, als unvernünftiger Trieb.

In Nietzsches moralkritischem Philosophieren wird der „Trieb nach Macht" „das furchtbarste und gründlichste Verlangen des Menschen" genannt. Diesen „Trieb" nenne man „Freiheit"[3]. Nach Nietzsche ist es ein „*Grundfehler*", die Ziele dieses Triebs „in die Herde und *nicht* in einzelne Individuen zu legen". Damit kann nicht ein moralischer Fehler, sondern nur ein falsches Wissen gemeint sein. Im Trieb zur Macht drückt sich nach Nietzsche immer Individualität aus, die aus der Perspektive der moralischen Weltanschauung als solche schon böse sein muß. Aus der Perspektive Nietzsches ist es ein Mißverständnis, Individualität und Macht schlechthin böse zu nennen. Es ist ein Mißverständnis, dem ein Mißverständnis der Moral über sich selbst zugrunde liegt. Sie ist selbst, ohne es zu reflektieren, Trieb zur Macht, aber sie versucht, „die Herde als *Individuum* zu verstehen und ihr einen höheren Rang als dem einzelnen zuzuschreiben" (ebd.). Hegel hatte in seiner Kritik der moralischen Weltanschauung bereits dargelegt, daß sich das moralische Urteilen letztlich nur so verstehen läßt, daß man in ihm selbst einen individuellen „Fall des Handelns"[4] und nicht etwas Höheres als das individuelle Handeln sieht.

[3] Nietzsche, Werke, ed. K. Schlechta, Bd. III, S. 857.
[4] Vgl. o. S. 287ff.

Es war damit bereits in seiner Individualität aufgewiesen. Im Anschluß an Hegelsche Gedankengänge war dann entwickelt worden, daß das an sich unfaßliche, „atome" Individuum nur mittelbar als Rechtsperson, d. h. nur in den Rechten, die es wirklich von einem geltenden Recht her hat, bestimmbar und aussagbar ist. Solche konkreten, wirklichen Rechte hat es aber, im Unterschied zu den Rechten, die es nach eigenen oder auch fremden moralischen Vorstellungen haben „sollte", nur, insofern das Recht Macht hat. Es bedarf dieser Macht, wenn Individuen als solche in ihrer Andersheit gegeneinander miteinander sollen leben können. Auch an diesem Punkt ergibt sich zunächst noch eine Parallele zwischen Hegel und Nietzsche. Nach Nietzsche ist alles Recht als „Vorrecht" verstanden, als das Recht, das eine individuelle Person nicht nach Maßgabe des Gattungsbedürfnisses, sondern *als solche*, d. h. *vor* dem Zugriff anderer Personen an etwas hat. „Wenn alle gleich sind", braucht nach Nietzsche „niemand mehr ‚Rechte'"[5]. Individualität ist die Verschiedenheit gegenüber dem gemeinsamen Oberbegriff, also die Verschiedenheit gegenüber jeder *nennbaren* Gemeinsamkeit. Ist „Natur", wie es seit Kant geschehen muß, definiert als Dasein unter begrifflichen Bestimmungen, so ist Individualität nichts, was von Natur aus besteht. Sie ist im Recht bestimmt, d. h. in Sätzen, die sich nicht als auf objektiver Erkenntnis beruhend, aber auch nicht, wie die der Moral es von sich *beanspruchen*, „von selbst" verstehen, sondern durch deren *Auslegung* erst Recht gesprochen wird, insofern diese Auslegung Macht hat. Nur „aus dem Besitze der *Macht* heraus" kann man nach Nietzsche „Rechte verleihen" (I, 1226). (Das widerspricht natürlich nicht einem seinerseits zum Recht erhobenen Satz, daß vor dem Gesetz alle gleich seien.)

Die Macht ist auch nach Hegel eine notwendige Voraussetzung der Freiheit, und insofern hat sie Wahrheit. Hier ergibt sich nun aber ein Unterschied zu Nietzsche: Die Macht hat bei Hegel nur insofern Wahrheit, als sie eine Voraussetzung der Freiheit ist, d. h. insofern sie gegenüber der Freiheit als dem „absoluten Zweck" Mittel bleibt. Es wäre aber eine Regression der Philosophie, wenn diese Einschränkung der Macht nun wieder als moralisches Sollensgebot verstanden würde. Dies muß festgehalten werden, auch wenn sich dann an diesem Punkt eine besondere Schwierigkeit für den systematischen Zusammenhang ergibt, wie er sich bei Hegel darstellt. Die Staatsmacht, die ihren Zweck nicht erfüllt, geht in der *Geschichte* zugrunde. Die Weltgeschichte ist das „Weltgericht"[6]. Zwar sind innerhalb der einzelnen Staaten auf Grund des in ihnen jeweils geltenden Rechts die Individuen in ihren Rechten und damit überhaupt als

[5] Nietzsche, Werke, Bd. II, S. 660.
[6] Hegel, Grundlinien der Philosophie des Rechts, § 340.

freie Individuen gegeneinander abgegrenzt. Andererseits sind aber die einzelnen Staaten gewissermaßen selbst „existierende Individuen", insofern sich besondere „Volksgeister" in ihnen artikulieren (ebd.). Das ist der Fall, insofern die Individuen sich selbst, *ohne Begriff* von der Bedeutung des Rechts als Mittel der Freiheit, mit einem bestimmten Staat identifizieren und so *faktisch* ihre konkrete Freiheit *finden*. Man könnte sagen, ihre Zustimmung erfolgte in diesem Fall statt über die Einsicht des Begriffs über den Affekt eines bestimmten Zugehörigkeits- oder Nationalgefühls. Erfolgte sie aus dem Begriff, so könnte es nicht unbedingt auf eine Zugehörigkeit gerade zu diesem, in seiner Besonderheit selbst quasi ein Individuum bildenden, besonderen Staat ankommen, dem das Individuum sich faktisch zugehörig fühlt, sondern nur darauf, daß überhaupt Gesetze gelten, durch die den Individuen ein „Raum" ihrer freien Selbstbestimmung gewährt ist, in der sie überhaupt nur als Individuen, d. h. als sich „unterhalb" eines jeden gemeinsamen Gattungsbegriffs unterscheidende existieren. Der Staat wäre nur als Garant *dafür* und gerade nicht als integrierender Faktor von Bedeutung. Die Identifizierung mit einem Staat über den Affekt statt über diesen Begriff bleibt dagegen für die Individuen selbst, die sich in dieser Weise einem Staat integrieren, „dunkel". Sie verwischt gerade die individuelle Beziehung der Individuen zum Staat, da die Individuen sich in ihr unter den Begriff von bloßen „Elementen" eines solchen „Ganzen" subsumieren. Der Staat ist in dieser Beziehung „objektiver Geist", d. h. er gewährt den Individuen individuelle Freiheit und damit ihr Sein, ohne daß diese Individuen *sich selbst* ausschließlich von da her in ihrem Verhältnis zum Staat verstehen[7].

Der Geist der Freiheit ist hierbei nur „objektiv" im Staate gegenwärtig, nicht aber zugleich auch „subjektiv" für die Bürger des Staates. Die Individuen sind zwar objektiv der Zweck des Staates, und der Staat ist Mittel für sie. Aber ihr Verhältnis zum Staat beruht nicht auf einer Einsicht in dieses Verhältnis. Der Staat erscheint als eine der „objektiven" „sittlichen Mächte"[8], und das bewußte Verhältnis des Individuums zu ihm besteht darin, daß es sich diesem *bestimmten* Objektiven gegenüber „als das Subjektive und in sich Unbestimmte oder das besondere Bestimmte unterscheidet". Es sieht in diesem objektiven Allgemeinen sein „Substan-

[7] Diesem Verhältnis entspricht der Hegelsche Begriff des *Sittlichen* als einer „subjektiven Gesinnung, aber des an sich seienden Rechts" (Grundlinien der Philosophie des Rechts, § 141). Die Sittlichkeit wird „*Idee der Freiheit*" genannt (§ 142), weil in ihr *subjektive* Gesinnung und das Recht als *objektive* Bedingung der Freiheit, das Subjektive der Moral und das Objektive des „abstrakten Rechts", „an sich" koinzidieren. Inzwischen hat die Geschichte das Bewußtsein dafür geschärft, das Unwahre in einer solchen nur „ansichseienden", begriffslosen bzw. nur affekt- oder gesinnungsmäßigen Identifizierung mit einer die Individualität umgreifenden „substantiellen Sittlichkeit" zu sehen.

[8] Hegel, Grundlinien der Philosophie des Rechts, § 145.

tielles", so daß dessen „substantielle Bestimmungen", in denen es an sich die wirklichen Bedingungen seiner Freiheit hat, *für es* als auferlegte „Pflichten" erscheinen, die für seinen Willen „bindend" sind. Sie erscheinen als Sollen, als etwas Gefordertes oder noch zu Verwirklichendes, obwohl es sich hierbei doch in Wahrheit um „Verhältnisse" handelt, „die durch die Idee der Freiheit notwendig, und daher *wirklich* in ihrem ganzen Umfange, im Staat sind" (§ 148). Deshalb sind die einzelnen Individuen in diesem begriffslosen Staatsbewußtsein auch keine Gewähr dafür, daß sich das Zweck-Mittel-Verhältnis nicht pervertiert und daß dieser „individuelle" Staat nicht seinerseits seine Macht zum Selbstzweck gebraucht. Das positive Gesetz der Staatsmacht ist von sich aus nicht die absolute Gewähr für die Gerechtigkeit als größtmögliche Freiheit. Die reale Macht liegt hier auf der Seite des Staates, also beim Mittel, nicht beim Zweck.

Ein „überstaatliches Recht", so kann man zur Erläuterung hinzufügen, kann nur als „Recht" verstanden werden, das auf Verträgen beruht, die gehalten werden *sollen*, ohne daß eine übergeordnete Macht dies garantierte. Die Staaten halten sich daran, insofern das in ihrem Interesse, z. B. in dem ihres internationalen Ansehens liegt. Oder, als „Menschenrecht", soll solch ein „Recht" erst noch Recht werden. Ob es das aber wird, hängt wieder von der Macht ab, die dies jeweils in der Gestalt einer bestimmten *Auslegung* und Positivierung garantiert oder verhindert. Auch als „moralische Macht", die einen Druck auf Staaten ausübt, bedarf die Forderung nach „Menschenrechten" zu ihrer Verwirklichung einer bestimmten historischen Machtkonstellation, innerhalb derer moralische Postulate einer öffentlichen Weltmeinung erst dadurch mächtig werden, daß sie als politische Machtmittel eingesetzt werden können. Das kann dadurch geschehen, daß Staaten aufgrund ihrer Stärke nach innen und außen sich eine bestimmte Realisierung von Forderungen in einer bestimmten Auslegung leisten können und dann dadurch auf andere Staaten gewollt oder ungewollt einen entsprechenden Druck ausüben, oder auch dadurch, daß sie einem solchen Druck von innen oder außen nicht standzuhalten vermögen und deshalb sogar fremden Auslegungen solcher „allgemeinen" Forderungen folgen müssen. Da insofern *nach dieser Reflexion* alle Macht zur Realisierung des Rechts bei den einzelnen Staaten, also von der Freiheit als Zweck her gesehen beim Mittel liegt, kann sich das Verhältnis jederzeit umkehren. Das Mittel kann Selbstzweck werden, und deshalb ist innerhalb des Hegelschen Denkens um der *Begrenzung* der Staatsmacht willen eine höhere Macht als die der *besonderen* Staaten gefordert. Diese Macht sieht Hegel in der Geschichte. Sie soll der Perversion der Staaten zum Zweck oder zu „Individuen", unter denen dann die individuellen Menschen nicht mehr individuell existieren könnten, entgegenwirken.

12. Kritik der Hegelschen Geschichtsphilosophie

Das ist wohl der schwierigste Punkt innerhalb der Hegelschen Philosophie. Die Geschichte ist als „Vernunft“ (§ 342) angesehen. Sie soll die sich zuvor mit einem objektiven „Volksgeist“ begriffslos identifizierenden Individuen um ihrer selbst willen erst zur Vernunft *bringen*, indem sie diese Identifizierungen „richtet“. Sie ist nach Hegel „Entwicklung“ des „Selbstbewußtseins“ und der „Freiheit“ des Geistes (ebd.). In ihrem Verlauf sollen die Individuen selbst zu einem Begriff des für sie zuvor noch „dunklen“ Grundes ihrer Existenz gelangen. Die philosophisch begriffene, aber deshalb nicht notwendig von einem Individuum nachzuvollziehende Wahrheit soll in der Geschichte auch von den einzelnen Individuen begriffen werden, und zwar dadurch, daß die Geschichte ihnen die Bedingungen ihres *Seins* zum *Bewußtsein* bringt. Die Geschichte ist hier das aktive, das einzelne Individuum – wie bei Leibniz – im Maße seiner Begriffslosigkeit auch handelnd das passive Moment. Es lernt durch Erleiden. Der Gang der Geschichte, der im Interesse der Freiheit über die jeweilige Selbstauslegung des Individuums im Sinne einer Identifizierung mit einem besonderen Staat hinweggeht und ihm darin unmittelbar als fremdes Geschehen erscheint, bringt, indem er diesen Staat „richtet“, zugleich die Individuen, die sich ihm begriffslos integriert hatten, zum Bewußtsein ihres wahren Seins. Es muß nach Hegel eine solche den besonderen Staaten übergeordnete Macht geben, weil sonst das Recht in einer blinden Macht der Staaten begründet wäre, ob sie nun ihren Zweck zufällig erfüllten oder nicht. Das Recht wäre philosophisch so wenig zu rechtfertigen wie die zuvor kritisierte moralische Weltanschauung, d. h. es wäre letztlich überhaupt nichts mehr zu rechtfertigen. Die Macht wäre selbst das Letzte.

Man kann nun im Sinne Hegels natürlich nicht argumentieren, daß sich ein „Fortschritt im Bewußtsein der Freiheit“ *empirisch-historisch* nachweisen lasse. Der Argumentationsgang Hegels ist genau umgekehrt zu verstehen: Die Freiheit hatte sich innerhalb der neueren Philosophie, vor allem im Anschluß an Kant, Fichte und Schelling „logisch“ oder „fundamentalphilosophisch“ als „alle Wahrheit“ erwiesen. In der Tat verweist Hegel zum Verständnis seiner Rechtsphilosophie auf seine „Wissenschaft der Logik“[1] und bemerkt, daß in der Rechtsphilosophie selbst vernachlässigt worden sei, „in allen und jeden Einzelheiten die logische Fortleitung nachzuweisen und herauszuheben“, und auch Hegels Geschichtsphilosophie im engeren Sinne, wie sie aus den „Vorlesungen über die Philosophie der Geschichte“ bekannt ist, ist im Grunde nur eine weit ausholende

[1] Vorrede zu den „Grundlinien der Philosophie des Rechts“, ed. Lasson, S. 4.

Interpretation des historischen Geschehens vom Ende der Rechtsphilosophie her. Die Geschichte erscheint als die „vernünftige" Macht gegenüber den besonderen „Volksgeistern". Ohne die „Wissenschaft der Logik" ist also weder die Rechts- noch die Geschichtsphilosophie in ihrem *philosophischen* Status zu verstehen. Es ist vielmehr als philosophische Einsicht vorausgesetzt, daß das freie Individuum „alle Wahrheit" ist. Von diesem „Begriff" her ist alles übrige zu verstehen, wenn diese Einsicht überhaupt von Bedeutung sein soll. Die Philosophie soll *auch als Geschichtsphilosophie* „keine Erzählung dessen sein, was geschieht", sondern „aus dem Wahren soll sie ferner das begreifen, was in der Erzählung als ein bloßes Geschehen erscheint"[2]. Unter dem Aspekt des entwickelten philosophischen Wahrheitsbegriffs *muß* die Geschichte die genannte „vernünftige" Macht über die Macht der Staaten sein. Jede andere Betrachtung der Geschichte wäre entweder völlig begriffslos, und das ergäbe überhaupt keine *Theorie* der Geschichte, oder sie ginge von irgendeinem zufälligen „Begriff" aus, den sie der Betrachtung der Geschichte voransetzte, so daß für die Philosophie sofort die Frage nach der Wahrheit dieser Voraussetzung entstünde. Was letztlich *philosophisch* vorauszusetzen ist, ist nicht irgendein Begriff von der Geschichte, sondern ein Begriff der Wahrheit, der skeptischer Argumentation standhält, weil er sich im Durchgang durch sie entwickelt hat. Dies ist für Hegel, um es hier noch einmal abgekürzt zu sagen, die Einsicht, daß die Freiheit der Begriff ist. Die Philosophie muß aus eigener Konsequenz davon ausgehen, daß die Freiheit der „absolute Zweck" von allem ist, d. h. daß alles andere Mittel der Freiheit ist. Da Freiheit *ist*, wenn sie „alle Wahrheit" ist, müssen Bedingungen ihrer Existenz erfüllt sein. Es müssen *dazu* zweckmäßige Rechtsverhältnisse bestehen, denen eine Macht Geltung verschafft. *Nur als Mittel* ist die Macht anzuerkennen. Deshalb muß der bloßen Macht als solcher eine stärkere Macht gegenüberstehen, die sie auf ihren *Zweck* hin einschränkt. Diese Macht muß als eine Macht gedacht (bestimmt) werden, die das Recht *entwickelt*, sobald es sich zum Selbstzweck zu verhärten droht, und das ist nach Hegel die Macht der Geschichte.

Von einer Geschichtsgläubigkeit kann hier keine Rede sein. Das Geschehen *muß* vielmehr von diesem Begriff her ausgelegt werden, wenn es überhaupt philosophisch betrachtet werden soll. Die Geschichte ist „vernünftig", weil die an ihren eigenen („logischen") Einsichten festhaltende philosophische Vernunft sie betrachtet. *Die Phänomene sind vom Begriff her zu verstehen und dadurch zu retten.* Wenn die Freiheit das Wahre *ist*, kann sich in der Geschichte nur das *Bewußtsein* von diesem Sein entwickeln, als Bewußtsein der Begrenztheit der Macht von ihrem

[2] Hegel, Wissenschaft der Logik, II, S. 226.

Zweck her. Die Geschichte muß gedacht werden als ein Geschehen, in dem die Macht ihre Begrenztheit erfährt, insofern sie erst „objektiver Geist" ist und sich noch nicht in den sie tragenden bzw. sich mit ihr sich „bildend" integrierenden Subjekten weiß. Der individuelle „Trieb" zur Macht (einschließlich seiner Identifikation mit einem individuell-staatlich verfaßten „Volksgeist") wird dadurch in ein Verhältnis zur Freiheit anderer Individuen gesetzt, zu anders orientierten Individuen im selben Staat, aber auch zu solchen, die in anderen Staaten leben und zufolge eines anderen positiven Rechts jeweils ihre konkrete Freiheit finden. Dieser Begriff einer über die Individuen hinweggehenden Geschichte tritt in den Texten Hegels oft recht unvermittelt in den Vordergrund. Es soll statt vieler Stellen hier nur das Ende der Vorrede der „Phänomenologie des Geistes" angeführt werden:

„Weil übrigens in einer Zeit, worin die Allgemeinheit des Geistes so sehr erstarkt und die Einzelheit, wie sich gebührt, um soviel gleichgültiger geworden ist, auch jene an ihrem vollen Umfang und gebildeten Reichtum hält und ihn fordert, der Anteil, der an dem gesamten Werke des Geistes auf die Tätigkeit des Individuums fällt, nur gering sein kann, so muß dieses, wie die Natur der Wissenschaft schon es mit sich bringt, sich um so mehr vergessen, und zwar werden und tun, was es kann, aber es muß ebenso weniger von ihm gefordert werden, wie es selbst weniger von sich erwarten und für sich fordern darf"[3].

Man könnte solche Stellen nun in einer gewiß auch zutreffenden Weise so interpretieren, daß hier lediglich von einer ganz bestimmten Zeit, nämlich von der Gegenwart Hegels, die Rede sei. In dieser Zeit des Umbruchs werde gerade eine Bewegung der Geschichte erfahrbar, durch die die Individuen, insofern sie den Grund der gegenseitigen Anerkennung als Individuen und damit ihrer individuellen Existenz *noch nicht* wüßten, über ihr jeweiliges Selbstverständnis hinweg in ein Verhältnis *zueinander* gesetzt würden; lediglich in ihrer sich aus einem falschen Bewußtsein ihrer selbst heraus zu einem Allgemeinen *aufspreizenden Individualität* würden sie zurückgedrängt. Das philosophische Problem ist aber von grundsätzlicherer Art. Es betrifft Hegels Geschichtskonzeption überhaupt. Die zu ihr hinführende Argumentation soll daher noch einmal dargestellt werden:

Das denkende Individuum denkt sich selbst als seiend. Diese „notwendige Verbindung" ist der Grundsatz der neueren Philosophie. Hegel reflektiert (im Anschluß an die philosophische Entwicklung insbe-

[3] Hegel, Phänomenologie des Geistes, S. 58f. – Vgl. Th. W. Adorno, Negative Dialektik, Frankfurt/M. 1966, S. 53: „Hegel war sonderbar inkonsequent, als er das individuelle Bewußtsein, Schauplatz der geistigen Erfahrung, die sein Werk beseelt, der Zufälligkeit und Beschränktheit zieh. Erklärbar ist das nur aus der Begierde, das kritische Moment zu entmächtigen, das mit individuellem Geist sich verknüpft".

sondere von Descartes über Leibnitz, Kant, Fichte und Schelling) auf positive Bedingungen für die Existenz von Individuen, die *erfüllt* sein müssen, weil Individuen *sind* (bei Descartes zumindest *ein*, bei Fichte zumindest noch ein *anderes* Individuum). Es ist also auf Bedingungen zu reflektieren, die als erfüllt vorauszusetzen sind und Individuen frei gegeneinander bestehen lassen. Das ist das mit Macht versehene, geltende Recht. Es kann nicht irgendein sein sollendes, etwa moralisch gefordertes Recht sein, wenn es sich in ihm um die *erfüllten* Bedingungen daseiender Individualität handeln soll. Die Macht ist als notwendig bestehende Macht gefordert. Aber es ist zugleich eine stärkere Macht gefordert, die diese Macht daran hindert, sich selbst zum Zweck zu machen, und die sie auf das Mittel, als das allein sie gefordert ist, beschränkt. Diese höhere Macht muß ebenfalls wirksam sein, *weil* freie Individuen existieren. Hegel sieht sie in der Geschichte. – Der Angelpunkt dieser Argumentation besteht in dem Faktum, *daß* freie Individuen in einem sich gegenseitig frei lassenden Verhältnis zueinander existieren. Dieses Faktum ist erwiesen, denn es hatte sich (logisch) ergeben, daß der „Begriff" als „Person", die in ihrem „Andern", also in anderen Personen, ihre „*eigene* Objektivität zum Gegenstand hat", „*alle Wahrheit*" ist, daß „alles übrige" „Irrtum" ist und daß alles weitere *Beurteilen* von etwas als seiend in diesem Verhältnis sich frei zueinander verhaltender Personen begründet ist.

Die Folgerung, die gezogen werden muß, wenn man sich dieses Resultat der philosophischen Reflexion zu eigen macht, besteht nun aber lediglich darin, daß *bisher*, d. h. bis zu dem Moment dieser *Reflexion*, ein solches Machtverhältnis bestanden haben muß. Sonst wäre das freie Denken *dieses* Reflektierenden nicht möglich, und da es wirklich ist, muß es auch möglich sein, d. h. auch seine Bedingungen müssen wirklich erfüllt sein. Alle Macht muß tatsächlich, in der Beziehung auf *dieses* sich frei vollziehende Denken, Mittel geblieben sein, denn es findet statt. Dies ist der Beweis dafür, daß nicht alles reiner Machtwille ist, sondern daß Bedingungen erfüllt sind, unter denen (zumindest diese) individuelle Freiheit möglich ist. Alles Geschehen *war so gesehen* – d. h. in der Reflexion von *diesem* individuellen Punkt aus gesehen, aber deshalb nicht auch schon „an sich" als „reines" Geschehen – vernünftig, soweit man auch in seine Anfänge im einzelnen zurückforschen mag. Dies *weiß* man, ehe man überhaupt bestimmte *empirische* Zusammenhänge dieses Geschehens weiß, weil man als denkendes Wesen nur so an seine eigene, faktische Geschichte herantreten kann. (Ein „ansichseiendes" Geschehen setzte eine selbst unbeschränkte Perspektive der Betrachtung voraus, und von solch einer Voraussetzung her wäre unbegreiflich, wieso solch ein *Subjekt* überhaupt eine *empirische Geschichte* haben sollte.) Das Denken setzt in der Reflexion auf sich selbst, in der es als individuelle und d. h. auch für sich selbst „undurchdringliche Subjektivität" sich positive Bedingungen seiner selbst *vorstellt*, ein „Spiel der Kräfte" von Staatsmacht und Geschichtsmacht *als* von seiner Reflexion darauf unabhängige, seiende Bedingungen seiner selbst, d. h. seiner Freiheit voraus. Von dieser allgemeinen Voraussetzung aller Reflexion von einem bedingten Standpunkt aus rekonstruiert es sich seine Geschichte und bringt deren erinnerte Einzelheiten in ein stimmiges Bild[4]. Diese Voraussetzung ist keine weitere Voraussetzung als die seiner selbst als eines zugleich denkenden und historischen Seienden. Ohne sie ist Geschichte überhaupt ebenso undenkbar wie dieses Seiende selbst.

Die *Wechselwirkung* von Mächten ist die Reflexionsform (bzw. die „wesenslogische" Betrachtung)[5] der „absoluten Macht" der Wahrheit (II, 214) als freien, „an sich" *negativen* Begriffs. Die „Macht der Wahrheit" legt sich in der Logik der Reflexion auf sie notwendig in diese gegeneinander wirkenden Mächte der Bewahrung und der Entwicklung des Rechts auseinander. In der Reflexion, die immer bedingte Reflexion von Individuen ist, die in ihrer konkreten Freiheit immer auch beschränkt und sich insofern undurchsichtig sind, werden der begrifflich nur negativ zu bestimmenden Freiheit positive Bedingungen vorausgesetzt, in denen sie gegenständlich faßbar, beurteilbar, d. h. in einer Auseinanderlegung ihres Begriffs explizierbar wird[6]. Sie als absolute Wahrheit wird dadurch, daß die Reflexion sie überhaupt auf positive Vorstellungen bringt, wie sie es als bedingte tun *muß*, als etwas Bedingtes vorgestellt. Dieses von der reinen Begriffssemantik her widersprüchliche Verhältnis der „Wahrheit" zu einer bedingten Vorstellung wird um seiner Vorstellbarkeit willen, die der

[4] Vgl. J. Simon, Das Neue in der Geschichte, in: Philosophisches Jahrbuch der Görres-Gesellschaft, 1972, 2. Halbband, S. 269ff.

[5] „Wechselwirkung" ist nach Hegel Kategorie zur Konstitution von „Notwendigkeit", d. h. von „Sein schlechthin als Reflexion" (Wissenschaft der Logik, II, S. 184). Unter den Relationskategorien, die solche Notwendigkeit konstituieren, ist die „Wechselwirkung" aber zugleich die Kategorie, die dazu überleitet, „Freiheit" als die Wahrheit solcher Notwendigkeit zu begreifen (Vgl. Wissenschaft der Logik, II, S. 202ff., hierzu o. S. 299ff.).

[6] Vgl. Hegel, Wissenschaft der Logik, II, S. 264: „Als Einzelheit kehrt er" (der „Begriff") „in der Bestimmtheit in sich zurück; damit ist das Bestimmte selbst Totalität geworden. Seine Rückkehr in sich ist daher die absolute, ursprüngliche *Teilung seiner*, oder als Einzelheit ist er als *Urteil* gesetzt". Nur weil der Begriff *in sich zurückgekehrte Einzelheit* oder Freiheit ist, ist er „Totalität", d. h. aus ihm *können alle* Bestimmungen folgen. Insofern somit seine faktische Auslegung wesentlich einige von *allen*, nämlich von den *ihm* in seiner konkreten oder *anerkannten* Freiheit möglichen sind, ist er in seiner Auslegung wahr, also Urteil. Das Urteil ist als (wahres) Urteil nur zu denken, insofern es in der *Freiheit des Auslegens des existierenden Begriffs* begründet gedacht ist und nicht mehr im *transzendentalen* Begriff, der die objektive Gültigkeit des Urteils*inhalts* offen lassen müßte.

Zweck der Reflexion ist, *innerhalb der Vorstellung* dann notwendig in die Vorstellung eines Wechselspiels von Staatsmacht und Geschichtsmacht *auseinandergelegt*, in dem die sich „an sich" widersprechenden Momente des Positiven und seiner Negation abwechseln, als wären es je für sich selbständige „Substanzen". Die Wahrheit ist in dieser Reflexion aber keine dieser Seiten, sondern die negative Mitte, *um* die es in diesem Wechselspiel von Mächten geht, bzw. gegangen ist.

Es folgt aus dieser Argumentation also nicht, daß „die" Geschichte „überhaupt" (d. h. abgelöst von ihrem „Begriff", eine der vorausgesetzten Bedingungen dieses sich jeweils als *Reflexion* seiner Bedingungen vollziehenden Denkens zu sein) in ihrem „Wesen" *teleologisch* ausgerichtet sei. Dafür gibt es innerhalb der Logik der Hegelschen Philosophie keinen Ort, wie immer es sich auch in der „Geschichtsphilosophie" unmittelbar darstellen mag. Die Geschichte als „ansichseiende" Gegenmacht gegen die besonderen Staatsmächte könnte nur immer andere Staaten und Staatsverfassungen, also nur eine ziellose Abwechslung von reinen Machtpositionen als eine „schlechte Unendlichkeit" eines abstrakten Besserwerden*sollens* hervorbringen. Sie hat kein logisches (sinnvolles) Ende außer im als „individuelle Persönlichkeit" und „atome Subjektivität" „existierenden Begriff", der von sich aus auf Bedingungen seiner Existenz als „Begriff", d. h. als Freiheit, *reflektiert*. Teleologische Prozesse sind bei Hegel überhaupt, wie schon bei Leibniz, als solche dadurch konstituiert, daß das Bewußtsein an ihnen seine eigene geistige Lebendigkeit erfährt. Es erfährt an ihnen, z. B. in der „Selbstbewegung" der Tiere[7], so etwas wie ein Selbst und damit eine objektive Form der Freiheit. Insofern es auf diese Weise Freiheit erst objektiv erfährt, ist es selbst noch nicht das „absolute Wissen" davon, daß die existierende Freiheit selbstbewußter Individuen „alle Wahrheit" ist. Im Anschluß an Kants Begriff der teleologischen Urteilskraft kann man sagen, das Bewußtsein sehe sich unter dem Aspekt seiner Bedingtheit, quasi wie von außen, genötigt, um seines Verständigtseins auf dem Boden seiner Begriffslosigkeit willen *spezifische* Naturen vorauszusetzen, „ohne Begriff" von der objektiven Gültigkeit dieser Voraussetzung, d. h. ohne Begriff von der Notwendigkeit, gerade *die* spezifischen Naturen vorauszusetzen, die es wirklich in seiner Verständigungssprache über die Natur voraussetzt. In dem Kantischen Zusammenhang reflektiert das Bewußtsein aber noch nicht darauf, daß sich der Gegenstand dann in seiner *inhaltlichen* Bestimmtheit der konkreten Freiheit des Subjekts verdankt, ihn um seines Verständigtseins willen in dieser bestimmten Weise anzusprechen. Erst die Hegelsche Philosophie reflektiert, daß diese Freiheit in der Erkenntnis der Natur der eigentliche Ausgangspunkt in

[7] Vgl. Hegel, Enzyklopädie der philosophischen Wissenschaften (1830), § 351.

aller Erkenntnis ist. Daß das Subjekt sich, ohne es *bestimmenden* Begriff (also teleologisch urteilend oder reflektierend im Sinne Kants), frei von sich aus ein Bild von der Natur und von sich machen *kann*, ist der „höchste Zweck", um den es in aller Erkenntnis geht. Darin muß es anerkannt *sein*, wenn überhaupt Naturerkenntnis möglich sein soll, und in diesem Zusammenhang muß dann auch alles reflektierende oder teleologische Urteilen stehen. Die (begriffslose) Voraussetzung objektiv-teleologischer Prozesse ist damit, gerade in ihrer Begriffslosigkeit im Kantischen Sinne, als Vorstufe zur Einsicht in diesen erkenntnislogischen Zusammenhang reflektiert. Das „Naturleben" ist im „logischen Leben" aufgehoben, indem dieses als die Voraussetzung der Voraussetzung von jenem begriffen ist[8]. Das „logische Leben" ist das Verhältnis sich gegenseitig als frei anerkennender Individuen.

Also auch die Geschichte (einschließlich der Wissenschaftsgeschichte) kann nur von der Voraussetzung der *Begriffslosigkeit* des sie in seiner Begriffslosigkeit *so erfahrenden* Subjekts her als objektiv-teleologischer Prozeß beurteilt werden. Diese Ansicht von der Geschichte ist in der auch für das jeweilige Subjekt selbst „undurchdringlichen" Individualität des Subjekts bedingt und in ihr als in ihrer Wahrheit „aufgehoben", in der oder als die das Subjekt nicht *erkannt*, sondern nur *anerkannt* sein kann. Sie ist als dermaßen bedingte Ansicht zu reflektieren. Damit ist auch das Ansehen der Geschichte als Gegenmacht („Weltgericht") gegen die Macht der Staaten bedingt. Es gründet seinerseits darin, daß sich Individuen faktisch in einem freien Verhältnis zueinander befinden, in dem sie je *ihre* Vorstellungen haben und also Subjekte *sein* können und auf dieses Faktum als auf die Bedingung ihres individuellen Seins *reflektieren*. Keineswegs kann aber umgekehrt die Geschichte als objektive Gewähr dafür angesehen werden, daß solch ein Faktum notwendig bestehen müsse. Der absolute Geist ist der „daseiende" Geist sich gegenseitig als solche anerkennender Individuen, aber nicht ein „Weltgeist" der Geschichte, der nun anstelle der Moral der einzelnen Individuen diesen Geist der gegenseitigen Anerkennung verbürgte und sich dadurch als die Wahrheit der Freiheit oder als deren „Substanz" erwiese[9]. In dieser Weise wäre „Freiheit" nicht mehr gedacht. Als Abhängigkeit von einer objektiven Macht der Geschichte wäre ihr Begriff gerade negiert. Die jeweilige konkrete Freiheit des einzelnen wäre als „inhärierender Modus" dieser „Substanz" verstanden, und es entstünde ein analoges Problem zu dem der Freiheit gegenüber einer göttlichen Substanz, nur daß das Moment der

[8] Vgl. Hegel, Wissenschaft der Logik, II, 415.

[9] Vgl. B. Liebrucks, Zur Theorie des Weltgeistes in Theodor Litts Hegelbuch, in: ders., Erkenntnis und Dialektik, Den Haag 1972, S. 21ff.

Substantialität in diesem Zusammenhang „Geschichte" genannt wäre. Nur insofern das *Dasein* des Geistes der Anerkennung als weder durch eine objektive Geschichte noch durch ein moralgeleitetes Handeln einzelner gewährleistetes bzw. zu bewerkstelligendes Dasein begriffen ist, ist es als Dasein eines „absoluten" Geistes begriffen. Nur dann ist an der philosophischen Einsicht festgehalten, daß es selbst als das Absolute zu denken ist. Es wäre weder durch einen dafür objektiv-zweckmäßigen Gang der Geschichte noch durch subjektive, zwecktätige Absicht *herbeizuführen*, wenn es nicht schon „da", oder, wie es bei Hegel auch heißt, „bei uns wäre und sein wollte"[10]. Nicht sein nur begriffliches „Ansich", dessen Dasein noch ausstünde (und das entweder noch theoretisch als objektiv vorhanden zu „beweisen" oder einem praktischen Sollen gemäß zu „erstreben" wäre), sondern sein *Dasein* ist das Absolute der philosophischen Reflexion. Einen Fortschritt kann es deshalb nur im *Bewußtsein* davon geben, daß dieser Geist *da* ist. Es ist der Fortschritt der philosophischen Reflexion zu der Einsicht ihrer eigenen absoluten Voraussetzung, die man dann auch einen „Daseinsbeweis" nennen kann.

Solch eine Einsicht wäre keineswegs folgenlos und ohne praktische Bedeutung. Vielmehr wäre sie das einzige, dem im Zusammenhang mit einem philosophischen Wahrheitsbegriff praktische Bedeutung zugesprochen werden könnte, die über das „Praktische" hinausweist, das sich (ideologisch) je an der *eigenen Vorstellung* von dem, was sein sollte, orientiert und deshalb im Grunde technisch-praktisch bleibt. Erst als Folge einer solchen denkenden Einsicht und Bewußtseinsveränderung wäre dann auch eine veränderte, dieser Einsicht entsprechende Ethik zu erwarten. Einer ihrer Grundbegriffe wäre statt des moralischen Postulats der Dank.

Es gibt aus der Entwicklung des philosophischen Gedankens heraus keinen Grund dafür, daß, wie es bei Hegel oft den Anschein hat, in der Geschichte, die über die Individuen hinweggehe, eine „höhere" Wahrheit gegenüber der freien Individualität zu sehen wäre. Hier setzt die Kritik an Hegel zurecht ein. Ein solcher Geschichtsbegriff ist philosophisch nicht ausgewiesen und nicht auszuweisen. Auch die „Macht" der Geschichte ist als Mittel zu denken, als Gegenkraft in einem „Spiel der Kräfte" zwischen Staatsmacht und Geschichtsmacht, aber diese ganze Theorie selbst dient dem Versuch der Individualität, sich in ihrem Sein selbst zu verstehen. Nur im Zusammenhang solch eines Versuches hat es Sinn, von solchen Kräften als von etwas Realem zu reden[11]. Der Entwurf eines solchen

[10] Hegel, Phänomenologie des Geistes, S. 64.

[11] *In dem Zusammenhang*, in dem es dem Individuum „um sich selbst geht", *vergegenwärtigt* es sich die Geschichte. Diese Übersetzung in den „bestimmten Zeitmodus" „Gegenwart" ist das Werk der Einbildungskraft, die sich in der jeweiligen, *bestimmten Art und*

Versuches spricht dem Denken die Bedeutung zu, mit einer „Macht“ der Geschichte in Einklang zu sein, bzw. das im Denken zu antizipieren, was es gleichzeitig als „objektives“ Ziel der Geschichte denkt. Es geht aber über bloßes Vorstellen nicht hinaus, wenn damit eine objektive Weltgeschichte, über den Begriff der eigenen realen Bedingung des sich je vollziehenden Denkens hinaus, gemeint sein sollte. Denn so ist „Geschichte“ in dem philosophischen Kontext der Argumentation *nicht* reflektiert. Die Selbstinterpretation des Subjekts als Gewißheit seiner Übereinstimmung mit einem objektiven Gang der Geschichte auf einen bestimmten Zustand hin muß so eine subjektive Selbstauslegung bleiben. Sie ist dem jeweiligen Individuum zuzuschreiben, das darin von sich aus aus dem Zusammenhang der philosophischen Argumentation ausbricht. Insofern sich eine solche Auslegung bei Hegel belegen läßt, bleibt es die freie Auslegung dieses Individuums von sich aus, sozusagen aus seiner „atomen Subjektivität“ oder aus seinem Schellingschen „Grund“. Es ist eine Selbstauslegung, in der das Subjekt sich selbst von sich aus frei, aber gerade nicht *als* frei, sondern als geschichtsbedingt versteht. Philosophisch bedeutet sie einen Rückschritt zu einem überholten Begriff von Wahrheit als *Übereinstimmung mit einem Objekt*, hier mit dem Gang „der“ Geschichte, und der Begriff „Geschichte“ ist ebenfalls in einer notwendig subjektiv bleibenden Bedeutung ausgelegt, wenn „Geschichte“ als solch ein objektives, alle Individualität umgreifendes Geschehen verstanden wird. Dies begriffen zu haben, war ja gerade der Fortschritt der Philosophie.

13. Selbstreflexion der Philosophie

Dem Denken ist, insofern es überhaupt ernst genommen ist, Macht zuerkannt, nämlich Macht zur Wahrheit, ja sogar Identität mit der Macht der Wahrheit, indem es die bestehende (Staats-)Macht als *nur eine Seite* in einem „Spiel“ von Mächten und als deren Mitte die Wahrheit denkt. Man kann das Idealismus nennen. Man kann sich aber auch fragen, wieso sich überhaupt jemand auf das Denken einlassen sollte, der ihm keine Wahrheit gegenüber dem unmittelbar Erscheinenden zubilligt. Das Denken setzt ja dann ein, wenn man die Phänomene als solche „ohne weiteres“ *nicht* versteht, und wer sich dem Denken nur streckenweise überlassen will, um es nach Belieben und vor allem dann, wenn die Konsequenz des Denkens

Weise der Vergegenwärtigung der Geschichte ein *dazu zweckmäßiges* Bild macht (vgl. o. S. 260ff.). Auch in dieser Bestimmung der Geschichtsphilosophie von der „Logik“ Hegels her erscheint die Interpretation von Wahrheit als „Anwesenheit“ als Moment eines umfassenderen Wahrheitsbegriffs.

eigenen Vorstellungen zuwider läuft, wieder aufzugeben, denkt in Wirklichkeit nicht. Denken bedeutet konsequentes Denken, nicht gegen die Phänomene, sondern in bezug auf deren rettende Erklärung. Es hat per se einen absoluten Geltungsanspruch, den es auch nur aus sich selbst heraus, also denkend rechtfertigen kann. – H. Wagner geht in seinem Buch „Philosophie und Reflexion" von diesem absoluten Anspruch aus[1]. Auf ihn begründet er seine Transzendentalphilosophie der Subjektivität, und von ihm leitet er alles Philosophieren in den einzelnen philosophischen Disziplinen ab. Dieser *Anspruch* auf absolute Geltung bleibt dem Denken nach Wagner auch erhalten, wenn es sich in seiner Konsequenz vollzieht. Wagner versucht zu zeigen, daß Denken im Verlauf seiner selbst nicht in einen Relativismus oder Skeptizismus übergehen kann. „Selbst die Ableugnung oder die Bezweiflung dieses absoluten Bodens" soll „nur auf diesem absoluten Boden selbst auftreten und bestehen" können, und es soll nur darauf ankommen, den Beweis dafür „einwandfrei" zu führen. Dann sei er der „absolute Beweis" (151).

Hier wird wieder das alte Paradox des Skeptizismus angesprochen, das bekanntlich besagt, daß jemand, der die Möglichkeit absoluter Wahrheit leugne, doch wenigstens für die Aussage, die diese Leugnung ausspreche, (absolute) Wahrheit beanspruchen müsse. Nachdem an anderer Stelle schon von der Struktur skeptischer Position die Rede war, soll nun in diesem Zusammenhang noch einmal darauf eingegangen werden. Wagner wendet sich gegen den „Anschein des Tiefsinns", mit dem dieses Argument wegen seiner bloßen „Formalität" zurückgewiesen werde. Darin ist ihm zuzustimmen, denn ein Beweis muß doch wohl auf „Formalität" beruhen. Dagegen ist zuzusehen, was denn der Relativismus und der Skeptizismus wirklich besagen. Sie besagen nicht, es sei unmöglich, die Wahrheit von Aussagen zu *beanspruchen*. Ein Wahrheitsanspruch liegt natürlich in jedem Urteil, das ein Individuum von sich aus bildet. Das ist eine Tautologie, insofern man „Urteil" in der Bedeutung versteht, es sei die Form, in der man Gemeintes zu einem solchen Anspruch zusammenfaßt. Die Frage ist nur, ob sich dieser Anspruch in einer absoluten Weise auch erfüllen läßt, so daß er „Recht" bekommt. Das Außerachtlassen dieser Differenz läßt den kommunikativen Charakter jedes Wahrheitsanspruches außer acht. Wenn es überhaupt einen Sinn ergibt, zwischen absoluter und relativer Wahrheit zu unterscheiden, dann besteht dieser Sinn im Hinblick auf die Möglichkeit der *Erfüllung* des Wahrheitsanspruches und nicht im Hinblick auf die *Erhebung* dieses Anspruches. Wer überhaupt so spricht, daß er mit seiner Rede über etwas an einen Punkt kommen oder (abgeschlossene) *Urteile* bilden will, der beansprucht von

[1] H. Wagner, Philosophie und Reflexion, München 1967.

sich aus Wahrheit, und d. h. natürlich, wenn man sich redundant ausdrücken will, „absolute" Wahrheit. Er muß sich aber fragen, ob sich dieser Anspruch in einer absoluten, letztgültigen Weise (in transzendentallogischer Urteilsform) einlösen läßt oder ob das überhaupt nur in relativer Weise (und damit in wesentlich vorläufiger „Urteilsform") möglich ist, wie z. B. dann, wenn nach der Lösung von Problemen gefragt ist, wie sie sich zu einer bestimmten Zeit und im Rahmen bestimmter Zielsetzungen ergeben. Die Antworten auf solche Fragestellungen wären dann temporär befriedigende Antworten, d. h. sie wären relativ zu den Umständen, aus denen sich die dazugehörigen Fragen ergeben hatten. Der Skeptizismus, der im Hinblick auf die Möglichkeit der absoluten Einlösungsmöglichkeit von Geltungsansprüchen besteht, wäre auch dann schon voll gerechtfertigt, wenn *auch er selbst* mit dem Anspruch seiner Skepsis vor der Einlösung dieses Anspruches stehen bleiben müßte. Er behauptet die Unmöglichkeit der *Einlösbarkeit* absoluter Geltungsansprüche, d. h. solcher Geltungsansprüche, die sich nicht als an ein bestimmtes, objektiviertes *Verfahren* ihrer Prüfung gebunden verstehen. Er behauptet also etwas, dessen Gegenteil sich nicht als einlösbarer Anspruch verstehen läßt, weil nicht in einer ihrerseits notwendig zu akzeptierenden Weise dazugesagt wird, wie die Einlösung zu verstehen sein sollte. Den Beweis der absoluten Einlösbarkeit von Ansprüchen müßte führen, wer diese Einlösbarkeit, d. h. eine *letztgültige* Einlösbarkeit von Geltungsansprüchen wirklich behauptet. Er müßte in diesem Beweis einen *Weg* dazu vorschlagen. Anderenfalls bleibt offen, ob solch eine Behauptung ihrerseits eingelöst werden kann, und der Skeptizismus behält Recht.

In einer von der Bindung an ein konkretes Prüfungsverfahren abgelösten oder absoluten Weise kann solch ein Beweis offensichtlich nur in bezug auf solche Aussagen möglich sein, denen gegenüber ein Einspruch sinnvollerweise überhaupt unmöglich ist. Es muß sich um Aussagen handeln, die schon ihrer eigenen Bedeutung nach (und nicht erst zusammen mit einem durch Zustimmung zu ihm „objektivierten" Prüfungsverfahren) keinen Einspruch zulassen, d. h. bei denen das Sicheinlassen auf die Bedeutung auch schon unmittelbar die Zustimmung zum Wahrheitsanspruch einschließt. Es muß sich um Aussagen handeln, die allein aufgrund ihrer Bedeutung wahr sind, *wenn nur* (was mangels Introspektion um der Bedingungen von Kommunikation willen im *allgemeinen* dahingestellt bleiben muß) *die Partner der Kommunikation sie in derselben Bedeutung auffassen*. Deshalb hatte Kant ja schon den Skeptizismus Humes nicht schlicht mit einem Hinweis auf das Paradoxe seines Standpunktes widerlegen wollen, sondern dadurch, daß er sich die Aufgabe stellte, die objektive Gültigkeit, d. i. die Bedeutung (Beziehung auf Objekte) genau *der* Begriffe darzulegen, in bezug auf die sie von Hume ausdrücklich bezweifelt worden war, und das waren die *kategorialen* Begriffe. Sein Weg bestand darin, sie als die „Stammbegriffe" eines *jeden* Verstandes nachzuweisen, die *überhaupt* für die Unterscheidung objektiver Verhältnisse von deren nur subjektiver Wahrnehmung in Frage kommen (vgl. die Beweise der „Grundsätze"). Die Philosophie *nach* Kant hat dann insbesondere im Anschluß an die in der „Kritik der Urteilskraft" dargelegte Einsicht Kants entwickelt, daß solch ein Beweis in der von Kant vorgenommenen Weise nur für die formalen Verstandesbegriffe, nicht aber auch für die Inhalte der mit ihnen „formulierten" Aussagen möglich sei. „Denken" kann dann auch nur soweit als objektiv gültig bewiesen werden, wie es zugleich als „Denken in diesen Formen" definiert wird und der Inhalt dabei außer Betracht bleibt. „Das" Denken hat also schon bei Kant nicht unmittelbar einen „absoluten Boden", sondern erst dadurch, daß es „sich" – d. h. genauer: die Bedeutung von „Denken", in der es sich selbst anspricht *und als objektiv gültig* versteht – in einer bestimmten Weise dadurch aus- und festlegt, daß die Bedeutung von „Denken" mit der Bedeutung von anderen genannten Wörtern *gleichgesetzt* wird. Diese Weise der Selbstauslegung bestand bei Kant in der Gleichsetzung der Bedeutungen von „Denken" und „formaler Urteilsbildung durch eine bestimmte Anzahl von Urteilsformen" und einem Ansehen der Anschauungsgegenstände in diesen *Formen* der Urteile über sie *als* bestimmt. „Das" Denken gewinnt solch einen „Boden" erst, indem eine gewisse *Auslegung* der Bedeutung, in der es sich selbst anspricht, dadurch Bestand gewinnt, daß diese Auslegung auch von anderen akzeptiert wird, weil sie auch anderen etwas *sagt* in bezug auf die Lösung von Problemen, die ihnen mit ihrer Selbststabilisierung in dem, als *was* sie sich selbst verstanden, erwachsen waren. Die Akzeptation der besonderen Kantischen Auslegung der Bedeutung von „Denken" als des Begriffs, in dem Individuen sich historisch selbst angesprochen hatten, war, wie die weitere Geschichte der Philosophie zeigt, ihrerseits historisch begrenzt, weil man sich bald den *neuen* Problemen zuwandte, die durch diese definitorischen Festlegungen gerade erst aufgeworfen worden waren. Die Geschichte ging somit in der Konsequenz des Kantischen Lösungsvorschlages mit absolutem Geltungsanspruch über eben diesen Anspruch hinweg.

Wenn Wagner argumentiert, „die Durchführung des Skeptizismus" sei „identisch mit dem Nachweis der Absolutheit des Bodens des Wissens" (152), entsteht sofort die Frage, wie hier denn „Boden des Wissens" semantisch ausgelegt sei. Das wird deutlich, wenn Wagner aufzählt, was *auch* der Relativismus (den Wagner vor dem Skeptizismus, aber in ganz analoger Art wie diesen behandelt) beanspruche, wenn er Gedanken als bloß relative Wahrheiten verstehen wolle: Er verstehe sich auch selbst als „Verstehen, Vergleichen, Rückführen, Bestimmen, Beziehen und abschließendes Bewerten von Gedanken", und dazu müßten die „logischen Prinzipien und Grundsätze" gelten, ohne die diese Tätigkeiten nicht möglich wären (157). Diese Grundsätze, als rein faktische Regeln, sind hier als „Boden des Wissens" verstanden. An ihnen wird wohl auch der ärgste Skeptizismus nicht zweifeln. Es kann doch aber sofort gefragt werden, ob denn dieser „Boden des Wissens" wirklich als Boden *absoluten* „Wissens" zu denken sei. Diese Frage kann dann ihrerseits wieder nur befriedigend beantwortet werden, *solange* entweder nach der Bedeutung von „Wissen" nicht gefragt wird oder doch eine Erklärung akzeptiert wird, die diese Bedeutung erklärt. So kann die Bedeutung von „Wissen" als „Bezug zum Gegenstand" erklärt werden. Eine solche Erklärung kann akzeptiert werden, sie muß es aber nicht. Sie wird z. B. dann nicht als befriedigende, hinreichende Erklärung akzeptiert, wenn daraufhin weiter nach der Bedeutung von „Gegenstand" gefragt werden sollte oder auch nach der Bedeutung von „Bezug". Dabei ist auch nach Wagner zunächst „gar nicht so ohne weiteres von der Hand zu weisen, daß der wahre und letzte Grund für die Möglichkeit der Gegenstandsbeziehung des Gedankens nicht sowohl auf Seiten des Gedankens, sondern auf Seiten des Gegenstandes (des Seienden, des Seins, des ‚Absoluten') liege" (162). Wagner führt aber gegen solche Positionen (z. B. die Position Heideggers) an, daß man mit der „Inanspruchnahme" eines derartigen Grundes die „Probleme", warum der Gedanke nicht bei sich selbst bleibe und wieso er den Gegenstand zu bestimmen vermöge, totschlage statt sie zu lösen. *Was* jeweils in Anspruch genommen und akzeptiert wird, hängt also auch in der Sicht Wagners damit zusammen, *welche Probleme* gelöst werden sollen. Diese Probleme müssen sich erst einmal wirklich *stellen*, und es ist offenkundig, daß die genannten Probleme in den historischen Positionen der Philosophie, in denen die „gar nicht so ohne weiteres" von der Hand zu weisende These, daß die Gegenstandsbeziehung des Denkens vom Gegenstand ausgehe, sich so auch gar nicht gestellt haben. Auch diese Probleme stellen sich nicht „ohne weiteres", z. B. dann nicht, wenn man den *Anstoß* des Gedankens nicht im denkenden Subjekt, sondern z. B. in einem absoluten Denken (Gottes) sieht und „Denken" dementsprechend in seiner „reinen" Bedeutung erklärt. Natürlich haben sich auch durch eine solche Erklärung der Bedeutung von „Denken", als der Erläuterung dessen, was unter „Denken" verstanden sein soll, weitere Probleme ergeben. Mit diesem Argument aus dem Hinweis auf Folgeprobleme kann man aber nur dann einer Bedeutungserklärung entgegentreten, wenn man zeigen kann, daß sich durch die eigene Erklärung, die die „Beziehung" zum „Gegenstand" vom „Denken" ausgehen läßt, keine *Probleme* ergeben. Wagner räumt ein, daß es „zwar wohl so sein" mag, „daß der Gedanke für die Möglichkeit seiner eigenen Gegenstandsbezogenheit eine letzte Bedingung entdeckt, die außerhalb seiner und auf der Gegenstandsseite liegt, niemals aber könnte und dürfte diese außer ihm liegende Bedingung ihn selbst dermaßen bedingt machen, daß er darüber die Möglichkeit verlöre, in absolut zuverlässiger Weise über diese Gegenstandsseite zu urteilen" (ebd.). „Denn eine Endlichkeit des Gedankens vermag höchstenfalls verständlich zu machen, daß es jenseits des Gedankens etwas zu geben vermag, jedoch schon nicht mehr, wieso sich der Gedanke darauf soll beziehen können, am allerwenigsten aber, wieso er ein sicheres und unbedingtes Wissen von diesem Jenseits seiner selbst soll sein können" (ebd.). Gewiß sind dies Probleme, die nicht gelöst werden können, wenn die Beziehung vom Gegenstand aus erfolgen soll. In der Absicht der Lösung *dieser* Probleme erscheint es deshalb als zweckmäßig, „Denken" nicht so auszulegen, sondern umgekehrt als Bestimmung des Gegenstandes, wenn man dafür *andere* Probleme bewußt oder unbewußt in Kauf nimmt. Denn wenn schon eine gewisse Bedingtheit des Denkens von außerhalb eingeräumt wird, um es *überhaupt* als Beziehung auf etwas anderes als auf sich selbst verstehen zu können, dann entsteht das Problem, daß „diese außer ihm liegende Bedingung" des Denkens dem Denken zugleich die Möglichkeit nimmt, sich als absolutes Denken (als Urteilen in absolut zuverlässiger Weise über diese Gegenstandsseite) zu denken. Die Lösung des einen Problems erzeugt ein neues, und auch wenn „alle Leistungen des Subjekts" „als Weisen der Selbstbestimmung des Subjekts mittels Selbstbeziehung auf den Gegenstand" (130) verstanden werden, verweist das auf weitere Fragen, z. B. in bezug auf die *Bedeutung* von „Selbstbestimmung" oder „Selbstbewußtsein" in Anwendung auf endliche Subjekte. Diese Bedeutung läßt sich nur je als das realisieren, was als individuelle Weise, sich als dieses oder jenes „selbst" zu verstehen, in interindividuellen Verhältnissen je *zugestanden* wird und von daher „historisch" oder „phänomenologisch" bestimmbar ist. Die Ungewißheit der Auslegungen der Bedeutungen ließe sich nur dann auffangen, wenn Lösungen von Problemen vorgeschlagen werden könnten, bei denen das Entstehen neuer Probleme a priori auszuschließen ist. Es kann aber a priori nur gesagt werden, daß dies *nicht* möglich ist. Denn im positiven Fall müßten die Auslegungen wenigstens prinzipiell als *erschöpfende* Auslegungen wirklich möglich sein. Nur dann könnten sich die vorgenommenen Auslegungen als objektive Auslegungen, d. h. als einige *von allen*, die überhaupt möglich sind, verstehen. Diese Möglichkeit besteht nur in konstruierten „Sprachen", die mittels der Gleichsetzung der (uninterpretierten) Bedeutung verschiedener Zeichen, also ohne bestimmten subjektiven Zweck, als „für irgendeinen Zweck brauchbar" konstruiert sind. Das subjektive Festhalten an einer bestimmten Auslegung dessen, was „Denken", „Gegenstand" usw. überhaupt heißen soll, hängt unmittelbar damit zusammen, *welche* Probleme man zu lösen beabsichtigt und welche man entweder bewußt oder unbewußt *dafür* in Kauf nimmt. Es entstehen in jedem Fall Probleme, ob man nun daran festhält, das Denken als „endlich" auszulegen oder daran, es als „absolut" zu definieren. Wenn gar beides miteinander vereinbar sein soll, damit das Denken einerseits als absolut (unbedingt wahr), andererseits aber als (vom Gegenstand her) bedingt gelten kann, dann muß anschließend entweder „absolut" oder „bedingt" so ausgelegt werden, daß diese Vereinbarkeit möglich erscheint. Man kann das Denken etwa als absolut auslegen, insofern es sich (reflexiv) auf seine Beziehung zum Gegenstand bezieht, als bedingt, insofern es sich direkt auf den Gegenstand bezieht, wenn man den durch diese Trennung der Hinsichten entstehenden Problemen nicht nachgehen will oder doch zu deren Lösung *weitere* semantische Analysen vorschlägt. Das Vorschlagen und die Akzeptation solcher semantischen Analysen sind *im Prinzip* unbegrenzt möglich. Sie sind nur dadurch bedingt, daß sie auch dem, der sie akzeptieren soll, etwas bedeuten können müssen, weil sie ihn in der Lösung der Probleme weiterbringen sollen, wie sie sich *für ihn* darstellen. Solange dies *für ihn nicht deutlich* ist, wird er nach weiteren „Erklärungen der Bedeutungen" fragen, denn solange wird ihm der vorgeschlagene Sprachgebrauch „seltsam" erscheinen.

Es kann keine Problemlösungen geben, bei denen a priori sichergestellt wäre, daß sie nicht zu neuen Problemen führten. Deshalb bleibt der „Boden des Wissens" letztlich ein schwankender Boden. Seine temporäre Stabilisierung hängt davon ab, daß um der Lösung bestimmter Probleme willen bestimmte Fragen nicht gestellt werden, letztlich davon, daß bestimmte reduktive Sprachregelungen um solcher Lösungsmöglichkeiten willen akzeptiert werden, in denen nach Regeln („A = A"; „A = B"; „wenn A, so B") von bestimmten Zeichen gesagt wird, sie *sollten* „dasselbe" bedeuten und sie sollten, wenn sie interpretiert werden, so interpretiert werden, daß diese Regeln beachtet seien, wie immer sie auch wirklich, d. h. individuell, in ihrer Bedeutung realisiert seien und was der einzelne sich auch dabei von sich aus vorstellen möge. Der feste Boden, auf den man hier stößt, besteht lediglich aus solchen formalen Regeln der Synonymsetzung von Zeichen zu *irgendeinem* Zweck, der noch dahingestellt ist. *Im Hinblick auf irgendeinen bestimmten Zweck* ist dieser „Boden" aber doch schon etwas Festes. Die Regeln sind a priori auf die Lösung eines *bestimmten Problems* bezogen. Welche Probleme sich ergeben, hängt damit zusammen, welche Problemlösungen *zuvor* schon als Lösungen zur Stabilisierung des Gegensatzes des Bewußtseins *akzeptiert* worden waren, so daß sich *deshalb* nun *diese* Folgeprobleme ergeben. „Zuvor", d. h. hier: bis in unerinnerliche historische Zeiten zurück. Man gelangt durch Reflexion nicht zu einem *absoluten Grund* dafür, daß sich diese bestimmten Probleme ergeben, also auch nicht zu einer absoluten Begründung der Bestimmtheit des Subjekts selbst, gerade *diese* Probleme zu haben und auf *deren* Lösung bedacht zu sein, sondern nur zu jeweils „daseienden", überkommenen Weisen individueller Selbst- und Weltverständnisse, wie sie Individuen zugestanden und als geltende Rechtsverhältnisse zwischen ihnen ihrerseits (historisch) bestimmbar sind: In historischen Rechtsverhältnissen haben Subjekte jeweils die Wirklichkeit der Möglichkeit, sich von sich aus als dieses oder jenes, z. B. als „denkende Wesen" in einer bestimmten Bedeutung dieses Ausdrucks einschließlich der *damit* zusammenhängenden „Ansprüche" gegeneinander in ihrem „Selbstbewußtsein" zu wissen und dadurch den Gegensatz des Bewußtseins zu einem „Vermögen" der Wahrheit zu stabilisieren. Bei dem „Boden" allen „Wissens" handelt es sich also um einen zwar allgemeinen Boden, aber um einen allgemeinen Boden individueller Subjektivität. Die absoluten Voraussetzungen *allen* Denkens sind die Voraussetzungen individuellen, endlichen Denkens. Das ist eine Einsicht der neueren Philosophie seit den „Regulae" von Descartes. Sie erweist sich allerdings erst aus der Sicht neuer Überlegungen als Einsicht in die Unmöglichkeit, daß sich das Denken auch nur in bezug auf die Bedeutung, in der es sich selbst anspricht, einen festen semantischen Boden voraussetzen könnte. Die jeweilige semantische Selbstauslegung des Denkens erweist sich gerade als Boden für *relative* Problemlösungen. Dieses Resultat der Philosophie widerspricht dem absoluten *Geltungsanspruch*, der schon in der *Form der Bildung von Urteilen* liegt, insofern diese Formen nicht nur als formallogische Formen, sondern „transzendentallogisch" als Formen *der Wahrheit* verstanden werden.

Dennoch wird auch in der Philosophie notwendig geurteilt, und diesem Problem muß sich die Philosophie, in einer Anwendung ihrer Reflexionen auf sie selbst, stellen. Ohne Zweifel ist alle Philosophie Reflexion, und sie reflektiert, wenn sie auf die Bedingungen der Möglichkeit wahrer Sätze reflektiert, auch auf ihre eigenen Sätze. Nun wurde ausgeführt, daß sie in der Reflexion auf die Bedingungen der Möglichkeit der Wahrheit von Sätzen in theoretischer oder praktischer Absicht zu dem Ergebnis kommt, daß eine Rechtfertigung des Anspruchs solcher Sätze auf absolute Wahrheit nicht möglich ist. Ein Grund für dieses negative Ergebnis war die Einsicht in die *Bedingtheit* von Einteilungen überhaupt, also auch in die der Einteilung in eine theoretische und praktische Wahrheit. Einteilungen geschehen jeweils unter dem Gesichtspunkt ihrer Zweckmäßigkeit für die Lösung bestimmter Probleme, wie sie sich endlichen Subjekten ergeben. So kam die Philosophie, so wie sie hier nachgezeichnet worden ist, zu der Einsicht in die solch einer Einteilung vorausliegende Einheit von Wahrheit und Freiheit. Etwas kann von dieser

Einsicht her nur insofern in seinem Anspruch auf Wahrheit gerechtfertigt sein, als es als um der Freiheit willen gesetztes Mittel zu verstehen ist und sich als solches *bewährt*. Die Freiheit erwies sich als der absolute Zweck, und das heißt, daß alles andere (alles Positive) nur wahr sein kann, insofern es sich als Mittel zu diesem Zweck bewahrheitet. Es ist unwahr, insofern es sich selbst als Zweck versteht. Der in aller Urteilsbildung, ob sie nun in theoretischer oder praktischer Einstellung geschieht, vorauszusetzende formale „Boden" der Urteilsbildung ist dasjenige Synkategorematische, durch das signalisiert wird, *wie* das Subjekt aus seiner Sicht sein *Urteil formt* oder wie es mit seiner Rede zum Schluß kommen will. Damit ist er zwar als der „Boden" reflektiert, auf dem der gegliederte Inhalt einer Aussage in die Einheit eines Wahrheitsanspruches zusammengefaßt wird, aber gleichzeitig als eine Form, in der das so urteilende Subjekt sich *der Akzeptation oder dem Einspruch* und darin der Freiheit anderer dadurch *aussetzt*, daß es den Zusammenschluß seiner Rede zu solch einem Anspruch oder ihren Schluß mit dem (vorläufigen) Verzicht auf weitere, die Bedeutung „erklärende" Absicherungen signalisiert. Er ist damit wesentlich auch ein Boden für die Offenheit für solchen Einspruch. Er hat an sich schon die (kommunikative) Bedeutung, daß sein Inhalt von *diesem* Subjekt wohl mit absolutem Anspruch, aber nicht mit einem die Ansprüche anderer ausschließenden Anspruch formuliert worden ist.

Indem die Philosophie in ihrer Reflexion des *Wesens des Satzes* zu dieser Wirklichkeit des Sprechens zurückkommt, bezieht sie dieses „absolute Wissen" über jeden beliebigen Inhalt von Aussagen auch auf die philosophischen Aussagen. Es kann demnach keine davon ausgenommenen „philosophischen" Inhalte von Satzformen geben. Nun erhebt doch aber dieser letzte Satz wieder einen Anspruch auf Wahrheit seines Inhaltes. Das ist richtig, aber darin unterscheidet er sich von keinem anderen ernstgemeinten Satz. Jeder Satz erhebt einen Geltungsanspruch, ohne sich jedoch deshalb schon anderem Anspruch zu verschließen. Die *Formulierung* des eigenen Anspruches geschieht schon zugleich als *Öffnung* gegenüber dem Einspruch. Versteht ein Subjekt seine Urteilsbildung ausschließlich als Anspruch, so hat das andere Gründe als solche, die schon mit dem „Boden" gegeben wären, auf dem überhaupt Urteile geformt werden. Es muß besondere, in diesem Subjekt und seinen besonderen Absichten liegende Gründe haben, und solche Gründe können auch von der philosophischen Reflexion solange als Gründe für einen (axiomatischen) Anspruch zum Zwecke von besonderen Problemlösungen verstanden werden, als diese Bedingtheit des Anspruchs zugleich reflektiert bleibt. Die philosophische Reflexion weiß, daß es solche Absolutsetzungen von Geltungsansprüchen innerhalb bedingter Rahmen geben muß, damit sich auf diesem besonderen Boden, wie z. B. innerhalb einzelner Wissenschaften, aber auch innerhalb einer besonderen, bestehenden „Sittlichkeit", überhaupt gegenständliche Bestimmtheit von der axiomatischen Voraussetzung der Wahrheit bestimmter Sätze her konstituiert. Der Boden für „Gegenständlichkeit überhaupt" ist eingesehenermaßen ein Boden für bedingte, „relative" Gegenstandskonstitution. In der Einsicht in diesen Sachverhalt „vollbringt" die Philosophie den Skeptizismus. Sie reflektiert damit gerade den relativen Geltungsanspruch als berechtigt, den sich verabsolutierenden als nicht berechtigt. Der relative muß sich nicht *selbst* in seiner Relativität reflektierten. Er nimmt sich in seiner „intentio recta" als *Anspruch* absolut. Das Subjekt, das ihn selbstgewiß erhebt, ist dann in der Regel aber doch *praktisch* so vernünftig, daß es, auch ohne philosophische Reflexion auf das *Wesen des Satzes*, sich in der Praxis nicht diesem Anspruch gemäß verhält. Der Anspruch wird in der Lebenspraxis des ihn theoretisch erhebenden Subjekts „historisch" relativiert. In seinem praktischen Verhalten „weiß" das („vernünftige") Subjekt um die Bedingtheit des Anspruchs, indem es ihn tatsächlich nur innerhalb des Rahmens, in dem er Sinn hat, erhebt und auch hier gegenüber möglicher Einrede offenhält. Die philosophische Reflexion kann aber nicht einen theoretischen Anspruch von einer darüber hinweggehenden Lebenspraxis trennen, weil *sie* auf das *Wesen des Satzes* reflektiert. Für ihren eigenen Ausdruck, der natürlich auch in Sätzen erfolgt, kann sie deshalb keinen *naiven* Geltungsanspruch erheben, dessen Naivität dann aber durch ein demgegenüber „vernünftigeres" Verhalten korrigiert würde. Philosophische Sätze haben keinen Geltungsrahmen, innerhalb dessen sie sich *bedingt* bewahrheiten könnten. Sie können nur insofern wahr sein, als sie sich gegen einen naiven Geltungsanspruch von Sätzen wenden, die für sich zugleich den Status philosophischer, unbedingter Sätze beanspruchen.

Man muß folglich zwischen dem (naiven) Wahrheitsanspruch von Sätzen, die sich nicht als philosophische Sätze verstehen, und dem Wahrheitsanspruch philosophischer Sätze unterscheiden. Unter philosophischen Sätzen sollen hier Sätze verstanden werden, die sich schon von ihrem Inhalt her nicht als Sätze verstehen lassen, die praktisch nur innerhalb eines bestimmten Rahmens und eines dazu gehörenden Prüfungsverfahrens oder Bewährungsrahmens ihren Geltungsanspruch erheben. Im Bezug auf diese Sätze stellt sich das philosophische, d. h. nicht von bestimmten vorausgesetzten Prüfungsverfahren her lösbare Wahrheitsproblem. Schon von ihrem besonderen, philosophischen Inhalt her muß der Wahrheitsanspruch solcher Sätze ein *reflektierter* Anspruch sein. Wer solche Sätze *formuliert*, d. h. solch einen Inhalt in die Satzform bringt, befindet sich damit schon auf einem anderen Boden als derjenige, der Sätze formuliert, für deren Prüfung bestimmte, ausdrücklich formulierte oder unausdrücklich eingeübte Verfahrensregeln bestehen und die deshalb „im Ernst" und in der Konsequenz eines vernünftigen Verhaltens der sie formulierenden Subjekte keineswegs als *absolut* geltende Sätze für die Lebensorientierung bestimmend werden. Die Vernunft in der Formulierung philosophischer Sätze besteht darin, von vornherein zu reflektieren und folglich zu wissen, daß diesen Sätzen überhaupt kein objektiv geltendes Verfahren zugeordnet werden kann, in dem sich die Erfüllung ihres Geltungsanspruches ergeben könnte.

Philosophische Sätze sind *bedingungslos* darauf angewiesen, daß sie individuell und frei akzeptiert werden. In dieser Bedingungslosigkeit besteht ihre Absolutheit. In ihr spiegelt sich das kommunikative Wesen von Sätzen und die Bedeutung der „Wahrheit von Sätzen" unmittelbar. Es zeigt sich an philosophischen Sätzen unmittelbar, was bei anderen Sätzen durch einen *zuvor* schon akzeptierten und zumeist nicht reflektierten sozialen Rahmen ihres Geltungsanspruchs verdeckt ist und nur durch philosophische Reflexion aufgedeckt werden kann. Philosophische Sätze sind Sätze, die sich selbst als Teile eines unabgesicherten *Versuches* reflektieren, mit der auseinanderlegenden Darstellung ihres Gegenstandes zu einem Schluß zu kommen. Nur so unterstellen sie sich selbst einem philosophisch-kritisch entwickelten, aber auch für sie selbst geltenden Wahrheitsbegriff.

Namenregister

Begriffsregister*

* Das Register führt nur Stellen an, an denen die aufgeführten Begriffe in einem charakteristischen Kontext stehen. Hinweise, die das Inhaltsverzeichnis gibt, sind nicht noch einmal in das Register aufgenommen.